中共绍兴县委　绍兴县人民政府主办

绍興縣年鑑

绍兴县地方志编纂委员会编

中华书局

图书在版编目(CIP)数据

绍兴县年鉴.2011/绍兴县地方志编纂委员会编.-北京:中华书局,2011.12
ISBN 978-7-101-08307-1

Ⅰ.绍… Ⅱ.绍… Ⅲ.绍兴县-2011-年鉴 Ⅳ.Z525.54

中国版本图书馆 CIP 数据核字(2011)第 217901 号

书　　名	绍兴县年鉴 2011
编　　者	绍兴县地方志编纂委员会
责任编辑	朱　慧
出版发行	中华书局
	(北京市丰台区太平桥西里 38 号　100073)
	http://www.zhbc.com.cn
	E-mail:zhbc@zhbc.com.cn
印　　刷	北京瑞古冠中印刷厂
版　　次	2011 年 12 月北京第 1 版
	2011 年 12 月北京第 1 次印刷
规　　格	开本/889×1194 毫米　1/16
	印张 24¾　插页 72　字数 750 千字
印　　数	1-2000 册
国际书号	ISBN 978-7-101-08307-1
定　　价	280.00 元

2010年绍兴县县情快览

2010年是"十一五"发展的收官之年，绍兴县经济社会保持持续平稳较快发展，为"十一五"划上圆满句号。

综合实力有新提升

实现地区生产总值776.10亿元，比上年增长10.6%。

人均生产总值107807元，比上年增长10.0%。

完成财政总收入93.50亿元，比上年增长15.1%；其中地方财政收入51.76亿元，比上年增长18.8%。

实现现价农林牧渔业总产值42.63亿元，比上年增长19.1%。

工业总产值2818.17亿元，比上年增长18.2%，其中规模以上工业总产值2441.37亿元，比上年增长23.7%。

完成建筑业施工产值843.60亿元，比上年增长14.6%；建筑企业全员劳动生产率23.2万元/人，比上年增长12.9%，实现利润18.70亿元，比上年增长14.9%；税金总额25.40亿元，比上年增长17.1%。

实现全社会固定资产投资311.64亿元，比上年增长14.5%。房地产投资96.69亿元，比上年增长57.4%。

实现社会消费品零售总额119.40亿元，比上年增长17.8%。

对外经济有新突破

完成进出口总额108.82亿美元，比上年增长28.6%。其中出口总额79.23亿美元，比上年增长31.2%；进口29.60亿美元，增长22.1%。出口商品结构得到优化，机电产品与高新技术产品出口分别增长33%和73.8%。

新批外商投资企业50家，比上年增长51.5%；总投资24610万美元，比上年增长76.7%；注册资本14595万美元，比上年增长48.5%；合同外资9570万美元，比上年增长287.5%；实际利用外资22001万美元，比上年增长115.1%。新批第三产业外资项目39个，占新批外商投资企业的78%。

交通旅游事业有新发展

交通基础设施建设投资力度持续增长，2010年完成投资9.8亿元。道路通车总里程达1573.58公里，道路密度达133.69公里/百平方公里。全社会客运周转量167220万人公里，比上年增长20.0%，货运周转量507990万吨公里，比上年增长20.0%。

实现旅游总收入72.26亿元，比上年增长23.3%。接待国内游客701.68万人次、境外游客16.21万人次，比上年分别增长19.9%、15.9%。

科技创新有新亮点

新增国家火炬计划高新技术企业5家、国家重点扶持的高新技术企业12家，省级科技型企业20家，省农业科技企业2家，省级高新技术研发中心5家，省专利示范企业6家。

新增专利授权量2537件，其中授权发明专利52件，比上年增长30.0%。

新增浙江名牌产品14个，累计拥有中国名牌产品14个、浙江名牌产品63个。

新增中国驰名商标1件、省著名商标16件，累计拥有中国驰名商标36件、省著名商标115件。

社会事业有新推进

实现市教育基本现代化示范镇全覆盖。学前教育、义务教育、高中教育入学率分别达到99.6%、100%、99.0%。高考录取5939人，录取率92.7%，比全省平均高出近8.9个百分点，其中高考重点录取1266人。各级各类学科竞赛中获省级以上奖项330个。

共有县级艺术表演团体1个，文化馆1个，图书馆1个，博物馆1个，镇（街道）文化站19个，县级以上文物保护单位66个，图书馆藏书量26万册。全年书刊发行量666万册。

新型农村合作医疗覆盖率97.11%，比上年增加0.29个百分点。惠民医疗服务为群众减免医疗费用806万元。实施国家基本药物制度，实际让利群众8202.71万元，门急诊均次费用和住院均次费用分别下降32%和26%。创建省级卫生村（单位）12个、省级规范化社区卫生服务中心10个，村卫生室规范化创建率达80%以上。

创建2个省级体育强镇，33个省级体育小康村和5个省级农村体育俱乐部。在省全运会中以16.5枚金牌列各县（市、区）首位；在市七运会上，以151.5枚金牌、2740分的团体总分双双位居全市第二，实现历史性的突破。

城乡建设有新面貌

成为全市首个通过省级验收的放心放射源达标县。

完成房屋拆迁面积122.5万平方米。拆除违法违章建筑507起，面积5.4万平方米。

城市污水日处理能力达到90万吨，垃圾无害化年处理量16.7万吨。

建成区绿化覆盖面积1874公顷，人均公共绿地面积10.3 平方米。

建设农民公寓38幢829套，完工农民公寓21幢362套；完成农村住房改造建设4777户，建筑面积49.94 万平方米。

人民生活更加富裕

城镇居民人均可支配收入32223元，比上年增长13.1%；农村居民人均纯收入16685元，比上年增长13.6%。年末城镇居民人均住房建筑面积38.97平方米，农村居民人均住房面积59.77平方米。城乡居民家庭恩格尔系数分别为35.8%和36.2%。

新增城镇就业17885人，下岗失业人员实现再就业7735人，其中就业困难人员1895人。

城乡居民社会养老保险参保人数141354人。全县企业职工基本养老保险、医疗保险、工伤保险、失业保险、生育保险参保人数分别达27.31万人、24.56万人、28.27万人、16.06万人和17.26万人。被征地农民养老保险参保人数13.58万人，被征地农民养老保险“即征即保”率100%。全年支付各项社会保险99361万元。

拥有各类福利院24个，比上年增加1个；床位2739张，新增252张；供（寄）养对象831人，新增94人。农村五保和城镇“三无”集中供养率均达100%。

注：以上文字及数据，以《绍兴县2010年国民经济和社会发展统计公报》为参考。

2010年10月25日，全国政协副主席阿不来提·阿不都热西提（前排左二）出席2010中国柯桥国际纺织品博览会（秋季）开幕式并宣布开幕。（沈浩根摄）

2010年9月10日，全国政协副主席兼秘书长钱运录（右二）到绍兴县考察中国轻纺城市场。

（沈浩根摄）

2010年5月15日，全国人大常委会原副委员长、民建中央原主席、著名经济学家成思危（前排中）到绍兴县考察中国轻纺城老市场、浙江现代纺织工业研究院。（沈浩根摄）

2010年4月2日，全国政协原副主席孙孚凌（右一）到绍兴县视察。（高 洁摄）

2010年7月6日，最高人民法院院长王胜俊（前排左二）到绍兴县考察基层法庭工作。（沈浩根摄）

2010年6月18日，国家审计署审计长刘家义（前排右二）等中央党校省部级学员一行10人，围绕“公共权力运行机制”课题，到绍兴县作专题调研。

2010年9月28日，浙江省委副书记夏宝龙到绍兴县参加2010浙江省渔业博览会开幕式并宣布开幕。

2010年8月26日，浙江省委常委、纪委书记任泽民（前排中）到绍兴县调研党风廉政建设工作。

（本页照片均为沈浩根摄）

2010年6月23日，浙江省委常委、常务副省长陈敏尔（前排中）到绍兴县调研现代服务业发展工作。

2010年3月16日，浙江省委常委、政法委书记、公安厅厅长王辉忠(前排中)到绍兴县检查上海世博会“环沪护城河”和第六届世界合唱比赛安保工作。

2010年5月24日，浙江省委常委、副省长葛慧君（前排左二）到绍兴县检查第六届世界合唱比赛筹备及安保工作情况。

（本页照片均为沈浩根摄）

2010年3月24日，浙江省委常委、组织部部长蔡奇（前排左一）到绍兴县调研基层党建工作。

2010年9月25日，上海市人大常委会副主任胡炜（前排左二）出席中国家居第一品牌、县重点建设项目——长江越领·红星美凯龙项目开工仪式并为项目奠基。

2010年6月1日，浙江省副省长陈加元（前排中）带领省专题调研组到绍兴县调研农村住房改造建设工作。

（本页照片均为沈浩根摄）

“十一五”时期绍兴县国民经济成就

国民经济综合实力大幅增强

地区生产总值（单位：亿元）

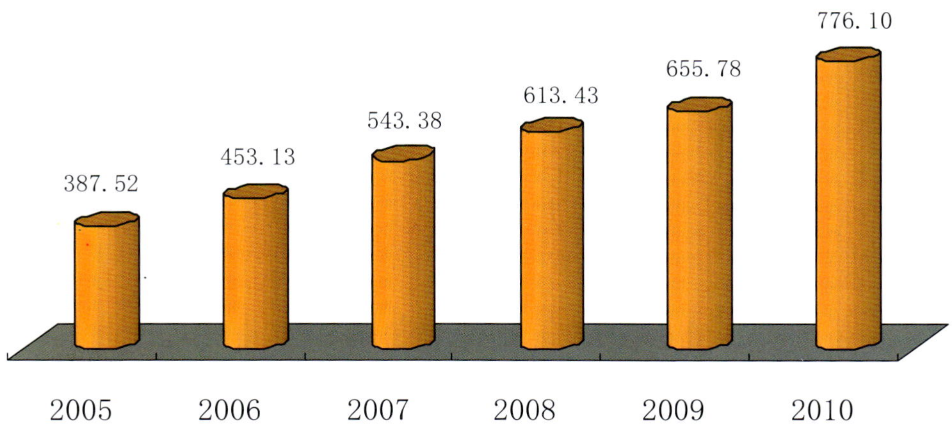

人均生产总值（单位：美元）

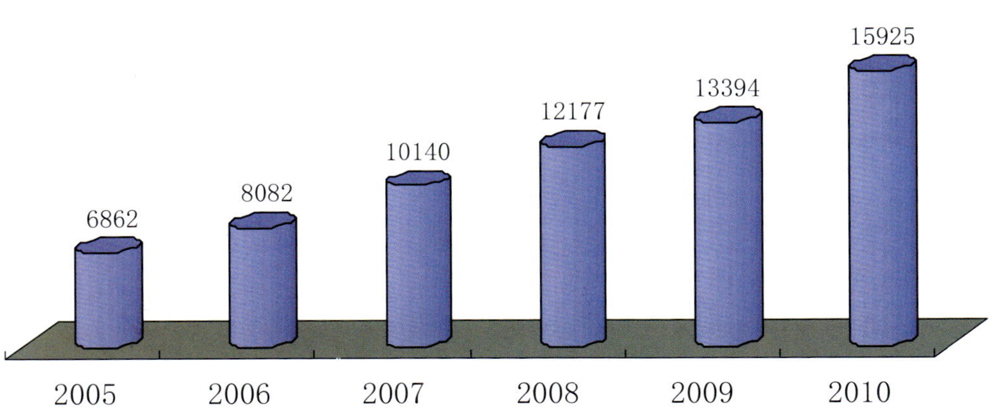

经济规模明显扩大

工业经济（单位：亿元）

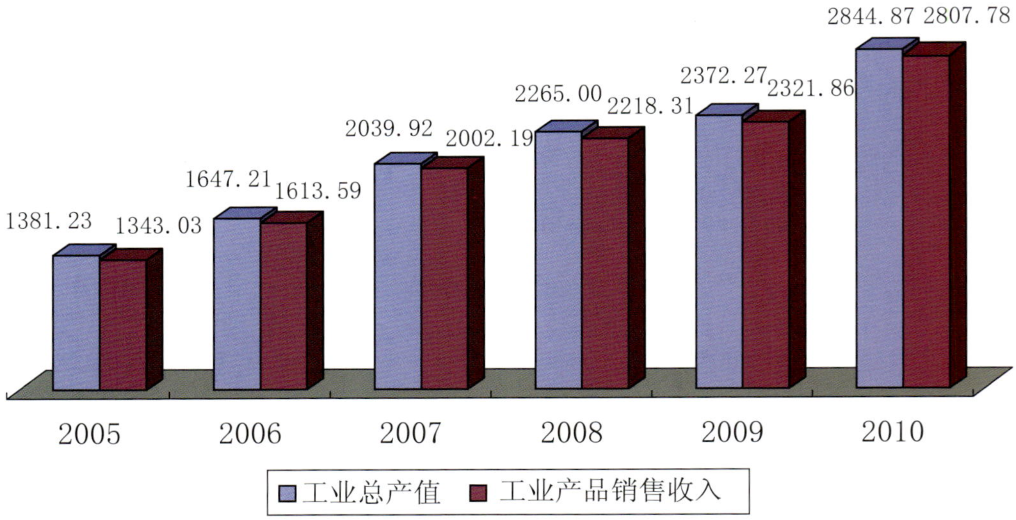

固定资产投资（单位：亿元）

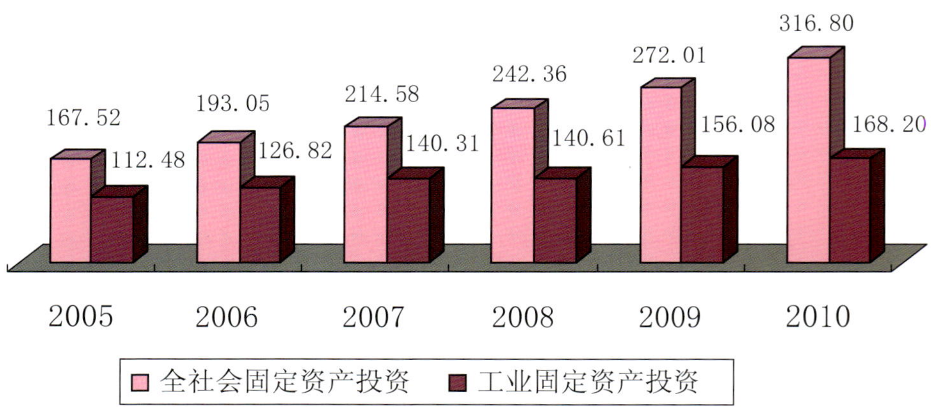

实际利用外资（单位：万美元）

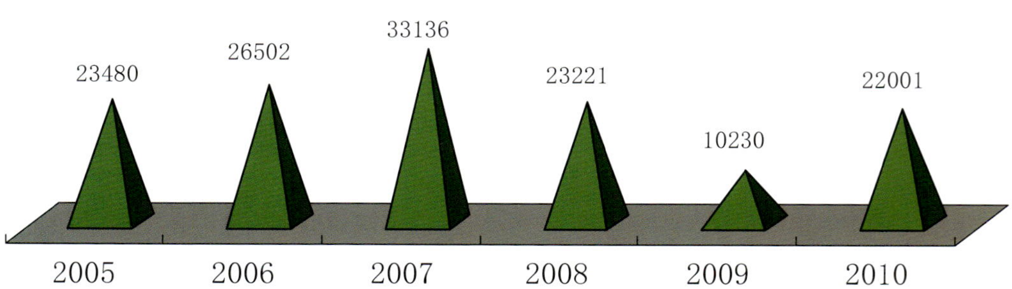

财政收入不断增长

财政收入（单位：亿元）

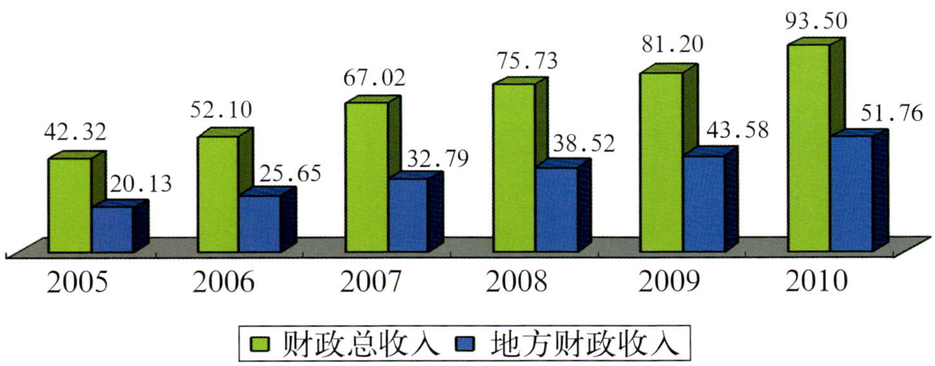

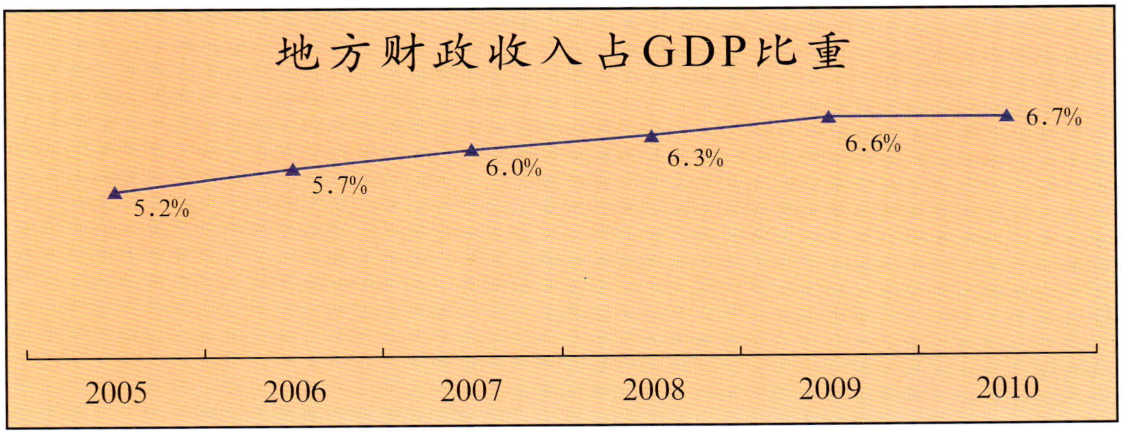

人民生活更加富裕

农民人均纯收入（单位：元）

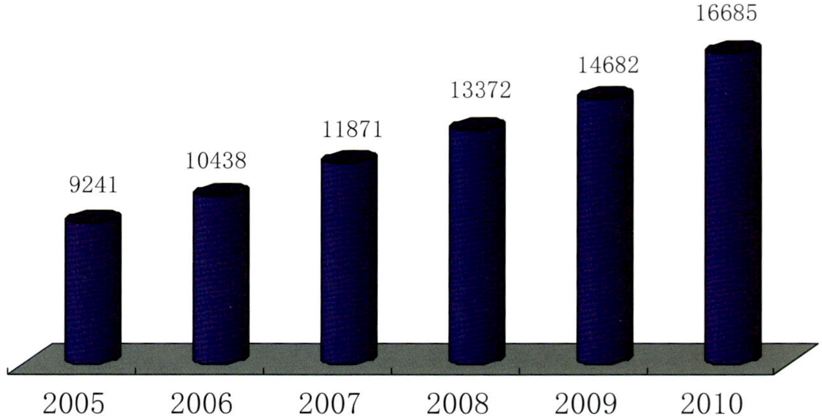

城镇居民人均可支配收入（单位：元）

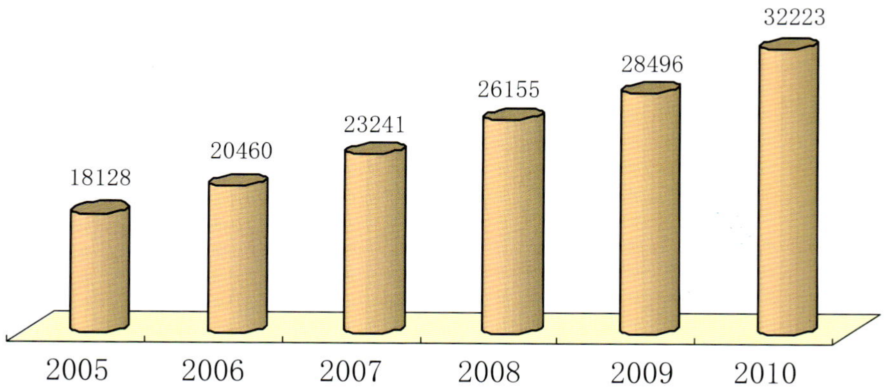

2010年度绍兴县经济社会荣誉榜

2010年度绍兴县县长奖（个人按姓氏笔划排序）

绍兴县公安局　绍兴县环保局　华舍街道办事处
方朝阳　孙永根　孙志祥　吕旭幸　沈冬云　沈幼生　陈锦高　庞宝根　金曾善（韩国）
赵建杨　俞俊海　高永清　徐茂根　钱建刚　韩　扬　谢震业　虞兔良

2010年度水利“大禹杯”竞赛优胜单位

金杯奖：福全镇　稽东镇
银杯奖：钱清镇　漓渚镇
铜杯奖：华舍街道　马鞍镇

2010年度绍兴县自营出口企业优胜单位

绍兴县宏集纺织品有限公司
绍兴绅花纺织有限公司
浙江纽特克思进出口有限公司
绍兴县思科纺织品有限公司
浙江绍兴勇大针纺工艺有限公司
绍兴县泽浩纺织品有限公司
绍兴金峰纺织面料有限公司
绍兴县祥悦针纺织有限公司
浙江雄峰进出口有限公司
绍兴县远征化纤有限公司
浙江南方石化工业有限公司
绍兴县金晟纺织品有限公司
浙江凯利包装材料有限公司
浙江欧亚薄膜材料有限公司
浙江三力士橡胶股份有限公司
绍兴杰龙玻璃有限公司
绍兴未名塑胶制品厂
浙江精工科技股份有限公司
精功绍兴太阳能技术有限公司
浙江万丰化工有限公司

2010年度中国轻纺城“范蠡奖”

浙江凤凰庄纺织品有限公司
浙江万姿布业有限公司
绍兴县科旺纺织有限公司
绍兴县资佳布业有限公司
浙江凌达实业有限公司
浙江春夏秋冬纺织贸易有限公司
丰盛纺织服饰有限公司
绍兴县兴发纺织贸易有限公司
绍兴菲逊纺织发展有限公司
浙江耀光纺织品有限公司

2010年度绍兴县农业龙头企业十强

浙江天天田园控股集团有限公司
绍兴县绿源水产开发有限公司
绍兴御茶村茶业有限公司
浙江中大饲料（油脂）有限公司
浙江科盛饲料股份有限公司
浙江昌祥茶叶有限公司
绍兴县安昌百顺蛋厂
绍兴县福景达农业有限公司
绍兴会稽山米业有限公司
绍兴县舜越绿色食品有限公司

2010年度绍兴县建筑业企业十强

浙江宝业建设集团有限公司
中设建工集团有限公司
中厦建设集团有限公司
浙江勤业建工集团有限公司
浙江精工钢结构有限公司
浙江裕众建设集团有限公司
浙江天工建设集团有限公司
浙江中安建设有限公司
浙江林盛建设发展有限公司
浙江众立建筑工程有限公司

2010年度绍兴县房地产企业十强

绍兴柯桥万达广场投资有限公司
绍兴金绿泉置业有限公司
浙江金昌房地产集团有限公司
绍兴康尔富房地产开发有限公司
浙江宝业房地产集团有限公司
绍兴华裕房地产开发有限公司
绍兴柏盛房地产开发有限公司
浙江华联置业有限公司
浙江冠南房地产开发有限公司
绍兴中庆房地产发展有限公司

2010年度绍兴县现代农业发展功臣

葛云明（浙江天天田园控股集团有限公司）
丁国才（绍兴县绿源水产开发有限公司）
吴建立（绍兴御茶村茶业有限公司）

2010年度绍兴县工业发展特别贡献奖

徐茂根（浙江远东化纤集团）
金良顺（精功集团有限公司）
沈幼生（索密克汽车配件有限公司）
虞阿五（浙江日月首饰集团有限公司）
孙永根（浙江天圣控股集团有限公司）
赵张夫（浙江赐富化纤集团有限公司）
蒋张水（浙江天马实业股份有限公司）

2010年度绍兴县工业发展功臣

秋国良（浙江无名皮塑集团有限责任公司）
徐顺兴（浙江南方控股集团有限公司）
万爱法（浙江永通染织集团有限公司）
张兴根（兴鑫控股集团有限公司）
庞宝根（浙江宝业住宅产业化有限公司）
傅见林（绍兴县盛鑫印染有限公司）
金关良（浙江稽山控股集团有限公司）
沈子平（绍兴百丽恒印染有限公司）

虞宝木（浙江宝纺控股集团有限公司）
濮黎明（浙江绍兴昕欣纺织有限公司）
徐仁良（浙江新中天控股集团有限公司）
孙志祥（浙江越剑机械制造有限公司）
金国辉（浙江塔牌绍兴酒有限公司）

2010年度绍兴县建筑业发展功臣

王荣富（浙江宝业建设集团有限公司）
方朝阳（浙江精工钢结构有限公司）
陈永根（中设建工集团有限公司）
杨学夫（中厦建设集团有限公司）
张勤良（浙江勤业建工集团有限公司）

2010年度绍兴县现代服务业发展功臣

钱木水（浙江华通医药股份有限公司）
沈冬云（浙江蓝天实业集团有限公司）

编辑说明

一、《绍兴县年鉴》（以下简称《年鉴》），由中共绍兴县委员会和绍兴县人民政府（以下简称县委、县政府）主办，绍兴县地方志编纂委员会主持，绍兴县史志办公室组织实施，各有关部门参与，众人撰写，《年鉴》编辑部编纂出版。

二、《年鉴》具有县委、县政府年度公报的性质，是集地方性、时效性、综合性于一体的资料性工具书。

三、《年鉴》从2001年起，一年编纂一册，全面地、系统地、客观地记述绍兴县上一年度经济、政治、文化和社会生活的基本面貌及发展状况，可为领导决策提供依据，为社会各界了解县情、建设家乡提供资料，为精神文明建设、开展乡土教育提供教材，为研究绍兴和续修《绍兴县志》积累史料。

四、《年鉴》以邓小平理论和“三个代表”重要思想为指导，按照科学发展观的要求，用辩证唯物主义和历史唯物主义的观点和方法，实事求是地记述一年中的人、事、物，力求思想性、科学性和信息性的统一。

五、《年鉴》记述的区域范围为2010年的绍兴县境。

记述时限为2010年1月1日至12月31日。一些跨年度公布的事物，则于本年鉴截稿时为止。记述内容包括建置、环境、政治、经济、文化、社会、人物等各个方面，重点记述年度内的大事、要事、特事，反映其内在的新变化、新经验、新问题。以记述正面为主，也不回避负面，务求《年鉴》的真实性、实用性。

六、《年鉴》按事物属性和主次，分总情、经济、政治、文卫、建制镇（街道）、国民经济统计资料选刊和索引7块，类目、分目、条目3个层次编辑；类目之下一般设综述，分目之下设概况，以便记述事物的变化和基本数据；条目为《年鉴》的基本单位，一事一条，动态记述。

七、《年鉴》除专文外，采用记述体。文风力求严谨、朴实、简洁、通畅。文字、称谓、数字、纪年、标点符号等，一般均按国家有关规定书写、应用，有些计量单位如亩等顺从习惯。作者名署在条目文尾，一个分目下连续多条条目均为同一作者，署名于最后条目文尾。

八、《年鉴》所载文字内容及数据，均由县有关职能部门提供，并经各级领导和相关专业部门审核。其中有些数据，由于来源、统计口径等方面的原因，不同部门提供的同项目数字，也可能不尽一致，故正式引用应以本书“2010年绍兴县国民经济统计资料选刊”为准。部分数据、表格，在文尾注明引述来源。

九、《年鉴》所载相关单位、机构名称中涉及的符号、文字，尊重该单位、机构的原设计用法。

十、《年鉴》目录中的类目标题用英文标出。《年鉴》附正文索引、正文图表索引和正文照片索引。索引采用主题分析法，按主题词首字汉语拼音字母顺序排列。

十一、《年鉴》编纂工作，在县委、县政府的领导下，得到各部门（单位）、各镇（街道）的大力支持，广大撰稿人员的通力合作，在此谨表衷心感谢。由于编纂者水平有限，时间仓促，书中难免存在疏漏和失误，敬请广大读者批评指正。

《绍兴县年鉴》编辑部

2011年6月

绍兴县行政区划图

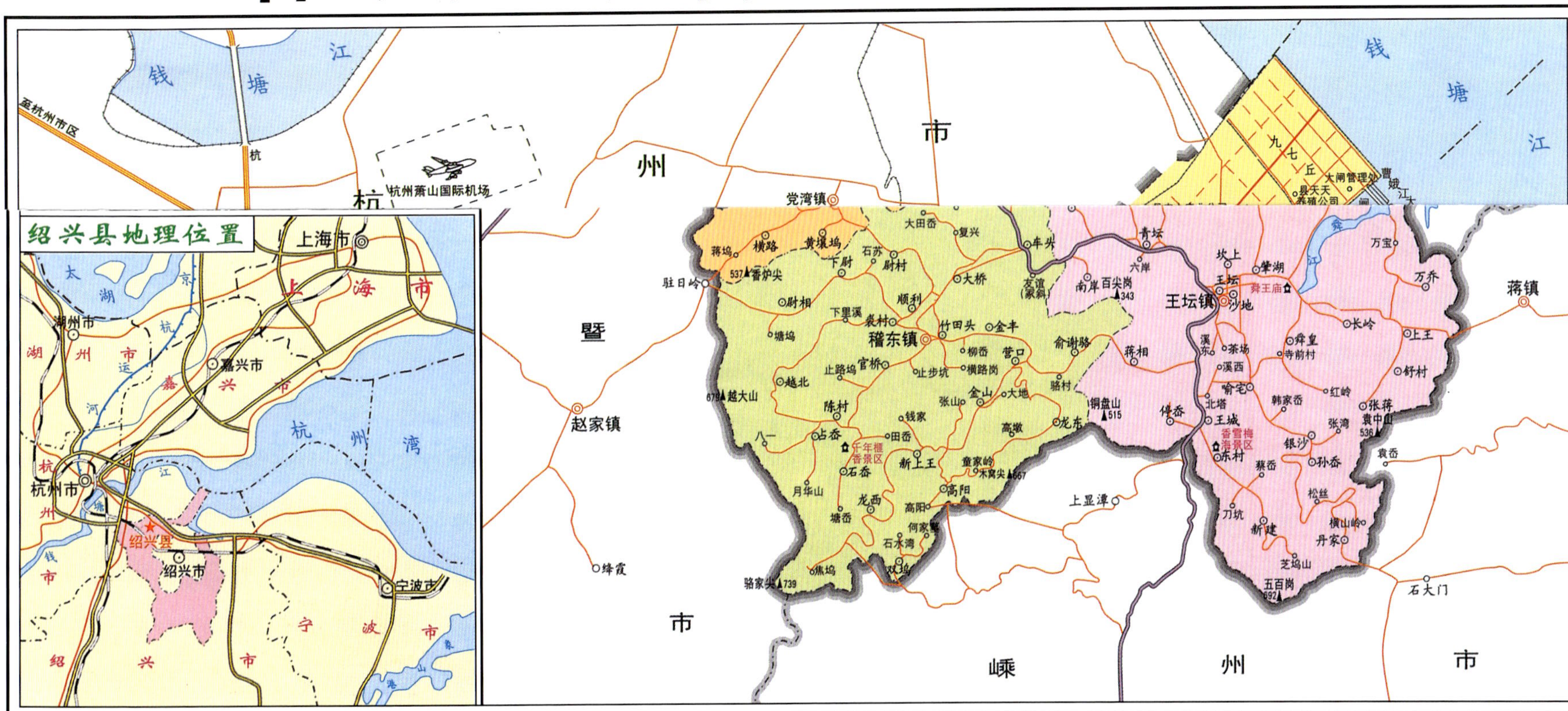

绍兴县发展和改革局编制2007年9月

目 录

特 载

专 辑

2010年大事记

地 情

三项基本国策

农业经济

工业经济

建筑业

房地产业

商贸业

开放型经济

市　场

旅游经济

金融保险

经济管理

经济开发区

城镇建设

交通运输

邮政通信

机 构

中共绍兴县委员会

绍兴县人民代表大会常务委员会

绍兴县人民政府

政协绍兴县委员会

民主党派　工商联

人民团体

外事 侨务 涉台事务

政　法

军　事

社会事务

教 育

科学技术

文化体育

新闻传媒

卫 生

外地人在绍兴

县人著述

鉴湖新风

越地珍闻

外地媒体话绍兴

人 物

建制镇与街道

2010年绍兴县国民经济统计资料选刊

索 引

Contents

抢抓发展机遇　加快转型升级
不断开创科学发展率先发展新局面

——在中共绍兴县委员会第十二届八次全体（扩大）会议上的报告（摘要）

中共绍兴市委常委 绍兴县委书记 徐焕明

2010年1月22日

这次全会的主要任务是：贯彻中央和省委、市委决策部署，回顾总结去年工作，研究部署今年任务，动员全县各级党组织和广大党员干部，进一步认清形势，增强信心，抢抓机遇，乘势而上，不断开创我县经济社会科学发展率先发展新局面。

一、关于去年工作的简要回顾

刚刚过去的2009年是极不平凡的一年。一年来，全县上下坚持以科学发展观为统领，突出“加快经济转型、促进社会和谐”工作主题，积极应对国际金融危机冲击和严峻复杂的经济形势，全力“保增长、保民生、保稳定”，经济社会发展取得了好于预期的成绩。全年完成生产总值655.26亿元，增长9.8%；财政总收入81.2亿元，其中地方财政收入43.6亿元，分别增长7.2%、13.1%；全社会固定资产投资272.07亿元，增长12.2%；工业产值2372.27亿元，增长5.3%；社会消费品零售总额105.89亿元，增长16.3%；城镇居民人均可支配收入28496元，农村居民人均纯收入14682元，分别增长9%、9.8%；预计全年万元生产总值综合能耗下降4%，COD和SO_2排放量分别下降3.2%、4.0%。各项主要经济指标除出口外均完成和超额完成年初确定的目标任务，出口虽下降6.56%，但在全省出口十强县（市、区）中总额跃居首位、降幅最小。社会保持和谐稳定。我县在全国县域经济基本竞争力排名中再次进入“十强”，位居各县（市）第五；连续两年获中国全面小康十大示范县（市）称号；在省发改委、统计局公布的全省城乡统筹发展水平综合评价中连续四年列各县（市）首位。这些成绩的取得，是我们认真贯彻落实中央和省委、市委精神，从我县实际出发，审时度势、科学决策的结果，是全县上下和衷共济、奋力拼搏的结果。回顾常委会一年来的工作，主要抓了以下三个方面：

1. 始终突出中心，保增长、促转型，在积极应对国际金融危机中实现经济回升向好。紧紧抓住经济建设这一中心不动摇，面对严峻复杂的经济形势，按照“标本兼治、保稳促调”基本方针，把保增长作为首要任务，把促转型作为根本出路，两手齐抓，扎实开展项目推进年、市场拓展年、服务企业年活动，大力实施提升纺织集群、优化经济结构、培育创新型企业、推进节约集约发展“四大行动计划”，并落实了一系列行之有效的工作举措。一是确定积极有为年度工作目标。去年年初，在全县相当部分的干部群众特别是一些企业经营者对新一年经济发展信心不足的情况下，我们充分征求意见，反复研究讨论，努力把握发展趋势，在县委十二届六次全体（扩大）会议上确定了积极有为、争先创优的新一年经济社会发展主要预期目标，并提出一系列应对金融危机和“保增长、抓转型”的工作举措，有力地提振了全县上下的发展信心。二是加大帮扶企业工作力度。华联三鑫、江龙集团等企业的解困重组取得实质性成效，探索建立“政府主导、以奖转股、市场运作”的新型融资担保体系和民营企业预警、评价、监管机制，制订出台了3.19亿元经济激励政策，全面落实总额达15.33亿元的税费“减免缓停”一系列政策措施，引导县内各金融机构认真贯彻落实适度宽松的货币政策，扎实开展县镇两级“千名干部联企促发展”活动，向部分重点骨干企业选派“助企指导员”，大力推进行政审批“三集中、三到位”，进一步改善了企业发展环境。三是加快经济转型升级步伐。围绕加大有效投入，突出招商引资“一号工程”，扎实开展“项目推进周”活动，大力实施“三个一批”三年千亿计划，赵龙汽车、和合光伏等一批重点工业项目顺利推进，成功引进沃尔玛、大连万达、金地集团等大型商贸和房地产项目，增强了县域经济发展后劲。围绕纺织集群升级，坚持市场、产业、城市联动，扎实开展纺织块状产业转型升级省级试点，以建设国际性纺织制造中心、贸易中心、创意中心为目标，大力推进中国轻纺城“二次创业”，中国轻纺城市场群实现成交额707.94亿元、增长11.6%，加快纺织产业向终端延伸、向高端拓展，在严峻形势下我县“市场+印染”的独特优势更加凸现，纺织产业带动工业经济率先回暖，工业产值、销售、利润和用电量增速全市领先。围绕转变发展方式，深化“亩产论英雄”考评激励机制；全面实施工业污水“进管达标、按浓度收费”，开展排污权交易试点；按照“三创一集”基本要求，大力开展创新型龙头企业和创新型示范企业培育创建活动，创新创意创牌、节地节能减排日益成为企业的自觉行动，一年来全县新增国家重点扶持的高新技术企业17 家、上市公司3家，新增国际注册商标232件、授权发明专利40项、参与修制订国家（行业）标准37只。围绕优化经济结构，在推动纺织产业集群升级的同时，大力发展新兴产业，加快发展会展、商贸、文化创意等现代服务业，提升发展城郊型现代农业，新兴产业在工业产值中的比重、现代服务业占GDP比重分别较上年提高1.1和1.5个百分点。

2. 牢记为民宗旨，抓统筹、重民生，在加快城乡一体发展中保持社会和谐稳定。坚持保增长与保民生、保稳定的有机统一、相互促进，加大统筹力度，深化农村改革，加强社会管理，城乡居民的幸福感满意度有新提升。主要体现在四个统筹上：一是统筹城乡一体的规划建设。按照“一主三副二片100个左右城乡新社区”的县域城乡建设规划总体布局，突出大平台和新城镇建设，深化“扩权强镇”，调整完善柯桥中心城、轻纺城建管委、柯桥开发委和鉴湖—柯岩旅游度假区管委会管理体制，优化城乡新社区规划布局，扎实开展城乡示范新社区创建活动，新县城、新城镇、农村新社区建设联动推进，城乡一体化发展新格局进一步形成，我县获省规划建设示范城市称号。一大批重点基础设施如杭甬铁路客运专线、萧甬铁路柯桥段高架改造、绍诸高速公路、104国道南复线改造以及农村联网公路建设等工程进展顺利，杭甬运河全线通航，柯袍线二期、群贤路西延伸段等工程建成通车；完成各类拆迁4700余户、135.4万平方米，拆除违法违章建筑27.5万平方米，启动12个村、总建筑面积14.09万平方米的农民公寓建设；流转土地13300亩、累计流转率50.6%，城镇化进程进一步加快。二是统筹城乡一体的公共服务。深入实施“六个所有”民生计划，制订出台《绍兴县基本公共服务均等化行动计划》，进一步完善社会保障体系，切实做好扩大就业和再就业工作，大力发展文化、教育、卫生、体育等社会事业，全年用于改善民生方面的财政预算投入达到20.73亿元，比08年增长16.5%。城乡教育均衡化水平不断提高，市级教育基本现代化示范镇实现全覆盖；城乡公共卫生服务体系进一步完善，甲型H1N1流感得到有效防治，省级卫生强县创建通过考核验收；实行长寿老人补贴制度，城乡老年居民基本生活保障有新提高，城乡困难群众救助力度不断加大；老小区整治改造、廉租房和经济适用住房建设扎实推进，城际公交、城乡公交更加便捷；文化强县建设成效明显，我县体育健儿喜获3枚全运会金牌，新编越剧《一钱太守》获省“五个一工程”奖，“越剧天天唱”、“种文化”等城乡社区文化活动蓬勃开展，我县被授予“中国民间文艺之乡”称号。三是统筹城乡一体的生态建设。继续实施新时期治水工程和“蓝天行动”，进一步完善城乡污水、垃圾收集处理等环保基础设施，建立健全生活垃圾无害化处理长效机制，加强环境综合治理和执法检查，萧绍区域印染化工行业污染整治通过省级验收，全县生活垃圾集中处理率和无害化处置率达97%、89%，城区生活污水收集率达75%，县域空气环境质量优良率为89.6%。四是统筹城乡一体的社会管理。深入推进平安创建活动，探索建立县镇村三级“大调解”工作体系，全面规范农村集体“三资”管理，积极实施“新柯桥人”计划，高度重视安全生产和信访工作，信访总量、刑事发案数同比有较大幅度下降，没有发生重大群体性事件和重大恶性事件，社会保持和谐稳定，我县连续第四年成为省级“平安县”。

3. 强化发展保证，增共识、聚合力，在扎实开展深入学习实践科学发展观活动中增强党组织领导核心作用。按照中央和上级党委统一部署，紧密结合我县实际，突出“加快经济转型、促进社会和谐、推进率先发展”实践载体，认真组织开展第二批、第三批深入学习实践科学发展观活动，取得了“党员干部受教育、科学发展上水平、人民群众得实惠”的明显成效。在学习实践活动中，注重增强科学发展共识，扎实开展县级领导“大接访、大走访”、县委常委与网民“问政零距离”活动以及全县面上的“解放思想、创业创新、率先发展”主题实践活动，进一步凝聚了科学发展共识，县委确定的“创业创新、走在前列”共同目标、“加快经济转型、促进社会和谐”工作主题以及推进经济转型发展、城乡统筹发展、社会和谐发展、上下合力发展的一系列目标、思路和举措深入人心，成为全县上下的自觉行动；注重创新完善体制机制，把建立健全长效机制与集中解决影响制约科学发展和群众反映强烈的突出问题紧密结合起来，扎实开展“完善机制、再创优势”专项行动，对原有的政策、办法和制度进行了集中梳理完善，半年度的县委十二届七次全会又专题研究了我县深化改革开放工作，对新形势下推进经济、城乡、社会、党建等领域改革创新和对内对外开放作了全面部署，初步形成了一整套具有我县特色、有利于推动科学发展率先发展的制度体系；注重加强干部作风建设，县委总揽全局，四套班子齐心协力，大力弘扬“5+2”、“白加黑”的“三诊”精神和作风，坚持和深化县领导“六联系”、县领导定期分组督查重点投资项目等制度，全力破解要素资源制约、帮助企业解困度难、加强民营企业监管等八方面难题，树立“三看”标准和正确用人导向，扎实开展“看发展亮点、促争先创优”活动，积极探索扩大党内民主的有效途径，认真落实党风廉政建设责任制，自觉践行“两个更加”，扎实推进惩防体系建设，努力在全县上下营造风正、气顺、劲足的良好氛围，各级干部干事创业、争先创优的热情进一步激发，有力地推动了县域经济社会持续平稳较快发展。

一年来，县委常委会切实加强自身建设，带头开展深入学习实践科学发展观活动，认真学习科学发展观最新理论成果。坚持集体领导与个人分工负责相结合，坚持重大事项集体讨论决定，着力维护班子团结、增强班子活力。强化县委领导核心作用，按照总揽全局、协调各方的原则，进一步规范党委与人大、政府、政协的关系，加强党管武装工作，高度重视人民团体建设。深入开展调研，关注社情民意，切实帮助基层解决实际问题。坚持解放思想，求真务实，以扎实作风和有效措施，保障经济社会持续平稳较快发展。

成绩来之不易，转型任重道远。一年来的实

践，我们的最大收获是经受住了严峻复杂经济环境的重大考验，积累了推动经济社会又好又快发展的经验，坚定了全县上下加快经济转型升级的信心和决心。同时，我们必须清醒看到，经济发展中的积累性素质性结构性问题尚未根本解决，发展方式仍较粗放，经济结构有待优化，第三产业在生产总值中的占比相对较低，县域经济发展缺少一批核心竞争力和带动力强、社会贡献大、在省内外有重大影响的创新型龙头企业，加快转型升级任务依然艰巨；城乡一体发展过程中，新城镇的带动力、辐射力有待增强，城乡之间、区域之间仍存在较大差距；维护社会和谐稳定压力较大，在强化基层基础、深化平安创建等方面还有不少薄弱环节；一些党员干部的能力和作风与科学发展的要求还不相适应。所有这些，都需要我们在新的一年里高度重视、切实解决。

二、关于今年工作的主要目标和任务

今年是实施“十一五”规划的最后一年，也是“抓转变、优结构”的攻坚之年。总体看，今年我县的发展环境要明显好于去年。全球经济回升趋势明显，中央应对国际金融危机冲击的一揽子计划和政策措施的积极效应将进一步显现，经济加快发展有了较好的宏观环境保证。从我县实际看，经历一年多金融危机的洗礼，全县上下在推动科学发展、加快转型升级上的认识更加统一，县域经济综合实力和抗风险能力明显增强，新的一年，我们正面临着省委省政府加强大平台大产业大企业大项目建设、更好融入杭州都市经济圈和绍兴中心城市的难得机遇，面临着宏观经济向好、各级要求加快经济结构调整和发展方式转变的难得机遇。但同时我们也应看到，今年可能是新世纪以来经济形势最为复杂的一年，世界经济运行变数较多，国内经济回升基础尚不牢固，发展中不确定、不可预料的因素将继续增多。对此，我们一定要保持清醒，既要增强信心，抢抓机遇，加快发展，又要未雨绸缪，扎实做好应对困难和挑战的充分准备，牢牢把握发展主动权。

做好今年经济社会发展工作，对于全面走出国际金融危机阴霾、保持经济企稳回升势头、为“十二五”发展奠定良好基础具有十分重要的意义。今年工作的指导思想是：**坚持以科学发展观为统领，全面贯彻党的十七届三中、四中全会精神和中央经济工作会议精神，认真落实省委“两创”总战略，继续突出“加快经济转型、促进社会和谐”工作主题，更加注重优化经济结构和转变发展方式、提高经济增长质量和效益，更加注重改革开放和自主创新、增强经济发展活力和动力，更加注重城镇带动、加快城乡一体发展步伐，更加注重改善民生、保持社会和谐稳定，推动经济社会持续平稳较快发展，全力完成“十一五”发展目标任务，为“十二五”发展奠定良好基础。**

根据上述指导思想，今年全县经济社会发展主要预期目标建议为：生产总值增长10%左右；地方财政收入增长8%以上；全社会固定资产投资增长11%；社会消费品零售总额增长13%；自营出口增长8%以上；科技研发支出占生产总值比重达到1.85%；城镇居民人均可支配收入增长8%，农村居民人均纯收入增长8.5%；城镇登记失业率控制在3.5%以内；人口自然增长率控制在1.42‰以内；万元生产总值能耗下降3%，化学需氧量排放量下降3.5%，二氧化硫排放量下降2%。重点要在以下三个方面取得新突破：

第一，坚持转型升级主攻方向，致力在提升县域经济综合竞争力上取得新突破。

认真贯彻落实中央和全省经济工作会议精神，在稳定经济增长的同时，坚持“五个基本”指导思想，把抓转变、优结构作为推进县域经济又好又快发展的工作主线，把深入实施“四大行动计划”作为抓转变、优结构的工作重点，全力加快经济转型升级，不断增强县域经济综合竞争力和可持续发展能力。

1．深化“亩产论英雄”基本理念，加快转变经济发展方式。进一步突出重点、完善机制、拓展领域，以“亩产论英雄”理念统领经济发展方式转变全过程，加快县域经济发展从主要依靠资金和资源要素投入带动向主要依靠科技进步、管理创新、提高劳动者素质和资源利用效率带动转变。一要着力提升自主创新能力。以创建国家新型工业化产业（纺织印染）示范基地和省纺织产业集群转型升级示范区为载体，抓好浙江现代纺织工业研究院、科创大厦、创意大厦、纺织装备国家火炬计划特色产业基地等一批公共创新服务平台建设，以及一批以企业为主体的省级以上高新技术研发中心、工程技术研发中心、区域科创服务中心建设，加强与国家有关部委、国内外知名高校、研发机构的交流与合作，重视引进和培育海内外各类专业人才和创新团队，积极争创国家纺织产业创新支撑平台，加快构建以企业为主体、市场为导向、产学研相结合的区域技术创新体系。深入实施知识产权、标准化和品牌战略，加强知识产权制度建设，不断提高知识产权创造、运用、保护和管理能力；鼓励企业参与各类标准制定，善于运用标准化促进产业、企业和产品等方面的提档升级；扎实推进质量强县和品牌强县建设，积极培育和发展区域品牌，支持和引导企业培育一批市场认可度高、影响力大、经济效益好的知名品牌。突出企业主体地位，按照“三创一集”基本要求，深入实施培育创新型企业行动计划，扎实开展创新型企业系列创建活动，提升创建标准，完善考评体系，加大扶持力度，鼓励企业抢占研发、营销等价值链高端，着力在我县三次产业的优势行业中培育一批有核心竞争力、有行业话语权、带动力强、支撑作用明显的创新型龙头企业、创新型示范企业和创新成长型企业。二要狠抓节地节能减排。深入实施推进节约集约发展行动计划，最大限度地提高资源要素的利用率和产出率。扎实开展全省节约集约用地示范县创建活动，做深“上天、入地、加密”文章，切实推进城乡拆迁改造，鼓励城镇建成区内污染企业“退二优二”、“退二进三”，依法加大闲置土地处置力度。突出重点行业、重点领域、重点企业，大力推行清洁生产，积极引导企业推广应用节能减排新技术、新工艺、新设备，深入实施污水“进管达标、处理提标”专项行动。大力发展循环经济和低碳经济，推广一批太阳能、地热能、生物质能、节能照明等新能源应用、开发项目，积极实施印染污泥无害化处置、印染企业冷凝水回用等资源综合利用项目，抓好循环经济示范企业和示范园区创建工作，积极发展生态农业、有机农业和农村生态能源，努力探索出一条具有我县产业特色的低碳经济发展道路。同时，切实抓好节水、节电、节材等工作。三要完善考核激励机制。从改革入手，用制度保证，加快转变经济发展方式，着力构建资源节约型、环境友好型、经济高效型、发展持续型社会。围绕节地节能减排，坚持资源要素市场化配置改革取向，完善工业用地招拍挂制度，积极探索工业用地出让区别年限制改革，健全城镇土地使用税征收机制、闲置土地退出机制，以及排污指标价格调控机制、存量盘活市场交易机制和新上项目从严会审准入机制，进一步完善经济激励政策，“倒逼”企业加快转变发展方式；围绕创新型企业培育，建立健全创新型企业培育的评判、激励、保障机制，进一步完善创新型企业考评体系，通过对企业资源占用、创新能力、资产贡献等一系列重要指标的综合考评和动态管理，引导企业走科学发展、创新发展之路；围绕干部政绩考核，坚持正确的政绩导向，进一步完善促进科学发展的干部考核评价机制和各级各部门年度岗位目标责任制考核办法，在考核中既要看经济发展的速度和规模，更要看经济结构是否优化、自主创新能力是否提升、城乡面貌是否改善、社会是否和谐稳定、生态环境是否得到保护、可持续发展能力是否增强等，真正做到好字当头、又好又快，切实增强各级领导班子和领导干部加快转变发展方式的自觉性和主动性。

*2. 按照“强工、兴商、优农”基本方针，加快构建现代产业体系。*按照“两中心两带”经济布局，强化规划引导，加快接轨融合，进一步优化产业布局结构、三次产业结构、企业群结构，做强经济发展平台，大力实施“三个一批”三年千亿计划，促进先进制造业、现代服务业和城郊型现代农业协调发展。一要主攻二产。始终坚持提升纺织业、壮大新产业并重，全面落实“1+5”产业规划，一手抓纺织产业集群升级，充分发挥“市场+印染”的独特优势，深入推进中国轻纺城“二次创业”，按照“集中布局、控量提质、节能减排”基本要求，加快印染行业提升发展，进一步完善纺织产业链，大力发展纺织创意产业，加快纺织产业向服装、家纺、产业用布等产业链终端深化，向创意设计、品牌营销等价值链高端迈进，着力打造“三大中心”；一手抓机械电子（汽车汽配）、节能环保、新型材料、医药化工、食品加工等五大新产业的培育壮大，强化规划落地，加大招商力度，完善配套政策，加快形成新的产业集群。大力提升以省级开发区和镇街工业集聚区为主体的现代工业发展平台，着力把滨海工业区打造成为全国一流的纺织

原料和绿色印染基地，把柯桥经济开发区打造成为全省一流的高新技术和新兴产业集聚区，培育壮大20个左右各具特色的镇街工业集聚区，扶持发展50个左右的现代家庭工业集聚点，为做优做强工业经济提供有力保障。大力实施一批先进制造业项目，力争全年完成工业投资160亿元，不断增强工业经济发展后劲。二要做大三产。服务业是我们新一轮发展的最重要增长点。必须把发展现代服务业放在更加突出的位置，加快提升以柯桥新县城（中国轻纺城）和11个新城镇建成区为主体的现代服务业发展平台，坚持市场与城市、新县城与新城镇联动，围绕县委十二届三次全体（扩大）会议确定的加快轻纺城“二次创业”，大力发展以中国轻纺城“611”建设计划为主要载体的总部楼宇经济，培育壮大金融、会展、现代物流、中介服务业和服务外包产业，提升发展商贸服务业，进一步做大做强旅游业，促进房地产业健康有序发展和加快发展城镇公共服务业等七个方面工作重点，狠抓工作落实，加大扶持力度，大力发展城镇经济，着力抓好中国轻纺城改造升级系列工程、柯桥万达广场、红星美凯龙、蓝天文化影视中心、大香林景区二期、安昌古镇开发等项目和一批新城镇服务业项目，力争全年完成现代服务业投资包括政府性项目投资137亿元，确保今年三产增加值占GDP比重提高1个百分点以上。三要提升一产。认真落实各级强农惠农各项政策，在稳定粮食生产的前提下，进一步加大土地承包经营权流转力度，深化“院地合作”，大力发展设施农业、效益农业、品牌农业，着力建设以蔬菜、畜牧、水产、茶叶、花卉、竹笋、干鲜果、野生动植物繁殖驯养等八大农业主导产业基地，重点启动一个现代农业示范园、三个农业主导产业示范区、五个精品农业示范基地、八个森林旅游景点建设，积极实施“兴林富民”工程，进一步完善农业公共服务体系，加快农业“接二连三”，力争全年完成现代农业投资5亿元以上。

3．*大力实施开放发展战略，更好统筹“两个市场”、“两种资源”*。顺应经济全球化、区域一体化发展新趋势，进一步扩大对内对外开放，充分利用国际国内两个市场、两种资源，在更高层次、更宽领域参与市场竞争、产业分工和要素资源配置。一要狠抓招商选资。突出招商选资“一号工程”，坚持央资民资外资“三资”并重、“零土地”技改项目与新上项目并重、招商选资与招研引智并重、留商引商与安商富商并重，整合招商资源，完善工作机制，加大招商力度，瞄准世界500强和国字号大企业大项目，强化项目对接、区域对接、企业对接、院校对接，着力引进高科技项目、新产业项目和传统产业提升项目，以及一批我县经济转型升级亟需的科研机构、设计中心和专业人才，力求取得新突破新成效。二要狠抓市场拓展。抢抓当前经济回暖、需求回升有利时机以及中国—东盟自由贸易区全面建成的新机遇，认真研究与分析国内外需求，进一步巩固扩大中东、欧美等传统市场，大力拓展东盟、非洲、拉美等新兴市场，加快拓展国内市场，积极搭建市场拓展平台，千方百计提高我县产品在国内外市场的占有率。充分发挥中国轻纺城贸易大平台作用，进一步理顺管理体制，完善市场集群，推进划行归市，强化招商隆市，加快市场信用体系建设，大力发展以国家级展会“纺博会”为龙头的会展产业，扎实做好中国·柯桥纺织指数编制发布工作，加快“网上轻纺城”建设，进一步提高中国轻纺城的集群化、现代化、国际化水平，为广大企业拓展国内外市场创造更多机会、更好条件。支持和引导企业建立健全市场营销网络，完善企业“走出去”服务体系，支持有条件的企业建设境外经贸合作园区、并购重组国内外关联企业或营销网络，设立境外营销网点、直销基地，大力推广电子商务，更加重视鼓励生产企业直接出口，更加重视自主品牌产品营销。同时，切实提高应对汇率变动和国际贸易摩擦的能力，完善对外贸易摩擦反应机制，有效防范国际经济风险。三要优化投资环境。强化要素资源保障，抓紧完成全县新一轮土地利用总体规划修编，加大金融创新和招商引行力度，进一步做好环境容量、电力、劳动力等保障工作，加快推动资源要素向大平台、大产业、大项目集聚；牢固树立“人人都是投资环境”意识，进一步提升涉外管理服务中心功能，推进涉外审批、监管、服务“三位一体”建设进程，加快海关、检验检疫等涉外机构配套，完善以“内陆直通关”建设为重点的口岸服务体系，努力为国（境）外机构和国（境）外客商投资、工作、生活等提供“一条龙、一站式”服务；深入开展“服务企业年”活动，继续抓好企业解困工作，健全区域性新型融资担保体系，认真落实企业“轻费减负”各项政策举措，加快县域信息化步伐，深入推进行政审批“三集中、三到位”，进一步规范行使行政自由裁量权，不断提高行政效率，努力使我县成为全省乃至全国相关收费最少、创业成本最低、办事效率最高、投资服务最优的县（市）之一。

第二，坚持城乡一体发展目标，致力在联动推进“三新”建设上取得新突破。

按照县域城乡建设规划布局，坚持新型工业化、新型城镇化、农业现代化融合互动，以拆迁改造为重要突破口，以农村住房改造建设和规范管理为主抓手，大力实施“三集中”工程，联动推进柯桥新县城、新城镇、农村新社区协调发展。

1．*乘势加快柯桥新县城繁荣发展*。随着高铁时代的临近，杭州都市经济圈的加快构建，绍兴中心城市的“西连”，以及中国轻纺城“二次创业”成效的日益显现，柯桥新县城开发建设持续升温，发展前景普遍看好。牢固树立“柯桥就是轻纺城、轻纺城就是柯桥”理念，切实做好轻纺市场、城市建设、现代服务业联动发展文章，抢抓发展良机，加强接轨融合，乘势而上、能快则快推进柯桥新县城建设。一要进一步优化城市布局。围绕建设“国际纺织之都、现代商贸之城”目标，进一步深化完善城市规划，不断提升发展柯桥中心城，继续加快“两湖”区域开发建设，同时，积极向南北拓展，突出柯南区域“休闲旅游度假区、生态产业集聚区、城乡统筹示范区”规划定位和柯桥开发区“科技新城、商贸新城、宜居新城”规划定位，按照城市要求，强化规划控制，拓展发展空间。二要进一步完善城市功能。重点抓好萧甬铁路柯桥城区段高架改造、104国道综合改造、镜水北路等工程，配合实施好杭甬铁路客运专线、绍诸高速、杭州湾钱江三通道等工程，抓紧体育中心、综合档案馆、会展中心二期、现代物流基地等一批基础性、公益性、功能性项目建设，力争完成“城中村”拆迁改造2400户、60万平方米以上，不断完善城市基础设施和服务功能。三要进一步加强城市管理。围绕“市民行为规范化、环境卫生清洁化、道路交通有序化、建设配套系统化、城市管理法治化、创建活动经常化”的基本要求，强化责任落实，突出工作重点，健全文明城市创建、城市综合管理特别是执法管理长效工作机制，进一步抓好“数字城管”深化扩面工作，高度重视和研究落实柯桥新县城加快人口集聚的有效办法措施，继续引导机关干部带头工作、居住、生活在柯桥，致力打造“创业在柯桥、居住在柯桥、休闲在柯桥”的城市品牌。

2．*更加重视发挥新城镇带动作用*。突出“新城镇就是小城市”目标定位，加快培育一批功能完备、要素集聚程度高、辐射带动能力强的新城镇，使之成为镇域经济发展的主平台、城乡统筹的主阵地。一要加强规划建设，切实增强城镇综合承载力。坚持城镇建设规划与经济社会发展规划、土地利用规划、生态保护规划相结合，明确城镇建成区和农村新社区建设的不同要求，按照调整完善后的城乡新社区布局规划，深化细化11个新城镇中长期和近期建设规划，注重个性特色，强化规划控制和执行。加大拆迁改造力度，力争全年完成“镇中村”、“区中村”拆迁改造1600户、40万平方米以上。加快完善城镇道路、水电、通讯以及污水、垃圾处理等基础设施和城镇教育、文化、卫生、体育等公共服务设施，深入开展系列文明创建，加大综合执法力度，持之以恒抓好城乡违法违章建筑整治工作，不断提高城镇建设和管理水平。二要提升经营水平，切实增强城镇可持续发展能力。强化“经营城镇”理念，各发展平台和中心镇都要组建健全投资建设公司和融资担保公司，按照适度超前和可持续发展的原则，以经营土地为重点，做好城镇建成区内征地、拆迁、项目三结合文章，“好、快、稳、省”地推进拆迁征地，加大项目招商力度，加快发展城镇商贸、房地产等现代服务业，大力发展科技型、生态型工业和城郊型现代农业，培育壮大城镇经济，为城镇发展提供有力的产业支撑。三要深化扩权强镇，切实增强城镇发展动力活力。坚持落实“扩权强县”与深化“扩权强镇”相结合，按照“减放并举、能放则放、权责一致、提高效能”原则，全县11个中心镇（含滨海工业区、平水副城）全部扩权到位，推动资源要素加快向新城镇集聚。同时，进一步发挥平水副城在推进南部山区一体发展中的龙头带动作用，认真落实《关于加快推进东部三镇发展的若干政策意见》，推动区域协调发展。

3．*持之以恒推进农村新社区建设*。坚持“农村新社区就是小集镇”理念，按照“三集一化”的基本要求，加快农村新社区建设。一要大力发展社区经济。整合社区内各类要素资源，鼓励发展现代家庭工业，切实兴建社区物业用房，加大农村土地流转力度，多形式、多渠道发展壮大社区集体经济，为新社区建设提供有力的资金保障。二要狠抓社区建设管理。按照“先规划后建设”要求，抓紧修编完善农村新社区建设规划；以农村住房改造建设和规范管理为重点，结合加快推进城镇化，切实抓好自然村撤并和整村拆迁，分类落实“推进公寓式、规范联立式、严控独立式”基本方针，加快农村建房从分散向集中转变、从自建向统建转变，加快农村人口向新县城、新城镇和农村新社区集中居住；扎实开展城乡示范新社区创建活动，健全新社区建设总指导员制度，进一步加大各级财政扶持力度，加快新社区“一个中心、四个配套”建设步伐，力争每年有15%左右的城乡新社区创建成为示范新社区。三要不断深化农村改革。顺应新社区建设和城乡一体发展新要求，加大农村改革力度，进一步探索完善合力共建新社区的长效工作机制、农村新社区建设多元投入机制以及农村宅基地流转机制、农村住房制度改革利益导向机制，深化农村经营体制改革，不断优化农村新社区公共服务体系，加快农村城镇化步伐。

第三，坚持群众满意标准，致力在促进社会和谐发展上取得新突破。

强化为民宗旨，落实惠民措施，致力发展民主、改善民生、保障民安，不断提高人民群众的幸福感和满意度。

1．深化“民主程序”，积极发展民主。全面贯彻落实各级人大、政协工作会议精神，进一步完善人民代表大会制度、中国共产党领导的多党合作和政治协商制度，巩固和壮大最广泛的爱国统一战线，加强党管武装工作，切实做好民族、宗教、对台和外事侨务工作，进一步发挥工青妇等群团组织的积极作用。强化社会主义法治理念，深入开展“五五”普法教育活动，完善“半小时法律援助服务圈”，切实增强全民法律素质和法治意识；坚持依法行政，保障司法公正，不断提高司法公信力。按照“两个更加”基本要求，不断扩大民主，完善落实相应制度；积极推广“钱清规则”，确保扩权后中心镇各项权力的规范运行；深化“夏履民主程序”，完善村级组织运行机制，不断推进“三务”公开的经常化、制度化和规范化，切实保障基层群众的知情权、参与权、表达权和监督权。

2．深化“六个所有”，切实改善民生。围绕“六个所有”民生计划目标要求，加快文化、教育、卫生、社会保障等社会领域改革，深入实施“新柯桥人”计划，建立健全长效工作机制，加快推进城乡基本公共服务均等化，财政收入新增部分主要用于改善民生支出。深化“以县为主、城乡统筹”的教育管理体制，深入实施城区名校创建工程，有序推进中小学校舍安全工程和教师绩效工资改革，加快发展职业教育，着力引进和创办纺织类高等职业学校，切实抓好特殊教育，促进全县各类教育均衡协调发展。高度重视城镇居民就业再就业工作，加大政策扶持力度，重点解决好高校毕业生、零就业家庭和被征地农民中的“4050”人员就业问题，力争新增城镇就业10000人。深化社会保障提标扩面工作，全面推行城乡居民社会养老保险制度；完善企业职工基本养老保险政策，逐步与省统一制度并轨；实施企业职工基本医疗保险市级统筹，整合完善城镇居民基本医疗保险与新型农村合作医疗制度；积极推进以创建社区居家养老服务中心和农村“星光老年之家”为重点的社会化养老服务体系建设，大力发展老年社会福利事业，不断提高社会保障水平。加快发展残疾人事业，积极争创全国残疾人社区康复示范县。扎实开展第六次人口普查，进一步加强人口与计生工作。加快推进医疗机构建设，深化医药卫生体制改革，完善医疗和公共卫生服务体系，重点在实行基本药物制度和推进县镇村卫生一体化改革上取得实质性进展。切实加大经济适用房、廉租房等保障性住房建设力度，加强人才公寓、外来人口公寓建设，继续推进老小区整治改造、结合农村住房改造建设，加大农村住房困难户解困力度，基本完成农村低保家庭危房改造任务。深化扶贫济困工作，在不断加大困难群众生活、医疗等方面救助力度的同时，探索外来务工人员医疗救助，切实保障困难群众的基本生活。突出文化引领、文化惠民、文化创新工作重点，大力弘扬新时期绍兴县精神，深入持久开展系列文明创建、学习型社会创建活动和农民“种文化”活动，启动全国科普示范县创建工作，积极实施文化“五进”工程和文化精品工程，进一步打响“越剧天天唱”品牌，高质量承办好第六届世界合唱节，扎实做好承办第七届中国曲艺节筹备工作，深入推进文化体制改革，大力发展文化产业，加快“文化强县”建设。全面完成“811”环境保护新三年行动各项目标任务，继续抓好“蓝天行动”和沿海防护林建设工程，深入实施新时期治水工程，坚持集污、活水、控源相结合，扎实开展以提高河道自净能力为重点的水环境综合整治，加快实施排涝快速通道建设工程，不断提高城乡生活污水收集、处理能力，力求在改善县域水环境质量上取得新成效。

3．深化“平安创建”，维护社会稳定。以创建平安县为目标，进一步健全接访制、下访制、导访制、责任制“四制”配套的信访工作机制，切实增强信访工作合力；突出镇街的主体作用和村（居）、社区的基础地位，建立健全县镇村三级联动，人民调解、司法调解、行政调解和仲裁调解有机结合的“大调解”工作体系，切实提高基层就地化解矛盾纠纷的能力；注重打防结合，保持严打高压态势，进一步加强流动人口服务管理、社区矫正和归正人员安置帮教等工作，建立健全公共危机预警和应急管理机制，高度重视卫生防疫、安全生产、道路交通、清欠维权和食品药品监管等工作，全力维护社会和谐稳定。

今年还有一项重要的工作任务就是研究制定我县“十二五”发展规划，这项工作事关绍兴县长远发展，对于深入贯彻省委“创业富民、创新强省”总战略、推进我县科学发展率先发展具有重要意义，必须高度重视，加强领导，落实责任，形成合力，抓紧抓实规划编制各项工作。要坚持以科学发展观为统领，在系统总结“十一五”规划实施情况基础上，根据上级有关部署，结合我县实际，认真分析发展条件，准确把握发展要求，科学确定发展目标，深入研究发展重点，切实加强各规划之间的衔接协调，充分体现“更加注重经济转型升级、更加注重城乡一体发展、更加注重改善民生状况”的要求，规范规划编制程序，完善规划编制工作机制，使我县“十二五”规划更具科学性、战略性、指导性。

三、全面贯彻四中全会精神，不断提升党的建设科学化水平

党的十七届四中全会通过的《决定》，深刻总结了我们党在全国执政以来加强自身建设的基本经验，明确提出了加强和改进新形势下党的建设的总体要求、目标任务、重要举措，是指导当前和今后一个时期党的建设的纲领性文件。省委十二届六次全会和刚刚结束的市委六届八次全会，分别对全省、全市贯彻落实四中全会精神作了全面部署。全县各级党组织和广大党员干部，要结合各自实际，认真抓好十七届四中全会和省、市全会精神的贯彻落实，坚持以科学理论指导党的建设，以科学制度保障党的建设，以科学方法推进党的建设，着力提升党建工作科学化水平，努力在党的建设方面走在前列。

1．加强理论武装工作，着力打造学习型党组织。要把学习中国特色社会主义理论体系作为理论武装工作首要战略任务，贯穿到领导干部理论学习、教育培训和对广大干部群众的宣传教育之中，不断增强贯彻落实科学发展观的自觉性和坚定性。巩固深化学习实践科学发展观活动成果，深化改革开放，加快构建更具活力、更富效率、更加开放、有利于科学发展率先发展的体制机制。以党的十七届四中全会精神主题教育活动为主线，周密部署、精心组织，把学习贯彻落实四中全会精神抓紧抓实抓出成效。按照建设学习型政党的要求，扎实开展争创学习型党组织、学习型领导班子和学习型干部活动，切实抓好各级党委中心组理论学习、机关干部定期学习，健全“述学、评学、考学”机制，发挥好各级党校、社区党员服务中心、“鉴湖大讲坛”、“农村党组织书记柯桥大讲坛”、“企业转型升级柯桥大讲坛”等党员干部教育平台作用，广泛开展各种形式的党员干部教育培训活动，切实加强思想政治建设。

2．深化干部人事制度改革，加强领导班子和干部队伍建设。按照德才兼备、以德为先的用人标准，拓宽选人用人视野，注重在实践中识别干部，真正把政治上靠得住、工作上有本事、作风上过得硬、人民群众信得过的干部选上来，着力建设一支有激情、有能力、有实绩、守纪律的高素质干部队伍。深化完善干部选拔任用机制，积极探索干部初始提名办法，加大竞争性选拔干部工作力度，

推行差额选拔干部方式，完善干部选拔任用监督机制和干部选拔任用责任追究制度，不断提高选人用人公信度。加强领导班子建设，优化班子配备，健全促进科学发展的领导班子和领导干部考核评价机制，特别是要顺应新型工业化、新型城镇化、农业现代化联动发展的新形势新要求，选好配强各发展平台、中心镇领导班子，切实增强班子整体功能和合力。坚持严格要求与关心爱护相结合，健全干部日常管理监督机制，更好地调动广大干部干事创业的积极性和创造性。按照“重在培养、同样使用，优进绌退、动态管理”的要求，不断完善干部培养锻炼方式，加强后备干部队伍建设，加快构建有利于年轻干部脱颖而出的体制机制。落实党管人才原则，深入实施“百千万”人才工程，完善引才育才留才工作机制，以“三有三爱”企业经营者队伍、高层次高技能人才队伍为重点统筹抓好各类人才队伍建设。

3．*健全“四联”工作机制，率先构建统筹城乡基层党建新格局*。顺应城乡一体发展趋势，建立健全“组织联建、管理联抓、服务联动、实绩联考”工作机制，在加快城乡新社区建设中切实加强基层党建工作。实施“组织联建”，以新社区为单位，打破行政村界限，探索建立新社区联合党组织，充分发挥城乡新社区总指导员、村党组织书记、大学生村官三支队伍作用，选好配强班子，加强对社区各项工作的统筹和协调；实施“管理联抓”，统筹城乡党员教育资源，坚持属地管理原则，积极推行社区党员干部“承诺与问责”制度，建立村主职干部基本报酬财政补助制度，不断深化农村集体“三资”规范化管理，着力推进基层党员干部教育一体化、管理属地化、履职制度化，更好发挥基层党组织的领导核心作用和广大党员的先锋模范作用；实施“服务联动”，统筹社区服务设施，加强社区党员服务中心建设，以“网格化管理、组团式服务”为抓手，创新服务党员、服务群众活动载体，发展壮大社区集体经济，不断强化基层组织服务功能；实施“实绩联考”，扎实开展“机关部门和直属单位联社区促发展”活动、城乡示范新社区创建活动，实行县机关部门及直属事业企业单位与社区、镇街与社区、城乡新社区与所辖各村捆绑考核，强化责任落实，合力共建城乡新社区。同时，不断深化新经济组织、新社会组织党建工作，加强和改进流动党员管理服务，全面加强基层党的建设，努力争创全省城乡统筹基层党建工作示范县。

4．*大力弘扬“三诊”精神，狠抓干部作风建设*。加快经济转型、促进社会和谐、推进率先发展，关键要靠广大党员干部特别是各级领导干部以好的作风抓落实。新形势下加强作风建设，一定要坚持正确评判标准，牢固树立“实绩论英雄、实干促发展”的工作导向，重实干、重实绩、树正气，真正让创业创新、争先创优、敢抓敢管的干部有舞台、有地位、不吃亏；一定要保持良好精神状态，不为困难找理由，只为成功想办法，大力发扬“八小时内拼命干，八小时外多奉献”、“5+2”、“白加黑”的“三诊”精神和作风，事业为重、只争朝夕、苦干实干、勇争一流；一定要发挥领导带头作用，以身作则、率先垂范，自觉做解放思想、争先创优的模范，只争朝夕、真抓实干的模范，增强党性、严守纪律的模范，以优良的党风促政风带民风。

5．*完善惩防体系，深入推进反腐倡廉建设*。进一步落实党风廉政建设责任制，深入推进教育、制度、监督、改革、纠风、惩处“六位一体”惩防体系建设。以党性党风党纪教育为重点，加强对党员干部特别是领导干部的理想信念教育和廉洁从政教育，加大示范教育、警示教育和岗位廉政教育力度，深化廉政文化“六进”工程，筑牢拒腐防变的思想防线。切实抓好各发展平台、中心镇、城乡新社区、专业市场、基层站所的惩防体系建设，继续在重点领域和关键环节深入推进专项构建，不断完善具有我县特色的惩防体系。进一步加强制度建设，提高制度的执行力，增强制度实效。充分发挥党内监督、人大监督、政协民主监督、司法监督、行政监督、群众监督和舆论监督等作用，在全县党政机关和党员干部特别是领导干部中全面推行“问”职责有否落实、“问”工作成效如何、“问”廉洁自律情况为主要内容的“三问”制度，确保领导干部认真履职、干净干事。坚决纠正损害群众利益的不正之风，严肃查处各种腐败案件，既依纪依法惩处腐败分子，又保护干净干事干部，以反腐倡廉的实际成果取信于民。

突出转型升级　致力科学发展

——在中共绍兴县委员会第十二届九次全体（扩大）会议上的报告（摘要）

中共绍兴市委常委 绍兴县委书记 何加顺

2010年8月2日

这次县委十二届九次全体（扩大）会议的主要任务是，认真贯彻落实省委十二届七次全会和市委六届九次全会精神，总结上半年工作，部署下阶段任务，动员全县各级党组织和广大党员干部，认清形势，抢抓机遇，开拓创新，全力推进转型升级，促进县域经济社会又好又快发展。

今年以来，面对复杂形势和严峻挑战，全县上下坚持以科学发展观为统领，紧紧围绕“突出转型升级、致力科学发展”工作主题，扎实推进“转型升级攻坚年”各项工作，县域经济社会保持平稳较快发展势头。上半年，全县实现生产总值356.15亿元，增长11.2%；财政总收入50.84亿元，其中地方财政收入29.89亿元，分别增长13.7%和22.7%；全社会固定资产投资164.01亿元，增长23.2%；工业产值1238.4亿元，增长17%；社会消费品零售总额59.89亿元，轻纺城市场群成交额335.4亿元，分别增长16.9%、16.7%；城镇居民人均可支配收入17635元，农村居民人均现金收入10420元，分别增长13.2%和11%，基本实现了“时间过半、任务过半”的目标。综观上半年工作，全县经济继续保持企稳回升的良好发展态势，城乡统筹发展取得新的进展，社会各项事业建设和民生保障进一步加强，我们还成功参与承办了第六届世界合唱节，社会保持和谐稳定。

半年来，县委常委会认真贯彻落实中央和上级党委决策部署，重点抓了以下五方面工作：一是抓思路谋划。在深入分析形势的基础上，确立了“突出转型升级、致力科学发展”的工作主题，并把今年作为“转型升级攻坚年”，就抓实工作重点、落实工作责任、完善相应政策、强化工作考核、加强作风建设、夯实基层基础等六个方面进行了具体的研究和部署，明确了当前及今后一个时期绍兴县发展的总体方向和目标。二是抓组织发动。根据年初召开的县委十二届八次全会、县“两会”、全县干部大会确定的总体部署和年度目标，先后召开全县经济工作会议、农村新社区转型升级工作会议、维稳与信访工作会议、“深化作风建设年”活动暨“评星晋级”活动动员大会、节能减排工作暨印染产业集聚升级工程动员会等专题会议，狠抓目标任务的细化和落实，推动各项工作扎实有效开展。三是抓政策制订。修订完善转型升级政策体系，镇街、开发区和县机关部门年度岗位目标责任制及重点工作考核办法，建立开发区（园区）联席会议和规划国土联席会议制度，进一步明确工作导向，提高办事效率。四是抓难题破解。进一步完善企业解困工作政策意见，突出重点区域、重点企业，企业解困重组取得积极进展；加强城乡环境整治，扎实开展印染化工行业专项整治行动，启动实施印染产业集聚升级工程和“清水工程”五年计划，切实解决群众反映强烈的水环境污染问题，县域水质总体有所好转。五是抓队伍建设。出台进一步深化干部人事制度改革若干意见，健全完善公开、公平、公正的选人用人机制。认真总结深入学习实践科学发展观活动，依托各级党校、鉴湖大讲坛等阵地开展系列培训讲座，举办“经济转型升级”高级研修班专题培训。扎实开展“深化作风建设年”活动，探索试行领导干部任前廉政考试制度，启动全县廉政风险防控机制建设，促进各级干部勤政廉政。

在充分肯定成绩的同时，我们必须始终保持清醒。当前，全县经济发展总体是好的，但与市内其他县市、与全省经济发达县市相比，生产总值、财政收入、工业投资等主要经济指标增速偏低，增长的稳定性、持续性问题较为突出，同时受欧元区主权债务危机、通胀和人民币升值预期、房地产调控等因素的叠加影响，发展的不确定性增多，加快发展的压力日益加大；绍兴县作为能耗大县、排放大县格局尚未根本改变，面对上级的严格要求和群众的强烈呼声，节能减排的压力日益加大；产业结构单一，产业层次不高，土地、环境容量等要素资源制约严重，长期积累的结构性素质性矛盾仍未得到有效解决，粗放的发展方式已难以为继，经济特别是工业经济转型升级的压力日益加大，如何统筹处理好加快发展、转型升级和节能减排的关系，已成为我们面临的严峻挑战。与此同时，城市与农村在公共服务、生活环境、居民收入等方面的差距仍然较大，加快城乡转型升级任重道远；文化、教育、卫生、体育等各项事业建设与经济强县的地位、与快速发展的柯桥新县城还不够同步、不够配套，与人民群众日益增长的精神文化需求还不很适应，迫切需要联动推进经济与城乡、社会的转型升级。

当前绍兴县经济社会发展确实到了一个重要关口、关键时期，面临的现状和肩上的责任迫使我们必须痛下决心，以“凤凰涅槃”的勇气、“壮士断臂”的魄力、“时不我待”的精神，全力打响转型升级攻坚战。下面，我围绕“突出转型升级、致力科学发展”这一主题讲三点意见。

一、全面把握转型升级的总体要求

加快转型升级关键是要认真贯彻落实胡锦涛总书记在中央省部级主要领导干部专题研讨班上的重要讲话精神，以及省委十二届七次全会和市委六届九次全会精神，紧密联系我县实际，既要居安思危，清醒认识我县经济社会发展面临的压力和挑战，更要增强信心，充分发挥我县多年积累的基础和优势，紧紧抓住全球产业加速转移、区域经济社会一体化发展加快推进等重大机遇，迎难而上，锐意进取，不断取得转型升级的新突破新成效。

1. 指导思想

深入贯彻科学发展观，紧紧围绕“突出转型升级、致力科学发展”工作主题，全面推进县域经济、城乡、社会等各个领域的转型升级，加快经济发展从主要依靠资金和资源要素投入带动向主要依靠科技进步、管理创新、提高劳动者素质和资源利用效率带动转变，加快城乡发展从建设为主向建设与管理并重、更加重视内涵提升和功能集聚转变，加快社会发展从解决群众基本公共服务和保障需求向切实提高群众生活质量、更加注重生态环境改善和公共服务水平提升转变，努力实现县域经济社会发展在高起点上的新跨越。

2. 基本要求

——经济的转型升级：核心是提升经济发展的质量效益。经济转型升级包括三次产业的转型升级，重点是工业经济的转型升级，要重抓纺织产业集群升级特别是印染产业集聚升级，重抓新兴产业的培育壮大，重抓为工业转型升级配套的生产性服务业，加快构建现代产业体系；坚持和深化“亩产论英雄”基本理念，大力推进自主创新，加强开放合作，主攻绿色低碳、高附加值的产业和产品，不断提高企业的销利率、地方财政收入占生产总值的比重以及高新技术产业增加值占工业增加值的比重，加快转变发展方式，努力把我县建设成为全省工业转型升级的示范区。

——城乡的转型升级：核心是加快城镇化进程。立足长远发展，进一步优化柯桥新县城、中心镇、农村新社区三级规划布局，通过完善功能、强化管理、深化改革特别是农村土地制度改革等途径，加快柯桥新县城由建设为主、拉大框架为主向建设与管理并重、更加重视内涵提升转变，加快新城镇特别是中心镇由农村城镇向小城市转变，加快农村由自然村落向按照“三集一化”要求的农村新社区转变，促进人口向新县城、中心镇、农村新社区三个层面集中集聚，最终实现城乡全面融合。

——社会的转型升级：核心是满足群众日益增长的物质和精神文化需求。在深化"六个所有"民生计划的基础上，进一步突出工作重点，加快提升发展文教卫体等社会事业，更好地满足不同层次群众在就医就学、文化娱乐等方面的需求，进一步增强柯桥城市的集聚力和吸引力；围绕大气、水质污染等群众最关注的民生问题，狠抓节能减排，大力度推进清水工程和"蓝天行动"，切实改善生态环境，提高群众生活质量。

3．基本原则

必须把系统谋划、重点突破作为推进转型升级的基本方法。转型升级是一个广义概念，是一项系统工程，不仅包括经济的转型升级，也包涵经济与社会、城市与农村的转型升级，同时还涵盖我们思路、政策、服务的转型升级；转型升级与加快发展、节能减排是相辅相成、内在统一的，三者绝不能有所偏废。我们必须立足于5年、10年甚至更长时间绍兴县经济社会长远稳健发展的战略预期，正确处理好转型升级、加快发展、节能减排的关系，统筹考虑、系统谋划转型升级的各项工作。在此基础上，围绕总体目标思路，分年度确定阶段性的目标和重点任务，特别是要紧紧抓住那些事关转型升级大局、能够牵一发动全身的大事要事，全力加以突破，干一件成一件。

必须把加快发展、改善民生作为推进转型升级的最终目标。转型升级的目的是为了更好更快发展，发展作为第一要务，其最终目的就是为了让老百姓生活得更好。我们一方面要加快发展，为更好地保障和改善民生提供财力支撑；另一方面在加快发展的基础上，更加重视保障和改善民生，在社会进步、环境治理、村镇管理等方面进一步加大投入，真正使广大人民群众共享改革发展成果，努力实现发展经济与改善民生相协调。

必须把取得实实在在、群众满意的成效作为推进转型升级的评判标准。加快转型升级是一场实实在在的硬仗，必须有实实在在的目标和举措，必须靠实实在在的成效来检验，一切以事实证明，用数据说话，由群众评判。为此，我们所做的每一项工作、所出台的每一项举措、所制订的每一项政策都必须体现一个"实"字，重实干、求实效，最终以我们确定的转型升级各项目标有没有实现、县域经济社会能不能保持平稳较快发展、广大人民群众是不是满意来检验工作的成效。

二、扎实抓好加快转型升级的主要任务

加快转型升级要立足当前，着眼长远，重点抓好以下三方面的任务：

第一，全力加快经济转型升级。坚持"强工、兴商、优农"基本方针，狠抓产业提升规划落地，加快构建现代产业体系，努力形成先进制造业、现代服务业、城郊型现代农业联动融合发展的新格局，不断增强县域经济综合竞争力和可持续发展能力。

突出"1+5+3"产业导向，加快发展先进制造业。加快经济转型升级，重点在工业经济。一要在"调结构"上求突破。明确方向调结构。以"1+5+3"产业体系为导向，一手抓纺织产业集群升级，以纺织产业集群转型升级省级试点为契机，加快推动纤维差别化、面料功能化、印染绿色化、服装家纺品牌化、技术装备信息化进程；一手抓"5+3"产业培育壮大，力争通过几年努力，装备制造、汽车汽配、皮革塑料、新型建材、金属制品等5大传统优势产业形成新的现代产业集群，新能源、生物医药和住宅产业化等3个新兴产业得到快速发展。创新方式调结构。做好"腾笼换鸟"的文章，通过嫁接、合作等途径，支持和引导具备一定实力和基础的传统生产企业，逐步向发展高新技术产业以及绿色经济、循环经济、低碳经济转型；做好"整合提升"的文章，积极鼓励生产性企业向研发设计、品牌营销等价值链高端和产业链上下游延伸，增强企业综合竞争力；做好"无中生有"的文章，主动承接先进产业转移，依托我县产业特点和规模企业优势，积极引进发展战略性新兴产业，使之成为县域经济新的增长点。突出重点调结构。印染产业是绍兴县纺织产业乃至整个工业发展最具有优势的环节，也是绍兴县工业转型升级的重要突破口和核心内容，要充分利用节能减排"倒逼"机制，坚持淘汰落后产能与优化产业结构相结合，按照"集聚整合、控量提质、节能减排"基本要求，大力实施印染产业集聚升级工程，力争通过5年时间的努力，将全县80%以上的印染企业集聚到

滨海，把滨海打造成为世界一流的纺织原料和绿色印染基地。与此同时，坚持内贸与外贸、重点市场与新兴市场、有形市场与无形市场相结合，不断调整优化市场结构，着力扩大我县优势产业和优势产品的市场占有率。二要在“重创新”上求突破。自主创新是工业转型升级的中心环节。坚持以效益为先。把科技创新、品牌创建、时尚创造与企业的实际紧密结合起来，以能否提高企业的核心竞争力、是否得到市场认可来检验创新的最终成效。坚持以企业为主。在加强浙江省现代纺织工业研究院等创新服务平台建设、组织实施“1+5+3”产业转型升级共性技术攻关、加快构建区域性创新服务体系的同时，更好发挥企业在自主创新中的主体作用，鼓励和支持企业加大技改和研发投入力度，争创市场认可度高的知名品牌，加快建立现代企业制度，大力培育一批在全省乃至全国领先的行业龙头企业和创新型成长企业。坚持以人才为本。牢固树立“人才是第一资源”的理念，创新人才引进方式，完善人才评价激励机制，落实好优秀人才住房等优惠政策，切实抓好人才引进、培养和使用工作，大力引进和培育县域经济转型升级所需的各类人才和创新团队，努力营造鼓励和支持人才干事创业的良好氛围。三要在“抓投入”上求突破。抓投入就是抓发展后劲、抓转型升级。始终坚持招商引资“一号工程”不动摇，围绕结构调整，突出平台主体，整合资源力量，创新招商手段，特别是要把招商引资与闲置土地处置、闲置厂房盘活等紧密结合起来，着力引进一批科技含量高、发展前景好、带动力强的大项目好项目。继续实施县领导联系重大项目等制度，强化项目履约管理，深化完善项目审批“绿色通道”，在抓好在建项目的同时，加强项目储备和梳理包装工作，争取有更多项目列入国家和省、市计划盘子。以开展全国国土资源节约集约模范县创建为契机，抓紧完成全县新一轮土地利用总体规划修编，逐步探索实施工业用地市场化拍卖，不断提高节约集约用地水平，全力保障项目的用地需求，同时切实做好资金、环境容量、电力等的保障工作。

坚持市场与城市联动，大力发展现代服务业。坚持轻纺市场提升发展与柯桥新县城建设互动并进，科学定位，明确目标，带动发展相关现代服务业。一要致力打造国际性纺织创意中心，深入推进轻纺城“二次创业”。着力抓好设施完善、招商隆市、品牌营销、管理服务等工作，加快轻纺市场从规模扩张向内涵提升转变，重点是突出创意引领，加快推进纺织创意产业发展，着力打造国际性纺织创意中心。强化招研引智，以创意大厦、科创大厦等为基地，围绕原料、面料、印染、服装等纺织产业链各环节，着力引进和培育国内外知名的各类纺织创意专业人才和工作室，积极争取举办以及组织参与国际级、国家级权威性创意设计类赛事、论坛和培训活动，着力打响纺织创意品牌；强化产业对接，定期组织设计人才、研发机构与生产企业、市场经营户合作对接活动，引导鼓励创意机构、生产性企业和市场经营户整合优化产业链条，大力培育集科研、生产、营销一体的创新型龙头企业；强化机制创新，健全创意产业发展的领导和服务机构，建立政府与创意企业间定期沟通、创意企业间交流互动机制，完善重点创意人才引进和入驻企业扶持政策，加强中试基地等配套设施建设，探索建立知识产权交易平台，为创意产业发展创造良好条件。二要依托市场升级，提升发展会展、物流、金融、中介等生产性服务业。以国家级展会“纺博会”为龙头，不断丰富展会内涵，积极探索市场化办展模式，加强与国家和省级相关部门、行业协会等的沟通协调，争取举办更多全省性、全国性乃至国际性的展会，致力把柯桥打造成为国内外有较高知名度的纺织类会展中心和周边地区有较大影响力的综合性会展城市。紧紧抓住国家调整振兴物流业和浙江省成为全国物流试点省的重要机遇，按照基地、仓储、信息平台“三位一体”的模式，着力引进和培育第三方物流企业，加快建设中国轻纺城现代物流园和滨海现代物流基地，大力发展为市场和产业转型升级配套服务的现代物流业。继续抓好银行、保险、证券等金融机构落户柯桥工作，积极引进和培育法律、会计、审计、翻译、评估、认证、代理等中介机构，加快发展金融、中介等生产性服务业。三要着力打造精品，大力发展商贸、旅游、房产等生活性服务业。顺应消费升级趋势，加大招商宣传力度，着力引进国际品牌、全球百强的商业连锁企业，新增一批中高档的大型商贸中心、特色商业街区，进一步提升柯桥城区商贸服务业发展水平。加快“两湖”区域、“十里柯岩”、“十里湖塘”旅游开发，抓紧抓实大香林二期、安昌古镇、王坛香雪梅海等重点工程建设，扎实推进鉴湖—柯岩旅游度假区创建国家5A级旅游景区工作，做深做精旅游产业，加快建设旅游强县。继续推进房地产业持续健康发展，积极引进国内外知名房产企业，着力开发建设一批特色精品楼盘和居民小区，促进柯桥人气商气集聚提升。

围绕七大主导产业提升，积极发展特色高效生态农业。坚持以工促农、以城带乡，认真落实强农惠农各项政策，在稳定粮食生产、抓好粮食生产功能区建设的前提下，加快转变农业发展方式。一要培育提升农业精品基地。围绕蔬菜、畜禽、水产、花卉（鲜切花）、茶叶、竹笋、干鲜果等七大主导特色产业，加大土地、林地承包经营权流转力度，按照“特色、高效、生态”要求，通过与工商业主合作等形式，重点培育提升一批高档次、无公害的蔬菜、畜禽、水产基地；通过品种改良、适用农技推广等形式，结合现代农业园区建设和实施兴林富民工程，重点培育提升一批高品质、高效益的花卉（鲜切花）、茶叶、竹笋、干鲜果基地，以满足不同层次的消费需求。二要发展壮大农业龙头企业。鼓励农业龙头企业与产业基地或依托基地的合作社，通过入股、订单收购等形式，组建“公司+基地+农户”的紧密型联合体，扩大本地农产品销售，提升农产品品质。三要积极实施农产品品牌战略。进一步打响酒乡、茶乡、香榧之乡、花木之乡等特色品牌，积极争取绿色产品（有机食品）、无公害农产品（森林）产地认证，争创名牌农产品、驰名商标和出口品牌，不断提高农产品的知名度和市场竞争力。

第二，全力加快城乡转型升级。坚持和深化“两中心两带”经济布局和“一主三副二片100个左右城乡新社区”县域城乡建设总体布局，以拆迁改造为重要突破口，深入实施“三集中”工程，统筹推进柯桥新县城、中心镇、农村新社区建设，率先构筑城乡一体发展新格局。

加快建设现代气派的柯桥城。在巩固近几年快速发展良好势头的基础上，进一步抢抓机遇，提升标准，着力打响“创业在柯桥、居住在柯桥、休闲在柯桥”品牌，真正把柯桥建设成为具有现代气派的魅力新城。一要前瞻性规划。注重与轻纺市场提升发展相配套、与杭州都市经济圈和绍兴中心城市相接轨，根据萧甬铁路城区段高架后的新情况，及时修编完善城市总体规划。深入做好“两湖两轴一线”，即环瓜渚湖和大小坂湖、金柯桥大道城市景观轴、笛扬路城市商业发展轴、104国道线柯桥城区段等城市设计，以及柯桥历史文化街区保护和开发规划，彰显城市个性特色，着力提升城市品位。二要高品位建设。严格按照规划要求，完善优化道路、绿化、环卫、管网等基础设施，加快青少年活动中心、城市主题公园等公共服务和休闲设施建设，加强打卷店、外来人员公寓等与轻纺市场提升发展相配套的生产性服务性设施建设，继续推进城中村拆迁和老小区改造，不断提高城市综合承载能力。三要精细化管理。“细节决定品位”，要提高工作标准，细化量化指标，研究制定环境卫生、绿化养护、住宅小区、建筑工地、广告牌匾以及道路、立面、河道等系列管理标准和规范要求，实行分类管理；注重示范引导，通过开展城市管理精品街区、精品路段、精品居民小区、精品农贸市场等精品工程创建活动，以点带线，以线带面，不断提高城市管理整体水平；完善管理机制，强化责任落实，深入推进“数字城管”深化扩面工作，健全联动共管和综合执法机制，切实推进城市管理制度化、规范化建设，全力优化城市环境。

加快建设繁荣生机的中心镇。顺应城镇化新趋势，创新发展方式，深化“扩权强镇”，加快培育建设一批特色鲜明、功能完备、集聚带动能力强的宜居宜业现代化中小城市。一要体现特色。要有产业特色，结合近年来“特色名镇”创建，加快产业集群升级，进一步形成一镇一品、一镇一特色的良好发展格局；要有文化特色，重视和加强对城镇历史文化的挖掘，加强优秀历史文物建筑的保护，使这些丰富的特色资源与城镇规划、建设有机融合，着力提升城镇建设的内涵和品位；要有地域特色，充分利用区位条件、地形地貌和生态环境等资源优势，注重加强与杭州大都市、绍兴中心城市和柯桥新县城的接轨融合，做深做透“山”、“水”、“路”文章，沿山、沿河、沿湖、沿路高品位开发，努力成为城镇建设的点睛之笔。二要完善功能。有条件有优势的中心镇要积极向小城市方向发展。健全完善城镇建设投融资体制，按照城市建设理念，公司化、项目化运作旧镇改造和农民集中居住区建设，鼓励社会资本以多种方式参与基础设施、社会事业和产业功能区建设，着力优化完善城镇功能布局。提升发展镇级产业集聚区，结合印染产业集聚升级，大力发展科技型、生态型工业，切实增强城镇产业功能；加快完善中心镇道路、公交、水电、通讯及污水、垃圾处理等基础设施和教育、卫生、文化等公共服务设施，积极发展满足不同群体需求的房产住宅、休闲娱乐等服务业，切实增强城镇居住功能；加快商业街等商业网点规划建设，建立健全农贸市场、超市等商业配套设施，切实增强城镇商业功能，进一步提升城镇的承载力、吸引力。在充分调动各镇加快开发建设的同时，注重区域统筹，依托平水副城，加大对南部山区文化、教育、卫生等社会事业和基础设施等方面的扶持力度，提升南部山区一体发展水平；认真落实好《关于加快推进东部三镇发展的若干政策意见》，推动陶堰、孙端、富盛三镇加速崛起，实现区域协调发展。三要强化管理。推行城市化管理模式，加强城镇管理队伍建设，强化城镇规划的控制和执行，健全完善违法违章建筑整治、卫生保洁、园林绿化等长效管理机制，深入持久开展系列文明创建活动，不断提高城镇管理水平。

加快建设美丽有序的农村新社区。按照资源集约利用、产业集聚发展、人口集中居住和基本公共服务均等化的“三集一化”要求，立足于20年甚至30年以后绍兴县城乡一体发展的战略预期，系统谋划和整体推进农村新社区建设。一要大力发展社区经济。鼓励兴建社区物业用房、现代家庭工业集聚点，积极推广“异地建购物业”模式，千方百计发展壮大社区经济。扎实推进欠发达村和低收入农户奔小康工程，大力开展经济强镇、县机关各部门、企业（协会）与经济薄弱村、困难户结对帮扶，争取今年使全县所有村集体经济年经常性收入都达到10万元以上。二要大力推进农村住房改造建设。按照调整完善后的新社区建设规划，结合农村住房解困、移民下山、自然村撤并和旧村拆迁改造等工作，在坚持“拆旧建新、一户一宅”和“推行公寓式、规范联立式、严控独立式”农村建房基本原则的前提下，按照“有序、规范、创新”要求，加快农民公寓和农民集中居住区建设，大胆探索和有力推进农村宅基地置换工作，深化户籍制度改革，大力鼓励和引导农户向新县城、中心镇和农村新社区集中集聚。三要大力改善农村环境。以示范农村新社区、环境整治示范村、文明村、卫生村等创建为载体，以农村水环境和村容村貌整治为重点，健全完善农村生活垃圾、生活污水集中收集处理体系和卫生保洁长效机制，统筹城乡交通、供水、供电、通信等重大基础设施建设，不断优化农村生产生活环境。

第三，全力加快社会转型升级。在巩固和深化“六个所有”，不断健全与经济发展同步推进的劳动就业、养老保险、医疗保障、社会救助以及住房保障等城乡统筹的基本公共服务体系的基础上，以实施名师、名校、名医、名院、名家、名品“六名”工程为重点，加强政策激励，大力提升发展社会各项事业，切实加强生态文明和民主法治建设，深化平安创建，不断增强县域经济社会发展的软实力和柯桥新县城的吸引力、竞争力。

加快提升发展与经济强县地位和柯桥城市建设相适应的教育事业。认真贯彻落实全国教育工作会议和《国家中长期教育改革和发展规划纲要》，加快推进教育均衡化、现代化，进一步提升教育事业整体水平。大力实施“名师”培育工程，加大名师培养和引进力度，加强师德教育和业务培训，健全完善教师交流、激励和考评机制，不断提升教师队伍整体素质。大力实施“名校”创建工程，努力创建若干所全省乃至全国具有较高知名度的各级各类学校，积极扶持鲁迅中学、柯桥中学等高中学校加强质量品牌创建，鼓励创建一批优质轻负、特色鲜明的省级、国家级示范性初中、小学和幼儿园，争取创办与我县经济和产业密切相关的高等院校，使群众更好地享受优质教育。

加快提升发展与经济强县地位和柯桥城市建设相适应的卫生事业。深化医药卫生体制改革，提升发展医疗卫生事业，满足人民群众更高的就医和医疗保健需求。加快实施“名医”培育工程，着力培养和引进一批医学拔尖人才、学科带头人和创新人才，切实加强医务人员职业道德教育，不断提高医疗服务水平。加快“名院”建设，积极鼓励医院等级创建，柯桥城区的县中心医院尽快达到三级综合性医院水平，中医院达到二级甲等水平，进一步办好绍兴市区的县第二医院，积极鼓励重点学科（专科、专病）建设，争创省市级重点学科（专科、专病）。与此同时，突出普惠性，完善公立医院经济补偿机制，鼓励民间资本参与部分公立医院重组改制或兴办非营利医疗机构，逐步完善惠民医院医疗优惠措施，探索外来务工人员医疗保障机制，积极扶持“名院”设立分院，推动优质医疗资源均衡分布。

加快提升发展与经济强县地位和柯桥城市建设相适应的文化事业。充分发挥历史文化名县的优势和特色，深入推进文化强县建设，不断提升文化软实力。根据城乡规划和群众需求，系统谋划和完善城乡特别是柯桥新县城的文体设施；针对不同层次需求，鼓励社会力量参与建设一批高档运动健身场所等文体设施。大力实施“名家”、“名品”工程，着力引进和培育一批文化领军人才和经营管理人才，加大重大文化活动和文化精品生产扶持力度，进一步打造好绍兴小百花、绍兴莲花落等文化“金名片”，不断扩大传统文化品牌的知名度和影响力。加强企业文化、社区文化、村落文化、校园文化和广场文化建设，深入开展“文化五进”、农民“种文化”活动，不断扩大群众参与度，丰富城乡居民文化生活。加快发展文化产业，深化文化体制改革，制订完善文化产业发展规划，鼓励和支持社会力量办文化，大力发展文化旅游、纺织创意、演艺娱乐、传媒、教育培训、广告会展等产业，逐步把文化产业培育成为现代服务业的支柱产业和县域经济发展的重要增长点。

加快提升生态县、法治县、平安县建设水平。认真贯彻落实省委、市委推进生态文明建设的决策部署，加快发展生态经济，不断优化生态环境，大力弘扬生态文化，健全完善体制机制，着力建设资源节约型和环境友好型社会，逐步走上生产发展、生活富裕、生态良好的文明发展道路。重中之重是抓好节能减排和“清水工程”，把节能降耗与结构调整、淘汰落后产能结合起来，严格落实节能目标责任制，实施严格的行业能耗标准，以铁的决心和铁的手腕，不折不扣完成上级下达的节能减排任务；把实施“清水工程”五年计划作为当前绍兴县最大的民生工程来抓，综合运用市场、行政、法律等多种手段，采取产业集聚、截污堵源、清淤疏浚、引水活水、修复整治等多种措施，从根本上改善县域水质，不断优化生态环境。深入推进民主法治建设，加强和改进县委对人大、政府和政协等工作的领导，深入开展普法教育，深化和推广“夏履民主程序”，加强农村集体“三资”管理，积极争创省级法治县工作示范单位，不断优化法治环境。深化平安创建，完善“大调解”工作体系，健全信访工作机制，实施重大事项社会稳定风险评估制度，强化社会治安综合治理，深入推进“新柯桥人”计划，健全公共危机预警和应急管理机制，切实抓好安全生产，继续争创省级平安县，进一步营造和谐稳定的社会环境。

三、着力营造加快转型升级的良好环境

转型升级，任务繁重，要求很高，我们必须以良好的精神状态、科学的工作方法，扎实推进转型升级这项事关大局、事关长远的战略性任务。

1．*加快理念转型*。转型升级实质是发展模式重塑、利益格局重构、资源要素重组，是一个艰难痛苦的过程。能否成功，说到底在于人的因素，在于人的观念转变和意识升华，取决于全县上下特别是广大干部和企业家解放思想、转变观念的程度。各级干部特别是领导干部一定要坚决破除“事难而慢为”的思想，抢抓机遇，积极主动地加快转型升级；坚决破除“事难而无为”的思想，善于运用创新手段破解转型升级中遇到的各种矛盾和问题；坚决破除“事难而怕为”的思想，一切以大局为重，敢抓敢管、一抓到底，确保转型升级各项工作真正落到实处，争做服务转型升级的排头兵。同时，积极引导广大企业经营者切实克服“隔行如隔山”、“左手不放心右手”、“宁做鸡头不做凤尾”等思想认识，更加重视借智借力、现代企业制度建设和战略合作，着力做强做大企业，争做行业转型升级的主力军。

2．*加快政策转型*。近年来，从中央到省、市出台了一系列推进结构调整、加强节能减排等优惠政策。今年初，县委县政府为更加有效加快县域转型升级，明确方向，突出重点，加大力度，制定出台了引导扶持经济、城乡、社会转型升级政策体系，在原安排3亿元政策扶持资金基础上，每年再增加3亿元，连续5年总计30亿元，重点投向项目建

设、自主创新、印染产业集聚升级、城市规划与管理、农村新社区建设以及“六名”工程等转型升级的各项工作。我们一定要加大宣传力度，简化政策到位的程序，用足用好各级各类转型升级政策，切实提高财政资金使用绩效，充分发挥政策在推进转型升级中的杠杆作用。

3. 加快服务转型。牢固树立“服务企业服务基层就是服务自身、就是服务经济、就是服务绍兴县长远发展大局”的意识，坚持“效率至上、效率就是生命、效率就是效益”的理念，扎实开展“深化作风建设年”活动，以工作落实、效能提升作为检验作风建设的最终标准，决不能重过程、轻结果，决不能重形式、轻实效。基层和群众所需所盼是我们的努力方向，要建立服务企业“直通车”制度，深入持久开展走进企业“五送”活动、走进基层“两联”活动和转型升级攻坚年“六个一”活动，真心实意为基层和群众提供针对性服务。制度是转变作风、提高效能的根本保障，要认真执行好开发区（园区）联席会议和规划国土联席会议制度，推进行政审批畅通工程，最大限度简化办事程序、加快办事流程，为基层和群众提供优质便捷服务。高效来自于责任落实，要以消除庸、懒、奢等“机关病”为重点，加强转型升级工作目标责任制的监督考核，建立面向社会的公务“三问”网络系统，加大问责力度，深入开展行风效能明察暗访、县机关部门行风评议、“群众满意基层站所”创建等活动，引导和促进各级干部认真履职尽责，集中心思和精力服务转型升级。

加快转型升级，关键在党的领导，关键在各级领导班子和干部队伍。我们必须坚持党要管党、从严治党方针和“围绕发展抓党建、抓好党建促发展”总体思路，提升我县党建科学化水平，为加快转型升级提供坚强保障。着力打造学习型党组织，充分发挥各级党校、“鉴湖大讲坛”等平台作用，扎实有效抓好党员干部教育培训工作，不断提升各级党员干部领导和服务转型升级的能力水平；严格按照“四项监督制度”要求，进一步深化干部人事制度改革，健全完善公开、公平、公正的选人用人机制，着力建设一支善于领导和服务转型升级的高素质干部队伍；全面开展以“评星晋级”为抓手的创先争优活动，优化调整基层党组织的设置方式和活动方式，深入开展“网格化管理、组团式服务”工作，不断夯实基层基础；认真贯彻落实“廉政准则”，加强正面典型示范教育和反面典型警示教育，进一步规范行使行政自由裁量权，健全用制度管权、管人、管事的有效机制，深入推进廉政风险防控机制建设，加大案件查处力度，着力营造风清气正的良好氛围。

绍兴县人民代表大会常务委员会工作报告（摘要）

——在绍兴县第十三届人民代表大会第五次会议上

绍兴县人民代表大会常务委员会主任 徐林土

2011年3月1日

2010年，是我县有效应对国际金融危机影响、攻坚克难、负重奋进、经济建设和社会发展取得重要成果的一年。常委会认真贯彻党的十七大和十七届三中、四中、五中全会精神，紧紧围绕县委“突出转型升级、致力科学发展”工作主题，牢牢抓住全县经济社会发展中的突出问题，认真履行法定职责，积极开展工作。一年来，听取和审议各项工作报告25个，作出决议决定7个、审议意见7个，组织执法检查和代表视察活动5次，依法任免国家机关工作人员56人次，任命人民陪审员26人。较好地完成了县十三届人大四次会议确定的各项任务，为推进社会主义民主法治建设，实现我县全年经济社会发展目标作出了积极努力。

回顾一年历程，主要抓了五方面工作。

一、服务大局，突出重点，推动经济稳健发展

发展是第一要务，转型是发展关键。常委会坚持服务经济发展大局，以推动经济转型升级为重点，加强对全县经济工作的监督。

关注宏观经济运行。常委会听取和审议我县2010年国民经济和社会发展计划上半年执行情况报告，要求进一步坚定发展信心，狠抓产业投入和转型，加大招商引资力度，不断优化政府服务，确保完成全年各项目标任务。在“十二五”规划编制之际，主任会议专题听取关于我县国民经济和社会发展“十二五”规划纲要编制情况报告，组织人大代表研讨，力求纲要起点更高、立意更新、重点更重，更加符合我县发展的实际。税收是经济发展的重要基础，常委会拓宽监督面，督查国税工作，提出要坚持依法征税、应收尽收，严厉打击偷税骗税行为，更好服务全县经济社会发展大局。

促进经济转型升级。投资环境事关经济可持续发展和转型升级，常委会组织专题调研，听取并审议我县改善投资环境工作情况报告，提出审议意见。县政府利用纺博会等知名展会，推介我县投资环境，加快海关、检验检疫等涉外配套服务体系建设，促进了我县投资环境的进一步改善。轻纺城升级改造，是我县经济转型的重要载体，常委会组织代表视察轻纺城“二次创业”，要求进一步加大市场招商隆市力度，不断提高市场管理服务水平，努力扩大市场在国内外的影响力。常委会高度重视第三产业发展，以主任会议、常委会领导视察等形式对我县大香林二期建设、安昌古镇保护开发进行督查，促进我县旅游业发展。为强化经济转型升级中的要素保障，常委会还专题听取我县国土资源管理、标准厂房建设、贯彻实施《浙江省高新技术促进条例》、国际营销网络建设等专项工作报告，促进节约集约用地、科技创新、外向型经济等工作。

加强财政预算审查。常委会专题听取并审议我县2010年上半年财政预算执行情况报告，2009年决算报告以及审计工作报告，批准了2009年县级财政决算；根据预算收入和支出均超额的情况，作出调整2010年部分预算的决定。在预算监督中，充分发挥财政预算咨询小组作用，提出继续大力培育税源，强化税收征管，助推经济转型升级，着力保障法定支出和民生改善。常委会加强对审计整改意见落实的督查，专题听取3个部门审计整改意见落实情况报告，较好发挥了审计监督的作用。

二、坚持法治，加强监督，努力推进公平正义

推进社会主义法治建设，是常委会的一项重要职责。常委会深入贯彻依法治国方略，加强法律监督，不断促进依法行政和公正司法，维护社会公平正义。

认真开展执法检查。常委会重点开展了上下配合的水污染防治执法检查，组织50多位县人大代表实地视察，听取并审议专项工作报告，提出“水质改善是硬道理”等审议意见。县政府加强了水污染重点区域的巡查监测，启动印染行业集聚升级工程，加大“清水工程”工作力度，严厉查处了一批水污染案件，有效地促进了水质改善。违法违章建筑，严重损害法律尊严和社会公平正义。对此，把整治城乡违法违章建筑作为重点监督内容，跟踪督查前年常委会《关于依法整治城乡违法违章建筑的决议》的落实情况，常委会领导深入基层调研，各镇街开展各种形式的视察和督查，常委会会议进行专题审议，提出继续加大整治力度，建立长效管理机制，堵疏结合解决农村住房困难，坚决制止违法违章建筑行为。县政府及其职能部门加大对违法违章建筑的整治力度，并调整县城管理体制，有效地遏制了违法违章建筑蔓延势头。常委会还认真开展农业执法检查整改落实情况监督，要求加大农业投入，严守耕地红线，保证农产品质量安全。同时，常委会还加强了规范性文件的备案审查工作，一年来，县政府报备规范性文件21件。

努力加强司法监督。针对我县中小企业众多、知识产权民事纠纷案件持续上升的实际，常委会专题听取并审议县法院关于我县知识产权民事审判工作报告，要求法院进一步加强宣传，提高全社会的知识产权保护意识，增强知识产权保护的整体合力，努力打造一支专业化的知识产权审判队伍。渎职侵权检察工作事关改革发展大局和国家机关形象，常委会专题听取并审议县检察院关于我县渎职侵权检察工作报告，要求检察院坚持惩防并举，进一步突出重点，加大查办力度，完善工作机制，提高反渎职侵权工作成效。社区矫正工作事关社会稳定，常委会认真督查社区矫正工作，要求理顺工作机制，强化部门配合，促进矫正人员更好改造。按照上级人大的要求，对修改村委会组织法、代表法等法律法规进行立法调研。同时，参与“五五”普法的督查和验收，积极推进普法工作。

高度重视信访工作。常委会把信访工作作为联系人民群众的重要途径，坚持人大代表来访接待日和常委会领导下基层接访制度，全年受理群众来访148批181人，处理来信155件，加大重要信访件督办力度，认真开展信访综合分析，发挥了人大信访工作在维护群众利益和化解社会矛盾中的积极作用。

三、以人为本，关注民生，切实维护群众利益

常委会坚持从人民群众最关心、最直接、最现实的利益问题入手，通过专题审议、调研视察等多种形式，促进民生改善，维护群众根本利益。

关注兴林富民工程。“三农”问题一直为社会所关注。常委会专题督查兴林富民工程，要求进一步加强林特基地建设，充实林业队伍力量，着力培育林业主导产业，重视林特产品品牌创建，深化集体林权制度改革，提升林业产业整体水平和效益，帮助农民增收致富。

关注安全生产工作。安全生产事关人民群众生命财产。主任会议专题督查我县安全生产工作，要求强势推进安全生产标准化创建，强化主体责任考核，加强宣传教育，重视安全生产培训，形成齐抓共管的良好局面。

关注医药卫生改革。常委会关注医药卫生体制改革，要求加快城乡医疗保障一体化建设，不断加大基层医疗卫生设施投入，推进公共卫生服务均等化发展，高度重视并着力解决医药卫生改革中的突出问题，使群众少生病、看得上病、看得起病。县政府加大医药卫生体制改革力度，提高群众医保水平，社会反映较好。

关注大交通建设。常委会专题组织县人大代表视察我县大交通建设，要求加快推进在建项目建设，确保工程质量、进度和安全；加强协调，接轨杭州，更好接受大都市经济圈的辐射；注重“大交通”和“小交通”的衔接，切实解决人民群众最关心的交通问题。

关注养老保险工作。养老保险关乎民生、惠及百姓，常委会专题督查我县城乡居民社会养老保险工作，要求更加重视参保缴费扩面，适当加大财政缴费补贴力度，逐步提高支付标准待遇；进一步加强养老保险政策宣传，搞好基层工作服务平台建设，不断提高我县社保工作水平。

四、优化服务，强化保障，更好发挥代表作用

常委会坚持把代表工作作为人大基础工作来抓，不断丰富代表活动形式，积极创建代表履职平台，强化代表履职保障，充分发挥代表的主体作用。

认真督办代表建议。县十三届人大四次会议上，代表共提出建议225件。常委会认真抓好建议督办工作，继续坚持常委会领导分工督办重点建议，组织开展现场督办和代表视察督办。在各承办单位的努力下，所有建议都在规定的期限内答复完毕，其中问题基本解决的106件，占47.1%；部分解决或者计划解决的90件，占40%；作出解释的29件，占12.9%；领衔代表对建议办理的满意率达99.1%。为确保代表在闭会期间更好地提出建议，及时反映民意，常委会还创新实施了代表建议“直通车”制度，主任会议每月听取代表建议“直通车”相关情况报告。去年，有58位代表提交“直通车”建议45件，40件较快得到答复落实，总体反映效果较好。

丰富代表履职活动。坚持常委会领导联系代表、邀请代表列席常委会会议等制度，先后组织300人次代表开展了水环境保护、轻纺城“二次创业”、违法违章建筑整治、大交通建设、代表建议办理等视察活动，扩大代表对常委会工作的参与度。积极推进县人大代表向选民述职活动，柯桥、柯岩、平水等14个代表小组的47名代表当面向选民报告履职情况，增强了代表接受监督的自觉性和依法履职的责任心。受上级人大常委会委托，还多次协助组织省、市两级人大代表的视察活动。

强化代表履职保障。根据县人大代表出缺的实际，常委会精心组织、周密安排，依法有序地组织代表补选工作，10个选区的49657位选民参加投票选举，参选率97.9%，成功补选了10名县十三届人大代表，当选代表平均得票率达97.5%。同时，加强代表履职经费保障，将县人大代表活动经费每人每年1000元，全部发放到各代表小组。

指导镇街人大工作。定期召开全县镇街人大工作会议，总结交流人大工作；坚持县人大机关分片联系镇街制度，加强对镇人大会议、代表小组活动、镇人大代表补选等工作的指导；指导10个镇街组织代表评议基层站所16个，组织新补选的镇街人大干部参加上级部门培训。同时还上下配合开展工作调研，充分发挥基层人大组织作用。

五、增强责任，提升能力，不断加强自身建设

常委会适应新形势新任务的要求，不断加强自身建设，努力增强责任意识，着力提升服务发展、服务代表、服务基层的能力，推进人大工作向前发展。

注重建设学习型机关。组织常委会组成人员和机关干部深入学习科学发展观和党的十七大、十七届五中全会精神，举办全县人大干部读书会，坚持并改进“一月一法”专题讲座制度，先后举办了产品质量法、水污染防治法等9次知识讲座，这些讲座既有法律层面的探讨，又有针对县情的具体政策辅导，实现了理论与实践的结合，增强了常委会组成人员和机关干部的政治意识、大局意识、法治意识，提高了人大干部的履职能力。

围绕大局服务中心。以县委组织的“千名干部联企促发展”活动为载体，深化“作风建设年”活动，常委会领导带领机关干部深入基层，了解企业发展中的困难，及时反映并帮助协调解决有关问题。

加强调研改进作风。结合常委会、主任会议议题，常委会加强工作调研，先后组织撰写改善投资环境、水污染防治、如何发挥不驻会委员作用等调研报告20多篇，其中多篇调研报告为领导决策提供了依据。发挥县人大工作研究会作用，积极开展人大业务研讨。通过深入调研和业务研讨，人大干部不仅了解了基层情况，提高了业务水平，而且促进了思想作风转变。

坚持工作向社会公开。常委会坚持审议内容提前向社会公告，广泛征询公民意见。继续办好《常委会会刊》、《绍兴县人大》等刊物和《人大办通报》，在《绍兴县报》新开辟“绍兴县人大之窗”专版，每月介绍常委会重要工作、重大活动等，自觉接受人大代表和人民群众的监督。积极向上报送信息，多篇通讯、信息在国家、省、市级媒体刊物发表，我县人大工作的影响力不断提高。

回顾一年来的工作，我们深切地体会到：要充分发挥常委会的职能作用，使人大工作有成效、有作为、有地位，必须坚持党的领导，围绕全县大局，增强政治意识；必须突出重点，把县委希望推进的、政府能够解决的和人民群众渴望解决的问题，作为人大工作的重点，集中力量切实推进；必须加大监督力度，不满足于作出决议或者提出审议意见，而要实行跟踪监督，确保决议的执行和审议意见的落实，提高监督实效；必须紧紧依靠人大代表，拓宽代表参与常委会工作的渠道，更好发挥人大代表的主体作用；必须不断加强常委会自身建设，提高履职能力和水平。

2010年常委会的工作之所以取得一定的成绩，这是县委正确领导、“一府两院”密切配合、全体代表积极履职和全县人民大力支持的结果。在此，我谨代表县人大常委会，向所有关心和支持人大工作的同志表示衷心的感谢！

在肯定成绩的同时，我们也清醒地看到，面对新的形势和任务，常委会工作还存在一些不足，主要表现在：监督工作的广度和深度不够，审议质量有待进一步提高，针对性和实效性还需进一步增强；提升代表履职能力、发挥代表作用尚需进一步深化；常委会及机关自身建设还需进一步加强。对于这些问题，我们将高度重视，认真研究，在今后的工作中努力加以改进。

2011年是我县实施“十二五”规划的开局之年，也是本届人大常委会任期的最后一年，在新的形势和任务面前，今年县人大常委会工作总的指导思想是：**认真贯彻落实党的十七大、十七届五中全会和县委十二届十次全会精神，围绕全县经济社会发展大局，以“突出转型升级、致力科学发展”为主题，以解决民生问题、保障社会和谐为重点，以换届选举、“六五”普法为载体，以发挥代表主体作用为基础，努力提高常委会履职水平，为我县实施国民经济和社会发展第十二个五年规划起好步，为推进民主法治建设、率先建成更高水平的惠及全县人民的小康社会而作出应有的贡献。**

以转型升级为主题，促进科学发展。认真贯彻党的十七届五中全会精神，重点支持和加快推进经济发展方式转变，围绕县委转型升级主题，通过听取和审议国民经济和社会发展计划执行情况报告、全县财政预算执行情况报告、审计工作报告、战略性新兴产业发展情况报告、印染产业集聚升级报告、旅游产业发展报告等，督促政府及其相关职能部门加快发展新兴产业，提升发展轻纺业，加强科技进步和创新，加大招商引资力度，建设资源节约型、环境友好型社会，保障经济社会健康发展。

以解决民生问题为重点，保障社会和谐。把着力保障和改善民生，建立和完善我县基本公共服务体系、推进基本公共服务均等化作为重要任务，从我县实际出发，致力推进民生实事工程。督查养老保险基金管理工作，进一步提高全县“老有所养”水平；督查农村宅基地置换工作，致力推进“安居工程”实施；督查“美丽乡村”建设工作，加大农村环境整治力度；督查钱清小城市建设，加快钱杨新城的形成和发展；督查全县学前教育工作，提高幼儿教育水平；督查规划工作，更好发挥规划在经济社会发展中的作用；督查“清水工程”建设和水污染防治执法检查整改意见落实工作，进一步改善水质；督查柯桥县城重点基础工程、交通道路及景观建设工作，改善市民生活环境；督查《浙江省消防条例》实施情况，努力提高我县的消防工作水平。

以换届选举、“六五”普法为载体，推进民主法治建设。把提高全民法制意识、推进依法治县作为基本职能。今年是县、镇两级人大代表换届选举之年，要按照“坚持党的领导、充分发扬民主、严格依法办事”原则，认真搞好人大代表换届选举工作，为我县经济建设、社会稳定奠定良好的政权基础。针对2011年是“六五”普法第一年的实际，重点听取和审议县政府关于制定“六五”普法规划工作情况报告，促进我县“六五”普法工作及时启动和正确实施。针对村委会换届选举的实际，加强对村委会换届选举工作的监督，推进基层民主政治建设。针对《人民调解法》新颁布实施的实际，督查人民调解工作，依法化解矛盾促进稳定。同时，要继续加强对人民法院、人民检察院工作的监督，推进司法公正；继续加强规范性文件的备案审查，维护法律尊严和法制统一。

以做好代表服务工作为基础，更好发挥代表作用。坚持把服务代表、充分发挥代表作用放在重要议事日程。认真组织代表学习培训，努力提高代表的履职意识和能力；坚持代表列席常委会会议等制度，保障代表的知情权；进一步深化代表建议“直通车”制度，加强代表建议督办，提高办理工作水平。今年，将重点探索和建立“代表接待日”制度，继续实施代表联系走访选民制，鼓励代表深入群众，反映民意；积极组织代表向选民述职活动，增强代表的代表意识、履职意识和接受选民监督意识；进一步加强和完善代表小组活动，更好发挥代表小组作用。

以加强自身建设为抓手，努力提高常委会履职水平。按照新形势下人大工作的要求，切实加强常委会自身建设。要加强学习，继续组织开展“一月一法”专题讲座，虚心学习借鉴外地的先进经验，致力提高监督工作能力和水平。要加强调查研究，切实改进工作作风，讲究工作方法，努力提高常委会审议质量。要完善工作机制，修改和完善常委会各项制度，努力加强人大工作的规范化、制度化建设，不断提高做好新形势下人大工作的水平。

责任编辑 孙 羽

政府工作报告（摘要）

——在绍兴县第十三届人民代表大会第四次会议上

绍兴县人民政府代县长 孙云耀

2010年2月1日

2009年主要工作

2009年，是新世纪以来我县经济发展最为困难的一年，也是应对国际金融危机冲击取得明显成效、经济回升向好的一年。面对严峻复杂的形势，县政府在上级党委、政府和中共绍兴县委的领导下，紧紧依靠全县人民，坚定信心，奋发有为，认真执行县十三届人大三次会议的决议，较好地完成了政府工作报告提出的目标任务和50项重点工作与实事工程，全县经济社会保持了平稳较快发展。全年实现生产总值655.26亿元，增长9.8%；财政总收入81.2亿元，增长7.2%，其中地方财政收入43.6亿元，增长13.1%；全社会固定资产投资272.07亿元，增长12.2%；预计研究与试验发展经费支出占生产总值比例为1.8%；预计万元生产总值综合能耗下降4%，COD排放量下降3.2%，SO2排放量下降4.0%；城镇居民人均可支配收入28496元，增长9%，农村居民人均纯收入14682元，增长9.8%；城镇登记失业率3.46%；人口自然增长率0.45‰。在全国县域经济基本竞争力排名中继续进入“十强”，位居第五，在全省县（市）城乡统筹发展水平综合评价中继续居于首位，再次被评为“中国全面小康十大示范县”。

一、经济在转型升级中提质增效

坚持把“保增长、促转型”作为经济工作的首要任务，抓早、抓实、抓主动，推动经济转型发展。

努力保持经济平稳较快增长。面对金融危机冲击、经济增速下滑的严峻挑战，扎实开展“项目推进年、市场拓展年、服务企业年”活动，经济实现了企稳回升。

积极发展城郊型现代农业，稳固农业基础。大力扶持发展粮食生产，积极调整种养结构，推广应用农业先进适用技术，粮食播种面积44.29万亩，增长5.1%，粮食总产量20.93万吨，增长6.1 %，实现农业增加值23.96亿元，增长4%。成功举办中国第二届兰文化博览会、绍兴县现代农业暨优质农产品展示展销会。

坚持工业主导地位，致力二产平稳发展。完成工业总产值2372.27亿元，增长5.3%，工业投资156.08亿元，增长11.0%。提升发展纺织产业，规模以上纺织业实现产值1310.95亿元，增长9.0%，利润43.61亿元，增长24.1%，纺织业率先实现回升。全面实施新兴产业发展规划，新兴产业完成投资80.91亿元，增长32.7%。稳步发展建筑业，实现总产值728.75亿元，增长11.7%。

发挥投资、消费、出口的拉动作用，推进三大需求协调增长。制订实施“三个一批三年千亿”建设计划，完成先进制造业、现代服务业和城郊型现代农业项目投资193.78亿元。大力实施招商选资“一号工程”，引进县外内资40.48亿元，增长52.7%。认真执行国家鼓励消费的政策措施，制订出台“家电下乡”、“家电以旧换新”等实施意见，完成社会消费品零售总额105.89亿元，增长16.3%。深入实施外贸主体多元化、产品高端化、市场全球化战略，组织开展“布行天下”系列活动，鼓励企业积极参加国内外各种展会，完成进出口总额84.2亿美元，下降14.8%，其中自营出口60亿美元，下降6.6%，自营出口在全省出口十强县（市）中降幅最小，总额跃居第一位。

加强土地、资金、人才等要素供给，努力保障发展需求。新增建设用地指标7935亩，增长52%；积极做好基本农田异地代保工作，加大存量土地盘活力度，落实基本农田异地代保56621亩，盘活存量土地3000亩。完善服务经济优胜银行考评办法，引导金融机构加大金融扶持力度，县内各金融机构新增贷款197.42亿元，增长73.5%；组建成立县镇两级16个政策性担保公司和转贷基金，维护区域金融安全；中国轻纺城市场开发经营有限公司成功发行15亿元企业债券。积极开展“绍兴纺织面料设计师沙龙”、“专业技术人才素质提升工程”等人才培育活动，多元化引育人才，全年净增各级各类人才10128人。高度重视企业解困工作，华联三鑫、江龙集团等企业的解困取得实质性成效，重组后的企业产销两旺，个别重点区域的企业解困工作依法有序推进。全面实施企业帮扶和清费减负等一系列政策措施，全年为企业减轻负担15.33亿元。

加快推进经济结构调整优化。进一步深化“亩产论英雄”理念，积极实施纺织集群升级、优化经济结构、培育创新型企业、节约集约发展等“四大行动计划”，制订出台经济激励政策，着力加快经济结构调整。

加快发展现代服务业，不断优化三次产业结构。实现第三产业增加值223.12亿元，增长14.2%，占GDP比重提高1.5个百分点，三次产业结构从上一年的3.56：63.89：32.55调整到3.66：62.29：34.05。开展企业分离发展服务业工作，52家企业完成分离任务。巩固扩大省级旅游经济强县创建成果，大香林二期工程进展顺利，乔波冰雪世界建成开业，春秋两届旅游节成功举办，实现旅游总收入58.61亿元，增长18.6%。积极引进银行等金融机构，浦发银行落户柯桥。认真落实促进房地产市场健康稳定发展的相关政策措施，实现销售额82.18亿元，增长163.8%。

加强纺织产业基地建设，全面提升集群优势。扎实开展纺织产业集群转型升级省级试点工作，促进纺织产业集群升级。加强纺织特色基地建设，被工信部授予国家新型工业化纺织印染产业示范基地，被科技部批准为国家火炬计划绍兴纺织装备特色产业基地，滨海工业区被中国印染行业协会命名为全国首个绿色印染研发生产基地，新增3个“纺织特色名镇”。积极发展纺织创意产业，科创大厦、创意大厦建成投用，30家纺织创意机构签约入驻。

紧紧围绕“三创一集”总体要求，着力培育发展创新型企业。鼓励企业创建高新技术企业，新增国家重点扶持的高新技术企业17家，省区域科创服务中心1家，省科技型企业18家。大力推进公共技术服务平台建设，浙江省现代纺织工业研究院牵头建立的国家纺织产业创新支撑平台通过科技部立项。加大品牌创建力度，新增浙江名牌产品8只，国内注册商标453件、国际注册商标232件，国家授权发明专利40项，参与制订国家、行业标准37只。引导企业加快建立现代企业制度，多渠道推进企业上市，新增上市公司3家、股改重组企业3家。土地资源节约集约利用保持较高水平，新上工业项目平均投资强度243.4万元/亩。

扎实推进“蓝天碧水”工程，深入实施节能减排。新时期治水工程和新三年“蓝天行动”扎实开展，县域空气环境质量优良率达到89.6%。组织开展节能降耗“一十百”工程，柯桥经济开发区列入省级发展工业循环经济示范工程，3家企业列入省级发展循环经济行动计划，燃煤工业锅炉改造、余热余压利用、绿色照明等重点节能项目大力实施。深入开展污水“进管达标、处理提标”专项行动，督促引导企业实施污水预处理和中水回用，82家企业建成污水预处理设施，77家企业建成中水回用设施，萧绍区域印染化工行业污染整治通过省级验收。

大力实施中国轻纺城“二次创业”。重视发挥轻纺市场在保增长、促转型中的带动作用，着力提升市场集群化、现代化、国际化水平，轻纺市场实现成交额707.94亿元，增长11.6%，新增市场经营户1763家、总数达到19172家，新增国（境）外企业常驻代表机构和外商投资商业企业179家、总数达到828家。加快市场改造建设，东升路市场、服装家纺市场等主体市场和国际会展中心等配套工程建成投运。加强市场规范管理，国家纺织面料馆启动建设，东升路市场创建成为“浙江省五星级文明规范市场”，中国·柯桥纺织指数采编更科学、发布更规范、影响更扩大。大力发展会展产业，组织开展“展旺柯桥”系列活动，成功举办纺博会、汽博会、房交会、创意产业博览会等展会。

二、城乡在统筹发展中展现新貌

坚持新型城镇化、新型工业化、农业现代化融合互动，统筹推进新县城、新城镇、新社区建设，城乡一体化水平进一步提升。

新县城建设日新月异。加快推进城市建设，编制完成城市中心区控制性详细规划和一系列专项规划；“好、快、稳、省”实施拆迁，完成房屋拆迁135.4万平方米；杭甬客运专线、柯袍线二期、镜水北路、综合档案馆等工程进展顺利，萧甬铁路绍兴县城区段高架改造和县体育中心项目启动建设，群贤路全线贯通，柯桥至杭州的城际公交开通。积极发展城市商贸，万达广场、沃尔玛等大型商贸项目落户柯桥，瓜渚湖北岸公园开园。全面加强城市管理，顺利通过“数字城管”国家试点城市验收，成为全国第一个县级试点城市，二期深化扩面工作有序推进；依法开展城区“四小车”管理，切实加强轻纺市场周边秩序综合治理；扎实开展市容环境和卫生整治工作，城区生活污水收集率达75%，比上年提高5个百分点。

新城镇建设稳步推进。深化“扩权强镇”改革，完善省、市中心镇机构设置，“扩权强镇”实现全覆盖，新城镇建设活力进一步激发。加强城镇规划，编制完成城镇新社区布局规划。加大城镇建设力度，实施一批城镇基础设施配套工程，建设商贸和住宅房产89.95万平方米，新建供排水管线77公里、排污泵站5座，新建、改造10千伏公用电网112.6公里；6个省、市中心镇完成城镇建设投资15.08亿元，增长31.2%。

新社区建设势头良好。围绕“三集一化”目标，进一步推进农村新社区建设。积极推进土地承包经营权流转工作，新成立土地股份合作社17家，全县土地流转率达50.6%，提高5.8个百分点。大力发展农村家庭工业，新建家庭工业集聚点10个，全县家庭工业产值190.5亿元，增长12.7%。深入推进农村住房改造建设和规范管理，启动12个村、总建筑面积14.09万平方米的农民公寓建设，依法拆除违法违章建筑27.5万平方米。大力开展农村环境整治工作，69个村通过省级考核验收。

三、民生在和谐稳定中持续改善

坚持让发展成果更好惠及全县人民，深入实施“六个所有”民生计划和基本公共服务均等化行动计划，全年安排20.73亿元用于民生改善，增长16.5%。

发展教育促民智。强化教育经费保障，10万学生享受免费教育，义务教育段学校教师绩效工资改革稳步实施。加快推进教育现代化，市教育基本现代化示范镇实现全覆盖。加强学前教育，新建农村幼儿园10所，创建成为全市首个学前教育先进县。高度重视外来人员子女就学，新创办外来人员子女学校3所。

完善保障促民和。实施新一轮促进就业政策，新增城镇就业13058人，下岗失业人员实现再就业5582人。继续扩大职工基本养老保险覆盖面，新增23870人。完善城乡老年居民生活保障体系，实施长寿老人补贴制度，惠及16万城乡老年居民。推进低保提标扩面工作，城镇、农村居民低保标准分别从300元、210元提高到340元、240元。推进残疾人共享小康工程，残疾人事业有新提升。加大城镇廉租住房、经济适用住房保障力度，落实经济适用住房260套、建筑面积2.24万平方米；对245户农村困难群众实施危旧房改造。

提升医疗促民康。通过首批省级卫生强县创建验收和国家卫生县城复评。加快医疗服务机构配套建设，县中医院迁址柯桥城区，第二医院平水分院、中心医院滨海分院工程进展顺利，建立县妇女儿童医院，新建村级社区卫生服务站19家。完善新型农村合作医疗制度，第五轮新农村合作医疗参保人数56.49万人、参保率96.6%，比上一轮提高1.5个百分点，共为174.77万人次报销医药费1.14亿元，人口受益率达到54.8%，比上年提高16个百分点。扎实开展第二轮农民健康体检，体检率达80%。健全计划生育利益导向机制，实施优生促进工程，低生育水平进一步巩固稳定。

繁荣文化促民乐。实施广播村村响达标工程，有线广播覆盖农户达到90%以上。有序推进有线电视数字化改造工程，整体改造转换12.8万户。组织开展农民“种文化”、“广场文化月”、送戏下乡等活动，进一步打响“越剧天天演”品牌。成功承办2009中国曲艺高峰论坛。新编廉政大戏《一钱太守》获得省“五个一工程”奖，圆满完成晋京献演任务。加强文化遗产保护，实施完成印山越国王陵原址保护和舜王庙扩展工程。我县籍运动员在第十一届全运会上获3枚金牌。

合力共建促民安。健全打防控一体化机制，加强安全生产专项整治，积极推广“大调解”工作模式，圆满完成国庆安保任务，公共安全应急体系进一步健全，刑事发案数、信访总量、安全生产事故起数保持下降趋势，继续创建成为省级平安县。重视市场供应、产品质量和食品药品安全工作，重要商品和居民生活必需品生产流通保持平稳。高度重视行政复议和行政诉讼，积极预防和化解行政争议。建立医疗纠纷第三方调处机制，切实加强甲型H1N1流感防治工作。全面开展农村资金、资产、资源“三资”管理，基层民主管理得到加强。对口支援和帮扶工作进一步加强，青川县凉水镇灾后援建工作进展顺利。

在致力经济社会持续平稳较快发展的同时，我们高度重视政府自身建设。切实做好人大代表建议、政协委员提案办理工作，共承办人大代表建议227件、政协委员提案314件，答复满意率分别为99.1%和99.6%。依法及时向县人大常委会报备行政规范性文件103件。大力推进行政审批“三集中、三到位”改革，行政审批职能内设机构从129个减少到45个，819项行政审批事项归并了697项，归并率达85%。扩大政府性投资项目集中代建范围，总投资额100万元以上的政府性基本建设投资项目全部实行集中代建。切实加强政府性项目审计和国有资产管理，严格规范建设工程招投标、政府采购、土地矿产出让、产权交易等工作。切实降低行政成本，机关公用经费减少5.1%。继续深化规范行使行政自由裁量权工作和政务信息公开工作，切实加强电子政务建设，健全公务人员行政问责制度，依法行政水平进一步提高。国防动员、民兵预备役、双拥、人防工作得到加强。统计、档案、气象、民族宗教、外事侨务等工作取得新成绩。妇女、儿童、老龄事业健康发展。

2010年工作的总体要求与主要目标

2010年是实施“十一五”规划的最后一年，也是经济形势更为复杂的一年，做好今年的政府工作，责任重大，意义深远。从国际看，世界经济有望恢复性增长，但好转的基础还不牢固，复苏将缓慢而曲折。从国内看，经济有望持续回升，但经济运行中的素质性、积累性矛盾相互交织，转变经济发展方式和加快结构调整的难度很大。尽管形势复杂，但机遇十分难得。中央把加快经济发展方式转变作为深入贯彻落实科学发展观的重要目标和战略举措，这为我们提高发展的质量效益提供了机遇；中央继续实施积极的财政政策和适度宽松的货币政策，这为我们争取有利的发展条件提供了机遇；去年以来一系列政策措施和新投产项目的积极效应将逐步释放和体现，这为我们增强发展的可持续性提供了机遇。我们一定认清面临的形势，把握发展的机遇，坚定信心、未雨绸缪，切实做好应对各种困难和挑战的充分准备，努力推动县域经济社会的科学发展率先发展。

2010年政府工作的总体要求是：以科学发展观为统领，全面贯彻党的十七大和十七届三中、四中全会精神，认真落实中央、省经济工作会议和县委十二届八次全会精神，继续突出“加快经济转型、促进社会和谐”工作主题，以加快经济发展方式转变为主线，以深化改革开放为动力，以全面改善民生为目的，全力推进经济转型发展、城乡统筹发展、社会和谐发展，全面完成“十一五”规划各项目标任务，为“十二五”发展奠定扎实基础。

2010年经济社会发展主要预期目标是：生产总值增长10%左右；地方财政收入增长8%以上；全社

会固定资产投资增长11%；自营出口增长8%以上；社会消费品零售总额增长13%；研究与试验发展经费支出占生产总值比重达到1.85%；万元生产总值综合能耗下降3%，COD排放量下降3.5%，SO2排放量下降2%；城镇居民人均可支配收入增长8%，农村居民人均纯收入增长8.5%；城镇登记失业率控制在3.5%以内；人口自然增长率控制在1.42‰以内。

根据上述总体要求，在具体工作中我们要牢牢把握四个“更加注重”。

一是更加注重发展方式的转变。发展是永恒的主题，转型是发展的方向，两者内在统一。在着力保持经济平稳较快增长的同时，我们要切实按照科学发展观的要求，转变经济发展的理念、思路和方法，把更多的精力放在优化产业结构、推进自主创新上，坚定不移调结构，脚踏实地促转变，不断提高经济发展的质量效益，努力在发展中促转型，在转型中谋发展，全面提升经济社会发展的可持续性。

二是更加注重体制机制的创新。改革是破解难题、加快发展的根本动力。我们要坚持深化改革与促进发展的有机结合，进一步解放思想，创新思路，推动重点领域和关键环节的改革创新，力争在构建有利于经济社会科学发展率先发展的体制机制上取得新突破，着力运用改革的思路和举措破解制约经济社会发展的突出矛盾和重点问题，全面提升经济社会发展的内生动力。

三是更加注重民生福祉的改善。保障和改善民生是政府工作的出发点和落脚点。我们要及时顺应和把握人民群众的要求与需求，加大公共财政对民生的投入，积极创造条件提高居民的收入水平，完善公共配套设施建设，加快城乡一体发展，加强生态文明建设，切实解决好人民群众最关心最直接最现实的利益问题，不断提高人民群众的生活水平和质量，全面提升经济社会发展的协调水平。

四是更加注重服务管理的优化。政府服务和管理是推动发展的重要保障。我们要把改善政府服务和管理作为重中之重，进一步推进政府自身建设，改进方式，健全举措，拓宽领域，在服务中创新管理方法，在管理中提升服务水平，不断提高人民群众对政府工作的满意度，全面提升经济社会发展的环境条件。

2010年工作的主要任务

根据2010年政府工作的总体要求和主要目标，我们要全力做好五方面的工作。

一、致力转型升级，加快经济发展方式转变

努力构建现代产业体系。坚持“亩产论英雄”基本理念和“强工、兴商、优农”基本方针，着力提升一产、主攻二产、做大三产，加快构建县域现代产业体系。

提升发展城郊型现代农业。稳固农业战略产业，全面落实国家强农惠农各项政策，着力稳定粮食播种面积和总产量；扎实推进万亩标准农田质量提升工程，进一步加大土地承包经营权流转力度，大力发展设施农业、效益农业、品牌农业。提升农业主导产业，着力建设蔬菜、畜牧、水产、茶叶、花卉、竹笋等六大农业主导产业基地，培育一批资源丰富、优势明显的特色产业示范镇村；积极实施“兴林富民”提升工程，推进设施林业发展；加快推进农业“接二连三”，培育扶持一批产业带动力大、市场竞争力强、科技含量高的加工型、品牌型农业龙头企业；扶持发展农民合作社，提升农业产业化水平。发展农业新兴产业，扶持发展休闲观光、森林旅游等产业，争取承办省首届渔博会。

做大做强先进制造业。坚持“提升纺织业、壮大新产业”并重，全面落实“1+5”产业规划，加快纺织产业转型升级，加大新兴产业培育力度，推进工业经济结构调整优化。提升发展纺织业。以国家新型工业化纺织印染产业示范基地建设和纺织产业集群转型升级省级试点为契机，按照化纤差别化、面料功能化、印染绿色化、服装家纺品牌化和技术装备信息化的要求，延伸产业链、推进高端化、增强竞争力，着力打造国际性纺织制造中心；加强纺织产品技术创新、品牌创建和时尚创造，着力打造国际性纺织创意中心；鼓励优势企业实施兼并重组、控股经营，着力培育一批拥有核心技术、自主品牌的纺织行业龙头企业。全力推进印染产业转型升级，充分发挥“市场+印染”优势，按照“集中布局、控量提质、节能减排”的基本要求，加快推动印染企业的搬迁改造、集聚整合、控量升级；积极推动印染产品的结构调整和先进适用技术的应用，提高产品质量，提升产品附加值。培育壮大新产业。按照“现状有基础、行业富活力、发展能集聚”的原则，加强与国家新能源、新材料等战略性新兴产业规划对接，完善发展规划，制订发展政策，落实发展区域，培育发展机械电子（汽车汽配）、节能环保、新型材料、医药化工、食品加工等五大新兴产业，力争新兴产业投资占工业投资比重50%以上。与此同时，努力拓展建筑市场，强化建筑行业管理，进一步推进建筑业发展，完成建筑业总产值730亿元。

加快发展现代服务业。力争第三产业增加值占GDP的比重提高1个百分点以上。发展壮大商贸服务业，突出重点与注重特色相结合，大力培育引进购物广场、连锁超市等大型商贸中心，积极发展特色商业街（区）。巩固提升旅游产业，启动鉴湖—柯岩旅游度假区国家AAAAA级景区创建工作，加快推进大香林二期等重点旅游项目建设；按照“国内最有影响力的江南水乡古镇之一”的定位，扎实推进安昌古镇的开发建设。稳定发展房地产业，注重新县城、新城镇房地产开发的联动推进，着力开发特色小区和精品楼盘，切实加快拆迁安置房和经济适用房建设，规范房地产市场秩序。大力发展会展产业，以“纺博会”为龙头，加大招展引展力度，努力举办更多在国内外和行业中有影响的展会。促进金融产业繁荣，积极引进银行、保险、证券等金融机构到柯桥落户。注重发挥区域、产业优势，推动现代物流业和服务外包业的发展。大力发展以中国轻纺城“611”建设计划为主要载体的总部楼宇经济。加快推进企业分离发展服务业工作。

大力推动企业创新发展。按照“三创一集”要求，大力实施创新型企业培育行动计划，努力培育一批有核心竞争力、有行业话语权、带动力强、支撑作用明显的创新型龙头企业、创新型示范企业和创新成长型企业。

加强科技创新。以电子信息、生物医药、新材料、机电一体化等高新技术产业为重点，培育孵化和引进吸纳更多的高新技术企业。引导企业加快信息化技术在研发、生产、管理、营销等环节的应用，提高信息化水平。鼓励企业与高等院校、科研院所合作共建研发中心、实验室、中试基地等，重视引进和培育各类专业人才、创新团队，大力推进产学研合作。加快实施重点科技攻关项目，大力开展重点产业科技攻关活动，促进科技成果产业化。加强浙江现代纺织工业研究院等公共创新服务平台建设，全力打造服务水平更高、创新能力更强的国家纺织产业创新支撑平台。

推进品牌强县建设。制定新一轮名牌产品培育规划，着力培育一批市场认可度高、经济效益好的著名品牌。鼓励企业参与制订国家、行业标准，积极争取更多国家授权发明专利，促进产业、企业和产品提档升级。加强知识产权保护工作，不断提高知识产权创造、运用、保护和管理能力。

推动企业管理与制度创新。引导企业建立完善法人治理结构，健全企业决策、经营、财务、监督等机制，加快建立现代企业制度。积极推进企业上市和股改重组工作，加强上市企业规范管理，新增上市公司确保2家、力争3家。切实加强民营企业监管服务，强化风险预警与防范，促进民营经济健康发展。

积极开拓国际国内市场。紧紧抓住经济回暖、需求回升的有利时机，充分利用国家鼓励、刺激消费的政策措施，进一步开拓国内外市场。

加快市场升级。围绕打造国际性纺织贸易中心目标，深化中国轻纺城“二次创业”，完善体制机制，推进市场升级改造，充分发挥中国轻纺城在市场拓展中的大平台作用。加大划行归市力度，推进市场经营科学分类。强化招商隆市，积极开展商贸对接，集聚更多国（境）内外客商。健全管理服务，扎实推进市场信用体系建设。加强品牌营销，扩大市场知名度，提升市场整体形象。完善市场配套，扎实做好中国·柯桥纺织指数采编发布工作，大力推动电子商务，加快“网上轻纺城”建设，力争尽早设立海关柯桥办事处。

拓展外贸出口。鼓励企业加快营销网络建设，支持优势企业到国（境）外设立区域营销中心、地区销售总部和销售连锁店，吸引国（境）外采购商到我县设立采购中心，进一步巩固扩大欧美、中东等传统市场，大力拓展非洲、拉美等新兴市场。组织企业抱团参加各类国际展会，提升企业和产品知名度，打响区域产品品牌。注重企业出口品牌建设，鼓励企业在国（境）外注册商标、并购国（境）外企业和知名品牌。支持企业赴国（境）外建立生产基地，开展加工贸易，规避贸易壁垒。

扩大消费需求。千方百计增加城乡居民收入，加大困难群体保障力度，提高消费能力。引导企业加强市场研究分析，增强产品适销性，扩大产品市场占有率。继续开展汽车、家电下乡和以旧换新等活动，积极发展休闲娱乐、体育健身、教育培训、社区家政等新型服务消费。加快农村便利连锁店、放心店和商品配送中心建设，加强农村消费品质量安全监管，促进消费便利化，提高消费安全性。

二、夯实发展基础，提升县域经济竞争能力

着力提升发展平台。深化“两中心两带”经济布局，发挥区域比较优势，做强县域经济发展平台。抓住开发区整合提升良机，完善产业发展规划，加强基础设施建设，着力把滨海工业区打造成全国一流的纺织原料和绿色印染基地，把柯桥经济开发区打造成全省一流的高新技术和新兴产业集聚区，积极争创国家级开发区。坚持市场与城市联动，培育发展城市经济，着力把柯桥中心城打造成现代服务业培育的主平台。加快规划修编，加速南北对接，加强招商推介，着力把鉴湖—柯岩旅游度假区打造成生态休闲旅游区。切实发挥平水副城的龙头带动作用，加大建设力度，促进资源共享，着力把平水副城打造成统筹南部山区一体化发展的主引擎。与此同时，培育壮大20个左右各具特色的镇街工业集聚区，推动镇域特色产业集聚发展；扶持发展50个左右的村级现代家庭工业集聚点，发展壮大村级经济。

切实加大有效投入。重抓增量提质、存量提升、项目提速，着力优化投资结构。加强招商选资。坚持央资民资外资并重、技改项目与新上项目并重，强化项目对接、区域对接、企业对接，完善招商体制、创新招商方式、整合招商资源、落实招商措施，瞄准世界500强和央企、大型民企，大力引进一批成长性好、带动力强、能源消耗少的大项目、好项目，努力提高投资总量和质量。加大技改投入。积极推进县内民营企业的投资工作，鼓励企业抢抓有利时机，挖掘自身潜力，促进产业升级，着力打造一批大企业大集团，切实提升区域经济竞争力。加快项目建设。深入实施“三个一批三年千亿”建设计划，做好项目前期工作，加强项目监督管理，切实抓好重点项目建设。推进浙能热电、滨海金属制品、和合光伏等一批先进制造业项目建设；抓紧远东石化PTA、天圣差别化化纤等一批重大项目前期工作；加快柯桥万达广场、红星美凯龙、中国轻纺城物流中心、坯布市场、北联托运市场等一批现代服务业和政府性项目建设；启动一个现代农业示范园、三个农业主导产业示范区、五个精品农业示范基地等城郊型现代农业项目建设。

致力强化要素保障。加快推进新一轮土地利用总体规划修编，加大存量闲置土地盘活利用和土地开发复垦力度，积极拓展发展空间。引导县内金融机构优化信贷投向，鼓励增量资金更多投向实体经济；完善新型融资担保体系，进一步创新金融服务，优化中小企业融资环境。进一步做好环境容量、电力、人才等要素保障工作。着力推进重点区域企业解困工作，促进企业健康发展。继续实施扶持企业系列政策，切实减轻企业负担。

三、坚持标本兼治，全力推进生态文明建设

大力度推进清水工程。把改善县域水环境质量作为一项战略任务，更大范围、更深层次实施清水工程。加快印染企业集聚。发挥滨海工业区绿色印染基地的示范带动作用，抓住产业转型升级的有利时机，综合运用市场经济手段和机制，推动印染企业向滨海工业区集聚提升发展。提高河道自净能力。综合运用蓄水、引水、翻水等手段，加快实施城区河道连通工程，全面推进面上河道清淤疏浚，增强水体流动性；扎实开展以鉴湖水系保护为重点的水环境综合整治；推行河道生态化治理，恢复和改善水生态系统。加强污水源头治理。加快集镇、农村生活污水和生活垃圾收集处理设施建设，扩大收集范围，加大处理力度，城区生活污水收集率提高到80%以上；严格执行水资源管理制度，切实加强水资源管理保护。

多渠道深化节能减排。深入实施节约集约发展行动计划，扎实开展全省节约集约用地示范县创建活动，做深“上天、入地、加密”文章，最大限度提高土地利用率。积极发展循环经济，大力推进滨海工业区、柯桥经济开发区区域循环经济建设，培育发展循环经济示范企业，实施印染污泥无害化处置工程，着力推进资源利用的区域大循环和企业小循环。大力发展清洁生产，推广应用余热余压利用、中水回用、循环流化床锅炉等先进技术和设备，力争30个项目列入省、市重点节能降耗项目计划，30家重点用能、排放企业通过清洁生产审核验收。引导发展低碳经济，大力推动可再生能源和新能源的应用开发。

全方位开展环境整治。大力实施环境保护新三年行动计划，加大环境执法力度，切实加强环境综合治理。深入开展污水"进管达标、处理提标"专项行动，切实强化重点区域、重点企业排污日常监管。积极推进规模化养殖场有机废弃物综合治理，加强农业面源污染治理。扎实推进"森林绍兴"建设，积极实施以护绿、复绿、添绿为主要内容的绿色生态建设，提升绿色生态水平。

四、加快"三新"联动，提升城乡统筹发展水平

乘势加快新县城繁荣发展。紧紧抓住杭州都市经济圈加快构建和绍兴中心城市"西连"的历史性机遇，推进新县城建设繁荣发展。

优化城市布局。围绕"国际纺织之都、现代商贸之城"的目标定位，强化城市规划管理，深化细化城区规划，加强主城区与周边区域规划对接融合，提升城市建设品位。抓紧开展杭甬客运专线绍兴柯桥站区域和萧甬铁路绍兴县城区段高架改造后的规划研究工作。"好、快、稳、省"推进城市拆迁，力争完成"城中村"拆迁改造60万平方米。

完善城市功能。加快实施镜水北路、104国道综合改造、萧甬铁路绍兴县城区段高架改造等工程，配合实施好杭甬客运专线、杭州湾钱江通道等工程，抓紧综合档案馆、体育中心、蓝天文化影视中心、环瓜渚湖步行道连通等项目建设，不断完善城市基础设施和服务功能。

加强城市管理。完善城市综合管理长效机制，扎实开展夜排档、流动摊综合整治，改善市场周边交通秩序。切实抓好"数字城管"深化扩面工作。加快推进大小坂湖区域环境综合整治工程。深入实施"新柯桥人"计划，进一步打响"创业在柯桥、居住在柯桥、休闲在柯桥"品牌，提高城市宜居水平，促进城市人口集聚。

着力发挥新城镇带动作用。紧紧抓住中央加快推进城镇化建设有利时机，突出"新城镇就是小城市"目标定位，加快培育一批功能完备、要素集聚程度高、辐射带动能力强的新城镇。

加强规划建设。按照城乡新社区布局规划，明确城镇建成区建设要求，根据城镇个性特色，深化新城镇中长期和近期建设规划，严格执行规划"一书二证"制度，切实维护规划严肃性、权威性。大力度推进城镇社区建设，优化社区功能布局，建设完善城镇道路、水电、通讯、天然气等基础设施和教育、文化、卫生、体育等公共服务设施。

提升经营水平。加快推进城镇拆迁改造和项目建设，力争完成"镇中村"、"区中村"改造40万平方米。大力发展城镇现代服务业、科技型生态型工业和城郊型现代农业，培育壮大城镇经济，为城镇发展提供有力的产业支撑。逐步放宽城镇户籍限制，吸纳符合条件的农业转移人口在城镇就业、落户，吸纳有条件的农民工转为城镇居民。

深化扩权强镇。坚持"扩权强县"与"扩权强镇"相结合，认真梳理省、市扩权改革后的县域经济社会管理权限，进一步授好权、用好权、管好权，构建责权利相一致的管理体制。进一步发挥城镇在区域发展中的带动作用，推动区域协调发展。

切实加强新社区建设管理。坚持"农村新社区就是小集镇"理念，大力实施"三集中"工程，加快推进新社区建设。

规范住房改造建设。分类落实"推进公寓式、规范联立式、严控独立式"基本方针，探索完善农村住房制度改革利益导向机制和农村住房改造建设多元投入机制，加快农村建房从分散向集中转变，加快农业人口向新县城、新城镇和农村新社区集中居住。

深化示范创建活动。加快社区综合服务中心和社区医疗、教育、商贸、文化配套设施建设，力争有15%以上的城乡新社区创建成为示范新社区。进一步加强村庄绿化美化，切实改善农村环境面貌。

扶持发展山区经济。进一步推广"异地集中建物业"模式，加快村级异地物业用房建设。鼓励欠发达村通过新建或购置物业，拓展物业经营，增加村级收入。深入开展结对帮扶工作，扎实推进低收入农户奔小康工程。加快山区公共基础设施建设。

五、着力改善民生，全力维护社会和谐稳定

深入实施"六个所有"民生计划。按照公共财政的要求，加大政策扶持，增加民生投入，安排24.73亿元财政资金用于"六个所有"民生计划，加快推动基本公共服务均等化。

安排10.72亿元资金，用于"学有所教"。积极稳妥推进教师绩效工资改革。加快城区教育配套项目建设，打响“学在柯桥”品牌。切实加强素质教育，着力推进教育均衡，提升学生整体素质。切实抓好学前教育、特殊教育，加快发展职业技术教育、成人教育，促进各类教育协调发展。

安排4000万元资金，用于“劳有所得”。认真执行促进就业政策，鼓励就业困难人员灵活就业，支持企业扩大招工规模，积极开发公益性岗位安置就业，加强基层劳动保障平台建设，积极打造充分就业县。

安排5.37亿元资金，用于“病有所医”。深化医药卫生体制改革，认真做好县镇社区卫生一体化改革试点工作，全面实施基本药物制度。按照三甲医院标准加快推进县中心医院建设，加快提升县中医院、县妇女儿童医院医疗服务水平。扎实实施新型农村合作医疗制度，提高医疗保障水平。进一步加强人口与计生工作。

安排6.55亿元资金，用于“老有所养”。扎实推进社会保险费“五费合征”工作，不断扩大五大社会保险覆盖面。继续做好被征地农民养老保险，确保“即征即保、应保尽保”。健全社会化养老服务体系，加强公办养老机构建设，扶持民办养老机构发展。

安排5600万元资金，用于“住有所居”。进一步加大廉租住房和经济适用房保障力度，扩大保障范围，确保应保尽保。继续做好农村住房解困工作，积极推进外来人员公寓建设，努力改善困难群众居住条件。加大农村危房改造力度，推进柯桥城区老旧住宅小区综合改造。

安排1.13亿元资金，用于“难有所助”。积极开展扶贫帮困献爱心活动，加大弱势群体救助力度，探索实施外来务工人员医疗救助。深化残疾人共享小康工程，积极创建全国“残疾人社区康复示范县”。继续抓好青川县凉水镇对口援建工作。

促进文化事业繁荣发展。坚持文化引领、文化惠民、文化创新，深入持久开展学习型社会创建活动，积极开展农民“种文化”活动，切实加强基层文化队伍建设，丰富群众文化生活。配合做好第六届世界合唱节承办工作，争取承办第八届中国民间艺术节。加强越剧、莲花落等地方曲艺精品创作，弘扬地方传统文化。加强文物保护、利用工作和非物质文化遗产保护工作，传承优秀历史文化。积极筹备参加市第七届运动会。

切实加强社会公共安全。深入推进“五五”普法，加大社会治安综合治理力度，积极预防和严厉打击各类严重违法犯罪，抓好上海世博会“护城河”和世界合唱节安保工作。健全接访制、下访制、导访制、责任制“四制”配套的工作机制，推广“大调解”工作模式，有效化解矛盾纠纷。建立健全公共安全预警和应急管理机制，高度重视安全生产，强化食品药品监管，加强防台防汛工作。扎实开展第六次人口普查。努力做好国防动员和民兵预备役工作。切实加强统计、档案、气象、民族宗教、外事侨务等工作。

我们在全面加强和保障民生各项工作的同时，还要重点办好十个方面的实事。

一是就业方面，新增城镇就业1万人，帮助4000名城镇失业人员实现再就业，新开发600个以上公益岗位安置就业困难人员，城镇零就业家庭发现一户、动态解决一户。

二是教育方面，完成县特殊学校和蓝天民工子女学校校舍建设；启动建设县中心幼儿园；深入推进中小学校舍安全工程，加固改造校舍5万平方米。

三是社会保障方面，新增企业职工基本养老保险参保1.1万人，工伤保险参保5000人，失业保险参保2000人，生育保险参保2万人，被征地农民养老保险“即征即保”率保持100%；按月足额向符合条件的城乡居民发放社会基础养老保险金；力争新增社区居家养老服务中心10家，创建农村“星光老年之家”140家。

四是医疗卫生方面，新增城镇职工基本医疗保险参保2万人；提高医保报销补偿标准，其中农民住院平均补偿率较上年度提高35%；在所有政府举办的基层医疗卫生机构中全面实施基本药物制度，并按统一采购价格零差率销售。

五是文化事业方面，向农村送演出50场、送电影4000场、送书200车次；年内完成有线电视数字化改造；低保家庭免除有线电视收视费。

六是住房保障方面，改造建设农村住房4500户，其中生活困难群众危旧房改造150户；经济适用住房、廉租住房做到“应保尽保”；实施20万平方米柯桥城区老小区整治改造。

七是农村公共服务方面，安装山区农民饮用水消毒设施100台；推进农村供水管网改造；加快实施村村电气化工程；培训转移农民8000人。

八是交通出行方面，加密城区公交班次，增设城区夜间公交，完善市县公交线网，落实公交IC卡惠民措施。

九是公共安全方面，实施小型病险水库除险加固8座，山塘整治25座；实施口门丘中、东、西片3.72公里标准海塘工程。力争安全生产事故起数、死亡人数、直接经济损失三项指标保持“零增长”。

十是社会救助方面，低保救助做到“应保尽保、应补尽补、应退尽退”；向2300名特困残疾人和600名重度残疾人提供基本生活保障；为200名残疾人免费实施复明手术、安装适用器具和康复训练。

全面加强政府自身建设

做好2010年各项工作，全面完成“十一五”目标任务，必须切实加强政府自身建设，提高管理水平和服务能力，努力建设人民满意政府。

坚持科学谋政。坚持解放思想，锐意改革创新，加快政府职能转变，强化社会管理和公共服务，完善经济调节和市场监管。坚持与时俱进，加强理论学习，注重学有所思、学有所用、学有所成，努力把学习成果转化为统筹科学发展的能力、奋力攻坚克难的能力、推进创业创新的能力。坚持调查研究，理论联系实际，做到问政于民、问需于民、问计于民，努力使政府工作的决策部署、政策措施更加符合发展实际，更加符合群众愿望。坚持重大事项集体决策，健全专家咨询论证、社会公示与听证等制度，加强对重大政策实施情况的跟踪评估，不断提高决策的科学化、民主化水平。

推进依法行政。认真贯彻依法治县战略，把依法行政贯穿政府工作的全过程和政府管理的各环节。自觉接受人大及其常委会的依法监督，积极支持政协履行政治协商、民主监督、参政议政职能，认真办理人大代表建议和政协委员提案，充分听取各民主党派、工商联、人民团体的意见建议，自觉接受新闻舆论和人民群众的监督。加强政府法制工作，全面落实行政执法责任制，深化行政自由裁量权规范行使工作，完善行政复议和行政问责制度，严格按照法定权限和程序履行职责。完善政务公开和政府信息公开制度，保障群众的知情权、参与权和监督权。切实加强政府公务人员法制培训和教育，不断提高依法行政的能力和水平。

努力为民勤政。大力倡导求真务实之风，狠抓目标任务和政策措施的贯彻落实，努力办实事、求实效。牢固树立“实绩论英雄、实干促发展”的工作导向，大力发扬“5+2”、“白加黑”的精神和作风，只争朝夕谋发展，全心全意为民生。建立健全工作责任制，深入开展服务基层、服务企业活动，着力提高政府公务人员的服务意识和服务能力。继续深化行政审批“三集中、三到位”改革，简化审批环节，优化便民服务，进一步提高行政效能。

严格廉洁从政。弘扬艰苦奋斗、勤俭节约的优良作风，政府机关要带头厉行节约，压缩办公经费，把有限的资金和资源更多地用在发展经济和改善民生上。严格规范行政行为，完善权力制约和监督机制，强化对工程建设、土地出让、资金管理等重点领域、重要环节的审计，进一步加强对公共资源的招投标监管，认真治理工程建设领域的违法违纪行为。严格执行党风廉政建设责任制，着力加强反腐倡廉教育，认真落实政府公务人员廉洁从政各项规定，切实加强惩治和预防腐败体系建设，坚决纠正损害群众利益的不正之风，严肃查处违法违纪案件，以反腐倡廉的实际成效取信于民。

2010年，还有一项十分重要的任务，就是科学谋划好我县“十二五”时期的发展。我们要切实加强对事关我县长远发展的重大问题研究，认真做好国民经济和社会发展第十二个五年规划编制工作。

中国人民政治协商会议第十届绍兴县委员会常务委员会工作报告（摘要）

——在中国人民政治协商会议第十届绍兴县委员会第四次会议上

绍兴县政协主席 李杏芬

2010年1月31日

2009年工作回顾

2009年是中华人民共和国成立60周年，是人民政协诞生60周年，也是绍兴县经受考验、共克时艰的关键一年。一年来，县政协在中共绍兴县委的正确领导下，深入学习实践科学发展观，以围绕核心、服务大局、注重民生、真情履职为总要求，以县委“加快经济转型、促进社会和谐”为工作主线，坚持“服务发展，关注民生”的工作主题，积极履行政协职能，努力加强自身建设，较好地发挥了政协协调关系、汇聚力量、建言献策、服务大局的作用，各项工作取得了新的进展，为全县经济社会持续平稳较快发展作出了积极的努力。

一、把握政协工作面临的新机遇，不断加快政协履职制度建设的步伐

以县委召开全县政协工作会议等重大活动为契机，认真总结政协工作经验，努力推进政协制度建设，不断优化政协履职环境。

1. 认真总结经验，把握工作规律。组织委员认真学习胡锦涛总书记在庆祝人民政协成立60周年大会上的重要讲话，协助县委积极筹备庆祝人民政协成立60周年暨全县政协工作会议，组织召开纪念人民政协成立60周年座谈会，和各民主党派、无党派人士、人民团体、政协老领导及各界人士一起回顾人民政协走过的光辉历程和人民政协事业在绍兴县的实践，得出了三点重要启示，即必须始终坚持党的领导，围绕发展大局和民生问题履行政协职能；必须始终坚持两大主题，努力彰显人民政协的本质属性和独特优势；必须始终坚持不断创新，努力增强人民政协事业发展的生机和活力。进一步增强了做好新形势下人民政协工作的责任感和使命感，也进一步明确了坚持“围绕核心、服务大局、注重民生、真情履职”的工作要求。

2. 落实会议精神，推进制度建设。以多种形式，认真学习贯彻全省政协工作会议精神，邀请了省政协研究室领导作专题辅导报告，举办了县政协专题读书会，并组成了三个调研组，围绕政协履行职能、组织建设及“四位一体”建设等三个课题，深入开展调查研究。在县委的领导下,做好会议的各项准备工作,在人民政协成立60周年之日，县委召开了庆祝人民政协成立六十周年暨全县政协工作会议，出台了《中共绍兴县委关于进一步加强政协工作的意见》，对进一步加强党对政协工作的领导、切实把政治协商纳入决策程序、不断完善民主监督机制、努力提高参政议政实效和进一步加强人民政协的自身建设等五个方面内容提出了明确的要求，为推进我县政协履行职能提供了制度保障。

3. *争取各方支持，优化履职环境*。始终坚持县委对政协工作的领导，坚持每季度向县委汇报工作，坚持重大问题和重要事项向县委请示报告制度，自觉贯彻县委决定，坚持围绕核心开展工作，坚持“县委出题目、政协做文章”的工作机制，认真落实县委提出的工作要求，积极开展调查研究，提出意见建议，努力使政协履行职能的活动与县委、县政府紧密相连、同频共振。重大协商课题，邀请县委县政府领导听取协商意见。加强对镇（街道）工委和政协参加单位的联系与指导，积极发挥他们的作用。以对口联系制度为纽带，密切各专委会与县机关有关部门的联系，为广大委员知情出力创造了条件。

二、把握经济社会发展的新态势，努力增强协商监督建言献策的实效

县政协紧紧围绕县委“加快经济转型、促进社会和谐”的工作主题，高度关注金融危机背景下我县经济社会发展的新态势，充分发挥优势，积极开展协商监督、议政建言。

1. *努力提高协商质量*。认真开好政协十届三次全体会议，围绕县委工作主题，组织全体委员和政协参加单位，以大会发言、分组讨论、提交提案等形式，集中开展政治协商。精心组织了19篇发言材料，其中4篇作了大会发言，得到县委、县政府主要领导的充分肯定，有关部门吸纳了意见建议。如提出的“关于进一步促进轻纺城物流业发展的建议”，县委、县政府及有关部门非常重视，制定了物流产业推动计划，加大了政策扶持力度，对加快建设具有国际、国内和水运物流基地功能的轻纺城现代物流体系发挥了积极的作用。认真组织“关于推进企业解困工作”和“推进农村新社区建设”两个重点课题调研，分别召开十届十三次、十四次常委会议进行重点协商，并以建议案形式报送县委、县政府，对合力推进我县企业解困工作、加快促进我县农村新社区建设步伐发挥了积极作用,促进了调研成果的转化。2009年，还就“平安创建”、“扩权强镇”等重点内容，分别召开主席会议，进行专题协商，提出有关意见建议。

2. *扎实开展专项监督*。本着实事求是、推动工作的原则，扎实开展了“政府实事工程——‘蓝天行动’实施工作”和“行政审批服务工作”专项民主监督。组织有关专委会、民主党派，组成民主监督组，深入镇（街道）、企业及有关服务对象，综合运用听取介绍、查阅资料、调查走访、召开座谈会和现场踏看等多种形式，对“蓝天行动”方案中涉及的环保、经贸、财政、公安等十个部门的工作和全县行政审批服务工作进行了全面监督调查，分别召开十届三十二次、三十八次主席会议，坚持督帮结合的原则，认真查摆问题，敢于直面矛盾，如实反映情况，积极提出建议，有效地推进了《绍兴县“811”环境保护新三年蓝天行动方案》的实施和行政审批服务工作的落实。

3. *充分发挥视察作用*。努力增强视察活动的计划性、针对性和灵活性，依托专委会、镇（街道）工委和界别活动小组，选择事关全县经济社会发展大局和人民群众利益的重点工作、重点工程，深入现场，实地视察，提出意见建议。2009年，重点就轻纺市场改造升级、违法违章建筑整治、柯桥开发区建设及鉴湖水域保护等内容进行了视察督查,提出意见建议。各专委会结合自身特点，对重点宗教场所、国税工作、杭甬运河改造工程、中国轻纺城仓储物流中心建设工程等开展了视察。各镇（街道）工委积极发挥委员的民主监督作用，组织委员开展各种形式的视察，合力助推城中村改造、违法违章建筑拆迁等工作。

三、把握保增长促转型的新情况，积极发挥调查研究服务大局的作用

服从服务于党委、政府中心工作，是政协履行职能的基本要求。县政协着眼“保增长、保民生、保稳定”的工作大局，加强调查研究，努力为科学发展出谋划策。

1. *精选课题，深入开展调查研究*。按照县委的要求，从2009年年初开始，县政协专门组织相关人员，对事关企业解困的民营企业监管、破解企业担保链风险和企业转型升级等内容进行专题调研，到6月份，形成三份调研报告，为十届十三次常委会议重点协商作了充分的准备。10月份，组织专委会、民主党派和有关镇（街道）政协工委的力量，深入镇（街道）、社区，围绕我县农村新社区建设的规划、体制机制、经济发展、服务功能及示范新社区等问题开展专题调研，广泛听取意见建议，形成了六份调研报告，作为十届十四次常委会议的专题协商发言。一年来，还根据县委、县政府的要求，分别就加快县域东部崛起、加强城市管理、推进“扩权强镇”和“大调解格局”等课题开展专题调研。全年共向县委、县政府报送了12份建议案和调研报告，许多建议得到了采纳。

2. *积极探索，提高提案工作质量。*坚持把提案工作作为政协履行职能的重要方式，加强探索和实践，认真抓好事前准备、立案交办和事后监督等各个环节，努力提高提案质量、办理质量和服务质量。通过广泛征集提案线索、编印提案汇编和参政议政参考目录，加强对委员提案的引导。县政协十届三次会议以来，广大政协委员、各参加单位就加快转变经济发展方式、积极扶持企业解困、推进新县城新城镇新社区建设、实施“六个所有”民生计划等一系列问题，以提案形式提出意见建议共315件，经审查立案314件。进一步探索提案工作办理机制，通过集中交办、重点提案领衔督办、重点单位试点示范、办理进度通报检查、提案办理面对面二次答复、提案办理结果媒体通报等措施，办理质量有了新提高，服务工作有了新改进。交办的314件提案中，按期办结率达100%，办理满意率达99.6%。

3. *专题座谈，努力形成发展共识。*发挥政协人才荟萃、联系广泛的优势，根据我县保增长促转型的实际需要，进行座谈讨论，进一步营造氛围，形成共识，增强信心。先后于3月份和9月份，分别召开了纺织业和非纺业企业界委员座谈会，听取了平水镇、兰亭镇经济社会发展情况通报和县经贸局关于全县经济运行情况的通报，深入了解纺织业和非纺织业在面对金融危机冲击下企业经营状况，听取意见建议，鼓励企业界委员把握方向，清醒有为，发挥好委员所在企业在我县经济企稳回升中的示范作用、转型升级中的引领作用和确保走在前列的潜力作用。

四、把握重民生促和谐的新要求，着力体现服务民生扩大团结的成效

坚持履职为民、促进社会和谐稳定，是人民政协的重要政治责任。县政协积极发挥大团结、大联合的组织优势，着力做好服务民生促团结、协商沟通促和谐的工作。

1. *加强合作共事，扩大联络联谊。*认真贯彻“长期共存、互相监督、肝胆相照、荣辱与共”方针，坚持以政协会议为平台、调研视察为载体，努力为各民主党派和无党派人士履行职能创造条件。坚持政协党组领导联系各民主党派、人民团体制度，邀请各民主党派、人民团体负责人出席或列席政协有关会议和专题调研等活动。发挥各人民团体在密切联系群众、团结群众、服务群众中的作用。以杭州、上海“天南地北绍兴人联谊会”等为平台，加强与海内外各界的联系和交流。做好港澳台、海外人士来绍参加有关活动的接待工作。

2. *密切联系群众，集中民智民意。*深入开展“委员联百姓”活动，发动委员广泛联系各界群众，真心诚意听取群众呼声，了解民情民意。健全社情民意信息工作机制，完善工作网络。通过抓统筹、抓引导、抓特色，不断提升信息采编质量。全年共收集社情民意155件，大部分信息报送县委、县政府及有关部门，为党委、政府了解实情、妥善解决各种矛盾提供了信息服务。在向县委、县政府报送的信息中，有5篇得到县委、县政府主要领导批示，并进入决策程序。在向上级政协报送的信息中，市政协录用23篇，市委、市政府领导批示2篇，省政协录用2篇。

3. *发挥政协优势，兴办实事好事。*注重发挥政协优势，继续开展“帮扶工程”、“援助工程”和“光明工程”，热心为困难群众、弱势群体办实事、做好事。开展“帮扶工程”，会同有关部门组织60多名养殖专业户开展南美白对虾养殖技术培训，并现场传授鳖虾套养技术；组织开展农技培训服务。实施“援助工程”，会同司法部门，为困难群众提供法律援助、法律咨询260多人次，发放法律书籍550册。推进“光明工程”，为10位白内障患者免费实施复明手术。继续关注四川地震灾后重建工作，凌国军委员捐款40万元参与四川剑阁县希望小学建设，20多名委员捐款30多万元，在寒冬到来之际，向结对援建的青川县凉水镇2450个家庭每户送上了御寒的棉被。各界别的委员注重发挥自身特长，积极开展送教上山、送法、送医和送文化下乡等活动。

五、把握政协创新发展的新目标，切实加强政协文化及“四位一体”建设

着眼于政协工作创新发展的需要，以学习实践科学发展观活动和贯彻落实全县政协工作会议精神为主要抓手，认真抓好自身建设，不断夯实履职基础。

1. *认真开展学习实践科学发展观活动*。根据县委统一部署，紧紧围绕“党员干部受教育、履行职能上水平、人民群众得实惠”的要求，深入发动，精心组织，周密安排，扎实开展了科学发展观的学习实践活动。在学习实践活动中，认真抓住学习调研、分析检查、整改落实等各个环节，扎实开展“真情履职、委员联百姓、专题调研、协商建言、民主监督、委员届中述职”等六大特色专项活动，自觉消除不适应、不符合科学发展观要求的思想观念，切实把科学发展观落实到履行职能的全过程，把思想统一到县委重大决策上来，不断增强服务科学发展、促进社会和谐的主动性和自觉性，提高用科学发展观指导政协工作实践的能力。

2. *切实加强政协文化建设*。政协文化是协商文化、兼容文化、创新文化、求实文化，注重把政协文化建设贯穿到履行职能之中，积极探索，着力推进。积极参与上级政协组织的政协文化论坛。认真做好《绍兴师爷》文史资料的收集、整理、编印和发送工作，发挥政协文史资料工作“存史、资政、团结、育人”的独特作用。重视和支持政协之友社、山阴书画院开展工作，积极开展富有政协特色的书画交流活动，举办了“纪念中华人民共和国暨人民政协成立60周年大型书画展”，积极组织参加全省“兰亭杯”青少年书画竞赛。办好《绍兴县政协》。以政协文化建设、制度建设、素质建设三个层面着手，营造政协团结、和谐的氛围。

3. *不断推进政协“四位一体”建设*。民主党派、界别、委员、政协机关“四位一体”，成为构成人民政协的重要力量。以开展委员届中述职、委员“四个一”管理和优秀提案、优秀社情民意评选等活动为主要抓手，进一步强化委员的责任意识、大局意识和服务意识，切实发挥委员在政协履职中的主体作用、本职工作中的模范作用和界别群众中的代表作用。以落实全县政协工作会议精神为契机，调整了专委会机构设置，由原来的专委办和七个专委会调整为提案工作委员会、经济科技委员会、文史和教文卫体委员会、社会法制和港澳台侨委员会、城建和人口资源环境委员会、委员工作委员会等六个专委会，明确了编制和人员配备，为增强专委会工作活力，更好地履行政协职能打下了基础。积极探索各民主党派、人民团体和各界人士参加政协重要履职活动的机制，进一步发挥他们在政协舞台上的骨干作用。高度重视政协机关自身建设，充分发挥政协党组的领导核心作用，不断提高政协机关干部的全局观念、服务意识和政策水平，增强政协机关的服务、协调和参谋作用，为政协履行职能提供了强有力的服务保障。

2010年工作意见

2010年，县政协要继续深入学习贯彻中共十七大和十七届三中、四中全会精神，以贯彻落实胡锦涛总书记在庆祝人民政协成立60周年大会上的讲话精神和省、市、县政协工作会议精神为主线，围绕县委工作中心，坚持“服务发展，关注民生”的工作主题，按照“协商、创新、务实、和谐”的工作要求，进一步加强组织建设、发挥界别委员作用、密切与政协参加单位的联系、提高履职实效、拓展联络联谊、强化自身建设，更好地发挥政协协调关系、汇聚力量、建言献策、服务大局的作用，为绍兴县经济社会持续平稳较快发展作出新贡献。

一、加强理论学习，明政协履职方向

学习是人民政协的一项基本任务。在新形势下，要把加强学习、强化理论武装摆到重要位置，努力使学习成为统一思想、提高认识的过程，成为研究问题、改进工作的过程，成为增进团结、凝聚力量的过程，在新起点上推动我县政协事业实现新发展。

1. *明确学习重点*。要把深入学习贯彻党的十七大和十七届三中、四中全会精神作为政协理论学习的重要内容，务求把握精神实质、统一思想认识。要继续系统学习新时期人民政协理论，不断提高对政协性质、地位、作用的认识，进一步增强做好政协工作的责任感、使命感。要认真学习贯彻胡锦涛总书记在庆祝人民政协成立六十周年大会上的重要讲话精神和全县政协工作会议精神，更好地指导我县政协工作。要重视学习反映当代世界发展的经济、政治、法律、科技、文化等各种新知识，拓宽眼界，全面提高思想政治素质和业务素质，努力使自己的思想水平和知识水平适应时代前进的需要。

2. 丰富学习形式。要认真运用常委会议、主席会议、理论中心组学习等形式，开展多层次多形式的学习活动。要组织开展有关辅导报告、专题讲座、收听收看录音录像等活动，增加学习的吸引力。及时编发适合委员需要的学习资料，有目的地组织调查和视察活动，帮助委员更好地知情明政。要围绕一定主题，在发动相关界别的委员深入调查研究的基础上，开展座谈演讲，以造势鼓劲，形成共识。

3. 强化思想基础。要通过系统学习，更加坚定地坚持中国特色社会主义理论体系，进一步夯实参加政协的各党派团体、各界人士团结奋斗的共同思想基础；更加自觉地坚持县委对政协工作的领导，紧紧围绕县委、县政府的重大决策和工作部署履行职能、开展工作；更加坚定地坚持“长期共存、互相监督、肝胆相照、荣辱与共”的方针，搞好中国共产党同各民主党派和无党派人士在政协的合作共事，切实巩固和发展多党合作的政治格局。

二、围绕科学发展，献服务大局之策

要深入贯彻落实科学发展观，充分发挥政协人才荟萃、智力密集的优势，为推动科学发展、促进社会和谐献计出力。

1. 突出重点，提高协商水平。坚持把推动科学发展作为履行职能的第一要务，积极关注经济环境变化和我县经济运行新情况新问题，选择县委、县政府重视、人民群众关心、政协有条件做好的课题，认真开好全体会议、主席会议、常委会议、专委会议，多层次开展专题协商活动，努力使政协的政治协商真正成为县委、县政府科学决策、民主决策的重要环节。要突出协商重点，重点选择国民经济与社会发展第“十二五”发展规划和进一步推进节能减排、加快经济转型升级、推动城乡统筹发展等课题，以常委会议、主席会议的形式进行专题协商；要规范协商程序，认真把握好“协商议题的提出和确定、协商活动的安排和进行、协商成果的报送和处理”等各个环节，使协商工作既有章可循，又灵活务实。

2. 选准课题，深入调查研究。要把调查研究放在重要位置，大兴调查研究之风，积极实施“政协委员献题、多方征集出题、党委政府交题，党政领导点题、主席会议定题”的重点议题选定机制，确保议题一开始就与县委、县政府的决策需要结合起来，与政协的特点和优势结合起来。要积极探索调查研究的方式方法，以课题为纽带，采取“三联动”的调研方法，即加强专委会与民主党派人民团体、专委会与镇（街道）工委、政协与政府部门及有关专家的联动，深入经济建设一线，深入所联系的各界群众，聚万众之心，纳八方之策。

3. 广泛发动，做深提案文章。要认真把握好提案征集、立案交办和事后督办等各个环节，进一步发挥提案工作在委员履行职能中的重要作用。要广泛发动，面向社会公开征集提案线索，发动全体委员深入群众收集提案素材；要加强提案指导服务，对同类提案进行整合并案，实现提案由数量型向质量型转变；要重视提案交办督办工作，加强提案人、承办单位及政协提案委从提案交办、催办、面商、反馈等各个环节的互动，加强提案督办力度，以重点督办、上门督办、会议督办、舆论督办、公开督办等措施，推进提案的落实与办理，计划开展提案办理专项民主监督活动。

三、着眼民生大计，做利民为民之事

要始终坚持履职为民，把实现好、维护好、发展好最广大人民的根本利益作为政协一切工作的出发点和落脚点。

1. 围绕民生，强化民主监督。要突出民主监督的针对性，紧紧抓住人民群众最关心、最现实、最直接的民生问题，有的放矢地开展民主监督。要在认真做好提案、建议案、大会发言、视察、反映社情民意等工作的基础上，重点就教育、医疗卫生及鉴湖水域保护等内容，开展民主监督，对事关民生、几年来提案内容集中的有关部门开展一次提案办理落实情况的民主评议活动。要进一步健全民主监督工作机制，畅通知情、反馈渠道，加强与县委、县政府的监督机构及新闻媒体的协调与配合。要积极推荐政协委员担任部门特约监督员，切实改变由委员个体监督、被动监督转变为政协组织整体监督和主动监督，促进部门依法行政、廉洁从政，推动改善民生的各项政策措施真正落到实处。

2. 畅通渠道，反映社情民意。充分发挥委员联系广泛、代表性强、群众信任度高的优势，引导发动委员深入基层，体察民情、体验民生、体会民意，真诚倾听群众呼声，真实反映群众意愿，真情关注群众冷暖，把维护广大人民的根本利益作为建言立论的基石和献计献策的重点。继续深入开展“委员联百姓”活动，积极探索“委员进社区”工作，鼓励开设委员博客、委员信箱，办好“民情热线”，继续探索群众代表参与政协有关会议等公民直接有序的政治参与机制。要进一步健全信息的汇集、分析、跟踪、反馈和激励机制，提高信息工作质量，为县委、县政府分析形势、科学决策提供参考。

3. 发挥优势，努力兴办实事。要发挥优势解社会民忧，更加关注群众反映强烈的热点难点问题，更加关注困难群体的生产生活。要继续关注地震灾区的恢复重建，认真做好扶贫帮困工作，积极为人民群众特别是困难群众、弱势群体解难事、办实事、做好事。要继续深入实施“帮扶工程”、“援助工程”和“光明工程”，继续开展送文化、送科技、送教育、送医疗服务等活动，为改善民生作出贡献。

四、高举两大旗帜，倡民主和谐之风

坚持把发扬民主、增进团结、协调关系、化解矛盾作为履行职能的重要着力点，坚持大团结大联合，以团结调动一切积极因素，以民主广纳社会各界智慧，为又好又快推进我县经济社会发展汇聚强大力量。

1. 加强团结合作。要坚持“求同存异、体谅包容、民主协商、平等议事”的原则，进一步加强与参加政协的各党派团体和各界人士的沟通交流，营造增进理解、和谐议政的合作氛围。坚持和完善县政协领导联系各民主党派、各专委会、镇（街道）工委和各委员的制度，加强与他们的沟通与交流，努力为他们发挥作用创造条件。定期举行政协常委、民主党派负责人读书会和政协参加单位负责人座谈会。积极搭建平台，发挥各民主党派、专门委员会和工委在调研、视察和专项民主监督中的作用。

2. 拓展联络联谊。要发挥政协作为党和政府联系群众、团结各界的重要桥梁和纽带作用，广交海内外朋友，联系各界人士，为我县经济社会又好又快发展凝聚力量。要重视研究当前社会结构和统一战线内部出现的新情况新变化，加强同新的社会阶层的联系，扩大团结面，增强包容性；要以“天南地北绍兴人”联谊会为平台，加强与港澳台侨、县外各界人士的联系交流，为我县发展增加助力；要关心外籍来绍人才的工作生活，加强联系沟通。

3. 维护社会稳定。要发挥政协联系广泛、位置超脱的优势，积极协助县委、县政府做好教育引导、政策宣传、解疑释惑等工作，把各党派团体、各界人士的思想统一到县委县政府的决策精神上来，统一到聚精会神搞建设、一心一意谋发展上来，努力为构建和谐稳定的社会环境服务。重点选择几件多年来涉及面广、久拖不决的信访案件，进行协调、沟通，以进一步协调关系、化解矛盾、理顺情绪、维护稳定，为全县经济社会发展减少阻力，增加助力。

五、加强自身建设，固履行职能之基

加强政协自身建设，是政协工作继往开来、创新发展的重要保障。要坚持继承与创新相结合，积极探索，努力以科学理论、科学制度、科学方法来指导、保障和推进政协工作，进一步发挥政协常委会、专委会、界别活动小组及委员的作用，不断提高履行职能的科学化、制度化、规范化、程序化水平。

1. 强化主体作用。政协委员是政协工作的主体，是政协组织的优势所在、实力所依、活力所系和潜力所聚。要健全管理机制，加强培训教育，开展典型引导，进一步增强委员履职的真挚情感，担当履职的政治责任，提高履职的综合能力。要积极搭建委员知情平台，邀请相关委员参加政协有关重大活动、列席常委会议、参与主席会议的有关视察。组织开展山区委员“谈山区发展”、城区委员“谈城市管理”、相关委员“谈民生”等活动。树立委员典型，开展向典型委员学习活动。继续在全体委员中开展“四个一”活动，开展对委员的走访、慰问。

2. 发挥组织优势。专委会和镇（街道）工委是组织委员进行经常性活动的工作机构，是政协工作的重要基础和政协履职的重要方式。要在县委的领导下，加强专委会力量，提高专委会组成人员的政治和业务素质。积极探索专委会工作新思路和新方法，切实增强工作活力和成效。要继续探索镇（街道）工委的组织建设，确保政协功能和作用在基层的发挥。要充分发挥界别在联系群众、反映民意中的独特作用，进一步加强界别的组织建设，积极探索开展界别活动的新方法新途径，努力为界别参政议政创造条件、拓宽途径。把界别活动与政情通报、专题协商结合起来，定期就医疗卫生、文化教育、经济发展等方面工作邀请政府有关部门通报情况，组织相关界别的委员开展协商建言。

3. 加强机关建设。要强化政协机关干部的配备，以机关干部队伍建设为重点，以建立健全工作机制为保障，着力造就一支政治坚定、作风优良、学识丰富、业务熟练的高素质政协工作干部队伍，不断提高机关办文、办会、办事的服务水平和工作效率，努力建设成“学习型、服务型、创新型、和谐型”的政协机关，更好地为大局服务、为履行职能服务、为政协委员服务。

责任编辑　郑文燕

专　辑

城乡居民收支情况

2010年，绍兴县城镇居民人均可支配收入32223元，同比增长13.1%；农村居民人均纯收入16685元，同比增长13.6%。

城乡收入当中工资性收入占比较高。全年城镇居民人均工资性收入23883元，比上年增长15.5%，占家庭总收入的69.9%，比上年提高0.5个百分点；农村居民人均工资性收入11591元，同比增长13.4%，占人均纯收入的69.5%。

家庭经营性收入增长较快。2010年，城镇居民人均经营性净收入5164元，同比增长20.2%，占人均家庭总收入的15.1%。农村居民人均家庭经营性纯收入3986元，同比增长24.0%，占人均纯收入的23.9%。在农村居民经营性收入中，农业经营性纯收入555元，同比增长9.4%。农业经营性收入主要是出售林业、畜牧业等产品的收入，全年林业纯收入135元，同比增长22.3%；牧业纯收入110元，同比增长43.7%。第二产业经营性纯收入1359元，同比增长47.5%，其中家庭工业经营性收入同比增长60.9%。从事第三产业的经营性纯收入2072元，同比增长16.1%。其中交通运输邮电收入360元，同比增长35.0%；文教卫生业收入98元，同比增长33.5%。

转移性收入较多。受居民养老金以及提高最低生活保障水平标准影响，城镇居民转移性收入增长较快，人均3072元，同比增长21%。在农村居民转移性收入中，与社会保障方面密切相关的离退休金、养老金收入为人均323元，同比增长13.8%。

随着收入提高，城乡居民消费能力不断提高，消费支出由传统的“吃、穿”逐步向“住、行、用”以及服务业消费方向转变。2010年，城镇居民人均消费支出18869元，同比增长11.5%；农村居民人均消费支出11428元，同比增长10.8%。

家用汽车在普通百姓中逐渐普及。城镇居民交通和通讯支出人均4115元，比上年同期增长21.5%，其中交通支出人均3018元，同比增长34.4%，占交通和通讯支出的73.3%。农村居民全年人均交通费用支出770元，同比增长71.5%，其中人均购买交通工具634元，同比增长185.8%，每百户农村居民汽车拥有量比上年增加1.8辆。

家庭信息化程度不断提高。2010年，每户城镇居民家庭基本拥有1台电脑，每百户拥有109.5台，比上年增长2.8%；农村居民家庭电脑拥有量也超过60%，每百户拥有电脑63台，比上年增长6.8%。平均每百户城镇居民拥有固定电话103部、移动电话229部；每百户农村居民拥有固定电话112.4部、移动电话212.6部。人均用于通讯服务的支出城镇居民1017元、农村居民375元。

高档耐用品拥有量不断增多。2010年，城乡居民购买设备及服务支出分别为838元、384元，同比分别增长29.7%、15.6%。至年底，每百户城乡居民家庭分别拥有电冰箱110台、102台，空调235台、142台，彩色电视机236台、202台，主要耐用消费品基本普及。

住房条件改善明显。2010年城镇居民人均用于居住类消费支出1422元，比上年增长51%；农村居民人均2841元。至年末，城镇居民人均住房建筑面积38.97平方米，农村居民人均住房面积59.82平方米。98%的城镇居民拥有独立厕所浴室，100%的住户独用自来水；90.4%的农村住户使用水冲式厕所。

消费理念日益更新，消费支出快速增长。2010年，城镇居民人均在外饮食支出1397 元，占食品支出比重的20.7%；农村居民人均在外饮食支出369元，占食品支出比重的8.9%。全年城镇居民通过互联网购买商品或服务支出54元，同比增长17.4%。城镇居民人均教育文化娱乐消费支出2693元，比上年增长10.5%，其中人均文化娱乐服务支出793元，比上年增长6.7%；农村居民人均文教娱乐用品及服务支出1013元，比上年增长11.7%。 （葛虹岚）

2010年中国（绍兴）国际纺织品博览会

2010中国柯桥春季纺博会于5月6日至13日分两期在中国轻纺城国际会展中心举办。一期为2010中国柯桥国际纺织品面辅料博览会（春季），举办时间为5月6日至8日，展览面积1.8万平方米，设4个展区，共816个国际标准展位，吸引375家企业参展。二期为2010中国·柯桥窗帘窗纱及布艺博览会，举办时间为5月11日至13日，展览面积1.3万平方米，设617个国际标准展位，117家企业参展。春季博览会实现成交额37.22亿元，较上届增长10.8%，其中合同成交额13.49亿元，较上届增长19%。据展会门禁系统显示，入场专业采购商24439人，较上届增长31.2%，其中境外采购商2951人，较上届增长10.7%，境外采购商人数前五位的国家分别是韩国、印度、阿联酋、美国、日本。2010年春季纺博会安排有创新原动力——面料设计与开发创意论坛、海外买家与纺织企业对接洽谈活动、面料企业与服装设计师零距离对接会、中国国际面料设计大赛创新产品展示等一系列专业配套活动。

2010年5月11日至13日，2010中国·柯桥窗帘窗纱及布艺博览会在中国轻纺城国际会展中心举行。 （沈浩根摄）

展会品牌效应显现。展会招展工作提前40多天完成。一期展举办之前，书面确认参观采购的专业客商2465人，比上届春季纺博会增加339人，其中境外客商923人（分别来自83个国家和地区），比上届增加234人。INTEX集团、七匹狼、上海家纺集团有限公司、派登洋服、博洋家纺等知名品牌企业均赴展会现场采购面料。绍兴本土知名企业越红控股、红绿蓝、中佳等继续以大特装形式亮相纺博会。江苏恒力集团、斯尔克纺织、浙江大自然控股、浙江富润等国内知名企业纷纷参展。欧洲最大的花型设计公司之一意大利ANTEPRIMA印花花型设计公司首次参加展会。

春季纺博会的最大特点是低碳环保。展会上越红控股、红绿蓝、宇展印染等众多纺织企业的参展产品基本采用绿色环保的数码印花技术。越隆控股在展会上推出纯粘胶、绦粘、纯棉等三大类30余种绿色环保产品。山东如意集团和天竹联盟等企业推出新型高档环保面料进行现场展示。泓霖家纺等企业的参展面料全部采用手工制作。

春季纺博会以抱团参展形式为主。一期展中省外参展企业比例首次超过50%，境外参展企业数量比上届春季纺博会提高近3倍。更多的外地企业改之前单兵作战方式为抱团参展，广州纺织企业、潮汕商会、日本企业、韩国企业等均抱团参展。春季纺博会上，本土企业抱团展示地方特色产业。中国纺机名镇齐贤镇品牌纺机展、中国经编家纺名镇杨汛桥镇和中国布艺名镇海宁市许村镇家纺布艺展等均作为春季纺博会的配套展会，凸显产业基地集群优势。

一期展现场展开问卷调查，95%以上的参展商对展会表示满意，不少展商表示现场接单率明显高于往年，超过50%的展商预订好秋季纺博会展位。98%以上的采购商对展会表示满意，90%以上的客商表示会参观秋季纺博会。

展会对柯桥商贸三产业的拉动作用明显。展会期间，柯桥县城星级酒店入住率95%以上，部分酒店甚至超过100%，远高于日常65%左右的入住率；县内各旅游景点、娱乐休闲场所、餐饮等行业的客流量和营业额也较平时有明显增长。

10月25日至28日，2010中国柯桥国际纺织品博览会（秋季）暨中国轻纺城时尚创意周在柯桥举办。全国政协副主席阿不来提·阿不都热西提出席展会并宣布开幕，中共浙江省委书记赵洪祝发信祝贺，浙江省副省长龚正、中共绍兴市委书记张金如先后在展会开幕式上致辞。

2010年10月25日，中国柯桥国际纺织品博览会（秋季）在中国轻纺城国际会展中心开幕。（沈浩根摄）

2010中国柯桥国际纺织品博览会（秋季）展览面积3.1万平方米，共设1289个国际标准展位，507家企业参展。主要展品为纺织面料（辅料）、服装、家用纺织品、纺织机械。展会分3个展区：A区为纺织品特装展区，B区为纺织品标准展区，C区为纺织机械展区（室外）。根据面料的种类和特点，将纺织面料展区细分为男女时装面料、休闲装面料、牛仔（运动）面料、衬衫面料、功能面料、毛纺面料和境外企业展区等7个分展区。另有中国轻纺城传统交易区、中国轻纺城国际贸易区、中国轻纺城服装服饰（辅料）市场、家纺市场、中国轻纺城钱清轻纺原料市场等分展区。展会期间，登记入场的专业采购商25391人，较上届增长5.8%，其中有印度、韩国、美国、阿联酋和香港等105个国家和地区的境外专业观众5579人和29个省（自治区、直辖市）的境内观众。展会实现成交额48.93亿元，较上届增长10.3%，其中合同成交额15.98亿元。

秋季纺博会期间还举办首届中国轻纺城时尚创意周、商务部主办指数工作座谈会、2010中国产业用纺织品高峰论坛、海外买家与纺织企业对接洽谈会、2010年中美纺织服装品牌并购研讨会、中国国际面料设计大赛获奖面料作品展示、网上纺博会等专业配套活动。其中首届中国轻纺城时尚创意周包括中国国际面料设计大赛颁奖典礼暨中国轻纺城时尚创意周开幕式、中国职业时装设计师创意设计大赛颁奖典礼、中国设计名师2011年春夏作品发布会、2012春夏国际面料流行趋势讲座、2011～2012秋冬国际面料流行趋势讲座、“创业心、创意行”——百名学子看创意、中国轻纺城创意基地设计师赴企业采风、中国国际面料设计大赛获奖面料作品展示等8项专业活动。

秋季纺博会吸引新民纺织科技股份、达利集团、亚萍家纺、沙洲纺织印染、斯尔克纺织科技、大隆麻业、宝纺印染等境内知名纺织企业和意大利、韩国、德国、日本等国家和地区的31家境外企业参展，其中包括世界500强企业日本丸红株式会社。澳洲羊毛局、美国杜邦、德国斯托尔、红豆集团、浙江新澳集团等境内外知名企业均赴展采购。

秋季纺博会上有新华社、人民网、新华网、中新社、《人民日报》、《经济日报》、《光明日报》、《国际金融报》、《中国纺织报》、《浙江日报》、《钱江晚报》、中央电视台、凤凰卫视、浙江卫视、浙江在线以及绍兴市县地方媒体等83家媒体的116名记者到柯桥全程报道纺博会。首次邀请《人民日报海外版》、《浙江日报海外版》、浙江电视台国际频道、亚洲商务卫视、日本经济新闻社等涉外媒体报道纺博会。据不完全统计，秋季纺博会报道400多篇，其中重点报道80多篇，相关咨询176543条。

春秋两季纺博会均体现以人为本服务理念。每位与会人员都能享受由组委会提供的一揽子保险，两季纺博会总保额11000多万元。在客商入驻的各大酒店与展馆之间设置直通班车，为客商提供交通便利服务。展馆内设立包括翻译、金融、展务、知识产权保护等服务在内的展会服务中心，设立无线上网区、新闻中心、茶吧、咖啡吧等设施。（马周勇）

责任编辑　陈飞燕

2010年大事记

1月

5日，绍兴县人民法院数字法庭开庭审理“被告人吕逸均涉嫌故意杀人”一案。绍兴县数字法庭的运用在全省法院庭审中属首创。

2010年1月5日，绍兴县人民法院数字法庭庭审现场。（高 洁摄）

6日，北京“天南地北绍兴人”联谊会成立暨迎春团拜会在北京王府井大饭店举行，80多名在京绍兴县籍知名人士参加。中国黄河文化经济发展研究会副会长谢善骁被推选为首届联谊会会长。

7日，第四届长三角投资发展论坛暨第三届长三角最具投资价值县市评选活动在上海揭晓，绍兴县获得最具竞争力奖。

9日，绍兴县滨海闸枢纽工程开闸运行。

18日，外经贸部原副部长、中国入世首席谈判代表、博鳌亚洲论坛秘书长龙永图在绍兴县行政中心作全球金融危机与中国经济发展专题讲座。

22日，中共绍兴县委员会召开第十二届八次全体（扩大）会议，县委常委会主持会议，市委常委、县委书记徐焕明代表县委常委会作工作报告。

31日，中国人民政治协商会议第十届绍兴县委员会第四次会议在县行政中心开幕。县政协副主席韩国良主持开幕大会，县政协主席李杏芬代表政协第十届绍兴县委员会常务委员会作工作报告，各界别270余名县十届政协委员与会。会议于2月2日闭幕。

2月

1日～3日，绍兴县第十三届人民代表大会第四次会议在中国轻纺城大剧院召开，代县长孙云耀作《政府工作报告》，会议选举孙云耀为绍兴县人民政府县长。

3日，浙江省委常委、省政法委书记、省公安厅厅长王辉忠一行到县走访慰问。

4日，杭州海关关区关长会议在柯桥召开，副省长龚正、杭州海关关长徐道文等出席会议。

同日，绍兴县第六届世界合唱比赛工作领导小组举行专题会议，研究部署相关筹备工作。

11日，中共浙江省委任命何加顺任中共绍兴市委常委，绍兴县委委员、常委、书记。

3月

11日，省委常委、副省长葛慧君到县调研农业龙头企业发展情况。

24日，省委常委、组织部部长蔡奇一行到县调研基层党建工作，蔡奇一行先后走访浙江现代纺织工业研究院、中国轻纺城市场、柯岩街道河塔村等。

25日，由中国服装设计师协会、《中国纺织报》社主办，绍兴县承办的2010中国职业时装设计师创意设计大赛启动仪式暨2010中国柯桥国际纺织品博览会推介会在北京举行。中国纺织工业协会副会长陈树津、中国商业联合会副会长安惠民、《中国纺织报》社社长童之琦、中国服装设计师协会副主席苏葆燕等出席会议。

2010年3月11日，浙江省委常委、副省长葛慧君（前排左三）到绍兴县调研农业龙头企业发展情况。（沈浩根摄）

30日，2010中国国际面料设计大赛暨柯桥·中国轻纺城推介会在北京中国国际展览中心启动。中国纺织工业协会副会长王天凯等出席启动仪式。

31日，绍兴县在全省建设“平安浙江”暨上海世博会安保动员电视电话会议上被评为平安县，绍兴县连续五年获此称号。县委副书记、县长孙云耀赴杭州领受平安县奖牌。

4月

1日，绍兴县召开深入学习实践科学发展观活动总结大会。县四套班子党员领导干部出席会议。

2日，全国政协原副主席孙孚凌一行6人到县视察，参观越崎中学等地。

3日，中国工程院浙江沿海项目调研组部分成员到县调研。调研组成员分别到中国轻纺城市场、绍兴水处理发展有限公司等处，了解产业市场发展和环境保护等情况。

2010年4月3日，中国工程院浙江沿海项目调研组部分成员到绍兴县调研。（沈浩根摄）

7日，以省人大常委会委员、农委主任委员王良仟带队的省人大常委会执法检查组，到县开展农业执法跟踪检查。

8日，副省长金德水到县调研纺织产业集群转型升级示范区试点工作。

13日，省政协副主席斯鑫良率专项集体民主督察调研组到县调研民营经济发展情况。

14日，省政协副主席王永昌率“构建和谐浙江、推进科学发展”重点课题调研组一行11人，到县调研。

15日，绍兴县向社会公布捐赠账号和热线电话，为青海玉树地震灾区捐款。

23日～24日，由中国产业集群研究院、中国发展战略学研究会经济战略专业委员会联合主办的2010中国产业发展大会在北京举办。绍兴县入选中国产业发展能力十强县（市、区）。

27日，国务院召开全国劳模表彰大会，绍兴县柯岩街道河塔村党支部书记高永清和浙江宝业建设集团副总工程师王烈铨获得全国劳模称号。

5月

7日，绍兴县援建凉水镇项目移交仪式暨凉水第二大桥通车典礼在凉水镇举行。至此，绍兴县全额援建青川县凉水镇的7个项目全部竣工并通过验收。

15日，全国人大常委会原副委员长、民建中央原主席、著名经济学家成思危到县，考察中国轻纺城老市场、浙江现代纺织工业研究院，并作题为2010宏观经济趋势与民营企业应对策略的专题报告。

20日，中央党校28期中青班一行9人到县调研城乡统筹工作。调研组一行参观新未庄社区、轻纺城老市场、钱清镇梅东村和柯桥城市建设等。

2010年5月20日，中央党校中青班学员到绍兴县调研城乡统筹工作。（沈浩根摄）

24日，省委常委、副省长葛慧君到县检查第六届世界合唱比赛筹备及安保工作情况。

6月

1日，由副省长陈加元带领的省专题调研组到县调研农村住房改造建设工作。并实地察看孙端镇皇甫庄村旧村改造和华舍街道东周安置小区建设现场。

2日～3日，以教育部基础一司副巡视员杜柯伟为组长的教育部、公安部、国家安监总局学校安全工作联合检查组到县，检查校园安全工作。

8日，由吉林省委副书记、省长王儒林带领的吉林省党政代表团考察绍兴县。

18日，国家审计署审计长刘家义等中央党校省部级学员一行10人，到县调研公共权力运行机制课题。

23日，省委常委、常务副省长陈敏尔到县调研现代服务业发展情况。

25日，绍兴县举行《中国共产党党员领导干部廉洁从政若干准则》学习宣讲报告会。

28日，2010年全国超硬材料行业“新技术、新领域、新理念”主题研讨会在绍兴县举行。会议由工业金刚石信息网、中国金属学会超硬材料分会、浙江蓝龙科技有限公司主办，吉林大学、中国科技大学、北京理工大学、燕山大学、中国矿业大学（北京）协办。

7月

6日，最高人民法院院长王胜俊一行到县考察基层法庭工作。

8日，副省长郑继伟专程到绍兴县检查第六届世界合唱比赛筹备工作。

8日～9日，全国农村精神文明建设工作调研座谈会在绍兴县召开。11个省、市、自治区派代表参加。中央文明办调研组组长杨新贵，省委宣传部副部长、省文明办主任龚吟怡等出席会议。

9日，以省政协副秘书长、办公厅主任、省委建设“法治浙江”工作领导小组办公室副主任郑新浦为组长的省委建设“法治浙江”工作领导小组抽查组，到绍兴县检查法治建设工作。

15日，第六届世界合唱比赛开幕式暨中国绍兴建城2500年庆典晚会在中国轻纺城国际会展中心举行。中共中央政治局常委、中央书记处书记、国家副主席习近平发信祝贺，中共中央政治局委员、国务委员刘延东宣布开幕，全国人大常委会副委员长韩启德、全国政协副主席何厚铧出席开幕式。

2010年7月15日，第六届世界合唱比赛开幕式暨中国绍兴建城2500年庆典晚会在中国轻纺城国际会展中心举行。（高　洁摄）

同日，省供销合作社联合社理事会主任、党委书记史济锡到绍兴县调研供销社工作。

20日，由省人大常委会委员、教科文卫委副主任委员李兰娟带领的调研组一行，到绍兴县调研深化医药卫生体制改革情况。

2010年7月20日，浙江省人大调研县医改情况。
（县卫生局供稿）

21日，省农业厅厅长孙景森到县调研现代农业园区和粮食功能区建设情况。

23日，由全国人大代表、省人大常委会副主任徐宏俊带队的在浙部分全国人大代表一行60余人，到绍兴县专题调研块状经济向现代产业集群提升等情况。

8月

2日，县委召开十二届九次全体（扩大）会议，县委常委会主持会议，市委常委、县委书记何加顺作工作报告。

4日，副省长陈加元到县调研中心镇建设发展和小城市培育工作。

9日，广西壮族自治区党委副书记、自治区人民政府主席马飚率党政代表团到中国轻纺城考察。

10日，绍兴县召开创建全国国土资源节约集约模范县动员会。

17日，在全省建设“法治浙江”工作交流电视电话会议上，绍兴县获得创建法治县（市、区）先进单位称号。

20日，由天津市委副书记、市长黄兴国率领的天津市党政代表团一行108人考察绍兴县。

25日，省经信委副主任吴家曦率督查组一行到县督查印染行业淘汰落后产能情况。

26日，省委常委、纪委书记任泽民在绍兴县调研党风廉政建设工作。

同日，绍兴县首家企业院士工作站在浙江越隆控股集团有限公司成立。

9月

1日，全县纪念抗日战争胜利65周年老战士座谈会在县行政中心举行。

7日～18日，市委常委、县委书记何加顺率经贸考察团，赴韩国、日本等地经贸考察。

8日，绍兴县中国轻纺城（韩国）推介会在韩国首尔洲际酒店举行。

9日，上海市副市长胡延照率领市农委、涉农区县政府负责人一行30余人，到绍兴县考察“三农”工作。

10日，全国政协副主席兼秘书长钱运录考察中国轻纺城。

11日，由天津市委副书记、滨海新区区委书记何立峰，市委常委、常务副市长杨栋梁率领的天津市考察团一行53人到县考察。

13日，县委副书记、县长孙云耀在县行政中心会见到访的比利时瓦勒海姆市市长科特·范瑞克格莱姆一行，共同商讨建立友好交流关系事宜。

2010年9月13日，绍兴县委副书记、县长孙云耀在县行政中心会见比利时瓦勒海姆市市长科特·范瑞克格莱姆一行，共同商讨建立友好交流关系事宜。
（沈浩根摄）

15日，由广西壮族自治区政协主席、党组书记马铁山为团长的驻广西壮族自治区全国政协委员考察团一行29人，到绍兴县考察中国轻纺城。

17日，绍兴县香港同乡会成立庆典仪式在香港如心海景酒店举行。驻港部队司令员张仕波发信祝贺。中联办协调部部长高级助理李新乐、中联办协调部副处长姚铭、外交部驻香港特派员公署条约法律部主任张红虹、浙江省联合同乡会会长车越乔、绍兴旅港同乡会永远名誉会长高月明、绍兴旅港同乡会会长周光晖等出席庆典。

18日，青海省委书记、省人大常委会主任强卫，省委副书记、省长骆惠宁率党政代表团一行46人考察中国轻纺城。

28日，2010浙江省渔业博览会在柯桥中国轻纺城国际会展中心开幕。省委副书记夏宝龙宣布开幕，省委常委、副省长葛慧君讲话，农业部原副部长、中国渔业协会会长齐景发，省海洋与渔业局局长赵利民分别致辞。省政协副主席冯明光以及农业部、省级相关厅局有关领导、特邀嘉宾等出席开幕式。县委副书记、县长孙云耀主持开幕式。博览会于30日结束。

30日，省委常委、省委秘书长李强到创先争优活动联系点——绍兴县调研指导工作。

10月

13日，市委常委、县委书记何加顺在县行政中心会见到访的日本静冈县菊川市市长太田顺一一行，共商友好交流合作事宜。

14日，全省块状经济向现代产业集群转型升级示范区试点工作现场会在柯桥召开。省委书记、省人大常委会主任赵洪祝作批示，省委副书记、省长吕祖善发书面讲话，副省长金德水、省经信委主任谢力群等出席会议。县委书记何加顺在会上作经验介绍。

17日～19日，市委常委、县委书记何加顺率团赴河南登封、洛阳、焦作等地专题考察旅游工作。

20日，县委副书记、县长孙云耀在县行政中心会见日本大和房屋工业株式会社常务董事、首席技术负责人滨隆。孙云耀转发省政府授予滨隆的外国专家最高奖“西湖友谊奖”奖牌。

25日，2010中国柯桥国际纺织品博览会（秋季）开幕，全国政协副主席阿不来提·阿不都热西提宣布开幕，省委书记赵洪祝发信祝贺，副省长龚正致辞。

27日，绍兴第二医院在咸亨大酒店举行建院100周年庆典。省委副书记、省长吕祖善发信祝贺，省委常委、常务副省长陈敏尔为建院百年题词，副省长郑继伟，卫生部医政司副司长赵明钢，省卫生厅党组书记、厅长杨敬，中国工程院院士李兰娟、郑树森等出席庆典活动。

11月

1日，第六次人口普查开始，绍兴县人口普查员正式入户登记，正式入户登记工作于10日结束。

6日，全市“省级中心镇用权规制创新”专家研讨会在绍兴县举行，中央党校、中国社科院等20多家高校、新闻出版单位的有关专家教授与会。

8日，孙越崎档案捐赠暨孙越崎生平档案图片巡回展览开展仪式在县行政中心举行。全国政协原副主席孙孚凌为捐赠发贺信。

22日，绍兴市第四批非物质文化遗产名录公布，绍兴县传统技艺类的安昌腊肠制作技艺、炼度宝幡制作技艺、绍兴修缸补甏技艺、柯桥豆腐干制作技艺，民间文学类的欧冶子铸剑传说，传统医药类的祝氏草科等6个项目上榜。

24日～25日，由县委书记何加顺带队的绍兴县党政代表考察团赴宁波市鄞州区、杭州市萧山区，学习借鉴两地在工业经济转型升级、城市化建设、社会事业发展等方面的经验和做法。

27日，黑龙江省大庆市“天南地北绍兴人”联谊会成立。县委书记何加顺出席成立大会。

28日，第二届中国越剧艺术节闭幕式在嵊州举行，绍兴县小百花艺术中心创作演出的越剧新戏《李慧娘》获得全国越剧优秀剧目展演金奖，“梅花奖”得主、李慧娘的扮演者吴素英获“十佳演员奖”。

31日，中国轻纺城仓储物流中心检验检疫现场办公室筹建工作协议正式签约，标志着绍兴出入境检验检疫局在柯桥设立现场办公室。

是月，省政府批准设立绍兴柯桥高新技术产业园区，绍兴县实现省级高新区零突破。

12月

1日～2日，由县委书记何加顺带队的绍兴县党政代表团赴江苏省武进、江阴考察，县四套班子领导参加。

13日，由住房和城乡建设部、国家文物局共同评选的第五批中国历史文化名镇名村在北京揭晓，绍兴县稽东镇冢斜村入选“中国历史文化名村”，成为绍兴市首个获此殊荣的古村落。

17日，绍兴县安昌镇被中国民间文艺家协会命名为“中国师爷文化之乡”。

19日，绍兴县（北京）经济社会发展情况汇报暨新兴产业发展对接会，在北京香格里拉酒店举行。商务部副部长钟山发信祝贺。中钢集团总裁黄天文等80多家央企、国企和60多家大型民企与科研院所的负责人出席对接会。

21日，省十一届人大代表绍兴中心组的部分代表到县考察发展新兴产业和印染产业集聚升级工作。

22日，由县委书记何加顺带队的绍兴县山海协作工程对接活动考察团赴江山市开展对接活动，并向江山市捐赠100万元扶持基金。

26日，由绍兴民营企业浙江鼎嘉投资有限公司独家投资的绍兴港现代物流园正式动工，这标志着绍兴唯一的内河港口正式兴建。由民营企业独家投资建造港口在浙江属首次。

28日，省林业厅厅长楼国华到县调研平原绿化工作。

是月，国家级纺机检验中心工作站正式落户绍兴县。

是月，首个纺织品网上交易市场启动建设，标志着中国轻纺城全面进入电子商务时代。

是年，中国轻纺城迪拜办事处经省商务厅获准设立，为中国轻纺城首个驻国外办事处。

责任编辑　陈飞燕

地　情

历史沿革

【越族繁衍】　绍兴，历史悠久。新石器时代，境内就有人类繁衍生息。在距绍兴偏西约100公里的建德山地，于1963年、1974年先后发现人类牙齿化石，距今约5万年，命名为“建德人”，人们推测为于越先祖蛰居山地、开辟草莱的端倪。偏东69公里的余姚江南、四明山北，于1973年、1977年先后发掘的河姆渡文化遗址，测定距今约7000年至6000年，被视为越族创造文明的嚆矢。在北部平原古丘上，1984年发掘出马鞍山寺桥村凤凰墩文化遗址，距今约4500年。1985年又在附近发现仙人山文化遗址，距今约5000年，确认为新石器时代晚期越族祖先的聚落遗存。传说时代，在今上虞市去城30里的地方，名姚丘，是舜的出生地。后来舜继承尧的事业，做了华夏民族的首领。他推举鲧的儿子禹治理洪水，才有了大禹治水的神话。传说大禹吸取父亲鲧用“堙”（堵）的办法治洪水失败被杀的教训，改用“疏”、“导”，劳身焦思，居外13年，“三过家门不敢入”，终于把洪水治平。因为这个功劳，舜把位子禅让给禹。相传禹是越族的祖先，生于今之绍兴，在治水时曾“上茅山，大会计，爵有德，封有功”，遂将茅山更名为会稽山，“会稽”一名始此。大禹娶妻于涂山，名叫女娇，生子启。大约在公元前21世纪前后，禹死，葬于会稽，故有禹陵。启接禹位，打破禅让制，变成世袭制，建立中国第一个王朝——夏朝，历史进入奴隶社会。启之后过了6世，约公元前19世纪，少康即位，怕禹祭断绝，封其庶子无余于越，以续香火。历史上遂有“于越”的名称。1991年，陶里壶瓶山文化遗址被发掘，该文化成于约公元前17世纪至前16世纪的商周时期，出土有石器、玉器和夹砂红陶器等文物。约公元前11世纪（周成王二十四年），《竹书纪年》记有“于越来宾”，是为于越部族有文献记载之始。约公元前10世纪（周穆王三十七年），周“伐越至于纡”，1981年、1986年两次发掘的袍谷文化遗址证明是这个时期的文化。周定王六年（前601），越开始与楚结盟。周景王元年（前544），吴始伐越。此后吴越两国多有强事小争。周敬王十年（前510），吴王阖闾伐越，败越于槜李；十五年（前505），越王允常乘吴伐楚而入吴，以报槜李之败。自此，吴越之间的战争连绵不断，越打越大。

【越国兴衰】　史载，自无余封越，千有余岁，至句践，越国兴起。周敬王二十三年（前497），允常病卒，句践即位，迁都平水平阳。次年建元，打败吴国进攻，吴王阖闾被射伤而死。句践三年（前494），吴王夫差为报父仇，大败越军。越向吴求和，越王句践携夫人、范蠡等人入质囚吴，几乎灭国。行三年韬晦之计，于句践五年（前492）得释返越，在范蠡、文种、计然等谋士辅助下，于句践七年（前490）立郭树都，构筑小城、大城，作为政治、经济、文化中心，致力发展生产、增长人口、强化军事、安定国家。经过卧薪尝胆，“十年生聚、十年教训”，越国炽富。

句践十五年（前482），句践乘夫差北会诸侯于黄池之机，率兵入吴，败吴师，杀吴太子。十九年（前478），再战笠泽，大败吴师。二十二年（前475），越大举攻吴，败吴军于没（吴地），又败之于郊，再败之于津，围吴城三年，以候时机。句践二十四年（前473），越国灭吴，吴王夫差自杀。越国报仇雪耻之战告终。

句践平吴之后，乃以兵北渡淮，与齐、晋诸侯会于徐州，并派使臣向周王朝进贡，周元王遣使赐句践胙，命为伯。时，越兵横行于江淮以东。句践二十五年（前472），迁都瑯琊，与齐、楚、秦、晋会盟，诸侯毕贺，以为霸主。

句践三十二年〔（前465），一作三十三年〕，句践卒，子鹿郢立。越国在不寿、朱句、翳、诸咎、孚错枝、无余、无颛、无彊等代，均称强。但因后来国内频起杀伐，无彊伐楚失败，于周显王三十六年（前333）被楚威王杀死，楚国尽取故吴地至浙江，越国从此四散。诸族子争相自立，或为王、或为君，滨于江南海上，服朝于楚。秦王政二十五年（前222），秦将王翦平定江南，越君降，越遂亡。

【秦汉会稽郡山阴县】 秦始皇二十六年（前221）平定天下，分海内为36郡。原越地称大越，隶会稽郡，治吴（吴县）；三十七年（前210）秦始皇南巡，上会稽，祭大禹，刻石颂秦德，更名大越为山阴，山阴县始此。西汉高祖五年（前202），刘邦徙韩信为楚王，山阴属楚国。六年并丹阳、会稽两郡为荆国，封刘贾为荆王，山阴隶荆国。十二年荆国除，建吴国，刘濞为王，山阴属吴国。景帝前元三年（前154），刘濞叛，国除，恢复会稽郡，山阴属之。汉永建四年（129），析浙江以西为吴郡，浙江以东仍会稽郡，山阴县为郡治。熹平三年（174），孙坚父子开始在会稽图建国，建置不变。

在这近400年中，山阴人郑吉于甘露年间（前53～前50）数出西域。建武间，上虞王充著《论衡》，反对谶纬迷信。永元间，太守马棱建回涌湖，治绩有声。永和五年（140），太守马臻疏筑鉴湖，溉田9000余顷，造福百姓。

【魏晋南北朝会稽郡山阴县】 东汉建安元年（196）孙策击败严白虎，自领会稽太守。五年，孙策死，孙权领会稽，谋建国。三国吴黄龙元年（229），孙权称帝，建都建业，仍设会稽郡，山阴县为郡治所在地。天纪四年（280），孙皓降晋，山阴仍为会稽郡治。晋太康二年（281），改会稽郡为会稽国，孙秀当国，治山阴县。永宁元年（301），孙秀因参与赵王伦篡位，国除，复郡，治山阴。建武元年（317），司马睿在建康即晋王位，改元，翌年称帝，史称东晋，山阴隶属不变。咸和四年（329），王舒任会稽内史，为避父讳，钦改会稽为郐稽。永初元年（420），晋恭帝禅位，刘裕称帝，建国号宋，翌年复为会稽郡。元嘉三十年（453）析扬州浙东5郡为会州，治山阴，旋罢。孝建元年（454）又析扬州浙东5郡为东扬州，治山阴。后屡有变易，但山阴为会稽郡治不变。建元元年（479），萧道成逼宋帝禅位，立南朝齐，会稽郡仍属扬州，治山阴县。天监元年（502），萧衍逼齐和帝禅位，建南朝梁。普通五年（524），置东扬州，治山阴县。太平元年（556）罢东扬州，还复会稽郡，属扬州，郡治山阴县。永定元年（557）陈霸先废梁自立，是为南朝陈，隶属依旧。陈后主时（583～589）析山阴县东部置会稽县（一说在永定年间），两县同城而治。会稽设县自此始。

在三国吴、西晋、东晋和南朝360年间，除西晋37年外，其它各朝均建都建康（今南京），故史称六朝。六朝期间，贺循疏凿浙东运河，造福百姓；司马睿称“今之会稽，昔之关中”，地位重要；王羲之修禊兰亭，成书法圣地。

【隋唐五代越州山阴、会稽】 隋开皇九年（589）废郡置吴州，并山阴、上虞、始宁、永兴为会稽县，隶吴州。大业元年（605）改吴州为越州，治会稽。越二年仍复会稽郡。唐武德四年（621），李子通克杭州，置越州，治会稽，旋改越州总管府。武德七年（624）改总管府为都督府，恢复山阴县。此后，山、会两县时有废复。元和十年（815），山、会两县同城而治遂成定制。开平元年（907），朱温篡位，史称后梁，封钱镠为吴越王，后称吴越国，越州为东府，山、会属之。后虽有后唐、后晋、后汉、后周更迭，山、会隶属不变，直至北宋太平兴国三年（978）。

在隋、唐、五代的388年间，越州为浙江东道之道治所在地，山、会县城为七州之首、钱镠行都。期间，观察使皇甫温、会稽县令李俊之和李左次先后增修百余里东江塘。山阴王叔文主持永贞革新。诗人贺知章告老归故里。李白、杜甫等著名诗人踏歌山阴道上，史称“唐诗之路”。越绫、青瓷名闻遐迩。

【宋元建置变迁和山、会两县】 后周显德七年（960），赵匡胤陈桥兵变，夺取后周政权，建立宋朝。太平兴国三年（978），钱俶降宋，改东府为越州，山、会属之。期间曾设两浙路，统州、县。建炎元年（1127），赵构在南京称帝，史称南宋。绍兴元年（1131），定都临安，改州称府，升越州为绍兴府，山、会隶属不变。至元十三年（1276），元军攻占绍兴，改府为路，山、会属绍兴路，直至元亡。

宋、元400余年间，两宋经济有所发展。天宝四年（971）开广州、杭州、明州市舶司后，越州丝绸、青瓷远销日本、印度、大食等国。纸币“会子”允许与铜钱并行。鉴湖围湖造田兴起，史有争论。州学书院代有所建。大中祥符五年（1012），陆轸建陆太傅书院于牛峰寺；天圣九年（1031），成悦等4任知州建州学于望花桥（今稽山中学）；崇宁二年（1103）间，山、会两县学宫分建于阳堂山和竹园坊。期间，会稽县令杨宪重筑箐江石塘，知府赵彦倓修筑山阴海塘，知府汪纲疏浚西兴运河，拓建贡院、教场，缮治罗城诸城门，为世人称道。元朝是个大逆转大倒退时期，西僧杨琏真伽盗掘宋六陵，民族矛盾加剧，很快激起民变。

【明朝绍兴府山、会两县】 明洪武元年(1368)，朱元璋称帝，山、会两县属绍兴府。崇祯十六年(1643)明亡，绍兴处在南明小朝廷控制之下。清顺治三年(1646)，多铎部将博洛取绍兴，明鲁王逃亡舟山，绍兴归属清。

明朝统治绍兴近280年，由于前期执行与民休养生息的政策，生产发展，经济繁荣，资本主义因素萌生，绍兴第一家酱园“俞合兴”在城内开张营业。“一条鞭法”的推行，由实物税转入货币税。知府戴琥建麻溪坝，制“山会水则”；汤绍恩建三江闸，最后一次开通碛堰，造福山、会、萧三县。王守仁、刘宗周创阳明心学和蕺山学派，成一代宗师；稽山、阳明、五云、和靖等书院兴旺；古小学重建。张景岳被誉为绍派伤寒之祖。期间，倭寇为患，汤和筑三江、沥海、白洋等所城防倭，姚长子抗倭殉难，均名垂史册。

【清朝绍兴府山、会两县】 清顺治三年(1646)，多铎部将博洛定绍兴，绍兴仍为府，山、会两县属之。前期，绍兴经济有所发展，但是由于大兴文字狱、禁用绍兴师爷、停止山会乡试、会试等民族歧视政策，曾多次发生民变。康、乾期间，玄烨、弘历采取到绍祭禹、削除绍兴堕民籍等举措，阶级矛盾有所缓和。知府俞卿修筑城垣和改建玉山斗门。李亨特立“十禁牌”以淳风俗，为世人称道。鸦片战争期间，葛云飞英勇抗击英军，壮烈牺牲。1861年太平天国将领陆顺德占据绍兴，设200多乡官局施政，多次击杀英、法官兵。1863年左宗棠收复绍兴，山、会仍属绍兴府。

19世纪60年代到90年代的洋务运动中，绍兴有识之士奋起救亡，徐树兰、徐友兰兄弟兴办实业，创立绍兴中西学堂。齐贤“益昌佩”绸厂、山阴“公豫源”丝厂相继开业。汤寿潜著《危言》，主张变法。蔡元培、陶成章建立“光复会”。徐锡麟、秋瑾、陶成章为光复中华先后牺牲，成为辛亥革命时期“绍兴三烈士”。1911年11月6日，绍兴光复，废府存县，知府陈赞清为绍兴军政分府都督。越4日，王金发率部抵绍，成立绍兴军政分府，自任都督。翌年1月，归属浙江省。

【民国时期绍兴县】 1912年，民国肇元。1月，奉浙江省军政府关于“调整县区，更改县名”令，山、会两县合并，成立绍兴县，直属省，治原会稽县衙。民国3年（1914）6月，省县间设道，绍兴县属会稽道，治绍兴县。16年（1927）4月道废，直隶省。民国24年（1935）6月，设绍兴行政督察区，绍兴县属之，为区治所在地。民国25年（1936）4月，绍兴县改属第三行政督察区，仍为区治。民国37年（1948）4月改名第二行政督察区，绍兴县属之，区治迁至余姚县。1949年3月，中共绍兴县临时工作委员会（临工委）办事处（实为县人民政府）成立。4月6日，中共浙东临工委决定由会稽二支队、四明五支队一部和新越中队、绍兴办事处共500余人联合发起“车头战役”，获胜。10日，宣布成立南池、越南、漓渚、汤浦4个区人民政府。5月7日，浙东人民解放军第二游击中队进驻绍兴城，绍兴解放。11日，中国人民解放军第三野战军21军61师先遣部队抵绍。12日，中共浙东临工委建立绍兴军管会。25日成立绍兴市军管会。6月3日，中共绍兴县委成立，同时建立城郊、柯桥、齐贤、漓渚、进化、马山、东皋、汤浦、越南9个区分委。6日，绍兴县人民政府成立，同时建立9个区人民政府。

【中华人民共和国成立后】 1949年10月1日，中华人民共和国成立。是月，析绍兴县城区为绍兴市，市政府驻城区；绍兴县东部为会稽县，县治驻皋埠；西部仍为绍兴县，县治移驻柯桥。两县一市均属绍兴专区。1950年5月9日，两县一市合并为绍兴县，治城区，隶属仍旧。9月15日又析城区复置绍兴市（县级），县、市同城而治，隶属不变。1952年1月撤绍兴专区，绍兴县直属省，1953年2月改属宁波专区。1958年2月21日又次撤销绍兴市（县级），并入绍兴县，隶属仍旧。1962年1月11日，再析城区置绍兴市（县属）。1963年1月3日，再撤县属市建制，称绍兴县城关镇。1964年9月恢复绍兴专区，绍兴县属之。1968年5月改绍兴专区为绍兴地区，绍兴县属焉。1978年9月又改名为绍兴地区行政公署，绍兴县隶属之。1981年3月31日，撤绍兴县，建绍兴市，仍县级，隶属不变。1982年2月8日国务院公布绍兴市（县级）为全国第一批24个历史文化名城之一。1983年7月23日，国务院批准实行市管县体制，撤绍兴地区行政公署，设绍兴市（地级），撤县级市，恢复为绍兴县，驻市。是年9月20日，省人民政府办公厅通知，析绍兴县城区和周边亭山、禹陵、灵芝、城东、梅山5乡和东湖1镇建越城区（县级），隶绍兴市，市、县、区同城而治。2000年7月，再析绍兴县之东浦、鉴湖、皋埠、马山、斗门5镇归属越城区，以扩大其地域。是年10月，绍兴县行政中心搬迁柯桥试运行。2001年1月13日，经国务院正式批准，绍兴县治迁至柯桥。是年3月23日举行绍兴县人民政府驻地迁至柯桥揭牌仪式。

绍兴县自1988年起，3次名列全国财政收入“十大财神县”；1991年起多次被评为“中国农村综合实力百强县（市）”，名列10位前后。2000年，绍兴县在划出5个建制镇后，在中国县（市）社会经济综合发展指数排名中，仍名列综合位次第15位。2006年～2010年，GDP分别为451.17亿元、541.49 亿元、608.27亿元、655.26亿元、776.10亿元。在中国县（市）社会经济综合发展指数排名中，连续六年跻身全国十强。

县域和行政区划

【县域地理位置和面积】 绍兴县地处杭州湾南岸，会稽山北麓。东与上虞市（县级）接界，东南和西南分别与嵊州市（县级）、诸暨市（县级）毗邻，西和西北部与杭州市萧山区接壤，北部濒海，腹部横亘越城区。位于北纬29° 42′ 02″至30° 19′ 15″，东经120° 16′ 55″ 至120° 46′ 39″；东西宽46.6公里，南北长68.5公里，周边长356.59公里。县域面积据市统计局要求，采用土地清查数据为1177平方公里；按照县统计数据为1115.74平方公里。

【行政区划和各镇街面积】 绍兴县下辖15个建制镇4个街道。县政府驻柯桥。

表1 绍兴县各镇街地域面积

单位：平方公里

地域	面积	地域	面积
柯桥街道	14.77	安昌镇	24.12
柯岩街道	46.48	王坛镇	137.84
华舍街道	23.05	兰亭镇	82.85
湖塘街道	66.31	稽东镇	111.42
齐贤镇	32.48	杨汛桥镇	37.85
钱清镇	54.46	漓渚镇	36.62
孙端镇	31.28	富盛镇	73.90
福全镇	39.83	陶堰镇	25.11
马鞍镇	53.10	夏履镇	51.04
平水镇	173.23		

注：此数系统计数据。

柯桥新县城

【地理位置】 新县城柯桥，距绍兴市区20公里。北有起自西周迄于汉、魏、六朝的后白洋村文化遗址，南有东汉太守马臻浚筑的百里鉴湖和孕于太初、辟于赤乌、迄功于开皇的柯岩，自西而东横贯着晋永嘉年间贺循疏凿的西兴运河和唐元和观察使孟简修筑的古纤道。山会平原上第一大湖——瓜渚湖嵌于其中。十里湖塘、青墩江、鱼渎港、南大池、龙池、大小坂等江河湖泊编织其间，管墅、阮社、柯亭、寓园、太平桥、融光桥等名胜古迹灿若群星，是地道的江南明珠，水乡泽国。

【建置沿革】 柯桥，东汉时称“高迁亭”，魏、晋间改称“笛里”，东晋、南朝以后，始称柯桥。南宋设柯桥驿；明代称柯桥市；清朝乾隆二十一年（1756）以白洋巡检司移驻西官塘，辟柯桥巡检署，始设城。宣统二年（1910）实行地方自治，建柯镇，为镇治所在地。民国17年（1928），撤乡镇建区，柯桥是第八区区治。1949年10月绍兴县一分为三，为会稽县、绍兴市、绍兴县。绍兴县驻柯桥，是为县治之始，但时间短暂。2001年3月遂真正成为绍兴县政治、经济、文化中心。

地形地貌

【地势】 境内地势呈西南高，东北低，山脉、平原、海岸兼有。受江山—绍兴大断裂影响，西南部山丘与东北部平原间，界线比较明显。

【西南部低山丘陵河谷】 会稽山脉尾闾进入县境内南部，构成了一片崎岖低山、丘陵、河谷地，约形成于1.3亿年前，长期基本稳定。新石器时代已有频繁农垦活动，现已辟为茶、桑、果等经济作物和旱粮种植地，在绍兴农业史中占有重要地位。

区内群山连绵，山体抬升强烈，地形破碎，溪流短小湍急，一般在海拔300米～400米之间，向东北急剧倾斜，降至海拔20米左右时，与无数山麓冲积扇和中北部冲积平原相连，坡度以15°～25°和大于25° 为主。地貌类型复杂，有丘间谷地、低丘、高丘和低山4类，主要有夏履、型塘、漓渚、兰亭、平水、石泄及小舜江河谷，王坛、平水盆地，其面积较小，山垅较狭，水流湍急，含沙量较高，土壤冲积明显。与水网平原交界处均有大片坡地、阶地，尤以漓渚、兰亭、上蒋一带面积较大。坡度皆在10° 以下，土层深厚，适宜农耕。

区域面积占全县总面积的50%左右。

【中北部水网平原】 历史上，山会平原本是一片浅海沼泽，潮汐无常，今之漓渚、平水均为海水直拍的山地和海岸交界处，卷转虫海退之后，海岸北移，海岸线轮廓已与今相似，浅海开始赤裸，加之山丘泥沙来源丰富，溺谷淤浅不畅，浅海逐渐垫高而变成咸潮出没的沮洳沼泽之地。约在公元前21世纪，经过传说中的大禹治水，无余封越，越族居民才开始垦殖。距今约3000年前后，越族酋长开始把聚落居民从会稽山地向北迁徙，山麓冲击扇和平原中一些较大孤丘及附近坡地被开发，中部冲积扇平原形成。公元前5世纪初，越王句践把驻地迁至今之越城，经过筑城、立郭、围堤、筑塘、拒潮、蓄淡，造就了会稽山北麓冲积扇以下的大片耕地。秦汉时，越人迫迁，北人南徙，潮沼地加快开发。东汉马臻浚筑鉴湖，开辟良田9000顷。唐垂拱二年（686）山阴与萧山间25公里界塘筑成，开元十年（722）会稽县令李俊之主持修筑山会海塘，后经大历十年（775）、大和六年（832）两次增修，才形成东起上虞、西至山阴、全长50多公里之防海塘，山会平原遂全面形成。

区域面积约占全县总面积的40%，境内除偶有高不过200米的零星火成岩残丘外，皆为冲积、淤积、海积而成。地势平坦，平均海拔6米至7米。靠近古海塘北部狭长地带，地势低平，平均海拔4.5米，河流较少，水面狭窄，为向滨海滩涂过渡地带。广阔的平原地区，则河流纵横，湖泊星散，以溇、湖、埭、桥、江、墅、葑、塘、渎、堰、岸、港、浦等命名的村落，达226个，农田被切割成大小渡田，阡陌成网，展现出一派水乡特定景观，故称“水乡泽国”。

【东北部滨海平原】 受钱塘江和曹娥江涌潮顶托，江之北岸不断被侵蚀，南岸逐渐淤涨。明永乐至万历年间（1403～1620），钱塘江主槽北移，山、会两县海涂外涨，已有人自发垦殖，植棉、麻，种水稻、瓜果、蔬菜。清咸丰年间（1851～1861），三江口乾、坤两号沙地，面积超过4万亩。清末民初，滩涂曾向杭州湾伸展10公里，有磨盘丘、豆腐畈等垦区。此后，由于钱塘江南股槽游移，滩涂大片坍方，至建国前夕，几乎丧失殆尽。从1969年开始组织大规模人工围涂造地，2002年10月，启动“九七”丘二期工程，总投资1.58亿元，抢围低滩面积450公顷。2006年10月28日，绍兴县最后一期口门治江围涂（西片）工程动工建设。此次围涂计划分三阶段实施，共抛筑堤坝2支，其中西堤全长1997米，北堤全长2186米，实际围垦面积为316.67公顷，需抛筑石坝4183米，筑堤4130米。至2007年5月11日，口门治江围涂（西片）工程完工。

这块淤涨型滩涂，约占全县总面积的10%，区内地势平展，人工水系纵横交错，海拔5米左右，实为滨海平原，从而奠定绍兴县全境自南而北有山脉—平原—海岸组成梯阶式地貌。

【主要山脉及主峰】 会稽山是曹娥江与浦阳江分水岭，主峰太白山在诸暨、嵊州交界处，海拔1000多米。其北脉自西南方由诸暨、嵊州边境进入绍兴县，主峰有二：

一是真如山，在嵊州境内，海拔700多米，延伸到绍兴王坛镇孙岙，称五百岗，海拔600多米，余脉向东北伸展，达曹娥江畔。主要山峰有雄鹅峰、西峰山、衙堂山、龙塘山，皆在小舜江东岸。

二是稽东镇焦坞村西南之骆家尖，海拔700多米，沿主峰分出3支：

第一支向东过龙头岗、东桃林、木窝尖、铜盘山抵王城之仰山岭，称木窝尖山脉。

第二支向东北延伸，过独树尖大、小西岭至王坛，称独子山脉。

第三支逶迤经越大山、九曲岭、龙头岗、古博岭、铜井山、叶家山、越王峥至马社，称西干山脉，系绍兴县与诸暨市、萧山区的天然分界岭。

西干山脉又分出3条分支：

由五岩山向东过分水岭、化山、龙池山、皇姑山、陶晏岭、日铸岭，东折过捣臼坞、石泄岭入上虞市者称化山山脉。其中的诸葛尖、将军山、银山、稷山颇具史迹。

由捣臼坞北折过寺后山、九岗山、杨梅山到东湖绕门山，称东干山脉，其中的绕门山、吼山等紧依城区，独具自然景观。

由西干山脉乍丹岗向北伸展，过法华岭，折向东北，经峨嵋山、秦望山、横浜岭到香炉峰（宛委山之峰），称秦望山脉。秦望山如钳状环展于绍兴古城南部和西南部，其中的石匮、侯山、塔山、种山、蕺山、亭山等各具典故，名著于世。

这3条支脉余脉散落在平原上的孤丘，自南而北主要有梅里尖、柯山、牛头山、梅山、金鸡山、西扆山、上方山、羊山、壶瓶山、白洋山、马鞍山、驼峰山、大和山等，为古越文明之摇篮，文化积淀深厚。

河流和湖泊

【两大水系】 晚更新世早期，随古钱塘江上溯、拓宽，相继产生浦阳江、平水江、曹娥江，构成古绍兴水系。进入历史时期以后，因境域地形背山濒海，南部低山丘陵大部分属于曹娥江水系；化山山脉、西干山脉北部和中北部平原，原属鉴湖水系，经过越族人民对水系的改造，东汉马臻筑鉴湖，西晋贺循疏凿西兴运河，明汤绍恩建三江闸，切断钱清江入海口，遂改属运河水系。

【20条主要河流】 境内河流纵横交叉，主要有20条：

浙东运河，古名漕渠，又名西兴运河，西起萧山西兴，东至上虞曹娥，全长78.5公里，境内长41公里。

鉴湖大江，又称鉴湖。筑自东汉永和年间。几经变迁，今之主湖自湖塘西跨湖桥至城郊东跨湖桥长19.2公里。古称有43条溪流（三十六源）注入。

石泄江，源于富盛镇石泄村后青山，经上虞东入运河，境内主流长6.3公里。

富盛江，源于皋埠镇青龙山，经富盛镇注入运河，主流长9.4公里。

攒宫江，源于富盛镇五丰岭，经上蒋注入运河，主流全长5.5公里。

平水江，又名若耶溪，源于平水镇茅园岭，经上灶，在稽山门汇入环城河，主流全长23.55公里。

南池江，源出平水妃子岭，在南门汇入环城河。主流全长6.7公里。

坡塘江，源出平水妃子岭，于廿亩头汇入环城河。主流全长4.1公里。

娄宫江，又名兰亭江，源于兰亭镇大庆山，在偏门汇入鉴湖大江。主流全长21.55公里。

漓渚江，源自棠棣太山岭，于钟堰汇入鉴湖大江。主流全长20.4公里。

项里江，源于州山冷水湾岗，在彤山西侧注入鉴湖大江。主流全长4.7公里。

型塘江，源于湖塘九岭下，出寿胜埠头注入鉴湖大江。主流全长18.65公里。

秋湖江，源于福全镇豆腐尖，在彤山东侧。主流全长6.6公里。

陌坞江，源于湖塘陌坞一字岗，在西跨湖桥注入鉴湖大江。主流全长6.75公里。

夏履江，源于湖塘凉帽尖，至江桥前童通连西小江。

西小江，又名钱清江。源于萧山进化溪，经江桥、杨汛桥、钱清，穿越浙东运河，于荷湖与直落江汇合，入新三江闸总干河注入曹娥江。境内全长58公里。

直落江，由若耶溪伸入北部平原，为山会平原南北向总干渠，与西小江汇合后入新三江闸总干河。全长14.2公里。

曹娥江，源于东阳县济公岭，经新昌、嵊州、上虞，在绍兴孙端镇横湖村入三江口汇入钱塘江。主流全长193公里，境内主流长26.3公里。

浦阳江，历经变迁，多次改道。1950年，由萧山上板入境，称钱清江（西小江），为萧山与绍兴之界河，境内全长8.4公里。

小舜江，曹娥江中游最大的支流，源于嵊州竹溪赤藤岗，在五间头入境，至登岸入上虞市，注入曹娥江。主流全长72公里，境内长17.6公里。

【10个主要湖泊】 境内湖泊约潴成于公元前2000年间。春秋时平原南部出现湖泊群，汉代在平原中部潴成湖泊群，唐代在沿海地带也形成众多湖泊。史载境内曾有较大的湖泊54个。唐、宋以后围湖造田趋剧，湖泊数量锐减，至1949年仅存主要湖泊18个。齐贤镇的15个村划归越城区后，狭猕湖自然划出，现属绍兴县的湖泊共10个，列表如下：

表2 绍兴县主要湖泊面积、容积

名称	方位及所在镇（街道）	面积（万平方米）	容积（万立方米）	备注
贺家池	县东16公里孙端镇	184.4	498.99	包括上虞部分在内
鉴　湖	自湖塘西跨湖桥至城郊东跨湖桥	294.8	875.90	系古鉴湖残留河道式湖泊
瓜渚湖	县西北9公里柯桥街道	149.2	417.41	
白塔洋	县东17公里陶堰镇	125.4	339.33	
大板荡	县西北13公里华舍街道	91.88	248.63	
大板洋	县东北15公里孙端镇	76.4	206.74	
百家湖	县东17公里陶堰镇	66.9	149.94	系古鉴湖残留
芝塘湖	县西北24公里杨汛桥镇	40.3	109.05	
施家荡	县西北20公里钱清镇	23.13	62.59	
羼石湖	县西南9公里福全镇	17.9	50.48	系古鉴湖残留湖泊

自然资源

【土地资源】 绍兴县域，历来变动较多，土地面积又疏于记载。从明朝万历年开始，才有若干年份土地面积记录：

明万历《绍兴府志》载：洪武二十四年（1391），山、会两县合计土地面积2184279亩。万历十三年（1585），山、会两县合计2215007亩。

清乾隆《绍兴府志》载：康熙十年（1671），山、会两县合计2246859亩。乾隆四十九年（1784），山、会两县合计2263086亩。

民国时期，据《重修浙江通志稿》载：18年（1929），绍兴县陈报公私土地面积为2672558亩。24年（1935），《浙江省各县面积分析表》列绍兴县总面积为3124832.26亩。据宁波专署按浙江省统计局刊发《浙江省银行经济年鉴》反馈给县的资料：35年（1946）、36年（1947）、38年（1949），绍兴县土地面积（不含海湾）均为287.35万亩，合1915.66平方公里。

中华人民共和国建立后，绍兴县域仅20世纪50年代就变动11次，与1949年比，净减土地面积474.6平方公里。1959年土地总面积为1441平方公里，合144100公顷（不含海湾面积）。1983年撤地建市，恢复绍兴县，土地面积减至1392平方公里，合139200公顷。据1991年土地资源详查资料，全县总面积为1492.51平方公里（含海湾面积），合149251公顷。2000年7月，行政区域又作调整，除去划给越城区的东浦、马山、斗门、皋埠、鉴湖5镇，计土地面积239.70平方公里后，全县土地面积减到1252.81平方公里，合125281公顷。2003年，齐贤镇划出15个村，计19.21平方公里，全县土地面积减到1233.6平方公里，合123360公顷。

县境土地后备资源潜力不大，人均耕地已由建国初的人均0.07公顷减至0.04公顷。据土地资源详查资料，现有土地面积中仅有6433.33公顷尚未开发利用，其中30%左右的土地在现有条件下还无法开发利用。

【水资源】　水资源不丰，年均总量为10.78亿立方米，其中地表水9.96亿立方米、地下水0.82亿立方米。利用系数较高，平均为59.9%。据1983年水资源调查，全县人口112.56万人（含越城区），人均拥有量为958立方米，明显低于全国2630立方米、浙江省2380立方米和绍兴市1460立方米的水平。

【生物资源】　据1998年新编《绍兴县志》载，1993年据本地科研单位、医药卫生部门、学校等有关单位征集的野生鸟兽、农作物、经济昆虫名录整理，全县载有主要野生动植物1521种。其中：植物8门187科931种，动物9门2类12纲16目213科590种。在众多的生物中，属国家级保护的共24种，其中属国家二级保护植物有鹅掌楸、杜仲、银杏、金钱松、天竺桂5种；国家三级保护植物有凹叶厚朴1种；属国家一级保护动物有虎1种，二级保护动物有穿山甲、水獭、豺、白鹇、小杓鹬、鸺鹠、东方蝾螈、虎纹蛙和5种鹰类、2种隼类共15种。属省级保护动物有眉锦蛇、眼镜蛇、蕲蛇、寿带、戴胜、大杜鹃、毛冠鹿7种。

【矿产资源】　境内矿藏资源丰富。自1958年陆续开展地质勘探以来，已探明32个矿种，85个矿点。内生矿为铁、铜、金、多金属、萤石等，是浙江省钢铁、冶金、化工、有色金属原材料及黄金的重要产地之一。外生矿有石煤、泥炭、磷、钾、石英、石灰石、白云石等。境北部第4系地层中有天然气。

金、铜、铁、铅、锌等多金属矿大都分布于元古界双溪坞变质火山岩中，石煤、磷、钾、石灰石、白云石等大多分布于西南部古生代地层中，萤石、墨曜石、珍珠岩则分布于上侏罗火山岩中。

气象特征

【气候特征】　2010年，绍兴县年平均温度较常年偏高，高温时间长；总雨量、雨日接近常年。降水时空分布不均匀，强降水及雷暴天气较多，梅汛期梅雨形势不典型，梅中有伏，梅雨过程出现较明显中断，降水以过程性为主，局地性强，并多次出现强对流天气。台汛期影响台风有“莫兰蒂”和“鲇鱼”，对绍兴县影响不大。日照时数较常年偏多。

1月至2月平均气温比常年同期偏高，冰冻天气偏少，雨量比常年偏多2成到3成、雨日接近常年，日照时数比常年略偏多，气温变幅明显，有2次强寒潮影响过程。春季平均气温接近常年，雨量比常年偏多1成到2成、雨日接近常年，期间有明显春寒、倒春寒及连阴雨等灾害性天气，对农业影响较大；日照时数较常年略偏多。夏季平均气温接近常年略偏高，雨量比常年偏少2成、雨日比常年偏多，日照比常年偏多；梅雨期较常年偏长，出梅偏迟，梅雨量比常年偏少，6月17日入梅，比常年略偏迟，7月17日出梅，比常年偏迟10天；高温天数比常年偏多；影响台风2个，部分地区出现暴雨等灾害性天气，总体影响不严重；强对流等短时强降水和大风灾害性天气较多。秋季平均气温比常年同期明显偏高，雨量偏多、雨日接近常年，日照时数比常年偏多，12月8日出现初霜，比常年明显推迟。12月份气温明显偏高，雨量偏多、雨日略偏少，日照时数显著偏多。

年平均气温17.7℃，比常年偏高1.2℃，比上年的18.1℃偏低，为绍兴连续14年偏暖年份之一。4月份月平均气温比常年略偏低，5月、6月、7月、10月月平均气温接近常年，其余月份均较常年偏高，其中2月、8月、9月均较常年同期偏高2℃以上，且8月份为新的历史最高值。

年极端最低气温为零下3.6℃，出现在1月14日。年极端最高气温为39.5℃，出现在8月14日。日极端最高气温≥35℃的高温天数为41天，比上年偏多10天，比常年显著偏多。

终霜期出现在3月11日，比常年提前17天（常年为3月28日），比上年偏迟。稳定通过10℃的初日出现在4月14日，回暖比常年偏晚16天（常年为3月29日），明显偏迟。初霜日为12月8日，比常年迟22天（常年为11月16日），比上年迟。

连续3天日平均气温≤23℃的秋季低温出现在9月23日，比常年（9月13日）迟10天；连续3天日平均气温≤20.0℃的秋季低温出现在10月5日，比常年（9月28日）迟7天。

年度总降水量为1494.4毫米，接近常年平均（1479.3毫米），多于上年。总雨日175天，接近常年（171天），比上年偏多。全年雨量时空分布极不均匀，时有暴雨、特大暴雨和阶段性干旱出现，全年最大月降水量出现在3月份，达280.1毫米，是常年同期的2倍，接近历史同期（1992年）最大值，2月份和10月份偏多9成左右，12月份偏多2成到3成，7月份接近常年，其余月份均比常年偏少，1月、5月、11月偏少4成到5成，4月、6月、8月、9月偏少1成到2成。全县月降水量比常年偏少的月份（8个月）多于比常年偏多的月份（4个月），但偏多的月份往往是严重偏多。

年度总日照时数2030.2小时，比常年（1797.9小时）偏多，其中1月、3月、8月、9月、11月、12月偏多，7月份接近常年略偏少，其余月份与常年基本持平。

【重要天气事件】 *寒潮过程* 1月20日至22日受北方强冷空气南下影响，出现强降温和阴雨天气，过程降温幅度14℃到15℃，最低气温降至1.3℃，达到寒潮标准。2月9日至11日受强冷空气影响，过程降温幅度13.5℃；12日最低温度降至零下1℃左右，后期出现降雪；14日前后，受冷空气影响，全县出现降雪，最大积雪深度5厘米以上，山区10厘米以上。3月22日至24日48小时平均气温降温幅度10.3℃，最低气温降至5℃以下。12月14日至15日，受强冷空气南下影响，全县过程降温幅度10℃以上，极端最低气温降至零下3℃左右，16日日平均气温降至0℃以下；15日夜里出现大雪，积雪深度6厘米至8厘米，山区10厘米至20厘米。12月16日雪止转晴出现冰冻，道路结冰严重，交通事故频发，冰冻天气持续3天。

春寒和倒春寒 受冷暖空气共同影响，3月份至4月份气温变化幅度大，强回暖和强降温相交替，严重影响农业生产，对春花作物造成灾害性影响。3月上旬，受冷空气影响，气温接续下降，日平均气温降至2℃。3月10日在冷高压控制下，天气晴冷，最低气温零下2℃，创1960年以后3月份同期最低纪录，农作物遭受低温冻害。旬平均气温较常年同期偏低2℃多，同时伴连阴雨，并连续出现大到暴雨，过程雨量之大为历史同期罕见。中下旬平均气温较常年偏高且变化剧烈。4月上半月多阴雨天气，气温较常年同期偏低。4月13日至16日受较强冷空气影响，气温明显下降，日平均气温下降8℃～9℃，其中13日至15日连续三天日平均气温低于11℃，平均8℃左右，极端最低气温5℃以下，出现严重倒春寒过程，农作物受灾严重。

梅雨不典型 2010年梅雨期较常年偏长，但梅雨形势不典型，以过程性降水为主，梅中有伏，气温偏高。总梅雨量220.1毫米，比常年偏少。6月17日入梅，比常年偏迟3天，7月17日出梅，比常年偏迟10天。

高温 7月份至8月份全县出现范围较广、强度较强的持续高温天气过程，日最高气温≥35℃的高温天数41天，日最高气温≥37℃的酷暑天数14天，年极端最高气温39.5℃，为绍兴建站以后第三高值。7月10日至26日17天中16个高温日，且7月11日至15日连续5天极端最高达到或超过39℃，平均气温34℃。7月28日至8月5日连续9天高温。酷热天气显著，严重影响生产、生活。

大雾 受地面高压影响，1月4日、18日全县出现大雾天气，能见度不足百米。2月8日和23日早晨均出现大范围大雾天气，严重影响春运。10月17日和12月1日出现大雾天气，能见度不到百米，严重影响交通运输。11月出现大雾的天数6天，为全年大雾最为频发的月份。

连阴雨 2月1日至7日受冷暖空气持续交汇影响，阴雨连绵，其中2日夜里南部山区出现2厘米至5厘米的积雪。3月1日至9日，全县出现持续9天连阴雨天气，3月上旬雨量194.6毫米，历史罕见。

9月25日至30日受冷暖空气交汇影响，持续低温阴雨天气。12月12日至16日受暖湿气流和冷空气共同影响，全县持续阴雨（雪）天气，且雨（雪）量较大。

短时强降水、雷暴和大风　4月21日傍晚出现雷雨大风天气，绍兴站出现8级大风。5月21日至22日普降中到大雨，部分地区有暴雨，造成城市道路积水，对交通影响较大。7月4日傍晚到夜里全县出现强雷电、短时暴雨和大风天气，绍兴站出现8级大风。7月29日大范围的雷阵雨过程，绍兴站1小时雨量超过30毫米，并出现8级大风。8月4日全县出现雷雨天气，分布不均匀，个别地区雨量超过100毫米，杨汛桥出现冰雹，有短时大风，据当地受灾群众和气象协理员描述，冰雹持续时间约20分钟，最大的约有一元硬币大，如此强烈的、持续时间长的冰雹天气较为罕见；该次强对流天气对工矿企业、农业、设施农业、露天作业、交通运输等都造成较大损失。8月27日出现明显的强雷电、雷雨大风和短时暴雨等强对流天气，绍兴站8级大风。

台风　9月9日至11日受10号台风“莫兰蒂”影响，绍兴县有较明显降水，其中11日受台风减弱后的低压倒槽和弱冷空气共同影响，普降中到大雨，局部暴雨，绍兴站出现8级大风。10月23日至24日受第13号台风“鲇鱼”外围环流影响，全县降水显著。

灰霾　11月份，全县出现灰霾的天数25天，空气质量普遍较差。

表3　2009年、2010年绍兴站气象要素

	气温（℃）			雨量（毫米）			雨日（天）			日照（小时）		
	2010年	2009年	常年	2010年	2009年	常年	2010年	2009年	常年	2010年	2009年	常年
绍兴	17.7	18.1	16.5	1494.4	1462.1	1479.3	175	158	171.2	2030.2	2060.3	1797.9

注：本文采用的气象资料均为绍兴站资料，常年值为1971年～2000年，极值为1960年～2010年。绍兴站2007年由东湖乡村迁至绍兴县群贤路，气候资料有一定的区域差别。

（王洪勋）

民族　人口

【概况】 2010年末，绍兴县域总户数255377户，户籍人口721955人。其中男性356297人，女性365658人，分别占总人口的49.35%和50.65%；农业人口417872人，非农业人口304083人，分别占总人口的57.88%和42.12%。全年出生人口4915人，出生率6.81‰；死亡人口4795人，死亡率6.64‰。到年末净增人口120人，自然增长率0.17‰。

全县境内人口以汉族为主，人数716881人，占总人口的99.3%；少数民族人口5074人，占总人口的0.7%，与上年基本持平。全县境内有壮族等32个少数民族居住，少数民族人口数量呈现增长趋势。少数民族人口较上年增加286人，以女性为主，共计4418人，占境内少数民族人口总数的87.07%；男性656人，占境内少数民族人口总数的12.93%。境内居住的少数民族人口中，男性人口增幅较女性明显，比上年上升15.3%。

表4　2010年绍兴县少数民族人口情况

单位：人

序号	民族	男	女	序号	民族	男	女
1	蒙古族	11	33	18	傈僳族	2	27
2	回族	13	41	19	佤族	0	3
3	藏族	1	0	20	畲族	29	43
4	维吾尔族	20	7	21	水族	1	11
5	苗族	66	433	22	纳西族	36	321
6	彝族	23	176	23	景颇族	0	2
7	壮族	186	2150	24	柯尔克孜族	0	1
8	布依族	29	245	25	土族	1	0
9	朝鲜族	70	68	26	达斡尔族	1	1
10	满族	38	49	27	仫佬族	5	35
11	侗族	24	135	28	布朗族	0	1
12	瑶族	6	26	29	毛南族	0	22
13	白族	25	194	30	仡佬族	1	22
14	土家族	51	253	31	锡伯族	1	0
15	哈尼族	3	30	32	京族	1	1
16	傣族	0	13	33	其他	1	3
17	黎族	12	75				

（张　剑）

责任编辑　陈飞燕

三项基本国策

国土资源管理

【概况】 2010年，绍兴县新一轮土地利用总体规划（2006年～2020年）获省、市政府批准。加强耕地保护，对内设立保护界桩和保护牌，把基本农田保护面积落实到村、到地块，划定基本农田区199块、面积22754亩，落实县对镇（街道）、镇（街道）对村的两级基本农田保护责任考核体系，保护耕地源头，开发土地、复垦建设用地，新增耕地810亩；对外加强耕地异地委托占补力度，异地有偿落实补充耕地4000亩，内外结合，实现占补平衡。争取各类用地指标3619亩，全年征收土地7251亩，报批建设项目239个、用地8742亩。

落实地质灾害科学化预警，排查并治理地质灾害隐患点9个，开展地质灾害危险性评估项目240个。实施废弃矿山治理"百矿示范"工程，完成废弃矿地治理300亩，废弃矿山复绿221亩，累计治理率92.1%。实施绿色矿山三年行动计划，创建绿色矿山4家。

2010年8月10日，绍兴县召开创建全国国土资源节约集约模范县动员会。（沈浩根摄）

全年办理农村解困房建房手续1301户。其中以拆迁安置和农民公寓形式安置862户61.9亩，单户报批397户48.1亩，调剂42户。实施土地证、房产证、契税证三证联办，累计办理土地证1.8万本。

柯华国土资源管理所被省厅授予群众满意国土资源所，平水镇国土资源管理所被市纪委授予市级行风建设示范窗口。

【盘活存量闲置土地6726.2亩】 2010年，绍兴县通过采取限期建设、有偿收回、合作对接、依法收取闲置费或无偿收回等4种途径，大力挖掘闲置存量土地的利用潜力，全年盘活存量闲置土地6726.2亩。其中存量供地4535.5亩，闲置盘活2190.7亩。平均供地率由2009年底的30%左右提升到2010年底的67.5%。

【土地卫片执法检查通过验收】 2010年，绍兴县开展土地卫片执法检查，拆除违法建筑4.9万平方米，罚款1796万元，收缴罚款1284万元，复耕土地212亩。全县违法占用耕地面积占新增建设用地占用耕地总面积的比例下降到9.62%，通过国家土地督察上海局验收。

【土地出让金总收入76亿元】 2010年，绍兴县进一步简化手续、开辟绿色通道，办理土地使用权（房产）抵押融资1994宗，抵押贷款金额521亿元。实现土地出让金总收入76亿元，其中经营性用地64亿元、工业用地8.8亿元、行政划拨用地1.7亿元、依法追缴土地出让金1.5亿元。（胡　江）

环境保护

【概况】 2010年，绍兴县开展印染和化工行业环保监管专项整治行动。全年出动环境执法人员9120人次，检查企业6450厂次，对190家企业发出责令整改通知书，处罚违法案件100起，比上年增长157.9%，罚款712.6万元，比上年增长90.5%。开展镇（街道）水质断面监测考核，全县219家排污企业225个清下水排放口在5月底实施封堵回用，各镇（街道）38个断面水质达标率为31.5%，比上年提高16个百分点。快速处理3起突发环境事件。办理县人大代表、政协委员有关环保议案（建议）、提案15件，走访率、回复率、满意率均100%。全年受理环保信访案件906起，比上年下降19.8%。9月28日，通过省环保厅对绍兴县印染和化工行业环保监管专项整治工作验收。10月11日，省环保厅同意解除年初“暂停审批绍兴县境内所有印染和化工行业建设项目环境影响评价文件”的决定。

至年底，全县204家企业建成污水预处理设施，占应建企业的93%。配合省级飞行监测2次，市级飞行监测5次，监测企业163家。对未建设预处理设施、污水排放未稳定达标的7家企业实施限产。坚持末位淘汰制度，9月起，对5家月平均进管浓度最高的企业实行停产整顿。坚持污水按浓度收费，促使排污企业承担环保治理成本由单纯的“谁污染谁治理”向“多污染多付费”转变。至年底，全县进入污水处理厂污水总量控制在54万吨/日左右，进厂水质化学需氧量（COD）浓度从年初的1600毫克/升下降到1100毫克/升左右，污水处理厂排放化学需氧量浓度稳定在100毫克/升以下。柯桥城区生活污水收集率提高到80%；建成10个镇的集镇生活污水集中收集泵站及压力管线，全县新增生活污水收集处理量2.2万吨/日。清理规范排污许可证，清理排污企业332家，核减印染企业工业污水排放量8.93万吨/日。按照排污费征收“五统一”的要求，严格核定各企业的排污管和排污费，全年收缴排污费2334.9万元。

这年，整合各部门的力量、政策、资源，实施农村环境“五整治一提高”工程、“千村示范、万村整治”工程。全县166个村开展生活污水收集处理；大坞岙及三江垃圾填埋扩建工程完工。全县100%的行政村实现生活垃圾集中收集；基本完成存栏猪200头、牛30头以上规模的养殖场排泄物治理任务。开展全国环境优美镇和省级生态镇更名和复查工作，顺利通过上级验收。孙端镇成功创建成为全国环境优美镇。新增省级绿色学校2所、市级生态街道1个，市级生态村（绿色社区）8个。县环保局被评为2010年度县长奖，在全市环保系统目标责任制考核中获优秀。（吴子明）

【超额完成减排任务】 根据省减排领导小组污染减排办公室通报的数据，2010年，绍兴县化学需氧量（COD）排放量为23005吨，比2009年下降16.02%；二氧化硫（SO_2）排放量为26810吨，比2009年下降2.6%，双双超额完成减排任务。

（寒　风）

【关停淘汰45家中小印染企业】 2010年2月，浙江省环保厅在对绍兴县重污染行业突击检查中发现部分企业存在环境违法行为，少数企业污染物浓度超标、超总量排放以及偷排漏排等行为较为严重，导致绍兴县河网水质总体无法达标。省环保厅暂停审批绍兴县境内所有印染行业和化工行业的建设项目环境影响评价文件。被限批后，绍兴县开展印染和化工行业环保监管专项整治行动。全面调查印染行业，实施印染行业落后过剩产能关停淘汰工程，对涉及12个镇（街道、开发区）的45家印染企业908台（套）非法产能实施关停淘汰，并对多家水量、化学需氧量浓度超标的印染企业进行限产、停产处理。9月，通过省、市两级环保部门的现场验收，消除区域限批。（陈国红）

【10家企业通过ISO14001环境管理体系认证】 2010年，绍兴县10家企业通过ISO14001环境管理体系认证，涉及的行业有纺织、印染、机械及建筑。全县累计180多家企业通过ISO14001环境管理体系认证。（柳海萍）

【环保信访当月办结率100%】 2010年，绍兴县建立环保不稳因素定期排查消解机制，督促企业和相关单位落实环保整治方案。畅通环保信访渠道，开通24小时值班电话，从重从快处罚环境信访违法案件，遏制污染反弹。全年受理环保信访案件906起，比上年减少224起，下降19.8%。信访当月办结率100%，满意率98%。

【开展环保2+1专项整治】 2010年，绍兴县结合省、市飞行监测，开展环保2+1专项整治。检查污水处理厂的环境管理情况；对各类违法排污、违法开工建设等进行督查；规范重金属排放企业现场管理，督促重金属排放企业建立特种污染物产生、排放台账和日常监测制度，定期报告监测结果，并向社会公布重金属污染物排放和环境管理情况。督促企业提升污染治理水平，从规范原料、产品、废弃物堆放场和排放口，建立和完善重金属污染突发事件应急预案。专项监察中开出责令限期改正通知24份，并督促重点防控企业按期完成整改。全年在省、市飞行监测中抽检达标合格率在85%以上。

·小资料·　环保2+1专项执法检查

环保2+1专项执法检查，是2010年6月浙江省环保厅启动的环保专项执法检查，检查重点是国家9部门环保专项行动规定的重金属排放企业和集中式污水处理厂两大内容，以及建设项目环境管理情况。

【举行环境污染事故应急实战演习】　2010年4月16日，绍兴市县联合在浙江欧亚薄膜材料有限公司，举行模拟爆炸事故二甲苯泄露的环境污染事故应急实战演习。实战演习由信息中心应急指挥部统一指挥，参演队伍迅速启动工作程序，监察、监测默契配合，顺利完成演练任务。

【开展放射源安全监管专项检查】　2010年，绍兴县成立由环保、公安、卫生3个部门组成的联合检查组，对全县涉源的37家企业的放射源进行重点检查。检查组通过查阅资料台账和现场检查的方式，对辐射工作单位辐射防护、安全防护、职业健康防护等三方面进行详细检查，并针对企业在放射源安全管理方面存在的缺陷提出相应的整改意见。对检查中发现的未进行职业危害项目申报的3家企业下发整改通知书，同时还对职业健康管理不够完善的单位进行现场指导。要求各涉源单位进一步加强内部管理，完善放射源管理制度，设置放射源监控装置，指定专人负责放射源安全管理，对闲置废弃放射源依法进行送贮，杜绝辐射事故的发生。至年底，全县未发生辐射事故。4月，全县涉源单位开展放心放射源单位创建活动，至6月底完成放心放射源单位和放心放射源县创建工作，所有放射源工作单位全部领取由环保部门颁发的辐射安全工作许可证，创建率100%。绍兴县放心放射源县创建工作通过省环保厅验收。（王翀煜）

【办结环境审批事项3327件】　2010年，绍兴县办理各类环境项目审批事项3327件。其中建设项目环评审批558件，“三同时”验收412件，排污许可证核发78件，机动车环保合格标志核发2253件，排污权抵押贷款25件，固体废物跨省转移审核1件。劝阻不符合建设规划、布局不合理或不能解决污染物排放指标的项目27个。（何德才）

【核发231家排污企业排污许可证】　2010年，绍兴县全面开展排污企业排污权许可专项清理规范工作，近400家排污企业申报。经过镇（街道、开发区）初审，县排污企业排污权许可专项清理规范工作领导小组审核，11月，第一批231家排污企业排污权许可公告在《绍兴县报》登出。其中印染企业152家，其他企业79家。公告后排污许可证全面核发。（寒　风）

·小资料·　排污许可证制度

排污许可证，即排放污染物许可证。排污许可证制度是指凡是需要向环境排放各种污染物的单位或个人，都必须事先向环境保护部门办理申领排污许可证手续，经环境保护部门批准后获得排污许可证后方能向环境排放污染物的制度。

排污许可证制度以排污许可证为主线，将现行各项环境管理制度对企业的环境管理具体要求，集中通过排污许可证实行“一证管理”，目的是实现对排污单位综合、系统、全面、长效的统一管理。申领排污许可证的基本条件：①排污单位的身份必须合法，即符合国家产业政策并通过环保审批；②排污单位排放污染物必须达标；③排污单位的污染物排放必须符合总量控制指标。对达不到上述②③要求的发给《临时排污许可证》，同时要求限期治理直至达标。（金彩珍）

【获取环境监测数据15万个】　2010年，绍兴县环保部门完成柯桥城区大气、噪声监测，完成鉴湖主体及上游、小舜江、市控、城考共19个监测断面以及与萧山、市区、上虞交界共9个交接断面的水质监测分析。对全县19个镇（街道、开发区）的38个水质断面进行定期监测、定期通报。完成菜篮子工程、鉴湖底泥和农村饮用水源的监测。全年获取手工监测数据41200个、自动监测数据11万个，出具各类监测报告1028份。其中包括“三同时”验收监测103项、清洁生产审核18项、ISO14000认证监测52项、其它委托监测600余批次。编制《2010年绍兴县环境监测年鉴》和《2010年绍兴县环境质量报告书》。编印《今日环境》12期。成功处置杭甬高速出口处化工原料泄漏、漓渚不明固废燃烧和平水某食品加工厂原

料仓库燃烧等突发性环境污染事件。　（娄华勤）

人口和计划生育

【概况】　2010年，全县共出生4404人，计划生育率97.59%。出生人口性别比106.28，保持在正常范围。人口出生率6.12‰，人口自然增长率–0.54‰。综合避孕率88.08%，当年长效措施落实率52.45%。育龄群众计划生育基础知识知晓率90%以上，群众对计划生育工作的满意率93.15%以上。严格执行计划生育“一票否决”制，审核把关50批次。其中单位626个，个人836人，没有被否决的单位和个人。依据泛长三角协议，对3起在河南、江西、重庆等地避重就轻处罚的案件进行调处，撤销原决定3起，无行政复议、行政诉讼发生；完成“五五”普法考核验收，2起行政征收案件获绍兴市人口计生十佳行政征收案件。全县再生育审批1118例，其中特殊情况生育审批115例。

绍兴县组队参加在北京举行的“紫竹药业杯”全国《流动人口计划生育工作条例》知识竞赛，获竞赛优胜奖和最佳组织奖。平水镇、马鞍镇、湖塘街道、柯桥街道4个镇（街道）被市人口计生委授予2010年度全市计划生育依法行政示范乡镇（街道）。孙端镇计划生育专职干部王菊兴、钱清镇蜀风村计生服务员徐彩娥获绍兴市首届基层人口和计生工作“银杏奖”。

【婚育服务中心运行】　2010年，绍兴县财政安排110万元，建成集婚姻登记、免费婚检、免费孕前优生检测、优生咨询宣教等多项功能于一体的婚育服务中心，6月17日投入运行。全县免费孕前优生检测率100%，免费婚检率84.24%。8月20日始实施“绍兴县优生促进工程项目实施方案”，规定在绍兴县工作一年以上并持有“流动人口婚育证明”等有效证件的外来在孕、待孕的育龄妇女和相关人员列入享受优生促进工程相关项目。

【开展“四个一”系列活动】　2010年，绍兴县开展“四个一”系列活动，纪念“中共中央关于控制人口增长问题致全体共产党员、共青团员的公开信”（以下简称“公开信”）发表30周年。9月20日，在县文化发展中心，举行一次“公开信”发表30周年纪念大会暨文艺演出；组织一次专访；进行一次心系育龄群众，服务基层一线集中宣传；开展一次慰问走访。

2010年9月20日，绍兴县在县文化发展中心音乐厅举行“中共中央关于控制人口增长问题致全体共产党员、共青团员的公开信”发表30周年纪念大会暨文艺演出。　（县计生局供稿）

【近10万人享受计生优扶政策】　2010年，绍兴县实施计划生育利益导向政策，继续执行农村部分计生家庭奖励扶助和特别扶助制度。全县新增奖扶对象1269人，退出133人，累计5219人享受每年900元的奖励扶助金；新增特扶对象30人，退出1人，累计318人享受每年1800元到2400元不等的特别扶助金。实施计划生育公益金救助2批次共34人，救助金额4.78万元。落实“双农独女户”家庭女孩中考加分375人，累计加分1718人。全县发放独生子女父母奖励费43670户353.95万元。发放独生子女家庭参加各类社会养老保险补贴45889户1090.4万元。

2010年5月28日，绍兴县开展促进优生优育优教主题宣传活动。　（县计生局供稿）

【培训三优计生干部430余人次】 2010年，绍兴县成立“三优”（优生、优育、优教）讲师团，聘请6位人口计生、妇幼保健、教育方面的专家为讲师团成员，制定“关于开展‘三优’培训工作的意见”，确定柯桥街道、齐贤镇、钱清镇、湖塘街道为“三优”平台建设试点镇（街道），以点带面，逐步推开。培训基层计生干部430余人次。

【征收社会抚养费525万元】 绍兴县开展社会抚养费征收集中整治活动。2009年10月至2010年9月，共作出征收决定174例，应征817.72万元，实征524.62万元，现金兑现率64.16%。

【开展生殖健康免费服务】 2010年，全县继续推进计划生育免费服务券制度，17.14万名已婚育龄妇女查孕查环，12.44万名妇女进行健康检查。继续开展首次落实长效节育奖励，累计发放首次落实长效节育奖励金11186人，计102.51万元。

【流动人口计划生育服务均等化】 绍兴县在元旦、春节期间开展流动人口计划生育服务月活动，组织宣传活动79次，发放宣传资料12.7万份，举办知识讲座48场，组织生殖健康服务45次，查孕查环10327人，查病5346人，慰问流动人口292户，发放慰问金6万多元。进行流动人口统计信息和人口计生信息清查核查，制定统筹管理、基础工作、依法行政、均等服务等九方面的精细化管理评价体系。流动人口享受与本地居民同等的计划生育技术服务待遇，全县共有流入育龄妇女22.97万人，其中流入已婚育龄妇女17.37万人，提供服务17.48万人次。

【受理计划生育信访68件（次）】 2010年，绍兴县计生部门受理计划生育群众来信来访来电68件（次）。其中来信10件、来访6人次、来电48件（次），电子访问4件（次）。做到有访必答，避免越级访和缠访的发生。

【开展生育关怀宣传活动】 2010年5月28日，绍兴县计生协会、柯桥街道计生协会联合在柯桥鉴湖园社区开展以“生育关怀——促进优生优育优教”为主题的宣传活动，纪念中国计生协会成立30周年。活动内容有咨询维权服务、生殖健康讲座、生育关怀慰问和实地观摩鉴湖园社区早教基地。活动期间发放宣传资料300余份、避孕药具200盒，接受咨询服务100多人次，播放宣传片2部，向10户计生困难家庭、30户待生育家庭发放生育关怀基金和慰问品。全县各镇（街道）开展生育关怀宣传活动60场（次），累计发放计划生育便民维权宣传卡5万余张，免费提供避孕药具4500多盒，法律援助20人次。

【走访慰问计生困难家庭885人次】 2010年，绍兴县开展生育关怀走访慰问计生困难家庭活动，走访慰问885人次，发放慰问金和物品折合人民币78.5万元。其中浙江华港染织有限公司给稽东镇龙西村的11户计生困难家庭每户慰问金1000元及慰问品，折合人民币1.5万元。

【生育关怀帮扶女孩100人】 2010年，绍兴县开展生育关怀帮扶女孩活动。对实行计划生育家庭月人均收入低于600元（低保户或低保边缘户优先考虑）的100名接受义务教育的女孩（含在绍兴县居住1年以上的“新柯桥人”的贫困计生家庭女孩），每人500元的助学帮扶，共计5万元。

【760个基层计生协会进行评估认定】 2010年，全县760个计生协会进行基层计生协会评估认定。开展基层群众人口计生示范村（居委会）、示范企业创建活动，柯桥街道柯福社区等20个村（居委会、社区）和浙江华港染织有限公司等9家企业被命名为全县首批人口计生基层群众自治示范村（居委会、社区）和示范企业。 （孟万龙）

责任编辑 韩 英

农业经济

综 述

2010年，绍兴县农业工作坚持把粮食生产功能区和现代农业园区建设作为转变发展方式、推进农业转型升级的主抓手，在稳定粮食生产的前提下，培育提升主导产业精品基地，发展壮大农业龙头企业，积极实施农产品品牌战略，认真落实强农惠农各项政策，有力推动全县特色高效生态农业又好又快发展。全年实现农林牧渔业总产值（可比价）37.34亿元，比上年增长4.3%；第一产业实现增加值（可比价）25.03亿元，比上年增长4.1%。

全年粮食作物播种面积44.44万亩，比上年增长0.3%。其中春粮作物播种面积4.37万亩，比上年增长11.4%；早稻播种面积9.05万亩，比上年略增；晚稻播种面积26.36万亩，比上年减少2.3%。全县粮食总产20.55万吨，比上年减少1.8%。全县粮食生产面积和总产均超额完成市政府下达的指导性计划任务。

受持续低温阴雨天气影响，全县蔬菜种植面积和总产量均比上年略有减少，全县瓜菜播种面积21.95万亩，总产38.85万吨，分别比上年减少3.1%、6.5%，主要蔬菜价格比上年同期涨幅明显。畜牧业克服市场价格波动大、周边动物疫情形势严峻等不利影响，总体保持稳定发展。全年生猪出栏36万头，比上年增长2.83%；家禽出栏257万羽，比上年减少3.25%。年末全县生猪存栏20万头，比上年增长3.2%，其中能繁母猪存栏1.69万头，比上年增长11.18%；家禽存栏198万羽，比上年增长5.12%。全县水产养殖面积8.86万亩，比上年增长2%；水产品产量2.45万吨，比上年增长2%。南美白对虾养殖季节天气多晴、台风影响小、疫病少，全县2万亩白对虾养殖平均亩产比上年增加50公斤，养殖效益明显提高。

全县297家农业龙头企业实现产值、销售、利润分别为106亿元、102亿元、4.2亿元，比上年分别增长10.9%、11.7%、15.1%，其中146家农产品加工业实现产值、销售、利润分别为70亿元、66亿元、2.8亿元，比上年分别增长10.2%、8.8%、12.5%。受人民币升值影响，农产品出口形势下滑，全县农产品自营出口6000万美元，比上年减少20.7%。农产品专业市场实现交易额28亿元，比上年增长24.9%。休闲观光农业继续保持较快发展，全县60家农家乐接待游客突破100万人次，经营总收入2.6亿元，比上年分别增长30.3%和23.2%。

全年落实县级财政支农资金2420万元，比上年增长25%。争取中央、省、市级农业生产扶持项目56个，落实支农专项资金4100万元，比上年增长17%。当年完成现代农业投资4.6亿元，比上年增长5.2%，其中吸纳工商资本投资2.3亿元。

引进先进适用的农业生产装备，发展设施农业，推进钢架大棚、标准鱼塘和标准化畜禽舍建设。全年新建和提升精品蔬菜基地6个、精品畜禽基地5个、精品水产基地3个，新建蔬菜钢架大棚1100亩、温室大棚30亩，新建和改造标准鱼塘2579亩、水产养殖大棚150亩，新建高标准畜禽养殖舍3万平方米，培育和建成绍兴绿味生态农业科技示范园、绍兴中泰畜牧养殖园、绍兴县大坂设施渔业养殖园等现代设施农业示范基地，完成设施农业投入2.1亿元。同时扩大应用生态循环农业技术和模式，推进规模畜禽养殖场排泄物治理，加快发展生态畜牧业，当年计划治理的10家规模畜禽养殖场均完成治理任务，新增沼气工程池容800立方米。

全年实施“院地合作”农业科技项目14个，完成各类农业技术培训7000余人次；3万亩标准农田质量提升工程全面推进，实施测土配方施肥技术70万亩次、水稻病虫统防统治4万亩；推广各类新农机1100台（套），其中插秧机128台、烘干机20台，新建育供秧中心10个、粮食烘干服务中心10个，完成水稻机插3.6万亩；推广稻虾轮作（稻鱼共生）1900亩、虾鳖混养6500亩。在全县组织实施全国基层农技推广体系改革与建设示范县项目，培育科技示范户1024户；全面完成县镇农技推广、动植物疫情防控、农产品质量监管“三位一体”农业公共服务体系建设。

组织开展农产品质量安全整治暨执法年活动、种子执法年活动和“绿剑”执法系列活动，全面完成小农资质量整治规范工作，开展“助世博、保安全”农产品质量安全监管专项行动，加强农产品质量检测，全县农产品质量安全水平继续好转，县农产品质检站完成建设并运行，全县主要农产品抽检合格率99%、水产品合格率100%、畜产品合格率99.9%。落实动植物疫病防控责任制，组织开展冬春、夏季重大动物疫病集中防控，加拿大一枝黄花春季、秋季集中防控，动植物疫病防控总体平稳，未发生重大动物疫情。组织开展农机、渔业行业“安全生产年”活动，开展打击农机安全生产违法行为专项行动，新建省级农机安全镇1个，农机、渔船安全形势稳步向好，全县发生拖拉机道路交通事故起数和死亡人数都少于上年，未发生重大渔业安全事故。

建立和完善新型农业主体培育提升考核考评体系，实施蔬菜、畜禽、水产等主导产业精深加工项目，推进农产品加工业集聚发展，做强做大农业龙头企业，全年新增省级重点农业龙头企业1家，新培育年销售超1亿元企业2家。依托农业龙头企业实施农产品品牌战略，全县新认定绿色食品2个、无公害农产品5个，新认证无公害农产品产地5000亩；新增省级名牌农产品4个、市级名牌农产品6个。新增农民专业合作社30家，全县累计232家，新培育3家销售超1000万元的农民专业合作社。规范提升农家乐休闲旅游业，新创建省级农家乐特色村（点）1个、市级3个，创建三星级以上经营户10家。改进农产品营销方式，全年在绍兴市区及柯桥城区新建农产品直销店（精品店）8家，总数35家。开展农民信箱“网上农博会”和“每日一助”等农产品供求信息服务，抓好县农产品展示展销中心建设，组织参加全省农业龙头企业与基地对接活动，开展休闲观光农业推介。

【制定完成“两区”建设规划】 2010年，绍兴县制定完成“两区”建设总体规划和建设标准，研究落实扶持政策、资金整合和规划编制等。粮食生产功能区建设规划编制完成，新建成省级粮食生产功能区3万亩，其中齐贤、富盛2个省级粮食生产功能区建成；孙端、陶堰2个粮食生产功能区启动建设，总面积2.8万亩。编制完成省级现代农业园区规划37个，其中绍兴县东部现代农业综合区和绍兴县南部现代农业综合区均被列为省级现代农业综合区，绍兴县绿源水产养殖示范区等7个主导产业示范区和中大畜牧等6个精品园分别被列为省级现代农业主导产业示范区和省级特色农业精品园创建点。启动建设现代农业园区19个，绍兴县绿源水产养殖示范区、绍兴绿味生态农业科技示范园（一期）、绍兴中泰畜牧养殖园区等初具规模。

表5　绍兴县农业系统获得荣誉情况

序号	表彰单位	受表彰单位	荣誉名称
1	农业部	绍兴县农业局	全国农业综合执法先进单位
2	中央农业广播电视学校	浙江省农业广播电视学校绍兴县分校	全国农业广播电视教育先进集体
3	省政府	绍兴县政府	2009年度省粮食生产先进县
4	省财政厅、农业厅	绍兴县农业局	2009年度外向型农业工作先进单位
5	省农业厅	绍兴县农业局	2009年度全省农业工作先进集体
6	省农业厅	绍兴县农业局	全省农产品质量安全整治暨执法年活动先进集体

续表

序号	表彰单位	受表彰单位	荣誉名称
7	省农业厅	绍兴县农业局	2009年度农业宣传工作先进集体
8	省农业厅	绍兴县农业局	2009年度浙江农民信箱工作考核先进
9	省农业厅	绍兴县农业局	2009年度全省农业依法行政工作先进集体
10	省农业厅	绍兴县农技总站	省农业丰收一等奖1项、二等奖1项
11	省农业厅	绍兴县畜牧兽医局	2009年度全省畜牧兽医工作先进集体
12	省农业厅	绍兴县农业行政执法大队	2009年度浙江省农业行政执法绩效考核优胜单位
13	省农业厅	绍兴县农机能源站	2008～2009年度全省农村能源建设先进集体
14	省海洋与渔业局	绍兴县农业局	2010年度海洋与渔业工作先进县局
15	省海洋与渔业局	绍兴县农业局	2009年度"百万亩养殖塘建设工程"先进单位
16	省海洋与渔业局	绍兴县水技站	2009年度全省基层水产技术推广体系规范管理先进单位
17	省重大农业植物疫情防控指挥部	绍兴县政府	2009年度重大农业植物疫情防控工作考核优秀
18	省防治动物疫病指挥部	绍兴县防治动物疫病指挥部	2009年度重大动物疫病防控和畜产品安全目标管理考核优胜单位
19	市政府	绍兴县政府	2009年度全市粮食生产先进县
20	市政府	绍兴县农技总站	市农业丰收一等奖1项、二等奖2项、三等奖1项
21	市防治动物疫病指挥部	绍兴县防治动物疫病指挥部	2009年度重大动物疫病防控和畜产品安全目标管理考核优胜单位

（县农业局）

农业综合开发

【概况】 2010年，绍兴县农业综合开发围绕粮食生产功能区和现代农业园区建设，全县有国家立项农业综合开发项目3个，项目总投资4529万元。其中中央财政资金投入505万元，省财政资金投入440万元，县财政配套投入410万元，镇村自筹投工投劳95万元，银行贷款2379万元，企业自筹700万元，农业综合开发项目计划总投资比上年增长11.8%。

【1295万元改造山区中低产田】 2010年，绍兴县投资1295万元（其中中央财政资金400万元，省财政资金400万元，县财政配套资金400万元，镇村投劳折资95万元），用于湖塘夏泽畈山区中低产田改造项目。该项目被列入国家农业综合开发土地治理项目，改造区域涉及湖塘街道所辖的铜井、永联2个行政村和漓渚镇所辖棠二村。至年底，新建机耕桥6座、机耕路10.21公里，衬砌灌排渠道16.37公里，新建溪流护岸7.18公里、拦河坝10座，营造农田防护林55亩，推广农业科技3项，培训农户400人次。

【2个项目被列入国家农业综合开发产业化经营项目】 2010年，绍兴县2个项目被列入国家农业综合开发产业化经营项目，分别为绍兴县绿源水产开发有限公司750亩虾鳖混合养殖扩建项目和绍兴县福景达农业有限公司3万头生猪繁育场扩建及饲料收购2034万元流动资金贷款贴息项目。2个项目计划总投资3234万元，其中中央财政投入无偿资金105万元，省财政投入无偿资金40万元，县财政配套资金投入10万元，银行贷款2379万元。

【开展农业综合开发后备资源调查】 2010年5月，绍兴县开展农业综合开发后备资源调查。对土地资源相对丰富的东部平原和经济相对落后的南部山区、半山区进行实地调查，对西北部经济相对发达的乡镇（街道）采取走访、座谈等形式。经过综合分析筛选，形成“十二五”农业综合开发基本思路和工作重点，加大对优质稻米、茶叶、花卉、水果、水产、畜禽、竹笋、干鲜果等一大批特色优势农业、农产品和产业带的扶持力度。（李法泉）

农庄经济

【概况】 2010年，绍兴县农家乐村（点）参与市农旅办开展的全市农家乐休闲旅游创建活动，当年创建市级主题农家乐1家（稽东镇山娃子农庄）、精品农庄2家（王坛镇东村香雪梅海、平水镇家有山庄）、农家乐特色点3个（杨汛桥镇福林山庄、兰亭镇森林山庄、湖塘街道香湖山庄），市级四星级农庄1家（平水镇金渔湾农庄）、三星级点3个（湖塘街道桃源休闲农庄、平水镇家有山庄、安昌镇大和休闲渔庄），市级三星级户5户（稽东镇占岙村2户、陈村3户）。稽东镇山娃子农庄被评为全省休闲观光农业示范园区。

全县有农家乐村（点）60个，其中有省级农家乐特色村（点）6个，市级农家乐特色村（点）12个。农家乐经营户249户，其中三星级农家乐经营户78户。农家乐当年接待游客84.02万人次，实现经营收入2.292亿元，分别比上年增长9.5%和8.6%。当年投资4000万元，累计投资3.28亿元。吸纳城乡劳动力1600余人。接受市级财政补贴经费33万元。

（徐金星）

农业产业化经营

【概况】 2010年，绍兴县农业产业化经营工作以粮食生产功能区和现代农业园区建设为主，农业产业化发展较好。全县拥有县级以上重点骨干和优秀成长型农业龙头企业51家，其中省级骨干农业龙头企业6家（其中当年认定1家），市级重点农业龙头企业32家；省级农业科技企业24家，其中当年认定2家；省级示范性农民专业合作社9家，其中当年认定1家。至年底，全县有农业企业301家，农产品专业市场22个，农民专业合作社249家（其中当年新办47家），社员6990人，行业覆盖粮食和蔬菜、畜禽、水产、花卉、茶叶、竹笋、干鲜果等产业。

全县农业企业实现产值108.41亿元、销售收入101.74亿元、利润4.47亿元，分别比上年增长13.45%、11.45%和22.47%。其中农产品加工企业148家，实现产值71.57亿元、销售66.76亿元、利润3.09亿元，分别比上年增长12.62%、10.00%和24.1%。农产品自营出口（按实到外汇统计）6236万美元，比上年减少17.55%。农产品专业市场交易额25.72亿元，比上年增加14.72%。

2010年11月25日，绍兴县召开现代农业园区和粮食生产功能区建设暨冬种冬修现场会。（沈浩根摄）

【农业龙头企业销售首次突破百亿】 2010年，绍兴县农业企业实现产值108.41亿元、销售收入101.74亿元，产值和销售分别首次突破百亿。至此，全县拥有年销售收入5000万元以上的农业龙头企业46家（比上年增6家，其中年销售额超亿元的农业龙头企业20家），实现销售收入90.81亿元、利润3.44亿元，分别占全县农业企业的89.25%和76.86%。浙江中大饲料（油脂）有限公司成为全县销售规模最大的农业龙头企业，2010年实现销售收入143665万元，利税5476万元。浙江天天田园控股集团有限公司被认定为省级骨干农业龙头企业。绍兴县舜越绿色食品有限公司、绍兴县安昌百顺蛋厂2家单位被认定为省级农业科技企业。

【3.3352亿元投资农业企业】 2010年，绍兴县投资3.3352亿元建设农业企业项目，至年底，全县农业企业总资产83.0661亿元，其中固定资产29.3715亿元。绍兴绿味现代生态农业科技有限公司，在陶堰镇茅洋村累计投资6000万元（其中2010年投资3500万元），建成1200亩现代蔬菜生产园区。浙江海大饲料有限公司累计投资固定资产3640万元（其

中当年投资1357万元），建成海大集团在浙江的首个虾饲料生产企业，拥有虾饲料生产线7条，年生产能力10万吨，当年销售收入1.6745亿元。绍兴县绿源水产开发有限公司投资760万元，在滨海建设1200亩南美白对虾（虾鳖混养）设施养殖的省级主导产业园区。绍兴县中泰畜牧有限公司投资6500万元（其中2010年投资1800万元），在富盛镇青马村盘龙岙建成年产生猪5万头的现代化生猪养殖场，该场占地面积416亩，猪舍面积3.6万平方米，采用自动化饲养。

【首次承办省级渔博会】 2010年9月28日至30日，2010浙江渔业博览会（以下简称渔博会）在柯桥中国轻纺城国际会展中心举办。渔博会由浙江省海洋与渔业局、中国水产流通与加工协会主办，绍兴县人民政府承办，是绍兴县首次承办省级以上渔博会，省委副书记夏宝龙，省委常委、副省长葛慧君等省市有关领导参加渔博会。渔博会以“生态、安全、科技、高效”为主题，设有350个展位，全省11个市组团参加，省内外315家单位1200多种海水、淡水鲜活水产品和加工产品参展。渔博会除展销全省优质水产品外，还开展渔业成就展示、水产品精品推介、现代渔业发展论坛、现代渔业科技论坛、“双十大”品牌评选等活动。渔博会总客流量60000多人次，累计销售102.85万元，接洽客商258家。央视网、新华社、中新社、浙江卫视、《浙江日报》等20多家媒体对渔博会进行报道。

9月28日至30日，2010浙江省渔业博览会在柯桥召开。（沈浩根摄）

【农展会总销售额350万元】 2010年12月22日至24日，2010浙江（绍兴）现代农业展览会（以下简称农展会）在柯桥中国轻纺城国际会展中心举行，农展会由绍兴县人民政府、浙江省农产品产销协会、浙江省农业机械工业行业协会、浙江省畜牧产业协会主办，绍兴县农业局、绍兴县汉威展览有限公司承办。农展会的对外招商、展会管理、营利核算等首次采取市场化运作，由专业会展公司承接。农展会共设展位630个，除绍兴县农业企业、农民专业合作社、休闲农庄外，还通过招商吸引北京、上海、广东、河南及台湾地区等16个省市区450家知名农业企业、饲料工业企业、农机农资企业参展，参展产品主要有特色农产品、兽药、饲料、种畜禽、畜牧机械、农业机械和台湾农业精品等15大类数千个展销品种。展会期间，还举行2010年第二届全国生猪产业峰会、2010全省畜牧业产业化发展高层论坛和3场技术讲座，参会人数1000多人。农展会共接待省内外专业客商2000余人，总客流量5万多人次，总销售额350万元，意向订货额1000万元。省农业厅副厅长冯一鹤、省农产品行业协会联席会议秘书长周金渭、省畜牧产业协会副会长戴旭明、省饲料行业协会副会长范克强、省农业机械工业行业协会秘书长徐海清等领导和专家出席展会并进场参观。

【3人被评为现代农业发展功臣】 2010年，绍兴县开展2010年度现代农业发展功臣评选活动。经企业申报、镇（街道、部门）推荐和活动领导小组综合考评，浙江天天田园控股集团有限公司葛云明、绍兴县绿源水产开发有限公司丁国才、绍兴御茶村茶业有限公司吴建立等3名农业龙头企业经营者被评为2010年度绍兴县现代农业发展功臣。

【10家企业被评为农业龙头企业十强单位】 2010年，绍兴县继续开展农业龙头企业十强单位考评活动，考评依据2010年度农业企业业绩和对全县农业、农民的带动作用。经过考评，浙江天天田园控股集团有限公司、绍兴县绿源水产开发有限公司、绍兴御茶村茶业有限公司、浙江中大饲料（油脂）有限公司、浙江科盛饲料股份有限公司、浙江昌祥茶叶有限公司、绍兴县安昌百顺蛋厂、绍兴县福景达农业有限公司、绍兴会稽山米业有限公司、绍兴县舜越绿色食品有限公司等十家企业成为绍兴县2010年度农业龙头企业十强单位。

【16个农产品品牌获市级以上认定】 2010年，绍兴县农产品品牌建设又有新进展，16个农产品品牌获市级以上认定，当年认定中国驰名商标1件、

浙江名牌产品2个、浙江名牌农产品1个（省农业厅认定）、浙江省著名商标4件、绍兴名牌产品6个、绍兴市著名商标5件，其中3个农产品品牌同时获得2项认定。至年末，全县农产品品牌有中国名牌2个、中国驰名商标7件、浙江名牌12个、浙江名牌农产品6个、浙江省著名商标23件、绍兴名牌34个、绍兴市著名商标65件。

表6　2010年绍兴县获市级以上认定农产品名牌和著名商标

单　位	商标及产品名称	中国驰名商标	浙江省著名商标	浙江名牌产品	浙江名牌农产品	绍兴名牌产品	绍兴市著名商标
绍兴白塔酿酒有限公司	白塔黄酒	√					
绍兴仁昌酱园有限公司	仁昌记酱醋		√				
绍兴至味食品有限公司	松盛园酱醋		√				
绍兴县唐宋酒业有限公司	唐宋黄酒		√			√	
绍兴永隆农畜产球业有限公司	飞峰羽毛球		√				
绍兴县丹家家鸡专业合作社	丹家家鸡			√			
浙江天天田园集团	瘦八戒白肉			√		√	
绍兴会稽山米业有限公司	会稽山精洁大米				√		
绍兴县强健白鸽专业合作社	强健白鸽					√	
绍兴绿理成农业有限公司	绿理成生猪					√	
绍兴县秋湖莲藕专业合作社	秋湖莲藕					√	
会稽山绍兴酒股份有限公司	水香国色黄酒					√	√
绍兴县未庄酒业有限公司	瓜渚湖干菜						√
绍兴县大丰食品有限公司	图形炒货						√
绍兴县天绿农产品加工有限公司	绿禄豆制品						√
绍兴县绿源水产开发有限公司	绿神鳖						√
合　计		1	4	2	1	6	5

【66家农民专业合作社达到规范化要求】　2010年，绍兴县投资120万元创建农民专业合作社规范化示范县。经过考评，全县66家农民专业合作社达到规范化要求，其中销售收入超500万元的农民专业合作社32家。绍兴县秦望茶业专业合作社被认定为省级示范性农民专业合作社，全县省级示范性农民专业合作社增至9家。（金云来）

种植业

【概况】　2010年，绍兴县全年粮食播种面积44.41万亩，比上年增加0.12万亩，增长0.27%；粮食总产20.61万吨，比上年减少0.32万吨，减少1.6%；平均亩产464公斤，比上年减少9公斤，减少1.9%。油菜种植面积4.69万亩，比上年增加0.3万亩；总产5995吨，比上年增加68吨；平均亩产128公斤，比上年减少7公斤。瓜菜播种面积19.75万亩，比上年增加0.33万亩；总产52.28万吨，比上年增加3.93万吨；平均亩产2647公斤，比上年增加157公斤。其中蔬菜种植17.46万亩，比上年增加0.27万亩；总产45.55万吨，比上年增加3.46万吨；亩产2609公斤，比上年增加160公斤。果用瓜类播种面积2.3万亩，比上年增加0.06万亩；总产6.73万吨，比上年增加0.47万吨；亩产2928公斤，比上年增加127公斤（其中西瓜1.98万亩，总产5.91万吨，亩产2986公斤）。粮经面积比由上年的60.8：39.2调整到60：40；粮经产值比由上年的21.5：78.5调整到20.1∶79.9。农村居民人均纯收入16685元，比上年增长13.6%。全年粮食播种面积、粮食总产比前3年平均水平分别增加5.76%和4.89%。绍兴县由此被评为浙江省粮食生产先进县、绍兴市粮食生产先进集体。齐贤、福全两镇被评为绍兴市粮食生产先进乡镇；陶堰镇茅洋村种粮大户金银燕被评为绍兴市十佳优秀种粮大户。

4月23日，浙江省农业厅土肥站站长赵琳等领导和专家，到县检查标准农田质量提升工程情况。实地考察富盛、陶堰等镇标农工程实施点现场。4月25日，农业部科教司处长张景林率农业部督查组到县督查指导春季农业生产。督查组实地踏看省级粮食功能区富盛镇乘风畈连片5000亩早稻示范方，查看直播早稻出苗情况。

表7　2010年、2009年绍兴县农作物播种面积和产量

	2010年			2009年			总产量
	面积（亩）	亩产（公斤）	总产（吨）	面积（亩）	亩产（公斤）	总产（吨）	2010年为2009年%
农作物播种面积	788837			782398			
一、粮食作物合计	444099	464	206072.6	442930	473	209330.1	-101.6
1. 春粮	36209	238	8615	32280	255.9	8260	104.3
小麦	32414	241	7810	28647	260	7441	105
大麦	3795	212	805	3633	225	819	-101.7
2. 早稻	90478	450	40743	90269	462	41695	-102.3
3. 秋粮	317412	493.7	156714.6	320381	497.5	159375.1	-101.7
晚稻	263570	523.2	137912.7	269826	522.2	140898	-102.1
番薯	16631	443	7373.4	15932	499	7956.9	-107.3
玉米	15924	367	5851.8	14838	368	5453.5	107.3
二、经济作物合计	295625			286141			
油菜籽	46874	128	5995	43916	135	5927	101.1
蔬菜	174569	2609	455487.6	171893	2449	420925.6	108.2
果用瓜	22976	2928	67278	22341	2801	62582.8	107.5
花卉	45624			42620			
三、其它作物合计	49113			53327			

注：1. 粮食耕地面积不包括大豆面积，也不包括种在非耕地上的粮食面积。
2. 粮食耕地面积计算的总产量不包括大豆产量及种在非耕地上的粮食产量。

【建立5个市级粮食高产示范基地】 2010年，绍兴县在柯岩、福全、齐贤、富盛、稽东建立5个绍兴市粮食高产示范基地，县财政投入资金20万元。

柯岩街道示范基地建设由永进村粮食生产专业合作社承担，示范面积516亩，总投入资金5.61万元。基地全面推广种植杂交晚粳新品种浙优12，设立浙优12、甬优12号、甬优8号、春优618、春优84等5个单季杂交晚粳新品种和测土配方施肥大区对比试验田。全示范方单季杂交晚粳浙优12平均亩产669.7公斤，比全街道单季晚稻平均亩产545.2公斤亩增124.5公斤，增长22.8%，共增产粮食6.4242万公斤，增效17.47万元。

福全镇示范基地建设由帽山植保专业合作社承担，基地位于兴联村，示范面积1350亩。基地新购苏州产久保田乘坐式插秧机1台、宁波产协力乘坐式插秧机6台、机动弥雾机2台、育秧盘1.5万只等，总投入资金33.53万元。示范基地推广种植杂交晚粳新品种甬优8号、甬优12号，晚稻机插面积

731亩，占晚稻种植面积的54.1%。大田平均亩产甬优8号578公斤、甬优12号607公斤，比对照农户种植秀水09、秀水114常规品种平均亩产501公斤分别亩增加77公斤和106公斤，增长15.4%和21.2%，3块高产攻关田平均亩产661.7公斤。实施病虫统防统治新技术，单季晚稻防治病虫6次，比非示范区减少3次，每亩农药纯用量274克，比非示范区每亩农药纯用量402克减少128克，减少46.7%。统防统治亩平均防治成本130元，比农户自防田亩节省防治成本93元。

稽东镇示范基地建设由县惠农植保专业合作社承担，基地位于大桥村和车头村，示范面积580亩，总投入资金19.56万元。基地对供种、轻型栽培技术、施肥标准、病虫害防治实行统一，并开展技术培训2次，发放技术资料12期。全方单季晚稻秀水09平均亩产519公斤，产量最高的高伟昌户，亩产539公斤。

齐贤镇示范基地建设由八字桥村农机专业合作社承担，基地位于八字桥村，中心示范1080亩，连片面积11241亩。基地新建U型排灌渠道2198米，抽水泵房4座，硬化田间机耕路760米。示范基地对品种、栽培技术、病虫害防治、测土配方施肥、机械化作业实行统一，早晚稻推广种植金早47、甬优12号，设立12个晚稻新品种大区对比试验，开展高产攻关，高产田块甬优12号亩产717.4公斤。早晚稻机械插秧1296亩，机插率84.7%。采用谷物烘干机，为基地和周边农户烘干稻谷75万公斤。实行无公害稻米标准化生产，经农业部农产品质量安全监督检验测试，均获得无公害稻米产品、产地双认证。

富盛镇示范基地建设由义峰村粮食专业合作社承担，基地位于义峰村，中心示范1095亩，连片面积11464亩。基地新购插秧机5台（其中高速3台）、收割机3台、稻谷烘干机2台。引试早稻新品种10个，建立水稻机械化育苗中心，早晚稻机械插秧830亩，机插率40%以上。

【扩建2个县级粮食生产功能区】 2010年，绍兴县在陶堰、孙端镇扩建2个县级粮食生产功能区，县财政投入资金20万元。

陶堰镇县级粮食生产功能区建设由县珍珍粮食专业合作社承担，涉及亭山、邵家溇、陶堰3村，千亩示范 3468亩，万亩连片13272亩，建有粮食、植保专业合作社2家，12户种粮大户。总投入资金20.616万元。功能区种植早稻3017亩、单季晚稻421亩、连作晚稻3045亩，全年粮食复种指数186.9%。早、晚稻平均亩产分别为502.6公斤、489.8公斤，分别比全镇面上平均亩产476公斤、466公斤，亩增26.6公斤、23.8公斤，增长5.6%和4.9%，共增产粮食16.27万公斤。早晚稻机插面积3882亩，机插率59.9%，使用水稻专用配方肥6483亩，实施统防统治5286亩，推广稻鸭共育高效种养模式1025亩，共为农民增收165.09万元。

孙端镇县级粮食生产功能区建设由乐源粮食专业合作社承担，涉及樊浦、村头、张家沥3村，千亩示范3603亩，万亩连片16592亩，建有粮食、植保、农机专业合作社5家，18户种粮大户。总投入资金41.45万元。功能区种植油菜285亩、早稻1967亩、晚稻3086亩，全年粮油复种指数148.2%。早、晚稻平均亩产分别为502公斤、512.5公斤，分别比全镇面上平均亩产475公斤、492公斤，亩增加27公斤、20.5公斤，增长5.7%和4.2%，共增产粮食11.64万公斤。早稻机械插秧780亩，机插率39.7%；使用水稻专用配方肥3710亩，实施统防统治1865亩，推广稻、草、鹅生态种养模式195亩，共为农民增收86.9万元。

【东部、南部现代农业综合区列入省创建点】 2010年7月12日、10月18日，绍兴县东部、南部现代农业综合区分别被列入浙江省第二批、第三批现代农业综合区创建点。

绍兴县东部现代农业综合区位于孙端、陶堰、富盛三镇，规划面积4.7万亩，计划3年建成，总投资近2亿元，重点建设蔬菜、畜牧、水产、茶叶等主导产业，建成后能新增农业总产值1.5亿元，新增利税4200万元，并带动周边5万余亩农业产业发展。该综合区建设规划于5月下旬通过专家评审。

绍兴县南部现代农业综合区位于平水、稽东、王坛及富盛镇南部，区域总面积35.72万亩，其中综合区面积9.2万亩，总投资2.325亿元。计划用3年时间，重点建设4个主导产业示范区、6个特色农业精品园、改造建设5个畜牧养殖场。该综合区建设规划于9月21日通过专家评审。

【智能化育秧中心建成】 2010年，绍兴县民乐粮油专业合作社建成绍兴市首个智能化育秧中心。智能化育秧中心是绍兴县粮食生产功能区建设的重点配套设施之一，总投资80余万元。育秧中心1次可培育出适宜机插的秧苗5000余盘，可插种大田250亩～300亩，4天～5天可培育1批，全年可培育出早晚稻秧苗15批～20批，大田插种5000余亩。

【绍兴县浙江蔬菜产业提升项目绩效优秀】 2010年8月下旬，绍兴县2009年度现代农业生产发展资金——浙江蔬菜产业提升项目通过浙江省专项资金项目评价组绩效评价，获优秀等级。该项目核心示范区在陶堰镇茅洋村南岸畈，由绍兴绿味生态农业科技有限公司承建。一年中，示范区新建基地225亩，辐射带动面积5000亩，新建大棚80亩，新建路渠3740米，应用微灌节水技术300亩，引进优良品种10个，培训农户500人次。

【4个项目获省补资金204.79万元】 2010年，绍兴县4个粮食功能区建设项目获得省财政补助资金204.79万元，其中社会化服务68万元，示范方建设12万元，“三新”技术推广16万元，功能区标准农田良种补贴108.79万元。4个项目分别是陶堰镇茅洋、金墅村功能区，孙端镇樊浦、村头村功能区，齐贤镇八字桥村功能区，富盛镇凤旺村功能区。

陶堰镇茅洋、金墅村功能区核心区实施面积1250亩，项目总投入资金164.9万元。其中建设智能化育秧中心80万元，稻谷烘干中心56.9万元，粮食专业合作社规范化10万元，优质稻米基地建设8万元，高产示范方建设10万元。

孙端镇樊浦、村头村功能区核心区实施面积1500亩，项目总投入资金58.74万元。其中建设育秧中心25.6万元，烘干中心12.6万元，晒场硬化、农机具维修用房5.5万元，高产示范方创建的种子、农药、化肥、技术培训资料10.12万元，统一育供秧及机插服务等4.92万元。

齐贤镇八字桥村功能区核心区实施面积1308亩，项目总投入资金100.22万元。其中购置烘干机2台计26万元、久保田收割机1台计5.08万元、插秧机3台计5.34万元，建造烘干房700平方米计26.3万元，社会化服务（统一育供秧、机插、机割、稻谷烘干）7.5万元，高产示范方建设10万元。

富盛镇凤旺村核心区实施面积1320亩，项目总投入资金90.56万元。其中建立育秧中心36.93万元（购置水稻插种流水线1套、秧盘1.5万只、乘坐式插秧机3台，统一育供秧补助870亩），建造烘干中心41.23万元（购置烘干机2台、手扶拖拉机1台，建烘干中心用房152平方米、晒场硬化300平方米等），“三新”技术示范推广12.4万元（良种、农药、化肥补贴等）。

【实施标准农田质量提升工程2万亩】 2010年，绍兴县财政投入资金500万元，实施2万亩标准农田质量提升工程建设项目。项目涉及8个镇（街道）63个地块，分为21个子项目，其中孙端镇1204亩、王坛镇1000亩、马鞍镇1696亩、平水镇4032亩、兰亭镇3986亩、柯岩街道1240亩、湖塘街道2133亩、富盛镇4709亩。主要建设内容分农田地力培育（土壤有机质提升、耕作层改良、农田土壤养分平衡等）、保障体系（上图入库、监测与检测等）两大类，其中农田地力培育补助资金355万元，用于补助冬绿肥0.6万亩、传统秸秆还田1.6万亩、秸秆快速腐熟还田新技术0.4万亩、商品有机肥推广1.8万亩、规模畜禽养殖场粪便初制发酵还田等0.4万亩、农家肥0.4万亩、客土法改造100亩、耕作强化1万亩、配方肥应用3万亩、土壤因缺补缺和酸化调整0.5万亩；保障体系补助资金145万元，用于规划编制、建立4个监测点，购置6件（套）检测仪器，检测土样200个，肥料配送、统一施肥等。

【财政补贴水稻统防统治160.5万元】 2010年，绍兴县财政下拨资金160.5万元，用于补贴水稻统防统治工作。全县有17个镇（街道）建立水稻病虫统防统治示范方123方，面积6.1万亩（其中晚稻58方，面积3.95万亩）；开展植保服务专业合作社43家。最终审核确定福全帽山、陶堰为民、柯岩利民、孙端榆林、安昌健苗等500亩以上的40家植保专业合作社为水稻统防统治补贴对象，其中2500亩以上1家，面积0.26万亩；1500亩以上4家，面积0.62万亩；1000亩以上15家，面积1.85万亩；500亩以上20家，面积1.28万亩。

【引试水稻新品种26个】 2010年，绍兴县分别从中国水稻所、浙江省农科院作核所、浙江大学农学系、嘉兴市农科院、宁波市农科院、金华市农科所、绍兴市农科院引进水稻新品种26个。其中早稻品种9个，分别为甬籼15、甬籼57、甬籼69、中嘉早17、中嘉早32、惠优1号、嘉育253、金早47、浙农34，引试地点设在富盛镇义峰村。晚粳稻品种

17个，其中杂交粳稻7个，分别为甬优12号、浙优12、甬优8号、浙优816、浙优818、浙优929、浙优935；常规粳稻3个，分别为浙粳88、浙粳112、宁88；优质晚粳新品种5个，分别为E667、W8878、嘉禾218、春江099、J43；常规糯稻2个，分别为浙糯70、祥湖13，引试地点设在齐贤、陶堰等镇示范方。经县良种考评会现场综合评定，确定2011年早籼稻主推品种为金早47，扩大示范浙农34、甬籼15、中嘉早32。晚稻杂交粳稻主推甬优12号、浙优12，连作稻区示范推广甬优8号、嘉优2号；常规晚粳仍以秀水09、浙粳22为主，连作稻区试种宁88，山区杂交籼稻仍以中浙优1号为主，晚粳糯以绍糯97-14为主。全县引进浙优12、甬优12号、甬优8号、秀优5号等晚粳稻种子12729公斤，新品种示范面积8385亩；推广种植省定主导品种28.27万亩，占水稻播种面积的79.8%，其中杂交晚粳稻种植2.75万亩，比上年增长21.1%，增产粮食1413吨，为农民增收367万元。

【推广测土配方施肥技术70.11万亩】 2010年，绍兴县第六年推广应用测土配方施肥技术，投入资金44.44万元，其中县财政补助20万元。根据《2010年绍兴县测土配方施肥普及行动工作实施方案》，县农技推广总站累计采集土样507个，检测2535项次，更新土壤养分数据库。结合粮食功能区建设，在全县开展水稻测土配方施肥优质示范竞赛10方，对100户种粮大户、50户科技示范户和10个农村专业合作组织开展培训和个性化施肥指导，在齐贤、陶堰、富盛等镇（街道）开展各类肥料试验10个，其中3414类试验8个，其它施肥方法试验2个，在核心区域示范商品有机肥200亩、水稻专用配方肥2800亩，累计推广新型肥料120吨。早晚稻示范区实施成效显著，亩节本增收分别为103.46元、123.84元。全县共推广应用测土配方施肥技术70.11万亩（其中水稻32.33万亩），总增产1.74万吨，减少不合理施肥2251.87吨，累计节本增收3501.4万元。

【农作物重大病虫害损失率1.74%】 2010年，绍兴县第三年实施农作物病虫灾害监测预警与应急防控项目，在全县建立11个病虫观测点、5个苗情观察点，聘请测报技工等4人，新建区域站观察场配电房42平方米，设立测报灯11盏；编制《病虫情报》27期、《苗情动态信息》20期，印发7050份，开展灾情会商及技术培训17次，培训农技推广骨干和农户1130人次，发放植保书籍和技术资料3.05万份；开展二化螟和褐飞虱抗药性监测，引进国内外新农药28种，开展21项试验，筛选出18种高效低毒农药，完成21项试验报告；组织高效低毒灭鼠药剂5300公斤，农田统一灭鼠15.8万亩；设立农药减量工程示范点10个，重大病虫综合防治面积33.54万亩。一年中，全县粮油作物病虫草害累计发生394.81万亩次，实施防治588.04万亩次，挽回粮食灾害损失7.155万吨，病虫危害产量损失率1.74%。

【种植业面源污染治理增效803.15万元】 2010年，绍兴县投入资金85.5 万元（其中县财政补助资金40万元），在全县开展清水工程建设——种植业面源污染治理项目。项目采集土壤样本53个，测定土样有机质、全氮、有效磷、速效钾、pH值、重金属含量等318项；开展技术培训22期，培训3015人次；实施水稻化肥、农药减量控污7.72万亩次，蔬菜农药减量控污0.51万亩次，引进高效低毒低残留新农药25种，开展农户习惯施肥和测土配方施肥对比试验22项，推广应用环境友好型农药4.03万亩次（其中新农药1.32万亩次），示范推广稻鸭生态共育技术1.53万亩，测土配方施肥技术8.23万亩，农作物病虫害综合防治技术8.23万亩。经对比，水稻与蔬菜肥药减量控污实施区每亩氮肥使用量（折碳铵）分别比非实施区减少21.28公斤、22.35公斤，农药纯用量减少73.2克、77.4克；平均每亩节省化肥成本17.45元、18.51元，农药成本19.32元、20.82元，增产57.71元、105.35元，合计水稻、蔬菜亩节本增收94.48元、144.68元，两项累计增加效益803.15万元。

【冬种示范方以奖代补27.26万元】 2010年，绍兴县继续对冬种示范方建设项目实行考核奖励，通过对冬种粮、油、肥连片示范方实地验收，共验收评定合格示范方85方，面积2.53万亩，其中大小麦、油菜优秀示范方37方，面积0.52万亩；有机质提升工程实施区绿肥优秀示范方48方，面积2.01万亩。评出一等奖19方，二等奖57方，三等奖9方。县财政拨付以奖代补资金27.26万元，其中对冬绿肥示范方补贴21.41万元。

【200万元补助县提升蔬菜基地建设项目】 2010

年，绍兴县拨付200万元追加资金，补助2009年度县提升蔬菜基地建设项目。其中绍兴绿味现代生态农业科技有限公司获150万元补助；王坛镇新华村村民委员会、南岸土地股份合作社，平水镇沈村村民委员会各获10万元补助；齐贤镇沃园蔬菜种植园、兰亭镇宏大蔬菜瓜果专业合作社、柯岩街道先锋果蔬专业合作社、平水镇黄壤坞村民委员会各获5万元补助。8个建设单位新建蔬菜基地1591.5亩，改造老基地788.6亩，项目累计投入资金560.07万元。

【建设蔬菜精品基地2771亩】 2010年，绍兴县投入1586.97万元（其中县财政补助160万元），在陶堰、齐贤、富盛、兰亭、柯岩、稽东等6镇（街道）新建蔬菜基地464亩，改造老蔬菜基地2307亩。在陶堰镇绿味现代生态农业科技有限公司投资833万元，新建GP-825钢管大棚241亩、智能温室4662平方米、高效节水微灌设施150亩，新建机耕路5500米、水泥渠道8700米，硬化道路1690米。在齐贤镇沃园蔬菜种植园投资226.02万元，新建6米宽钢管大棚108亩、保鲜冷库487立方米、水泥渠道505米、管理用房203平方米，喷滴灌覆盖150亩，硬化机耕路1498平方米。在富盛镇山地蔬菜专业合作社投资106.45万元，新建6米宽钢管大棚83.7亩、蔬菜交易场地硬化200平方米，修建U型渠道700米、管理房150平方米，新增防虫网20800平方米、杀虫灯20盏。在兰亭镇宏大蔬菜瓜果专业合作社投资107.71万元，新建6米宽钢管大棚30亩，防虫、遮阳网30亩，喷滴灌覆盖120亩，办公管理用房100平方米，冷库105立方米，机耕路400米，蔬菜分级场地80平方米。在柯岩街道先锋果蔬专业合作社投资127.57万元，新建钢管大棚39.6亩、水泥渠道2316米、管理用房448平方米，硬化机耕路1960平方米，购置农药残留检测仪器1套、大棚微耕机4台。在稽东镇山娃子绿色蔬菜示范场投资81.16万元，新建8米宽钢管大棚5000平方米、6米宽钢管大棚10000平方米，硬化机耕路1000平方米，新建渠道800米、现代温室育苗设施1套。在富盛镇今品缘现代农业开发有限公司投资105.06万元，新建机耕路、U型水泥渠道各400米，8米宽钢管大棚36800平方米，喷滴灌覆盖57亩；新购诱捕器60套、杀虫灯10盏。当年全县新（扩）建蔬菜基地1094亩，新增大棚设施面积722亩，引进新品种6个，推广应用蔬菜绿色防控技术1.37万亩，从基地、市场抽检蔬菜产品538批次，合格率98.9%。至年底，全县拥有5亩～10亩蔬菜户260户，面积1940亩；10亩以上蔬菜大户276户，面积6592亩。大棚设施栽培面积1.09万亩，防虫网131920平方米，喷滴灌覆盖2843亩，遮阳网132386平方米，性诱捕器510个，频振式杀虫灯215盏。

【27.738万元奖励粮食优质高产示范竞赛优胜者】 2010年，绍兴县继续开展粮食高产创建和优质高产示范竞赛活动，拨付以奖代补资金27.738万元奖励优胜示范方、户。在18个镇（街道）和滨海工业区建立水稻优质高产示范方69个，面积3.39万亩；建立粮食生产科技示范户475户，面积6019亩，平均亩产523公斤，比全县平均亩产高出25公斤。验收后评出优质高产示范方23方，其中孙端镇海浩粮食专业合作社等6方为一等奖，孙端镇乐农粮食专业合作社等7方为二等奖，柯岩街道民乐粮食专业合作社等10方为三等奖，评出富盛镇倪家溇村倪长兴等20户为优秀示范户。

富盛镇种粮大户 （县农业局供稿）

【2个粮食生产功能区通过省级验收认定】 2010年12月22日，绍兴县齐贤镇、富盛镇2个粮食生产功能区通过省级验收认定。功能区涉及齐贤镇齐贤、八字桥2村和富盛镇义峰、凤旺、青马3村，实施面积8205亩，投入资金488.86万元（其中齐贤镇258.24万元），功能区种植早稻5000亩、晚稻9069亩，总产粮食7665.5吨，良种、粮油生产主推技术覆盖率100%，土地规模经营率、病虫害统防统治率、粮食耕种收综合机械化率分别为60.6%、

77.6%、79.8%。齐贤镇功能区粮食复种指数161.6%，亩均粮食年产量721.1公斤；富盛镇功能区粮食复种指数156%，亩均粮食年产量753.2公斤。两功能区建立8家农民专业合作组织，开展代耕、代育、代插、代管、代收、代烘等社会化服务。

【县粮食生产功能区建设规划通过省级评审】 2010年12月22日，绍兴县粮食生产功能区建设规划通过省级评审。该规划以保障粮食安全，增强粮食综合生产为目标，计划到2018年在全县建成19万亩粮食生产功能区，整体达到亩产吨粮的生产能力，其中2010年至2014年建设12万亩，2015年至2018年建设7万亩，建成后年新增粮食生产能力450万公斤。

【2个农业丰收项目通过市验收】 2010年12月30日，绍兴县承担的2010年度绍兴市农业丰收计划"水稻病虫灾害安全防控技术示范推广"和"蔬菜提质增效核心技术示范推广"通过市级验收。其中"水稻病虫灾害安全防控技术示范推广"项目，示范面积25.56万亩，挽回病虫灾害产量损失68368.6吨，占水稻总产量的38.4%。示范区防治7.87次，农药用量389.39克，平均亩产549.4公斤，每亩防治成本170.42元，比非示范区减少防治1.61次，减少农药用量135.4克，亩增产20.3公斤，亩节本51.49元，合计亩增效益111.58元，累计增效2281.55万元。

【农技推广获省、市奖励】 2010年，绍兴县农技推广总站被浙江省农业厅农作物管理局评为全省农作系统先进单位，沈琼华、汪芽芬被评为全省农作系统先进个人，祝剑波受到市人民政府表彰，被评为绍兴市粮食生产先进个人；绍兴县种子管理站被浙江省种子总站评为全省种业信息与统计工作先进单位。由绍兴县农技推广总站主持的绍兴市农业丰收计划项目"十万亩水稻高产创建示范推广"和"绍兴县种植业面源污染治理"分别获2009年度绍兴市农业丰收奖二、三等奖；由绍兴县农技推广总站参与的"水稻无盘简易规格化育秧技术示范应用"和"优质高效蔬菜茬口模式示范及推广"分别获2009年度绍兴市农业丰收奖一、二等奖；"水稻无盘简易规格化育秧技术示范应用"和"十万亩水稻高产创建示范推广"被评为2009年度浙江省农业丰收奖一、二等奖。（谢金木）

养殖业

【概况】 截至2010年，绍兴县有规模养殖场（户）920个，其中养猪场562个（存栏生猪50头以上）、养鸭场159个（存栏麻鸭2000羽以上）。先后新建、改（扩）建生态养殖场（小区）20个，规模化养殖场排泄物治理49个，生猪、家禽规模化养殖比重均为90%以上，肉类自给率65%左右（接近全省、全市水平），蛋类自给有余。全年实现畜牧业总产值8.83亿元，占农业总产值比重的20.71%。全县有水产养殖面积83565亩，水产品总产量24432吨，渔业产值45119万元。

绍兴县稻虾轮作生态种养高产高效技术试验示范获省农技推广特别优秀项目奖，富盛镇农技站获得2008～2009年度全省基层农技推广先进集体称号，柯岩街道与陶堰镇农技站的两位实施人获全省基层农技推广优秀工作者称号。

【县渔业信息获二等奖】 2010年3月31日，浙江省渔业信息员工作会议在杭州召开，全省各地市（县、区）40家推广单位参加，绍兴县农技推广站获全省渔业信息工作二等奖。

【2个现代农业生产发展资金项目通过验收】 2010年5月10日，绍兴县2个现代农业生产发展资金项目通过考核验收。其中由县绿源水产开发有限公司承担的高标准南美白对虾产业化养殖示范基地建设，投资375万元改造池塘，实现产出841.5万元、利润243.75万元。由县水技站承担的虾类养殖实用新技术推广应用项目投资60万元（其中中央财政投资45万元），培训渔民1125人次，发放资料2470份，实现总产值2685万元，比项目实施前产值2000万元增加34.2%；收益575万元，比项目实施前收益500万元增加15%。投入产出比1：1.27。

【绍兴县责任渔技制度实施经验向全国推广】 2010年5月25日至28日，全国责任渔技制度推广研讨会在杭州召开，绍兴县作为唯一一个县级代表在大会上作典型发言，重点介绍责任渔技制度的推广实施经验。27日，会议代表参观考察实施责任渔技制度的绍兴县绿源水产开发有限公司养殖现场。

【引进海南优质虾苗1.02亿尾】 2010年，绍兴县实施海南优质虾苗引繁工程，指定滨海兴滨育苗场为虾苗淡化场。该工程引进海南优质虾苗1.02亿尾，可提供2000余亩的放养需求。

【实施渔业面源污染治理工程】 2010年，绍兴县实施渔业面源污染治理工程。该工程主要以养殖水域为主，采取应用“3+2”净水技术、放养淡水鱼类（以鱼洁水）、使用生物制剂、种植空心菜等4种生物方法，以改善养殖水质，提高水产品质。在柯岩、湖塘等镇（街道）设立5个实施点，实施面积72亩，应用“3+2”净水技术。应用后的水质指标明显降低，其中氨氮与亚硝酸盐均达到渔业用水三类水标准，且一直维持稳定状态，实现换水次数减少或零换水，从而减少养殖污水排放量。在华舍、湖塘等镇（街道）的4个渔场放养花白鲢等淡水鱼类以鱼洁水，共计放养老口鱼种18.85万公斤、夏花250万尾，面积4757亩。在白对虾、青虾、乌鱼3个高密度养殖区推广应用生物制剂，面积8000亩，使用总量13.2万公斤。在青虾养殖池内种植空心菜。渔业面源污染治理工程达到治理目标。

【绍兴县成省级稻鱼共生试验示范点】 2010年，绍兴县被列为稻田养鱼项目省级试验示范点，实施点位于陶堰镇南湖村稻虾养殖基地，面积500亩。全年开展一季稻两茬虾的轮作模式试验示范，亩增收1800多元，早稻平均亩产800多斤。实现稻田一水两用、一地双收目的。（朱　迪）

林　业

【概况】 2010年，绍兴县完成林业总产值24.84亿元，比上年增长8.1%，茶叶、毛竹笋、花卉、干鲜果等四大林业主导产业发展稳健。由于上海世博会的举办，花卉产业产值较上年大幅度提高，增长13.9%。林权改革、林地流转、现代林业园区建设和休闲林业等工作均顺利发展。全年流转林地7411亩，其中富盛镇红山村单宗流转2128亩，为全市最大宗。完成河岸道路绿化158.3公里，造林712.1亩，植树2.62万株。完成村庄绿化（乔木）面积15.6万平方米，植树11.23万株，种植各类乔灌花木等四旁植树31万株。其中房前屋后种植珍贵树种7000多株，种植各类果树1万多株。

全县建成省级村庄绿化示范镇1个、省级森林村庄2个、省级绿化示范村11个、市级森林村庄15个。柯岩街道、陶堰镇创建成为省级森林城镇，省级森林城镇增至4个。新增省级林业龙头企业3家，分别为东方香水百合组培研发公司、山娃子香榧专业合作社、豫大茶厂。新建林业专业合作社8家，其中稽东天恒香榧专业合作社成为省级专业合作社。至此，全县拥有林业专业合作社43家。举办王坛2010香雪梅海开园暨生态森林休闲节、富盛乡村森林旅游风情节、稽东2010生态（森林）旅游节等节会，全年吸引游客10万余人。这年，绍兴县被中国国际茶文化研究会命名为中国茶文化之乡、平水珠茶被命名为中华文化名茶，湖塘街道被中国经济林协会命名为中国杨梅之乡，稽东香榧森林公园被省林业厅命名为省级森林公园。全年创建省级兴林富民示范村6个，市级兴林富民示范村5个。

2010年4月，绍兴县被中国国际茶文化研究会命名为中国茶文化之乡。（县林业局供稿）

【省级现代林业园区启动建设】 2010年，绍兴县南部、东部2个产业园区被确定为省级现代农业（林业）综合区并启动建设。其中平水毛竹四季笋、漓渚花卉苗木、稽东香榧、王坛青梅、富盛毛竹四季笋等5个林业园区被确定为省级现代林业示范园区；杨汛桥镇绿洲生态花卉、王坛镇万乔四季笋等5个精品园被确定为省级现代林业精品园区。

【开展千校万人同栽千万棵树活动】 2010年，绍兴县开展千校万人同栽千万棵树活动，活动在绍兴县鉴湖中学举行启动仪式，并在全县中小学校推开。开展情况得到省绿化委员会、省林业厅肯定，绍兴县林业局由此获得活动组织工作奖。

（韩　祥）

水利建设

【概况】 2010年，绍兴县投资22亿元，开启历时5年的“清水工程”建设。至年底，相继完成与实施滨海闸枢纽工程、排涝快速通道滨海段治理工程、口门丘标准海塘中东片工程、新三江闸除险加固工程、山塘水库除险加固工程、浙东古运河和漓渚江河道清淤工程、全国小农水重点县建设工程等水利工程。全年无“三防”（防汛、防台、抗旱）事故发生，召开水保方案审查会5次，审核水保项目120件，对全县356家取水企业开展年审，新审批取水许可企业10家，开展水法规进机关、进农村、进企业、进学校、进社区的宣传活动，先后组织专题宣传活动3次。绍兴县被确定为全省第一批水土保持监督管理能力建设县；县水电局被省水利厅评为全省万里清水河道建设先进单位，被市水利局评为一等奖单位。

绍兴县口门丘标准海塘全貌

（县水利水电局供稿）

【成立水利青年志愿者服务队】 2010年3月，绍兴县成立水利青年志愿者服务队，首批志愿者24人。以志愿者为主体，组织开展送法下乡、上街咨询以及清水护水文明倡导活动等。

【强制清除瓜渚湖直江内的违法建筑】 2010年9月6日，群众举报华舍街道沙地王村单某未经县水行政主管部门批准，于当年8月15日开始，擅自在瓜渚湖直江内打松桩建平台，非法占用水域面积505平方米。县水政执法人员在调查核实后当场向单某发出责令整改通知书，至9月21日当事人未按整改通知书要求履行，县水利水电局依法向当事人送达水行政处罚事先告知书，并于9月28日依照《中华人民共和国水法》有关规定对其作出“责令停止违法行为，并在三日内拆除在瓜渚湖直江河道内的违法构筑物，恢复原状”的行政处理决定。此后，单某既未申请行政救济，又拒不履行生效的行政处理决定，县水利水电局遂于10月8日向其下达强制执行通知书。10月9日，绍兴县水利水电局联合县航管处、华舍派出所和安昌、齐贤、华舍及柯桥开发委的4个城建中队共60余人，对华舍街道沙地王村单某在瓜渚湖直江内的违法建筑实施强制清障。10月11日，县水政执法人员复查该案，违章搭建的505平方米松板平台和打入河道的360余支松木桩全部清除，河道恢复原貌。

2010年10月9日，县有关部门对瓜渚湖直江内的违法建筑实施强制拆除。（县水利水电局供稿）

【首支人工捻泥队启动运行】 2010年10月13日，绍兴县首支专业人工捻泥队——柯水捻泥队在柯桥城区柯亭公园内正式启动运行，在全省属首创。捻泥队有工人20名，拥有统一编号的捻泥船10艘，淤泥收集运输船（B30吨）1艘，并配有专职人员负责船只和设施的日常维护维修。

【完成滨海闸至长虹闸段河道整治】 2010年10月15日，绍兴县防洪排涝河道整治一期滨海闸至长虹闸段河道整治工程全部完成，比预定提前3个月实现河道全线通水。该工程共完成河道治理11.12公里，土方开挖疏浚210余万立方米，挡墙砼基础浇筑和条石砌筑22.4公里，干砌石护坡5.7公里，新建桥梁5座、涵闸3座，完成沿河绿化。

【除险加固8座小型病险水库】 2010年，全县下达小型病险水库除险加固工程项目计划4座，续建项目4座。至年底，4座续建的水库除险加固工程完成，4座新建项目完成施工招投标。

【水行政审批档案逐步实现信息化】 2010年，绍兴县完成全县1998年至2009年共计233件水行政许可案卷的立卷归档和信息录入工作，内容分为取水许可、小流域治理与河道疏浚项目、河道管理范围内建设项目、水土保持方案等6个大类；整理纸质案卷2364卷、档案总卷页19424页；抄录目录约71250字；电脑录入约5万字。全县水行政审批档案逐步实现信息化管理。

【实施标准海塘建设工程】 2010年，绍兴县实施标准海塘建设工程，口门丘标准海塘东、中、西三片全长5.85公里，东片和中片标准海塘工程年底完工，建设长度3.66公里。西片工程于12月开工建设。曹娥江海塘整修加固工程长13.18公里，至年底完成总工程量的70%。

【完成河道清淤90万立方米】 2010年，绍兴县大力实施河道清淤。重点河道清淤项目中的古运河清淤41.05万立方米、漓渚江清淤10.8万立方米两大清淤项目于年底前全面展开，柯桥城区管墅直江、华墟直江等主要河道清淤任务全部完成。面上河道清淤任务分先后三批下达到镇、村。全年完成河道清淤90万立方米。

柯桥城区河道生物净水工程

（县水利水电局供稿）

【开展生态护岸】 2010年，绍兴县推行河道生态护岸。先后在富盛、钱清、陶堰等地开展以木桩代替传统石砌的护岸试点。全年完成河道护岸41公里，其中生态护岸8.5公里。实施柯桥城区生物净水二期工程，种植净水植物1.07万平方米。

【完成农民饮用水项目14个】 2010年，绍兴县继续抓好山区农民饮用水工程建设和管理。当年完成农民饮用水项目14个，集中安装消毒设施100台，受益人口8777人。同时，落实专管人员，加强建后管理与考核，并做好水质日常监测工作。

【全国小农水重点县工程部分完工】 2010年是绍兴县实施全国小农水重点县工程建设的第二年。绍兴县列入2009年该计划的项目，包括小型灌区渠系改造94.74公里，建设灌溉泵站127座，高效节水灌溉工程0.63万亩，山塘整治34座。至年底，除3座山塘整治工程仍在施工外，其余项目全部完成。列入2010年计划的项目全面开工建设，包括山塘整治30座，灌区改造29处，渠道防渗衬砌72.2公里，建设高效节水工程9个，建成喷微灌面积2272亩。

【完成小流域综合治理项目25项】 2010年，绍兴县把小流域治理与水土保持结合起来实行综合整治，在山区、半山区推广实施清洁型、生态型小流域建设。全年完成小流域治理项目25项，治理长度10公里，治理水土流失面积10.5平方公里。

【办理水审批事项328件】 2010年，绍兴县共办理各类审批事项328件，收取占用水域补偿费790.6万元。行政许可准确率和承诺件按时办结率均100%，承诺件提前办结率99.67%。

【立案查处水事违法案件105件】 2010年，绍兴县共组织水政巡查278人次，受理各类举报169件，立案查处水事违法案件105件，涉及水域面积3377平方米。制发法律文书236份，作出水行政处罚（处理）决定44件，处罚款29.89万元，清除河道设障面积4118.7平方米。依法自行组织强制执行2起，申请并经县人民法院裁定强制执行25件。 （胡建兰）

农业服务

【概况】 2010年，绍兴县全面开展农业服务工作。全年新增农民信箱注册用户4000多户，数字农业网发布各类信息1360余条。大力实施“三位一体”（农技推广、动植物疫病防控、农产品质量安全监管）农业公共服务体系建设，基本构建起县、镇、村、户全面覆盖的现代农业公共服务体系；多次开展培训教育工作，全年有4745人接受现代农业技术培训，173人参加农技人员继续教育，154人参加农业中专学历教育。浙江省农业广播电视学校绍兴县分校被评为全国农业广播电视教育先进集体。

【建立“三位一体”农业公共服务体系】 2010年，绍兴县出台《关于加强农业“三位一体”公共服务体系建设的实施意见》，成立绍兴县农业“三位一体”公共服务体系建设领导小组，启动建设“三位一体”农业公共服务体系。8月，在福全镇开展农业“三位一体”公共服务体系建设试点工作，初步建立“机构健全、体系完善、设施齐全、职责明确、责任到人、经费保障”，集农技推广、动植物疫病防控、农产品质量安全监管于一体的现代农业公共服务体系，试点成功后在全县推广。至12月，除柯桥街道外，绍兴县各镇（街道）统一挂牌成立镇（街道）农业公共服务中心，各行政村建立相应的村级农业公共服务站，构建起县、镇、村、户服务网络全面覆盖的农业“三位一体”公共服务网。（刘婷婷）

【102人参加省级农技指导员集中培训】 2010年4月～6月，绍兴县组织县、镇（街道）二级农技指导员赴浙江省农科院科教培训基地、浙江省大学培训基地、金华职业技术学院培训基地等参加省级集中培训，102人参加。其中粮油蔬菜专业技术人员知识更新培训班2期，47人参加；畜牧兽医专业技术人员知识更新培训班2期，35人参加；水产专业技术人员知识更新培训班1期，18人参加；首席专家知识更新培训重点班2人参加。

【154人参加农业中专学历教育】 2010年9月15日，绍兴县举行2010级农业中专班开学典礼，浙江省农业广播电视学校常务副校长朱顺富参加开学典礼。2010年全县新招收和注册的农技推广人员154人参加农业中专学历教育，其中村级社会化农技推广员农业种养专业中专学历教育125人（农作物生产技术专业78人、蔬菜生产技术专业47人）；镇（街道）畜牧兽医从业人员动物卫生防疫专业中专学历教育29人。

【111人通过农业职业技能培训鉴定】 2010年9月27日，浙江省农业广播电视学校绍兴县分校组织开展农业职业技能培训和鉴定工作。经培训、考试（考核）和鉴定，全县有111人通过由省农业职业技能鉴定站组织的农业职业技能鉴定，并获得由农业部职业技能指导中心验印的国家农业职业资格证书，其中中级农艺工71人、中级蔬菜园艺工40人。

【102名村级农技推广员获得双证书】 2010年11月，绍兴县有102名村级农技推广员领到农作物生产技术专业中专毕业证书和中级农艺工职业资格证书。102名村级农技推广员是2008年经各镇（街道）推荐，浙江省农业广播电视学校绍兴县分校初审，浙江省农业广播电视学校审核、电子注册的农作物生产技术专业中专班学员，经过2年（4个学期）14门课程的学习教育，完成各项教育计划、考试（考查）、职业技能培训和鉴定后，全部获得由浙江省教育厅验印的浙江省农业广播电视学校中专毕业证书和农业部职业技能鉴定指导中心签章的中级农艺工职业资格证书。

【173人参加农技人员继续教育培训】 2010年12月6日，绍兴县举办农技人员继续教育培训班，全县各镇（街道）经济发展办核定在编农技人员、局属各事业单位农技人员和局相关科室农技人员等173人参加培训。培训班邀请浙江省农业厅产业信息处处长徐建华，省粮食生产功能区建设办公室副主任、高级农艺师吴早贵等领导与专家，分别就“加快现代农业园区建设，推进农业发展方式转变”以及“抓好粮食生产功能区建设，提高粮食综合生产能力”两方面进行专题讲座。（鲁建国）

【全国农技推广示范县建设项目通过验收】 2010年12月29日，绍兴县承担的全国农技推广示范县建设项目通过验收。通过该项目建设，绍兴县建立粮油、畜牧、渔业3个农技推广专家组，确定主导品种58个、主推技术19项，设立首席农技专家10人，选聘农技指导员103人，结对1024户农业科技示范户，扩大现代农业技术推广应用范围，主导品种和主推技术入户率95%，建立10个农业科技示范基地，开展新品种、新技术、新机具试验和培训。

【实施院地合作农业科技项目14个】 2010年，绍兴县实施“院地合作”农业科技项目14个；推广各类新农机1100多台（套），其中插秧机128台、烘干机20台，新建育供秧中心10个、粮食烘干服务中心10个，完成水稻机插3.6万亩；新建省级农机安全

镇1个。（刘婷婷）

【新增农民信箱用户4000多户】 2010年，绍兴县新增农民信箱注册用户4000多户，建立农业企业、农业合作社、集团采购单位、农业专业大户、农机作业大户、农家乐单位、农技人员7大类共计2782人次的主体通讯录。全年发送每日一助短信245条，反馈5400多人次，成交额（或意向成交额）1000多万元；建设新农村网站331个，审核信息发布32800多条，王坛镇舜皇村等10个新农村网站被评为县级示范网站，王坛镇青坛村等40个新农村网站被评为县级优秀网站；开展农民信箱用户培训20余场次，涉及农业企业、合作社、大户、村农业负责人、村文书、妇女主任、大学生村官等1000多用户。绍兴县建刚信息服务部被工信部等五部委评为2010年全国先进农村综合信息服务站，代表浙江省参加在北京举办的2010年中国农业信息博览会。

【数字农业网发布信息1360余条】 2010年，绍兴县数字农业网发布信息1360余条，其中农业快讯1140条、通知文件公告120条、其他信息100余条，作为绍兴县农业工作的宣传窗口，为全县农村和农民工作服务。

【开展现代农业技术培训101期】 2010年，绍兴县县、镇（街道）二级共组织开展现代农业技术（绿色证书）培训101期，4745人参加培训。培训对象为全县现代农业园区、粮食功能区建设的农民和基地示范户，农业专业合作组织生产和经营管理人员。培训内容涉及水稻高产节本增效技术、水稻机械化插秧技术、蔬菜设施栽培技术、蔬菜瓜果多样化增效技术、测土配方施肥技术、农业标准化生产技术、畜禽集约化生态养殖技术、无公害水产健康养殖技术、农作物重大病虫害综合防治技术、农药安全合理使用技术、高效生态农业技术、冬季农业综合开发技术等12个专业。

【完成村级农技推广员中专学历教育目标】 截至2010年，绍兴县有339名村级社会化农技推广员参加浙江省农业广播电视学校的农业种养专业中专学历教育，达到2008年提出的用3年时间分期分批免费对村级社会化农技推广员全部进行农业种养专业中专学历教育的目标。其中2008年102人、2009年112人、2010年125人。339人中有农作物生产技术专业252人、蔬菜生产技术专业87人。（鲁建国）

农业行政执法

【概况】 2010年，绍兴县组织开展农产品质量安全整治暨执法年活动、种子执法年活动和“绿剑”执法系列活动，全面完成小农资质量整治工作，继续深化农资信用体系建设，加强农产品质量检测，农产品质量安全水平继续好转，县农产品质检站初步建成并投入运行。全县主要农产品抽检合格率98.7%、水产品合格率100%、畜产品合格率100%、农业投入品合格率90.6%。落实动植物疫病防控责任制，组织开展冬春、夏季重大动物疫病集中防控，加拿大一枝黄花春季、秋季集中防控，动植物疫病防控总体平稳，未发生重大动物疫情，县动物疫病监测控制中心基本建成。推进“平安农机”创建，组织开展农机、渔业行业“安全生产年”活动，农机、渔船安全形势稳步向好，新建省级农机安全镇1个、市级农机安全村10个，全县发生拖拉机道路交通事故起数和死亡人数均少于上年（2010年道路拖拉机事故13起，死亡人数2人，道路外无死亡事故发生，全县连续三年保持拖拉机道路交通事故“零增长”），未发生重大渔业安全事故。

绍兴县对委托代销和专门经营不再分装种子的种子经营单位进行重新登记备案并办理相关检疫手续，全年备案56家。加强植物检疫签证服务，主要是做好鲜活农产品绿色通道签证点管理工作，至年底，共签发各类证书2075份（植物检疫1294份，原产地781份），完成3620吨果蔬（检疫签证2206吨、原产地证明1424吨）的检疫签证服务。

【“绿剑”行动检查生产经营网点252个次】 2010年，绍兴县定期组织“绿剑”系列打假护农集中执法行动，以案情没有搞清的不放过、假冒伪劣商品的源头和流向没有查明的不放过、制假售假责任没有依法惩处的不放过、该移送司法机关没有移送的不放过、整改措施不落实的不放过等“五个不放过”作为办案标准。全年检查生产经营网点252个次，共抽取96个农资产品送法定机构检测，其中种子15个、农药37个、肥料23个、饲料11个、兽药10个，立案查处11起违法经营行为（罚没款3.2万元），受理投诉举报12起，妥善调处8起农业生产事故。

【开展兽药、饲料集中执法行动3次】 2010年，绍兴县开展兽药、饲料专项整治，开展3次集中执法行动，出动执法人员165人次，对全县的兽药经营网点、饲料经营网点、饲料生产企业和养殖场，进行监督检查。在检查中，责令6家不够规范的经营网点限期改正，对1家兽药经营网点经营未经审查批准的假兽药和1家兽药经营网点经营劣兽药，进行立案查处。

【多形式监管农产品质量安全】 2010年，绍兴县采取多种形式监管农产品质量安全，主要包括常规质量检查和重大节假日集中检查。全年抽检果蔬产品729个，其中定性检测620个、定量委托检测109个，合格率99%，编制《农残简报》12期。开展重大节假日农产品集中检查行动8次，农产品主要以生产基地为主，重点检查生产用药记录和农资仓库；畜产品主要检查县内生猪养殖场、定点屠宰场、农村主要农贸市场肉品经营户，未发现一起违法违规行为。

【完成小农资质量安全整治与规范183家】 2010年，绍兴县完成历时3年的小农资质量安全整治与规范工作，全县183家农资经营店全部完成整规，其中35家农资经营店进行提升（7家建成农资超市），22家被关停取缔。

【开展植物检疫执法检查】 2010年，绍兴县开展种子苗木检疫专项执法检查。主要对970亩种子（种苗）实施产地检疫，其中早晚稻种子22万公斤、花卉10万余株。种子种苗产地检疫，除事前对种植环境进行勘察外，还在其生长期间经常进行现场检疫，以确保农业生产安全。

【完成疫情监测与防控工作】 2010年，绍兴县完成疫情监测与防控工作。全年在相关基地设立20个疫情监测点，未发现梨枯梢病、稻水象甲、红火蚁等疫情，对柑橘小实蝇疫情进行重点调查和监测，对扶桑绵粉蚧开展普查。做好加拿大一枝黄花的防控工作，全年全县加拿大一枝黄花发生面积为春季304.8亩、秋季255.78亩，各镇（街道）组织专业队喷药防除（药剂由县统一免费提供），并对春秋两季的防控工作及时开展督查。 （刘秀红）

【开展初级水产品质量安全专项整治】 2010年，绍兴县开展初级水产品质量安全专项整治行动暨“执法年”活动，重点开展水产种苗执法检查、对投入品的监督检查、无公害水产品质量安全抽检和水生野生动物保护专项执法检查等4项执法检查。一年中，对14家水产苗种生产单位进行全面检查，查处违规种苗场1家，责令其限期整改，并给予必要的经济制裁；对5家水产种苗场开展苗种抽检工作，其中有2家种苗场被官方检测出药残阳性，并依法调查处理该2家种苗场；督促养殖场建立健全生产记录、用药记录和销售记录，维护水产养殖生产经营秩序，完成省（部）、市及本级下达各类检测230个批次，送检产品除2家种苗场的投入品药物残留阳性外，其余送检主要水产品合格率100%；重点检查柯桥城区6家酒店、宾馆特许证持证及年审情况，品种、数量与特许证副本限定是否一致，来源和去向是否合法（如足以证明来源合法性的运输证、供货方资格证明，足以解释数量变动原因的相关记录和证明）。除富丽华大酒店办有水生野生动物经营利用的特许证外，其余5家酒店、宾馆均未持有水生野生动物经营利用特许证，执法人员对其发出责令停止行为通知书。 （陈华泉）

【多形式开展普法宣传】 2010年，绍兴县采取培训、送法下乡、发放宣传资料等形式开展普法宣传，在行政执法检查时注重检查与宣传相结合。全年编印《农产品质量安全知识手册》3000份，发放宣传资料13000多份；悬挂横幅5幅；媒体报道10多篇次；各类培训8场次；现场咨询532人次。同时做好《农产品质量安全法》、浙江省实施《中华人民共和国种子法》办法和农业部632号公告的宣传工作，全面禁止在县内销售和使用甲胺磷、对硫磷、甲基对硫磷、久效磷和磷胺5种高毒有机磷农药。

【建设信用管理体系】 2010年，绍兴县有省级无公害产地企业80家，面积11万亩，无公害农产品产地企业65家，有机食品产地企业3家，绿色食品产地企业18家。一年中，开展农产品基地质量安全信用等级评定，建立农业技术推广、动植物疫病防控、农产品质量监管等“三位一体”的新型农业公共服务体系，构建信用管理组织体系、信用管理技术体系、信用管理评价体系、信用信息征集和披露体系、信用管理保障体系。全年蔬菜、畜产品、水产品监测合格率分别为98.7%、100%和100%。 （李志相）

责任编辑　陈飞燕

工业经济

综　述

2010年，绍兴县实现工业总产值2844.9亿元，比上年增长19.9%；完成销售收入2807.8亿元，比上年增长20.9%；工业利润128.6亿元，比上年增长39.3%；完成工业投入168.2亿元，比上年增长7.8%。年销售超500万元的规模以上工业企业1556家，实现产值2441.4亿元，比上年增长23.7%；销售2405.7亿元，比上年增长25%；利润111.8亿元，比上年增长51.5%。全年工业销售超亿元企业375家，比上年增加67家；超10亿元以上企业40家，比上年增加7家。

2010年4月28日，滨海工业区、柯桥开发区、平水副城、湖塘、兰亭5个发展平台的26个总投资158亿元的工业项目举行开工（奠基）及签约仪式。　　（沈浩根摄）

全年淘汰落后印染产能7.1亿米、化纤产量6.93万吨、粘土砖瓦窑2家、制革产能3.8万标张。44家企业列入省清洁生产审核计划，73个项目列入省、市重点节能项目计划。实施有序用电合计压减电量约2.2亿千瓦时。全县万元工业增加值能耗比上年下降4.94%，万元GDP综合能耗比上年下降2.76%。

【89家印染企业落实集聚】　2010年，绍兴县两批共计89家印染企业签订集聚协议，另有1家退出印染行业，总计减少印染用地面积2378亩，比原用地减少31.8%；淘汰落后产能30.25亿米，占原产能的30.1%；净削减产能21.43亿米，净削减21.3%；减排15%以上。两批企业完成集聚后，滨海工业区印染产能117.96亿米，全县印染总产能缩减至163.57亿米，72.1%的印染产能集聚在滨海工业区。

2010年12月28日，绍兴县举行印染产业集聚升级工程第二批企业集聚滨海签约仪式。　　（沈浩根摄）

【循环经济成效显著】　2010年，绍兴县引导企业开展清洁生产发展循环经济。浙江东盛印染有限公司启用印染水循环回用系统，浙江亚太特宽幅印染有限公司建成近3000平方米太阳能加热系统，精工绍兴太阳能技术有限公司实施太阳能光伏发电项目，绍兴美佳热电有限公司和浙江兴美达印染有限公司实施印染冷凝水回用热电蒸汽锅炉项目。浙江东盛印染有限公司、柯桥经济开发区分别被列入省首批100家工业循环经济示范企业和首批10个工业循环经济示范园区。　　（县经贸局）

【新增中央投资项目1个】　2010年，绍兴县浙江联众光电科技股份有限公司年产LED光电管4亿个生产线项目被列入工业中小企业技术改造项目2010年中央预算内投资计划，项目总投资2908万元，其中中央投资145万元。

【新增6个行业标准】 2010年，绍兴县新增6个行业标准，分别是由绍兴精诚橡塑机械有限公司参与制订的4个橡塑机械业行业标准和由绍兴金隆机械织造有限公司参与制订的2个纺机类行业标准。6个标准于2010年6月开始实施。

【首个民营企业司法行政工作室成立】 2010年，中厦集团司法行政工作室挂牌成立，这是绍兴县首个在民营企业内设立的司法行政工作室。司法行政工作室配有专（兼）职工作人员11名，工作内容包括纠纷调处、治安防控、法制宣传、外来管理、安全生产、权益保护、民主管理和社会保障等。

【全国超硬材料主题研讨会在县召开】 6月28日，2010年超硬材料行业“新技术、新领域、新理念”主题研讨会在绍兴县举行，200余位专家、企业经营者围绕“转变发展方式、实现超硬材料由大到强的新飞跃”主题展开研讨。市委常委、县委书记何加顺出席会议。（修　罗）

纺织业

【概况】 2010年，绍兴县纺织业（包括化纤、织造、印染和服装）拥有规模以上企业1027家，实现工业总产值1538.74亿元，比上年增长20.9%；销售收入1518.76亿元，比上年增长21.8%；利润60.72亿元，比上年增长41%；应缴税金38.9亿元，比上年增长19.9%。

全县有化纤企业63家，产能260万吨，拥有纺丝线343条，其中熔体直纺线33条，产品主要为涤纶长丝和少量氨纶。规模以上化纤产量256.85万吨，比上年增长5.5%；产值420.9亿元，比上年增长24%；销售424.37亿元，比上年增长27.2%；利润18.88亿元，比上年增长94.2%；应缴税金6.56亿元，比上年增长45.3%。拥有织造企业699家，规模以上织造企业生产布及丝织品31.33亿米，比上年增长12.9%；生产针织布69.2万吨，比上年增长40%；实现产值668.74亿元，比上年增长22.7%；销售653.71亿元，比上年增长22.8%；利润23.14亿元，比上年增长23.9%；应缴税金16.47亿元，比上年增长21%。拥有印染企业170家，总产能185亿米，分别占全省的50%和30%。规模以上印染企业印染布产量179.62亿米，比上年增长14.4%；实现产值400.35亿元，比上年增长15.7%；销售393.68亿元，比上年增长15.9%；利润17.13亿元，比上年增长30.4%；应缴税金14.56亿元，比上年增长11.6%。拥有服装企业95家，生产服装1.31亿件（套），比上年增长6.4%；实现产值48.75亿元，比上年增长13.9%；销售46.99亿元，比上年增长14.1%；利润1.57亿元，比上年增长0.2%；应缴税金1.31亿元，比上年增长2.8%；出口3.81亿美元，比上年增长19.4%。（县经贸局）

【绍兴县被评为长三角最具投资价值县】 2010年1月13日，第四届长三角投资发展论坛在上海举行，会上公布长三角最具投资价值县市榜单，绍兴县获得最具竞争力奖。评选范围包括泛长三角（含上海、浙江、江苏三省市及安徽省沿长江各地市）区域，共200多个县（市、区）参与评选。长三角最具投资价值县市榜单中，包括10个最具竞争力奖、4个最具创新力奖及8个最具投资潜力奖。绍兴县是第三次上榜。

【中国纺织创意网开通】 2010年4月2日，中国纺织创意门户网站——中国纺织创意网开通仪式在柯桥举行，柯桥创意基地的创意机构和一批轻纺城商户成为创意网首批会员。中国纺织创意网主要为纺织创意产业服务，网址为www.zgfzcy.net。

【中国纺织服装行业2009年度精锐榜绍兴县占4席】 2010年，中国纺织工业协会会刊《纺织服装周刊》推出2009年中国纺织服装行业年度精锐榜，绍兴县周如生列入十大年度人物，绍兴县——中国纺织产业基地县列入十大产业集群，中国轻纺城列入十大专业市场，2009中国柯桥国际纺织品博览会列入十大行业展会。

【获3项全国会展行业大奖】 2010年，在上海召开的全国会展行业年会上，中国柯桥国际纺织品博览会获2009中国行业品牌展会金鼎奖，中国轻纺城建管委主任周如生获2009年度中国会展经济贡献奖，中国轻纺城国际会展中心入围2009年度中国会展业优秀展馆奖。

【中国轻纺城成全球纺织品贸易基地】 2010年，中国轻纺城被全球中小企业联盟列为全球纺织品贸易基地，签约及授牌仪式于6月25日在上海举行。中国轻纺城是亚洲规模最大、成交额最高、经营品种最多的纺织品批发专业市场，2009年实现成交额391.5亿元，连续17年位居全国专业批发市场第二位。成为全球纺织品贸易基地后，中国轻纺城能享受多项优厚待遇，主要包括帮助寻找海外招商机构、邀请国外相关企业或代理商入驻轻纺城、组织欧美买家团购、提供国际金融支持和全球媒体宣传等。

·小资料· 全球中小企业联盟

全球中小企业联盟是最具影响力的国际中小企业组织，由全球商务发展组织、美中国际合作交流促进会、欧盟中小企业联盟等机构联合百余个主流商会发起，经美国联邦政府批准设立的非营利性机构。该联盟拥有合作商会100多个，会员企业150多家，分别来自中国、美国、加拿大、法国、意大利等。

【“永通印花”上世博】 2010年，“永通印花”在上海世博会上展示《富春山居图》、《唐太宗》、《再现兰亭》等凝聚中华名家书法艺术及数码印花作品技术的艺术产品。“永通印花”产品展馆在水门2号楼特色综合场馆3楼，展览面积300多平方米，与欧洲八国联合馆相通。上海世博会上，“永通印花”的真丝服装面料、文化礼品、丝巾装饰品等三大系列共百余种数码印花精品集中展示。

【2010中国国际面料设计大赛颁奖典礼在县举行】 2010年10月25日，2010中国国际面料设计大赛颁奖典礼暨中国轻纺城时尚创意周开幕式在绍兴县举行。大赛由中国纺织信息中心、国家纺织产品开发中心、纺织行业职业技能鉴定指导中心、中国流行色协会、中国国际贸易促进委员会纺织行业分会联合绍兴县人民政府共同承办，于3月30日启动，赛程7个月，设38个奖项，22位专家参与评审，分面料设计分赛以及花样设计分赛两个组别。350多家企业的4000多件作品参加面料设计分赛，62所院校和数家设计师事务所等的1500余件作品参加花样设计分赛。面料设计分赛和花样设计分赛的一等奖分别是深圳市新丝路纺织股份有限公司的《丝麻乔其》、大连工业大学职业技术学院徐建锋的《思百缕》，东华大学、苏州大学、鲁迅美术学院、天津工业大学、大连工业大学获优秀组织奖。获奖作品分别被收入《中国流行面料专刊》、《2010中国国际面料设计大赛花样作品集》。

【印染能源计量管理获省一等奖】 2010年，绍兴县在印染企业中实施印染行业能源计量标准计量管理及能耗限额通用要求。该标准立足产业集聚升级，实现能源计量全程管理，获浙江省计量创新奖一等奖，全省仅此1家。绍兴县印染行业用能占全县能耗的60%以上，重点用能印染企业有108家，占全县重点能耗企业数的59%。印染行业能源计量试点后，有90家印染企业通过计量检测体系确认；能源计量器具强制检定率90%以上；全县印染企业中实施内部四级（公司、车间、班组、员工）管理考核制度占10%，三级（公司、车间、班组）管理考核制度占80%左右。（修　罗）

石油化工

【概况】 2010年，绍兴县石油化工业资产总额144.94亿元，实现产值187.49亿元，比上年增长41.7%；销售192.63亿元，比上年增长51.5%；利润11.2亿元，比上年增长211.1%；税收5.47亿元，比上年增长598.5%。

注：统计局2010年提要本中无医药化工统计，只有石油化工栏。（县经贸局）

装备制造

【概况】 2010年，绍兴县规模以上装备制造业资产总额70.13亿元，实现产值95.11亿元，比上年增长41.9%；销售93.4亿元，比上年增长44.7%；利润5.72亿元，比上年增长83.1%；税收2.67亿元，比上年增长37.2%。（县经贸局）

汽车汽配

【概况】 2010年，绍兴县规模以上汽车汽配业资产总额35.81亿元，实现产值42.2亿元，比上年增长16.6%；销售41.07亿元，比上年增长15.8%；利润2.43亿元，比上年增长4.3%；税收1.69亿元，比上年增长30.7%。（县经贸局）

皮塑橡胶

【概况】 2010年，绍兴县规模以上皮塑橡胶业资产总额82.52亿元，实现产值108.6亿元，比上年增长25.6%；销售103.42亿元，比上年增长21.4%；利润6.62亿元，比上年增长156.8%；税收2.41亿元，比上年增长13%。（县经贸局）

新型建材

【概况】 2010年，绍兴县规模以上新型建材业资产总额87.78亿元，实现产值74.35亿元，比上年增长18.8%；销售71.24亿元，比上年增长18.4%；利润3.98亿元，比上年增长18.1%；税收2.07亿元，比上年增长13.2%。新型墙体材料生产比例为85.1%，城镇新墙材应用比例85.5%。全年完成新型墙体材料产量9.65亿块标砖，比上年增长1.7%。其中生产蒸压加气砌块和蒸压灰砂砖5.77亿块。全年实际节约能源折合标煤5.98万吨，综合利用各类废弃物135万吨，节约土地1592亩，减少二氧化硫排放1436吨。（县经贸局）

食品工业

【概况】 2010年，绍兴县食品行业拥有36家企业，其中黄酒生产企业26家、果酒企业2家、酱醋企业6家、米业与瓶盖企业各1家。

全县黄酒产量22.9万吨，比上年增长15.8%，果酒产量930吨；销量16.3万吨，比上年增长14.8%；销售收入14.4亿元，比上年增长11.7%；实现利润1.4亿元，比上年下降9.5%；实缴税费1.8亿元，比上年增加56.4%。“会稽山”税收首破亿元大关，达1.09亿元。出口1.1万吨，出口交货值1483万美元，比上年分别增长5.5%和10.2%。拥有县外粮食基地12.72万亩，其中黄酒配套基地10.22万亩。酱醋业产量3.1万吨，比上年增长18.8%；销售收入1.03亿元，比上年增长12.3%。全年加工大米3.1万吨，比上年增长12.3%。

全县食品行业开发新产品91个，创国家级品牌3个，其中“白塔酒业”获中国驰名商标，“仁昌”、“鉴湖”获中华老字号称号。全行业广告投入3849万元，慈善捐赠86.7万元。（县经贸局）

电力工业

【概况】 2010年，绍兴县有热电企业15家，其中1家为自备热电厂，1家在建。全年供热量为5320715吉焦，总上网电量16.406亿千瓦时。总用电量1166761.84万千瓦时（含线损和电厂用电），比上年增长13.68%。城镇、农村供电可靠率分别为99.9741%和99.7805%。年内对167家企业实行分批控制用电。其中避峰用电企业17家，全厂集中检修停产企业150家。有序用电期间柯桥地区平均每日压减负荷5万千伏安，平均每日压减电量120万千瓦时。

全县有500千伏变电所2座，变压器容量425.4万千伏安；220千伏变电所8座，变压器容量345万千伏安；110千伏变电所31座，变压器容量265.1万千伏安；35千伏变电所5座，变压器容量11.05万千伏安。其中年内有1座220千伏变电所投运，3座110千伏变电所投运，合计增容111万千伏安。

全年新增10千伏公用线38条；新增及改造10千伏公网线路113条计153.8公里，其中新建公网线路38条计78.5公里，改造公网线路75条97.3公里。新增开关站4座，新增及调换公变218台68670千伏安（用户投资的小区公变除外）。（县经贸局）

【投资6亿元建设电网】 2010年，绍兴县投入6亿元建设电网，新建、扩建110千伏及以上输变电工程6个，新增变电容量111万千伏安。注重主、配网平衡发展，加快新农村电气化，钱清、平水等中心镇电网改造力度，有效缓解电网结构性制约矛盾。

【完成2个规划】 2010年，绍兴县编制完成《绍兴县电网“十二五”规划》、《绍兴市钱清等中心镇电网规划》，两个规划均通过上级部门评审并发布实施，实现“十一五”到“十二五”电网项目无缝对接与过渡。

【居民智能用电信息采集系统上线】 2010年，绍兴县智能电网建设重要项目——居民智能用电信息采集系统上线，该系统在电网规划、安全用电、节能减排、故障修复等领域得到全面应用。全年安装采集器4027只，覆盖用户63880户，数据采集率99.8%，数据正确率100%。

2010年，“智能抄表”改造现场。
（柯桥供电分局供稿）

【完成世博会、世合赛外部电网补强工作】 2010年，绍兴县完成“世博会”、“世合赛”外部电网补强工作。展会期间投入各类保供电队伍12支、人员1072人次、工程车辆230辆次。开展下场检查和各类督查180余次，督促、指导用户完成所有场馆的供电系统改造。“世合赛”期间，34名保电人员全天候进驻“合唱村”和各比赛场馆，各应急小分队始终坚守各值班点，为“世合赛”提供电力保障。柯桥供电分局由此获浙江省电力公司世博保供电工作先进单位称号。

【实施9项电力惠民工程】 2010年，绍兴县先后实施9项电力惠民工程，分别是农村电气化建设工程、老旧小区安全用电放心工程、和谐电力服务共建工程、居民用电服务提升工程、千年庆典保供电工程、重点项目快速通道工程、提前谋划有序用电工程、真诚服务窗口建设工程、节能助企优化用电工程。

【发送有序用电建议书8万多份】 2010年，绍兴县向8万户城乡居民客户分别寄送居民家庭用电建议书和居民客户用电服务手册，提前编制夏季、冬季有序用电方案，配合政府做好有序用电工作。向年电量300万千瓦时以上的大工业用户发出优化用电建议书343份，号召大工业用户削峰填谷，合理安排生产。

2010年，柯桥供电分局工作人员将优化用电春风卡送到用户手中。　　（柯桥供电分局供稿）

【柯桥供电分局营业服务部获全国先进】 2010年，绍兴县电力部门进一步推进营业窗口规范化建设，柯桥供电分局完成辖区5个营业厅面对面和业务收费一柜通改造工作，开展周度、月度、年度“服务之星”评选，形成“比、学、赶、帮、超”氛围。柯桥供电分局营业服务部因此被中国水电质协评为全国电力行业用户满意服务明星班组。

表8 2010年绍兴县行业用电情况

用电分类	用电量（万千瓦时）	构成%	比上年增长%
全社会用电量	1166761.84	100	13.68
农林牧渔	5091.25	0.44	10.62
工业用电	1053169.45	90.26	12.96
其中：轻工业	735056	63	13.67
重工业	318113.45	27.26	11.34
建筑业	16331.02	1.4	44.98
交通邮电	4447.31	0.38	104.31
信息、传输、计算机	1763.17	0.15	17.05
商业	13876.06	1.19	19.63
金融房产	12576.91	1.08	23.55
公用事业	11670.72	1	10.63
城乡居民生活	47835.75	4.1	13.55
其中：城镇	16932.6	1.45	21.28
乡村	30903.15	2.65	9.71

（柯桥供电分局）

责任编辑　陈飞燕

建筑业

综　述

2010年，绍兴县建筑业在国家宏观调控紧缩和产业转型升级的复杂背景下，长效机制推陈出新，管理手段日臻完善，检查整治稳步推进，各项工作取得显著成绩。全县建筑业完成产值840.4亿元，比上年增长15.3%，占全省建筑业总产值的7.1%，位列绍兴市第一、浙江省第二；完成增加值176.8亿元，比上年增长18%；建筑业在县内上缴地税6.3亿元，比上年增长28.4%，占全县地税总额的18.1%，其中实缴税费1000万元以上的建筑企业11家。召开全县建筑业表彰大会，评选建筑“十强”企业。至年底，全县共有建筑企业204家（其中特级、一级企业30家），从业人员29万人。

【浙江精工钢构连续4年行业排名第一】　2010年，浙江精工钢结构有限公司在中国建筑金属结构协会公布的国内建筑钢结构行业排名中位居第一。作为钢结构行业的领军企业，精工钢构自2006年以后，连续4年获此殊荣。此项排名主要以建筑钢结构行业总产值和完成的工程情况等方面的数据作为评选的参考依据，是国内钢结构行业每年1次的权威排名。

【金属网防火涂层钢结构施工技术课题通过验收】　2010年7月28日，浙江省住房和城乡建设厅组织专家对“宝业”集团承担的浙江省建设科研项目金属网防火涂层钢结构施工技术研究课题进行验收。课题结合工程实际对金属网防火涂层钢结构施工技术开展研究，采用该项施工技术，可提高防火层的附着力、抗裂性和抗冲击性，同时可防止开裂、脱层、剥落等现象的产生。通过研发，编制金属网防火涂层钢结构施工工艺，编写施工方案和施工工法。课题研究顺利通过验收，标志着该施工技术达到国内先进水平。

【援建青川的7项工程全部竣工】　2010年5月，汶川大地震两周年之际，由绍兴县援建的青川县凉水镇的7项工程全部竣工。援建的7项工程为社会福利中心、卫生院、安居小区、学校、人饮工程、防洪堤和鉴青大桥。其中防洪堤获得优质工程称号，鉴青大桥、社会福利中心综合楼2项工程被四川省建设工程质量安全与监理协会评为第一批“天府杯”（省优质工程）银奖。　（冯玲斐）

2010年5月7日，绍兴县援建青川县凉水镇项目移交仪式暨凉水第二大桥开通典礼在凉水镇举行。
（县建管局供稿）

市场开拓

【概况】　2010年，绍兴县继续加大建筑业引导扶持力度，全年完成省外产值590.1亿元，比上年增长18%；完成境外业务1.4亿美元，比上年增长15.8%。在上海、江苏市场的建筑业产值均突破100亿元，其中上海市场居全省进沪县（市）排行榜第二。安徽、江西、湖北、湖南等重点市场继续扩张，保持较大的增长幅度。新开辟10亿元区域市场3个、20亿元区域市场1个。

【举办建筑企业投资西北推介会】 2010年10月26日，绍兴县建筑企业投资西北推介对接活动在乌鲁木齐举行，全县10余家骨干建筑企业负责人，县建管局、建筑业协会领导和新疆维吾尔自治区浙江企业联合会50余人参加会议。会上，县建筑协会的领导介绍绍兴县及绍兴县建筑业的概况，为企业拓展西北市场抢占先机。

【承接“世博会”等精品工程】 2010年，绍兴县建筑业以上海世博会、广州亚运会召开为契机，以“宝业”、“精工”为代表的龙头企业完成“世博会”法国馆、阳光谷和广州新电视塔等一批标志性建筑。此外，建筑企业新承接一大批高端项目和重大项目，宝业集团承接杭甬铁路客运专线站房，中设集团承接江苏中浩广场工程，中厦集团承接青海物业家美家居建材物流城项目，勤业集团承接安徽宿州中央广场，“精工钢构”承接西安咸阳国际机场二期工程等，企业品牌进一步打响，市场拓展能力进一步提升。（冯玲斐）

行业管理

【概况】 2010年，绍兴县进一步加强对建筑市场主体不良行为的惩处力度，公布6期对不良行为的处理结果，涉及扣分对象528个，其中设计单位28家、施工单位120家、监理单位36家、项目经理231人、总监113人；查获违法建筑活动53起，立案35起、结案35起，罚款75.3万元；责令1家设计单位、2家施工企业、3名项目经理和7名总监停接县内业务。资质管理有序进行，全年有21家企业通过资质晋升或增项，其中一级4家、二级17家。5家龙头企业基本按照资质新标准完成特级企业资质就位（晋升）的前期工作。支持企业培养建造师，审核上报并经核准一级建造师271人，二级建造师397人。落实农民工劳动计酬手册制度、民工工资专管员制度、建筑工程动态随访制度。全年发放《劳动计酬手册》2450本，处理民工工资纠纷95起，涉及民工700余人、金额790万余元。

【召开预防和打击建筑领域经济违法犯罪会议】 2010年5月19日，绍兴县建筑业管理局会同相关部门召开绍兴县预防和打击建筑领域经济违法犯罪会议，建立工作联络小组，严厉打击绍兴县建筑领域经济违法犯罪活动。同时，县建筑业协会会同县内19家特级、一级建筑企业联名向省高院、市中院提交《关于要求防范建筑领域虚假诉讼行为的报告》，建立相关部门的信息沟通机制。

2010年5月19日，绍兴县召开预防和打击建筑领域经济违法犯罪会议。（县建管局供稿）

【承办中国建筑业协会2009年年会】 2010年6月27日～29日，中国建筑业协会建筑安全分会年会在绍兴县富丽华大酒店召开，这在全国县级城市尚属首次。绍兴县中厦集团承建的沈阳万科城4–1#楼、4–2#楼、4–3#楼和中大长江紫都二期三标段工程荣获全国2009年AAA级安全文明标准化诚信工地称号。

【新增2个浙江省建筑名镇】 2010年，省建筑行业协会授予安昌镇、齐贤镇浙江省建筑名镇称号。至此，绍兴县共有省级建筑名镇5个，占省级建筑名镇公布总数的一半，成为全省获得该称号数量最多的县级城市。

【成立绍兴县商品混凝土协会】 2010年10月29日，绍兴县建筑业协会商品混凝土分会成立大会在柯桥举行。县建管处副主任费继飚任秘书长，负责协会日常工作。该分会的成立，改变绍兴县各商品混凝土公司无序竞争的局面。（冯玲斐）

质量管理

【概况】 2010年，绍兴县建筑业创优业绩继续保持全省领先。全年共获发明专利 10项、实用新型专利20项、国家级QC成果（QUALITY CONTROL的缩写，意为质量控制）10项、省级QC成果51项、省级工法24项，编制国家级行业标准3项。建立商品混凝土质量台帐，加强对商品混凝土生产企业的产品质量抽查；建立加气砌块“三级动态”监督管理机制，专门编制出台《建筑基桩桩身长度和钢筋笼长度检测技术规程》，提高桩基工程质量水平，对全县8所学校25幢校舍（建筑面积27489.4平方米）加固工程实行质量监管。组织授权的镇（街道）开展业务培训和新农村建设工程质量安全监督管理培训。组织建设、设计单位赴沪对世博会新型节能产品和低碳技术进行观摩，更新低碳节能理念。

【获省级以上优质工程64项】 2010年，绍兴县建筑业贯彻实施创优品牌战略，创优业绩继续保持全省领先。全年共获省级以上优质工程64项，包括鲁班奖2项、省级优质工程49项、国优工程13项。

【出台《绍兴县建筑工程现场监理人员配置标准》】 2010年，绍兴县出台《绍兴县建筑工程现场监理人员配置标准》。明确规定总监理工程师需由取得国家注册监理工程师岗位资格证书的人员担任，专业监理工程师需由取得浙江省住房和城乡建设厅或绍兴市建筑业管理局颁发的监理工程师岗位资格证书的人员担任，监理员需由取得浙江省住房和城乡建设厅或绍兴市建筑业管理局颁发的监理员岗位资格证书的人员担任。

【分户验收住宅工程】 2010年，绍兴县把各类住宅（含拆迁安置房、商品房、农民公寓）工程质量监管作为工作重点，进一步细化住宅工程质量监督交底，重点加强住宅桩基、基础、主体结构工程实体质量控制力度。在主体结构完成后，由建设、施工、监理等单位对主体结构进行分户验收检查；在此基础上，再对工程实体按照20%的套型比例进行实测实量抽查，重点对板厚、层高、开间尺寸、砼构件强度、砌体砂浆饱满度、负筋保护层厚等进行抽查；竣工验收前，再次进行“分户验收”，做到每月突击检查不少于1次。

【受理图审、质监项目465项】 2010年，绍兴县召开施工图审查工作座谈会，全面加强建设项目质量监管。全年受理图审项目334项，比上年增长16%；面积861万平方米，比上年增长55%。受理质监项目131项，面积403万平方米。竣工项目118项，面积172万平方米。在建项目261项，造价12277万元，其中建筑工程103项，市政工程28项。受理桩基检测方案256个，测桩29230根。

【建立加气砌块“三级动态”监督管理机制】 2010年，绍兴县建筑业建立加气砌块“三级动态”监督管理机制，集中治理新型墙材使用质量问题。首先是质监员对有加气砌块的填充墙、围护墙工程进行抽查，并在质监内业资料中存档备查，如抽查操作层砌体粘结剂饱满度不符合规范要求的，则对操作层所有砌体以返工处理；其次在主体结构验收时，对加气砌块砌体粘结饱满度进行随机抽查，抽查如不符合规范要求，则验收不予通过，重新组织验收；最后是对加气砌块处于砌筑施工阶段的工程每月组织巡查，确保新型墙材的质量。

（冯玲斐）

安全生产

【概况】 2010年，绍兴县出台《绍兴县基坑工程周边环境保护暂行规定》和《关于进一步完善绍兴县建筑工程重大危险源监督管理办法》，完善薄弱环节监管体系。根据《建设工程安全生产管理条例》规定，重治安全员脱岗行为，对存在专职安全员脱岗行为的12项工程的责任主体给予通报扣分处理。从安全生产许可证申请、“三类人员”（企业主要负责人、项目负责人、专职安全员）的考核申请、调动等环节入手，采取随机抽查的方式，加强对企业安保体系的动态管理。组织召开全县建筑业“迎双世，保平安”动员大会和全县建筑工程施工现场消防安全管理工作等会议，研究部署建筑业安全维稳工作。全县有银座国际商务中心等13项工程获得绍兴市安全文明标准化工地称号，银座国际商务中心、瑞丰大厦、轻纺城仓储物流中心3项工程获得省建筑安全文明标准化工地称号。推行城区工地文明施工管理约谈机制，对管理松懈的项目逐个进行约谈。每天安排1人对城区工地进行巡查，对不符合要求的项目直接拍照取证，第一次采取约谈形式，第二次网站曝光，按不良行为扣分处理，第3次直接作停工处理。

【开展建筑工程幕墙吊篮应急救援演练】 2010年6月11日，绍兴县在柯桥轻纺城仓储物流中心项目部开展全县建筑工程幕墙吊篮应急救援演练。幕墙吊篮作业属于高处作业，在施工过程中，若作业人员操作不当，极易引发高处坠落、高空物体打击等突发事故。演练人员在现场向全体管理人员与作业人员展示吊篮突发事件发生后项目部的应急自救程序。县公安局、县安监局、县卫生局、县应急办、县消防大队等分管领导观摩演练。

2010年6月11日，绍兴县举行建设工程重大质量安全事故应急处置预案暨吊篮高处坠落事故应急救援演练。（县建管局供稿）

【300余个工地获平安工地称号】 2010年，绍兴县制定《绍兴县“平安工地”创建活动实施方案》。至年底，全县共有300余个工地获得平安工地称号，并获平安工地牌匾。

【开展安全生产检查10余次】 2010年，绍兴县开展全县建筑工地节后复工安全生产检查、建筑起重机械专项检查、县建管中心在建项目安全质量综合检查、全县建筑工地危险性较大分项分部工程专项检查等10余次，累计检查工程1200余项，建筑面积2000万平方米，排查安全隐患300余处，隐患整改率100%。对检查中发现的存在违法违规行为的85项工程进行通报批评，并进行不良行为扣分处理，15项情节严重的工程，提交行政处罚。（冯玲斐）

勘察设计

【概况】 2010年，绍兴县加强对建筑业勘察、设计单位的资质管理、备案以及县外勘察、设计单位的市场准入管理工作，并依法查处管理对象的违法违规工作。做好全县勘察、设计单位的资质管理工作，全年办理勘察项目备案227个，设计项目备案278个。（冯玲斐）

责任编辑 孙 羽

房地产业

综　述

2010年，绍兴县房地产市场继续呈现上扬势头，完成开发投资96.69亿元，比上年增长56.56%；新开工面积235.78万平方米，比上年增长70%；全县新建商品房销售面积163万平方米，比上年增长6.7%；二手房市场稍有回落。全年上缴房地产税收12.49亿元，比上年增长41%。举办以“魅力柯桥、和谐家园”为主题的绍兴县2010年春季房交会和以“新柯桥 新家园 新生活”为主题的秋季房交会，开展房地产市场专项整治检查，严格商品住房预售管理。推进住房保障建设，扩大经济适用房的覆盖面和申请范围，启动公共租赁住房建设，多渠道改善不同收入群体的居住条件。探索小区物业管理长效机制，提升物业管理水平。加快房地产信息系统建设，提高市场监测分析能力和业务开展效率。组织部分房地产开发企业及银行界人士召开座谈会，了解当前房地产市场严峻形势下企业存在的困难。

【宝业集团等成县房产企业十强】　2010年，绍兴县对全县房地产“十强”参评企业从经营行为、开发面积、上缴税收、创优夺杯、县级以上表彰及精品楼盘等方面进行综合考评，评出全县房地产开发企业十强，分别是绍兴柯桥万达广场投资有限公司、绍兴金绿泉置业有限公司、浙江金昌房地产集团有限公司、绍兴康尔富房地产开发有限公司、浙江宝业房地产集团有限公司、绍兴华裕房地产开发有限公司、绍兴柏盛房地产开发有限公司、浙江华联置业有限公司、浙江冠南房地产开发有限公司、绍兴中庆房地产发展有限公司。其中浙江宝业房地产集团有限公司、浙江金昌房地产集团有限公司与绍兴华联置业有限公司连续6年蝉联十强，成为绍兴县房地产业三巨头。

表9　2010年绍兴县房地产开发企业十强情况

	公司名称	开发面积（万m^2）	税收（万元）	创优夺杯	县级以上表彰	工程名称
1	绍兴柯桥万达广场投资有限公司	61	15150			万达广场
2	绍兴金绿泉置业有限公司	31.44	4900		2010年房地产十强企业	玉兰花园
3	浙江金昌房地产集团有限公司	6.98	8377		2010年获市房协AAA级诚信企业、2009年房地产十强企业、浙江省住宅产业十大领军企业	香湖郡一期 世贸中心二期
4	绍兴康尔富房地产开发有限公司	0	8281		2009年房地产十强企业	康郡·颂恩谷 康郡·风笛洲

续表

	公司名称	开发面积(万m^2)	税收(万元)	创优夺杯	县级以上表彰	工程名称
5	浙江宝业房地产集团有限公司	20.18	3427		2010年获市房协AAA级诚信企业、2009年房地产十强企业	大坂风情 杨汛桥商贸城
6	绍兴华裕房地产开发有限公司	0	5136	华宇天庭3#–4#（兰花杯）、14#–16#（兰花杯）	中国地产年度红榜名盘、2010年度中国名企、2009年房地产十强企业	华宇天庭 现代大厦
7	绍兴柏盛房地产开发有限公司	5.95	3571		2009年房地产十强企业	唯美品格
8	浙江华联置业有限公司	1.26	6256	市心广场（兰花杯）、兴都商务大厦（轻纺城杯）	2009年房地产十强企业、市劳动保障诚信企业	兴都商务大厦 商业中心 蓝天玫瑰园
9	浙江冠南房地产开发有限公司	11.65	3006			
10	绍兴中庆房地产发展有限公司	14.36	2553		2009年房地产十强企业	润泽大院

注：1. 考评条件为当年施工面积5万平方米以上，且县内实缴税收1000万元以上的企业；
2. 开发面积指当年新开发的建筑面积或上年开发未计入参加2009年十强的建筑面积；
3. 税收额按县国税、地税局出具的有效证明为准。

【房地产综合业务和网上交易平台调试完成】 2010年，绍兴县开始全面建设房地产市场信息系统。计划通过2年的系统建设和实施，基本建立绍兴县房地产信息系统。至年底，完成房地产综合业务平台和房地产网上交易平台的安装调试。

【农村房屋登记在兰亭镇试点】 2010年，绍兴县制订集体土地范围内农村房屋产权确权登记工作方案、实施意见。农村房屋登记工作在兰亭镇试点，以该镇谢家坞村为重点完成房屋测绘338处（户），建筑面积8.9万平方米。符合登记发证条件的83户，发证率100%。（张雯雯）

开发投资

【概况】 2010年，绍兴县房地产开发完成投资96.69亿元，比上年增长56.56%；新开工面积235.78万平方米，比上年增长70%；竣工面积120.97万平方米，比上年增长5%；批准预售商品房256.58万平方米，比上年增长118%；新建商品房成交10032套，销售面积163万平方米，比上年增长6.7%；销售金额125亿元，比上年增长14.43%，房地产销售等主要指标名列全市各县（市、区）第一；房地产销售年平均价格每平方米8085元，比上年上涨7%。全年累计房地产税收12.49亿元（其中地税10.15亿元，国税2.34亿元），比上年增长41%，占全县税收29.53%。

至年底，全县房地产开发企业发展至215家，其中一级资质企业5家、二级资质企业19家、三级资质及以下企业191家。新增房地产开发企业40家，资质变更19家。房地产从业人员队伍不断壮大，比上年增长21%。从业人员劳动报酬水平整体提高，比上年增长32%。全年县房管部门审批商品房预售证80本，建筑面积220万平方米；办理交付使用备案项目30个，面积122万平方米。

【整治165个房地产项目】 2010年4月～5月，绍兴县房地产管理部门在全县范围开展为期1个多月的房地产市场专项整治检查，整治涉及全县147家房地产开发公司的165个项目。其中住商（住宅）项目81个，建筑面积621.7万平方米；商业及其它项目70个，建筑面积430.46平方米；项目待建（正在方案审批）14个，建筑面积230.15万平方米。批准住宅预（销）售面积317.51万平方米，销售227.51万平方米，未销售84.75万平方米，检查领域涉及房地产开发经营全部过程。对未按要求组织自查自纠的企业，发出黄牌警告21次，立案查处2家限期整改而未及时整改的企业。

【实施商品住房预售制度】 2010年，绍兴县加强商品住房预售管理，严格实施商品住房预售许可最低规模和商品房预售方案备案制度。商品房项目自取得预售许可证10日内必须将领取许可证的房屋全部公开销售，不得无故拒售和分期销售。同时，加强商品房预售资金监管机制，房地产开发企业在申请项目预售许可证前，必须确定监管银行，设立商品房预售资金专用账户，并签订监管协议，商品房预售资金必须全部存入专用账户。严格预售制度后，多家企业上报开户银行、预售资金专门账号。

（张雯雯）

住房保障

【概况】 2010年，绍兴县落实住房保障工作计划任务，研究制定住房保障十二五规划。在推进城镇廉租住房保障、经济适用住房、人才住房、老小区整治改造、农村困难群众住房救助等住房保障工作基础上，探索启动公共租赁住房建设，着力解决住房困难问题，多渠道改善不同收入群体的居住条件。

【完成市下达的住房保障计划】 2010年，绍兴县新增廉租住房保障家庭22户，其中实物配租16户、租赁补贴6户，年末累计保障167户。安排专项资金700万元，落实经济适用住房房源249套2.4万平方米，全年核准申购家庭179户并完成销售。财政安排专项资金1450万元，落实人才公寓0.85万平方米157套；人才租赁住房建设0.85万平方米，完成市下达的住房保障计划。

【改造老小区及危旧房50.9万平方米】 2010年，绍兴县改造老小区、旧住宅区、危房50.9万平方米。其中综合改造柯桥城区的金桥等9个老小区，主要进行雨污分流、路面浇筑、管线入地以及楼道粉刷和绿化补种，改造面积25.9万平方米，总投资2000万元；旧住宅区、危旧房改造25万平方米。

【完成农村困难群众住房救助233户】 2010年，绍兴县农村困难群众住房救助范围在原农村低保1.5倍困难户的基础上，扩大到农村低保标准2倍（含）以下家庭中的无房户、住房困难户和危旧房住户，通过新建、改建、扩建、修缮、置换、租用等方式实施保障，予以资金补助。全年完成农村困难群众住房救助233户，全面完成市政府下达的农村危旧房改造150户的任务。

【省考核组到县核查农村困难群众住房救助工作】 2010年3月19日，浙江省城乡住房协调委员会考核组到县核查2009年农村住房改造建设工作。考察组到平水镇娄家村、梅园村，实地踏看农村困难群众住房救助对象的住房改造情况，听取工作汇报，查阅农村困难群众住房救助有关文件和档案资料后，认为绍兴县的住房救助政策真正惠及困难家庭，住房改造完成质量和资金匹配使用情况符合标准和政策。

【严查保障性住房违规使用行为】 2010年，根据住房和城乡建设部《关于加强经济适用住房管理有关问题的通知》和《关于加强廉租住房管理有关问题的通知》的规定和要求，绍兴县对保障性住房准入退出管理情况、保障性住房违规使用行为进行严查。6月，对全县经济适用房、廉租住房使用情况进行拉网式入户清查。重点清查经济适用房业主是否存在出租、出借、闲置以及违规销售、私自转售、有否与其申报收入明显不符的高消费行为等情况，发现违规行为，即责令业主退房。廉租住房如果存在长期闲置、违规转租、出借、调换、转让等情况，房管部门按照有关规定收回。（张雯雯）

物业管理

【概况】 2010年，绍兴县继续加强行业指导，提升物业管理水平。贯彻实施《绍兴县城区拆迁安置小区物业管理费用"以奖代补"实施暂行办法》，完成全县7个小区"以奖代补"考核工作并拨付物业补贴费，面积94.64万平方米，拨付物业补贴费180万元。新建物业用房初审项目38个，建筑面积282.1万平方米；核定项目17个，建筑面积80.5万平方米；收缴专项维修资金1987万元，保修金2053万元；核定物业管理、经营用房11091平方米。

【3个小区（大厦）被评为优秀物业企业】 2010年，绍兴县积极探索小区物业管理长效机制，在开展物业服务行业发展现状情况调查工作的基础上，开展优秀物业企业评选。绍兴县康郡·风笛洲、绍兴县创意大厦、绍兴县钻石大厦等3个小区（大厦）被评为2010年度绍兴市物业管理示范住宅小区（大厦）。（张雯雯）

交易市场

【概况】 2010年，绍兴县登记房屋总建筑面积4344万平方米，其中住宅1125万平方米、办公楼174万平方米、商业营业用房377平方米、工业仓储用房2518万平方米。全年登记国有土地总建筑面积875万平方米34699件，其中所有权登记627万平方米20351件；抵押权登记156万平方米8644件。

2010年，二手房市场办理存量房过户手续1399宗，建筑面积48.6万平方米，成交金额9.5亿元，比上年分别下降16%、增长4.5%、增长5.5%。城区成套住宅交易988宗，成交面积11.6万平方米，成交金额5.4亿元，分别比上年下降17.6%、下降22%、下降10%；成交均价为4716元，比上年上涨18%。营业用房成交122宗，成交面积6867平方米，成交金额6288万元，成交均价9156元，分别比上年增长24%、下降27%、下降32%、下降7.5%。写字楼成交42宗，成交面积33263平方米，成交金额1.1亿元，成交均价3298元，分别比上年增长55%、增长358%、增长163%、下降43%。

2010年，全县拆迁项目评估测绘面积总计85.5万平方米，二手房评估面积32.2万平方米，抵押评估面积1.6万平方米。房地产实际测绘面积373.1万平方米，预定测绘面积692.3万平方米。

【春季房地产展示交易会成交4400万元】 2010年4月29日～5月1日，以“魅力柯桥、和谐家园”为主题的2010绍兴县春季房地产展示交易会在柯桥中国轻纺城国际会展中心举行。房交会有参展单位52家，展出面积5069平方米。展会上26家知名房地产企业集中展示29个品质楼盘的4000多套公寓、别墅、排屋等住宅类物业以及现代商务写字楼，16家二手房置换公司和多家金融单位为市民提供二手房买卖和金融服务。房交会成交商品房44套，成交金额4400万元，成交面积4635平方米，达成意向989套。

2010年4月29日，绍兴县春季房地产展示交易会在中国轻纺城国际会展中心开幕。（沈浩根摄）

【秋季房地产展示交易会成交商品房133套】 2010年11月6日～11月8日，以“新柯桥 新家园 新生活”为主题的秋季房交会在柯桥中国轻纺城国际会展中心举行。房交会展示区面积1.3万平方米，可售商品房房源2487套，总面积31万平方米。3天共接待观展群众4万多人，“外地购房团”首次亮相，成为此届房交会的一大特色。房交会成交商品房133套，成交面积28306平方米，成交金额2.87亿元，达成意向1390套。（张雯雯）

拆迁安置

【概况】 2010年，绍兴县实施拆迁项目77个，涉及建筑面积264万平方米，拆除建筑面积122.5万平方米，完成年度拆迁任务的102.1%。拆迁项目拆出土地2000余亩，为建设项目及时有效供地。华舍上午头西周、县中医院、国际会展中心、定山安置小区、大钱门国贸西区、陶堰集镇改造等20个项目完成拆迁。

以柯桥中心城建管办、柯桥开发委、鉴湖—柯岩旅游度假区为主的城区完成拆迁65.3万平方米，占全县拆迁总量的53.3%。柯桥街道完成拆迁16.2万平方米，华舍街道完成21.2万平方米，齐贤镇完成3.1万平方米，安昌镇完成3.1万平方米，柯岩街道完成18.7万平方米，湖塘街道完成3万平方米。7城区家搬迁企业24.5万平方米全部拆除。滨海工业区（马鞍镇）完成8.2万平方米，平水、钱清、杨汛桥、兰亭、福全等5个新型镇完成拆迁18.4万平方米，其他镇的拆迁工作也同步推进。

【下达拆迁任务书37份】 2010年，绍兴县严格项目立项，在申报年度拆迁计划前，进行项目的科学论证，在下达拆迁项目任务书前，做好拆迁红线的划分、安置地块的选址、拆迁安置方案的制定等前期准备工作。全年下达拆迁任务书37份，涉及建筑面积141.5万平方米。

【节约拆迁资金约5亿元】 2010年，绍兴县出台《关于加强房屋拆迁评估管理工作的通知》。实行评估机构准入制和评估人员备案制，明确从事拆迁评估的条件和要求；规范房屋拆迁评估程序，明确申请组织评估、评估机构的确定、评估工作的开展、咨询解释和审核评估等一系列程序；严肃责任追究制，对虚假评估、转让业务、错评误评等行为进行责任追究。同时，完善国有土地、集体土地住宅房屋市场评估办法，对所有拆迁项目实行全过程监管，政策执行及有关补偿必须经2个审核小组审核同意，继续推行拆迁装修保底补偿政策，全年节约拆迁资金约5亿元。

【召开拆迁审核会议15次】 2010年，绍兴县进一步发挥县房屋拆迁政策审核小组作用，严把政策关，严格拆迁考核，完善以拆迁面积和交地面积为标准的双重考核机制，多拆多得分，多拆多奖励。理顺政策体系，梳理历年来的拆迁纪要，形成统一的拆迁政策，做好政策读本。成立拆迁政策审核小组，对每个拆迁项目做到即报即审，提高审核效率。全年召开拆迁审核会议15次，完成审核会议纪要39份。

【推进新县城新城镇新农村建设拆迁项目】 2010年，绍兴县加快推进新县城、新城镇、新农村建设项目拆迁。华舍街道上午头西周地块、齐贤国际会展中心二期、钱清镇大钱门国贸西区12#地块、陶堰集镇改造一期全面完成；柯桥街道中泽一期、二期地块，柯岩街道州山综合地块进入扫尾阶段；柯东地块、平水镇西湖桥、杨汛桥镇江桥旧镇改造一期、福全镇尹家坂村在拆。

【完成重点交通设施项目拆迁近7万平方米】 2010年，绍兴县加快推进重点交通设施建设项目拆迁。萧甬铁路高架项目涉及钱清镇、柯岩街道，完成拆迁面积4.4万平方米；杭甬客运专线项目钱清段增拆2.4万平方米全部完成；104国道南复线拓宽改造项目完成拆迁，进入扫尾阶段。

【做好拆迁培训指导服务】 2010年，绍兴县以集中培训、分片培训、个别培训相结合的形式，组织开展政策指导和业务培训。实行重点拆迁项目“六到场”（评估阶段、动员阶段、腾空阶段、抽签阶段、择房和签约阶段）和“三及时”（及时掌握项目进度、及时答复政策疑难、及时纠正发现的问题）等具体要求，及时协调解决拆迁过程中碰到的问题。（木　羽）

【完成安置小区投资8亿元】 2010年，绍兴县完成安置小区建设投资8亿元。城区共有13个拆迁安置小区在建、待建，总建筑面积173万平方米，总投资70亿元。至年底，累计完成投资25亿元。其中华舍街道双周小区于2月竣工并交付，绸缎三期于12月竣工并交付，杭甬客运专线项目（华舍街道、齐贤镇）及中泽二期安置小区基本完成前期工作。

【盘活拆迁安置资金2.33亿元】 2010年，绍兴县公开拍卖安置余房298套，供应经济适用房168套，销售汽车库392个，盘活资金2.33亿元。安置余房的中低端价位，促进柯桥楼市的稳定健康发展，也吸引一批城郊、县外人口集聚。

【绸缎小区三期交付使用】 2010年12月，绸缎小区三期安置房建设项目交付使用。工程位于管墅直江东面、华齐路以北、绸缎路以南，项目由17幢多层住宅、商业用房和公建配套用房、场外工程和相关配套设施工程组成。总建筑面积70281.89平方米，其中住宅面积61808.2平方米，商业用房4286.6平方米，物管经营、办公用房638.6平方米，公共厕所、环卫用房117平方米，半地下车库5700平方米。建筑密度27.5%，容积率1.55%，绿地率26.2%，汽车停车位171个。（包震东）

责任编辑　孙　羽

商贸业

综　述

2010年，绍兴县把加快服务业发展作为经济转型、实现新跨越的战略重点，通过进一步提升市场、加大扶持、优化环境、鼓励投入等措施，实现服务业的快速增长。全县服务业增加值271.27亿元，净增45.16亿元，比上年增长19.97%，增幅居全市第一。服务业增加值占全县GDP比重的35%，比上年提高近1个百分点。市场群实现成交额793.66亿元，比上年增长12.1%，其中中国轻纺城成交额438.6亿元，比上年增长12.03%；钱清原料市场355.06亿元，比上年增长12.2%。实缴税额6.6亿元，比上年增长10.4%。市场新注册经营户2878家，市场群注册经营户19688家，其中公司3927家；国（境）外企业常驻代表机构及商业企业943家，新增114家；市场联托运货运量282.2万吨，比上年增长19.9%。市场出口实绩企业1018家，外贸出口21.1亿美元，比上年增长47.6%。

全县限额以上第三产业项目完成投资141.16亿元，净增37亿元，比上年增长35.5%。商贸服务业建设项目103个，总投资额246.95亿元，当年完成投资58.67亿元。列入市服务业重大项目23个，全年完成投资41.89亿元。至年底，柯桥城区建成“611”商务大楼61幢，在建55幢，待建13幢；招商引资利用内资18.2亿元，利用外资4798万美元，分别比上年增长20%和130%。

全县服务业实现税收31.37 亿元，比上年增长30%；新注册服务业企业2097家，个体服务业主8744家，服务业企业新吸纳就业人员21400余人；年销售5000万元的服务业企业120家，净增 9家。

2010年9月21日，绍兴县柯桥城区招商推介会在杭州举行，7个项目当场签订意向协议。　（沈浩根摄）

【增加服务业主要行业扶持资金4500万元】　2010年，绍兴县制定《关于2010年加快经济转型升级的若干政策意见》，出台推进商贸旅游服务业发展、开展中国轻纺城“范蠡奖”评选、开展服务经济优胜银行评选、加快发展纺织创意产业、加快会展业发展等政策，实现服务业主要行业扶持政策的全覆盖，扶持资金由2009年的4500万元增加到9000万元。完成服务业扶持政策的兑现工作，全县共计审核兑现2009年度服务业专项扶持资金2928万元，其中商贸服务业1998万元、旅游业240万元、会展业390万元。

【柯桥万达广场开业】　2010年12月17日，柯桥万达广场开门迎客。万达广场是一个由大型购物中心、商业步行街、高档住宅、SOHO（自由职业或自由职业者）公寓、商务酒店组成的城市综合体项目。东广场是万千百货购物商场，商场内聚集鞋、包、服饰、电器等百货用品，室内步行街汇集香港莎莎化妆品、满记甜品等国际服饰、化妆、餐饮品牌。开业当天，26.6万人次光顾万达广场，营业额突破2000万元。

【天虹百货等入驻蓝天商业中心】 2010年11月20日，天虹百货入驻蓝天商业中心签约仪式在柯桥举行，填补蓝天商圈百货市场的空白，为柯桥商贸服务业发展注入新活力。天虹百货是深圳和广东地区销售额最高、商场数量最多的连锁百货企业，连续9年进入“中国连锁百强”。此外，“五星电器”、“拉芳舍”、钱江源渔庄等品牌商贸企业也签约入驻蓝天商业中心。

【蓝天国际影城开业】 2010年11月20日，蓝天国际影城开业。蓝天国际影城按五星级影院标准设计建造，总建筑面积约5000平方米，拥有8个全数字专业放映厅，拥有绍兴地区首个3D巨幕放映厅，总座位1100个。

2010年11月20日，绍兴县举行蓝天国际影城暨天虹百货入驻蓝天商业中心签约仪式。（沈浩根摄）

【354家企业入驻“楼宇”】 2010年，绍兴县的楼宇经济效益明显。全年新增“楼宇”入驻企业354家，涵盖纺织贸易、餐饮、娱乐、房地产、金融、中介、广告、信息、影视文化等多种行业，新增注册资本24738万元，“楼宇”平均入驻率提高3个百分点。

·小资料·　楼宇经济

楼宇经济是近年来中国城市经济发展中涌现的一种新型经济形态。它是以商务楼、功能性板块和区域性设施为主要载体，以开发、出租楼宇引进各种企业，从而引进税源，带动区域经济发展为目的，以体现集约型、高密度为特点的一种经济形态。主要表现为现代服务业，如金融业、咨询业、广告策划、影视制作、网络公司、律师事务所、会计事务所、咨询中介公司、高科技企业、娱乐服务企业、房地产开发企业、旅游服务企业、交通通讯企业等国内外各类企业和公司。

【多渠道推介绍兴县投资环境】 2010年，绍兴县利用《绍兴日报·金柯桥》专版进行每月2期的“魅力柯桥、活力商城”的现代服务业宣传。抓住上海世博会、绍兴第六届世合赛的契机，在上海举办迎世博绍兴县（上海）投资环境推介会，6个项目现场签约。12月，组织绍兴县（北京）经济社会发展情况汇报暨新兴产业发展对接会，向与会300余位高层领导、企业老总介绍全县经济社会发展情况，推介绍兴县投资发展环境和新兴（优势）产业项目。

【引进60家创意企业】 2010年3月，继科创大厦、创意大厦投入运行后，绍兴县服装家纺市场F5创意园正式启动。至年底，中国轻纺城创意产业基地投入使用的面积超过7万平方米。全年引进60家创意企业，50家企业投入实质性运营，注册资本3000万元，各类人才700多人。其中面料设计机构18个，服装设计机构18个，科技型企业10个，专利、版权事务所等配套项目4个。

【汽车销售增长51.8%】 2010年，绍兴县汽车消费限上增长明显，全年销售额24.69亿元，比上年增长51.8%，建成投产的汽车4S店共13家。出台奖励政策，鼓励汽车4S店加大向县外地区销售汽车的力度，汽车4S店可凭外地购车者身份证和购车发票，获得车价1%的奖励；外地购车者在县内购车并上牌的，汽车4S店可凭外地购车者身份证、购车发票和上牌证明等，获得车价2%的奖励。

【举办第八届轻纺城汽车博览会】 2010年12月3日至5日，绍兴县举办第八届中国轻纺城汽车博览会暨汽车文化节。3天成交汽车1160辆，销售金额1.7亿多元，创历届之最。其中“海润一汽奔腾”成交107辆，成为销售冠军；“华润丰田”销售90辆、“申元雪佛兰”销售65辆，分别位居第二名、第三名。车展有宝晟宝马、九华奔驰、英之杰雷克萨斯等50家品牌车商参展，展出车型上百款，大多数参展商的销售量都超过预期。轻纺城车展举办8届，累计销售车辆4760辆，销售总额超6.7亿元。

（木　羽）

放心店

【概况】 2010年，绍兴县继续完善乡村超市网点建设。全年发展加盟店、放心店86家，并对直营、加盟放心店继续采取“五统一”（统一店面形象、统一商品配送、统一零售价格、统一管理制度、统一营销策划）的管理办法，配送率60%以上。举办第三届农村加盟便利店发展推介会，30位业主当场签约。

【“零门槛”销售农副产品】 2010年，浙江供销超市继续开设绿色通道，采取“零门槛”形式销售本地农副产品，全年销售额超2200万元，为本地农副产品走入市场提供优先渠道，为“三农”增收增效提供有力保障。

【投入800万元改造升级店面】 2010年，浙江供销超市投入800万元，改造升级店面。其中很大部分资金用于加盟的放心店，有力地提升放心店品位。平水西湖桥店、马鞍国庆店、平水王化店等98家农村放心示范店获得星级称号。

【举办放心店负责人培训班6期】 2010年，浙江供销超市组织3期放心店负责人培训班，开设内向思维、赢利成功等7门课程，公司7位高管亲自授课。组织3期共60名放心店负责人赴物美华东公司参加为期20天的强化训练，给放心店负责人灌输先进的企业文化和经营理念。（蒋剑彪）

粮　食

【概况】 2010年，绍兴县粮食部门加强粮食市场的培育，密切粮食产销协作，引进外地粮源，在江苏、安徽等省外粮食产区巩固粮食基地10.5万亩以上，参与省外粮食收购，使全县64.5%的粮食缺口供应得到保障。继续完善粮食安全保障体系，深化为农服务，不断培育粮食经济新的增长点，“三个确保、四大体系”全面落实粮食安全责任制的工作做法得到分管副省长批示肯定。修订完善《绍兴县县级储备粮管理办法》，在全县各粮库开展仓储规范化管理创建工作，推行精细化管理，确保储备粮食储得好、调得动、用得上。着力做好粮食质量安全监管工作，突出抓好对原粮卫生安全监管，系统做好早稻、晚稻的质量调查与品质测报。完善粮食信息采集和发布系统，通过对多点采集的信息进行整理、分析、研究，定期向公众发布，指导粮食生产和流通，保障市场平稳运作。开展送政策、送订单、送定金的“三下乡”活动，支持广大农民发展粮食生产，开展以爱粮增粮节粮、保障粮食安全为主题的系列活动，宣传《粮食流通管理条例》。全面开展粮食清仓查库工作，粮食储备中心、滨海粮食储备库和吴融粮库通过省粮食局检查组的系统检查，被浙江省粮食局评为全省粮食收购工作先进单位、全市粮食安全工作先进县。

【完成订单粮食收购18035吨】 2010年，绍兴县粮食部门和1122户种粮大户、5个专业合作社签订早稻订单合同，共9584吨，比2009年增加1886吨，增长24.5%。签订晚稻订单合同8451吨。至年底，订单粮食收购18035吨如期完成。

【发放粮食预购定金784.1万元】 2010年，绍兴县继续实行粮食预购定金发放政策。全年发放早稻、晚稻预购定金107户784.1万元，比上年增长16.6%。

【提高粮食订单收购价格】 2010年，绍兴县提高粮食订单收购价格，促进粮农增收。其中早稻订单收购价格为每50公斤123元，比上年提高4元；晚稻订单收购价格为每50公斤149元，比上年提高28元。早稻和晚稻订单收购价均创历史新高，全年粮农增收500多万元。

【21家超市直营店成为放心粮油示范店】 2010年，绍兴县开展放心粮油示范店创建活动。县粮食局会同工商部门进行专题调研，制定实施方案，在供销超市22个直营店开展创建试行活动。经考核验收，对符合条件的21家超市直营店授予绍兴县放心粮油示范店称号。并以此为起点，逐步形成以柯桥城区为中心，覆盖各镇（街道）、村的放心粮油供应网络，让城乡居民都能吃上放心粮油。

【5家企业被确定为国家重点支持的粮油产业化龙头企业】 2010年4月，浙江中大油脂有限公司、会稽山绍兴酒股份有限公司、浙江科盛饲料股份有限公司、绍兴至味食品有限公司、绍兴会稽山米业有限公司被国家粮食局和中国农业发展银行认定为国家重点支持的粮油产业化龙头企业。5家

企业可在流动资金、固定资产购置、技术升级改造、技术研发引进、粮食生产基地建设、粮油订单收购等方面获得重点支持，绍兴市6家企业入选，绍兴县占5家。

【落实760吨成品粮储备】 2010年6月上旬，绍兴县投资20万元，在县粮食储备中心建成高标准成品粮储备仓库，760吨成品粮储备落实到位，原粮和成品粮并存的储备格局基本形成。（王卫娥）

供销社

【概况】 2010年，绍兴县供销社实现总经营收入81.58亿元，商品总销售40.14亿元，利润18008万元，税金12484万元，分别比上年增长11.5%、13.7%、46.66%、12.07%。浙江供销超市新发展连锁门店100家，其中直营店5家，加盟店、放心店95家，累计连锁网点达2100家。投入13万元创办首家集超市、农资、文化长廊、农产品展示于一体的村级综合服务社——夏履镇中墅村综合服务站。探索企业上市，县供销社参股企业华通集团成立股改领导小组和专门工作班子，成立集团新公司，“华通医药”上市前期准备工作就绪，列入县政府2012年上市计划。供销大厦常禧路商务楼基本竣工，建筑面积5000平方米。“华通色纺”年产6000吨麻棉色纺纱项目新厂区建造完成，至味“松盛园”商标注册成功。

2010年11月18日，浙江华通医药股份有限公司成立。（蒋剑彪摄）

【华通医药新增11家连锁网点】 2010年，“华通医药”新开11家连锁网点，直营连锁药店共81家，总网点达95家，位列全省第一。全年新增医保定点药店15家，市县累计医保定点药店48家。投入16万元，将门店开到医院，实现连锁网点与社保管理软件对接，与医院形成服务互补。

【农资公司新增3家连锁网点】 2010年，农资公司新增连锁网点3家，累计97家。改造农资超市2家，累计6家。所属21家网点被评为县示范农资经营店，并获得全国总社“新网工程”建设专项资金补贴。同时，率先在富盛镇和孙端镇张沥村开展农资实名销售试点工作，首开农资销售实名管理的先河。

【新建2家农民专业合作社】 2010年，绍兴县新建专业合作社2家，即富盛镇青虾专业合作社和柯桥街道沉酿村农特产品产销专业合作社，累计领办、参办专业合作社14家，入社农户460户，带动农户8865户。专业合作社的规章制度、运行机制、运作水平有所完善和提升，王坛镇青梅专业合作社对社员青梅收购价每斤提高2角，并实行二次分配。夏履镇生态农庄再投入50余万元，用于修建1400平方米停车场和增设广告牌，被评为县级示范性农家乐农庄。

【培训农产品经纪人286人】 2010年，绍兴县供销社创新农产品经纪人培训模式，举办首期大学生村官农产品经营管理知识培训班，76名大学生村官参加培训，考试合格后，统一发给劳动保障部和全国供销总社颁发的农产品经纪人职业技能资格证书。至年底，累计培训农产品经纪人286人、庄稼医生2期152人。

【完成2.9万亩的农资商品供应】 2010年，绍兴县供销社克服农资储备风险加大、不确定因素增多等实际困难，做好农资淡季储备工作。化肥、农药、地膜三大类主要农资商品储备量均比上年增长20%以上，确保春耕所需的农用物资。同时，组织货源，就近定点供应，配送进村入社到户、技术服务到户、质量承诺到户，完成全县2.9万亩双季晚稻氯化钾分配供应任务。全年共销售化肥28494吨、农药4708吨、农地膜898吨，为农业生产提供保障。

2010年3月26日，绍兴县开展放心农资下乡活动。
（蒋剑彪摄）

【1.6万吨储备棉投放市场】 2010年，华通色纺公司代储库向市场投放1.6万吨储备棉，促进江浙棉花市场稳定。8月10日，根据中储棉总公司公开向市场投放60万吨国家储备棉的安排，储备棉抛售工作启动，9月中旬完成1.2万吨储备棉出库任务。随后，在60万吨国家储备棉投放的基础上，增加投放国家储备棉40万吨，缓解新棉大量上市前供给量不足的问题，完成4000吨储备棉出库工作，日投放400吨，成交率100%。

【投入医药技改资金9980万元】 2010年6月10日，华通医药仓储物流中心通过省食品药品监督管理局物流业务现场检查，并于7月31日注册成立浙江华药物流有限公司。中心按GSP标准化建设，占地1.8万平方米。按GMP要求进行技术改造的制药新厂区正在选购生产设备，制药项目被浙江省经信委列入2010年浙江省技术改造“双千工程”重点项目，“浙八味”等免煎制剂报省科技重大项目，2个项目合计投资9980万元。

·小资料·　GSP

GSP是药品经营质量管理规范，它是指在药品流通过程中，针对计划采购、购进验收、储存、销售及售后服务等环节而制定的保证药品符合质量标准的一项管理制度。

·小资料·　GMP

GMP是药品生产质量管理规范，是为保证药品在规定的质量下持续生产的体系。它是为把药品生产过程中的不合格的危险降低到最小而订立的。GMP包含方方面面的要求，从厂房到地面、设备、人员和培训、卫生、空气和水的纯化、生产和文件。

2010年7月，华通医药物流基地投入使用。
（蒋剑彪摄）

【“唯尔福”5万吨生活用纸项目创利66万元】 2010年9月12日，浙江唯尔福纸业有限公司5万吨生活用纸项目第一台造纸机调试成功，投入使用。至年底，该项目实现销售1800万元，创利66万元，实现当年建设、当年投产、当年见效的目标。（蒋剑彪）

餐饮业

【概况】 至2010年底，绍兴县共有从事餐饮业的各类企业和个体工商户1536家，比上年增长2.9%。其中各类企业67家，个体工商户1469家，注册资本4.84亿元。新增餐饮企业和个体工商户252家，新增注册资本3736万元。餐饮业销售总额（营业收入）11.13亿元。

【新增20多个品牌餐饮】 2010年，笛扬路柯北商贸中心、万达广场购物中心相继建成并开业，柯桥城区两大新兴商业区基本形成，国内外20多个外地实力型品牌餐饮入驻柯桥。笛扬路商圈新开绍兴县祝家庄大酒店有限公司、绍兴菩提树餐饮有限公司等；柯桥万达广场美食街集聚麦当劳、肯德基、101牛排、德庄火锅、真牛铁板烧、新美心蛋糕、韩悦等10多个知名品牌餐饮，涵盖中式、日式、韩式等各类高档餐厅。

【特色主题餐馆规模壮大】 2010年，绍兴县主题菜馆迅速发展。新开的酒店经营特色突出，有一定规模，面积多达数百平方米。装潢既有中式风格，又有欧式风格，就餐环境幽雅舒适。新开的有主打野生菌的金马碧记山珍养生菜馆、以海鲜火锅为主的澳巴玛豆捞、市心广场的江南人家、四季金喜、港湾海鲜楼等特色餐馆。

【新增乡村休闲风味餐馆122家】 2010年，绍兴县平水、马鞍、杨汛桥等集镇的餐饮业增长较快，马鞍镇、平水镇分别新增15家，满足城市人群郊游、尝鲜的需求。各类风味小吃的发展呈现较快的势头，全县新增小吃经营92家，占全县新增数的36.5%，成为全县餐饮业的重要组成部分。

【首家意式餐厅入驻柯桥】 2010年12月24日，位于绍兴万达广场一楼的巴贝拉意式休闲餐厅开门营业，是绍兴地区的第一家意式西餐厅。“巴贝拉”在上海、北京、合肥等大城市开有门店，既时尚又便捷的饮食方式深受大众欢迎，5年就在全国开出100多家门店。 （许可可）

加油站

【概况】 至2010年底，绍兴县正常营业的加油站有40家，从业人员360人。共占用土地面积76618平方米，平均每站占用土地面积1915平方米。全年成品油零售总销量168552吨，比上年增长15.6%。其中汽油销售量88404吨，柴油销售量80148吨，分别比上年增长10.9%和21.4%，平均每站销量4213.8吨。年加油量10000吨以上的加油站5个，5000吨至10000吨的加油站3个，3000吨至5000吨的加油站7个，3000吨以下的加油站25个。全年汽油、柴油零售额逾11亿元，税收逾3000万元。

按隶属关系分，中国石化系统17座，中国石化碧辟有限公司8座，中国石油系统7座，社会加油站8座。按地理位置分，104国道沿线8座，104国道南复线8座，329国道北复线4座，绍大线2座，绍甘线5座，轻纺城高速连线2座，其他县乡道11座。按占地面积分，面积在3000平方米以上的7座，面积在2000平方米至3000平方米的9座，2000平方米以下的24座。 （张建灵）

责任编辑　孙　羽

开放型经济

综　述

2010年，绍兴县外经贸工作紧扣“外贸优先，外资提质，突破外经，创新服务”工作主题，注重政策激励，加强考核督查。出台外贸发展激励政策，县级层面安排2000万元专项资金，奖励重点骨干生产企业；帮助中小企业争取到中央、省级有关财政专项资金1500万元。全年组织参加广交会、华交会、香港展、巴拿马展、俄罗斯展、美国拉斯维加斯展等境内外展会16次，首次与中国贸促会纺织分会合作组织中国（纽约）纺织品服装展。在重点展会摊位的安排上向高新纺织品、机械电子、新能源、新材料等出口企业适度倾斜。强化岗位考核，每月通报，季度分析，定期走访。组织富有针对性的会议、外商镇（街道）对接活动，以讲座、经贸交流等多种形式引导镇（街道）重视外资，鼓励外商积极投资。组织企业利用浙洽会、厦洽会等各类节会载体及相关专题商务活动，推动外资招商，达成意向性项目4个，意向总投资5949万美元；利用境内外国际性展会参展，宣传绍兴县的投资环境，把握商机促进交流，寻求可能推进合作。打通便商渠道，推行后置审批、并联审批、限时审批；对特优项目，特事特办，以最快的速度为企业办好有关批准手续。鼓励企业借助境外窗口，提高产品档次和附加值。引导企业通过合作办厂、到第三国开设贸易窗口，规避国际贸易壁垒。通过把境外贸易窗口打造成销售中心，有效扩大出口，推动母体企业转型升级。鼓励企业大胆尝试国际并购，提高营销市场能力和水平。引导企业树立“敢为天下先，抢喝头口水”的理念，抢占国际市场盲点。

这年，全县进出口总额108.82亿美元，比上年增长28.6%。其中出口79.23亿美元，比上年增长31.2%；进口29.60亿美元，比上年增长22.1%。机电产品与高新技术产品出口分别比上年增长33%和73.8%。全年新批外商投资企业50家，比上年增长51.5%；总投资24610万美元，比上年增长76.7%；注册资本14595万美元，比上年增长48.5%；合同外资9570万美元，比上年增长287.5%；实际利用外资22001万美元，比上年增长115.1%。项目范围覆盖无纺布、化纤、航空材料、机械、建材、汽车销售、服装设计、会展、美容等。　　　　（徐执平）

外　贸

【概况】　2010年，绍兴县实现进出口额108.82亿美元，比上年增长28.6%，其中自营出口79.23亿美元，比上年增长31.2%，完成全年目标任务的122.3%。进口29.60亿美元，比上年增长22.1%。全年进出口额首次破百亿美元，进口、出口、进出口均在全省列第二。有出口实绩企业2978家，比上年增加505家。其中出口企业超1000万美元167家，出口33.9万美元，比上年增长50.7%，占全县出口由37.5%提高到42.8%；超500万美元的411家，出口50.8亿美元，比上年增长36.2%，占全县出口由62.1%提高到64.1%。全年新增省出口名牌2个。历年累计9个。同时鼓励境外商标注册，全年新增核准国际商标270件，国际商标总量1000多件。

【组织600家企业全球参展】　2010年，绍兴县组织600家企业全球参展活动，帮助企业开拓国际市场。结合巩固传统市场和开拓新兴市场，制订参展计划，下发各镇（街道、开发区）、轻纺城各商会，还利用网站、QQ群发平台等进行宣传，发动和组织出口企业参加俄罗斯轻纺展、美国拉斯维加斯春季布料展、香港春季时装展、巴拿马国际贸易博览会、组约纺织服装博览会、墨西哥国家时装面料展、孟加拉国际纺织展、波兰面料展、巴黎面料展、大阪交易展、香港国际秋季时装展、美国拉斯维加斯秋季布料展、澳大利亚中国纺织服装展、贝宁中国商品展、迪拜交易会等国际展会。参加东盟特色产品展、广交会、华交会、消博会等境内商品展。有600多家（次）企业参展。组织3家企业申报浙江省出口名牌；落实上年度7家高科技产品、自主品牌产品出口企业奖励资金120万元。

【拓展6个重点市场】 2010年，绍兴县根据产业特点，选择东盟、拉美、美国、欧洲、中东、西非等6大市场作为重点市场，展开一系列经贸活动。出口居前三位的分别是巴西61448万美元，比上年增长70%；美国60901万美元，比上年增长55%；阿联酋53478万美元，比上年增长5.4%。全县进出口国家和地区186个，其中出口超1000万美元的国家和地区74个。

【2700万元专项资金鼓励转变外贸增长方式】 2010年，绍兴县安排2700万元专项资金鼓励转变外贸增长方式。对当年自营出口1000万美元、3000万美元、5000万美元及以上的独立核算的生产性企业，其出口额比上年新增部分每满100万美元分别奖励2万元、3万元、4万元。对参加县级以上组织的国际性展会或轻纺城“布满全球”对接活动，给予每个摊位2万元的补贴；对参加县级以上组织的境内展销及轻纺城“布满全球”对接活动，给予每个摊位0.5万元的补贴。对投保出口信用险的企业，按年度出口信用保险费实际支付额的50%予以补贴。对“两反一保”（反倾销、反补贴和保障措施）应诉等，按企业实际发生诉讼费用的50%给予补助，最多不超过100万元。对率先加入阿里巴巴“国贸专区—中国供应商”或“网上轻纺城”、“中国轻纺原料城网上交易市场”的前200家新开户的县内企业，一次性资助1万元。各镇（街道、开发区）也根据实际出台重点鼓励外贸发展的政策意见，奖励力度较上年有大幅度提高。

【组织外贸专题培训10次】 2010年，绍兴县对遇到贸易摩擦的企业，及时传递信息，分析案情，研究对策，制定年度培训计划。全年举办开放论坛及组织各类专题培训辅导10次，有400多家（次）企业参加。（徐执平）

外　资

【概况】 2010年，绍兴县完成实到外资22001万美元，同比增长115.1%，完成市下达实际利用外资2.2亿美元的目标。

【合同外资比上年增长287.4%】 2010年，绍兴县合同外资项目基本回归理性，平稳发展。全年新批50个项目，比上年增长51.5%。完成合同外资9570万美元，比上年增长287.4%，实到外资22001万美元，完成年计划的95.1%，比上年增长115.1%。两项指标分别位居全市第四和第二，分列浙江省第36位和第13位。新批总投资500万美元以上的项目14个，比上年增加5个。其中10个项目全部或部分到资，合计到资4408万美元，占应到外资的48.3%，比2009年同类项目提高22.8个百分点。

【新增三产外资项目39个】 2010年，绍兴县新批三产外资项目39个，占总数的78%。行业扩大至服装设计、汽车销售、会展、美容等。其中法国客商蕾德拉奇·依文与轻纺科技中心合办的面料设计等项目开创绍兴县外商投资服务外包先河。39个项目合同外资5112万美元，占总量的53.4%。服务业实际外资4798万美元，比上年增长130.6%，占总量的21.8%，绝对值和占总量比均创历年之最。

【新增欧美日韩投资项目7个】 2010年，绍兴县新批欧美日韩投资项目7个，比上年增加1个。项目涉及纺织、服装、美容、贸易、面料设计等。实际外资2011万美元，比上年增长48.5%。其中由世界500强丰田通商株式会社等在“索密克汽车配件”中第五次追加的265万美元合同外资当年全部到账。另一家日本投资企业“御茶村茶业”2009年追加的30万美元合同外资也全部到位。（徐执平）

外　经

【概况】 2010年，绍兴县新批境外投资企业79家，总投资6255万美元，比上年增长48.3%，完成年考核任务的122.6%。完成境外工程承包营业额12500万美元，比上年增长3.2%，完成年考核任务的113.6%。其中实际境外工程3353万美元，完成年考核任务的108.2%。各项指标均超额完成市定目标任务。

【新增境外投资企业79家】 2010年，绍兴县新批境外投资企业79家，全部为贸易性公司。初步形成南美的智利伊基克，非洲的尼日利亚卡诺，亚洲的香港、迪拜，欧洲的意大利、俄罗斯等境外营销中心。

【2家建筑企业获得外经权】 2010年，绍兴县荣盛、精工轻钢2家建筑企业申请到外经权。外经权建筑企业全年实际境外工程额突破3000万美元，占全市的一半以上。“宝业建工”首次承接实际境外工程，全年完成境外工程174万美元。精工钢构、浙江宝纺2家公司被评为绍兴市外经工作先进企业。 （徐执平）

外商服务

【概况】 2010年，绍兴县新增国（境）外企业常驻代表机构102家，比上年下降39.2%，累计878家，来自40个国家及地区。新增外商投资商业企业 32家，比上年增加166.7%，累计85家。新增外资商业企业实到外资2621.85万美元，比上年增长310.2%，累计4216.02万美元。新增商业出口企业10家，累计出口企业38家，出口额 6690.59万美元，同比增长33.98%。其中绍兴婆罗迦贸易有限公司出口2520.83万美元，居全县商业企业出口首位，全县出口企业第 31 位。有常驻外商 5212人，临时出入境外商35299人次。90家新落户国贸区外商机构，比上年增加1.12%，累计387家外商机构落户。其中有23家外商投资商业企业，比上年增长64.29%。首次表彰10家在投资和拉动县内进出口贸易上作出贡献的常驻外商机构，授予中国轻纺城优秀外商机构（企业）称号。授予韩国的朴二万等9名重点国（境）外客商绍兴县重点国（境）外客商便利卡。

这年，绍兴县受理各类涉外咨询2500起，调处涉外纠纷7 起，其中成功调处5起。为一位马来西亚女外商赢得绍兴县首起涉外官司。外商数据库系统新录入数据109 条，累计输入907条。编印绍兴县外商机构名录。22篇（幅）宣传涉外服务文章（照片）在市县新闻媒体刊登。

【2次组织外商进企业经贸对接】 2010年5月和9月，绍兴县组织16家常驻外商机构代表分别走进兰亭镇、福全镇，直接与企业开展经贸对接洽谈。经贸对接后，福全镇富强皮塑有限公司和花为媒印染2家企业与7国外商代表有实质性贸易往来，总贸易额300万元以上。

【组织外商联谊活动17次】 2010年，绍兴县注重发挥外商俱乐部会所作用，组织参与市县各项联谊联欢活动17次。其中组织11次，参与6次。主要有绍兴县常驻外商纺织品检测培训、绍兴县常驻外商大香林赏桂活动、中国轻纺城新春团拜会、绍兴县各界人士迎春团拜会、外商虎年欢乐闹元宵、“纪念三八妇女节，关爱外商夫人”特别活动、“纪念三八妇女节，中外妇女大联欢”、优秀外商赴宁波参观浙洽会和参与世合赛开幕式演出等。累计有215家外商机构的285名外商参加活动。（徐执平）

对港澳台经贸

【概况】 2010年，绍兴县出口台湾3771万美元，比上年增长70.8%；出口企业97家，主要为电子硅晶片产品。出口香港5524万美元，比上年增长18.6%；出口企业485家，主要为纺织布料、服装和涤纶丝，其中出口纺织布料及服装4676万美元、涤纶丝940万美元。出口澳门234万美元，比上年减少14.6%；出口企业31家。

这年，新批港台投资项目21个，新批项目以三产为主。新批香港投资项目17个，其中三产项目8个，包括汽车销售领域第一家外商投资企业绍兴英之杰汇豪汽车销售服务有限公司和展览领域第一家外商投资企业绍兴布码头展览服务有限公司。香港投资企业合同资金10975万美元，比上年下降16.1%；实到资金17393万美元，比上年增长138.8%。新批台湾投资项目4个，全部是商业企业，且全部当年到资，分别落户在柯桥和华舍2个街道。台湾投资企业合同资金116万美元，比上年下降66.7%；实到资金109万美元，比上年下降40.8%。 （徐执平）

责任编辑 韩 英

市　场

综　述

2010年，面对持续的成本涨价和国际市场的变化，绍兴县各类市场在外贸回升和内需增长的带动下，市场成交额继续保持高位增长。全县市场成交额830.49亿元，同比增长12.40%。其中消费品市场成交471.44亿元，同比增长12.80%；生产资料市场成交359.05亿元，同比增长11.88%。年成交额超亿元市场7个，其中中国轻纺城成交438.64亿元，同比增长12.04%；钱清中国轻纺原料城成交 355.06亿元，同比增长12.20 %。钱清中国轻纺原料网上交易市场成交23亿元。

全县有商品交易市场86个，其中消费品市场79个、生产资料市场6个、服务市场1个。网上交易市场2个。

表10　2010年绍兴县成交额超亿元市场

市场名称	市场类型	上市商品	摊位（个）（包括营业房）	成交额(万元)
浙江绍兴中国轻纺城	消费品	时装面料、全毛面料、针织面料、印花布、棉布、里子布、装饰布、装饰配件、床上用品（宾馆用品）	22230	4386404
钱清中国轻纺原料城	生产资料	轻纺原料	1582	3550600
浙江亚太粮食批发交易市场	消费品	粮食、油脂、饲料、副食品	138	134519
浙江绍兴中国轻纺城综合市场	消费品	粮食、肉禽蛋、水产品、干鲜果、菜、食品、衣着、日用品	248	24316
浙江绍兴中国轻纺城服装市场	消费品	服装	987	10685
浙江绍兴中国轻纺城纺机市场	生产资料	纺织机械及器材，针织、化纤、印染、服装机械，纺织配件及售后服务	182	37110
钱清中国轻纺原料城网上交易市场	网上市场	涤丝、棉纱网上交易		230000

【农副产品价格上涨】　2010年，绍兴县农产品价格涨幅较为明显。由于出现多次低温多雨及大范围暴风雪等恶劣天气，造成鲜菜、鲜果、水产品等鲜活农产品运输受阻，供应减少，价格持续大幅上涨，春节之后也无明显回落。一些农副产品价格呈现出近年少有的急涨急跌现象，先是粳米、玉米

等粮食品种，大蒜、蔬菜、绿豆、生姜等农副产品价格也大幅上涨，部分农产品价格的上涨幅度超过50%。6月底，国家出台对农产品的政策后，前期高涨的农副产品价格又出现10%至30%不同程度的回落。下半年，蔬菜价格又继续上涨，价格上涨10%以上，部分品种价格涨幅超过20%。粮食零售均价4.11元/千克，上涨10%以上，桶装食用油零售均价15元/升，禽类零售均价15元/千克。但农副产品市场供需稳定，全县各大超市、市场商品储备充足，种类丰富。

【猪肉价格先抑后扬】 2010年，绍兴县猪肉价格因供应充足，全年呈先抑后扬的价格走势。1月至4月受存栏量和饲养成本上升的挤压，价格持续下跌，比上年同期下降10%左右。6月份以后，价格趋于平稳；9月份开始反弹，达到上年最高价格的水平，猪肉批发均价为15.6元/千克。

【工业消费品市场成交额增长11.90%】 2010年，绍兴县工业消费品市场成交兴旺。家用电器、电子产品等市场受节日市场及国家“家电下乡”政策继续推动，群众消费需求增长旺盛。全县33家工业消费品市场成交440.52亿元，比上年同期增长11.90%。中国轻纺城的纺织产品由于出口市场多元化和产品结构调整，外贸景气度较高，市场成交额增长较快。

【生产资料市场成交额增长11.88%】 从2010年年初开始，在国际市场原油稳步上涨、棉花价格急剧上升的影响下，绍兴县生产资料市场价格波动较大，市场的交易量和交易额同步推高，全县6家生产资料市场成交359.05亿元，同比增长11.88%。

【国际会展中心举办展会20期】 2010年，中国轻纺城国际会展中心月月有展会，全年举办各类纺织品、汽车、机械制造、装备技术、渔业以及房地产等展会20期。而且展会呈现规模大、级别高的趋势，不少冠以中国、浙江等名称。如2010年的春季、秋季国际纺织品博览会，共实现产品成交额83.82亿元。在柯桥正式注册的展览机构达到8家。

【新批准登记市场5个】 2010年，全县新注册登记市场5个，分别是绍兴县中国轻纺城家纺市场、绍兴县中国轻纺城服装服饰（辅料）市场、绍兴县中国轻纺城棉布市场、绍兴县柯桥二手车交易市场、绍兴县彩虹桥灯具装饰市场。

·小资料· 绍兴县中国轻纺城家纺市场

绍兴县中国轻纺城家纺市场，1月12日核准。由绍兴县中国轻纺城服装服饰市场开发经营有限公司投资5000万元兴建，位于绍兴县金柯桥大道以东、华齐路以南，建筑面积74801平方米。经营范围是家纺产品、窗帘窗纱、家纺酒店用品。

·小资料· 绍兴县中国轻纺城服装服饰（辅料）市场

绍兴县中国轻纺城服装服饰（辅料）市场，1月12日核准。由绍兴县中国轻纺城服装服饰市场开发经营有限公司投资5000万元兴建，位于绍兴县钱陶公路以北、金柯桥大道以东，建筑面积84117平方米。经营范围是服装、服饰、辅料。

·小资料· 绍兴县中国轻纺城棉布市场

绍兴县中国轻纺城棉布市场，1月12日核准。位于绍兴县柯桥街道轻纺城大道1395号，总建筑面积60000平方米。由绍兴县中国轻纺城东门纺织品市场变更而来，市场经营管理服务机构是绍兴县中国轻纺城东门纺织品市场有限公司。

·小资料· 绍兴县柯桥二手车交易市场

绍兴县柯桥二手车交易市场，5月26日核准。由绍兴县永胜二手车交易有限公司投资500万元兴建，位于绍兴县华舍街道329国道以北、柯华路以西，建筑面积3300平方米。经营范围是二手车交易。

·小资料· 绍兴县彩虹桥灯具装饰市场

绍兴县彩虹桥灯具装饰市场，7月6日核准。由绍兴县彩虹桥灯具装饰市场有限公司投资10000万元兴建，位于绍兴县柯华路398号，建筑面积11135平方米。经营范围是灯具、灯饰。（许可可）

中国轻纺城

【概况】 2010年，中国轻纺城通过完善管理、拓展营销渠道，实施“布满全球”战略，加强诚信市场建设，推动市场可持续发展。全年市场成交438.64亿元，同比增长12.04%；成交各类面料44.95亿米，同比增长10.85%。再次被省政府认定为省重点市场。市场经营户着重提高产品的核心竞争力，争取价格话语权。通过技术创新和差别化战略，自主性产品及独创性产品大增，减少价低利薄的低档次产品的出口。优化出口产品结构，获得绿色生态环保认证的面料受欧美外商青睐，面料销售量升款增。

【创意产业机构超60个】 2010年，中国轻纺城创意产业拥有创意机构60多个，创意产业基地使用的面积超过7万平方米，50家创意机构实质性运作。其中面料设计机构18家，服装设计机构18家，科技型企业10家，专利、版权事务所等配套项目4个，全年实现创意营业额3000多万元。在11月的第五届中国创意产业年度大会上，中国轻纺城创意产业基地获得3项大奖。

2010年，中国轻纺城创意面料走俏。
（《绍兴县报》供稿）

【经营户打造知名品牌52个】 2010年，中国轻纺城争创品牌经营户日趋增多，市场范围内有“中佳”、“美德丰”、“水大布业”3个中国驰名商标和5个省著名商标、21个市著名商标、23个县著名商标。

【开展面料对接30余场次】 2010年，中国轻纺城建设管理委员会实施“布行天下——柯桥纺织全球拓展系列活动” 对接14场，巩固阿联酋、巴西、巴基斯坦、墨西哥等十大重点市场，拓展东盟、中欧、东欧、非洲等十大新兴市场。至年底，全球共有220多家企业在中国轻纺城设立常驻机构，外商常驻轻纺城有近5000人，外贸成交额平均每月在1.6亿美元以上。中国轻纺城商户还与全国18个地区的服装产业基地、面料二级批发市场实行对接，开展对接活动20余次。

2010年3月，绍兴轻纺贸易中心率商户前往上海，和国际服博会客商进行对接，不少商户现场接到服装企业订单。
（《绍兴县报》供稿）

【成立中国轻纺城纺织品质检中心】 2010年，绍兴县成立中国轻纺城纺织品质量检测中心，加强纺织品质量抽检，对经营不合格商品的行为进行处罚，责令不合格商品退市，并编印《纺织面料抽样检测专报》发放至相关管理部门和企业，检测中心受理质检数量同比增长20%以上。

【受理花样登记3794件】 2010年，中国轻纺城举行绍兴、南通、潍坊、佛山四地纺织品市场版权保护与合作签约仪式，开创中国跨省开展纺织品市场版权保护与合作的先河。并成功开发国内首个纺织品专业市场花样版权登记甄别系统，有效解决花样初审登记中的审核难题。全年受理花样登记3794件，同比增长58%。

2010年3月22日，在浙江新国绣科技有限公司的数码印花面料产品陈列室里，阿拉伯客商在看样下单。
（高　洁摄）

【信用中国轻纺城网开通】　2010年9月17日，信用中国轻纺城网（www.xyqfc.com）开通。信用中国轻纺城网主要有四大功能模块，包括企业的信用资讯、经营户和采购商的信用信息互评、信用警示和违法失信曝光、网上服务平台。突出设立“采购商、经营户交易风险及查询”等模块，能直接查到经营户和采购商的信用状况，方便双方做出是否交易的判断，增强互动性与服务性。同时，市场经营户可在网上直接办理企业年检、个体验换照和新办企业的名称预先查看、花样登记申请等业务。

【创建全国诚信市场】　2010年8月，绍兴县启动中国轻纺城创建全国诚信市场项目。9月17日，启动信用轻纺城市场建设，开通信用中国轻纺城网。严格对照国家工商总局有关组织管理、硬件设施、市场开办者规范、场内经营者规范、商品质量管理规范、信用管理规范、消费维权等七大标准的基础上，增加市场竞争力培育大项，包括花样版权保护、纺织品质量检测等子项，将创建标准从80项增加到95项。　（许可可）

2010年，绍兴县工商部门组织召开诚信市场创建单位动员会议。　（《绍兴县报》供稿）

【认购浙商银行股份2.5亿股】　2010年4月19日，绍兴县中国轻纺城市场开发经营有限公司在杭州与浙商银行股份有限公司签署认购浙商银行2.5亿股的《2010年增资认购协议》，持股比例为2.54%，成为浙商银行的股东之一。

【中国轻纺城湖南商会成立】　2010年7月24日，中国轻纺城湖南商会成立，这是中国轻纺城第21家商会（协会）。约有2万名湖南籍商人在绍兴县及周边地区从事工商活动，主要涉及纺织、建筑、运输、餐饮、室内装饰、广告媒体等行业。绍兴县鑫森进出口有限公司董事长李军民当选为轻纺城湖南商会会长。　（北　辰）

钱清中国轻纺原料城

【概况】　2010年，钱清中国轻纺原料城被中国商品市场峰会组委会授予中国最具品牌价值商品市场50强称号，再次被省政府认定为省重点市场。至年底，市场共有各类摊位（营业房）1582个，经营户862户。全年实现成交量227万吨，成交额355.06亿元，比上年增长12.20%。网上交易市场实现成交额23亿元。

2010年，涤丝企业产销好转，原料行情一路走高，轻纺原料的价格曲线呈上扬趋势。棉花价格持续高位，棉纱市场出现暴涨行情，涨幅较大。

从年初开始，涤丝原料价格呈上涨态势，而棉纱类价格呈平稳状态。萧绍地区涤丝价涨幅在每吨100元至200元左右，涨势较为明显；人棉纱市场行情整理平淡。1月下旬，聚酯涤纶行情逐日推涨，粘胶短纤行情平淡整理。

春节后，江浙涤丝市场价格波动不大，行情回升，原料价格局部性开始上扬。同时，织造企业陆续开工，受国内外需求量逐步上升和生产企业货源持续偏紧等影响，氨纶交易市场上整体报价再次上调，价格涨后依然较为坚挺。随后价格逐步上扬，厂家库存有限。国内腈纶市场行情高位坚挺，上游原材料价格上涨助推腈纶厂商价格上调，其中现货市场价格相应上调，涨后高位盘整。下游人棉纱厂家报价稳中有升，厂家库存有限，出货相对尚可，部分品种行情相对较好。

3月、4月，人棉纱价格又有上涨，全棉纱价格上涨幅度加大，而纯涤纱、涤棉纱、涤粘纱价位基本继续保持稳定。因上游棉花行情继续看涨，纯棉纱价格继续呈稳中盘升走势；下旬，原料类价格继续呈小幅推升走势。锦纶丝下游需求较为平淡，锦纶丝生产企业提价较为谨慎，价格多数基本稳定。

5月和6月，因上游聚酯原材料PTA、MEG行情弱势依旧，聚酯切片价格持续下跌，涤丝继续呈放大趋势，市场采购观望心态仍显浓重。但上游棉花货紧价扬，纯棉纱市场价格走势以稳中坚挺为主，部分品种价格呈盘升走势。6月下旬，受国际油价上涨和产销增长行情表现良好影响，涤丝价格以上涨为主，丝价涨幅多在每吨100元至200元左右，部分企业涨幅高达每吨300元至400元左右，产销多显增长。因上游棉花行情走势依然坚挺，市场纯棉纱价格呈上涨趋势，销售旺盛。

7月和8月，纯棉纱市场整体行情呈微势回升走势。而涤丝价格走势继续出现分歧，呈涨跌互现态势，整体市场仍相对以谨慎观望为主。8月份整体涤丝市场呈微势推升走势，品种上互有涨跌。

9月到10月，市场涤丝行情走势坚挺，呈现上涨走势，价格重心局部提升。纯棉纱市场由于棉花价格普遍上涨和下游采购热潮到来，对纯棉纱销售和价格提升起到了积极推动作用，大多数棉纺厂家纯棉纱库存减少，下游采购积极性提高，纯棉纱价格局部提升。在棉花价格坚挺上扬的支撑下，多数纯棉纱价格累计涨价在1000元/吨以上。

11月，国家开始整顿棉花市场，到12月初，取得初步成效，棉花月环比价格回落15.2%，游资炒作初步得到遏制，流通秩序有所好转。12月份，棉花价格止跌企稳后呈上扬走势，对整个棉纺织产业链起到一定支撑作用，对棉纱价格的稳定也起到了支撑，但因棉纱库存积压严重，致使各厂仍是以出货为主，纯棉纱市场报价平稳。涤丝市场行情走势涨跌互现。

【创建省五星级文明规范市场】 2010年3月，钱清中国轻纺原料城开展创建省五星级文明规范市场活动。市场的硬件设施和软件管理得到显著提高，市场的整体形象、经营素质和管理水平都得到全新提升。10月底，钱清中国轻纺原料城通过省局星级市场考评组的初步验收。同时，钱清中国轻纺原料城网上交易市场创建三星级文明规范市场通过考评组的实地考核。 （许可可）

人力资源市场

【概况】 2010年，绍兴县人力资源市场针对用人单位招工难和部分群体就业难的现状，搭建人力资源供求交流平台，建设人力资源网上无形市场，采取加大密度举行人力资源交流大会，部门联办、与镇（街道）合办，赴省外招聘、校企对接等各种形式。组织开展高校毕业生就业见习基地建设，大力开发公益性岗位，多渠道发布用工信息和就业信息，加强基层就业服务平台建设。全年提供高校毕业生见习岗位2850个，760人参加就业见习；实现下岗失业人员再就业7753人，就业困难人员再就业1895人，18个镇（街道）招聘公益性就业岗位610个，下拨岗位到位资金180万元。2010年，人力资源市场建立绍兴县公共就业信息服务平台网站，其服务功能包含新闻资讯、企业招聘、个人求职、基地见习、市场招聘、中介管理、校企对接、基层平台。

【举办人力资源招聘会48场】 2010年，绍兴县人力资源市场举办首届退役军人专场招聘会、新春大型人力资源专场招聘会、万达广场商户专场招聘会、“逢九集市”专场招聘会、外来农民工专场招聘会、“大篷车”下乡专场招聘会等各类招聘会48场，帮助2.8万求职者实现就业。组织企业赴外省招聘5次10场招聘会，引入外地务工人员4800余人。组织15家规模以上缺工企业与32家大中专院校对接，引进人才430余人。组织赴大中专院校招聘，达成就业意向586人。

【组织企业赴外省招聘4800人】 2010年春节前，绍兴县人力资源市场对规模以上缺工量大的企业开展调查汇总，并与四川巴中、通江等就业部门联系，将用工需求信息发送到对方。2月12日，绍兴县组织12家用工量较大的企业赴巴中市、通江县举行两场绍兴县企业专场招聘会，当场达成意向1100余人。3月，又组织企业赴贵阳市、息烽县、遵义市、仁怀县进行劳务协作，600余人达成工作意向。8月，组织企业赴湖北省利川市、宣恩县、咸丰县进行劳务协作，300余人到绍兴县工作。全年引进外来务工人员4800余人。

【元宵大型人力资源招聘会达成意向3400人】 2010年初，绍兴县企业“招工难”的问题较往年越加突出，元宵节前后是外地务工人员寻找工作的最旺时段，县人力资源市场将原定于3月份举行的新春人力资源交流大会提前到元宵节期间举行。招聘会进场企业140家，提供12000余个岗位，185个工种，主要涉及纺织印染、服装缝纫、机械电子、餐饮、商业服务等领域的普工、营业员、服务员、保

2010年2月28日，绍兴县春季人力资源交流大会现场，求职者们正在了解用工信息。
（高　洁摄）

安。工资待遇相比上年有15%至20%的提高。当天有8000余人进场求职，达成意向3400余人。

【校企合作招聘676人】　2010年，绍兴县人力资源市场加强同职业院校、技校的联系联络，搭建好校企对接平台。4月16日，组织用工量大的15家规模以上企业参加全市的校企对接洽谈会，与32家院校签订合作协议。浙江天圣控股集团与安徽省合肥市安轻职业学校合作引进人才30余人，绍兴彩虹庄针纺有限公司与浙江工业大学合作引进人才60余人。11月初组织12家规模企业，赴河南省中州大学、黑龙江省鸡西大学招聘620余个管理、技术岗位人员，当场签订就业协议586人，并于12月底前到绍兴县工作。

【电子显示屏发布用工需求】　2010年，绍兴县为每个镇（街道）免费配备不少于6平方米的电子显示屏，通过绍兴县公共就业信息服务平台软件，实现全县招用工信息县镇联网共享。每天通过电子显示屏幕将缺工多的企业的用工信息在绍兴县人力资源市场发布和即时更新。同时，在《绍兴县报》每周四刊登用工信息，帮助企业招用人力资源，全年刊登38期。

【民间职介推介岗位8.6万个次】　2010年，绍兴县人力资源市场加强对民间职介中介机构的集中统一管理；加大投入，加强对民间职业中介机构软硬件设施的配备。全年通过20所民间职业中介机构推介岗位8.6万个次，介绍求职者3.2万人次，成功就业1.7万人次，缓解招工难。

【建立高校毕业生就业见习基地13家】　2010年，绍兴县新增高校毕业生就业见习基地单位13家，累计建立高校毕业生就业见习基地116家。为未及时就业的高校毕业生提供就业见习岗位2850个，全年参加就业见习的学员760人。　（刘王庆）

人才市场

【概况】　2010年，浙江省轻纺人才市场加大引才力度，常设“18才市”，（每月18日举办招聘会。）新办“逢8才市”，全年举办大中型人才交流会5次，专场及赴外招聘人才26次，举办人才集市19期。市场拓宽服务领域，搭建“零费用”引才平台，开展异地人才招聘及派遣合作，分类组织用人单位赴外专场招才引智。市场全年接待各类求职人才近4万人次，促成4000余名人才与1000余家用人单位签约，人才资源配置大幅提速，“全国轻纺人才集散地”初具规模。全年净增各级各类人才9726人，全县人才总量增至102285人。

【新春人才智力交流会签约500人】　2月6日，2010年绍兴县新春公益性人才智力交流会在中国轻纺城国际会展中心举行。250余家企事业单位进场招才，推出200余个专业的4200余个就业岗位，5000余名人才应聘，双方达成意向近1800人，当场签约500余人。

此次新春公益性人才智力交流会参会单位数量按行业排名前5位分别是：纺织印染类（108家，占49.09%）、机械机电类（31家，占14.09%）、建筑类（22家，占10%）、电子信息类（21家，占9.54%）、商贸服务类（18家，占8.18%）。招聘岗位需求量排名前5位的分别是：纺织外贸类（950人）、商贸服务类（520人）、机械化工印染类（490人）、中高层经营管理类（310人）、金融类专业（150人）。

2010年2月6日，新春公益性人才智力交流会在中国轻纺城国际会展中心举行。　（县人事局供稿）

【武汉人才招聘会达成意向230人】 2010年3月6日，浙江省轻纺人才市场组织机械电气、纺织印染、建筑房产等行业的14家重点企业赴武汉参加湖北省2010年新春大型人才招聘会等相关活动。此次人才洽谈及高校引才活动共吸引应聘求职人才近千名，达成人才引进意向230余人。

【大中专毕业生公益性就业洽谈会签约507人】 2010年7月31日，2010年绍兴县大中专毕业生公益性就业洽谈会在中国轻纺城国际会展中心举行。洽谈会推出两大求职板块共5000余个岗位，绍兴县创新型企业、自营出口优胜企业、建筑业十强企业、房地产开发十强企业、商贸服务业十强企业、农业龙头十强企业在内的230余家企业"零费用"参会招才； 29家事业单位面向高校毕业生推出54个就业职位。5500余名人才应聘，达成意向1900人，当场签约507人。

此次洽谈会上，作为绍兴县的支柱产业，纺织印染服装行业的参会单位和人才需求均居首位。商贸、金融等服务类人才需求500余人。各类外贸、营销人才需求近千名,仍占较大比重.产品设计、软件开发等创新型人才和人事主管、行政助理等管理类人才需求大幅增长，中高层次管理人才需求200余人。

2010年7月31日，绍兴县大中专毕业生公益性就业洽谈会在中国轻纺城国际会展中心举行。

（县人事局供稿）

【高级人才专场招聘会达成意向86人】 2010年11月6日，绍兴县组织企业赴浙江省人才市场举办综合类高级人才绍兴县专场洽谈招聘会。活动依托省人才市场人才库优势，在近10万名高级人才中创新采用事先预约、个别邀请、有效沟通、定向匹配的形式进行筛选沟通，着力解决绍兴县产业研发能力不足、管理人才欠缺、优秀社会事业人才紧缺问题。招聘洽谈会共有18家单位进场招才，推出145个岗位，达成意向86人，其中21名高级人才明确表示愿意到绍兴县工作。

【西安人才招聘会达成意向80人】 2010年12月10至13日，浙江省轻纺人才市场联合柯岩街道，组织赵龙汽车、唐宋酒业等7家企业，赴西安招聘紧缺急需人才。3天招聘活动，与当地80余名研发、管理人才达成录用意向。

【签约外经贸人才400余人】 2010年12月25日，浙江省轻纺人才市场在越秀外国语学院举办第7期2011届浙江越秀外国语学院公益性校园专场招聘会，组织绍兴县237家企业进校园专场团购外经贸人才。共推出就业岗位3000余个，达成就业意向1700余人，当场签约400余人。

【"18才市"聚才2万余人】 2010年，浙江省轻纺人才市场坚持每月18日举办"18才市"，服务企业招才和人才求职。全年共有721家企业进场招才，推出岗位需求8000余个，吸引各类人才21300余人次。

【"一站式"派遣人才952人】 2010年，浙江省轻纺人才市场利用人才派遣管理操作系统，实现派遣管理科学化、信息化、标准化；实施报名、招考、体检、培训、实习、聘用一条龙服务。建立专业人才库、储备相关数据资料，为各类人才作宣传推介。截至年底，市场通过人才派遣渠道为企业输送各级各类人才952人。（俞锡锋）

联托运市场

【概况】 2010年，中国轻纺城联托运市场有3个有形货运市场，其中2个货运中转受理点，1个货运整车发送基地。联托运运量282.2万吨，同比上升19.9%；周转量414834万吨/公里，同比上升17.7%。

【新增托运部24家】 2010年，中国轻纺城联托运市场新增托运部24家，新增线路8条，注销14家，退出线路6条，共有公路货运代理经营户140家，铁路货运代理经营户5家，航空货运代理经营户4家。

【中国轻纺城仓储物流中心一期竣工】 2010年年

底，中国轻纺城仓储物流中心一期竣工并投入使用。中国轻纺城仓储物流中心建设项目系浙江省重点建设项目，是交通部、浙江省共建五大重点物流基地之一，中国轻纺城（柯桥）现代物流园区的核心建设项目。中心占地面积278亩，按陆路口岸（无水港）规划、设计、建设，一期工程占地110亩，投资概算3.98亿元。

建设中的中国轻纺城仓储物流中心

（《绍兴县报》供稿）

【在宁波举办中国轻纺城仓储物流中心项目推介会】 2010年11月30日，绍兴检验检疫局纪检组长范张林和绍兴县人民政府副县长丁生产共同签署了中国轻纺城仓储物流中心检验检疫现场办公室筹建协议。随后由绍兴县人民政府、宁波港股份有限公司联合主办绍兴县中国轻纺仓储物流中心项目推介会，中海、中远等20余家船公司及东南物流等近20家货代公司进行交流洽谈，一半以上表达深度合作意向。

2010年11月 30日，绍兴出入境检验检疫局中国轻纺城仓储物流中心现场办公室正式签约入驻中国轻纺城仓储物流中心。（县交通局供稿）

【中国轻纺城北联市场有限公司成立】 2010年9月7日，绍兴县中国轻纺城北联市场有限公司注册成立，建成后的北联市场成为轻纺城北交易区设施最齐全、先进的专业纺织品经营市场。市场位于轻纺城云集路以南、湖西路以西，地处轻纺城商贸中心。2008年7月开始建设，总投资14.26亿元，总建筑面积22万平方米。于2011年5月投运。

（北　辰）

责任编辑　陆　杨

旅游经济

综　述

2010年，绍兴县旅游开发有序推进，鉴湖—柯岩旅游区内“十里柯岩”、“十里湖塘”正式启动，大香林二期建设、大小坂湖综合整治一期工程有序推进，安昌古镇旅游区提升改造、王坛香雪梅海旅游区十景规划方案初步完成，鉴湖—柯岩旅游度假区内核心区域国家5A级旅游景区创建步伐加快。旅游营销全面出击，以接轨世博会和世合赛为契机，提升拓展市场，组织县属旅游企业参加上海国际旅交会、重庆国内旅交会等促销活动；发展南部山区生态休闲游，启动王坛镇生态（森林）旅游年活动，举办稽东香榧旅游节和王坛舜王庙会，带来良好的经济和社会效应。全年接待国内游客701.68万人次，境外游客16.21万人次，实现旅游总收入72.26亿元，比上年分别增长19.9%、15.9%和23.3%。其中“十一”黄金周接待国内外游客62.26万人次，比上年同期增长26.24%；旅游总收入3.2533亿元，比上年同期增长31.92%。

积极应对后金融危机带来的负面影响，利用纺博会、兰博会、汽博会、房交会等展会举办带来的消费群体，加大旅游宣传和营销，推动旅游、餐饮、住宿等商贸旅游业的健康发展。春、秋两届纺博会给柯桥城区及周边旅游业带来空前的繁荣，各大旅游企业赢利均超过预期，达到两位数的增长。

（胡　钢）

景点建设

【概况】　2010年,绍兴县拥有投资超千万元旅游项目14个，其中超亿元旅游项目2个，超5亿元旅游项目1个。已拥有2个AAAA级旅游景区，一个省级旅游度假区。“十一五”期间，旅游项目开发累计投入资金32.5亿元。

这年，围绕建成国内最有影响的弥勒道场，打造“弥勒净土、修行圣地”的大香林二期工程有序推进。二期总投资估算为5.3亿元，开建的工程主要是景区第一高峰弥勒峰上兜率天宫内外院。兜率天宫建筑高81米，为景区乃至绍兴地区的地标式建筑。

【推出王坛十景】　2010年，绍兴县王坛镇整合王坛人文旅游景观资源，以南溪江为主线，把香雪梅海等十大景点串起来，推出“王坛十景”。“王坛十景”包括香雪梅海、舜王庙、五百岗、舜湖探源、青陶峡谷、陶元岭古道、深山竹海、生态山村、茶园风情、南溪江景。

（胡　钢）

旅游促销

【概况】　2010年，绍兴县旅游部门加大旅游营销力度，通过媒体营销，主要通过电视广播、报刊杂志、网络、短信及户外广告形式。参加各类旅游促销活动，推介绍兴县旅游，学习他人先进旅游宣传方式。举办旅游节庆活动及旅游相关交易会、展览会，吸引游客，扩大绍兴县旅游影响力，树立品牌。制作旅游宣传品，打造绍兴县旅游品牌。通过专项活动及创新营销方式，打开市场，扩大游客队伍，提高知名度。

【组织参加大型旅游交易会7次】 2010年，绍兴县旅游部门组织旅游企业赴华南、华北、广东、杭州安吉、东阳横店等地进行宣传促销。组织县属旅游企业参加2010重庆国内旅交会、第二届义乌中国国际旅游商品博览会、第六届中国华东旅交会、宁波旅交会、长三角百家景区广场嘉年华活动、上海国际旅交会和省交会等大型旅游交易会7次。累计发放各种宣传资料5万余份。

【举办绍兴县旅游（上海）推介会】 2010年5月29日，绍兴县在上海斯波特大酒店举办“看世博、游绍兴——绍兴县旅游（上海）推介会”。100余家上海旅行社负责人参加此次推介会。推介会有代表绍兴传统文化的黄酒酒道表演、越剧表演、书法表演等，参会代表在吃茴香豆、品黄酒、听越剧、看书法表演中感受绍兴旅游的魅力。

【举办首届中国轻纺城旅游商品展览会】 2010年10月25日至27日，绍兴县旅游局和绍兴县轻纺城建管委联合在中国轻纺城服装服饰家纺市场举办绍兴县中国轻纺城旅游商品展览会。展览会设绍兴特色旅游纪念品、家纺产品、风味美食、旅游企业展示4个展区，近200家企业参展。一些绍兴特色商品如咸亨酒店食品公司生产的香糕、茴花豆，仁昌酱园的酱油，唐宋酒业的礼品黄酒，山娃子香榧等传统商品受到游客的欢迎。在家纺产品展区，恒源祥、洁丽雅、恒美等36家知名家纺企业展出毛巾、被子、床单、被套等各种轻纺旅游产品。在风味美食展区，富丽华大酒店精心制作的西点、鑫洲海湾大酒店用面包糕点制作的模型屋，还有鱼得水大酒店的糖艺展示，展示绍兴县旅游酒店的最高水平。

（胡　钢）

旅游接待

【概况】 2010年，绍兴县围绕旅游强县创建，编制完善旅游发展总体规划，创新开发旅游产品，加强旅游宣传促销，不断提升“稽山鉴水金柯桥，绿色时尚轻纺城”旅游品牌的影响力，游客接待量和旅游总收入创下历史新高。全年接待国内外游客717.89万人次，其中国内游客701.68万人，国外游客16.21万人，旅游总收入72.26亿元。

表11　2009年～2010年绍兴县旅游数据对比

	2009年	2010年
接待国内游客（万人次）	585.23	701.68
国内游客比上年增长（%）	16.60	19.90
国内旅游收入（亿元）	54.72	67.71
国内旅游收入比上年增长（%）	19.53	23.74
接待境外游客（万人次）	13.99	16.21
境外游客比上年增长（%）	7.78	15.87
外汇收入（万美元）	5607.68	6696.27
外汇收入比上年增长（%）	8.66	19.41
旅游总收入（亿元）	58.61	72.26
旅游总收入比上年增长(%)	18.62	23.29
旅游总收入占GDP（%）	8.94	/

【接待世合赛参赛选手2000余人】 2010年，绍兴县承担第六届世界合唱比赛开闭幕式800名国外参赛选手、1200名国内参赛选手、数百名媒体记者、开闭幕式演职人员的住宿、餐饮等接待任务。世合赛期间仅柯岩风景区就接待中外游客6万多人次。

【举办2010香榧旅游节】 2010年9月29日到10月8日，绍兴县举办生态稽东·2010年香榧旅游节。稽东是绍兴县唯一盛产香榧的山区镇，有千年榧林1.4万亩。干果产量达40万公斤，产值5400万元。2010香榧旅游节有生态旅游推介、招商引资洽谈、香榧公园规划征询会、农副产品直销、农家乐体验、稽东风情摄影比赛、香榧的故事教育活动等。游客们不仅可以观赏千年连片榧林、群山险峰古洞等风景，游玩十里峡谷清溪，还可以在农家乐体验农家生活，品尝农家菜，现场参与炒制香榧等。2010香榧旅游节共接待上海、杭州等地和本地游客2万多人次。

【举办第五届乡村桂花节】 2010年9月20日至10月20日，绍兴大香林举办第五届乡村桂花节。桂花节活动中有8项活动颇具创意，具体为打造千年桂林，见证百年爱情——大香林大相亲活动；天籁香音，民乐香林——大香林民族器乐大赛；寻桂花，闻花香——百名“桂花”走进大香林；演绎金色浪漫，播撒香色童话——向日葵婚纱外景活动；千年桂花王，你我祝吉祥——网友祝福语有奖征集活动；金色漫香林——摄协基地创立活动；燃烧金色，葵花宝典——小记者征文、书画、摄影大赛；

心随香动，香林花雨——网络微博采风活动。

【启动王坛生态（森林）旅游年】 2010年2月23日，2010王坛生态（森林）旅游年启动暨香雪梅海开园仪式在王坛镇东村举行。旅游年系列活动包括香雪梅海开园，舜湖生态湿地游等10个旅游活动，涉及10余个村，时间跨度也从梅花花期的半个月拉长至全年。

2010年2月23日，2010王坛生态（森林）旅游年启动暨香雪梅海开园仪式在王坛镇东村举行。

（县旅游局供稿）

【柯岩景区创新市场营销模式】 2010年，柯岩风景区创新市场营销模式。借影视剧全方位宣传景区。3月，由北京俊彩星驰影视文化传媒有限公司拍摄的国内首部动物亲善题材轻喜剧数字电影《熊出没，注意》，在柯岩风景区内取景拍摄，整部片子近四分之一的镜头取自柯岩鲁镇景区；由巨力传媒有限公司投拍的大型3D特效电影故事片《白蛇传说》也把柯岩景区作为主要外景拍摄地。拓展和媒体的合作方式，从简单的广告投放改为栏目植入式宣传。5月，浙江省世博形象宣传片到柯岩拍摄；11月6日，浙江影视频道《因为爱》栏目推出的“女儿红我们结婚吧”特别活动在景区拍摄。趣味策划活动吸引游客。推出一月龙舟赛、二月鲁镇祝福嘉年华、姐妹三月情、踏青、赏花、读鲁迅、暑期特别活动、“千人团”、自驾游等特色趣味活动。稳定老市场开拓新客源。与杭州公交旅行社、星晨旅行社联手开通“散客班”，将分散在各宾馆中的过路游客，每天固定送往柯岩；和国内知名的旅游景区门票代销网站信天游、大家网、同程网等合作，扩展景区门票销售渠道。国庆黄金周，柯岩风景区游客接待量和门票收入分别比2009年同期增长16.6%和17.8%。游客年接待量、门票收入分别比2009年增长10%。

（胡　钢）

行业管理

【概况】 2010年，绍兴县旅游部门把提升旅游从业人员的综合素质和旅游行业的提档升级作为重要工作来抓，加大培训力度，加大检查强度，加大管理深度，完成行业管理目标，全年安全无事故，实现“安全、秩序、质量、效益”四统一。开展百日大整顿活动，对存在不规范经营的企业发出整改通知书、加大查处力度，并进行回头看，规范旅游市场，维护游客的合法权益。安昌大酒店被评为三星级旅游饭店，玲珑宾馆被评为二星级旅游饭店。

2010年国庆黄金周前，绍兴县旅游部门在大香林进行安全检查。（县旅游局供稿）

【培训旅游从业人员700人】 2010年，绍兴县旅游部门与劳动培训中心联合对需提档升级的酒店从业人员进行免费培训，对旅游企业的负责人和安全分管责任人进行安全培训。全年培训700人。

【湖塘街道成为省级旅游经济强镇街】 2010年，绍兴县加快省“十百千”工程创建。经省市主管部门考核验收，湖塘街道和王坛镇南岸村分别成为绍兴县第二个旅游经济强镇（街道）和第八个省级特色旅游村。

（胡　钢）

责任编辑　韩　英

金融保险

综　述

2010年末，绍兴县内银行存贷款平稳增长。金融机构本外币存款余额1139.27亿元，增长10.6%，当年新增109.06亿元。其中企事业单位存款余额369.43亿元，增长19.9%，当年新增73.61亿元；城乡居民储蓄存款余额466.77亿元，增长10.3%，当年新增43.67亿元，按户籍人口计算，全县人均居民储蓄存款64838元。期末银行业金融机构本外币贷款余额893.18亿元，增长12.4%，当年新增98.21亿元。

绍兴县保险业收入较快增长，实现保费收入7.89亿元，增长25.8%；赔付支出1.96亿元，增长11.5%，并成立绍兴县保险行业协会。

8月，特色金融服务企业"盛誉财富"在柯桥湖西路的轻纺大厦对外营业，绍兴县的金融业态更为多元化。"盛誉财富"以金融产品管理，投资咨询服务，资产经营配置及相关一系列咨询业务为主营方向，业务包括黄金、石油、对冲基金、股权基金、衍生品期货等在内的多项投资管理与投资咨询。

12月，绍兴县出台《印染产业集聚升级工程金融保障暂行办法》，鼓励金融机构加大对集聚升级印染企业的金融支持力度，引导金融资源向集聚升级印染企业倾斜，通过专项贷款、融资租赁等途径解决印染企业集聚升级初期购置土地、厂房、设备所需资金，为印染产业集聚升级工程提供金融保障。全年县内金融机构实缴税费3.5亿元，在实缴地税百强中，金融企业占10席。

2010年，绍兴县引进国元证券、浙商证券2家证券公司，县内累计有5家证券机构，年末有开户投资者49077户，当年证券机构交易额1231.26亿元。

【国元证券开业】　2010年10月18日，国元证券金柯桥大道营业部开业。金柯桥大道营业部是国元证券股份有限公司重点打造的高标准、高品位新型证券营业部，总营业面积2400多平方米。国元证券是国内一流水平的上市证券公司，下属72家证券营业部。

【浙商证券开业】　2010年12月28日，浙商证券金柯桥大道营业部开业。浙商证券是国内最具成长性的综合性证券公司，营业网点遍布国内主要城市和省内大中型城市。浙商证券金柯桥大道营业部总营业面积1700多平方米。（张建灵）

表12　2009年～2010年绍兴县金融概况

指标名称	单位	2010年	2009年	同比±%
一、各项存款余额（本外币）	亿元	1139.27	1030.21	10.6
各项存款余额（本币）	亿元	1131.85	1024.04	10.5
城乡储蓄存款	亿元	465.02	421.25	10.4
企事业单位存款	亿元	364.06	303.98	19.8
二、各项贷款余额（本外币）	亿元	893.18	794.94	12.4
各项贷款余额（本币）	亿元	878.53	779.27	12.7

续表

指标名称	单位	2010年	2009年	同比±%
① 短期贷款	亿元	688.82	618.24	11.4
个人贷款及透支	亿元	100.94	70.47	43.2
单位贷款及透支	亿元	570.42	533.88	6.8
贸易融资	亿元	17.46	15.06	15.9
② 中长期贷款	亿元	184.50	146.58	25.9
个人贷款	亿元	72.19	57.08	26.5
单位贷款	亿元	106.02	86.84	22.1
银团贷款	亿元	6.29	1.49	322.1
三、存贷比率（本外币）	%	78.4	77.2	—
四、银行现金收入	亿元	2386.17	2391.82	－0.2
五、银行现金支出	亿元	2386.19	2509.41	－4.9

银 行

【概况】 2010年，绍兴县引进上海银行、建行村镇银行、天津滨海银行、义乌农村合作银行到柯桥开设分支机构。至年底，新落户银行的选址筹建事宜展开。面对复杂多变的经济金融形势和日趋严格的金融监管措施，县内各银行合理把握货币政策实施节奏，切实增加有效信贷投放。从期限看，中长期贷款同比新增38.93亿元，余额185.02亿元，同比增长25.64%；短期贷款新增70.44亿元，余额697.39亿元，同比增长11.29%。从投向看，信贷支农支小力度加大。

【县银行业协会换届】 2010年8月21日，绍兴县银行业协会举行第六届第一次会员大会，进行换届选举。交通银行中国轻纺城支行行长黄红宇当选为新一届协会会长。县银行业协会从第六届开始，由原先的每届一年改为每届两年。（张建灵）

【工行绍兴县支行各项存款余额116亿元】 2010年，工行绍兴县支行加大营销力度，拓展支行各项业务，加强各类银企合作，创新各类金融产品，提升全行服务质量。年末各项存款余额116亿元，新增5亿元；各项贷款余额114亿元，新增13亿元；实现中间业务收入1.3亿元。获全省内控管理和案防工作先进行、省分行网点经营绩效考评支行营业部“双十强”。

【成立工银商友俱乐部】 2010年，工行绍兴县支行在与中国轻纺城中的温岭商会、福建商会等开展金融合作协议的基础上，成立“工银商友俱乐部”，更好地为客户在结算、融资、投资等方面提供业务支持和金融产品。（蒋国友）

【农行绍兴县支行各项存款居四行之首】 2010年，农行绍兴县支行存款余额率先在县内四大国有银行中突破180亿元。至年末，全行本外币各项存款余额187.29亿元，比年初增加27.7亿元，增长17.4%。其中个人存款余额100.85亿元，比年初增加17.35亿元，增长20.8%，同比多增加2.05亿元。总存款、个人存款、对公存款的总量和增量6项指标均居四行第一位。本外币各项贷款余额127.85亿元，比年初增加17.59亿元，增长16%，增量居四行首位。被农业银行总行授予全国农行文明单位称号，并再次被名列农业银行百强县支行。

【农行绍兴县支行新增个人网银2.26万户】 2010年，农行绍兴县支行电子渠道金融性交易占总交易量的68.32%，同比提高5.62百分点；非柜面交易占总交易量的71.87%；新增个人网银2.26万户，增长72.9%；新增网银1016户，增长66.9%。

【农行绍兴县支行新发行惠农卡4.38万张】 2010年，农行绍兴县支行新发放惠农卡4.38万张，同比增加3.36万张，农户授信5330户。年末农户小额贷款余额7040万元，比上年末增加2986万元。同时增加自助设备，为农户开通网上银行、电话转账宝等，方便业务办理。（徐 芳）

【中行绍兴县支行存款近140亿元】 2010年末，中行绍兴县支行本外币各项存款余额139.92亿元，比年初新增10.48亿元；本外币各项贷款余额为112.24亿元，比年初新增8.46亿元。累计叙做国际结算业务29.5亿美元，同比增加9.24亿美元。2010年，县中行获总行模范职工之家荣誉称号，成为总行精神文明建设工作先进单位。

【中行绍兴县支行规范网点精细化管理】 2010年，中行绍兴县支行加大对辖内网点的装修、改造力度，完善网点硬件设施，为广大客户提供高档次、高规格的服务环境。通过网点柜面定点定位、一句话营销、精神文化墙的展示、晨会、省行“十个一”要求等细节的落实，规范网点精细化管理，更好地服务于客户。县中行特邀专业老师对一线员工进行银行业务英语培训和职场女性妆容管理技巧培训，还在全辖一线营业网点推出举手招迎手势，规范服务礼仪。

2010年7月，中行绍兴县支行员工为参加第六届世界合唱比赛的外宾服务。 （中行绍兴县支行供稿）

【中行绍兴县支行成立财富管理中心】 2010年1月5日，中行绍兴县支行中银财富管理中心成立，是绍兴县首家财富管理中心。“中银财富管理”依托中国银行集团的全球化战略布局和多元化业务平台，凭借完善的金融服务能力和专业的财富顾问力量，为客户提供包括财富账户管理、投资组合管理、海外投资咨询及管理、白金信用卡和授信融资等在内的全方位金融服务。 （何晔滢）

【建行绍兴县支行基本业务平稳发展】 2010年末，建行绍兴县支行本外币一般性存款余额106.98亿元，比年初新增5.11亿元。本外币各项贷款余额80.72亿元，比年初新增9.44亿元。实现中间业务收入7871万元。其中对公中间业务6048万元，个人中间业务1823万元。

【建行绍兴县支行新增贷款9.44亿元】 2010年，建行绍兴县支行贷款投向上重点支持政府类项目、主业明晰的集团客户和绩优中小企业。有效组合“速贷通”、“成长之路”、“网络银行贷款”、“利得盈”等产品，解决优质客户的资金需求。新增贷款9.44亿元，其中个人消费贷款余额5.76亿元。加大个人住房贷款营销力度，营销楼盘33个，发放个人住房按揭贷款1.53亿元。

【建行绍兴县支行国际结算超6亿美元】 2010年，建行绍兴县支行出台国际业务考核办法，加大客户营销力度，壮大中小企业外汇客户群体。至年末，国际结算6.24亿美元，计划完成率 79.31%，同比增长25.99%。新增国际结算200万美元以上贸易融资授信客户3户。

【建行绍兴县支行拓展优质客户】 2010年，建行绍兴县支行抓重点产品特色，做好全方位、多层次的客户维护、发展。公司方面新增高版网银客户280户、单位手机短信客户207户、网银代发代扣客户121户。个银方面新增个人黄金销售2995千克、基金销售2754万元、基金定投1040户、收单商户62户、“盈”系列理财产品日均余额6131万元、汽车卡分期51笔、借记卡10.64万张。 （沈友永）

【交行轻纺城支行获国际结算单证业务独立出单资格】 2010年12月10日，交通银行中国轻纺城支行国际结算单证业务经过4个多月的测试后上收总行，交通银行中国轻纺城支行成为绍兴市首个国际结算单证业务独立出单的县域支行。交行轻纺城支行获交通银行总行太平洋信用卡中心一季度信用卡竞赛白金卡明星网点奖，是绍兴行唯一获得卡中心荣誉的支行。

【交行轻纺城支行存贷款业务快速发展】 2010年末，交通银行中国轻纺城支行人民币各项存款余额60.2亿元，比年初新增8.2亿元，完成计划的102.5%。存款总量在绍兴县同业中占比为5.33%，比上年提高0.25个百分点，新增存款市场占比7.5%。其中人民币储蓄存款余额25.4亿元，比年初新增4973万元；人民币对公存款余额34.8亿元，比

年初新增7.7亿元。各项贷款余额为41.8亿元，比年初新增4.2亿元。（钱宝康）

【绍兴银行轻纺城支行利润8408万元】 2010年，绍兴银行轻纺城支行以存款立行，扩大存款市场占比，提高结算存款和储蓄存款比重，年末各项存款余额32.1亿元，年日均存款余额28.3亿元。到12月末，实现账面利润8408万元。中间业务平衡发展，银行承兑汇票余额7.12亿元，全年完成国际业务结算2410万美元。

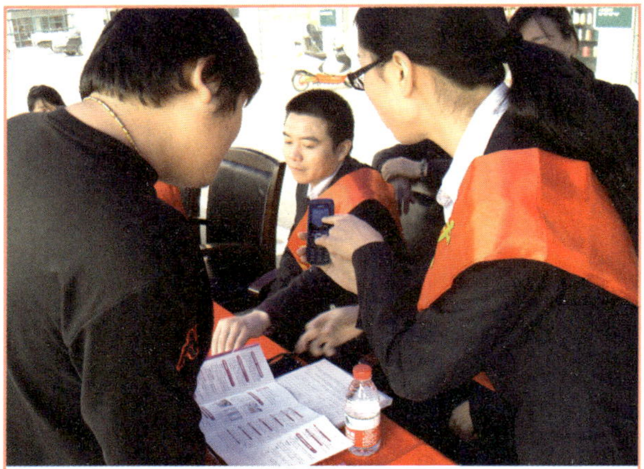

2010年10月26日，绍兴银行轻纺城支行在钱清镇举行手机银行推广会。（绍兴银行轻纺城支行供稿）

【绍兴银行轻纺城支行提升资产质量】 2010年，绍兴银行轻纺城支行将信贷重点支持对象定位为有合作价值的企业，重点绩优的企业，有发展潜力、科技创新能力较强的企业，和合法合规经营的基本客户型中小个私企业。年末各项贷款余额29.42亿元（含贴现），其中贷款余额27.96亿元。不良贷款余额2.656亿元，不良贷款比例9.03%。

（绍兴银行轻纺城支行）

【县农村合作银行实缴税收居全县首位】 2010年末，绍兴县农村合作银行各项存款370.39亿元，比年初增加35.48亿元；各项贷款272.37亿元，比年初增加34.38亿元。实现外汇结算136288万美元，五级贷款不良率0.76%，资本充足率12.17%。全年实际利润105743万元，实缴税收34893万元，位居绍兴县第一、绍兴市第二。

【县农村合作银行获批筹建瑞丰银行】 2010年6月，浙江省首批农村合作银行股份制改革试点单位——绍兴县农村合作银行正式启动股份制改革。通过召开董事会、监事会、股东代表大会、职工代表大会，委托中介机构进行清产核资、资产评估等一系列程序，12月24日，浙江银监局批复同意浙江绍兴县农村合作银行筹建浙江绍兴瑞丰农村商业银行股份有限公司（简称瑞丰银行）。

【县农村合作银行加快电子银行建设】 2010年，县农村合作银行加快农村金融电子化建设，投放自动柜员机39台、收款机2295台、信付通终端2179台，发展特约商户2284家，同时推出网上银行、丰收电话宝、丰收支付宝卡通等业务。开通三省一市（江苏省、浙江省、安徽省、上海市）银行汇票签发点30个、大小额支付系统47个、银行本票签发点69个，开展农信银全国汇票签发点21个，切实增强为三农服务的结算功能。

【县农村合作银行向“三农”客户和中小企业新增授信超23亿元】 2010年，绍兴县农村合作银行在改制5周年庆典上集中向1151户有资金需求的“三农”和中小企业新增授信23.01亿元。至年末，农户贷款户数10258户，贷款余额41.17亿元，分别比年初增加2809户和10.25亿元，分别增长37.71%和33.15%；中小企业贷款户数2551户，贷款余额113.25亿元，分别比年初增加627户和19.30亿元，分别增长32.59%和20.54%。

2010年1月28日，绍兴县农村合作银行向“三农”和中小企业集中授信20亿元。（瑞丰银行供稿）

【县农村合作银行首家标准网点开业】 2010年，绍兴县农村合作银行对网点视觉识别系统、功能布局、空间色调、内部装饰等进行统一规范。9月22

日，首家标准网点——钱清支行开业，成为业务、设备、功能最全面的网点之一，设立自助银行区、现金业务区、非现金业务区、贵宾理财区和财富管理中心等，全方位提供对公、对私、理财等各类金融服务，网点布局从以业务处理为中心向以客户为中心转型。

2010年9月22日，绍兴县农村合作银行标准网点在钱清镇开业。（瑞丰银行供稿）

【县农村合作银行实现投行收益2.71亿元】 2010年，绍兴县农村合作银行在债券交易量、交易笔数和债券交易对手上取得新突破，全年交易量首次突破万亿元大关，金额达11130亿元，交易3432笔，实现投行收益2.71亿元，进入全国银行间债券市场交易量前100强，获得年度全国银行间本币市场最佳进步奖，是全国唯一获得此项奖项的农村合作金融机构。

·小资料·　投行业务

投行业务是投资银行业务的简称。国际投资银行的业务包括企业融资、收购兼并、财务顾问等。在中国，投资银行业务主要包括证券承销、证券交易、兼并收购、资金管理、项目融资、风险投资、信贷资产证券化等。（严国利）

保　险

【概况】 2010年3月，绍兴县保险行业协会成立，是全省第四家县级保险行业协会。协会的成立，在搭建合作交流平台、加强行业自律、提高服务质量等方面发挥积极作用，有力促进保险业持续健康发展。新华人寿绍兴县支公司成立。至年底，绍兴县有保险机构17家。其中产险机构11家，最大的两家是中国人保财险绍兴支公司和中国人寿绍兴县支公司。

【865户农户参加农业保险】 2010年，绍兴县有865户农户参加农业保险，保费444万元，理赔316万元。农村住房保险投保农户185922户，投保率100%，理赔117万。（张建灵）

【中国人保财险绍兴支公司保费收入近2亿元】 2010年，中国人保财险绍兴支公司保费收入19574万元，同比增长43.23%。其中车辆险保费收入首次突破亿元大关，达1.371亿元。市场份额55.39%，同比上升0.25个百分点。人保财险绍兴支公司是2010年绍兴县实缴地税排名前100强企业中唯一的保险企业，获全省系统先进单位、优秀基层单位考核一等奖、全国标杆县区支公司称号等荣誉。

【中国人保财险绍兴支公司提高存量业务续转率】 2010年，中国人保财险绍兴支公司坚持提高散单续保率、巩固团单大客户，着力提高存量业务续转率。对年保费规模在50万元以上的16家重点企业、车辆保有量在50辆以上的车队业务，建立责任人制度。车险续保率逐月回升，基本稳定在60%以上。在稳定存量的同时，取得永利集团、“古纤道”的财产险业务，玉兰花园一、二期工程险业务，“逸盛大化”的货运险业务，柯桥电力局、县水务集团的车险业务。

【中国人保财险绍兴支公司向268户受灾农户支付赔款】 2010年9月，正值“早翻早”晚稻抽穗扬花期，绍兴地区遭遇罕见的秋季低温，直接造成大部分“早翻早”品种的晚稻没有稻穗或稻穗空瘪现象，农业生产遭遇减产、无产危害。中国人保财险绍兴支公司向绍兴县孙端、陶堰、富盛等14个乡镇268户受灾农户支付政策性农业险赔款近100万元。（郭　苹）

【中国人寿绍兴县支公司实现保费1.49亿元】 2010年，中国人寿绍兴县支公司实现总保费1.49亿元。其中首年期缴保费9337.3万元，短期险保费264.6万元，续期保费5272.7万元。个险业务取得突破性发展，规模和十年期交均突破千万元。到10月份，银保业务期交保费1686.6万元，提前超额完成全年指标，完成率109%。

【中国人寿绍兴县支公司支付赔款109.26万元】 2010年，中国人寿绍兴县支公司支付各类赔款356件，赔款金额109.26万元。其中短期险赔款件数350件，赔款金额69.26万元，综合简单赔付率23.46%。满期（生存）保险金办理129件，金额332.74万元；代付集团养老金和满期金7.9万人次，金额247.7万元。

【中国人寿绍兴县支公司个险业务创新高】 2010年，中国人寿绍兴县支公司个险业务活动不断，从“双喜”的启动、“630”冲刺、“美满”停售，到秋季大练兵的国寿争霸赛，个险业务创新高，期交业务及十年期保费双双突破千万元大关。年初以1060万元的业绩完成“690”的五年期交全年目标。全年完成十年期保费1055万，完成率118%，居全市第一，同比增长156%，提前4个月完成全年十年期指标。（吴志南）

【太保财险柯桥支公司实收保费4100万元】 2010年，太平洋财险柯桥支公司大力拓展校方责任险和环卫工人意外险业务，实收保费4100万元，其中车险3250万元、非车险850万元、核心业务250万元。共支付赔款2085万元。（沈敏霞）

【太保寿险柯桥支公司实现保费7500余万元】 2010年，太平洋人寿保险柯桥支公司业务继续保持强劲发展势头，实现保费7500余万元。其中个险新保保费1016万元、个险续期保费4021万元，意外险保费1156万元，健康险保费120万元，银保产品保费1245万元。全年支付各类赔款285万元。

（陈丽萍）

责任编辑　陆　杨

经济管理

发展改革管理

【概况】 2010年是绍兴县科学谋划“十二五”的关键年，也是转型升级的攻坚年。这年，绍兴县发展和改革管理部门争取到中央和省、市专项资金8094万元。县发改局获2010年度全省发展改革工作优秀单位、全省发改系统政务信息一等奖单位、全省收费验审工作先进集体、全省价格认证工作先进集体、绍兴市成本监审工作先进集体等称号，周建明获全国农本调查工作先进个人称号。

【编制“十二五”规划】 2010年，绍兴县发展和改革管理部门完成规划前期调研课题41项，调研完成《“十二五”规划总体思路研究》、《“十二五”空间格局总体思路研究》等6个课题，研究确定并下达全县“十二五”重点专项规划37项。

【新兴产业投资89.22亿元】 2010年，绍兴县发展和改革管理部门按照《关于绍兴县重点产业鼓励导向目录》行业划分标准，对镇（街道）、开发区的新兴（优势）产业现状进行专题调研和全面摸排，建立较为全面的新兴（优势）产业数据库。委托浙江大学宁波理工学院编制《绍兴县新兴（优势）产业发展规划》，提出《关于加快推动新兴（优势）产业发展的实施意见》。全年新兴产业投资89.22亿元，占工业投资的53.08%，比上年提高6.1个百分点；完成产值902.64亿元，占工业产值的37%，比上年提高1.5个百分点。

【规划现代服务业发展】 2010年，绍兴县委托浙江大学城市学院编制《绍兴县现代服务业发展规划》，提出把绍兴县发展成为省级综合性服务业建设示范区的总体目标，对中国轻纺城、现代物流、纺织创意、现代金融、会展、服务外包等12个重点领域的发展方向和县域总体服务业架构做精心布局和谋划，使在编的服务业规划成为此后一个时期服务业发展的方向标。绍兴县纺织品综合服务区被列入全省41个服务业集聚区行列。

【全社会固定资产投资增长近14.7%】 2010年，绍兴县在当年政府投资基础性、公益性项目建设计划基础上提出“三个一批”“三年千亿”建设计划。健全完善领导联系制、进度通报制、督查考核制等工作机制，确保重大项目快速推进。全年完成全社会固定资产投资316.8亿元，同比增长14.7%。全县政府性投资基础性、公益性项目完成投资57.2亿元，完成计划的101.9%，比上年增长14.4%；“三个一批”项目累计完成投资216.5亿元。

【创新审批方式】 2010年，绍兴县对中小学校舍安全工程等项目开展项目捆绑并联审批，为“清水工程”等县重点工程项目建设开辟“绿色通道”，并实行提前介入制和陪同办理制。加大对中心镇的授权规范监督，定期开展培训和检查活动。全年受理和办结各类行政审批事项474件，项目办件准确率100%、承诺件提前办结率100%、时间提前率99.7%。

【12个项目列入中央投资计划】 2010年，绍兴县积极通过省重点项目申报平台，争取土地指标。新列入省重点项目8个，其中A类项目4个，争取土地戴帽指标1500亩。利用国家拉动投资的政策机遇，争取中央、省级各类投资项目，全年有12个项目被列入中央投资计划，争取资金4034万元。

【扩权实现全覆盖】 2010年，绍兴县“扩权”全覆盖，夏履、漓渚等5个镇享受省市级中心镇的经济社会管理权限。兰亭、福全两镇新进入省级中心镇行列，全县省级中心镇数达5个。中心镇的快速发展有力地推动绍兴县城乡统筹发展，在全省城乡统筹发展水平综合评价中，绍兴县连续四次位列全省各县（市）第一。全县6个省、市中心镇累计完成规模以上工业总产值1437.8亿元，实现财政总收入35.2亿元，固定资产投资127.5亿元，分别占全县的58.9%、37.6%、40.2%。

【争取省市级中小城市培育试点镇名额】 2010年，绍兴县钱清镇被列入全省第一批27个省级小城市试点镇，获2010年省小城市培育试点专项资金4000万元。同时，钱清等6个省、市中心镇全部被列入市级中小城市培育试点镇，数量居全市各县（市、区）的首位（全市17个镇）。

【强化经济形势监测预警】 2010年，绍兴县发展和改革管理部门完善20家企业参加的省级经济运行动态监测网络，强化对县域经济形势的监测预警调研，提出2010年绍兴县国民经济和社会发展主要计划指标建议。针对年初用工难、年底原材料价格异动等突发性焦点性问题出现，完成了一批具有较强时效性和针对性的调研成果。全年完成局级经济社会转型升级、优化扩权运行等重大课题调研成果21篇，向县委、县政府提出《关于我县经济和社会转型重点和突破口的建议》。（许家新）

国有资产管理

【概况】 2010年，绍兴县直属国有集体资产经营有限公司按照理关系、打基础、建制度、强队伍、保稳定、促发展的工作思路，重点抓好机关部门物业资产的接收工作，规范资产管理，促进保值增值，较好完成抓改革、保稳定、促发展的工作目标任务。针对原商业、物资、协办、计经委、二轻等系统改制后企业的历史遗留问题，加大信访调处力度，全年接待信访520人次，其中处理重点信访件45件。

【实现销售收入超9亿元】 2010年，绍兴县国资公司全系统实现销售收入9.17亿元，比上年增长26.62%；实现税利6475万元，比上年增长469.79%。8月，所属延锋伟世通怡东汽车仪表公司获得国家重点支持的高新技术企业证书，全年生产销售汽车仪表120多万套，国内市场占有率15%以上，部分产品远销海外。

【接收12个部门的物业资产】 2010年，绍兴县国有物业经营有限公司对65个县机关部门开展走访调查、物业资产摸底。根据成熟一个接收一个的原则，共接收12个部门的物业性资产，总建筑面积50717.99平方米，土地面积14406.32平方米。

【国有资产收益增值52.9%】 2010年，绍兴县国有资产管理部门及时上门变更租赁合同，确保资产出租的延续性、合法性；建章立制、建立台账，做到账物相符；及时收缴租费，杜绝拖欠现象；杜绝协议出租；对每个承租户重新补签消防安全责任状，并进行安全检查，确保资产的安全，避免事故的发生。通过对原合同已到期的资产进行公开拍租，资产收益增值达到52.9%，实现国有资产经营收益最大化。（陈志焕）

工商行政管理

【概况】 2010年，绍兴县工商行政管理部门创新职能，全力培育新型市场主体；改造提升重点市场。多维创牌，商标发展战略持续推进。积极推行动产抵押、商标专用权质押、股权出质登记，支持企业拓宽融资渠道。深入开展市场花样版权登记保护，启动市场大信用体系建设，推动高星级市场创建。维序维权，市场经营秩序稳定规范。创新探索食品安全电子监管，扩面推进基本到位。深化消费维权，建立健全消费维权新机制。推进责任区监管，探索网络经济监管，市场经营秩序进一步规范。全年设立登记企业3108家、个体工商户9438家。至年底，全县累计企业17096家、个体工商户52435家。绍兴县工商行政管理局被国家工商总局授予全国工商系统法制工作先进集体称号。

【流通环节食品安全电子监管全覆盖】 2010年，绍兴县流通环节食品安全电子监管扩面工作基本到位。全县3个食品批发市场内的115家食品批发户、58家镇(街道)食品批发户、5家大型商场超市应用食品安全电子台账管理系统，4500多家食品店3万多种食品纳入食品安全电子监管平台。12月，浙江省工商局在绍兴县召开全省流通领域食品安全电子监管工作现场会，推广经验做法。

【以登记注册助推经济转型升级】 2010年，县工商行政管理部门建立重点项目登记“绿色通道”机制、预上市企业提前介入登记帮助和高新技术企业协调帮扶工作机制。帮助84家企业冠以“浙江”名称，放宽企业名称登记行业用语限制，共核准使用“实业”、“科技”、“发展”字号的名称68件。将企业登记核准权下放到平水副城，创新推行“多证联办”审批模式，为1048家企业办理“三证一章”登记备案。受理10位国内知名服装设计大师在柯桥落户的注册申请。

2010年7月，县工商局开设“绿色通道”，为中国服装设计大师在中国轻纺城设立个人工作室提供服务。（县工商局供稿）

【10个镇街建立品牌工作指导站】 2010年，绍兴县成立品牌保护促进工作领导小组，在杨汛桥等10个镇（街道）建立品牌工作指导站。“郎西雅”商标被国家工商总局行政认定为中国驰名商标，实现县内纺织业行政认定中国驰名商标零的突破。全省十大品牌示范乡镇、十大品牌示范基地、十大境外注册示范企业绍兴县均榜上有名。全年新增注册商标523件、国际注册商标190件，新增省著名商标16件。全县累计拥有中国驰名商标36件、省著名商标115件。省著名商标数量在全省县级单位中居第一。

【实施市场提升高位引领】 2010年，钱清中国轻纺原料城通过五星级市场考核验收。中国轻纺城和钱清中国轻纺原料城再次被省人民政府认定为省重点市场，绍兴县获浙江十大市场强县的称号。全面开展中国轻纺城全国诚信市场创建，建成信用中国轻纺城网，初步构建起市场大信用体系建设框架。全年新登记市场5家。全县83家市场成交额830.5亿元，同比增长12.4%。

【纺织品市场版权保护跨省合作】 2010年，绍兴县与江苏省南通市、山东省潍坊市、广东省佛山市签订纺织品市场版权保护与合作协议，开创中国跨省开展纺织品市场版权保护与合作先河。开发、运行国内首个纺织品专业市场花样版权登记甄别系统，全年受理花样版权登记4024件，同比增长70%；调解花样侵权案件144起。中国轻纺城花样登记管理保护办公室被省版权局和国家版权局推荐申报国家版权示范单位和联合国版权保护创意金奖。

2010年4月12日，由绍兴县人民政府主办，绍兴县工商局牵头发起的浙江绍兴、江苏南通、山东潍坊、广东佛山四地纺织品市场版权保护与合作协议签约仪式在柯桥举行。（县工商局供稿）

【查办违法违章案件381件】 2010年，绍兴县工商行政管理部门建立消费先行赔付制度，开通消费争议先行和解直通车。建立健全网络经济监管体系，重点引导网上轻纺城及网上钱清中国轻纺原料城建设。柯桥工商分局查处的房产企业商标侵权案罚没款260万元，实现历年来大要案新突破。全年共查办违法违章案件381件，案件总值1650万元。

（孙连仁）

【指导企业开展商业秘密保护】 2010年，绍兴县工商行政管理部门设立帮扶联系点，派员蹲点，指导企业加强对产品信息、客户信息、技术信息等商业秘密保护工作，帮助企业建立《公司商业秘密物理管理制度》、《公司商业秘密涉密人员管理制度》和《公司商业秘密涉密资料管理制度》等制度，为企业提供商业秘密保护合同格式文本5000份。同时，积极指导行业协会加强行业自律，实现商业秘密保护在政府、企业和社会之间的有机联动，构建起工商执法保护、行业自律保护、企业自我保护“三位一体”的商业秘密保护体系和事前积极预防、事中有效补救、事后顺利查案的商业秘密保护长效管理制度。 （北　辰）

质量技术监督

【概况】 2010年，绍兴县质监部门紧紧围绕“质量强县”主线，深化质量提升工程，确保食品、特种设备和产品质量安全，切实提升技术支撑能力和整体队伍素质，质监工作服务经济转型升级有效性明显提升。加强技术机构建设，抓好国家纺织机械质量监督检验中心绍兴工作站和浙江省流量计量重点实验室建设。县质监局获全省质监系统科学监管创新奖、浙江省计量创新奖一等奖。绍兴县有1个农业标准化项目被列入2010年国家级农业标准化示范项目，3个农业标准化项目被列入省级农业标准化推广示范项目，2个省级农业标准化示范项目和5个县级农业标准推广示范项目通过验收。

2010年，绍兴县被确定为绍兴市质量强市建设试点县，《绍兴县推进质量强县战略的实施意见》实施。10月，分别在柯岩街道、平水镇召开质量强镇（街道）动员大会，12月，召开全县质量强县工作动员会，质量强县试点工作进入实施阶段。

2010年，绍兴县质监部门继续推行印染企业能源计量评定工作，推广实施《印染行业能源计量管理及能源限额通用要求》联盟标准，绍兴县能源计量工作获省计量创新奖一等奖，绍兴县印染行业试点项目被省质监局计量处推荐为省级首批能源计量数据应用行业推进项目。

【省市品牌新增数全市第一】 2010年，绍兴县有69种产品获绍兴名牌产品（其中新增48种）称号，新增数、累计数连续3年居全市第一。新增14个浙江名牌产品，新增数居全市第一。索密克汽车配件有限公司获市长质量奖，是绍兴县第二家获市长质量奖的企业，也是县内工业企业首次获市长质量奖。绍兴县恒美花式丝有限公司的优化加工工艺提高功能性珍珠家纺面料中氨基酸含量项目获浙江省质量赶超项目7万元资助。在全国优秀QC（品质控制）小组活动成果评选中，县内有3个QC小组获全国优秀质量管理小组称号，1个管理班获全国质量信得过班组称号，1家企业获全国质量管理小组活动优秀企业称号，1人获全国质量管理小组活动卓越领导者称号。

2010年9月4日，绍兴县质量技术监督局在柯桥笛扬路华润万家超市门口，开展“2010年全县质量安全月”咨询活动。 （县质监局供稿）

【参与制订并发布4个国家标准】 2010年，绍兴县重点抓好块状产业标准化重点项目和省级技术标准委员会筹建，共参与上级各类标准制订并发布17个（国家标准4个，行业标准12个，省级地方标准1个）。绍兴县质量协会的“制订和实施《经编装饰面料》产业联盟标准，促进绍兴县经编块状产业经济转型升级”项目和绍兴县华通医药有限公司的药品第三方物流配送网标准化试点项目分别正式立项成为省级块状产业标准化重点项目和省级服务标准化试点项目。

【质量监管范围覆盖全县】 2010年8月，绍兴县质监部门分别在柯桥、齐贤、福全、钱清、平水5个镇（街道）成立基层分局，监管范围覆盖全县。并借助协管员、联络员、监督员队伍，构建以监管责任、企业自律、监管信息为主要内容的区域监管网络。12月13日、14日全省质量安全区域监管工作现场会在绍兴县召开，号召全省大力推进基层质监站所建设和质量安全区域监管工作。

【抽查工业产品1700余批次】 2010年，绍兴县质监部门组织省、市、县三级定期监督抽查738批次工业产品（不含食品），合格711批次，批次合格率96.34%，同比增长1.04%。专项监督抽查985批次工业产品（不含食品），合格808批次，合格率82%。

【出动1767人次开展“八打八保”执法行动】 2010年，绍兴县质监部门出动执法人员1767人次开展“八打八保”专项执法行动。检查生产、经营单位1635家，取缔制假窝点7个，立案查处各类技术监督行政案件124件，其中万元以上大要案70件，收缴罚没款300余万元。

【“十小”企业整治规范率100%】 2010年，绍兴县7568家“十小”（食品加工小作坊、小餐饮店、小药店、小农资店、小美容美发店、小音像店、小客运、小液化气供应点、小食杂店、小菜场）行业企业全部符合规范要求，整规率100%，通过上级部门考核验收。平水镇被市“十小办”推荐为省级百镇百街示范创先镇。

【开展各类特种设备安全整治】 2010年，绍兴县质监部门开展隐患排查和整治薄弱环节，着力推行安全检查专家组协助安全监管模式，全年没有发生特种设备安全责任事故。现场检查275家企业1035台（套）设备，发出特种设备安全监察指令书25份，消除各类安全隐患147项。开展轻纺市场内专用机动车辆专项整治，累计检测110多辆。开展液化石油气钢瓶专项整治，累计报废“螺丝瓶”32761个，完成比例17.63%，累计新钢瓶购买数量31541个。开展“闭环管理”，将30家138台设备确定为重点监控对象，排定228家使用单位的全面检查计划时间表。培训特种设备安全管理人员和作业人员1461人，开展特种设备事故应急演练2次。

【食品安全抽查800余批次】 2010年，绍兴县质监部门大力加强生产加工环节食品质量安全监管，开展市、县两级定期监督检查709批次，合格686批次，检查合格率96.76%；开展专项监督抽查116批次，合格111批次，抽查合格率95.69%。有118家企业获得有效QS（食品质量安全）证书177张。培训食品企业人员467人次，帮助73家小作坊完成整治规范，完成率100%。

【培训检测人员】 2010年，绍兴县质监部门加大检测人员操作能力和实践能力的培训力度，充实一线技术人员5人，岗位培训45人次。参加各类能力比对活动14次。组织45家企业先后进行酒厂化验人员培训及能力比对、印染企业蒸汽流量计管耗分析等技术交流与指导活动，组织2次热电节能技术论坛。

【帮助企业提升标准计量水平】 2010年，绍兴县质监部门减免计量器具强制检定费259万余元，减免代码证费用140余万元。为企业制（修）订标准157个，确认采用国际先进标准企业10家，共计12种产品，完成两个体系（企业标准化体系和测量管理体系）评审发证49家，发展商品条码成员34家，续展56家，蒸汽流量计托管企业累计70余家。

【投入100余万元扩增检测项目】 2010年，绍兴县质监部门投入100余万元购置一批检验设备，增加2个计量新标准，新上8个质检项目，均通过国家实验室认可。完成各级定检1221批次，委托检验各类商品4312批次。按计划完成检定各类计量器具36225台套，其中强制检定计量器具16038台套。

（赵一冲）

食品药品监管

【概况】 2010年，绍兴县食品药品监管部门打假治劣，整治规范市场秩序，保障公众饮食用药安全。绍兴县被评为全市食品安全工作综合评价一等奖单位，实现“五连冠”，成为全市首个全部镇（街道）成功创建市级食品安全示范镇（街道）的先行区。

【抽检食品35000余批次】 2010年，绍兴县食品药品监管部门出动执法人员4733人次，检查单位4785户次、抽检食品35104批次。清理食品标准228个，其中有效113个、修订102个、作废13个，51家使用添加剂的企业按要求落实添加剂申报制度。70家企业通过国家（省）级无公害农产品基地认定，64个（种）产品通过无公害农产品产品认证，26种食品通过绿色食品认证，3种食品通过有机食品认证，32家食品小作坊取得食品生产许可证。

2010年11月，绍兴市、县食品药品监管局领导检查食品安全。（洪　彬摄）

【副食品和餐饮业完成整治】 2010年，绍兴县2家副食品批发市场内的98家批发部、5家大型商场超市、63家镇（街道）副食品批发部实施食品安全电子监管，2300余家食品经营户的近10万种食品进入电子监管系统，4404家小食杂店、63家小菜场完成整治规范。全县餐饮业量化分级管理制度实施率和信誉度评级率均100%，1522家小餐饮单位中有1412家达到整规要求，完成率92.77%。全县学校食堂的大米、面粉、食用油、酱油、米醋、豆制品、猪肉、蔬菜等八大类食品实行公开招标定点配送。

2010年，执法人员检查添加剂使用情况。（洪　彬摄）

【四季行动检查涉药单位909家次】 2010年，绍兴县食品药品监管部门以“春雷行动”、“夏季风暴”、“秋扫落叶”、“冬季攻坚”为载体，开展药品专项整治15次，出动879人次，检查涉药单位909家次。立案95起，结案90起，查处不合格药械131批次、罚没款152.86万元；待查处不合格药械55批次。完成药品、保健品检验766批次；处理举报投诉24起；上报药品不良反应监测报告1465例和医疗器械不良事件247例；就违法药品、保健食品广告发出告诫书42份，移送工商部门查处3起。

【全品种抽验县内生产基本药物】 2010年，绍兴县食品药品监管部门将国家基本药物品种抽验列入药品安监工作要点，对县内药品生产企业生产的基本药物实行全品种覆盖抽验，并对基本药物生产工艺和处方进行全面核查。绍兴县共有基本药物生产企业2家，拥有基本药物目录内品种23个、药品批准文号31个，包括胶囊剂、片剂、注射剂、粉针剂、灌肠剂等多个剂型，其中高风险品种5个，包括10个批准文号。除5个已停产文号外，其余26个在生产的药品全部核查。

【确保基本药物流通使用安全】 2010年，绍兴县食品药品监管部门按计划对辖区内的3家药品批发企业均进行2次以上监督检查。完成全县19个镇（街道）镇级医疗机构以及社区卫生服务站的全面检查。建立全省药品不良反应监测预警平台基层用户专职人员队伍，就如何进行药品不良反应监测预警平台在线上报操作，对药品生产、批发、连锁企业及县、镇医疗卫生单位的31名基层用户专职人员进行专题培训。

【查处42个冒充药品的非药品种】 2010年，绍兴县食品药品监管部门共出动检查人员166人次，集中检查药品经营企业109家，发现冒充药品的非药品品种42个，进行登记并录入统计软件，未发现标示为“进口食品”的非药品产品。对检查中发现国家食品药品监管局公告中应由该部门依法查处的产品，在其外包装、说明书或广告中明示或暗示具有降糖、减肥、改善性功能、改善睡眠、皮肤等治疗作用的产品，一律予以抽验，涉及此类产品35批，出报告28批，不合格24批，阳性率85.71%。共查处非药品冒充药品案件10起，结案7起，案值4万元，罚没款11.66万元。

【药械信息100%实时监控】 2010年，绍兴县食品药品监管部门全面升级信息化监管系统，全县所有药品批发、连锁、零售企业，县、镇两级医疗机构及社区服务站的药品、医疗器械的购、销、存、养护情况，全部做到数据实时对接，全年收集不合格药械信息2119条。全县药品批发企业药库温度、湿度100%实行实时监控，药品、医疗器械不良反应监测报告100%实行网上申报，麻醉药品、精神药品等特殊药品100%实行在线监测。药品零售企业药师完成信息登记和指纹图谱采集，每天上下午2次考勤。

【服务医药经济健康发展】 2010年，绍兴县新发展药品经营企业17家。“亚太药业”在深交所上市，取得绍兴县医药企业上市零的突破。“华通医药”成立全国首家医药会展公司、全省第二家医药物流公司，现代医药物流基地投入使用。浙江华联医药收购华仁医药。14家药品零售企业通过药品经营质量管理规范认证（复认证）；亚太药业阿奇霉素原料药车间、罗红霉素原料药车间均通过了药品生产质量管理规范认证，胶囊剂、片剂（均含青霉素类）车间通过药品生产质量管理规范复认证；华通制药溶液剂通过药品生产质量管理规范认证。

（洪　彬）

安全生产监管

【概况】 2010年，绍兴县签订安全生产责任书7106份，加大企业主体责任的考核分值比重，强化镇（街道）、部门安全监管责任。重新调整县安全生产委员会成员单位，发挥安委办在监督检查、考核评估、信息交流、综合分析等方面的作用。全年发生各类上报事故383起，死亡128人，直接经济损失395.99万元，同比分别下降5.9%、4.48%和5.28%，连续6年实现三项指标零增长。3月，县安监局被省总工会、省安监局、省卫生厅联合授予2009年度浙江省“安康杯”竞赛活动先进集体称号。

【组织“落实企业安全生产主体责任”活动】 2010年，绍兴县安监部门制定《绍兴县落实企业安全生产主体责任2010年实施方案》，组织开展“落实企业安全生产主体责任”活动。通过宣传发动、以点带面、全面自查、跟踪指导、评估整改，重点督查规模以上企业认真对照开展自查整改，建立完善企业安全管理信息数据库，全面加强和改进企业安全生产基础管理。

2010年6月12日，以“安全发展、预防为主”为主题的全国第九个安全生产月咨询日活动在柯桥街道鉴湖路举行。 (县安监局供稿)

【实行重点企业全程安全跟踪服务】 2010年，绍兴县安监部门优化行政审批窗口服务，对重点企业（项目）实行从行政审批到日常监管的全程跟踪服务保障，做到特事特办、超前服务，确保限时办结，力争提前办结。对深陷高负债危机的重点骨干企业——浙江玻璃股份有限公司，积极参与解困工作，加强与有关部门的协调配合，帮助、指导公司及时完成危险化学品安全生产许可证的换发。指导重组的特大型石化企业——绍兴远东石化有限公司（原“华联三鑫”）加快安全生产许可证办理进度。

【查处9起安全生产违法行为】 2010年，绍兴县安监部门立案查处安全生产违法行为9起，吊销2家经营户销烟花爆竹经营许可证，罚款金额2.27万元。对因安全生产责任制不到位而导致事故的13家企业实施经济处罚，收缴罚款109.984万元。受理办结群众举报投诉39起，实现办结回复率、群众满意率100%。

【危险化学品管理信息化】 2010年，绍兴县安监部门正式启用非药品类易制毒化学品综合管理信息系统，2家易制毒化学品生产企业、30家易制毒化学品经营单位提前完成目录工作。全县构成危险化学品重大危险源的生产（经营）单位由58家减少到8家，建立起危险化学品重大危险源安全管理信息台账，应登记的18家危险化学品生产企业全部取得危险化学品登记证书。

【举行印染企业事故应急救援演练】 2010年11月

19日，绍兴县在滨海工业区浙江众华家纺集团有限公司举行以定型机爆炸、导热油管道泄漏起火、危险化学品起火燃爆为课题的印染企业事故灾难应急救援演练。全县16个部门、单位共计150余人和15辆（台）车参加演练。

2010年11月19日，绍兴县举行印染企业事故灾难应急救援演练。（县安监局供稿）

【完成2项重大隐患整治】 2010年，绍兴县对列入市政府挂牌整治的2家工矿企业——浙江天马印染有限公司三期续建项目、绍兴县胜利江山彩色电镀厂重大隐患，按照属地管理、行业监管的原则，层层挂牌整治，在规定期限内整改到位。对计划搬迁的老化工企业——绍兴华威化工有限公司（原平水硫酸厂）开展定期隐患督查，召开专题协调会，协调落实企业搬迁期间的安全监管问题，确保搬迁前过渡期企业安全运行。

【80万元奖励企业标准化建设】 2010年，绍兴县出台标准化创建资金奖励政策，下拨标准化“达标”企业奖励资金80万元。全年指导18家印染、机械制造、烟花爆竹经营单位通过国二级或省级安全生产标准化企业复评。其中索密克汽车配件有限公司成为全市首家国家二级机械行业安全生产标准化企业。

【42名领导干部参与安全生产培训】 2010年9月，绍兴县安监部门举办全县首届安全生产分管领导培训班，此次培训班纳入县委组织部年度培训主体班次，各镇（街道、开发区）、职能部门的42名分管领导参加培训。按照“扩面、提质、增效”的目标，开展企业负责人、安全管理干部、危化品从业人员等常规培训。举办各类安全培训班63期，培训职工5339人，同比增加20%以上。（史晓燕）

2010年9月2日～3日，绍兴县举办首届安全生产工作培训班。（县安监局供稿）

价格管理

【概况】 2010年，绍兴县物价管理部门加强成本监审工作，开展供排水、供热、有线电视配套费、外来民工子女学校、普通高中、职校等项目成本监审，核减成本6944万元。重要的成本监审、价格调整方案通过审价委员会集体讨论审议。以定价目录调整为切入口，全面梳理管理范围。将10大类70种民生商品价格信息通过媒体、网络、社区定期发布。

2010年，绍兴县物价管理部门适度调整自来水价格、工业污水处理费、居民生活污水处理费和非居民天然气价格等，对工业污水首次按化学耗氧量浓度排放进行征收，对农村百姓首次开征生活污水处理费。针对供热价格矛盾突出的问题，通过分析、测算、沟通和多次协调，审慎、稳妥核定供热价格。8月，新定价目录公布实施后，供热价格由指导价调整为市场价，深入印染、热电企业听取意见，掌握周边动态，为政府决策当好参谋，促进两大行业健康可持续发展。

2010年，绍兴县物价管理部门着重清理垄断行业、中介等经营服务收费，继续开展行政事业性收费验审。取消政府还贷二级公路收费，设立2家省级负担监测点，并予以授牌。全年开展涉案物品评估569起，车损评估11195起，社会评估28起，业务总收入194万元。

【开展10次价格专项检查】 2010年，绍兴县物价管理部门加强市场价格巡查，畅通价格维权绿色通道。全年组织涉农、涉企、住房等与人民群众生产生活关系密切的商品和服务价格（收费）专项检查10次，受理调处价格投诉举报58件，办结率100%。

【设立14个价格监测点】 2010年，绍兴县物价管理部门设立价格监测点14个，对重要生活必需品、农资化肥、化工产品以及轻纺原料等14大类140余种商品加强价格监测预警分析，为经济运行分析提供有价值信息，充分发挥价格监测情报站、警报器作用。

【提供涉农价格服务】 2010年，绍兴县物价管理部门规范涉农收费行为，推行镇村收费公示，开展农民建房收费调查，扎实做好农本调查工作，面对生猪价格异常波动，设立6个生猪调查点，及时发布生猪生产预警信息，助推农民增产增收。

【食品类价格上涨1.93%】 2010年，绍兴县食品类价格上涨6.2%，拉动居民消费价格上涨1.93个百分点。从1月份一直上升至12月份，各小类价格大部分上涨。粮食上涨18.6%、干鲜瓜果上涨16.0%、菜上涨10.7%、水产品上涨8.1%、蛋上涨7.9%、糖上涨6.3%、调味品上涨5.6%、油脂类上涨3.9%、肉禽及其制品上涨2.8%、其他食品上涨1.0%、在外用膳食品上涨0.5%、液体乳及乳制品上涨0.1%。糕点饼干下降1.4%、茶及饮料下降0.7%。

【工业消费品价格指数上涨4%】 2010年，绍兴县工业消费品价格指数同比上涨4.0%。其中服装类上涨2.6%、酒类上涨2.5%、鞋袜帽类上涨2.1%、床上用品上涨0.9%、家庭日用杂品上涨0.7%、吸烟和饮酒用品类上涨0.6%、衣着材料上涨0.3%；烟草类价格同比持平；耐用消费品下降0.4%。

【居住类消费品价格上涨5.4%】 2010年，绍兴县居住类消费品价格上涨5.4%。其中自有住房价格上涨11.5%，水、电、燃料类价格上涨4.8%，建房及装修材料上涨3.9%，租房价格下降2.6%。

【服务项目价格上涨3.7%】 2010年，绍兴县服务项目价格上涨3.7%。8月份、9月份同比均上涨4.0%，为全年最高，后3个月逐月下降。旅游价格上涨16.6%、家庭服务及加工维修服务价格上涨13.5%、医疗保健价格上涨3.6%、交通价格上涨3.2%、衣着加工服务费上涨0.9%；教育价格持平；通信价格下降1.4%、文化娱乐类价格下降1.2%。

【农业生产资料价格涨跌互现】 2010年，绍兴县化肥农药价格小幅波动，同比降幅较大。全年化肥、农药需求不旺导致价格下降。经监测的10个农资产品年度走势降幅较大。除三元复合肥年平均价格比上年上涨4.44%，其余国产尿素、碳酸氢铵、过磷酸钙、氯化钾、高压聚乙烯棚膜等产品价格明显低于上年同期水平，同比分别下降21.82%、15.58%、16.67%、16.00%、14.43%；氧化乐果、敌敌畏等农药产品价格同比下降17.31%、10.21%。

【仔猪价格稳中趋涨】 仔猪年平均价格12.26元/公斤，同比上涨2.68%。1月至6月仔猪平均交易价11.38元/公斤。7月至12月，仔猪平均交易价为13.00元/公斤，与上半年仔猪平均价格比较，上涨14.24%。

表13 2010年绍兴县工业生产资料价格情况

产品名称	单位	2010年平均价格	比上年±%
建材	元/吨	4282.99	13.90
板材	元/吨	8108.05	15.28
管材	元/吨	5023.61	0.62
铜	元/吨	58798.6	41.66
铝	元/吨	15777.8	14.03
铅	元/吨	16031.9	17.10
锌	元/吨	17376.4	27.35
锡	元/吨	144978	33.01
镍	元/吨	16.51	44.95
高压聚乙烯	元/吨	12191.7	19.56
聚丙烯	元/吨	11086.1	19.81
聚氯乙烯	元/吨	8227.78	17.68
聚酯切片	元/吨	10008.3	25.4
甲醇	元/吨	3133.33	19.81
乙醇	元/吨	6652.78	25.59
硫酸	元/吨	490.83	81.98
纯碱	元/吨	1800.28	28.21
橡胶	元/吨	26513.9	64.10
原木	元/立方米	1875	3.85
杉原木	元/立方米	1385.56	6.35
国产胶合板	元/张	32.33	15.46
进口胶合板	元/张	37.33	16.66

续表

产品名称	单位	2010年平均价格	比上年±%
42.5强度普通硅酸盐水泥	元/吨	417.64	27.41
32.5强度普通硅酸盐水泥	元/吨	366.53	27.74

（许家新）

财　政

【概况】 2010年，绍兴县完成财政总收入935035万元，比上年增长15.1%。其中地方财政收入517568万元，比上年增长18.8%。完成财政支出518692万元，比上年增长23.3%。财政收支执行情况良好。房地产市场健康发展促进地方财政收入较快增长，2010年来自房地产业的税收增量占地方财政收入增量的三分之一。

【推进综合预算改革】 2010年，绍兴县财政部门推进综合预算改革，按照收入一个笼子、预算一个盘子、支出一个口子的预算管理模式，稳步推进财政管理改革，实现政府性资金全部纳入财政统管范围，政府性资金支出全面纳入预算管理，并初步建立绩效评估结果与部门预算编制相挂钩的联动机制。

【5.92亿元用于经济转型升级】 2010年，绍兴县财政部门统筹政府预算内外综合财力，一般预算用于与经济转型升级关系密切的支出5.92亿元，同比增长36.8%。向上争取各类补助资金5.36亿元，重点支持工业结构调整优化、印染产业集聚升级、清水工程建设、发展现代服务业、做优现代农业等。设立2.9亿元专项资金，推动工业转型升级，鼓励企业加大有效投入、支持传统产业提升，壮大新兴产业、促进企业管理创新。设立9000万元服务业专项资金，支持商贸、旅游业发展，推进轻纺城“二次创业”，大力发展金融、保险、中介服务、会展、物流等服务业。

【扩大内需投入近12亿元】 2010年，绍兴县财政部门争取地方政府债券2.3亿元，通过预算安排、资金调度等多种方式筹集重点建设投入9.14亿元，保障杭甬客运专线、口门治江围涂、防洪排涝河道整治等县内重大工程建设。做好家电下乡、汽车摩托车下乡、家电以旧换新等拉动内需政策的落实，对家电补贴31611台，计942.55万元；汽车、摩托车补贴9213辆，计2010.82万元；家电以旧换新31808台（件），补贴资金939.84万元。

【农林水事务支出5.37亿元】 2010年，绍兴县加大对农业投入力度，一般预算用于农林水事务支出5.37亿元，同比增长22.0%。安排1300万元，用于稳定粮食生产，落实各类涉农补贴；安排2000万元培育提升农业精品基地；安排3240万元用于河道疏浚以及引水工程建设；安排2100万元用于全国小型农田水利重点县建设；安排5000万元用于农民公寓建设、农村生活污水集中收集处理项目建设等。全年对镇（街道）预算内专项补助2.17亿元，追加调整支出预算7.8亿元（含地方政府债券2.3亿元），用于解决城乡道路、体育馆、农村新社区改造等重点建设支出及融资需要，以及社会事业转型升级支出。

【民生支出增长21.7%】 2010年，绍兴县一般预算中用于民生支出35.33亿元，同比增长21.7%，占财政支出的三分之二以上，主要是围绕公共服务均等化行动计划要求，重点保障就业、教育、住房等十方面重点实事工程建设的配套资金。财政部门配合社保部门及时发放全县12万人的养老金；参与“社保一卡通”实施，保障25万人换发社保新卡；调研、测算、拟订对基层医疗机构的政府投入政策，配合卫生部门顺利推进医药卫生体制改革，支持全县19家卫生院全面实施基本药物制度。年末，社会保障基金滚存积余66.03亿元，基本养老金支付能力提高到107个月。

【开展国库集中支付试点】 2010年，绍兴县确定县府办、财政局、民政局、交通局、林业局5个部门及民政局下属3个二级单位，从7月1日起开展国库集中支付制度改革试点，逐步实现会计集中核算向国库集中支付的转型。

【推广政府非税收入征管信息系统】 2010年，绍兴县财政部门强化非税收入征管，在105个部门单位推广应用新版政府非税收入征管信息系统，完善收支彻底脱钩的非税收入管理体制，规范政府非税收入退付和往来款拨付，将预算外资金财政专户全额上缴财政统筹安排，增强政府宏观调控能力。

【完成财政支出绩效评价项目104个】 2010年，绍兴县财政部门对部分重点项目实行报支费用抽查分析，深化财政监督和绩效评价。完成财政支出绩效评价项目104个，其中财政部门评价16个、部门和项目单位评价88个；完成财政检（调）查大项21个，其中专项资金（含国债资金）检查项目14个、财务收支情况检查项目3个、调查项目3个、会计信息质量检查项目1个。

【专项治理小金库】 2010年，绍兴县财政部门深入开展小金库专项治理，对92家党政机关、222家事业单位开展小金库自查、排查；对15个社团、16个国有及国有控股企业进行重点检查。156个社团和公募基金会、80个国有及国有控股企业完成自查。

【核减政府投资1.1亿元】 2010年，绍兴县财政部门审核拆迁项目评估、搬迁补偿103项，审核政府工程标底预算191项，核减金额1.1亿元。加强政府性债务管理，完成地方政府债务及融资平台清理工作，对政府性债务进行分析，有效防范财政风险。 （曾晓琴）

国 税

【概况】 2010年，绍兴县国税收入首次突破50亿元大关，完成国税收入55.58亿元，同比增长14.99%，增收7.2450亿元，完成省国税局年度计划的104.93%，创历史最高水平。初步建立起社会化管理平台。形成政府统一领导、税务部门强化管理、镇（街道）协税护税组织代征税款，纳税人依法纳税的个体税收社会化管理新格局，提升个体税收管理质量和服务效率。

【办理各类减免退税超62亿元】 2010年，绍兴县国税局累计办理各类减免退税达62.3577亿元。其中办理出口退税61亿元，办理福利企业退税0.4025亿元，办理资源综合利用企业、软件企业、高新技术企业及小型微利企业等各类退税0.9552亿元。

【一般纳税人全部纳入模型监控】 2010年，绍兴县国税部门将全县一般纳税人全部纳入模型监控，针对每个监控模型特点，逐步开发出行业模型分析系统，使征管、稽查、评估线的干部都能通过系统分析，及时了解掌握企业生产、经营和纳税情况，有效提高征管效能。

【设立24小时自助服务区】 2010年，绍兴县国税部门建立以发票认证、发票验旧购新、纳税申报、一般纳税人IC卡报税、缴税银行信息录入以及涉税查询等为内容的、不受时间限制的24小时自助服务区，方便纳税人。6月23日，省国税局党组书记、局长钱宝荣到县国税局调研，现场观看纳税人自助认证发票和自助领购增值税专用发票全过程，对24小时自助办税服务项目给予肯定。

24小时自助办税服务区 （黄泽锋摄）

【税收管理管户与管事结合】 2010年，绍兴县国税部门根据管户与管事相结合原则，将税收管理员由“管户”为主的管理方式，向“管户”与“管事”相结合转变。把纳税人申请事项的受理和办理从税收管理员中剥离出来，由办税服务厅或综合岗人员负责，税务机关依照职权进行主动管理的行为由税收管理员负责。形成纳税人到国税机关办理的事项，全部由办税大厅受理；国税机关布置给纳税人的事项，由税收管理员负责落实的税收管理机制。

【成立纳税援助小组】 2010年2月，绍兴县国税部门成立纳税援助小组，为纳税人提供维权服务。重点是加强与纳税人的联系与沟通，采取多种举措确保纳税人权益诉求渠道畅通，及时反馈纳税人涉税分歧和诉求，化解征纳矛盾；做好纳税人税收政策法规、税收工作流程、涉税分歧等涉税内容的咨询、协办及援助。

【实现刷卡缴税】 2010年4月1日起，绍兴县国税局办税服务厅缴税业务实现刷卡缴税。纳税人只要持有“银联”标识的银行卡，就可以在办理代开发票、申报纳税等业务时进行刷卡缴税，同时取得刷卡扣款凭证、完税凭证，不需支付任何额外的手续费。 （黄泽锋）

地 税

【概况】 2010年，绍兴县地税部门共组织各项收入60.698亿元，同比增长23.39%。其中税收收入34.3796亿元，同比增长22.31%；征收各项费、基金26.3184亿元，比上年增长24.83%，实现地税收入的持续快速增长。全年有4350位纳税人申报年所得12万元以上个人所得税，补缴税款657.42万元。加强委托代征工作，绍诸高速、杭甬铁路客运专线代征入库税款3563万元。

【减免各类税费3518万元】 2010年，绍兴县地税部门落实税费优惠政策减轻企业负担，支持企业促进经济转型升级，审核审批各类税费减免298户次，合计3518万元。其中11户高新技术企业经重新认定后按15%征收企业所得税，减免税额 2314万元，12户企业技术开发费在税前扣除4693万元，47户企业的城镇土地使用税减免1291.70 万元，36户企业的房产税减免483.01万元，180户企业的地方水利建设基金减免或缓交1085万元。

2010年8月，绍兴县举办税收优惠政策培训。

（《绍兴县报》供稿）

【87家企业实施二三产分离】 2010年，绍兴县87家企业成功实施二三产分离，涉及商贸、物流、建筑安装、科技研发设计等行业。分离企业全年实现营业收入8.3亿元，产生地方税费2992万元，其中营业税1391万元。

【查办50起税务案件】 2010年，绍兴县地税部门对减免税政策执行情况和房地产税收政策执行情况开展自查和重点抽查，对12家纳税人进行稽查案件抽审复查，对10大类60种违法行为细化处罚标准。案审标准从查补税费5万元以上调高到20万元以上，其中个体工商户、个人查补税费定为10万元以上。全年审理稽查移送案件50件，涉及查补税费、滞纳金、罚款2888.72万元。对绍兴县旺家纺织有限公司等5家破产企业进行债权清算和债权申报，追缴欠税（费）、滞纳金688.98万元。

【严管土地类税种税收】 2010年，绍兴县地税部门建立以“土地税收”为核心的税种管理机制，开展房产税、城镇土地使用税税源清查和土地增值税清算工作，增加税收入库5580万元，将二手房计税价格体系调整为“实时评价机制”，计税价格整体提高40%。推进中小企业所得税预警征收，贯彻落实营业税差额征税管理办法，理顺房地产项目属地管理，加强对非居民企业的企业所得税征管，稳妥地推进契税、耕地占用税征管划转。

【继续推广信息管税】 2010年，绍兴县地税部门做好《税友2006》新增模块的应用，加大对快捷查询管理和国地税代征税费软件的技术支持，完成不动产（建筑业）项目管理软件在300多家建筑和房地产企业的推广应用。做好社保自谋职业者与社保实时联网，以及地税、国税、工商部门“三证联办”系统的上线运行工作。开展地税电子商务认证中心认证系统培训，132户纳税户通过电子商务认证中心认证系统进行纳税申报。

【征收五项社会保险基金14.8亿元】 2010年，绍兴县地税部门与社保、银行等部门单位沟通协调和信息交流，完善社保费长效筹资机制，缴费扩面稳步推进。全年征收五项社会保险基金14.8亿元，同比增长23.9%。在确保企业退休人员养老金按时足额拨付及职工社保待遇不受影响的前提下，及时落实社会保险费临时性下浮政策，共减征社会保险费7508万元。

【开展6次志愿者主题服务活动】 2010年，绍兴县地税部门在全县范围推广由税务干部、企事业单位财会人员、注册会计师、注册税务师、律师等共同参加的纳税服务志愿者活动，县局建立纳税服务志愿者大队，各分局（所）建立纳税服务志愿者中队。开展“我是税法宣传员”等主题活动6个，参加活动志愿者248人次，现场解答涉税问题80多个，发放宣传资料2326份，收集意见建议279条，提供个性化服务37项。

【检查纳税户486户】 2010年，绍兴县地税部门开展房地产业及建筑业专项检查工作，责成自查209户，重点检查66户。受理各类税务举报案件21件，其中本级受理6件、上级举报中心交办12件、其他单位转办3件，查补收入907万元。查结30万元以上大要案15件，查实账外收入100万元以上案件1件，向公安机关移送达到立案标准的偷税案件15件。全年检查纳税户486户，检查面5.72%。其中责成自查216户、重点检查纳税户数270户，各项检查查补税费、滞纳金、罚款共计8239万元。 （曾晓琴）

审　计

【概况】 2010年，绍兴县审计部门完成国家审计项目46项，其中审计调查10项、预算执行审计7项、财政决算审计8项、专题资金审计1项、行政事业审计16项、固定资产审计2项、企业审计2项。完成署定项目1项，省定项目11项，市定项目1项，县交办项目30项，自定项目3项。查处违纪金额2978万元，管理不规范金额47797万元，查处应上缴财政金额1035万元。5月，县审计局代管的绍兴县政府性投资项目审核中心成建制划转县财政局下属的绍兴县项目预算审核中心。

【完成援建项目审计】 2010年，绍兴县审计部门完成绍兴县援建四川省青川县凉水镇灾后重建项目审计任务。援建凉水镇灾后重建项目7个，送审造价8864.7万元，审定造价6476.99万元，核减造价2387.71万元，核减率26.94%。审计中，审计组先后4次派出15人次赴工程现场踏勘核实。

【23位领导干部接受经济责任审计】 2010年，绍兴县审计部门对23位领导干部开展经济责任审计。其中镇（街道）党（工）委书记7人，镇长（主任）8人，县机关局办局长（主任）4人，开发区（管委会）主任2人，国有企业董事长、总经理各1人。查处违纪违规金额2448万元，比上年度增加324%；管理不规范金额26890万元，比上年度增加2753%；上缴财政资金1003万元，查处百万元违纪违规单位3个。重点揭示了合同款项未及时收取、违规制订涉税奖励政策、工程项目管理不够规范、政府采购规定执行不够严格、临聘人员管理规定执行不严、预算外资金管理尚待加强、财务管理和行政执法有待规范等问题。

【对13位领导干部实施离（接）任经济事项交接】 2010年，绍兴县共有13位领导干部进行离（接）任经济事项交接。其中镇党委书记1位，镇长（主任）6位，县机关局办局长（主任）6位。

【核减国家建设工程造价超亿元】 2010年，绍兴县审计部门完成政府性投资审计项目30个，送审工程造价73398.81万元，审定造价619818.82万元。其中核减造价117930.63万元，核增造价156.82万元，净核减工程造价11636.81万元，净核减率15.648%。

【实施内审项目652个】 2010年，绍兴县实施审计项目652项，其中财务审计167项，效益审计91项，经济责任审计93项，基本建设审计82项，专项审计94项，内控制度评审62项，风险评估3项，其他审计60项。查出损失浪费金额1364万元，增加效益1043万元，财务决算审签61个，采纳审计建议意见844条。至年底，有内审机构66家，其中专职32家（企业3家、行政事业单位25家、金融机构1家、其他3家）。内审人员235名，其中专职89名。

（林如相）

统　计

【概况】 2010年，绍兴县统计部门审核、发布《绍兴县经济和社会发展统计公报》，编印发行《数说十一五》绍兴县经济社会发展主要统计资料2300本，定期编发统计月度资料近千册。及时发布普查公告，由中国统计出版社出版发行《启迪》一书，完成全县R&D（研究与试验发展）资源清查工作数据质量检查和总结评估，摸清全县高新技术企业的现状。

2010年，绍兴县统计部门加强对能源、消费、房地产、投资等重点领域的预警监测，完善现代服务业、收入分配、小康生活、劳动就业等重点领域的运行监测，启动重大工业、服务业、高新技术项目和县重大项目投资进度的跟踪监测。针对节能减排的严峻形势，与县经贸局联合开展重点用能企业能耗情况专项督查。针对房地产价格居高不下的现象，与县建管局及时联系，试行房地产财务月报统计网上直报制度。针对县委、县政府大力发展现代服务业的要求，由政府办牵头召集会议，落实部门职责，明确县商贸三产办等职能部门加强对贸易企业管理，确保上报数据真实性。

县统计局连续三年被绍兴市统计局评为一等奖单位，县经济普查办公室获国家级先进集体称号。

【撰写统计信息540余期（篇）】 2010年，绍兴县统计部门围绕社会关注的难点和热点问题，加强统计数据深度分析。撰写统计工作动态300多期，被省统计局录用130期，被国家级录用6期。撰写统计分析73篇、统计信息170篇，被新闻媒体采用126篇，被党政部门参阅件录用3篇，县委主要领导批示3篇。《绍兴县加快发展现代物流业的实践和思考》被省政府办公厅专报信息第219期录用，《柯桥会展业的历史沿革和方向抉择》和《统计继续教育初探》调研文章同时被国家统计局、浙江省统计局录用。

【完成第六次人口普查工作】 2010年，绍兴县完成全县第六次人口普查阶段性工作。县统计部门及早制定方案，落实机构、人员和经费，培训全县6000余名指导员、普查员、陪调员，广泛宣传动员，营造普查氛围，按时、高质完成入户登记，顺利通过省、市质量验收和检查。

【启动粮食监测调查】 2010年，绍兴县统计部门部署全县粮食生产统计监测调查，在上年完成试运行等准备工作基础上，制定出台2010年粮食生产监测调查方案，全面实行对地调查和农业生产单位全数调查，启动粮食监测调查数据网上直报工作。

【完成10余项调查】 2010年，县统计部门利用统计调查渠道与网络，组织实施组织工作满意度、党风廉政建设、平安柯桥、农民增收、工业品价格、企业景气、企业用工等10多项调查，及时向党委、政府和社会各界提供各类信息。

【建立试行服务业统计制度】 2010年，县统计部门建立试行服务业统计制度，为全面掌握第三产业规模、结构、效益等情况基本打下基础，满足国民经济核算的需要。出台《绍兴县统计局关于进一步规范第三产业限额以上法人单位定期报表统计范围的通知》和《绍兴县第三产业限额以下单位和个体经营户抽样调查工作方案（试行）》两个服务业统计制度，并对全县536个限额以上单位、332个限额以下单位和1623个个体户全面实施网上直报。

【确定500个城乡调查样本户】 2010年，绍兴县印发《关于加强城乡住户抽样调查的意见》，统计部门制订城乡住户抽样调查方案，完成农村住户抽样调查样本轮换。为使样本更有代表性，扩大城镇居民住户样本量；为确保新老样本户数据的顺利衔接，对500户农村居民、200户城镇居民收支情况进行试记账。

【完善镇街生产总值核算制度】 2010年，绍兴县统计部门完善镇（街道）生产总值核算制度，为各镇（街道）领导解读数据，客观、真实地评价镇（街道）综合经济实力提供依据。依据《浙江省统计局关于印发地区生产总值核算下管一级方案的通知》、浙江省季度地区生产总值统一核算方法，结合绍兴县实际，重新制定印发《绍兴县镇街生产总值统一核算方案（试行）》。

【拓宽网上直报范围】 2010年，绍兴县统计部门开发固定资产投资、规模以下工业抽样调查、限额以下服务业等专业的网上直报系统。网上直报系统基本涵盖统计局、调查队的主要专业，成为统计数据采集、审核、汇总、分析的平台。 （韩 丰）

招商服务

【概况】 2010年，绍兴县在建投资工业项目617个，完成投资168.1亿元，同比增长7.7%。其中非纺产业完成投资89.22亿元、占全县工业投资的53.08%。在完善项目管理台帐，及时掌握项目建设进展情况的同时，县招商服务部门定期不定期开展项目督查服务，帮助企业解决项目实施过程中碰到的实际难题。建立健全通报制度，对各镇（街道）、开发区标准厂房、闲置工业厂房的使用情况，亿元以上在建工业项目，应落地未落地、应开工未开工项目等进展和投资情况每月进行通报。

2010年，绍兴县对企业亩均税收、产值、纳税销售达到或超过县统一标准的分别给予城镇土地使用税县留成部分奖励。招商服务部门提高办事效率，减少审批环节，减少串联审批。出台对工业闲置土地和闲置工业厂房（标准厂房）利用力度的实施意见，促使用地空间的扩大和有效利用。加大减免力度，减轻企业负担，全面落实增值税转型、高新技术企业税收优惠等政策措施，引导投资项目提高发展层次；对符合条件的工业技改项目，行政事业性收费全免，服务性收费减半；散装水泥专项资金和新型墙体材料基金实行70%缓缴。

【确定“1+5+3”产业发展方向】 2010年，绍兴县招商服务部门突出技改投入的重点和产业培育方向，确定“1+5+3”的产业发展导向。“1”是大纺织产业升级，以省纺织产业集群升级规划和国家新型工业区化示范区为指导，发挥“市场+印染”及完整产业链的独特优势，加快推进纤维差别化、面料功能化、印染绿色化、服装家纺品牌化、技术装备信息化的进程，空间布局上以1个主导园区，7个特色名镇为主。“5”是五大优势产业：装备制造、汽车汽配、皮革塑料、新型建材、金属制品，重点要在延伸产业链、做大产业规模上做出努力。“3”是培育新能源、生物医药和住宅化等战略性新兴产业。

【招商选资40.63亿元】 2010年，绍兴县招商部门在上海举办迎世博绍兴县（上海）投资环境推介会，向300多位境内外客商推介绍兴县投资环境，现场签约项目6个，总投资近20亿元。在北京举办绍兴县（北京）经济社会发展情况汇报暨新兴产业发展对接会，中钢集团、中国农业发展集团总公司、中国林业集团、中国纺织工业协会等80多家央企、60多家大型民企及科研院所的负责人出席。2010年，县外侨办引进项目18个，签约投资总额20.63亿元，注册资本1.78亿元。

【新开工项目437个】 2010年，绍兴县在建项目617个（其中新开工项目437个）。兴日铁、天圣化纤等大项目推进较为迅速。部分上年进度缓慢的项目，在这一年度也加快投入，优创光能等项目推进较快。有116个项目列入县“三个一批”，其中116个在建，开工率100%，完成投资81.37亿元，占计划投资数的100%。截至12月，新开工用地项目68个（亿元以上19个），完成投资20.5亿元，占全县完成投资的12.2%。

【在建非纺产业项目占44.08%】 2010年，绍兴县有617个在建项目，其中亿元以上项目123个。非纺产业项目272个，其中亿元以上项目92个，分别占在建项目数和亿元以上项目数的44.08%和74.8%。完成的168.1亿元投资中，装备制造、汽车汽配、皮革塑料、新型建材、金属制品和新能源等“5+3”产业项目185个，完成投资72.29亿元，占非纺产业项目数和投资数的68%和94.87%。纺织类项目345个，完成投资78.88亿元。其中纺织提升类项目257个，完成投资57.37亿元，分别占纺织类项目数和投资数的74.5%和72.73%。

【8个重大项目安装设备或投产】 2010年，绍兴县在建5亿元以上重大项目11个（其中10亿元以上5个）。厂房基本结顶，部分安装设备或已投产8个，主体在建2个、打桩1个。进展较快的浙能电厂主体在建且部分设备安装，计划2011年6月发电运行。“和合玻璃”两条生产线均已点火投产。“其其热电”光伏电池、“新乐纺织”衬衫面料两个项目平场打桩。11个项目完成投资39亿元，占全县完成投资的23.2%。

【72个招商项目落户】 2010年，绍兴县新落户招商项目72个，总投资194.95亿元（非纺41个，总投资72.46亿元），平均投资强度253.5万元/亩。其中亿元以上项目26个，总投资170.89亿元，5亿元以上项目6个。“天圣控股”投资77亿元的年产120万吨超细旦纤维项目一期部分主体在建，投资22亿元的“稽山”锦纶纺丝、投资13亿元的“和合”光伏玻璃二期在施工前准备或项目报批中。新落户项目中，属“1+5+3”的项目62个，总投资188.92亿元，动工5个；“5+3”项目动工34个，总投资64.26亿元。

【2.9亿元奖励工业转型升级项目】 2010年，绍兴县在原有每年3亿元经济政策的基础上，再增设转型升级专项资金15亿元，其中2010年直接用于工业转型升级上的资金2.9亿元，对大项目好项目的设备贴息奖励资金有1亿元，重点是“1+5+3”产业好

项目大项目的奖励。同时，出台《关于进一步加大工业项目招商选资力度的若干政策意见》，对符合“1+5+3”产业导向，科技含量高，发展前景好，带动作用强，列入国家、省新兴产业发展导向目录的新增固定资产5000万元或实到外资500万美元以上的项目，达到相关标准，分别给予工业基准地价10%～30%的奖励。

【确定大纺织4个环节发展方向】 2010年，绍兴县对大纺织的4个环节提出明确的发展方向。化纤业差别化比率40%；织造业为国内知名品牌配套占比50%；服装家纺业依托省级以上名牌产品销售比例50%以上；印染业按集聚整合、控量提质、节能减排的基本要求，逐步落户滨海，安排1亿元落户资金。一年中，企业升级投资意识增强，部分企业购买技术专利，开展技术攻关，提升产品档次。“远通纺织”、“新为民”从传统纺织向装备机械及高档服装发展，“凤仪轧染”从简单印染加工向高科技节能减排印染设备制造发展，项目被列为国家重大高新技术转化项目。（许丙校）

责任编辑　陆　杨

经济开发区

柯桥经济开发区

【概况】 2010年，柯桥经济开发区完成国内生产总值98.6亿元，比上年增长12%；完成财政总收入12.5亿元，比上年增长18.2%；地方财政收入6.9亿元，比上年增长45.9%；销售567.7亿元，比上年增长23.3%；规模以上企业销售495亿元，比上年增长26.6%；全社会固定资产投资46.3亿元，同比增长17.1%，其中工业投入30.5亿元，同比增长5.9%；自营出口12.6亿美元，同比增长31.1%；实到外资5095万美元。柯桥开发区在全市开发区建设竞赛中获二等奖。

【新批外资（增资）项目12个】 2010年，柯桥经济开发区新批外资（增资）项目12个，总投资5107.7万美元。内资招商绝对额72103万元，同比增长20.7%；注册资本11385万元，同比增长26.4%。储备优质投资项目100个，其中投资亿元以上的13个。利用标准厂房存量资源，引进项目29个，总投资1.5亿元，完成招商面积8万余平方米。

【引进商贸三产企业299家】 2010年，柯桥经济开发区引进商贸三产企业299家，总投资5.1亿元，注册资本4.8亿元。全年出让住商、商业用地7幅172亩，规划总建筑面积16.5万平方米，计划总投资6.5亿元。成功出让4S店等地块4幅，汽车4S店全年累计销售汽车6000辆，销售额近17亿元，创税800万余元。轻纺贸易中心销售5万余平方米，招商入驻经营户800家。中国厨卫城启动区块入驻经营户95家。

2010年6月9日，绍兴宝晨宝马4S店开业。（柯桥经济开发区供稿）

【收回存量闲置土地150亩】 2010年，柯桥经济开发区创建全国节约集约用地模范县柯桥开发区节地示范点，依法收回企业存量闲置土地150亩。全社会固定资产投资46.3亿元，同比增长17.1%，其中工业投入30.5亿元，同比增长5.9%；完成商贸三产投入11.9亿元，同比增长50.6%，实现限额以上企业三产增加值5.5亿元。

【编制柯北二期控制性详细规划】 2010年，柯北二期实际代保面积8861亩，柯桥经济开发区组织编制完成柯北二期控制性详细规划，集贤路工程完成施工图设计并进入招投标程序，11万伏变电所工程完成选址、地质勘探和施工设计。

【古镇安昌保护开发建设有限公司成立】 2010年6月30日，古镇安昌保护开发建设有限公司成立，注册资金1亿元。古镇区控制性详细规划编制完成，投资1600万元的古镇区“清水活水工程”启动，中国师爷博物馆建设、“昕欣纺织”整体搬迁、“立新纺织”、“诗韵” “退二进三”等工程加快推进。

【建设齐贤新区】 2010年，齐贤新区一期地块完成出让，二期完成1号地块拆迁。5家金融机构意向入驻，石佛寺大光明殿等建设项目完工并投入使用，羊山景区扩建工程一期石佛寺扩建完工并投入使用，羊山风景区入口广场建设项目实质启动。

【编制《开发区总体规划》等5个规划】 2010年，

柯桥经济开发区编制完成《开发区总体规划》、《金柯桥大道城市设计》、《柯北二期控规》、《安昌古镇保护与发展规划》、《齐贤新区扩容规划》等一系列规划，出台《柯桥经济开发区规划管理实施细则》，进一步加强规划规范管理执法力度。

【完成基础设施投资5.8亿元】 2010年，柯桥经济开发区完成基础设施及非工投资5.8亿元。镜水北路完成管线及路基施工；安华公路拓宽工程完成东半幅路基及管线施工；柯北一期工业园区人行道改造工程完成设计，改造试验段完成施工；两镇（齐贤镇、安昌镇）实事工程建设顺利推进。

【投入600万元完善保洁设施】 2010年，安昌镇大和村、大山西村农民公寓主体工程完成。大山西村家庭工业集聚点进入主体施工阶段。实施美丽古镇大行动，安昌镇投入600万元加强完善保洁设施。齐贤镇进一步推进农村宅基地置换，一期置换51户完成评估。陶里村、丈午村的农村生活污水净化处理项目和阳嘉龙村等5个村18座水冲式公厕规划立项，并开始施工。

【拆迁6.2万平方米】 2010年，柯桥经济开发区、齐贤镇、安昌镇全年拆迁面积6.2万平方米，齐贤新区二期项目拆迁基本完成，官湖沿一期拆迁项目完成评估。镜水北路安置小区（一期）完成桩基施工、建筑基础工程完成3幢；羊山安置小区结顶5幢，高层完成地下室施工；官湖沿安置小区（一期）完成公开出让前期工作。

【建成省级高新技术产业园区】 2010年11月，柯桥经济开发区被省政府批准为省级高新技术产业园区。全年有4家企业通过市级高新技术企业认定、3家企业通过省级高新技术企业认定、2家企业获省级专利示范企业称号，认定通过省级企业研发（技术）中心3家、省级以上科技项目10个，拥有授权专利400余项（其中发明专利6项）、省级名牌产品1个、省级著名商标1件。举办中国纺机产业转型升级高峰论坛暨中国纺机名镇品牌建设系列活动。

在建中的总投资20亿元的硅晶片电池组件生产企业浙江优创光能有限公司 （柯桥经济开发区供稿）

【获省级工业循环经济示范区称号】 2010年9月，柯桥经济开发区被省经信委授予浙江省工业循环经济示范区称号。开发区实施气流缸全覆盖、节能项目全覆盖、清洁生产全覆盖、监管全覆盖等四大工程。督促印染企业淘汰落后产能设备241台（套），淘汰落后年印染布产能2.5亿米，新增气流缸142台，19家印染企业计划2012年前搬迁集聚；投入资金6000万元，实施节能节水项目10个。有8家企业被列入省级清洁生产计划；制订印发环境保护管理办法，组建成立专职环保员队伍，实行24小时随机巡查。

【创建省级和谐劳动关系先进工业园区】 2010年11月，柯桥经济开发区被评为浙江省和谐劳动关系先进工业园区。开发区本级全面加强安全生产、环境保护、劳动用工管理和信访维稳工作，大力开展省级劳动关系和谐园区创建，34家企业被评为绍兴县柯桥经济开发区劳动关系和谐企业；8家企业开展安全标准化达标工作，4家企业通过验收，是全县安全标准化企业最多的平台；“大调解”体系建设不断完善，依法调处到信到访和企业劳资纠纷，健全职工工资正常支付保障机制。 （徐钦军）

滨海工业区

【概况】 2010年，滨海工业区完成国内生产总值1004339万元，比上年增长11.1%；人均生产总值259680元，比上年增长10.8%；第一生产总值31333万元，比上年增长5%；第二生产总值915912万元，比上年增长11.2%；第三生产总值57094万元，比上年增长12.6%；工业销售收入6102200万元，比上年增长27.2%，其中规模以上企业销售收入5899219万元，比上年增长30.4%；农民人均纯收入13037元，比上年增长10.1%；完成固定资产投资623392万元，比上年增长0.9%；工业投资576181万元，比上年增长0.2%；城市及非工投资47211万元，比上年增长10.3%；实现财政收入132212万元，比上年增长49.0%，其中：国税收入95088万元，比上年增长53.6%，地税收入37124万元，比上年增长38.3%；出口64735万美元，比上年增长33.6%；万元生产总值综合能耗下降率4.5%；实到外资9214万美元，比上年增长130.2%。

2010年12月21日，在绍省人大代表视察绿色印染集聚区建设工作。（马　骋摄）

【印染产业集聚区建设征地1万亩】 2010年，滨海工业区全力推进印染产业集聚区规划建设。编制完成《滨海工业区三期（新核心区）控制性详细规划》、《滨海工业区绿色印染园区启动区块方案图》等规划，征用土地1万亩，建设“7路1泵站”、滨海第二工业水厂、10千伏公配线、110千伏变电所项目、县中石油昆仑燃气项目、浙能滨海热电项目等基础设施启动，有89家企业签订集聚协议、23家企业签订用地预约协议、4家企业挂牌落户。

【16家化纤企业年销售收入204.82亿元】 2010年，滨海工业区加快化纤产业集聚发展，投产的化纤企业16家，实现年销售收入204.82亿元，年产值195.56亿元，被中国化学纤维工业协会授予中国新型化纤研发生产基地称号。

【引进工业项目33个】 2010年，滨海工业区引进并通过县会审工业项目33个，总投资168亿元。其中投资超5亿元项目6个，超50亿元项目1个。滨海工业区被评为县招商引资优胜单位。

【拥有投产工业企业141家】 2010年，滨海工业区加快项目落户和开工建设，共摘牌落地工业项目40个，新开工工业项目25个，新增投产工业企业21家，投产工业企业141家。

2010年8月，绍兴和合光伏玻璃项目生产线点火仪式现场。（马　骋摄）

【基础设施建设投资2.6亿元】 2010年，滨海工业区实施政府性投资项目29个，支二路、支B路等工程竣工或在建，全年基础设施建设投资2.6亿元。

【商贸开发投资2.85亿元】 2010年，滨海工业区引进现代服务业项目18个，10个房地产项目陆续开工建设，全年商贸开发投资2.85亿元。

【强制淘汰2.25亿米印染产能】 2010年，滨海工业区全面落实节能减排目标责任制，强制淘汰2.25亿米印染产能，占全县淘汰数的31.69%。开展全国第二批循环经济试点工作、“进管达标、处理提标”和环保监管专项行动，万元生产总值综合能耗下降4.5%。

（郑　江）

责任编辑　韩兰芳

城镇建设

综 述

2010年，绍兴县按照“一主三副三区”和“现代开放的柯桥城、繁荣生机的中心镇、美丽有序的新社区”的城乡建设目标，大力推进新县城、中心镇、农村新社区建设，《绍兴县域总体规划》通过省市联合技术鉴定和绍兴市中心城市规划管理委员会审查。开展《绍兴县城乡新社区布局规划》编制，以镇（街道）为单位，将全县范围行政村划定为34个城镇社区和52个农村社区，通过规划引导，计划将6个市级以上中心镇建设为小城市，把52个农村社区建设为小城镇。城乡一体统筹发展的长效机制逐步健全，至年底，城市化率65%，比上年提高2个百分点。

绍兴县调整完善柯桥中心城、柯桥开发区行政管理体制，中国轻纺城市场改造升级进展顺利，“两湖”区域开发稳步推进，柯南新区建设扎实推进，重点实施政府性投资十大工程和社会性投资十大工程，提升城市市政、商贸、人居、休闲等配套功能。

2010年4月16日，县长孙云耀调研城市建设。（沈浩根摄）

绍兴县调整完善城市管理体制机制，以第六届世界合唱比赛和城区节会为契机，开展“清洁柯桥”市容环境综合整治活动，提升路面清洁、市容整洁标准。推进“数字城管”建设，在实施一期建设的基础上全面完成深化扩面，实现专业部门由7个扩大到25个部门、镇（街道）、单位，覆盖区域由柯桥主城区22平方公里扩展到城市建成区45平方公里。

2010年，绍兴县建设部门加大农房改造力度。完成农村住房改造建设4674户，其中危旧房改造229户（目标任务4500户，其中危旧房改造150户）。实质性启动漓渚镇大步村和钱清镇钱门安置小区两个农民集中居住区项目。（占国民）

规划编制

【概况】 2010年，绍兴县坚持城乡一体规划，优化县域空间布局，整合城市各项设施，《绍兴县域总体规划》通过省市联合技术鉴定和绍兴市中心城市规划管理委员会审查，优化完善“一主三城三

2010年11月11日“规划走近百姓”现场咨询活动在平水镇举行。（《绍兴县报》供稿）

区”的城乡一体化布局，以更加注重城市的品质和内涵为出发点，加强对重要道路、重要区块和重要节点的城市设计。至年底，城市化率63%，比上年提高0.7%。

【调整完善县域空间布局】 2010年，绍兴县规划部门针对杭甬客运专线、萧甬铁路高架、杭州湾三通道等一系列重大基础设施项目的建设，不断调整和完善县域空间布局，启动并完成《绍兴县城市近期建设规划》、《绍兴县城市基础设施完善“十二五”规划》、《绍兴县城际高铁站场周边区块规划研究》和《绍兴县萧甬铁路高架沿线地块规划研究》等一系列规划，在全省范围内率先制订《绍兴县城乡新社区布局规划》，将全县11个县级以上的中心镇规划为小城市，将52个农村社区规划为小城镇。

【县域总体规划通过省市联合鉴定】 2010年7月12日，《县域总体规划（2007年～2020年）》通过省市联合鉴定。根据该规划，绍兴县发展定位为长三角南翼的重要节点城市，浙江省率先发展的示范区和新型城市化的先行区、杭州都市经济圈的重要组成部分、绍兴中心城市的副城区。规划形成“一主三副二片”的县域城镇空间布局：“一主”指中心城市柯桥县城，“三副”指滨海副城、钱杨副城、平水副城，“二片”指西南部的兰亭、福全、漓渚片和东部的陶堰、孙端、富盛片。

【完成多个城市规划设计】 2010年，绍兴县规划部门以国际招标形式开展《绍兴县“一轴一湖”区域城市设计》，相继完成《绍兴县104国道（轻纺城大道）沿线区域城市设计》、《金柯桥大道、笛扬路和环瓜渚湖区域夜景照明设计》、《金柯桥大道绿化及景观设计》、《瓜渚湖环湖步行道及景观设计方案》、《县行政中心市民广场等周边环境提升改造规划》、《柯桥省级历史文化街区保护和开发规划》和人防指挥所工程、体育运动会所等多个城市设计项目。

2010年7月10日，县建设局组织召开绍兴县“一轴一湖”区域城市设计竞标方案评标会议。

（《绍兴县报》供稿）

·小资料·　一轴一湖

“一轴”指金柯桥大道城市景观轴，主要为沿线第一视线范围内，从杭甬高速入口至华齐路，总长约6.2公里；“一湖”指环瓜渚湖区域，规划面积1平方公里（不包括水域），其中东岸、南岸重点规划区块面积0.57平方公里。

·小资料·《柯桥省级历史文化街区保护和开发规划》

柯桥省级历史文化街区保护和开发规划，区域以柯桥古镇古运河和柯水形成“十”字形“三桥四水”的空间系统为中心轴，东至笛扬路，南至104国道（轻纺城大道），西至育才路（加油站），北至万商路，总面积36.21公顷。规划区包括重点保护区与风貌协调区，重点保护区为古运河与柯水两侧一定距离合围的区域，是柯桥省级历史文化街区的核心区，面积8.96公顷；风貌协调区为重点保护区外的区域，面积27.25公顷。

2010年11月4日，柯桥省级历史文化街区保护和开发规划优秀金点子颁奖大会在县建设局召开。

（《绍兴县报》供稿）

【审查288个建设项目】 2010年，绍兴县规划部门修订《绍兴县城乡规划管理技术规定》，通过规划开放周活动，听取市民代表、市场业主和相关部门的意见建议。组织召开25次局规划联审会，审查项目288个，其中38个上报县级审查，对59项建设项目进行公示。对城区65个建设项目开展全程跟踪管理服务，核发规划验收书30份，建筑面积84.2万平方米，查处整改在建项目8个。（沈　斌）

县城建设

【概况】 2010年，绍兴县建设部门重点实施公建项目、安置安居项目、自建项目、绿化环卫、市政道路等几大类工程，总投资63.5亿元，当年完成投资12.7亿元，城市功能持续优化，品位不断提升。

【完成代建项目投资10.5亿元】 2010年，绍兴县建设部门实施人利小学、柯桥小学柯北校区、县委党校、柯北坯布市场、绸缎小区三期、红升安置小区、人利（体育中心）安置小区、中泽一期等16个改建、扩建、新建项目，总建筑面积近154万平方米，总投资59.7亿元。当年完成投资10.5亿元，总面积15.38万平方米。其中中国轻纺城仓储物流中心项目基本完工，人利小学改建和柯桥小学柯北校区扩建项目8月底交付使用，绸缎小区三期12月底完成交房工作，坯布市场裙房部分12月份交付使用。

县建管中心代建的柯桥小学柯北校区扩建工程现场（《绍兴县报》供稿）

【中国轻纺城柯北坯布市场完工】 2010年12月，由绍兴县建管中心代建的中国轻纺城柯北坯布市场基本完工，其中建筑面积约11万平方米的裙房交付使用并开始营业。市场位于华齐路以北、金柯桥大道以西，总投资7亿多元，建筑面积18万平方米，营业用房2400多间，是国内最大的坯布交易市场。

【完成市政工程投资2.2亿元】 2010年，绍兴县城市建设投资开发有限公司投资新建、续建工程共22个，包括镜水北路南段、华齐路工程、兴华路、笛扬北路中段工程、国际村支路及上方山大道新建工程、行义桥新建工程、湖东路工程、迎驾桥路工程、舜江桥垃圾中转站工程、人行道铺装及候车亭建设工程、瓜渚湖东直江绿化景观工程等，当年投资2.2亿元。

【开展4个城市绿化改造项目】 2010年，绍兴县建设部门开展4个城市绿化改造项目。主要有绿地改造、提档，绿地特殊改造和“超超染整”地块复绿工程，瓜渚湖直江东岸、钱陶公路南沿河绿化。4个项目分别位于环瓜渚湖公园、柯东入口广场、镜水路、柯华路、金柯桥大道、公铁立交桥下及周边绿地，104国道以北、小佐路以西，瓜渚湖直江以东、钱陶公路以南。

【改造县城环卫设施】 2010年，绍兴县建设部门对县城环卫设施进行一系列改造。包括垃圾中转站改造、柯桥城区公厕改造等项目，涉及镜水路柯东垃圾中转站，服装市场垃圾中转站，鉴湖路公厕，百舸路东、西两侧公厕，新世纪房产旁公厕，古淩河东侧公厕。

【完成2万多平方米人行道铺装】 2010年底，绍兴县城人行道铺装及新建候车亭项目基本完成。其中人行道铺装分布于百舸路、青峰路、华宇路、兴越2号支路、湖东路、湖西路、裕民路等7条路段，总铺装面积为20173平方米。新建候车亭分布于华齐路2座（A型）、湖中路1座（A型）、裕民路2座（A型）及兴越路2座（B型），共7座。项目总投资805万元，当年完成750万元。

【城市道路建设8个项目完工】 2010年，绍兴县建设部门实施一系列市政道路建设工程，使城区交通面貌焕然一新。包括镜水北路（南段）、湖东路、华齐路中段、迎驾桥路、华齐路东段、兴华路、行义桥道路续建等项目，城区沥青路面大修，隔离栏增设和改造，镜水北路、华齐路和耶溪路路灯新建等项目，总投资2.4亿元，8个项目完工。

【城区配套基础设施新增投入1.3亿元】 2010

年，绍兴县配套建设县体育中心、萧甬铁路高架、县委党校、县综合档案馆、县中心幼儿园等8个公益性项目，当年投入1.3亿元。完成耶溪路建设，启动双亭路、兴华路等一批市政道路建设，实施百舸路环境、瓜渚湖直江等河道整治工程。（包震东）

柯南区块建设

【概况】 2010年，柯南区块实现国内生产总值47.6亿元，同比增长9.5%；完成地方财政收入5.15亿元，同比增长13.3%；工业销售169.5亿元，同比增长18.1%。完成公益性、基础性项目投资9亿元以上，社会性项目投资18亿元以上。

【度假区旅游总收入19亿元】 2010年，鉴湖—柯岩旅游度假区旅游总收入19亿元，同比增长13%。推进大香林二期、天马汽车休闲广场、若航绍兴直升机场及游艇俱乐部、“十里柯岩、十里湖塘”、鲁镇二期、夏泽水库景区、州山历史文化名村、旅游综合服务中心、鉴湖水上运动基地、运动休闲装备展销中心等十大项目，全年接待游客200万人次，同比增长14%。

【鉴湖水庄一期安置小区建成交房】 2010年4月，鉴湖水庄一期安置小区交付使用。小区位于柯南大道与笛扬路交汇区东面地块，总建筑面积66200平方米，安置562户，主要安置涉及柯岩乔波滑雪馆、柯南大道项目的拆迁户。住宅立面形式采用绍兴地方传统建筑悬山屋面民居形式，以白墙、黑瓦屋面为面，以悬山屋面棕色檐口为线，以门窗、阳台板的花格为点，形成有传统意韵的立面效果。

【104国道南复线拓宽改造工程启动】 2010年6月，104国道南复线拓宽改造工程动工。工程全长11.8公里，宽34米，总投资5.12亿元，路基、桥梁工程分为4个标段。工程计划在2011年12月底前建成通车。

【柯南新区分区规划通过评审】 2010年10月29日，《柯南新区分区规划（2010～2030）》通过论证。规划将度假区按照“一心、两轴、三区”的总体空间格局进行布局。“一心”指柯岩景区和柯岩高尔夫活动中心，“两轴”指鉴湖水乡风光轴和稽山鉴水山水绿色生态通廊，“三区”是城市发展区、旅游开发区和山林生态保护区三大片区，最终将度假区建设成为以柯岩景区为核心，以旅游度假、休闲娱乐为特色，融商业、会议、居住和特色工业于一体，自然和人文、现代和历史相融合的低密度、高档次国家级旅游度假区。

【度假区举行摄影比赛】 2010年，鉴湖—柯岩旅游度假区与省摄影家协会联合举行“绍兴印象·鉴湖”摄影比赛。内容以展现度假区内的自然风光为主，反映鉴湖景区、柯岩风景区、鲁镇景区、大香林景区、乔波滑雪馆、高尔夫球场等风景区内以及度假区内的名胜古迹、风土人情、建设成就，全面向外界推介度假区风土人情。

【“十里湖塘、十里柯岩”概念性规划及项目策划开展国际招标】 2010年7月，度假区对“十里湖塘、十里柯岩”区块开展规划研究，并对该区域概念性规划及项目策划进行国际邀请招标。该项目规划西到湖安路，东至县行政界线，其中主水道地带总长约8.5公里；空间范围包括主水道水域空间及相邻陆域空间，规划面积约7平方公里，其中水域面积约2.5平方公里。

【度假区完成项目投资45亿元】 2010年，鉴湖—柯岩旅游度假区内柯岩联盛国际商业广场、绍兴天马汽车休闲广场、若航直升机场暨游艇俱乐部等3个项目相继签约，总投资45亿元。

·小资料· 柯岩联盛国际商业广场

柯岩联盛国际商业广场总用地面积约108亩。总投资约20亿元，总建筑面积约17万平方米，其中商业建筑面积约11万平方米，住宅建筑约6万平方米。包括五星级IMAX（即Image Maximum的缩写，意为“最大影像”，汉语发音可读作“爱麦克斯”。是一种能够放映比传统胶片更大和更高解像度的电影放映系统）巨幕影城、大型剧场式夜总会、知名家饰超市、大型生活超市、餐饮酒吧街、SOHO办公（即Small Office Home Office，家居办公）等多种业态。

·小资料· 绍兴天马汽车休闲广场

绍兴天马汽车休闲广场总用地面积约777亩。总投资约15亿元，其中一期3.5亿元至4亿元，投资建造国际二级标准赛道1条、卡丁车赛道1条、12000座大型看台1个以及名车体验中心、赛车培训中心、汽车维修及保养中心等。

·小资料·　若航直升机场暨游艇俱乐部

若航直升机场暨游艇俱乐部项目总投资10亿元，项目地块总用地面积约367亩。可满足超过60架公务直升机的停放和起降服务，还拥有约80个游艇泊位。同时，项目包括购置2座培训直升机5架、5座以上公务直升机3架、游艇3艘至4艘。　　（陈剑锋）

村镇建设

【概况】　2010年6月，绍兴县出台《2010年绍兴县农村新社区建设政策实施意见》，县财政安排6560万元扶持农村新社区建设。对当年镇（街道）新建垃圾转运站的，按投资额的30%给予补助，最高补助30万元。对镇域内生活垃圾实行规范化处理的，经考核给予30万元奖励。全镇（街道）生活垃圾实行市场化运作、专业化保洁、规范化处理的，再给予30万元奖励。　　（北　辰）

【建成农民公寓1347套】　2010年，绍兴县农民公寓建设势头良好，农村人口开始向城镇和社区居住点集中。新批10个村，规划建设31幢575套、总建筑面积10.39万平方米的农民公寓。全县累计50个村规划建设农民公寓166幢2885套、总建筑面积47.65万平方米。至年底完工农民公寓85幢1347套、总建筑面积22.58万平方米。　　（陶利根）

2010年7月20日，县农房办在兰亭镇桃阮社区开展农房改造建设服务基层咨询活动。（《绍兴县报》供稿）

【推进农村宅基地置换】　2010年，绍兴县出台《关于推进农村宅基地置换鼓励农民进城镇居住的若干意见（试行）》和《关于印发绍兴县农村宅基地置换暂行办法的通知》。17个镇（街道）均出台置换工作实施细则，17个农民集中居住区完成规划编制，并通过会审。孙端、平水、夏履三镇先行试点。齐贤镇开工建设一期置换房源东贤花园，首批104户农户与镇政府签订“以房换房”协议；稽东镇举行“以房换钱”签约仪式，首批36户农户与镇政府签订协议；柯岩街道确立“竹林阮社”、“澄海嘉园”2个安置区，61户农户参加交房仪式。　　（沈伟娟）

【创建各级各类示范村】　2010年，绍兴县创建市级全面小康建设示范村6个、市级环境整治示范村7个、省级待整治村45个。累计有省级全面小康示范村38个、市级全面小康建设示范村68个、市级环境整治示范村50个、市整体推进村庄整治建设达标乡镇6个，完成289个村庄（包括已拆村建居的村）整治。创建完成新农村电气化村175个，累计创建并命名新农村电气化村375个。71个村完成农村信息化创建，其中信息化示范村22个、信息化达标村49个，信息化示范镇2个；市级农村消防示范村12个。当年创建信息化示范村11个、信息化达标村19个、市级农村消防示范村12个。　　（陶永兴）

【40个村进行农村生活污水集中治理】　2010年，绍兴县根据全省建设美丽乡村要求，以“千万工程”为重点，加大村庄整治建设力度。有40个村进行农村生活污水集中治理，池容16304立方米，接入农户10584户。累计有136个村通过验收，建造池容 40062立方米，接入农户29671户。有86个村新建水冲式公厕，新建公厕322座。　　（王　琰）

【冢斜村入选中国历史文化名村】　2010年，绍兴县稽东镇冢斜村以悠久的历史、深厚的文化底蕴、淳朴的民俗风情、极具特色的古建筑风格和整体保护的完整性，入选由住房和城乡建设部、国家文物局共同评选的第五批中国历史文化名村，成为全国350个历史文化名镇名村之一，也是绍兴市首个获此荣誉的村庄。　　（沈　斌）

城市管理

【概况】 2010年，绍兴县按照城市管理精细化的总体要求，健全规范城市管理运行机制，实现城区城管执法、环卫保洁、市政养护、园林管理一体化。数字城管深化扩面全面建成，实施范围扩大到建成区45平方公里，实施单位扩展至25个部门、镇（街道）、单位。市容环境整治成效明显，市政绿化管养水平明显提高，实现城市精细化、高效化、规范化、长效化管理。

2010年5月10日，柯桥城区廊桥边的河道上，一位河道保洁员正在清理漂浮在河面上的垃圾。（高　洁摄）

【数字城管覆盖45平方公里】 2010年，绍兴县数字城管专业处置部门由原来的7个扩大到城市管理相关的25个部门、镇（街道）、单位，覆盖区域从原来22平方公里柯桥主城区扩展到城市建成区45 平方公里。数字城管平台共发现城市问题110065件，处置104835件，处置率95.25%。其中县建设局发现问题45358件，处置45344件，处置率99.97%；按时处置44688件，按时处置率98.56%。（陈伟琴）

【开展36次专项整治】 2010年，绍兴县城管部门开展无证夜排档专项整治、城区建筑工地及建筑垃圾清运专项整治、打卷店专项整治、“清洁柯桥”市容环境秩序综合整治、金柯桥大道两侧违章广告牌整治、城区马路市场联合执法整治等活动36次。劝导教育各类违章占道经营5120起，取缔流动摊点725个，处理乱堆乱放行为2703处、占道广告牌2385块，拆除乱搭乱建573处，拆除违规、破损横（条）幅925条，拆除金柯桥大道两侧违章广告牌24块，处理违法处置建筑弃土案件31起，查处人行道上违章停放机动车15639辆。

【拆除违法违章建筑5.3万平方米】 2010年，绍兴县城管部门完善对镇（街道）城建中队的考核机制，建立三级违章建筑管理监察网络，做好全县各镇（街道）新违法违章建设的防控和查处。全县共拆除各类违法违章建筑497起，建筑面积53018.3平方米。（李利均）

【完成绿地改造6万平方米】 2010年，绍兴县城管部门实施城区绿化提档改造工程，提升现有公园绿地的生态和景观效果。对步行街60多个树池实施“花间树”工程，对西岸公园水车广场、沿湖部分堤磡进行全面改造，项目共涉及绿地改造面积约6万平方米，总投资约500万元。（范　平）

【及时修复各类市政设施】 2010年，绍兴县城管部门共修复沥青路面22000平方米；修复人行道花岗岩1500平方米、小方块4800平方米；修复侧平石417米；修复路灯2500多盏（次）。疏通雨水管道78千米，清理窨井512口。对城区78座公交候车亭广告进行改造，修复32座破损候车亭；新增交通标志39块、划线20500平方米。（应钟诚）

【处理城区生活垃圾14.14万吨】 2010年，绍兴县城管部门清运城区生活垃圾14.14万吨，清运建筑垃圾2.5万吨，清运粪便1.2万吨，无害化处理率100%。（朱永欣）

【南岸公园夜排档工程完工】 2010年5月，南岸公园夜排档工程通过竣工验收，7月交付启用，港越路夜排档全部迁入。夜排档位于瓜渚湖南岸公园入口西侧地块，占地面积7497平方米，共设摊位50个，另设烧烤休闲区1个（内设烧烤小屋4间）。工程对所有经营摊位实行燃气管道集中入户，设置污水收集排放系统，地面雨水和生活含油污水经污水收集系统集中收集至隔油池处理后，经专设的排污管接入云集路排污管网。

【城区实施分路段路灯低碳照明】 2010年10月，柯桥城区部分路段实施路灯低碳照明。镜水路北段（即群贤路到钱陶公路路段）全长2500米的路段内，新安装太阳能路灯135柱。华齐路（即柯华路到金柯桥大道路段）1500米距离内，新安装大功率LED（发光二极管）节能路灯85柱。鉴湖路、山阴路、育才路路段已安装路灯处，安装11台智能节电器，供917盏路灯节电使用。

2010年10月20日，县建设局组织召开柯桥城市夜景概念设计竞标方案评标会议，中国照明学会室外专业委员会副主任汪幼江等6位专家参加。（县建设局供稿）

【完成城区地下管线普查】 2010年12月，绍兴县城区地下管线普查完成。普查范围为柯桥、华舍、柯岩、湖塘4个街道及钱清、齐贤镇部分区域（东至镜水路市县交界处，南至杨绍线，西至湖安路，北至柯袍线，面积约83平方公里）。普查内容为市政道路及河道两侧埋设的各种管线，包括市政类管线、通讯类管线、电力类管线和其他管线。

【推行建筑弃土运输单车（船）运输许可】 2010年6月，绍兴县城管部门在柯桥城区推行建筑弃土运输单车（船）运输许可。对建筑垃圾运输车辆实行单车（船）运输许可（一车一证），禁止无证违法运输，规定运输车辆（船舶）须随车（船）携带此证；实行黑名单制度，车（船）在1年内第二次违规被查出的，自查出之日起当年内不发许可证；未随车（船）携带许可证及进入黑名单的车（船）禁止从事建筑垃圾运输，违规者承担相应法律责任。

平水副城建设

【概况】 2010年，平水副城建管委不断优化城镇环境，通过各种途径实现农村人口和外来人口等集中居住。镇区内开展总建筑面积约81万平方米的房地产项目建设，通过高山移民、大型农民集中区建设、农民公寓建设、拆迁安置房建设等途径，吸引山区范围内农民到平水副城集聚，城市人口增至6.4万人，其中建成区人口2.3万。镇区城镇化率36.1%，城市化聚集效应显著增强。

【完成10个专项规划】 2010年，平水副城建管委围绕副城核心区块建设，编制完成《洄涌湖生态住区概念规划》、《平水副城核心区绍甘线两侧环境整治设计》、《西湖桥大型农民集中居住区》等10个专项规划，完成《平水镇土地利用总体规划》（2006～2020）修编。建立规划联审会议制度，对60余个项目进行集体审查，对2个项目进行规划调整公示。

【投资7.13亿元建设基础公益性项目】 2010年，平水副城建管委投资7.13亿元建设22个政府性投资基础性公益性项目。其中公园路等5个项目10月份竣工，日铸岭隧道及连接线、南北环岛交通景观改造等4个工程年底前竣工，西湖桥大型农民公寓等7个项目陆续开工建设。

【完成社会性投资近6亿元】 2010年，平水副城建管委推进社会性投资现代服务业项目建设进度，完成投资5.96亿元。华伟大厦、广电综合楼等项目陆续竣工，15个生态楼盘建设进展顺利，当年开盘的3个新楼盘销售形势较好。

【征用土地1005亩】 2010年，平水副城建管委计划征用土地14宗，完成土地征用面积795.86亩。实际启动19宗土地征用，完成土地征用1005亩，完成年初计划的126.3%。年初计划实施拆迁项目3个，完成拆迁面积10万平方米。年底前启动3个项目拆迁，完成拆迁面积65000平方米。

【出让经营性土地5宗】 2010年，平水副城建管委按照成熟一块、推出一块的原则，完成四丰1号住商地块、大斗秋地块、农副产品一条街C号楼地块等5宗240亩经营性土地出让，累计出让价2.8亿元。

【建设7万平方米农民集中居住区】 2010年11月，平水副城建管委出台《关于加快推进平水副城农村宅基地置换鼓励农民进城镇居住的实施细则》，加快推进农民集中居住区建设试点，一期启动区的建筑面积近7万平方米。推出“以房换房”、“以房换钱”、“以房换租”3种置换模式。对住房困难户、下山移民户、自然村整体拆迁、联户联片10户以上置换户优先给予安排。对集中联片、自然村整村置换的区域被置换房屋在协议签订后一定时间内腾空的，给予奖励；对10户以上集中联片置换户，给予经济奖励。平水副城范围内“以房换钱”置换户到平水镇购买商品房，置换户凭购房合同和发票给予一定经济奖励。

·小资料· 以房换房 以房换钱 以房换租

“以房换房”指平水副城在副城核心集中居住区统一建设公寓房，农户通过申请、审核、公示、审批、签约、择房、旧房处置验收、注销、交房和结算、置换房屋权证办理等10个流程，以现有全部农村合法住房和人口为标准进行置换，单户置换房屋原则上不多于3套。

“以房换钱”主要针对放弃宅基地（房屋）自行到城镇购买商品房的农户，按退出的现有全部合法宅基地面积，凭本户购房合同和发票，由房屋所在地镇人民政府给予一定额度货币补贴。

“以房换租”，按农户退出的合法宅基地面积直接给予每平方米1000元的货币补贴。（徐春光）

公共交通

【概况】 2010年，绍兴县共有二级客运站1个，县内经营的三级以上客运企业3家，城区及镇（街道）公交客运站场16个。县域内一级网络客运线路46条，经营方式全部为公车公营，二级网络客运线路22条。根据县政府《加快绍兴县城乡公交事业发展的若干意见》要求，县运管部门对公交企业实施安全和服务质量考评和以奖代补政策，制定并印发《绍兴县城乡公交安全营运和服务质量考核办法》，对公交安全营运和服务质量进行全面考核和奖励。

【推出各类乘车优惠】 2010年，绍兴县公交系统在原公交IC卡8折优惠乘车、70周岁及以上老年人免费乘车等惠民措施的基础上，同步推行学生公交IC卡乘车4折优惠和对在1小时内换乘并刷卡付费的乘客实行减价5角的换乘优惠。

【群贤路公交全覆盖】 2010年，绍兴县群贤路全线贯通，县公交系统增设两条公交线路。一条为柯桥职教中心始发的188路经群贤路驶入市区的市县公交新线，其终点站设在市区城南；另一条为湖东站始发经群贤路开往钱清公交站的619路，实现群贤路公交全覆盖。

【调整公交票价及线路】 2010年，绍兴县公交系统根据客流实际，整合278路和807路两条公交线路成为新807路，并使其成为绍兴县首条一元一票制无人售票城乡公交线路（全长21公里）。对柯桥至杭州城际公交的线路走向作调整，原全程16元的票价下调至12元。对138路、617路和801路、802路、803路、805路、806路、811路城区公交等线路进行调整或延伸，促进商贸三产业发展。

【改造更新近90辆公交车】 2010年，绍兴县各公交企业结合企业实际，累计投入近2000万元资金，按要求于6月底前改造发动机55台、新购车辆34辆，使进入绍兴市区二环内的公交车辆尾气排放全部达到国三标准（即中国第三阶段汽车排放标准，相当于欧洲Ⅲ号排放标准），同时在乘坐舒适度上也有明显提高。（吴国锋）

供排水

【概况】 2010年，绍兴县水务集团安全供水1.65亿吨，同比增长8.53%，日最高供水33.09万吨。污水收集总量2.2亿吨，同比增长13.97%，日最高收集量75.04万吨。污水达标处理总量2.76亿吨，同比增长7.97%，进厂污水最高达102.99万吨。管网水质综合合格率100%，污水出水自检合格率100%，接受国家、省、市各项受检指标合格率100%。

【16座集镇泵站并入排污网】 2010年，绍兴县集镇生活污水系统投入运行，钱清、夏履、兰亭、福全、漓渚、齐贤、马鞍、安昌、杨汛桥、平水等10个镇（街道）16座集镇泵站全部与排污系统并网运行。全年收集生活污水总量1292万吨，同比增长19.08%。城区可收集范围内单位（小区）生活污水接入率90.95%，收集率提升到80.01%。

【投资3.33亿元实施10项工程】 2010年，绍兴县水务集团实施工程项目10个，完成投资3.33亿元，新建口径75毫米以上供、排水管线54公里，泵站自动化改造9座。兰亭水厂2万吨/日技改工程顺利投运，滨海水厂10万吨/日扩建及取水口改造工程具备投运条件，新增供水能力12万吨/日，集团日供水能力由54万吨提升到66万吨。安滨线污水外排工程全线完工，日污水收集输送能力由80万吨提升到100万吨。100亩污泥临时堆存场项目第一期（28.85亩）如期建成，滨海产业集聚区20万吨/日污水处理工程、小舜江4万吨/日滨海支线工程、集聚区配套污水管线工程、滨海水厂30万吨/日扩建工程及华联三鑫供水专线延伸管工程等5大水务配套工程全面启动。

【对4个镇街实施管网改造】 2010年，绍兴县水务集团投资1700万元，对杨汛桥、福全、湖塘、夏履等4个镇（街道）的10个村实施农村管网改造，3631户1.1万群众用水条件得到改善。全县1876户低保户享受免费供水政策（每月免费用水3立方米），水费缴纳实现全县通。

2010年12月5日，县水务集团的施工人员正在杨汛桥镇杨江村安装供水管。（高 洁摄）

【举行抢修实战演练】 2010年5月25日，绍兴县供水公司在凤凰山泵站举行大口径供水管道抢修实战演练。实战演练以更换凤凰山泵站口径1600毫米阀门为契机，模拟大口径管道爆管应急抢修。实战演练提前5个小时完成。

【小舜江供水一期桥管改建提前兜口】 2010年3月21日，小舜江供水一期总管（两大供水主干管之一，日供水能力20万吨）杭甬运河段马斗10号桥管进行改建兜口作业。计划停水60小时，县水务集团提供10个临时取水点、13个送水点。累计400余人次不间断施工作业32小时，提前28小时恢复供水。停水区域涉及绍兴县6个镇（街道）2个工业区99个村（居委会）、镜湖新区灵芝镇15个村（居委会）2200余家企事业单位及袍江新区等低压供水区域总计54万居民。（周贤萍）

2010年3月21日，在斗门大桥一期总管整体移位改建现场，接口水管被准确吊装到位。（高 洁摄）

责任编辑 陆 杨

交通运输

综　述

2010年是"十一五"最后一年，绍兴县交通基础设施建设继续向纵深推进，共有2项续建、5项新建、5项配合等12项重点工程，全年完成投资9.8亿元。

全县客货运输市场秩序进一步规范。无证营运、超限运输及联托运行业专项治理工作成效明显，全年办理行政许可事项3445件，行政处罚案件1856件，办结率、正确率均为100%，无行政复议、行政诉讼发生。路政、运政、航政及公路收费部门开展专项整治，成效明显，无公路、水路"三乱"现象发生。行政审批服务一个窗口对外，一站式服务的工作方式，受到群众好评。

这年年底，补征养路费5.89万元，征收港航事业费248万元，征收车辆通行费3055.2万元。

这年，绍兴县交通部门组织开展交通行风建设十大亮点评选，开通交通热线电话，24小时受理群众投诉和咨询。

这年，绍兴县道路运输管理所先后被浙江省道路运输管理局评为出租汽车行业管理先进单位、全省道路运输管理行政窗口文明示范岗、全省道路运输行业安保工作先进和创建文明行业先进单位。绍兴县港航管理处分别被省市港航局评为先进集体，被省港航局评为省港航系统上海世博安保工作先进集体。绍兴县公路收费所被市精神文明建设委员会评为绍兴市"双千结对 共建文明"先进集体。绍兴县交通局依法行政工作被省政府评为第一批浙江省依法行政示范单位，被国家交通运输部评为2010年度全国交通运输依法行政示范单位。（吴国锋）

2010年10月22日，市委常委、县委书记何加顺调研绍兴县交通"十二五"规划情况。（县交通局供稿）

基础设施建设

【概况】 2010年，绍兴县交通基础设施建设完成投资9.8亿元，各项工程建设稳步推进，全年共有2项续建、5项新建、5项配合计12项重点工程及小交通建设项目。全县公路养护（大中修）投入2700万元，用于小修保养、公路大中修、水毁、抢险设备购置等。

【杭甬运河绍兴县段二期工程扫尾】 2010年，杭甬运河绍兴县段二期扫尾项目分20项推进，完成镜水北路桥南侧引桥下部工程、南侧接线的路基及部分桥面施工，杨汛桥联社段护岸600米。至年底，有17家移送审计，其中完成审计14家，在审核3家，其余3家未完工。完成兴浦、岭江二处加油点立项，年底完成环境评估、地质勘探、规划方案批复、施工图设计及气象防雷部门图纸审查。

【萧甬铁路柯桥城区段高架改造工程开工】 2010

年7月23日，萧甬铁路柯桥城区段高架改造工程在独山打下第一桩。工程由中铁九局和中铁电气化局二公司联合施工，全长7.8公里，其中稽山路至百舸路段5.66公里为高架桥。改造后柯桥站将拆除，在既有钱清站基础上改建为新柯桥站。工程总投资概算9.7亿元，建设工期18个月，到2012年底建成通车。

【104国道绍兴县钱清段改建工程开工】 2010年3月25日，104国道绍兴县钱清段改建工程进场施工。至年底，共填筑路基土方6600立方米，完成水泥搅拌桩19510米，挖场地堆方4000立方米，挖路基土方8000立方米，砌筑排水边沟200米。

【平陶公路陶堰富盛段完成前期工作】 2010年10月26日，平陶公路陶堰富盛段完成工程施工招标工作，11月开始陆续完成两个标段项目部设立、驻地监理办设立等前期工作。至12月底完成清表1300米，填筑塘渣800米。

·小资料·　平陶公路陶堰富盛段工程

平陶公路陶堰段改建工程路线起于富盛镇乌石村（桩号14K+458），接已建平陶公路富盛段，中连绍诸高速公路陶堰互通，终于104国道（桩号19K+970），路线长5.512公里。按二级公路标准设计，设计行车速度60公里/小时，路基宽15米，工程总批准概算11560.566万元，工期18个月。

【新建绍兴孙端至曹娥公路绍兴县段】 2010年，绍兴县计划新建绍兴孙端至曹娥公路绍兴县段。起点设在钱陶公路孙端收费站以东南800米，小库村附近钱陶公路桩号K33+856处，路线走向为自西向东，沿线经过村头村和樊浦村，终于绍兴县与上虞市之间的行政分界界河东向上虞侧河岸，终点桩号K2+950，路线全长约2.95公里，一级公路标准，路基宽31米，总用地约10.48公顷，总投资约1.45亿元。年底完成设计初稿。

【钱陶公路西小江大桥改造工程完成高风险施工】 2010年7月5日，西小江大桥改造工程正式开工，之后连续完成老梁板拆除及新梁板架设、新防撞护栏浇筑、河中桥墩老盖梁凿除等一系列高风险施工。到12月31日，19–33#跨完成新梁板架设；完成东侧0#、33#台新基桩浇筑、1–5#墩立柱浇筑、2–3#、12–18#墩老盖梁浇筑；0–1#、4–6#、9–11#老盖梁拆除完成。

·小资料·　钱陶公路西小江大桥改造工程

西小江大桥位于钱清镇西小江上，大桥西坡起于镇前路，东坡接104国道，跨过西小江和萧甬铁路，全长约743米。桥涵与路基设计洪水频率百分之一。改造后桥跨布置与老桥相同（与南侧已完成新桥也相同），即5米×13米一联+21米×20米+7米×13米一联＝576米（共23跨）。桥梁改造原则：①全部更换老梁板。②废除全部老盖梁。③老桥岸上立柱废除后重新浇筑，老桥河中立柱经检测达到要求后予以利用。④老桥桩基原则进行利用，经大、小应变检测后确定是否利用。西小江大桥跨越萧甬铁路，由杭州地方铁路开发有限公司作为代建单位，负责钱陶公路西小江大桥改造工程建设管理工作，代建合同价为2185万元。

【绍诸高速公路绍兴县段完成征迁】 2010年，绍诸高速公路绍兴县段全面完成管杆线迁移，落实兰亭、平水等镇的新征、借地工作，基本完成征迁档案归档，协调处理施工单位在施工推进中的各类问题，基本完成征迁扫尾。拆迁安置用地工作及陶堰互通前期工作取得进展，全线拆迁安置土地总体规划局部修改方案和平水镇、兰亭镇安置用地获省人民政府批准，陶堰互通项目获省发改委核准。绍诸高速公路绍兴县段全长19.26公里，在陶堰、富盛、平水、兰亭等镇各设一处互通，其中富盛、平水、兰亭三处与主线工程同步开工，预留的陶堰互通于2011年提前开工建设。工程涉及陶堰、富盛、平水、兰亭4个镇的21个行政村（国营渔场、林场），需征用土地2070余亩，拆迁房屋4万余平方米，迁移坟墓4692座，涉及需迁移的管杆线单位14家。

·小资料·　绍诸高速公路

绍诸高速公路北起上虞市道墟镇，接上三高速公路，向西南经上虞市道墟镇，绍兴县陶堰镇、富盛镇，越城区，绍兴县平水镇、兰亭镇，诸暨市枫桥镇，终于诸暨市浣东街道，接诸永高速公路，全长约62.6公里，设计行车速度100公里/小时，双向四车道，路基宽度26米，全线设枢纽2处、互通立交6处，预留枢纽1处、互通1处，服务区1处，总投资约56亿元，工程于2008年12月18日开工，建设工期4年。

【仓储物流中心一期项目完工】 2010年，中国轻纺城仓储物流中心一期项目当年完成投资1.76亿元，投入试运行，项目累计完成投资3.98亿元。以中国轻纺城仓储物流中心为核心的中国轻纺城现代物流园区被评为浙江省优秀物流基地。

【杭甬铁路城际客运专线绍兴县段完成投资2.83亿元】 2010年12月，杭甬客运专线完成投资2.83亿元，全面完成全线拆迁任务。完成38.43亩（8个基站、2个变电所）的补充征地。协调处理如全线夹心地、边角地补偿，杨汛桥三狮水泥厂拆迁补偿，富梅龙地块征用补偿，孙端碧家庄园住户补偿，钱清镇、华舍街道因拆迁引起房屋开裂等一大批征迁遗留问题和因铁路施工引起的群众信访问题。进入全面完成征迁资料的收集送审和全面落实因铁路施工造成的河道堵塞、道路毁坏、农田沟渠破损的恢复阶段。9月，杭甬客运专线绍兴县段工程建设指挥部办公室被省人民政府授予2009年度省重点建设立功竞赛先进集体称号。

·小资料· 杭甬客运专线绍兴县段

杭甬客运专线绍兴县段全长26.326公里，分东西两段。西段起自绍界河张吴渡处（桩号DK22+540），沿在建杭甬运河南侧至柯桥杭甬高速公路连接线（金柯桥大道），在柯袍、钱陶公路两公路之间向前至绍齐公路（桩号DK42+204），长19.664公里；东段起自钱陶公路赏家北桥(DK56+328)，沿钱陶公路北侧至上虞交界(DK62+990)，长6.662公里。线路共涉及杨汛桥、钱清、华舍、齐贤、孙端等5个镇（街道）25个行政村、35个企事业单位、1343户住户。工程建设由铁道部负责实施，地方政府负责征地拆迁，绍兴县项目资本金出资额为5.657亿元。

2010年，杭甬铁路城际客运专线绍兴县段建设现场。（县交通局供稿）

【杭长客专绍兴县段配合工作受表彰】 2010年，绍兴县实施杭（州）长（沙）铁路客运专线（浙江段）（以下简称杭长客专）县境段工程。杭长客专绍兴县段长3.321公里，需征用土地179.355亩，拆迁房屋约2000平方米。总需承担资金3687万元，其中2010年为1276万元。12月底，300亩工程用地协议全部签订，落实借地3.321亩，涉及浙江玻璃厂区的征迁协议补偿，迁移坟墓1300多座。征迁工作在全线各段中处于领先状态。12月14日，杭长客运专线绍兴县段工程建设指挥部受到沪混铁路客运专线浙江有限责任公司通报表彰。

【18个县乡公路建设项目按计划进行】 2010年，绍兴县县乡公路建设计划获财政补助1300万元，县乡公路建设18个项目，截至年底17项完成招标，8项正在建设中，1项完工。交通安全设施项目计划投资200万元，到年底全部完成。

【开展危险桥梁和路段治理】 2010年，绍兴县设立17个病危桥梁改建项目，计划财政补助630万元。至年底，14座完成招标，11座在建，3座完工。临水临崖高落差路段整治工程计划财政补助1574万元，共整治15.8万米。其中2009年王坛、稽东、富盛3镇未实施乡道5.96万米及专用道0.045万米，全年村道整治9.8万米（山区镇村道共3.1万米）。至年底，5个完成招标。（吴国锋）

公 路

【概况】 2010年，绍兴县境内公路里程为1573.576公里。其中国家高速公路17.457公里、国道22.65公里、省道45.053公里、县道444.94公里、乡道311.663公里、专用公路11.634公里，另有村道720.179公里。公路总里程比上年增加4.148公里，公路密度为133.69公里/百平方公里。全县桥梁1036座，其中高速35座、国道24座、省道30座、县道355座、乡道176座、村道416座，隧道5道，291个建制村公路通达率100%。

按公路技术等级划分（不含村道里程划），高速公路17.457公里、一级公路94.19公里、二级公路152.233公里、三级公路50.859公里、四级公路538.658公里，总计里程853.397公里。含村道里程划分，高速17.457公里、一级94.19公里、二级187.47公里、三级101.575公里、四级877.617公里、准四级138.276公里、等外公路156.991，总计里程1573.576公里。

至年底，绍兴县有营运车辆13722辆，其中货运车辆 12709辆，共34285吨。全年运送旅客3498万人次，旅客周转量为94147万人公里。轻纺城联托运运量282.2万吨，比上年上升19.9%；周转量414834万吨/公里，比上年上升17.7%。

绍兴县有道路旅客运输经营业户13家，客运站（场）经营业户1家。其中班车客运3家，包车客运3家，公交客运经营3家，出租车客运5家。道路危险品运输企业11家，危货运输车辆165辆。

2010年12月16日，绍兴县公路路政人员在绍大线撒盐除冰雪。（《绍兴县报》供稿）

全县共有跨县以上的客运班线108条，班线客车114辆，省内外旅游包车66辆，公交车455辆（不包括绍兴市在绍兴县境内营运公交车辆），公交（客运）从业人员1292人，出租汽车439辆，943名从业人员。

表14　2010年绍兴县运输工具情况

指标名称	单位	2010	2009	比上年同期±%
公路运输				
运输汽车	辆	74578	66736	11.8
载客汽车	辆	61869	56245	10.0
	客位	433083	329876	31.3
公共交通客运车辆	辆	444	429	3.5
出租车	辆	439	438	0.2
载货汽车	辆	12709	10491	21.1
	吨位	34285	20090	70.7
水路运输				
客船	艘	11	11	0.0
	客位	492	410	20.0
货船	艘	198	193	2.6
	吨位	26464	23724	11.5

汽车维修企业56家，其中一类维修企业16家、二类维修企业40家、三类维修企业（含快修）306家，摩托车维修摊店66家，全县共有维修从业人员1831人。

2010年底，全县有县城柯桥始发及途经补员的各类客运班线121条。其中绍兴地区内客运班线4条，分别为柯桥至嵊州、诸暨、岭北、上虞；省内客运班线53条，分别为柯桥至杭州、临平、温州、萧山、瓶窑、义乌、金乡、水头、瑞安、苍南、乐清、瓯北、宁波、余姚、慈溪、宁海、石浦、三门、杜桥、温岭、仙居、路桥、玉环、沈家门、千岛湖、新安江、桐庐、临安、平湖、许村、海盐、王江径、嘉兴、海宁、桐乡、织里、湖州、南浔、孝丰、金华、兰溪、东阳、浦江、永康、磐安、松阳、衢州、龙游、丽水、遂昌、练市、江山、缙云；跨省（市）的长途客运班线64条，分别为柯桥至祁门、合肥、六安、芜湖、亳州、绩溪、安庆、宿州、来安、江宁、临泉、襄樊、固始、景德镇、德兴、乐平、玉山、南昌、广州、深圳、蒲田、石狮、浦城、南宁、武汉、天门、孝感、常德、青岛、菏泽、鹿邑、周口、商丘、郑州、忠县、北京、太仓、苏州、无锡、江阴、常熟、盐城、盛泽、海门、昆山、靖江、吴江、扬州、张家港、南京、南通、常州、黄桥、宿迁、掘江、淮阴、泰兴、徐州、姜堰、上海、川沙、松江、烟台、水城。其他还有4条快客班线，分别是柯桥至杭州、宁波、义乌、诸暨；6条货运专线，分别是柯桥至无锡、金华、义乌、湖州、瑞安、青岛。

【车辆超限整治纳入长效管理】 2010年，绍兴县公路管理部门保持对超限超载违章行为的严管态势，检查各类车辆1196辆，超限车辆576辆，卸货车辆576辆，卸去货物4869.78吨，卸载率100%。S308绍兴超限运输检测站一期投入使用，标志着绍兴县公路超限运输工作纳入长效管理。

S308绍兴超限运输检测站 （县交通局供稿）

【按时完成农村公路大中修和各类应急大中修】 2010年，绍兴县公路管理部门完成56.983公里12条农村公路大中修计划，总投资1695万元。对阳何线、西上线、王祟线、平王线、钱茅线、福漓线、江夏线、柯海线等8条农村公路进行大中修。修复104国道西塘桥、绍大线新桥、分水桥等危桥13座。完成白改黑4公里，维修水泥路面板块1.8万平方米。整治桥头跳车13座，完成柯夏线型塘岭隧道整治工程，迎国检项目10月份全部完成招标，涉及应急大中修等7大类项目，总投资约2500万元。

【做好雨季公路养护】 2010年，绍兴县交通部门修补坑洞19245平方米，清理堆积479立方米，疏通涵洞30道，疏通边沟103公里，整理路肩89公里，清扫路面22152公里，水毁倒坎修复3343立方米，打除草剂1320公里，清理塌方3005立方米，修理涵洞5道。

【创新捆绑式路况巡查机制】 2010年，绍兴县交通管理部门创新“捆绑式路况巡查”机制，第一时间解决涉及养护工程和路政治超工作的事项732件。结合路政捆绑式巡查，对各类违法行为进行查处和制止。全年发现违法案件821件，清理各类堆积6120余立方米，拆除非公路标牌274块，整治马路市场11次，拆除违法建筑1350平方米。与18家矿山、砂场等业主签订门前三包责任书，开展夜间治污专项行动。全年安排各类大型安全检查12次，同时完善公路标志标线设置，设置凸透镜101面，热熔反光标线5623.2平方米，热熔突起标线810平方米，新增指路标志151块。

【出动9000余人次整治道路运输市场】 2010年，绍兴县运管部门继续开展打黑行动，强化专项整治成效管理，对柯桥104国道沿线客运车辆实行专项整治。全年组织开展客运违章、货运违章、无证黑车、公路规费“清欠”稽查等50多次专项整治活动。全年上路260余天，出动人员9000余人次，查处客运违章450起，查获无证营运车5辆，出租汽车违章65起，货运违章4000余起。利用不停车稽查系统等先进稽查设备，采用定点、流动、来回穿插等稽查手段，提升稽查效率。

【在轻纺城内开展错时稽查和定时稽查】 2010年，轻纺城运管部门按照市场运行特点，开展错时稽查和定时稽查。全年上路稽查325天，出动稽查人员2623人次，检查车辆528辆次。处理货运纠纷407起，处理涉及纠纷的货物1360件，处理12345市长投诉17起。调处货损货差理赔75起，为货主挽回损失39.5万元。 （吴国锋）

水　路

【概况】 2010年，绍兴县辖区内有定级航道51条，通航里程319.92公里。其中四级航道1条，通航里程41.2公里；五级航道1条（绍海甲线），通航里程11.95公里；六级航道5条（萧余线、南塘线、钱陶线、钱海线、柯海线），通航里程92.27公里；七级航道16条，通航里程92.1公里；七级以下航道28条，通航里程82.4公里。港航管理部门配合上海世博会、中国绍兴第六届世界合唱比赛活动，严把船舶签证关，期间发布信息1865条，对处港船舶实施专项安全检查293艘次，完成到上海或途径上海的船舶签证许可242件。

【水上运力发展稳中有升】 2010年，绍兴县实有货船199艘27278载重吨，其中专业运输企业的货船19艘5554载重吨；个体船舶180艘21724载重吨。客船11艘，客位492个。其中专业运输企业5家，普通货运企业2家，液货运输企业1家，景区游船企业2家，从业人员88人。全年增加大吨位船舶22艘4746载重吨，注销小吨位船舶19艘2704载重吨，运力结构进一步优化。全年货运量205.6631万吨，货运周转量25983.4997万吨公里，客运量55万人。货物吞吐量542.4184万吨，其中进港货物520.1741万吨，出港货物22.2443万吨。

【强化主干航道巡查】 2010年，绍兴县港航管理部门强化主干线航道的巡查力度。对无证码头和无证船舶、违章建筑严格查处。根据辖区实际情况，集中打击和查处无证船舶和泥浆运输船舶的偷排等违章行为，先后开展航道、航政、港政安全大检查和安全生产月等活动。

【规范码头管理】 2010年，绍兴县港航管理部门推出码头管理新举措，深化船舶指泊报港工作，通过实行24小时工作制和应用船舶报港指泊软件，规范报港。并将船舶报港指泊与码头管理相结合，通过指泊手段，逐步控制船舶在无证码头装卸货物作业。 （吴国锋）

交通安全

【概况】 2010年，绍兴县交通事故四项指数（交通事故发生起数、死亡人数、受伤人数、直接财产损失）全面下降，继续实现零增长目标。全县受理交通事故32769起。其中立案事故333起，比上年同期下降6.7%；死亡115人，比上年同期下降5.74%；受伤397人，比上年同期下降13.41%；直接财产损失33万元，比上年同期下降6.67%。无死亡3人以上交通事故。发生交通肇事逃逸案16起，侦破16起，侦破率100%。涉及交通事故信访9起，全部解决。

【查处酒后驾驶机动车2657起】 2010年，绍兴县交警部门坚持酒驾常态化严管高压态势，查处酒后驾驶机动车案件2657起。其中饮酒驾驶机动车案件2556起，醉酒后驾驶机动车案件101起。因醉酒驾驶拘留101人，暂扣驾驶证2556本。

【查获交通违法行为近4万起】 2010年，绍兴县交警部门实施疏堵保畅工作，强化路面秩序管理。全年查获非现场违法行为310605起，处理165973起；查获现场违法行为为84318起，包括机动车超载30%以上的案件1170起、驾驶机动车未戴头盔的案件2874起、客车超员案件181起（其中超员20%以上案件15起）；不按规定投保第三者责任险的案件144起；不参加安全技术检验的案件854起；酒后驾驶的案件2657起。

【严格车辆和驾驶员安全管理】 2010年，绍兴县交警部门办理车辆发牌23773辆（其中汽车16065辆）。机动车转移登记1178辆，机动车变更登记180辆，机动车注销登记3983辆。补换行驶证、牌照3731辆（其中汽车2472辆）；机动车检验70823辆（其中汽车47715辆）。受理驾驶员报名25032人（其中汽车驾驶员报名23471人），受理科目一考试29472人次（其中汽车科目一考试26742人次），科目二、科目三考试1596人次。核发机动车驾驶证1363本，换发机动车驾驶证23073本，转入换发机动车驾驶证547本，转出机动车驾驶证520本，补发机动车驾驶证1847本，注销机动车驾驶证1234本，驾驶证年检11118本。核发危化物品通行证66张，委托办理294张。

【整治8个事故黑点】 2010年，县交警部门会同交通、安监等部门对全县交通安全隐患进行全面排查，确定8个交通事故黑点（段）。其中平水大道与绍甘线环岛交接处和104国道1527千米+500米至1529千米+500米两处被确定为省级治理点。县交警部门通过与相关责任部门的联系沟通，确定详细治理方案，加强业务指导，8个事故黑点（段）的整治工作全部完成。 （张 剑）

【水上交通安全形势基本平稳】 2010年，绍兴县港航管理部门共接处警57起（其中碰撞16起、触损29起、其他12起），接处警起数比上年下降27%。上报责任认定的事故11起，死亡1人，直接经济损失19.74万元，事故次数和经济损失与上年对比分别为持平和上升4.5%。 （吴国锋）

责任编辑 陆 杨

邮政通信

邮　政

【概况】　2010年，绍兴县境内有邮政局所46个，其中自办局所27个、代办局所19个，营业面积32231平方米，投递邮路158条，投递路线总长度3301公里。

【自助设备集中运营管理】　2010年8月1日，绍兴市邮政局启动自助设备集中运营管理方案，绍兴县境内所有离行式自动柜员机全部纳入集中管理范畴。自助设备集中运营管理模式利用自助设备监控管理系统提供的信息需求，变应急性配送维护为计划性配送维护，保证配送维护工作的及时性和准确性，降低设备缺纸、缺钞、停机等事件发生的概率。自助设备集中运营方案启动后，自助设备运营效率和客户满意度都有提升。

【速递物流遍布柯桥】　2010年10月，速递物流绍兴分公司在省公司统一部署下，在柯桥增设揽投站1个，段道20个，揽投人员22人，全面提升柯桥揽投服务能力。公司专门调整内部作业流程，重点提升省内、江苏省、福建省、广东省等热门路线的服务能力，满足中国轻纺城商户需求。

【举办中小企业融资洽谈会】　2010年12月3日，湖塘街道办事处与邮政储蓄银行柯桥支行联合举办中小企业融资洽谈会，20名企业经营者、财务主管与柯桥支行工作人员进行面对面交流。

【金华娟当选省十佳优秀投递员】　2010年，绍兴市十佳乡邮员、优秀乡邮员评选揭晓。柯桥支局的平安旦、周关尧、平水支局的宋兴祥、金华娟、袍江支局的谢根生、钱清支局的周建康、齐贤支局的诸云泉、皋埠支局的陈金妹、漓渚支局的张国民、马鞍支局的杨海林被评为模范乡邮员；柯桥支局的李和祥、陆华庆、吴彩元、平水支局的金忠良、袍江支局的钟余、钱清支局的王金来、齐贤支局的李鉴荣、皋埠支局的胡芳、漓渚支局的季国农、大路支局的薛子华被评为优秀乡邮员。其中平水支局的金华娟当选浙江省十佳优秀投递员。　（朱　丹）

通　信

【概况】　2010年，中国电信浙江绍兴县分公司本着“负责任，讲诚信”的承诺，建设平安联防，提供“五个一”全业务服务，推进新农村信息化建设，创建“时代先锋”服务平台，推出“我的e家”、“商务领航”品牌及惠农版固移经济套餐等各项惠家套餐，针对老年人专门推出天翼老人机，完成多项重大活动的通信保障工作，基本实现绍兴县第三代移动通信技术网络覆盖。　（姚伟东）

2010年，中国移动绍兴县分公司做好城市新建楼宇、大型市场的室内分布跟进及农村直放站建设。截至年底完成室内分布业主联系50个，完成比例为94.3%，开通24个；时分室内分布完成业主联系37个，完成比例为100%，完全开通33个，部分开通4个；开通无线局域网络77个；建设16个农村等直放站。完成驻地网工程建设任务，有114个小区及商务楼具备个人宽带接入能力。建成并开通77个第二代手机通信技术基站，开通比例为105.5%，超额完成市公司下发的全球移动通讯系统工程建设任务，工程实施与计划的吻合率为97.62%。时分四期宏站（室分）共址基站完成业主协调177个，完成前期工程改造177个，完成比例为100%；时分四期宏站（室分）新建基站中（包括任务调整），站址落实比例为100%。以新春入网活动为主线，开展市场部营业线岗位技能比拼，在测评中增加补卡、销户、G3手机（基于时分同步码分多址技术标准的手机）操作等实用型试题，强化营业员技能掌握能力，将员工培养与公司的创新活动、品质控制小组活动、工人先锋号创建结合。结合各项劳动竞赛、业务培训，将学习和业务发展关联。3月份，中国移动绍兴县分公司被评为县级文明单位，华泰营业厅和钱清营业厅获得县级“巾帼文明岗”称号，钱清营业厅获得市级“青年文明号”荣誉。

（朱　亚）

2010年，中国联通绍兴县分公司全球移动通讯系统、宽带码分多址用户新增9.3万户，住宅宽带用户新增 9000多户；新建全球移动通讯系统基站36个、宽带码分多址基站21个、室分站点143个。绍兴县联通拥有各类全球移动通讯系统基站363个、宽带码分多址基站272个。完成重大节会活动应急通信保障，取得“服务零容忍”专项行动阶段性成效。（章月异）

【完成世博会等通信保障工作】 2010年，中国电信浙江绍兴县分公司完成世博会、世合赛暨建城2500年庆典等重大活动的通信保障工作。保障期间，出动保障人员200人次参与全程保障，动用各类保障车辆20辆、车载移动全球眼1套、应急油机车3台、海事卫星电话2台、数据网络设备、传输设备、视频监控设备、移动通信基站、无线局域网络等各类设备40余台（套）。

中国电信应急通信车

（中国电信浙江绍兴县分公司供稿）

【新增平安联防用户1.2万户】 2010年，中国电信浙江绍兴县分公司连续组织上门服务，全县新增平安联防用户1.2万户，对2万余户用户进行话机清洁、便民服务。平安联防是中国电信浙江公司投资2000万元，通过对原有固定电话系统升级改造，基于电话平台开通的1项新业务。

【建设第三代移动通信技术网络】 2010年，中国电信浙江绍兴县分公司进一步加大第三代移动通信技术网络建设，新建基站40余个。第三代移动通信技术网络覆盖绍兴县全部城区、乡镇及大部分行政村，全面覆盖绍兴县境内的高速公路、国道及省道，实现第三代移动通信技术网络信号的连续覆盖，第三代移动通信技术信号覆盖范围在各运营商中处于领先地位。

【提供“五个一”全业务服务】 2010年，中国电信浙江绍兴县分公司推出“五个一”全业务服务举措，即一张账单，明白消费；一点查询，自主订退；一键接入，便捷沟通；一站服务，首问负责；一声提醒，温馨关怀。

【推进新农村信息化建设】 2010年，中国电信浙江绍兴县分公司新建1个信息化示范镇、11个信息化示范村、19个信息化达标村，均经县农办等部门验收。累计建成2个信息化示范镇、22个信息化示范村、19个信息化达标村。全面推进“时代先锋”农村信息化综合服务平台创建工作。全县19个镇（街道）全面接入平台，并与绍兴县委组织部签订合作备忘录。

【推出各项惠家套餐】 2010年，中国电信浙江绍兴县分公司通过“我的e家”、“商务领航”品牌的宣传，推出以宽带接入加本市电信电话畅打加语音门户等信息化内容的惠家套餐，同时推出“91”乡镇虚拟网、惠农版固化移动经济套餐。（姚伟东）

【新增汇聚机房7个】 截至2010年，中国移动绍兴县分公司新增汇聚机房7个，累计完成管道建设近35管程公里、在建管道20管程公里、杆路建设5.5公里，敷设各类型号光缆350余公里；完成2009年遗留全业务汇聚机房2个，完成企业接入、驻地网光缆施工160余个。满足新建基站、室内分布、网络优化的光缆接入需求。（朱　亚）

【第三代移动通信技术车载视频项目通过验收】 2010年，中国联通绍兴县分公司在绍兴县公安局科通处的协助下，完成第三代移动通信技术车载视频平台与省公安厅移动警务通平台对接，实现警务通终端视频功能。7月，绍兴县公安局组织相关专家对中国联通绍兴县分公司承建的第三代移动通信技术车载视频项目进行验收。专家组对车载视频上传图像的清晰度、流畅度与稳定性进行评审，对视频录像与110处警单关联调度等功能进行实际操作，绍兴县公安局的第三代移动通信技术车载视频项目工程质量、图像效果与系统功能通过验收。

（朱　亚）

【与县工商局签订项目合作协议】　2010年12月5日，中国联通绍兴县分公司正式与绍兴县工商行政管理局签订工商无线执法办公系统项目合作协议。根据协议，双方计划在工商移动执法系统更宽广的领域进行战略合作，以促进绍兴县工商局创新市场监管手段，依靠宽带码分多址的先进技术和通畅平台，实现“信息更准、反应更快、效率更高”的监管和高质量的服务，提升对外执法监管效能和对内管理水平。（章月异）

责任编辑　韩兰芳

机　构

2010年内担任以下所列职务的领导人全部开列在内。

绍兴县党政机构及有关部门主要负责人名单

中共绍兴县第十二届委员会

书　记：徐焕明（2010.03免）
　　　　何加顺（2010.03任）
副书记：孙云耀　阮建尧
常　委：吴　晓　黄文刚　孟柏干　何伟仕
　　　　孙　君　赵建国　诸剑明　宋　南
　　　　马芳妹（2010.03任）

绍兴县第十三届人民代表大会常务委员会

主　任：徐林土
副主任：章生建　平水龙　施平平
　　　　于庆国　余茂法

绍兴县人民政府

县　长：孙云耀
副县长：孟柏干　马芳妹　陈德洪
　　　　孙哲君（2010.03免）
　　　　陶关锋（2010.02免）
　　　　李海洋（挂职2010.05免）
　　　　丁生产　周树森（2010.02任）
　　　　胡国炜（2010.02任）
　　　　蔡于革（挂职2010.06任）
　　　　谢兴长（2010.12任）

政协绍兴县第十届委员会

主　席：李杏芬
副主席：韩国良　蔡金标　邢柏生　陈忠尧
　　　　吴　越　骆学新
秘书长：高利泉

中共绍兴县纪律检查委员会

书　记：吴　晓
副书记：钱月美　王　群

中共绍兴县委办公室

主　任：杨伟卿

中共绍兴县委组织部

部　长：黄文刚

中共绍兴县委宣传部

部　长：孙　君

中共绍兴县委统战部

部　长：吴　越（2010.12不再兼任）
　　　　许志炎（2010.12任）

县民族宗教局

局　长：蒋建国（2010.11免）
　　　　葛梅荣（2010.11任）

县委政法委（县综治办、610办公室）

书　记：何伟仕
副书记：金　强

县委政研室

主　任：丁焕盈

县委、县政府农业和农村工作办公室

主　任：徐阿幼

县直机关党工委

书　记：郎煜江

县信访局

局　长：金阿根

县委老干部局

局　长：李　敏

县机构编制委员会办公室

主　任：吴汉华（2010.12免）
　　　　严百兴（2010.12任）

注：2010年12月机构改革，县机构编制委员会办公室单独设置。

县人大常委会办公室

主　任：刘　斌

县人大常委会法制工作委员会

主　任：赵建新

县人大常委会代表工作委员会

主　任：邵纪康

县人大常委会财经工作委员会

主　任：宋国梁

县人大常委会教科文卫工作委员会

主　任：刘越英

县人大常委会城建环保工作委员会

主　任：徐晁华

县人大常委会农村经济工作委员会

主　任：宋金木

县人民政府办公室（县人民政府法制办公室）

党组书记：胡国炜（2010.05免）
沈祖卫（2010.05任）

县人民政府办公室主任：胡国炜（2010.05免）
沈祖卫（2010.05任）

县人民政府法制办公室主任：胡斌钦

县人民政府驻杭州办事处主任：吴伯根

县人民政府驻北京办事处副主任：丁全兴（2010．06免）

注：2010年6月撤销县人民政府驻北京办事处。

县发展和改革局

党组书记、局长：邢玉清

县经济和信息化局

党组书记、局长：孙忠富（2010.12免）
陈永建（2010.12任）

注：2010年12月机构改革，组建县经济和信息化局，不再保留县经济贸易局。

县安全生产监督管理局

党组书记、局长：喻光耀（2010.12免）

县教育体育局

党工委书记、局长：许义平（2010.12任）

注：2010年12月机构改革，组建县教育体育局，不再保留县教育局。

县科技局

党组书记、局长：娄刚强

县公安局

党委书记、局长：何伟仕

政　委：蒋倬臣

县监察局

局　长：钱月美

县民政局

党组书记：赵志根

局　长：赵志根（2010.12免）
孙尧富（2010.12任）

县司法局

党组书记、局长：陈广见

县财政局（地税局）

党工委书记：宋天平（2010.06免）
王炳豪（2010.09任）

局　长：宋天平（2010.06免）
王炳豪（2010.06任）

县人力资源和社会保障局

党组书记、局长：吴汉华（2010.12任）

注：2010年12月机构改革，组建县人力资源和社会保障局，不再保留县人事局、县劳动和社会保障局。

县国土资源局

党委书记、局长：阮　胜

县住房和城乡建设局

党工委书记、局长：钱勇军（2010.12任）

注：2010年12月机构改革，组建县住房和城乡建设局，不再保留县建设局。

县规划局

党组书记、局长：杨金法（2010.12任）

注：2010年12月机构改革，组建县规划局。

县建筑业管理局

党工委书记、局长：黄化强

注：2010年12月机构改革，不再保留县房地产管理局。

县交通运输局

党工委书记、局长：何建刚（2010.12任）

注：2010年12月机构改革，组建县交通运输局，不再保留县交通局。

县水利水电局

党工委书记、局长：葛美芳

县农业局

党工委书记、局长：陈炳松

县林业局

党组书记：孙光荣

局　长：孙光荣（2010.12免）

喻光耀（2010.12任）

县商务局

党组书记、局长：翁桂珍（2010.12任）

注：2010年12月机构改革，组建县商务局，不再保留县对外贸易经济合作局。

县文化广电新闻出版局

党工委书记：沈祖卫（2010.05免）

王　彪（2010.12任）

局　长：王　彪（2010.11任）

沈祖卫（2010.05免）

注：2010年12月机构改革，不再保留县体育局。

县卫生局

党工委书记、局长：王秋珍

县人口和计划生育局

党组书记、局长：朱潮美（2010.11免）

徐国娣（2010.11任）

县审计局

党组书记、局长：濮如松

县环境保护局

党工委书记、局长：高青泉

县统计局

党组书记：俞来友

局　长：祁金凤

县外事与侨务办公室

党组书记、主任：翁桂珍（2010.12免）

蒋伟星（2010.12任）

县政府台湾事务办公室（县委台湾工作办公室）

主　任：蒋建国（2010.11免）

李放鸣（2010.11任）

县粮食局

党工委书记、局长：徐国娣（2010.11免）

王良红（2010.11任）

县国家税务局

党组书记、局长：胡连华

县工商行政管理局

党委书记：尉如海（2010.12免）

寿志平（2010.12任）

局　长：寿志平

县质量技术监督局

党委书记、局长：李卫龙

县食品药品监督管理局

党组书记、局长：李亚根

县滨海工业区

党工委书记：赵建国（2010.09不再兼任）

高新华（2010.09任）

管委会主任：高新华

县柯桥经济开发区

党工委书记：丁生产（2010.09不再兼任）

王张泉（2010.09任）

管委会主任：王张泉

县平水副城建设管理委员会

党工委书记、管委会主任：魏阳林

县柯桥中心城建设管理委员会办公室

党工委书记：孙哲君（2010.03不再兼任）

主　任：周如生

县鉴湖—柯岩旅游度假区管理委员会

党工委书记：马芳妹（2010.09不再兼任）

裘江新（2010.09任）

主　任：裘江新

县行政服务中心（县公共资源交易管理委员会办公室）

党工委书记：陈吉安（2010.05不再兼任）

丁生产（2010.05兼任）

县行政服务中心常务副主任：严百兴（2010.12免）

县公共资源交易管理委员会办公室主任：严百兴（2010.12免）

注：2010年12月机构改革，组建县行政服务中心（县公共资源交易管理委员会办公室），不再保留县行政审批服务中心（县招投标市场管理委员会办公室）。

县旅游局

党组书记、局长：蒋伟星（2010.12免）

方优美（2010.12任）

县国有资产管理委员会办公室

党组书记、主任：王炳豪

县中国轻纺城建设管理委员会

党工委书记：孙哲君（2010.05不再兼任）

主　任：周如生

县中国轻纺城运输市场管理委员会办公室

主　任：周如生

县中国轻纺城集团股份有限公司

董事长、党委副书记：沈小军

党委书记、总经理：周　俭

县中国轻纺城市场开发经营有限公司

董事长、党委书记：沈小军

总经理：毛东敏

县档案局

党组书记、局长：祝安钧

县广播电视总台

党组书记、台长：丁兵康

县机关事务管理局

党组书记、局长：鲁立新

县史志办公室（二级局）

主　任：黄锡云

县供销合作社联合社

党委书记：叶加林

主　任：冯鹏英

县直属国有集体资产经营有限公司

党委书记、董事长：孙苗林

总经理：曾金富

县水务集团有限公司

党委书记、董事长：倪阿泉

总经理：单宝子

县农村合作银行

党委书记、董事长：俞俊海

行　长：方云海

县人民武装部

部　长：傅海彪

政　委：宋　南

县人民法院

党委书记：周剑敏（2010.09免）

孙　浩（2010.09任）

代理院长：孙　浩（2010.09任）

县人民检察院

党委书记、检察长：王荣彪

县政协

秘书长：高利泉

县政协办公室

主　任：吴坚祥（2010.06任）

县政协提案委员会

主　任：赵时栋

县政协城建和人口资源环境委员会

主　任：朱潮美（2010.11任）

县工商业联合会（总商会）

机关党组书记：葛梅荣（2010.11免）

蒋建国（2010.11任）

主席（会长）：陈张球

县总工会

机关党组书记、主席：唐水淼

共青团绍兴县委

机关党组书记、书记：于　琪

县妇女联合会

机关党组书记、主席：方慧琴

县科学技术协会

机关党组书记、主席：李放鸣（2010.11免）

娄国忠（2010.11任）

县文学艺术界联合会

机关党组书记：黄锡云（2010.07任）

主　席：黄锡云

县残疾人联合会

机关党组书记：赵志根（兼）

执行理事长：祝静芝

县归国华侨联合会

主　席：王征宇

民革绍兴县总支

主　委：于庆国

民盟绍兴县总支

主　委：祝静芝

民建绍兴县总支

主　委：陈德洪

民进绍兴县总支

主　委：葛伯军

农工绍兴县总支

主　委：骆学新

九三学社绍兴县基层委员会

主　委：蔡金标

县委党校

校　长：黄文刚

党委书记：张国建

县报社

党组书记、总编辑：王　彪（2010.12免）
方国安（2010.12任）

绍兴县各街道、建制镇党政正职名单

柯桥街道

党工委书记：汤金尧
办事处主任：余建林

柯岩街道

党工委书记：孙爱保（2010.12免）
马建刚（2010.12任）
办事处主任：陈维良（2010.07免）
高来兴（2010.11任）

华舍街道

党工委书记：闻仁水
办事处主任：钱清华

湖塘街道

党工委书记：钱建明
办事处主任：吴岳炎

钱清镇

党委书记：谢兴长（2010.12免）
孙忠富（2010.12任）
镇　长：谢兴长（2010.11免）
朱建刚（2010.11任）

夏履镇

党委书记：金晓明
镇　长：赵　凯

杨汛桥镇

党委书记：许志炎（2010.12免）
孙爱保（2010.12任）
镇　长：张伟江

齐贤镇

党委书记：何坚刚
镇　长：俞园娟

安昌镇

党委书记：傅青春
镇　长：施华新

马鞍镇

党委书记：高新华
镇　长：李学彪

孙端镇

党委书记：马建刚（2010.12免）
镇　长：蒋国洪

陶堰镇

党委书记：冯华林
镇　长：李鲁旗

富盛镇

党委书记：方优美（2010.12免）
镇　长：章金尧

福全镇

党委书记：周建鑫
镇　长：周建鑫（2010.11免）
陈　刚（2010.11任）

兰亭镇

党委书记：陈学军
镇　长：陈学军（2010.11免）
张咸良（2010.11任）

漓渚镇

党委书记：李国兴
镇　长：陈　光

平水镇

党委书记：魏阳林
镇　长：阮建康

王坛镇

党委书记：卢宝良（2010.11任）
镇　长：卢宝良（2010.11免）
金秀芳（2010.11任）

稽东镇

党委书记：缪智勇
镇　长：朱力望

责任编辑　郑文燕

绍兴县纪委（监察局）

2010年，绍兴县纪检监察部门认真贯彻落实党的十七大、十七届五中全会精神，在县委、县政府和上级纪委的领导下，紧紧围绕改革发展稳定大局，切实履行纪检监察各项职能，严格执行党风廉政建设责任制，全面推进领导干部作风建设和反腐倡廉建设，廉政风险防控机制建设、“深化作风建设年”活动、规范中心镇权力运行（钱清规则）、领导干部任前廉政考试等创新性做法，得到上级领导的肯定，为全县经济社会持续平稳较快发展提供了有力保障。

3月24日，中共绍兴县第十二届纪委第七次会议召开，回顾总结2009年全县党风廉政建设和反腐败工作，研究部署2010年各项任务。会上，县委常委、纪委书记吴晓同志代表县纪委常委会作题为《切实加强制度建设 深入推进反腐倡廉 为全县经济社会科学发展率先发展提供坚强保障》的工作报告。提出要深入落实科学发展观，围绕县委、县政府“突出转型升级，致力科学发展”工作要求，坚持标本兼治、综合治理、惩防并举、注重预防的方针，全面加强作风建设和反腐倡廉建设，抓紧解决反腐倡廉建设中群众反映强烈的突出问题，着力推进反腐倡廉制度建设，增强制度执行力，不断取得党风廉政建设和反腐败斗争新成效。

坚持“两手抓、两手都要硬”的方针，明确“一岗双责”，层层分解责任，级级落实主体，反腐倡廉工作格局进一步巩固。在强化组织领导、强化考核评价、强化工作保障的基础上，全面落实平时巡查、半年抽查和年底检查制度，县委党风廉政建设巡视员全程参与考核，县纪委在每个考核组分别派驻联络员，规范集中汇报、个别座谈、资料查阅、走访基层单位等环节，并选择部分单位开展重点考核，增强考核刚性，确保考核的科学性和权威性。在市委、市政府组织的党风廉政建设责任制落实情况检查考核中再次名列全市第一。

1	2	3
4	5	

①3月24日，中共绍兴县第十二届纪委第七次会议召开
②10月8日，廉政越剧《一钱太守》在沪首演，拉开了沪浙两地廉政文化精品交流活动序幕
③举行县管领导干部任前廉政法规知识考试
④11月5日，绍兴市“省级中心镇用权规制创新”专家研讨会在绍兴县召开
⑤绍兴县廉政风险防控机制建设工作推进会

绍兴县

绍兴县公安局下设42个科所队，其中派出所20个，内设机构22个，共有民警814名；大学以上学历543人，专科学历257人。

2010年，是县公安历史上肩负任务最繁重、面临挑战最严峻的一年，也是取得成效极为显著的一年。紧紧围绕县委、县政府“突出转型升级，致力科学发展”工作主题和世博会、世合赛安保工作主轴，恪尽职守、顽强拼搏、无私奉献，出色完成各项任务。被浙江省公安厅评为2010年度打防控优胜单位、世合赛安保集体荣立二等功，柯岩派出所被评为全国基层执法示范单位，看守所被评为全国监管系统信息化建设先进单位，经侦大队被评为全省优秀基层单位，禁毒大队被评为全省公安禁毒系统先进集体；2个集体荣立三等功，21个集体受到嘉奖；3名民警荣立个人二等功，18名民警荣立个人三等功，3名民警被评为全市优秀人民警察。

牢牢记住“服务大局”责任，全力确保世博、世合等重大活动安全保卫。面对跨时长、任务重的安保任务，为使第六届世合赛在中国轻纺城会展中心主场馆比赛完美闭幕，作为安保主力军，启动战时思想政治工作机制，广泛动员全社会力量参与安保工作，举全局之力、集全警之智，超前谋划、精心准备，顽强拼搏、连续作战，圆满完成各项安保工作。

牢固树立“命案必破”理念，积极探索建立刑事案件现场统勘工作机制。落实命案侦破领导责任，夯实刑侦基础，强化命案现场勘查，综合运用基础排查、专案侦查、挂牌督侦、网上作战、技术侦查等侦查手段进行侦破命案攻坚，全年19起现发命案实现全破，并侦破3起10年前命案积案。

牢牢把握“和谐稳定”主题，着力探索构建创新服务社会科学管理体系。以科技为支撑、信息为引领，改革派出所接处警模

公 安 局

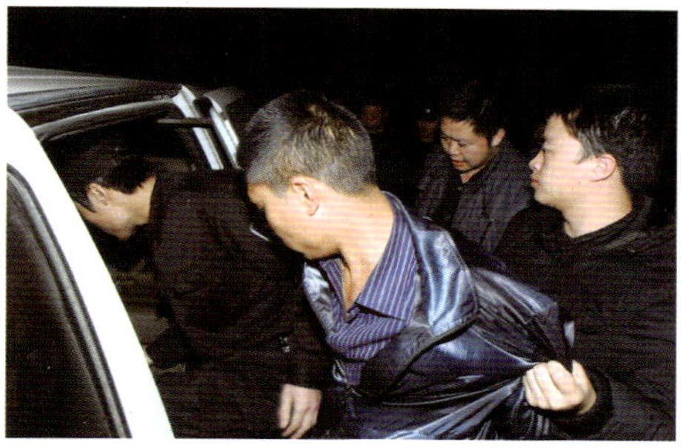

式，搭建“四中心合一”派出所警务指挥平台。创新寄递行业管控模式，加大对毒品犯罪的打击，成功侦破“7.26”特大走私易制毒品案件。率先在全县五家涉外单位试点推出境外人员信息社会采集系统应用，有效整合社会管理资源，更好服务于企业境外人员。针对老百姓反映强烈的老虎机、电瓶车盗窃、站街女、聚众赌博等社会治安重点热点的民生问题，开展以“2010严打整治行动”、“百日禁赌大会战”等为载体的治安重点地区整治行动，集中销毁老虎机上千台，成功破获全市首例使用解码器盗销电瓶车案件，全面启动电动自行车防盗备案登记工作。

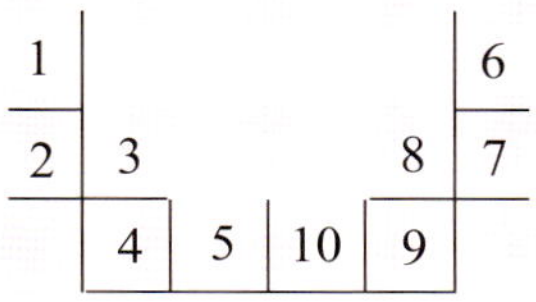

① “2010严打整治行动”动员部署会
② 绍兴县半年度公安工作会议暨第六届世界合唱比赛安保工作战前动员会
③ 市委常委、县委书记何加顺慰问安保一线民警
④ 市委常委、市公安局长王海仁，副市长冯建荣调研“三建设一规范”
⑤ 安全防范宣传
⑥ 境外人员领申住宿证
⑦ 警民恳谈
⑧ 落网
⑨ 女警进社区宣传打拐
⑩ 世合安保英语培训

①绍兴县香港同乡会成立庆典仪式在香港如心海景酒店举行
②2月10日，绍兴市统战部长会议在我县召开
③8月5日，2010年上半年全县经济社会形势通报会
④10月29日，绍兴县统战系统在安昌镇开展“三下乡”服务活动

绍兴县委统战部

2010年，绍兴县各民主党派、工商联和知联会深入贯彻中央、省委、市委对统战工作的要求，紧紧围绕县委“突出转型升级，致力科学发展”的工作主题，积极履行职能，注重发挥优势，在参政议政、民主监督、服务社会、自身建设等方面取得了令人满意的成绩。

对口联系工作进一步加强，各民主党派、工商联和知联会对口联系部门从19个增加到30个，扩大各民主党派、工商联和知联会知情参政的渠道。利用对口联系这一平台，使之制度化、规范化、经常化，有效开展民主监督工作，及时沟通交流有关重要工作情况，做到对口联系与调查研究、与大会、与社会服务、与组织发展工作等“四个结合”，丰富工作制度的内涵，提高活动的质量，扩大对口联系面，使统战工作有了更可靠的平台。

关注民生民意，积极参加各种社会公益活动，组织每年一次的大型“三下乡”活动外，在为灾区捐款捐物，结对帮扶弱势群体，服务经济发展，开展医疗、法律咨询等多方面做了大量工作。各民主党派、工商联和知联会分别组织成员下乡开展为民服务活动，受益群众近3000余人。

各民主党派、工商联和知联会派员参加省、市、县统战系统举办的各种培训班、学习班，认真学习统战理论和政策、经济形势、党的路线方针政策等方面理论，进一步提高骨干成员和新成员的参政议政水平。坚持支部小组学习制度，各支部小组通过组织学习、外出调研等形式组织成员学习，开展“两会”精神传达学习，深入开展“学习和践行社会主义核心价值体系”活动；注重进一步倡导各民主党派、工商联和知联会成员爱岗敬业、建功立业，鼓励基层成员立足本职作贡献，一年中在各个领域中涌现了大量取得优异成绩的民主党派成员。

至年底，全县民革、民盟、民建、民进、农工党、九三学社等6个民主党派组织，共有521名成员。其中民革60人，民盟96人，民建95人，民进91人，农工党111人，九三学社68人。县知联会有会员75人。

绍兴县检察院

2010年，县检察院紧扣“强化法律监督，维护公平正义”工作主题，围绕全县工作大局，认真履行检察职能，深入推进三项重点工作，全力维护社会稳定，服务经济转型升级，为县域经济社会发展提供强有力的司法保障。

全年共批准逮捕各类刑事犯罪935件1526人，提起公诉970件1723人。立案查处贪污贿赂5万元以上大案6件16人，立案查办渎职侵权案件1件1人。办理立案监督案件14件23人，纠正漏捕22人，追诉漏犯33人，追诉漏罪32件51人。受理民行申诉案件65件，向市检察院提请抗诉17件，建议市检察院提请抗诉13件，突出办理劳动合同纠纷、居民财产权属纠纷、房屋拆迁补偿纠纷等涉及民生的案件，不断深化查办虚假诉讼案件长效机制。

县检察院设立“中国轻纺城检察室”，为轻纺市场转型升级和“全国诚信市场”创建工作提供检察保障。深入推进政府投资重点项目职务违法违纪预防全覆盖体系建设，为工程建设领域管理创新提供检察支持。县人大常委会专门听取了县检察院关于2008年以来开展渎职侵权检察工作的情况报告并给予充分肯定。举办“检察开放日”活动，邀请人大代表、政协委员视察检察工作并听取建议，提高自身执法水平。制定出台《2010－2012年人才队伍建设实施纲要》，开展多层次岗位练兵，提升队伍专业化水平。同时，创立青年社团及剑兰社提升干警素质，办好《绍兴县检察》杂志丰富检察文化，全方位展现检察风貌。

这年，县检察院被最高人民检察院荣记“集体一等功”，并被评为全国检察宣传先进单位，1个科室被评为全市优秀政法基层单位，1人荣立二等功，6个科室和个人荣立三等功，4人进入全市检察系统“三十佳”行列，1人荣获“绍兴县十大杰出女性”称号，另有多人受到县委表彰。

1	2	3
4	5	6

①“检察开放日”活动暨邀请人大代表、政协委员视察反渎职侵权工作活动
②县检察院干警赴鲁迅中学开展“预防未成年人犯罪”法制教育讲座
③县检察院与滨海热电公司共同召开预防职务犯罪座谈会
④举报宣传周
⑤青年社团来到平水猛虎训练营进行野外拓展训练
⑥中国轻纺城检察室揭牌仪式隆重举行

绍兴县安全生产监督管理局

2010年，县安监局紧紧围绕县委、县政府“突出转型升级，致力科学发展”的工作主题，认真贯彻落实上级文件精神，深入开展“安全生产年”活动，努力提升安全服务水平，确保全县安全生产形势平稳有序。全县共发生各类上报事故383起，死亡128人，直接经济损失395.99万元，同比分别下降5.9%、4.48%和5.28%，连续第6年实现了三项指标“零增长”。被省总工会、省安监局、省卫生厅联合授予2009年度浙江省“安康杯”竞赛活动先进集体。

深入贯彻落实省委88号文件。在全市率先出台贯彻落实省委88号文件的具体意见，并先后向县委常委会、县政府常务会议、县人大主任会议汇报安全生产工作情况。健全覆盖全县各地区、各行业领域的安全生产目标管理责任体系，层层签订安全生产责任书7106份，加大企业主体责任的考核分值比重，强化镇（街道）、部门安全监管责任。健全安委办综合协调机制，重新调整县安委会成员单位，充分发挥安委办在监督检查、考核评估、信息交流、综合分析等方面的作用。

圆满完成“世博会”、“世合赛”安全监管任务。“世博会”、“世合赛”举办前夕，根据企业自查，镇（街道）、开发区、部门检查，县政府督查，社会监督相结合的方式，在所有行业领域组织开展大规模的安全生产专项大检查，加大对重点工矿企业的安全监管和各类安全隐患的整改力度，特别是加强对危险化学品生产、经营、储存单位的安全监管。切实做好绍兴建城2500周年柯桥副城区烟花爆竹燃放大会的安全监管工作，聘请相关专家对燃放现场进行踏勘，落实相关安全措施，从燃放公司进场到燃放结束，实行24小时值班制度，进行全过程安全监管，确保柯桥副城区烟花爆竹燃放安全。

1	2
3	4
5	

①3月12日，召开全县安全生产工作会议
②5月11日，召开全县安全生产宣传工作座谈会
③6月12日，开展“安全发展、预防为主”为主题的安全生产月咨询日活动
④9月2—3日，举办全县安全生产工作培训班
⑤11月19日，举行印染企业事故灾难应急救援演练

强势推进企业安全生产标准化创建活动。将企业安全生产标准化创建活动作为落实企业主体责任、建设本质安全型企业的重要抓手。通过编印下发指导手册、召开现场经验交流会、邀请专家上门指导、开展“反三违”和事故隐患集中治理等多种有效途径，有序推进安全生产标准化创建工作。全年共指导18家印染、机械制造、烟花爆竹经营单位成功通过国二级、省级安全生产标准化企业复评，继续走在全省前列。其中索密克汽车配件有限公司成为当年全市首家国二级机械行业安全生产标准化企业。积极推动县政府出台标准化创建资金奖励政策，下拨标准化“达标”企业奖励资金80万元，极大调动了企业的积极性。

2010年，面对复杂形势和严峻挑战，柯桥开发区围绕县委、县政府“突出转型升级，致力科学发展”工作主题，扎实推进“转型升级攻坚年”各项工作，开发建设和经济社会保持良好的发展态势。全年完成国内生产总值98.6亿元，增长12%；完成财政总收入12.5亿元，增长18.2%；地方财政收入6.9亿元，增长45.9%；销售567.7亿元，增长23.3%；规模以上销售495亿元，增长26.6%；全社会固定资产投资46.3亿元，同比增长17.1%，其中工业投入30.5亿元，增长5.9%；自营出口12.6亿美元，增长31.1%；实到外资5095万美元。在全市开发区建设竞赛中荣获二等奖，在全县年度岗位目标责任制考核中被评为优胜单位。

大力开展招商选资年活动。突出招商引资“一号工程”，新批外资(增资)项目12只，总投资5107.7万美元。商贸三产再创佳绩，全年引进商贸三产企业299家，总投资5.1亿元，注册资本4.8亿元。

大力开展履约管理年活动。严肃落户协议，强化督促服务，成功创建全国节约集约用地模范县柯桥开发区节地示范点，依法收回企业存量闲置土地150亩，项目建设取得新进展。

安昌古镇保护开发深度推进。注册资金1亿元的古镇安昌保护开发建设有限公司正式成立，古镇区控制性详细规划编制完成，投资1600万元古镇区“清水活水工程”启动，“中国师爷博物馆”建设、昕欣纺织整体搬迁、立新纺织、诗韵“退二进三”等工程各项准备加快推进。精心组织“第十二届腊月风情节四大活动和海峡两岸祝福传统文化高峰论坛”。

齐贤新区建设加快推进。“齐贤新区”一期地块顺利出让，新区二期基本完成1号地块拆迁；5家金融机构意向入驻，石佛寺大光明殿等建设项目完工并投入使用，羊山景区扩建工程一期石佛寺扩建完工并投入使用，羊山风景区入口广场实质启动。

基础配套不断完善。全年完成基础设施及非工投资5.8亿元。镜水北路基本完成管线及路基施工；安华公路拓宽工程基本完成东半幅路基及管线施工；园区人行道改造工程完成设计，改造试验段完成施工；两镇实事工程建设顺利推进。

这年11月，被省政府正式批准为省级高新技术产业园区，被授予浙江省和谐劳动关系先进工业园区。

1	2	3
4	5	6

①纺织行业龙头企业——浙江舒美特纺织有限公司
②开发区获浙江省创建和谐劳动关系先进工业园区
③汽车仪表龙头企业——延锋伟世通怡东汽车仪表有限公司
④浙江汇豪机械项目举行奠基仪式
⑤绍兴宝晨宝马4S店建成开业
⑥总投资20亿的在建硅晶片电池组件生产企业——浙江优创光能有限公司

绍兴县柯桥经济开发区管委会

绍兴县滨海工业区管委会

滨海工业区是浙江省省级开发区，位于绍兴县东北部，东临曹娥江，南至越城区斗门镇，西邻杭州萧山区益农镇、党湾镇，钱塘江南岸。距县城柯桥15公里，与杭甬高速公路柯桥道口和绍兴道口相距2.5公里，离萧山国际机场20公里，柯海快速干线穿境而过。面积100平方公里，辖12个行政村、11个居委会，户籍人口38749人。

2010年，滨海工业区围绕“建设开放型、科技型、生态型现代工业新城”总体目标，紧扣“突出转型升级，致力科学发展”工作主题，切实加快经济社会各领域的转型升级，经济社会持续平稳较快发展，在全县年度岗位目标责任制考核中被评为优胜单位。

严格按照县委、县政府对印染产业集聚升级工程的统一部署，紧紧围绕打造国际一流的“中国绿色印染研发生产基地”的发展定位，全力推进印染产业集聚区规划建设。加快化纤产业集聚发展，投产的化纤企业达16家，实现年销售收入204.82亿元、产值195.56亿元，被中国化学纤维工业协会授予“中国新型化纤研发生产基地”称号。

切实加强招商选资，引进并通过县会审项目共33只，总投资168亿元，其中投资超5亿元项目6只，超50亿元项目1只，被评为县招商引资优胜单位。

加快项目落户和开工建设，共摘牌落地工业项目40只，新开工工业项目25只，新增投产工业企业21家，投产工业企业累计141家。实施政府性投资项目29只，支二路、支B路等工程顺利竣工或正抓紧建设，全年完成基础设施建设投资2.6亿元。大力发展现代服务业，共引进现代服务业项目18只，10只房地产项目陆续开工建设，全年完成商贸开发投资2.85亿元。工业区全面落实节能减排目标责任制，强制淘汰2.25亿米印染产能，占绍兴县31.69%。

深入开展全国第二批循环经济试点工作、“进管达标、处理提标”和环保监管专项行动，万元生产总值综合能耗下降4.5%。

1	
2	5
3	6
4	7
	8

①合资签约仪式
②省委常委、副省长葛慧君在县绿源水产开发有限公司调研
③绍兴和合光伏玻璃项目生产线点火仪式
④在绍省人大代表视察绿色印染集聚区建设工作
⑤绿色印染集聚区建设启动暨首批项目落户奠基仪式
⑥绍兴县重点项目开工仪式
⑦张金如在和合光伏玻璃公司调研
⑧张金如在浙江科瑞新材料有限公司调研

平水新城地处绍兴县南部，距绍兴市区仅12公里，东距宁波100公里，西北距杭州68公里，区域涵盖平水、王坛、稽东三镇，地域面积422.57平方公里，人口约13.9万，境内自然风光秀丽、生态环境优美、文化底蕴深厚、人与自然和谐发展，是古越国的发源地。

2010年，平水新城紧紧围绕“坚持一个中心、推进三个加快、实现三个突破”工作思路，着力培育“投资服务、金融服务、商贸集聚、交通枢纽、文化教育、医疗卫生”等六大中心城市功能，扎实推进生态新城建设，统筹推进南部山区发展。科技创新有新突破。新增享受国家税收政策的高新技术企业1家、中国驰名商标1只、省级科技型企业7家、市级高新技术研发中心4家、发明专利5件、国家星火计划2个、省级新产品3个，参与制订修订国家标准1只、行业标准3只。招商选资有新进展。完成实到县外注册内资33621万元，完成县下达指标的127%。同时，抓好项目的开工建设，完成工业投入5亿元，通过项目验收8只。新增3只房产项目并全部动工建设，总部经济渐成规模。生态建设有新成效。全年完成各类专项规划12只，完成城市和基础设施及非公投入5.04亿元，实现“三个一批”（即交付使用一批、加快推进一批、全力启动一批），完成日铸岭隧道、绍甘线南北2个环岛改造、卧山龙地支路等16只市政道路项目建设，广电中心、燃气中心、华伟大厦等3只社会性投资项目交付使用。全年启动19宗土地征用，完成土地征用1005.4亩，完成年初计划的126.3%，启动3个项目拆迁，拆迁面积65000平方米；完成四丰1号住商地块、大斗秋地块等5宗240亩经营性土地出让。“二清”工程有新推进。即“一路一溪一库”及各行政村环境整治的清洁家园工程和违章建筑清理工程。其中完成河道清淤3万土方，新增垃圾箱338只，清理路边成堆陈年垃圾642吨，绿化道路6110米，清理河道溪坑23950米，砌磡5240米；拆除违章建筑73起，拆除面积1782.6平方米。

1	3	4	5
2			

①办公楼
②城雕
③会稽湖
④鸟瞰图
⑤绍兴二院分院

绍兴县平水新城建管委

绍兴县住房和城乡建设局

2010年，县住房和城乡建设局（中心城建管办）在县委、县政府正确领导下，紧扣“突出转型升级，致力科学发展”工作主题，按照“现代开放的柯桥城、繁荣生机的中心镇、美丽有序的新社区”城乡建设目标，上下齐心协力，奋力争先，各项工作取得较好的成效，促进全县城乡建设事业又好又快发展。

抓实城建工程建设。按照“保工程质量、保建设进度、保施工安全、保干部廉洁”要求，由建设局（包括中心城建管办）实施的建设项目49只，完成投资40.3亿元，竣工安置房面积23.4万平方米。市政、环卫设施工程及其它项目12只，完成投资2.2亿元。绸缎三期、华舍双周小区竣工交付；配套建设县体育中心、萧甬铁路高架、县委党校等8个公益性项目；人利小学改建、柯小柯北校区扩建项目交付使用，其中柯小柯北校区二期工程荣获“中国轻纺城杯”；完成耶溪路、镜水北路（南段）、110KV电力架空线改造等工程。

推进城市精细管理。按照“城市精细化管理”目标要求，以第六届世界合唱比赛和城区节会为契机，扎实开展“清洁柯桥”市容环境综合整治活动，全年共组织马路市场、流动摊点、打卷店、空调外机、建筑渣土、泥浆排放等专项整治50余次，完成港越路夜排档搬迁，制定出台《绍兴县城市容貌管理标准》、《柯桥城区“门前三包”》等管理办法，切实推进城市管理制度化、规范化建设。数字城管深化扩面完成。按照县委、县政府的总体部署，实现专业部门由7个扩大到25个部门、镇（街道）、单位，覆盖区域由柯桥主城区22平方公里扩展到城市建成区45平方公里，实现由“小城管”向“大城管”的跨越。全县拆除违法违章建筑面积5.4万平方米。

房屋拆迁有新突破。全年完成房屋拆迁面积122.5万平方米，其中，柯桥中心城完成61.9万平方米，盘整土地1060亩。制订出台2010年度县房屋拆迁政策，完善国有土地、集体土地住宅房屋市场评估制度及办法，适当提高安置补助费标准等。健全评估制度，对房屋拆迁实行评估机构准入制和评估人员备案制，发挥县房屋拆迁政策审核小组的作用，确保拆迁工作顺利推进。

强化城乡住房保障。调研制订县住房保障体系建设“十二五”规划，探索公共租赁房建设工作，完成小区的污水管网建设工作，指导协助成立小区业主委员会7个。全年完成农村住房改造建设4674户，其中危旧房改造229户，实质性启动2个农民集中居住区项目，在兰亭镇进行农村房屋产权确权登记工作。完成房地产投资96.7亿元，新开工面积235.8万方米，销售商品房面积163万平方米销售额125亿元，新增房地产开发企业44家。

招商推介促进繁荣。柯桥万达广场于2010年12月17日满铺开业，3天人流量达60万人次。红星美凯龙、银泰百货、广东天虹等大型商贸项目成功引进，地产巨头保利、知名科技地产朗诗进驻柯桥，万科、华润等多家房地产企业均落户柯桥。加快征地出让，前瞻性地开展土地储备工作，修编完成中心城范围内土地利用总体规划。

1	2	3
4	5	6
7		

①副省长陈加元视察县建管中心代建的东周安置小区建设现场
②县建设局（县城管办）组织人员深夜对城区10多条道路进行大清扫
③县农村住房改造建设和规范管理业务培训
④县建管中心代建的柯桥小学柯北校区扩建工程
⑤城建执法队员拆除杨汛桥镇芝塘湖村违法违章建筑
⑥县建设局（城管办）会同有关部门对打卷店等市容环境秩序进行综合整治
⑦柯桥万达广场开业

绍兴县工商行政管理局

2010年，县工商局以实施“转型升级攻坚年”、“能力提升年”和“深化作风建设年”为主线，为全县经济转型升级和社会和谐稳定做出了积极贡献。先后被国家总局授予全国工商系统法制工作先进集体，被省局认定为全省工商系行政指导示范单位，被省法制办推荐为全省首批依法行政示范单位。

食品安全监管强势推进。举全局之力，攻坚克难，流通环节食品安全电子监管扩面工作基本到位。全县已有3个食品批发市场内的115家食品批发户、58家镇（街道）食品批发户、5家大型商场超市应用食品安全电子台账管理系统，4500多家食品店、3万多种食品纳入食品安全电子监管平台。

经济转型升级全力助动。制定出台20条助推经济转型升级政策措施，建立重点项目登记绿色通道机制，帮助84家企业冠以“浙江”名称，放宽企业名称登记行业用语限制，共核准使用“实业”、“科技”、“发展”字号的名称68件。全力支持创意产业发展，为10位国内知名服装设计师在柯桥落户注册登记。全年共设立登记各类企业3108家、个体工商户9438家，目前，全县共有各类企业17096家，个体工商户52435户。

商标创牌培育持续领先。邀请名家辅导骨干企业强品牌促转型谋发展，在杨汛桥等10个镇（街道）建立品牌工作指导站，推进“五书”制度。“郎西雅”商标被国家工商总局行政认定为中国驰名商标，实现了我县纺织业行政认定中国驰名商标零的突破。新增注册商标523件、国际注册商标190件，新增省著名商标16件。全县拥有中国驰名商标36件、省著名商标114件。省著名商标数量在全省（市）县级单位中高居第一。

花样版权保护不断创新。成功举行浙江绍兴、江苏南通、山东潍坊、广东佛山四地纺织品市场版权保护与合作协议签约仪式，开创全国跨省开展纺织品市场版权保护与合作的先河。开发、运行了国内首个纺织品专业市场花样版权登记甄别系统，国家版权局版权司领导亲临绍兴指导工作并给予高度评价。

执法监管力度不断加大。建立消费先行赔付制度，开通“消费争议先行和解”直通车。齐贤所规范汽车4S店销售服务领域为主题的调研被总局网站录用。建立健全网络经济监管体系，重点引导“网上轻纺城”及“网上钱清中国轻纺原料城”建设。积极开展“迎世合、护世博”、“护密强企”、打击商业贿赂等一系列专项整治活动。成功处置了央视“3·15晚会”曝光的理疗床虚假宣传事件。

1	2	3
		4
5		
6	7	8

①国家版权局领导视察指导中国轻纺城花样保护工作
②省工商局领导检查指导食品安全电子监管工作
③市、县工商局领导检查春节食品安全保障工作
④国内首批设计大师工商个体户落户柯桥
⑤组织开展花样版权登记保护现场咨询日活动
⑥全国首个跨省纺织品保护协作组织在柯桥成立
⑦县工商局被评为全国工商系统法制工作先进集体
⑧全省工商系统食品安全电子监管现场会在绍兴县召开

绍兴县规划局

2010年，县规划局围绕“突出转型升级，致力科学发展”工作主题，坚持城乡一体规划，优化县域空间布局，整合城市各项设施，《绍兴县域总体规划》顺利通过省市联合技术鉴定和市规管委审查，优化完善“一主三城三区”的城乡一体化布局，同时以打造“现代气派的柯桥城”为目标，以更加注重城市品质和内涵为出发点，加强对城市重要道路、重要区块和重要节点的城市设计。至年底，城市化率达63%，比上年提高0.7%。

针对杭甬客运专线、萧甬铁路高架、杭州湾三通道等重大基础设施项目的建设，不断调整和完善县域空间布局，启动并完成《绍兴县城市近期建设规划》、《绍兴县城市基础设施完善“十二五”规划》、《绍兴县城际高铁站场周边区块规划研究》和《绍兴县萧甬铁路高架沿线地块规划研究》等规划，在全省范围内率先开展《绍兴县城乡新社区布局规划》，力争全县11个县级以上中心镇打造为小城市，52个农村社区打造为小城镇。

以国际招标形式开展《绍兴县“一轴一湖”区域城市设计》，相继完成《绍兴县104国道（轻纺城大道）沿线区域城市设计》、《金柯桥大道、笛扬路和环瓜渚湖区域夜景照明设计》、《金柯桥大道绿化及景观设计》、《瓜渚湖环湖步行道及景观设计方案》、《县行政中心市民广场等周边环境提升改造规划》、《柯桥历史文化街区保护和开发规划》和人防指挥所工程、体育运动会所等多个城市设计项目，着力提升柯桥城市品位，彰显城市特色个性。

我县稽东镇冢斜村以悠久的历史、深厚的文化底蕴、淳朴的民俗风情、极具特色的古建筑风格和整体保护的完整性，成功入选由住房和城乡建设部、国家文物局共同评选的第五批“中国历史文化名村”，成为全国目前350个历史文化名镇名村其中之一，也是绍兴市首个获此殊荣的村庄。

① 步行道效果图一
② 步行道效果图二
③ 瓜渚湖区域夜景照明设计
④ 金柯桥大道及两侧绿化景观
⑤ 金柯桥大道夜景照明
⑥ 一轴一湖城市设计——金柯桥大道效果图

1 | 2
3

① 丁生产副县长督查食品安全整顿工作
② 食品药品安全进社区宣传
③ 荣誉（1-4）

2010年，县食品药品监管局立足本职、面向基层，积极应对改革带来的挑战和机遇，食品药品监管工作亮点纷呈。绍兴县再次获全市食品安全工作综合评价一等奖，实现“五连冠”，成为全市首个全部镇（街道）均已成功创建市级食品安全示范镇（街道）的先行区。 县食品药品监管局被市食品药品监管局评为2009－2010年度先进集体、2010年度档案工作先进集体，市级食品安全示范镇（街道）创建收官之战圆满结束，成功创建市“依法行政示范单位”。局党支部连续两年被评为县级机关“五好”基层党组织并成功创建县首批“党建促发展示范党组织”，局工会被评为争创“六好”基层工会示范单位。廉政风险评估预警机制被县纪委列为县机关10个试点单位先行试行，并在国家食品药品监管局于金华召开的党风廉政建设座谈会上进行专题介绍。

全面开展以“春雷行动”、“夏季风暴”、“秋扫落叶”、“冬季攻坚”为载体的新一轮食品药品专项整治，重点开展11项专项整治，打假治劣卓有成效。共出动检查879人次，检查涉药单位909家次；立案92起，结案90起，已查处不合格药械131批次、罚没款152.86万元；完成药械、保健品检验766批次；处理举报投诉24起；上报药品不良反应监测报告1465例和医疗器械不良事件247例；发出违法药品、保健食品广告告诫书42份，移送工商部门查处3起。

同时，积极开展“送政策、送服务、送信息”新“三送”活动，服务县医药经济。全年，新发展药品经营企业17家；亚太药业在深交所成功上市，取得县医药企业上市零的突破；华通医药抓紧上市步伐，经股改成立的浙江华通医药股份有限公司已挂牌；华通医药成立了全国首家医药会展公司、全省第二家医药物流公司，现代医药物流基地正式投入使用；浙江华联医药收购华仁医药获得成功；有14家药品零售企业通过GSP认证（复认证）；亚太药业阿奇霉素原料药车间、罗红霉素原料药车间均通过GMP认证，胶囊剂、片剂（均含青霉素类）车间通过GMP复认证；华通制药溶液剂通过GMP认证。

绍兴县食品药品监督管理局

绍兴县卫生局

2010年，县卫生局巩固学习实践科学发展观成果，以紧紧围绕改善民生为目标，以深化医药卫生体制改革为主线，科学统筹，克难奋进，推动卫生事业和谐、健康、科学发展。当年，绍兴县被省政府命名为浙江省首批卫生强县，县卫生局被评为浙汇省上海世博会“环沪护城河”食品安全保障工作先进集体和第六届世界合唱比赛绍兴市公共卫生保障工作先进单位。

——基本药物制度稳步实施，看病贵问题有效缓解。全县社区卫生服务机构率先实施国家基本药物制度，实行药品统一价格、统一招标、统一配送、统一支付，并提高基本药物在新型农村合作医疗门诊的报销比例，实施成效明显；县卫生局被省卫生厅授予“浙江省基本药物制度实施工作先进单位”荣誉称号。

——基本医疗保障制度扩面提质，医疗保障体系不断健全。全县农业人口参合率96.82%，政策范围内住院费用补偿率58.71%，较上年提高49.4%；惠民医疗服务体系建立健全，全年共发放医疗优惠卡11143张，共为群众减免费用806万元。

——医疗卫生服务体系逐步健全，服务能力明显提高。启动县、镇、村医疗卫生资源统筹配置试点，明确建立2个区域医疗联合体、3个基地、6个中心、6项机制；县婚育服务中心投入运行；新增10个省级规范化社区卫生服务中心和44个市级星级社区卫生服务站；建立县首个院士工作站；多个项目获省、市、县科技奖，12项课题通过评审，3个科研成果被《科学引文索引》收录。

——公共卫生服务实现均等化，居民健康水平不断提高。全县三大类12项公共卫生服务项目达标率97.6%。第三轮农民健康体检率71.2%，居民电子健康档案建档率92.3%；甲乙类传染病发病率比上年度下降12.8%，有效处置1起突发公共卫生事件和34起传染病疫情；小餐饮卫生整规合格率100%；完善职业病防治、医疗卫生监管、公共场所卫生监管等机制；启动妇幼卫生重大专项，婚检率84.31%；深入开展爱国卫生运动。

1	2	3
	4	5

①国家传染病重大专项督查调研组到我县调研
②省人大调研县医改情况
③绍兴第二医院院士工作站签约仪式
④县、镇、村医疗卫生资源统筹配置试点工作会议
⑤召开全县深化医药卫生体制改革工作动员会

绍兴县人力资源和社会保障局

2010年，县人力资源和社会保障工作在县委、县政府的领导和上级人力社保部门的指导下，主动贴近大局，自觉融入中心，牢牢把握“加快经济转型，促进社会和谐”工作主题，积极探索人力社保部门服务大局、服务发展的新途径，努力为县域经济社会科学发展提供强有力的民生保障和人才支撑。

一年来，共举办大中型人才交流会5次，专场及赴外招聘26次，举办人才集市19期；引进国家级及省级优秀重点人才25名；引进国外智力项目22项，其中国家级项目7项、省级重点项目1项；设立企业院士工作站2家，新增国家级、省级企业博士后科研工作站各1家；评审专业技术职务任职资格4123人，其中中高级1647人；举办各类培训班51期，培训各类人才5200余人次；全年实现净增人才9726人。其中培育面料设计精英、服务产业转型升级、规范人事管理机制等多项工作成效显著，广获好评。

这年，着力打造“充分就业县”，切实缓解企业“招工难”——全年新增城镇就业17885人，下岗失业人员实现再就业7735人，至年底，城镇登记失业率为3%。着力打造“全民社保县”，切实保障和改善民生——以推进城乡居民社会养老保险工作和贯彻职工基本医疗保险市级统筹工作为重点，完善社保制度，强化征缴扩面，提高保障标准。着力打造“劳动关系和谐县”，切实维护劳动者合法权益——注重源头预防，加强劳动执法，妥善调解处置，全年没有发生一起重大的企业欠薪案件，劳动关系保持和谐稳定。

3
1 2 4
5
6

①6月12日，举行“省151人才工程”绍兴纺织面料设计师高级研修班
②12月9日上午，绍兴县人才工作会议隆重召开
③引进法国专家弗朗西斯·奥贝丹进驻浙纺院
④大中专毕业生公益性就业洽谈会现场
⑤专题部署全县“百日清欠维权大行动”
⑥新春人力资源交流会现场

绍兴县经济和信息化局

2010年，面对复杂形势，绍兴县工业经济保持了较快发展态势，成绩不俗。全年实现工业总产值2844.9亿元，增长19.9%；全部销售收入2807.8亿元，增长20.9%；工业利润128.6亿元，增长39.3%；完成工业投入168.2亿元，增长7.8%。其中规模以上工业企业1556家（年销售超500万元），实现产值2441.4亿元，增长23.7%；销售2405.7亿元，增长25%；利润111.8亿元，增长51.5%。全年工业销售超亿元企业375家，比上年增加67家；超10亿元以上企业40家，比上年增加7家。

印染产业集聚取得阶段性成果。两批共计90家印染企业签订集聚协议，其中1家退出印染行业，总计减少印染用地面积2378亩，比原用地减少31.8%；淘汰落后产能30.25亿米，占原产能30.1%；净削减产能21.43亿米，净削减21.3%；减排15%以上。两批企业完成集聚后，滨海工业区印染产能将达117.96亿米，全县印染总产能缩减至163.57亿米，届时72.1%印染产能将集聚在滨海工业区。

节能降耗顺利推进。全年淘汰落后印染产能7.1亿米、化纤产量6.93万吨、粘土砖瓦窑2家、制革产能3.8万标张。44家企业列入省清洁生产审核计划，73个项目列入省、市重点节能项目计划。实施有序用电合计压减电量约2.2亿KWH。预计全县万元工业增加值能耗同比下降4.94%，万元GDP综合能耗同比下降2.76%，

循环经济有新突破。积极引导企业开展清洁生产，涌现了一批具有区域示范意义的节能减排、生态工业典型企业。浙江东盛印染有限公司成功启用印染水循环回用系统；浙江亚太特宽幅印染有限公司建成近3000平方米太阳能加热系统；精工绍兴太阳能技术有限公司实施太阳能光伏发电项目；绍兴美佳热电有限公司和浙江兴美达印染有限公司积极实施印染冷凝水回用热电蒸汽锅炉项目。浙江东盛印染有限公司、柯桥经济开发区分别列入省首批100家工业循环经济示范企业和首批10个工业循环经济示范园区之一。

瓜渚湖鸟瞰图

印染产业集聚升级工程首批企业集聚滨海暨银行授信签约仪式

绍兴县国土资源局

2010年，县国土资源管理工作在县委、县政府和上级主管部门的正确领导下，面对"保增长、保红线"的双重压力和"抓服务、提绩效"的双重责任，紧紧围绕"突出转型升级，致力科学发展"工作主题，务实创新，负重奋进，服务大局，全力助推转型升级，全力促进科学发展，全力维护和谐稳定，工作取得不少成绩。

严格程序，加强沟通，提速提质，县镇两级的新一轮土地利用总体规划（2006—2020）已分别获省、市政府批准。新一轮土地利用总体规划的顺利实施，进一步为全县"十二五"规划的顺利实施提供充足的用地空间。

按照"案件应立尽立、罚款应缴尽缴、拆除应拆尽拆、复耕应复尽复"的要求，全力以赴，狠抓整改，2009年度土地卫片执法检查成效明显，共拆除违法建筑4.9万平方米，作出罚款1796万元，已收缴罚款1284万元，复耕土地面积212亩，全县违法占用耕地面积占新增建设用地占用耕地总面积的比例下降到9.62%，顺利通过国家土地督察上海局验收。

按照县委、县政府"维持地价稳定、促进健康发展"总体思路，从抓前期工作、抓项目包装、抓地块推介、抓品牌引进等关键环节入手，有效控制供应总量、规模、节奏与结构，平稳有序地推出土地，2010年全县实现土地出让金总收入76亿元。立足职能，积极做好农村住房困难户解困工作，全年办理农村解困房建房手续1301户，其中以拆迁安置和农民公寓形式安置862户，占地61.9亩，单户报批397户，占地48.1亩，另外调剂42户。加快权证办理，进一步深化国土审批事项"三集中、三到位"，积极实施好土地证、房产证、契税证"三证"联办，累计办理土地证1.8万本。

局岗位廉政风险防控工作被评为2010年度全县效能建设创新创优先进典型。基层所行风评议中，平水、稽东、孙端、夏履、柯华、富盛等所的工作得到了广大干部群众的一致好评，综合考评位居当地前三位。柯华所被省厅授予群众满意国土资源所，平水所被市纪委授予市级行风建设示范窗口，夏履所被县纪委授予县级十佳群众满意基层站所，县土地管理事务所被评为县级先进单位。

1
2
3
4

① 市委常委、县委书记何加顺调研国土资源管理工作
② 国土资源咨询服务
③ 国土资源系统知识竞赛
④ 国土局大门口

绍兴县林业局

2010年，县林业局以党的十七大和十七届四中、五中全会精神为指导，按照省、市林业工作要求，深入贯彻县委、县政府“突出转型升级，致力科学发展”的工作主题，加快现代林业园区建设，推动林农增收致富，扎实开展“森林绍兴”建设，努力构建宜居家园。

产业经济发展稳健。全县林业总产值24.84亿元，同比增长8.1%。茶、竹、花、果四大林业主导产业发展稳健。平水同康、兰亭大庆等村竹笋亩产已超万元，稽东香榧产量增长41%，收入增长18%，花卉产业借上海世博会契机，产值大幅提高，同比增长13.9%。绍兴县荣获“中国茶文化之乡”称号，平水珠茶被命名为“中华文化名茶”，湖塘街道被命名为“中国杨梅之乡”。稽东香榧森林公园由市级森林公园升格为省级森林公园。绍兴县南部、东部2个产业园区被确定为省级现代农业（林业）综合区，平水毛竹四季笋、漓渚花卉苗木等5个林业园区被确定为省级现代林业示范园区，杨汛桥镇绿洲生态花卉、王坛镇万乔四季笋等5个精品园被确定为省级现代林业精品园区。

林地流转再创佳绩。积极鼓励山林、林地流转，全年流转7411亩，全县累计流转面积已逾5万亩，其中富盛镇红山村单宗流转林地2128亩，为全市最大宗。积极开展生态公益林政策性保险、榧农人身意外保险等配套工作，减轻林权业主风险，拓展林权业主的融资渠道。

生态建设提质提量。完成河岸道路绿化158.3公里，造林712.1亩，植树2.62万株。全县平原绿化率14.24%。在“千校万人同栽千万棵树”活动中，绍兴县林业局获全省组织工作奖。柯岩街道、陶堰镇被命名为省级森林城镇，全县省级森林城镇增至4个。成功创建省村庄绿化示范镇1个，省森林村庄2个，省绿化示范村11个，市森林村庄15个，森林城镇、村庄的创建工作继续走在全省前列。

资源管理逐步加强。全面完成省下达的松材线虫病疫木清理工作目标任务，全县共计清除枯死松树196.28万公斤。加大打击林业违法力度，开展一系列专项整治行动，有效捍卫全县林地管理秩序。配备一个立体式森林消防防护网，全县森林火灾受害率、火灾发生率、控制率等各项指标均控制在省、市下达指标内。

① 稽东省级香榧森林公园
② 全县水利绿化工作会议
③ 万亩竹笋基地
④ 县林业局参加行风对话活动
⑤ 县领导义务植树活动
⑥ 新建香榧基地
⑦ 中国茶文化之乡荣誉称号
⑧ 中华文化名茶荣誉称号

鉴湖—柯岩旅游度假区

“鉴湖越台名士乡，忧忡为国痛断肠。剑南歌接秋风吟，一例氤氲入诗囊。”毛泽东的题诗和南宋伟大诗人陆游的名句“千金无须买画图，听我长歌歌鉴湖”道出了水乡绍兴的撩人醉心之处。

鉴湖—柯岩旅游度假区总面积约113平方公里，是省政府批准的省级旅游度假区，位于绍兴“母亲湖”——鉴湖的核心区域。度假区东连绍兴市区，北接中国轻纺城、柯桥县城，西距杭州仅40公里，东距宁波150公里，北距上海220公里，与杭州萧山国际机场相距仅25公里，道路网布，交通十分便利。

作为旅游经济强县建设主战场的鉴湖—柯岩旅游度假区，8年来共完成投资近100亿元，其中完成基础性公益性投资45亿元，非工业类社会性投资超过55亿元。新建主干道60公里，桥梁20余座。经过多年的努力，度假区内2个国家AAAA级景区——柯岩景区和大香林景区，国际锦标级高尔夫球场——鉴湖高尔夫球场，长三角首家室内滑雪馆——乔波冰雪世界，按五星级标准建造的园林式酒店——鉴湖大酒店等一批旅游项目及旅游配套设施相继建成开放。同时，柯岩联盛国际商业广场、绍兴天马国际赛车场、“十里柯岩，十里湖塘”等一系列大型旅游休闲项目也正在积极酝酿谋划之中……

将通过3至5年的努力，以休闲、运动、礼佛、宜居为主题，把度假区建成一个展示江南水乡风情、体验现代体育活动、感受传统佛教文化、尽享山水居住空间的国家级休闲旅游度假胜地。

萍踪名胜最尽兴，若到水乡更忘情！

鉴湖—柯岩旅游度假区欢迎您！

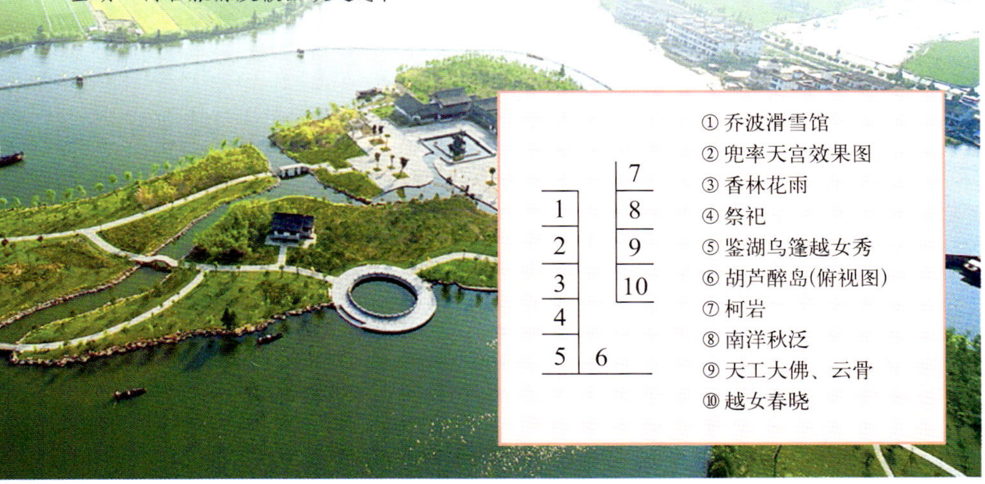

1	7
2	8
3	9
4	10
5	6

① 乔波滑雪馆
② 兜率天宫效果图
③ 香林花雨
④ 祭祀
⑤ 鉴湖乌篷越女秀
⑥ 胡芦醉岛(俯视图)
⑦ 柯岩
⑧ 南洋秋泛
⑨ 天工大佛、云骨
⑩ 越女春晓

1	①党团员志愿者服务纺博会
2	②展会现场
3	③中国柯桥国际纺织品博览会
4	④中国轻纺城服装服饰（辅料）和家纺市场
5	⑤国贸区

中国轻纺城会展中心

中国轻纺城总占地面积77.8万平方米，总建筑面积达326万平方米，商行1.9万余家，营业用房2万间。场内经营人员5万余人，经营面料3万余种，日客流量10万人次，日成交额1.9亿元，市场区金融网点76个，日存款额20多亿元。市场交易持续兴旺，年成交额从1988年的0.76亿元跃升到2010年的794亿元，连续19年居全国纺织专业批发市场第一位。

近年来，县委、县政府把提升发展中国轻纺城作为轻纺产业的立业之本、柯桥县城的立城之本、经济强县的立县之本来抓，大力推进轻纺城“二次创业”，着力把中国轻纺城打造成为国际性纺织制造中心、国际性纺织贸易中心和国际性纺织创意中心。

市场规模集群化。今天的中国轻纺城，拥有以南部传统交易区现代化的联合市场，中部全球化的国际贸易区，西部专业化的钱清轻纺原料市场和北部的柯北服装家纺辅料新市场区为主体的“南北中西”四大市场区域，基本形成以纺织面料、家纺产品、轻纺原料、纺织机械、服装服饰和辅料等为主体的大型纺织专业市场集群。

市场配套现代化。市场拥有占地面积25万平方米的国际物流中心，入驻联托运企业155家，开辟联托运线路104条；拥有建筑面积90万平方米的现代化、国际化、专业化电子商务办公区；拥有宾馆酒店、金融保险、医疗卫生、翻译咨询等中介服务机构约300家；拥有“全球纺织网”、“网上轻纺城”和“市场管理信息系统”三大网络平台。物畅其流，货通天下，现代化的市场设施有效降低了市场商务运行成本。

交易方式多样化。市场共有注册经营户19000余家，其中公司3000多家，公司订单化交易约占全年成交量的一半以上。网上虚拟市场经营户6000余家，年成交额100多亿元。市场“商银通”业务，安装刷卡交易POS机近9000台，全年刷卡交易额突破300亿元。多种交易方式有效带动市场交易方式由传统的“现场交易、现金交易、现货交易”向现代的“公司化、订单化、电子化”交易的可喜转变。

经营模式国际化。市场销售网络遍布全球，常驻中国轻纺城境外企业代表机构963家，境外专业采购商1万余人，常驻的境外采购商5000多名，拥有自营出口实绩企业779家。由中国纺织品工业协会、中国国际贸易促进委员会、全国商业联合会和浙江省人民政府联合主办的中国（绍兴）国际纺织品博览会已经连续举办了12届，在2008年首推一年春秋两季，秋季博览会获国务院批准，升格为国家级展会，成为中国轻纺城走向国际市场的金名片。

市场管理规范化。现代企业管理体系全面实施，县政府成功控股“轻纺城”股份公司，实现市场发展政府调控主导，市场资源和市场投融资体制深化改革；加快推进“数字化市管”，市场管理水平稳步提升；信用评价体系基本建立，市场经营户诚信经营蔚然成风；营业房流转管理体系有效运作，市场交易秩序空前稳定；一站式服务体系应运而生，政府服务优质高效。

市场营销品牌化。“中国轻纺城”CI总体形象和统一品牌深入人心，招商隆市醒目有效。中国·柯桥纺织指数的连续发布，引领国内纺织品专业市场与纺织产业发展进入“指数时代”。国际性国家级行业论坛、赛事、流行趋势发布等不定期举办，打造商贸会展一体化城市，纺织服装创意产业基地建设全面启动，中国轻纺城品牌发展呈现“创意元素”。

绍兴县人武部

2010年，县人武部深入贯彻落实科学发展观，军事斗争准备扎实推进，军民融合力度得到提升，党管武装工作创新发展。

这年，民兵结构布局更加合理，开展区域性跨行业跨企业建立民营企业武装组织先行试点，企业武装组织层次更加丰富、工作更有活力。抓好现役干部基本素质、基本技能和组织指挥训练，组织所属武器装备训练考核。以任务明确分队、应急分队和专武干部、民兵骨干为重点，完成9批次14个专业共650余人的民兵专业分队集训，完成国动委“八办”规范化建设达标，扎实开展国防潜力调查。围绕防卫作战、动员支前和战场管制三大课题，开展室内战术作业。省军区按纲施训抽考和军事训练先进团单位推荐表彰考核成绩优异。后备力量基层规范化建设稳步推进，如期完成年度达标任务。完成营院主体工程建设，全面实施“部财区管”工作。党管武装工作创新发展，县委议军会研究通过民兵训练基地改造升级、民兵应急机动大队建设、基层武装部干部有关待遇等问题。探索建立优抚安置良性运行机制，举办退伍军人就业专场招聘会。开展第十个“全民国防教育日”，全民国防教育得到加强。成功创建第七轮“省级双拥模范县”，军政军民关系进一步融洽。

这年，县政府被省政府、省军区表彰为征兵工作先进单位、县人武部被省军区表彰为军事训练先进单位。柯桥街道、齐贤镇、安昌镇、漓渚镇、平水镇被市政府、军分区表彰为国防后备力量基层建设先进单位。

1	2	3
4	5	6
7		

①4月18日，省军区参谋长高幼苏调研区域性跨行业跨企业建立民营企业武装组织试点工作
②8月24日，军分区参谋长王亦成检查民兵基层规范化工作
③11月8日，市委书记张金如到九里征兵体检站检查征兵工作
④7月16日，人武部部长傅海彪负责烟花大会瓜渚湖水面应急救援指挥工作
⑤8月24日，在平水镇会稽村召开绍兴县后备力量基层规范化建设现场观摩会
⑥7月13日，为期10天的“雏鹰小队”军事夏令营在九里民兵训练基地开营
⑦3月25日，县民兵成建制参加全国小型农田水利重点县建设活动

绍兴县文化广电新闻出版局（体育局）

县文化广电新闻出版局（体育局）是主管全县文化、文物、广电、新闻出版、体育事业的县级行政主管机构。2010年，县文广体育局紧紧围绕县委、县政府“突出转型升级，致力科学发展”工作主题，以实施“六名”工程为抓手，扎实推进文化强县建设，着力构建城乡一体的公共文化服务体系，积极推进全县文化体育事业又好又快发展。

文化惠民扎实推进。全年下基层演出213场次，图书流动车送书下乡202车次，农村电影放映“2131工程”放映电影4182场次，开展越剧、曲艺天天演“周末剧场”活动86场次。柯桥街道瓜渚湖社区和钱清镇白马山村成为省级文化示范村（社区）。积极推进“农家书屋”创建工作，新创建农家书屋23家。体育中心建设稳步推进。

文化交流有声有色。顺利完成世合赛场馆改造任务，圆满完成赛事承办工作。县文化馆音乐剧场被世合赛组委会授予“优秀比赛场馆”称号。中国轻纺城合唱团获得“世合赛”锦标赛民谣组银奖，被世合赛组委会授予“优秀参赛团队”称号。绍兴小百花再次赴港，成功举办“走进世博·城市情缘”——绍兴小百花上海演出周活动，推出廉政大戏越剧《一钱太守》，赴沪开展廉政文化交流活动。成功举办中国柯桥·越国文化高峰论坛活动。

文艺创作成果丰硕。越剧《李慧娘》获第二届中国越剧艺术节优秀剧目展演金奖、中国戏曲学会奖，绍兴“小百花”成为全国首个获得中国戏曲学会奖的县级越剧团。绍兴莲花落《午夜电话》获得第十五届全国“群星奖”。吴素英获“白玉兰”戏剧主角提名奖、第二届中国越剧艺术节“十佳演员奖”。章利萍获第十五届全国“群文之星”称号。

文化遗产有效保护。全面完成《绍兴县文物保护利用总体规划》编制工作，加强业余文保员队伍建设的做法得到上级肯定。6个项目成为市级非物质文化遗产保护项目，安昌古镇成为市级文化生态保护区，王星记扇厂等2家企业被列为省级非物质文化遗产生产性保护基地。王星记扇在中国乡村非物质文化遗产传统工艺展上荣获“最受欢迎的项目”奖项。承办第五届浙江省非物质文化遗产节浙江传统戏剧展演，绍兴莲花落馆跻身中国曲艺非遗博物馆。

文化市场有序发展。推出以文化市场管理“一店一本”为代表的社会治安综合治理工作管理制度，依法查处违法违规行为，扎实开展市场监管工作，县文物监察大队连续5年被省文物局评为成绩显著单位。嘉禾彩印包装服饰有限公司、绍兴神采印刷有限公司等2家印刷企业分获市局“十佳”、“十优”印刷企业称号。

竞技体育水准提升。在市七运会上，我县代表队金牌总数和团体总分双双取得第二名，实现了历史性突破。在省运会上，我县籍运动员取得17块金牌，名列全市各县（市、区）第一。我县籍优秀运动员谢震业在青奥会上勇夺200米冠军，是本届青奥会上浙江省荣获的唯一一块径赛项目金牌。

1	2	3	4
5			

①上海市委常委、纪委书记董君舒慰问在上海演出的《一钱太守》演员
②《一钱太守》剧照
③越剧《李慧娘》学术研讨会
④中国轻纺城合唱团参加第六届世合赛开幕式
⑤浙江省传统戏剧展演活动

创新·提升·发展
绍兴县“十一五”科技创新亮点回眸

- 绍兴县科技综合实力位居全省县（市、区）第四位
- 浙江省首批科技强县
- 全国首个国家级“县域经济信息化试点县”
- 全国科技进步考核先进县
- 浙江省县（市）党政领导科技进步目标责任制考核优秀单位
- 成为国家火炬计划绍兴县纺织装备特色产业基地、柯开委成为柯桥省级高新技术产业园区

科技投入不断增加。2010年，县财政本级科技拨款17151万元，比“十五”末增长115%，占财政支出的4.83%。财政科技投入的逐年增加，促进了企业的科技投入，2010年，全县规模以上工业企业技术开发经费达到28.22亿元，比“十五”末增长146.2%，占销售收入的比重达到1.19%；全社会R&D经费支出达14.83亿元，占地区生产总值比重达到1.91%。以政府投入为引导，以企业投入为主体的多渠道、多层次、多元化科技投入体系基本形成。

创新体系逐渐完善。一是以县科创大厦为核心的科技孵化器和行业研发中心已初具规模，创新体系进一步完善。目前，县科创大厦已有15家科技型企业入驻，全县已拥有省级以上区域科技创新服务中心（科技企业孵化器）6家，其中国家级1家；拥有省级高新技术研发中心35家、省级农业科技研发中心9家、市级工程技术研发中心110家。国家建筑工程与住宅产业化研究院正式落户浙江宝业集团股份有限公司。二是创意产业基地建设不断完善，创意成为纺织产业转型升级新引擎。目前，中国轻纺城创意产业基地投入使用的面积已超过7万平方米，共引入80个项目，创意产业基地企业2010年的营业额为2800万元。

知识产权事业发展迅猛。十一五”期间，全县累计申请专利21030件（其中发明专利650件），累计授权11690件（其中发明专利145件），分别是“十五”期间的16.3倍和21.2倍，申请量和授权量均居全省前列。专利质量得到进一步提高，发明专利申请量和授权量比“十五”期间均增长400%。全县已拥有国家级专利工作交流站1家、国家级专利试点企业3家、省级专利示范企业37家、市级专利示范企业70家。

科技攻关成效显著。“十一五”期间，全县共实施各级各类科技计划877项，其中国家级152项（国家支撑计划5项，国家863计划1项、国家创新基金25项），省级科技计划665项，为企业争取省级以上科技经费1.5亿元，有力地促进了全县产业的转型升级和自主创新。

纺织创新平台独树一帜。探索“政府主导、企业主体、院校支撑、市场化运作、社会化服务”的创新服务平台建设新模式，建立了以绍兴县轻纺科技中心有限公司为主体，以浙江理工大学、浙江大学等院校为主要技术支撑的“浙江省现代纺织工业研究院”，其建设和运作在全省平台建设中处于领先水平，成为本地区乃至全国纺织业科技创新的先锋和纺织业科技服务的龙头。2009年，由浙江省现代纺织工业研究院牵头创建的国家纺织科技创新支撑平台获得国家科技部立项。

高新产业持续发展。按照县委、县政府“高新技术产业化、传统技术高新化”两条腿走路的高新技术产业发展战略，深入实施信息化融合工业化战略，推动全县高新产业持续发展。全县已拥有省级创新型示范企业4家，国家火炬计划重点高新技术企业10家，国家重点扶持的高新技术企业46家，省级科技型中小企业92家、省级农业科技企业24家。形成了以纺织机械、汽车汽配为主的机电一体化产业，以高性能金属及金属复合材料、特种化纤为主的新材料产业，以住宅产业化、高层重钢结构、节能环保型建筑为代表的建筑建材产业和纺织高技术服务业等高新技术产业。涌现出一批重视科技，锐意创新，拥有自主知识产权核心技术和知名品牌的科技型企业。2010年全县高新技术产业增加值23.44亿元，比“十五”末增长110%，年均增幅达73.6%。

科技成果不断涌现。“十一五”期间，全县共获得市级及以上科学技术奖98项，其中：国家技术发明奖1项、省级科学技术奖26项、市级科学技术71项。特别是2008年浙江兰亭高科有限公司自主研发的“废旧沥青再循环利用的成套关键技术”荣获国家技术发明奖二等奖。

科技部原党组书记、副部长李学勇听取浙纺院平台建设工作汇报

中国轻纺城创意产业基地获创意产业单位得奖

科技推动转型升级

2010年11月15日绍兴县与高校院所共建创新载体暨科技对接交流会

2010年11月16日第二届中国高校纺织面料设计大赛颁奖

绍兴县环保局

县环保局以科学发展观为指导，以建设生态文明为统领，紧紧围绕“突出转型升级，致力科学发展”工作主题，始终坚持“保护环境、优化发展、维护权益”工作方针，全面加强环保执法监管，着力推进经济转型升级，全力推进污染减排，大力推进环境综合整治，竭力推进生态文明建设，切实维护县域环境安全。

以转变经济发展方式为契机，全力推进污染减排工作。加强减排指标、监测和考核“三大体系”建设，把结构减排放在更加突出位置，继续强化工程减排和管理减排。以印染行业集聚升级为重点，加大结构调整力度，继续关停淘汰技术设备落后、污染严重及无法实现总量控制、稳定达标排放的印染化工企业和设备；深化工程减排，切实抓好生活污水处理设施向更多集镇拓展、重点污染源治理向深度处理拓展、脱硫设施向炉外脱硫工程项目拓展、污染防治向养殖污染和机动车排气污染拓展；切实加强环境执法监管，深化“进管达标、处理提标”专项行动，积极发挥在线监控、视频监控、电磁流量阀的作用，切实提高减排设施管理水平和运转效率。

以印染行业集聚整合为重点，着力推进经济转型升级。按照“整合集聚、控量提质、节能减排”基本要求，充分发挥环保部门在经济发展方式转变和经济结构调整方面的优化、引导和倒逼、闸门作用，合力推动全县经济转型升级，促使全县80%的印染企业向滨海工业区集聚。

以改善县域环境质量为目标，大力推进环境综合整治。牢牢把握重点区域、重点流域、重点行业“三个重点”，认真开展清洁水源、清洁空气、清洁土壤“三项行动”，致力实现环境污染的全面防控和综合治理，切实改善环境质量。

以打造生态宜居示范为主线，全力推进生态文明建设。紧紧围绕省级生态县创建目标，按照以生态文化为先导、生态经济为支撑、生态环境为保障“三位一体”工作思路，将生态县建设与弘扬生态文明基本理念、开展农村环境综合整治、加强环保基础设施建设结合起来，探索生态建设新途径，创建生态建设新品牌，力争在两年内成功创建成省级生态县，为创建全国生态文明示范区奠定扎实基础。

以保障群众环境权益为目的，致力加强环境执法监管。环境问题是发展问题，更是民生问题。着力保障和改善环境民生，切实为老百姓办实事、办好事，需要加大执法力度，出重拳，下猛药，以铁的决心和非常规手段，通过综合整治，努力解决群众身边突出环境问题，让人民群众切实感受到身边环境质量的改善，确保不发生重大环境安全事件，确保县域环境安全。

以创新环保体制机制为动力，努力提升环保监管能力。从加强队伍建设着眼，从提高自身素质着手，从创新体制机制着力，深入开展以“规范创新、争先创优”为核心内容的队伍能力建设活动，加强作风建设，树立规范意识、争先意识和服务意识，提高监管能力，提高服务经济社会发展的能力和水平。

绍兴县旅游局

2010年，县旅游局围绕建设旅游经济强县目标，以深化作风建设年活动为载体，以世博会和世合赛举办为契机，狠抓各项工作落实，全县旅游经济呈快速增长态势。

全年，全县接待国内游客701.68万人次，境外游客16.21万人次，实现旅游总收入72.26亿元，同比分别增长19.9%、15.87%和23.29%。旅游开发有序推进，“十里柯岩”、“十里湖塘”正式启动，大香林二期重点工程建设有序推进，瓜渚湖环湖道路、夜景灯光系统抓紧完善，安昌古镇旅游区、齐贤羊山等旅游区提升改造加快实施，新天马大酒店等一批重点旅游项目正在加快建设之中。旅游营销全面出击，成功举办“迎世博会·游绍兴县”专题座谈会、“看世博·游绍兴”绍兴县旅游（上海）推介会和中国轻纺城旅游商品展览会，组织参加上海国际旅交会、重庆国内旅交会、第六届中国华东旅交会和港澳台旅游促销等活动，开展王坛镇生态（森林）旅游年启动仪式、稽东香榧旅游节和王坛舜王庙会，办好乔波国际会议中心整体开业、大香林桂花节、鉴湖风情节和安昌腊月风情节等节庆活动，吸引长三角及周边大量游客前来柯桥休闲旅游，实现旅游业的持续快速发展。湖塘街道、王坛南岸村分别成功创建浙江省旅游强镇（街道）、特色旅游村，富盛上旺·岩里成功创建2A级红色旅游景区。

1
2 | 3
4
5 | 6 | 7

①2009水上舞台效果图
②柯岩云骨
③纤道悠悠
④乔波滑雪馆
⑤5.19中国旅游日现场活动采访
⑥旅游系统表彰大会
⑦花雨纷纷

为耕者谋利　为食者造福
——绍兴县粮食局

民以食为天，确保全县130万人口的吃饭问题，就是天大的事。县委、县政府高度重视粮食安全，认真落实粮食安全行政首长负责制，稳定生产，繁荣流通，强化应急调控手段，因地制宜构筑粮食市场体系、储备体系、应急保障体系。县粮食部门抓订单、抓基地、抓市场、抓监管，为耕者谋利，为食者造福，使粮食的国家储备、动态储备得到保障，让老百姓任何时候都有饭吃，吃上安全富有营养的粮食。

2010年度，绍兴县荣获浙江省粮食安全工作优胜单位，县粮食局获全省粮食收购工作先进单位。

① 现代化粮食储备库全景
② 现场发放粮食预购定金
③ “放心粮油示范店”授牌仪式
④ 科学储粮，保障安全
⑤ 荣誉

绍兴县人口和计划生育局

2010年，县人口和计划生育工作紧扣县委、县政府提出的“推进率先发展，促进社会和谐”工作主题，切实稳定低生育水平，提高出生人口素质，统筹解决人口问题，促进人口均衡发展，各项工作指标圆满完成，亮点纷呈。

组队代表浙江省参加全国《流动人口计划生育工作条例》知识竞赛获全国优胜奖和最佳组织奖。开展“三优”促进工作，深入推进优生促进工程，落实省“优生两免”工作。深化婚育新风进万家活动，加强人口文化建设和生育文明建设。严格生育审批、“一票否决”和违法生育查处，计划生育奖励扶助和惠民政策有效落实。扎实开展流动人口计生精细化、均等化服务，推进省流动人口协作试点工作取得实效。人口计生基础信息清查为“六普”奠定基础。开展生育关怀行动、基层计生协会评估认定及“示范村（居）、示范企业”创建活动。基层计生协会服务能力和服务水平不断提升。

当年，全县共出生4404人，计划生育率97.59%，出生性别比为106.28，保持在正常范围。

①3月1日，召开全县人口和计划生育工作会议
②表彰2009年度县人口计生“双优镇（街道）”
③9月20日，隆重举行纪念《公开信》发表30周年暨大型文艺演出

绍兴县总工会

2010年，县总工会坚持服务大局、服务职工，成效明显。全年获1项全国先进、3项省级先进、3项市级先进。举办“一十百千万”系列活动。即一场《彩虹颂》大型展演，在十大行业开展技术比武，推选百名技术能手，组织培训工会干部千余人次，组织万名职工参加竞赛。建立十大职工培训学院。按照3年计划第一步目标，成立了10家职工培训学院，初步实现了有组织、有培训、有师资、有设备、有经费“五有”目标。深化和谐企业（园区）创建工作。至年底，分别创建县、市、省级劳动关系和谐企业93家、41家、7家，柯桥经济开发区被评为省级劳动关系和谐园区。加大困难帮扶力度。各级工会筹措资金370万元，帮扶困难职工群众3000余名，开展“春风送暖走进南部山区”、外来务工人员平安返乡等活动。推进镇街工会换届和基层建会工作。全面完成镇（街道）总工会换届工作，引导镇（街道）工会探索行业性工会、区域性工会、行政村（社区）工会联合会、楼宇工会等建会模式，共新建工会组织131家，新发展会员35871人。强化工会干部服务基层的职能。在开展“部室联片，干部联镇”工作基础上，全面实施“干部联企”制度，做好联系村稽东官桥村的结对帮扶工作，完成水网改建、香榧林开发、老年星光之家创建、公路拓宽、公厕改建等5件实事。

①高温时节随同县领导慰问一线职工
②举办纺织主题展演活动
③全市企业职工技能创新工作经验交流会在绍兴县召开

1 | 2
3 | 4

①副县级老领导在上海建筑工地指导
②市委常委、县委书记何加顺向老干部祝寿
③纪念抗战胜利65周年座谈会
④老干部看文化——参观乔波滑雪馆

绍兴县委老干部局

2010年，县委老干部局围绕“突出转型升级，致力科学发展”工作主题，按照省、市老干部局工作部署，进一步加强和改进老干部思想政治工作，探索和研究“双高期”老干部工作新路子，拓展“人性化服务”渠道，圆满完成年初制定的工作任务。

一年来，开展“老干部看文化”活动、举办2次老干部读书会、组织庆祝抗日战争胜利65周年和抗美援朝入朝作战60周年纪念活动，精心安排老干部党校学习、参观上海世博园等活动。在全市范围内率先落实抗战老战士享受副司（局）级医疗待遇相关政策；开展离休干部集体祝寿活动，县委书记到会祝贺并送贺卡；组织疗养和一年2次的体检；完善联组联户责任制，开展定期慰问走访；全面推进社区“四就近”服务管理，把165位离休干部一一落实到市区44个社区中；对生活困难的离休干部和遗属补助近10万元。按照“整体规划、分步实施”的原则，正式启动新活动中心（老年大学）规划，提出初步设计方案。精心组织老干部棋牌、门球、书画、摄影等活动40余次，组织元宵、端午、重阳节日游园。县老年大学专业不断优化，学员已达726名；俄语合唱团参与第六届世合赛，央视新闻频道及省市媒体对此报道。做好结对帮扶工作，多次实地考察，理清发展思路，分2期提供扶助资金达10余万元，使王坛镇万乔村顺利完成四季笋园观光公园建设、农田水渠整修和地质灾害治理三项重点工程。

绍兴县信访局

2010年，县信访局在县委、县政府的正确领导下，取得了前所未有的成绩，全县信访总量同比有大幅度下降。共受理各级信访1886件（批），来访1229批4554人次，来信657件。县公开电话受理中心受办各类电话12058件，电话办结率100%，满意率98%。尤其是越级集体上访总量与往年比减少幅度较大，有力促进了全县社会和谐稳定。

为巩固和深化“县委书记大接访”活动，结合上级有关文件精神，制定《关于建立县领导下访接访活动长效机制的意见》，对县领导下访的主要内容进一步深化。每月5日、25日为县领导信访接待日，每次由2名县级领导到县信访局坐诊，接待群众来访；每月15日为县领导下访日，全体县级领导和各机关部门主要负责人到联系镇（街道）“出诊”下访接待群众。同时，县领导接访与包案督办、积案化解紧密结合，使大接访活动真正落到实处、见到实效，让群众真正得到实惠。

县信访局在2010年度县机关部门岗位责任制考核中获一等奖。

1 | 2

①全县信访工作专题会议
②县领导信访接待

绍兴县司法局

2010年，县司法行政系统紧紧围绕县委、县政府“突出转型升级，致力科学发展”工作主题，创先争优，积极进取，认真履行第一责任、主动服务第一要务，突出深入推进社会矛盾化解、社会管理创新、公正廉洁执法三项重点工作。

组建全市首家司法行政法律服务中心，全面实施“环沪护城河工程”，做好世博会、世合赛期间两类人员安保工作，深化“大调解”工作体系建设，“1+X”大调解经验在全市推广，司法所规范化建设进一步推进，“五五”普法工作圆满收官，绍兴县被评为首批“全国法治县（市、区）创建活动先进单位”，为服务经济平稳较快发展、保障和改善民生、维护社会和谐稳定作出了积极的贡献。在全市司法行政系统年度综合考评中再次获得优胜单位荣誉称号，被授予集体三等功。

1
2 | 3

①省司法厅副厅长陈志忠率全省“五五”普法总结验收工作会议人员参观我县“普法一条街”

②绍兴县普法教育领导小组暨“五五”检查总结验收动员会议

③市委副书记谭志桂带领市“五五”普法检查验收组听取我县“五五”普法工作情况汇报

热烈祝贺绍兴县被中国科协命名为全国科普示范县！

绍兴县荣获全国科普示范县

绍兴县举行科普专题讲座

绍兴县科协向全县各行各业的科协科普工作者及一直以来关心支持绍兴县科协科普工作的社会各界表示衷心感谢！并希望继续给予一如既往的支持和帮助！

绍兴县被评为全国农函大先进分校

绍兴县科协召开第八次代表大会

2010年绍兴县青少年电子制作比赛在柯岩中学举行

2010年绍兴县三下乡活动在福全镇金三角广场举行

2010年科普进社区活动在全县广泛开展

绍兴县文化发展中心

县文化发展中心成立于2005年12月1日，由县文化馆、县图书馆、越国文化博物馆（县博物馆）和县文物保护管理所四家单位及明珠文化广场合并组建而成。总占地170000平方米，建筑面积31000平方米。中心是全额拨款的公益性文化事业单位。现有高级职称13人、中级职称25人、大专以上学历61人。

发展理念：坚持文化事业、文化产业和文化工作者自身发展。

发展原则：公共资源共享，特色资源分享。

发展目标：文艺精品创作的主阵地，百科知识传播的主平台，文化遗产传承的主渠道，先进文化展演的主舞台。

发展思路：实现整合向融合转变、做大向做强转变、创业向创新转变。

- 圆满完成第六届世界合唱比赛的场馆改造和组队参赛任务，中心音乐剧场被世合赛组委会授予“优秀场馆”称号，组建的“中国轻纺城合唱团”获锦标赛民谣组银牌，并被授予“优秀参赛团队”荣誉称号。
- 潘海良、施金裕表演的莲花落《午夜电话》获第十五届全国群星奖，章利萍同志获全国“群文之星”称号；韩会稽表演的莲花落《拉选票》获第六届全国曲艺牡丹奖比赛文学奖提名；潘海良、韩会稽获第三届省“金莲花奖”演唱大赛“金莲花奖”；莲花落“二次创业”再出硕果。
- 图书馆新增借阅卡10608张，外借图书35万余册次；率先在全市范围内推出光盘音像资源外借服务；流动图书车全年出车184次，接待读者4700人次，外借图书7169册次；《县域公共图书服务体系的创新模式研究》课题被文化部列为2010年科技创新项目；全县首家民办图书试点单位——会稽山藏书楼正式成立。
- 成功承办“中国柯桥·越国文化高峰论坛”，围绕“越国都城或城址探索”、“越国文化内涵研究”、“越国文化对海内外文化的影响”、“绍兴柯桥城市建设文化探源”四大主题开展学术研讨报告会，中国百越民族史研究会、浙江省越国文化研究会分别授牌越国文化博物馆为越国文化研究基地。
- 全面完成《绍兴县文物保护利用总体规划》，开创全省县一级文物保护利用总体规划的先河，受到省文物局和省内外专家的高度肯定；印山越国王陵原址保护工程和县级文物数据库建设顺利通过省文物局验收。

1 ①“群星奖”曲艺决赛
2 ②领导考察中心博物馆
3 ③第六届世界合唱比赛
4 ④印山越国王陵原址保护工程竣工验收
5 ⑤越国文化高峰论坛

绍兴县柯桥街道

柯桥街道因桥得名，素有“金柯桥”之称。处于“中城”核心，为绍兴县政治、经济、文化中心，东临越城区东浦镇，南接柯岩街道，北与华舍街道和齐贤镇相连。距绍兴市区10公里、杭州50公里，杭甬铁路、高速公路、104国道横贯东西。面积16.5平方公里，为典型的江南平原水乡，“中国轻纺城”坐落其中。辖31个社区（居委会），常住人口5万人，外来人口10.2万人。

2010年，在百舸争流的发展大潮中，实现招商引资开创新业绩。全年新增楼宇入驻企业354家，业态涵盖纺织贸易、餐饮、娱乐、房地产、金融、中介、广告、信息、影视文化等多种行业，提升楼宇平均入驻率3个百分点。在建设新城的强烈呼声中，推动城市升级展现新蓝图，中泽一期、二期和中梅、红丰、大溇“城中村”拆迁改造项目如火如荼，全年完成拆迁任务20万平方米。在多措并举的维稳行动中，保障社会和谐实现新突破，建立了基层信访维稳工作奖惩机制，开展信访“五个一”工程建设和“大调解”活动，完善街道、社区二级信访网络建设，把矛盾纠纷排查化解在基层，遏制在源头，保证了世合赛和世博会期间的社会稳定。

这年，在执政为民的理念指引下，促进各项事业焕发新活力。积极开展“创先争优”活动和“深化作风建设年”活动，各级队伍应对危机、服务群众、推动发展的能力不断提高；建立了食品安全“八个示范点”和“示范一条街”，街道顺利通过市食品安全示范镇街考核验收，笛扬、柯亭、柯福社区顺利通过省级卫生社区的考核验收；组队参加全县和全市的首届排舞比赛，获老年组县级一等奖、市级二等奖，参加2010“下沙新城杯”浙江省第四届排舞大赛，夺得老年组金奖和最佳人气奖两项大奖。

①社区干部竞职演讲会
②大渡社区成立仪式
③居家养老服务中心专职助老服务员为老人梳头
④社区文化艺术节开幕式
⑤拆迁动员大会
⑥万达广场开业
⑦蓝天国际影城开业仪式

绍兴县钱清镇

钱清镇是浙江省和绍兴市中心镇，2009年1月被命名为全国文明镇，2009年9月被授予中国轻纺原料市场名镇，2010年12月被确定为浙江省小城市培育试点镇。

钱清历史悠久。相传东汉年间，会稽郡太守刘宠因政绩显著而受皇帝褒奖，在奉调离任时，当地父老持钱相赠至西小江边，刘宠执意不收，只示意取一枚投入江中，江水顿时清澈见底，"钱清"始而得名，至今还留存乾隆皇帝为此题写的《钱清镇偶题》御碑。钱清于北宋设镇，建镇历史已有千年。

钱清区位优越。地处杭州湾南岸，位于宁绍平原西部，东接柯桥轻纺城，西邻杭州萧山区。杭甬铁路、104国道和杭甬运河横贯镇中，杭甬、杭衢高速公路近在咫尺，距萧山国际机场仅10公里。镇域面积53.6平方公里，常住人口5.9万，外来人口10万，下辖21个行政村和4个居委会。

钱清经济发达。全镇现有年销售2000万元以上规模企业156家，已形成从化纤、织造、染整到家纺、服装一条完整的纺织产业链，拥有纺织、五金、电力、包装等四大支柱产业。镇内建有全国最大的轻纺原料集散中心——钱清中国轻纺原料城，拥有外商投资园区、纺织服装产业集聚区两大工业集聚区。2010年，全镇实现地区生产总值94.96亿元，财政收入7.86亿元，工业销售收入441.58亿元，市场成交额355.06亿元，自营出口7.17亿美元，村级平均可支配收入458.16万元，农民人均收入17948元，三次产业比重1：71：28。

钱清城市发展。城市建成区面积15平方公里，城市化率达51%。"大钱门"城市核心区总建筑面积25万平方米的14幢高楼全部竣工，总建筑面积70万平方米的36幢高楼正在建设。先后完成了西小江大桥扩建、群贤路延伸、镇东路新建、钱门大道改造、发展路延伸、钱夏公路拓宽等"一桥五路"建设工程，已形成了七纵三横城市路网框架。覆盖面积2.38平方公里、总长度7公里的生活污水集中收集管网建设工程总体完工。

钱清社会和谐。在全市率先开通了镇域公交系统，在全市率先实施镇村社区卫生一体化管理工作，在全县率先完成一户一表城市供水网改造和科技治安网建设。镇中心小学、镇中学、镇中心幼儿园、镇成教中心均为省级示范学校，村村有文化体育中心。全镇已实现以养老、医疗、救助为内容的社会保障工作全覆盖。

2	3	5
		4
1		

①钱清镇全景
②钱清颜料市场
③钱清镇中学
④一钱太守
⑤钱清人民医院

绍兴县夏履镇

夏履镇位于会稽山西北部，西临杭州，东接绍兴，距萧山国际机场25公里，距离杭金衢高速公路5公里，与亚洲最大的纺织品交易市场中国轻纺城仅一步之遥，具有潜力无限的区位优势。

镇域总面积52平方公里，素有“九山一田”之称。森林覆盖率达83.1%，建有绍兴县首个倡导生态工业理念的园区，该园区规划面积1.16平方公里。“新中天”、“越王”的非织造布生产线，“恒柏”、“迷帅”的“中国驰名商标”、“中国名牌产品”等服装品牌已成为清洁生产和绿色经济的样板。新型建材、电子、机械、卫生用品等一批新兴产业培育壮大。

1997年夏履镇被联合国命名为生态环境“全球500佳”，2004年获“全国环境优美乡镇”称号，2007年获“中国非织造布名镇”称号，多年跻身“浙江省最发达100名乡镇”行列。

近年来，夏履镇利用生态和地域优势，致力于打造“纺织特色名镇、生态宜居新城”。一批非织造布特色产业独领风骚，成为全国最大水刺非织造布生产基地。竹笋、茶叶、香榧等众多农林产品基地不断培育壮大。与此同时，“蝶翠华庭”、“绿叶锦园”等生态房产也在加快开发。

1	2	3
	4	
5	6	7
	8	

①镇人民医院
②镇中学
③“蝶翠华庭”、“绿叶锦园”、“翠谷庄园”生态房产
④镇文化广场
⑤夏履生态农庄
⑥绍兴县西南通道夏履集镇段公路改建工程开工典礼
⑦越王峥
⑧绍兴县和中合纤有限公司

绍兴县柯岩街道

“屏山迭迭水迢迢，十里春风送画桡。杨柳沿堤箫鼓传，烟波无数夕阳桥。”这是古人咏赞柯岩美丽风光的诗句。处于鉴湖核心区域的柯岩街道，紧扣“打造和谐柯岩、共建柯南新区”工作主题，围绕“休闲旅游度假区、生态产业集聚区、城乡统筹示范区”的“三区”建设目标，以“推进城市化、建设旅游区”为工作重点，坚定信心，奋发有为，着力推进柯岩经济社会更好更快发展。

在城在市在柯南。柯岩街道是绍兴县城的重要组成部分，与柯桥主城区仅一路之隔；紧靠亚洲最大的轻纺市场——中国轻纺城。地域面积45平方公里，5.4万常住人口，6.5万外来人口，辖23个行政村、14个居委会。绍兴市区主干道胜利西路延伸至柯岩，柯岩有五星级酒店、高尔夫球场、乔波冰雪世界、大型超市等。

有山有水有文化。柯岩有山，以山命名的村不下10个，最有名的数柯山。柯岩有水，古老美丽的鉴湖贯穿全境。柯岩的山山水水孕育了底蕴深厚的文化，越王句践独山遗迹、霸王项羽项里首义、祁彪佳殉国捐躯、姚长子绝倭献身。国家4A级景区——柯岩风景区闻名遐迩，奇石云骨一石独秀、文化鲁镇积淀深厚、诗意鉴湖风光旖旎。

重工重农重民生。柯岩街道工业结构合理，既有不断提升的纺织产业，又有日益壮大的新兴产业。特别是索密克汽配、三力士橡胶、凯利包装等企业堪称行业“龙头”。现代农业稳步发展，城乡新社区建设全面推进，现有省级新农村建设示范村5个。品质楼盘众多，有越都名府、碧波枫铃、阳光庭院、唯美品格、湖山花园、康郡别墅等高档楼盘。各项社会事业齐头并进，社会保障体系基本健全。生产发展，生活宽裕，生态良好。街道多次荣获各种桂冠。党和国家领导人多次莅临视察。

① 乔波冰雪世界
② 柯岩云骨
③ 五星级酒店(鉴湖大酒店)
④ 新未庄社区
⑤ 索密克汽配冷挤压车间
⑥ 高尔夫球场
⑦ 鉴湖—柯岩旅游度假区

湖塘街道位于柯桥县城西南部，南部为低山丘陵，北部地处水网平原。面积66.31平方公里，辖15个行政村、2个居委会，户籍人口3.3万。2010年，实现国内生产总值16.79亿元，同比增长14.87%；财政总收入2.17亿元，其中地方财政收入1.18亿元，同比增长7.84%；自营出口3.9亿美元，同比增长30.05%；实到外资231万美元，完成县下达目标任务，农民人均收入13952元，同比增长9.96 %。

2010年，实现粮食生产9725.9吨，农田水利设施投入450万元，成功创建“中国杨梅之乡”和“省级旅游强街”。实现工业总产值68.5亿元，工业销售65.7亿元，自营出口3.9亿元。完成技改投入达3亿元，工业增加值能耗下降率位居全县前列。从县、街、户三级层

面着手，打造旅游产业大平台。配合大香林二期、十里湖塘等重点工程的开发建设，做好征地、协调景区周边工作。

这年，街道再次成为市级平安街道。各项社会事业顺利开展，总投资5800万元、占地74亩的湖塘中学迁建工程，已完成土地征用工作，预计2011年投资1500万元。总投资1000万元、占地20亩的敬老院迁建工程准备就绪。全年村级总收入比上一年提高9.9%，用于实事工程的资金超过700万元。

①风景如画的湖塘
②湖塘工业开发区
③塔牌酒厂
④香林花雨
⑤永乐梅苑
⑥游杨梅山

杨汛桥镇位于绍兴县西北部，背山（牛头山）、面水（西小江）、纳湖（芝塘湖），地理位置优越，毗邻杭州市，是绍兴接轨杭州的“桥头堡”。镇域面积37.85平方公里，下辖12个行政村，9个居委会，户籍人口3.5万，外来人口5.5万。

全镇以建筑建材、纺织印染、经编家纺、五金机械等产业为依托，现有境外上市企业5家，规模以上企业55家。杨汛桥镇是全国小城镇综合改革试点镇、全国发展改革试点小城镇、国家可持续发展实验区、中国窗帘窗纱名镇，是全省首批省级中心镇。2010年，全镇实现生产总值42.55亿元，实到外资1297万美元，财政总收入4.33亿元，规模以上工业产值132.6亿元，自营出口2.69亿美元，农民人均收入15000元，人均GDP达20000美元。

2011年，杨汛桥镇党委、政府将紧紧围绕县委、县政府“突出转型升级，致力科学发展”的总体要求，按照“钱杨新城”的总体规划，牢牢把握“接轨杭州经济圈、建设杨汛小城市”的工作主题，进一步解放思想，振奋精神，致力发展城市经济、改善城市环境、推进城市建设，力求经济转型见实效、城市建设有突破、社会和谐保稳定。

①“紫薇花”象征着杨汛桥人的抚爱与进取
②环境优美的新区
③农民新公寓
④纺织面料展示
⑤布艺展示

安昌镇位于绍兴县城北部，与杭州都市经济圈紧密相连，距杭甬高速公路道口1.5公里、萧山机场10公里，区位优势异常显著。现有区域面积24.2平方公里，辖12个村、6个居委会，常住人口36460名、外来人口40059名，是第二批中国历史文化名镇和CCTV中国魅力名镇。2010年，安昌镇紧紧围绕“三区大战略”，深入开展“五个群众”活动，大力实施“美丽古镇”大行动，荣获“全国污染源普查先进镇”、“中国师爷文化之乡”和“省建筑名镇”等称号。安昌正朝着“山清水秀、实力雄厚、吏治清明、现代先进、人心向善”的中国魅力名镇这一既定目标阔步迈进。

这年，开展了“出口大会战”、“百日攻坚战”和“企业服务月”等活动，大力推动企业走科技创新路子，提高企业核心竞争力。2010年全镇共实施技改项目69只，完成技改投入7.16亿，同比增长17%，技改投入项目和资金数量为近五年之最，非纺行业投资比重更加优化，占33%。现代农业发展迅速，落实粮食种植任务2.15万亩，完成粮食订购合同1800吨，稳定外拓种粮基地3217亩，成功创建省级农机安全示范镇、省级气象防灾减灾示范乡镇、省级村庄绿化示范镇，获省级主导产业绍兴县蛋鸭产业示范区.

民生事业有效改善。以“五个群众”为抓手，致力保障和改善民生，低保对象生活水平逐步提高,全镇330户低保户享受到最低生活保障,发放低保金212万元，34名孤寡老人得到集中供养，76名大病对象得到及时救助，救助额达58万元。投资5000万元，

绍兴县安昌镇

实施美丽古镇大行动，镇村环境明显改善，清水效果明显，生态文明建设成效初显。

文体事业精彩纷呈。成立“青藤文学社安昌镇创作基地”和“中国师爷文化研究基地”；成功举办“中环铜业杯”喜迎国庆欢度中秋文艺晚会、农民种文化“三十佳”、镇第三届老年运动会等第四届文化体育节系列活动；镇排舞队获县首届排舞比赛二等奖和市首届排舞比赛青年组一等奖。2011年元旦，安昌镇精心组织第十二届腊月风情节，并成功举办“海峡两岸春节传统节日文化高峰论坛”。

①安昌古镇全景图
②清水工程效果明显
③第十二届腊月风情节暨2011年“海峡两岸春节传统节日文化高峰论坛”
④传统文化——搬嫁妆

绍兴县陶堰镇

2010年，陶堰镇围绕“突出转型升级，致力科学发展”工作主题，大力实施“新兴产业集聚区、生态休闲居住区、水乡风光旅游区、现代农业示范区”发展战略，经济社会发再上新台阶。

镇域经济在转型升级中平稳持续增长。新兴产业加快发展，玻璃产业年销售超10亿元。全年完成工业性投资3.53亿元，增长15.1%，二期园区6只项目5只投产，大西洋机电制造项目启动建设。招商选资成效明显，引进县外内资5081万元，增长35.49%，2只总投资达15亿元的新兴产业项目预签了协议。自主创新迈出新步，6家企业技改项目扎实推进，新创省级新产品2只、高新技术企业1家。大力发展城郊型现代工业，绍兴绿味现代生态农业科技示范园、青虾标准化养殖基地和凯盛苗木精品园3个园区被列入绍兴县东部三镇省级现代农业综合区建设规划。绍兴绿味蔬菜、民乐粮油稻米、南花水产甲鱼通过无公害基地及产品认证，白塔酿酒“白塔”商标被认定为中国驰名商标。新建全市首家智能化育秧中心，成功创建浙江省森林城镇、浙江省科普示范镇。商贸重点项目建设加快推进，陶堰水产品市场商住楼、东方商贸城顺利结顶，名爵府开始主体建设，集镇一期开发地块拍卖总额超1.35亿元，亩均达156.5万元。东方汽车城年销售1.5亿元，集镇商贸核心区日益繁荣。

新城镇建设在攻坚克难中快速推进。开展农村环境整治工作和清水工程建设，强化日常管理和综合整治，建立健全农村卫生保洁长效机制，104国道陶堰段全线绿化整治。编制完成镇域总规、土地利用总规及集镇控制性详规，推进城镇“南拓西连”，启动集镇“五纵三横”框架道路建设，完成白塔洋生态旅游专项规划初步方案。首次实施大规模拆迁，对占地面积5.8万平方米、建筑面积5万平方米的集镇一期开发地块进行拆除，并成功出让。投资600万元的浔阳公路拓宽和市直街大桥建设工程进展顺利，平陶公路开工建设。扎实推进农村住房改造建设和规范管理，张家岙及茅洋一期农民公寓安置落户，茅洋二期农民公寓动工建设，南湖大型农民集中居住区建设规划启动。

社会民生在和谐发展中持续改善。深化精神文明创建，成功创建市级文明镇。成功举办镇第二届老年人运动会，创建浙江省小康型老年体育镇。关心未成年人成长，“春泥计划”社会学校在茅洋等6个村深入推行。完成镇中心第二幼儿园、彩虹庄小学塑胶跑道建设。圆满完成第六次全国人口普查工作任务。第六轮新型农村合作医疗参合率达97.2%。新办陶堰镇老年颐乐园和泾口村养老服务中心，民办福利事业走在全县前列。积极开展困难救助和慈善救济工作，全年县镇两级各类补助、救济及补贴等累计达250.56万元，全镇5674人受益。进一步完善大调解体系建设，扎实推进信访“五个一”工程，创新“一二三四”信访工作机制，一大批重点信访矛盾纠纷得到化解，全年信访总量同比下降41.4%，社会保持和谐稳定。

1	2	3	4
8			
5	6	7	

① 稻鸭共育
② 开展孕妇培训
③ 连作晚稻育秧
④ 全县农业两区建设暨冬修水利现场会
⑤ 省粮食局“五送”为农服务活动
⑥ 镇机关干部河道清除杂草
⑦ 镇机关干部上街禁毒宣传
⑧ 种粮大户金银燕种植的彩色水稻

绍兴县孙端镇

孙端镇，绍兴市首批小康镇，是鲁迅先生外婆家所在地，位于绍兴县东北部，水陆交通十分便捷。镇域面积31.28平方公里，共划分为1个城镇社区、4个农村社区，下辖16个行政村、1个居委会，总人口约3.9万人。

2010年，全镇完成GDP7.64亿元，同比增长9.9%。完成财政总收入9964.77万元，同比增长10%；完成工业销售20.42亿元，同比增长27.3%；自营出口7315万美元，同比增长14.36%；技改投入2.94亿元，同比增长4.27%；农民人均收入12540元，同比增长7.95%。被国家环保部授予“全国环境优美乡镇”称号。在2010年度县岗位责任制考核中获“优胜镇街”称号。

全年实现粮食总产量1.32万吨，新成立农民专业合作社5家，皇甫畈1.1万亩中低产田改造项目基本完工，完成河道砌磡1.83公里，清淤19000立方米，道路、河岸绿化12公里，各有1个村成功创建省级绿色生态示范村和市级森林村庄。实施500万元以上先进制造业项目15个，机电产业成为又一主要产业，同怡公司汽车仪表检测中心被认定为省级研发中心，一普塑业被认定为省科技型中小企业。

这年，警务楼工程交付使用，污水外排工程投入试运行，集镇天然气管道总线铺设工程完工，电网改造工程启动；鲁易大厦、星河苑房产主体结顶，成发豪庭房产项目土建启动，实施集镇改造一期约2500平方米拆迁。开展“洁美孙端”环境卫生集中整治大行动，全镇改造公厕共计39个，实施整村污水集中处理1111户，新建村文体活动中心2处，社区农贸市场1处；全镇已落实计划和在建的农民公寓共11幢169套34900平方米，宅基地置换工作顺利启动。

这年，新开办7所“春泥计划”社会学校，新创9个省级“农村星光老年之家”，成功承办“孙端杯”县老年排球赛，成立全县第一支乡村冬泳队——孙端镇外婆家冬泳队。计划生育符合率99.51%，成功创建市级生育文明示范镇，村村设立农村消费维权点，成功创建市级食品安全示范镇。新型农村合作医疗参保3.1万人，落实各类救助经费约220万元，第六次全国人口普查工作顺利实施。实施行政村信访工作考核奖励制度，探索村重大事项决策方案事前报告制度，完善“大调解”格局，深入开展民主法治村建设，社会保持和谐稳定。

1		
2	3	4

①工业园区
②高层农民公寓
③隆兴电子
④农民公寓——新河苑

①"三资"服务中心办事窗口
②12月30日落成投运的兰亭镇体育馆
③城镇中心区新貌一
④城镇中心区新貌二
⑤以新型建材、金属制品、机械设备为代表的新兴产业蓬勃发展
⑥农民"种文化"舞起农村新生活
⑦兰文化博物园效果图
⑧正在建设中的文化艺术馆和中心广场效果图

兰亭镇因"兰"而得名，因"书法"而传世，位于绍兴市区西南郊，绍大线贯穿南北，绍诸高速设有出入口。面积83平方公里，辖20个行政村和1个居委会，户籍人口3.2万，流动人口2.6万人，境内有"兰亭风景区"、"兰亭国家森林公园"、"古山阴道"、"印山越国王陵"、"王阳明墓"等名胜古迹，10多公里路途山环水绕，移步换景，犹如一轴立体的自然人文历史画卷。

今天的兰亭，是省级中心镇、市级小城市培育试点镇。全镇工业企业1650家，销售在2000万以上的规模以上企业47家，国家级高新技术企业1家，拥有中国驰名商标1只，省级著名商标5只，市级名牌产品8只，市级著名商标8只。2010年，实现生产总值20.56亿元，增长9.7%；财政总收入2.46亿元，增长24.5%，其中地方财政收入1.15亿元，同比增长31.3%；工业销售109.5亿元，增长25.36%；农民人均收入15543元，增长10%，荣获全县2010年度镇（街道）、开发区岗位责任制考核优胜单位，为"十一五"画上圆满句号。

今天的兰亭，正处在新型工业化、新型城镇化、农业现代化的接续点。2010年，紧紧围绕经济、城乡、社会转型，创新发展思路，争创发展优势，以经济转型为主线，城乡一体为重点，民生改善为根本，队伍建设为保障，初步形成以针织服装等传统产业为支撑，新型建材、金属制品、机械设备等新兴产业为主导，文化休闲服务业为引擎，城郊型现代农业为特色的现代产业体系。文化教育、医疗卫生、社会保障等各项事业协调发展，社会保持和谐稳定。

今天的兰亭，正以更从容的姿态，迈出走向明天的步点。伴随着"十二五"开局之年的脉动，伴随着建设省级中心镇和市级中小城市的步伐，将依托区位交通优势，挖掘文化旅游资源，承接产业转移升级，在产业升级、城乡一体、生态文明、改善民生、社会管理、基层基础上实现新的突破，着力建设活力城镇中心区、实力工业集聚区、魅力生态休闲区、美丽城乡新社区，全力打造"绍兴卫星城、活力新兰亭"。

绍兴县富盛镇

富盛镇位于绍兴县东部，距绍兴市区15公里，镇域面积79.77平方公里，兼有山区和平原特点，全镇现有5个农村新社区，辖14个行政村，1个居委会，人口2.4万人。全镇初步形成以平绒纺织为特色，集建筑、纺织、印染、服装、五金、农产品加工于一体的多元化发展格局，先后荣获全国环境优美乡镇、省级农业特色优势产业强镇、省级优势产业茶叶强镇、市级卫生镇等称号。

2010年，完成早稻订单任务171万公斤，启动山河畈国家级农业综合开发建设工程，投入1250万元实施了清水工程，投资60万元启动建设120亩白茶基地，新建蔬菜大棚120亩，新推广稻虾轮作120亩，山地蔬菜通过省级无公害蔬菜标准化栽培示范推广验收，正在建设省级万亩竹笋产业园。投资1000万元的现代观光农业"由由嘉园"已完成主体工程。

这年，成功创建上旺岩里国家2A级景区。重新定位和包装设计"富盛十景"。成功举办2010富盛乡村（森林）旅游风情节，积极组织开展"登诸葛仙山、品农家小菜、赏富盛美景"等风情节系列活动，吸引外籍游客、夕阳红老年团队来上旺岩里景区一日游、自驾游，全年累计接待各类游客超过5.1万人次。

9月29日，在富盛镇由由嘉园隆重举行2010富盛乡村（森林）旅游风情节，是继2009年成功举办首届宋六陵旅游风情节后的又一重大旅游节会。活动内容丰富，既有外籍游客游上旺，网游自驾游，还有攀登诸葛仙山、精彩文娱表演及怀旧电影放映等，充分展示了富盛魅力，提升了富盛形象，增强了对外亲和力，为富盛旅游经济和高速经济的发展带来新的历史机遇。

①六陵松风
②2010富盛乡村（森林）旅游风情节
③风筝节
④自行车比赛
⑤富盛镇区鸟瞰图

绍兴县平水镇

“江南古城看绍兴，绍兴古城出平水”。平水镇地处绍兴县南部，紧邻绍兴市区，生态环境优美，历史文化悠久，是名副其实的绍兴市区“后花园”。现镇域面积173.26平方公里，其中建成区面积5.5平方公里，常住人口5.3万，辖28个行政村、1个居委会，是全国发展改革试点镇、全国环境优美镇、浙江第一批省级中心镇，县委、县政府“一主三城三区”区域发展布局中的“平水新城”。

今日的平水，经济实力雄厚。招商选资成效显著，2010年，全镇共签约工业项目10项，计划总投资8.45亿元，其中固定资产投资6.36亿元；新增注册资本1.21亿元。

今日的平水，配套功能完善。作为省级中心镇，平水在“投资服务、金融服务、商贸集聚、交通枢纽、文化教育、医疗卫生”等六大区域性中心城市功能的培育上不断趋于完善。

今日的平水，居民生活幸福。农民收入水平不断提高，2010年实现农民人均纯收入12288元。农民免费健康体检工作有序推进，成功创建省级社区卫生服务规范中心，市级卫生强镇顺利通过复评。

2011年，将紧紧围绕“突出转型升级，致力科学发展”工作主题，按照“12345”总体思路，进一步解放思想，突出重点，狠抓落实，全面推进城乡统筹发展与社会和谐发展，努力实现全镇经济社会的快速发展，争取再创一轮“平水速度”。

1	2	3	4
	5		
	6	7	
	8		

①布局鸟瞰
②度假村
③酱文化博物馆
④日铸岭隧道通车仪式
⑤会稽湖
⑥平水大道
⑦绍兴二院分院
⑧维多利亚别墅区

绍兴县王坛镇

王坛镇因镇上有黄檀古树而得名，已有上千年的历史。1932年置黄（王）坛镇，1935年废，1950年建王坛乡，1986年改设建制镇，1992年5月并孙岙、两溪2乡，2001年8月并稽江镇9村至今。镇行政区域面积137.7平方公里，人口3.4万。辖王坛、沙地、肇湖、东村、喻宅、银沙、孙岙、丹家、新建、万乔、舜皇、长岭、青坛、南岸、蒋相、王城、腾豪、舒村、张蒋、上王、新联、新华、坎上24个行政村及王坛居委会。镇人民政府驻王坛村。

王坛镇位于会稽山北麓东侧，汤浦水库上游。距绍兴市区35公里，县城柯桥52公里。东邻上虞，南毗嵊州。该镇地处会稽山腹地，境内有五百岗、雌鹅凸头、雄鹅凸头、铜盘山、袁中山、百尖岗等山岗，最高处五百岗，海拔692米。境内有南溪和北溪，南溪为小舜江正源，流经王城、喻宅、肇湖，北溪经竹田头、车头、南岸、青坛、王坛至肇湖与南溪汇合称双江溪注入小舜江。

王坛镇享有“青梅之乡、生态之镇、旅游之镇”的美誉。镇政府提出“生态经济、生态旅游、生态山村、生态美景”的发展战略，着力建设“六万十景”，打造“中国江南游走第一镇”。目前，青梅面积近万亩，被誉为“中国青梅之乡”；丹家家鸡在浙江农业博览会获得银奖；舜龙牌名茶获浙江省优质农产品、第二届国际茶博会金奖。东村“香雪梅海”农业观光园区，每年吸引游客达20余万人。全镇实现生产总值6.5亿元，财政收入3790万元，农民人均收入10869元。中小企业中，除市政、防腐两大传统产业外，还有服装业、塑胶五金业和制茶业3个经济板块。

镇内舜王庙有150多年历史，以“石雕、砖雕、木雕”而驰名江南，为浙江省级文物保护单位。每年农历9月是传统舜王庙会，当地举办绍兴舜越文化节，开展商贸活动，发展旅游产业。

王坛镇十分重视基础设施建设和文化事业。近年来，大力投资开展镇村道路建设，农民公寓建设和农村生活污水处理工程，使镇容镇貌有了较大改观。全镇22个村成功创建“星光老年之家”，文化活动中心实现全覆盖。

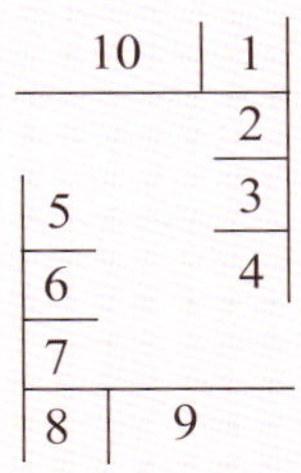

①生态山村
②茶园风情
③青陶峡谷
④舜湖探源
⑤南溪江景
⑥陶宴岭古道
⑦五百岗
⑧舜皇庙
⑨舜裕生态产业园
⑩香雪梅海

“中国花木之乡”“中国针织名镇”
——绍兴县漓渚镇

漓渚镇，因地有漓江，江中有“渚”，故名。漓渚，物华天宝、兰香遍地，被尊为“千年兰乡”，相传2500多年前越王勾践，曾在境内的兰渚山植兰养花；漓渚，山清水秀、环境优美，“花木之乡”名声远播，“漓渚满目绿无涯，棠棣无处不逢花”是她的最好写照；漓渚，历史绵远，民生富足，素有“百年老镇”之称，明朝设漓渚关，清时称漓渚市，1916年建镇，1984年8月设建制镇，是绍兴西部古老而繁华的历史名镇。

漓渚镇位于鉴湖水系源头，为绍兴县西南部半山区镇。东临福全镇，南连兰亭镇，西接诸暨市店口镇，北与湖塘街道、福全镇仅一山之隔。距绍兴市区约12公里，离县城柯桥18公里，全镇镇域面积36.6平方公里，辖12个行政村、1个居委会，总人口31529人，其中户籍人口22101人。2010年实现生产总值159236万元，同比增长9.5%，完成工业产品销售收入69.16亿元，同比增长25.9%，自营出口20266.8万美元，同比增长21.37%，实到外资120万美元，农民人均纯收入16405元。

当前，漓渚镇的干部群众正以科学发展观为指导，全方位塑造新时代的“兰花魂”。可以相信，随着时代的前进，漓渚镇的特色之路、活力之路、和谐之路将越走越广阔。

1	2	3
8		
		7
4	5	6

① 东方百合种植基地
② 浙江省蕙兰样品园——银泉兰苑
③ 漓渚工业经济园区
④ 漓渚满目绿无涯，棠棣无处不逢花
⑤ 绍兴县第七届兰花节暨绍兴市第二十二届兰花展览会
⑥ 绍兴东方百合组培研发有限公司
⑦ 漓渚针织家庭工业
⑧ 兰文化主题公园

绍兴县稽东镇

稽东镇位于绍兴县南部，宛如镶嵌在会稽山脉的一颗璀璨的绿色明珠。她田园风光如诗，山水秀色如画，地处绍兴、诸暨、嵊州三县（市）交界，距绍兴市区30多公里，省道绍甘线穿境而过。地处会稽山腹地的特殊地理位置，造就了稽东独特的自然风光和人文景观。

近年来，稽东镇先后被命名为“中国香榧之乡”、“全国环境优美乡镇”、浙江省“新农村冲击波”十大特色乡镇、浙江省茶叶之乡。

生态环境优美。森林繁茂、云雾缭绕、风景秀丽。有“越峰千年香榧林”林区，千年古树随处可见；有雪窦岭峡谷，富有原始的纯自然野趣，境内峰、嶂、岭、涧、瀑、渠、水，十分壮观；还有十里鹅湖，水库气势雄伟，四周群山环抱，是绍兴县最大的石砌型水库。由于位于小舜江源头，稽东更加注重保护环境，一切以生态为先，更使它拥有“山清、水秀、天蓝”的良好环境。

特产优势显著。围绕“规模化生产、品牌化经营、休闲化发展”的思路，不断壮大茶、竹、榧等特色产业，全镇现有香榧面积约3.5万亩，干果产量40万公斤，产值达6000万元，竹园面积约2.7万亩，茶园面积近2万亩，产量2030吨，产值近3400万元，其中名优茶产值达2600多万元，“山娃子”、“许行山”、“越州”等农产品品牌先后被评为浙江省著名商标、浙江省名牌产品。

旅游资源丰富。充分利用生态环境的比较优势，大力发展生态旅游，努力打造南部山区集观光、休闲、娱乐于一体的旅游胜地，“会稽山千年香榧林”在2010年成功创建为“省级森林公园”，冢斜古文化遗址获评“全国历史文化名村”，生态稽东·香榧旅游节已成功举办三届。

2011年，稽东镇将紧紧围绕“生态、生活”二条主线，突出“生态环境、生态经济、生态旅游、生态文明”四大重点，充分利用生态资源优势，加快发展效益农业、观光农业和旅游、商贸等产业；加快发展生态旅游，千年香榧林争创国家级森林公园，AAA级旅游风景区；进一步改善人居环境，牢固树立城乡统筹发展理念，加快推进农村新社区建设，全力营造生态优良、环境优美、生活悠闲的绿色稽东和宜居稽东。

1	2	3	4
			5
6	7	8	9

①千年香榧树
②鹅湖水库——绍兴县最大的石砌水库
③雪窦岭
④香榧旅游节
⑤峰秀间道
⑥首批浙江省五星级农庄
⑦冢斜古文化遗址——余氏宗祠戏台
⑧冢斜古文化遗址——老台门
⑨小舜江源头

秋瑾故里福全山

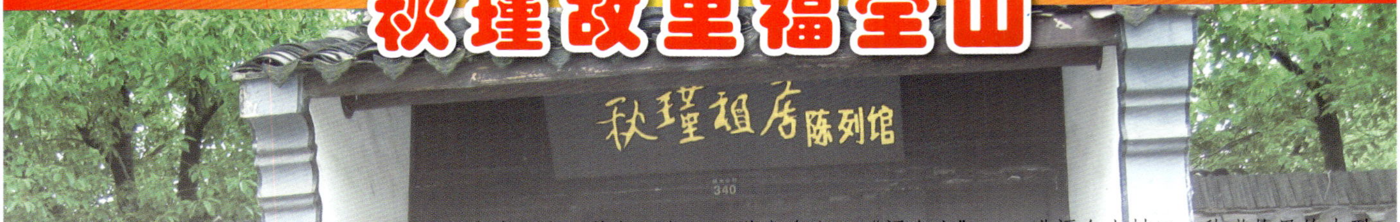

福全山村地处福全镇域西面，村因西南有一山，状如覆船，而谐音名之曰“福全山”。一进福全山村口，秋瑾故里的大型宣传画映入眼帘，整洁道路的两旁铁树排起了长队，粉墙黛瓦的江南小居统一修饰了立面。背靠覆船山，面临清水江，水通房石湖，漓福公路从村东穿过，连接镇境和漓渚镇，交通便利，是一个背山面水、四野空阔的好地方。

福全山村是我国近代著名革命家秋瑾的祖籍。明清以来，秋家世居覆船山村，是村中少数几户“耕读传家”的世族之一，至今秋家后裔甚众。秋瑾于民族危难之际，“置生死于不顾”，献身救国，在古轩亭口从容就义，年仅33岁。为了纪念这位鉴湖女侠，村内修建了秋瑾祖居，兴建了陈列馆。祖居是一座小巧精致的五开间二进加东西厢房的台门建筑，馆内以文物资料的陈列，介绍秋瑾革命事迹与其祖籍的关系。冰心老人亲笔题写“秋瑾祖居”横匾。秋瑾一直是全村人精神家园中一颗璀璨的明珠，永远闪耀着时代的光芒，村民时刻铭记秋瑾精神，为乡村的繁荣稳定而努力着。

全村现有357户1118人，外来流动人口680余人，人均年收入达到万余元。在各级党委政府的正确领导和关心下，历届两委班子在抓好经济建设的同时积极开展精神文明建设，始终把发展村级经济、增加农民收入、维护农村稳定、促进农村廉政建设作为村级工作的重点，促进村级经济社会全面协调发展。在新农村建设中，以发展经济，服务群众为宗旨，结合本村实际，突出重点，统筹发展。利用村内闲置荒地发展家庭工业增加村级集体收入。投入大量资金用于村级基础设施建设，村庄道路硬化绿化，对村主干道进行全面改造；对村河道全部进行疏浚砌磡、清淤；整治村庄宅基地，拆除违章建筑；对农业综合变压器增容，更新增补村主干道照明设施。注重民生，建造村老年活动中心和新颖的万年台，丰富村民精神文化生活；对老年人进行生活补助，每月发放老年费；关心困难群众，成立慈善基金。努力把福全山村建设成为“生产发展，生活富裕，乡风文明，村容整洁，管理民主”的全面小康新农村，先后通过省级卫生村，市级环境整治示范村，县级文明村和县级一类文化村等创建验收。

“稽山鉴水盛世盈春色，秋瑾故里福地展宏图”，相信在福全山人民的共同努力下，乡村的明天会更加繁荣富足。

3
1 | 2 | 4
5 | 6 | 7

①村委办公楼
②农民安居乐业
③秋瑾祖居
④健身公园
⑤村中心大道
⑥优美环境
⑦万年台

杨汛桥镇展望村

展望村位于绍兴县西北部杨汛桥镇南部，与杭州市萧山区隔河相望，紧靠杭金衢高速和杭甬高速公路，距杭州萧山国际机场10公里，离亚洲最大的轻纺产品集散地中国轻纺城15公里，其区位优势得天独厚，交通优势方便快捷。展望村由原展望、庙上2个自然村合并而成，现辖10个村民小组，有农户920户，总人口3345人。2010年村集体经济收入562万元，村民人均收入达17168元。

建村以来，勤劳质朴的展望人凭着“永不平庸，永不放弃，永不满足”的创业精神，使曾经名不见经传的江南小村，不断由小变大，由穷变富。展望村在上级党委、政府的正确领导下，以“全面建设社会主义新农村”为主线，自觉践行“三个代表”重要思想，坚持抓物质文明不忘精神文明，抓工业不忘农业，抓经济发展不忘生态环境建设，抓先富不忘共富，抓改革开放不忘党的建设，把展望村建设成为生产发展、生活宽裕、乡风文明、村容整洁、管理民主的社会主义现代化新农村，在不断壮大村级集体经济的同时，社会各项事业也得到全面发展，村庄环境达到美化、净化、亮化、硬化、绿化，家家户户尊老爱幼，团结和睦，“展望村帮扶基金会”、“人民教育基金会”等社会公益事业得到蓬勃发展。展望村党委先后被评为“全国先进基层党组织”、“省级卫生村”、“浙江省优秀基层党组织”、“省百佳新农村建设示范村”和“省全面小康建设示范村”等荣誉。

1	2	8
3	4	
5	6	7

①村健身中心
②规划中的泰和园
③活动中心
④泰和园效果图
⑤新农村河道面貌
⑥新农村双联别墅群
⑦新农村新面貌
⑧国家文化部原副部长周和平视察村青少年活动中心

兰亭镇兰亭村

兰亭村位于闻名中外的书法圣地——兰亭风景区旁，绍兴文理学院兰亭书法艺术学院在村辖区内，东邻印山越国王陵，南连兰亭国家森林公园，绍大线穿境而过，在建的绍诸高速公路将在该村设出入口。村域面积6.22平方公里，居全镇之最，由原官庄、董坞、新桥、黄家坞和下灰灶5个自然村合并而成。拥有耕地面积1500多亩，山林4152亩，农户576户，总人口1617人，村民小组15个，村民代表30人。村内有规模以上企业2家，规模以下企业5家，个私企业135家（主营为纺织业），三产和运输业83家，农民专业合作社1个，大学1所，小学1所，卫生医疗诊所2个。

通过全村1600多名干部群众的共同努力，村级经济和社会各项事业得到全面协调发展，先后被评为省级文明村、省绿化示范村、省基层妇联组织示范村，市县环境整治先进村、绿化提升村、卫生村、廉政文化示范点、农村基层党风廉政建设示范村、民主法制村、文化特色村、绿色生态村、环境优美村、新农村建设先进村、政务公开民主管理先进集体、综合治理效益农业先进单位、“五好”基层党组织、浙江农民“种文化”双十佳村等。

① 村委座右铭
② 整洁的环境
③ 村委办公楼
④ 山清水秀
⑤ 村貌一
⑥ 村貌二

兰亭镇谢家桥村

兰亭镇谢家桥村位于诸绍交界处，北邻花街村，南与诸暨市岭头村交界，东接新陈村。村域面积6.61平方公里，辖10个村民小组，630户村民，人口1750人，党员68人。山林面积6300亩，水田面积772亩。全村四面环山，31省道线穿村而过，各主要城市车辆在此经过，交通十分便捷。全村盛产毛竹、笋干、茶叶、花卉，是一个以农为主、多业发展的新农村。

①整洁的村庄
②村委办公楼
③农民别墅
④山清水秀
⑤生态公益林保护区
⑥万亩竹林
⑦村入口处
⑧生态种植

福全镇大生村

大生村（劳家坂）地处福全镇域中心，杨绍线、福漓公路穿越村境，6路、77路、316路、611路、617路等市县公交车停靠本村，区位优势明显，交通十分便捷。

村下辖4个自然村和1个县级移民点，拥有耕地面积611亩，共8个村民小组，计558户，人口1516人，党员58名，村级经济每年可支配收入175万元。

在上级党委的正确领导和全体村民的共同努力下，精神文明、物质文明、政治文明大幅度提高，如今村民和睦相处，社会和谐稳定。目前建造农民公寓17楼，解决住房困难户96户。

历年来，村先后成功创建了“市级绿色生态村”、“县级绿色生态村”，被评为“市级文明村”、“县级文明村”、“县级卫生村”、“县级文化村”、“县级小康建设示范村”，荣获“县先进党组织”、“县先进行政村”等荣誉称号。

①整齐的河道砌磡
②优美环境
③村农民公寓
④农民新居

福全镇徐山村

徐山村位于福全镇东北部，东临漓渚江，与福全镇政府隔江相望，南接沈家坂村，西连尹家坂村，村北为阡陌沃野，毗邻鉴湖，与陆游故居南北相对，人口1704人，面积1.9平方公里。旧时因村河出漓渚江而直通鉴湖，交通便利，陆上经村河与漓渚江交接处德古虹明桥（又称合义桥，县文保点）北行至化成桥，再东北过杏梅桥（杏卖桥），便可进城。清周师濂有“梅山转过即徐山，巷口分来水一湾”和“水天一色护长堤，杏卖村前听午鸡”之句，说明徐山离城不远。

徐山村古韵悠悠，望族济济。当地有“徐山罗、峡山何”之民谚。村河由东向西弯至西南，民居沿河而筑。河南岸有七开间五进得“太师第台门”二道门楣，北面砖刻“勤俭谦和”四字，尚清晰可辨。104国道南复线通过徐山，居民建筑趋向南移至公路边，新居簇簇，别墅林立，一派新农村景象。

①村委办公楼
②农民健身公园
③农民新居
④村中道路绿化

陶堰镇茅洋村

茅洋村坐落于陶堰镇西部，与越城区皋埠镇接壤，地域面积2.18平方公里，农户655户，人口1978人，耕地面积1468亩。2010年村集体经济综合收入249万元，经常性收入119万元，农民人均收入15013元。村内有民营企业19家，全村工农业总产值4亿元。先后获得“省级卫生村”、“省级绿化示范村”、“省级科普示范村”、“省级体育村”、“省级文明村”、“省级农村基层党风廉政建设示范村”、“市级生态村”、“市县级五好村党组织”、“市级村务公开民主管理示范村”、“省、市、县全面小康新农村建设示范村”等荣誉称号。

茅洋村依靠当地资源，紧紧围绕工农共同发展的整体思路，围绕龙头企业上配套项目，对全村农户土地进行流转。大搞农业深加工，引进绍兴绿味现代生态农业科技有限公司等3家农业龙头企业，形成了产、供、销一体的现代农业产业格局。同时，大力发展农村个私经济，不断壮大农村集体经济实力。

茅洋村大办公益事业，相继建起了诸多公益设施。村道宽阔平坦，道旁绿树成荫，村内建有农民公园、文化活动室、图书室、卫生所等。并把每年的重阳节定为村老年节，重阳节期间举办各种大型文艺活动，对老年人进行慰问和健康体检，每年发放村老年人养老金。兴办教育事业，投巨资新建现代化、高标准的幼儿园。关心帮助下一代的健康成长，建立村社会学校，对村未成人进行健康教育。关心帮助困难群众，为困难群众结对帮扶。进一步改善农村住房条件，新建农民公寓共73套。

村风正、民风好，社会治安秩序井然，浙江电视台农村频道、浙江电视台钱江频道、绍兴电视台、《绍兴日报》、《绍兴县报》等众多新闻媒体对茅洋村作了大量报道。茅洋人正以豪迈的热情，与时俱进，开拓创新，在建设“美丽乡村”的大道上奋进。

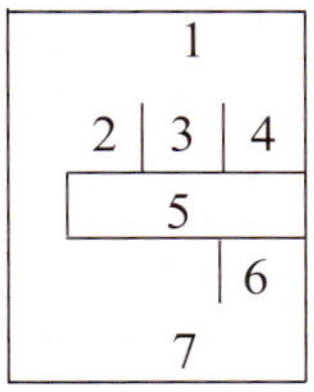

①环境卫生
②现代农业一
③关心教育下一代
④现代农业二
⑤农民公寓
⑥文艺演出
⑦村庄环境

杨汛桥镇江桃村

江桃村地处绍兴县杨汛桥镇南部半山区，地理位置优越，交通便捷，邻近杭州市萧山区，杭金衢高速公路连接线贯穿而过，村域面积3.46平方公里。江桃村于2003年6月由江塘、桃园2个自然村合并而成，现有农户631户，总人口2516人，外地人口4000余人，有党员88名。村级经济以锡箔产业为主，另有经营石材、绣品等多家民营企业。

江桃村先后荣获省级全面小康建设示范村、省级卫生村、省级绿化示范村、市级全面小康建设示范村、市级卫生村、市级先进党组织、市级巾帼示范村、市级绿色生态村、县级“五好”村居党组织、县级清水河道先进村、县级卫生村、县级全面小康建设先进村、县级新型生育文化村、县级环境优美村、县级巾帼示范村等，中央2台、省、市、县电视台等单位多次来村实地拍摄新农村建设情况。2010年，实现村集体经济收入682万元，农民人均纯收入16105元；先后创建了全国妇联基层组织建设示范村、省级小康体育村、市级党风廉政建设示范村、市级文明村、市级水利示范村、市级人口计生基层组织自治示范村、市级森林村庄建设示范村、县林业生态村等，获得县先进党组织等荣誉。

江桃村物质文明建设发展势头良好，基础设施、村庄规划、土地规划、社会保障等取得阶段性的进展，全村基本实现“生活富足安康、村风文明向上、村容整洁美观、家庭和谐幸福、村民素养提高”的目标。

1	2	3	4
5			

①农民休闲公园
②绍兴莲花落下乡演出
③村委办公楼
④优美的环境
⑤临河农民公寓

柯岩街道高尔夫社区

高尔夫社区坐落于绍兴县城的后花园柯岩，所管辖的小区点缀在AAAA级的柯岩风景区周边，是集山水风光、鉴湖风韵、人文风貌为特色的新型社区。社区下辖南风园、越都名府、湖山花园、康郡等4个小区，目前兼管着碧波枫铃、今日阳光庭园、水越名都等8个小区，常住人口3500多人，外来人口1500多人，在册人口506人，党员13人，分6个居民小组。

社区充分发挥小区现有优势，坚持以人为本，优化社区服务制度，完善社区服务功能，落实“五创”载体（党组织领创、共建单位共创、社区“居民代表”带创、流动人员参创、社区居民合创），着眼“三项制度”（入户走访制、驻片工作制、每周例会制），努力推进和谐社区。

二年多来，高尔夫社区在上级领导的指导下，先后获得“县级文明社区”、“县级和谐社区”、“县级无邪教社区”、“县级城乡示范新社区”、“县级廉政文化社区‘六进’示范点”、“市级2009年度先进团总支称号”和“市级卫生先进单位”等。

① 社区活动——“和谐杯”篮球赛
② 社区舞蹈队
③ 社区一站式服务大厅
④ 图书室
⑤ 小区风景照

福全镇峡山村

峡山村2003年与蒋家池自然村合并为峡山行政村，地域面积约2平方公里。全村在册总户数755户，人口2105人，外来人口897人，总人口3002人，14个村民小组，1个（非农户）小组。共有耕地面积1443.85亩，其中水田1392.85亩，旱地51亩。设有个私企业、民营企业、家庭工业85家。有专业户7家，其中种粮大户2家，养猪专业户1家，蔬菜大户1家，花木专业户3家。党员60人，预备期满待党委审批预备党员3名，入党积极分子3人。2010年村级收入180万元，人均收入15180元。

村先后获得“市级五好党组织”、“市级先进司法村”、“县级先进党支部”、“县级综合治理先进村”、“县级调解工作先进村”、“县级农业示范先进村”等荣誉称号。村党支部、村委多次被评为县、街“五好”基层党组织、先进党组织、先进集体单位。

① 村委办公楼
② 新农村住宅区
③ 明清张丰唱民居
④ 社区文化体育活动中心

华舍街道蜀阜村

蜀阜村地处华舍街道西北部，总人口3251人，外来人口4200余人，村内设有完小、幼儿园、医疗保健服务站、文化活动中心、图书借读阅览室、农贸市场综合楼等。2010年，坚持以“三个代表”重要思想为指导，以科学发展观统领经济社会和谐发展，在上级党委、政府的正确领导下，在村两委会的共同努力和广大群众的大力支持下，各项事业全面发展，积极实施惠民工程，计划生育、义务教育、农村医疗社会保障参保率均达到100%，全村经营收入18000万元，农民人均收入12800元，村级集体收入400余万元。

近年来，投资1500余万元，新建村完小和幼儿园各1所，新建农贸市场1个。筹资3300多万元建造经济适用房安置小区一处，并于2010年将161套住房全部分配到户。拓建环村公路长2800米，河道砌磡4000余米，清淤25000余立方米。今年将投资200多万元用于村民道路建设和居民生活污水处理等工程。

先后被评为“双清”“双治”先进单位、洁净乡村、村民自治示范村、先进党支部、县平安农机示范村、县“双建双争”先进工作单位、县级绿色生态村、县文化村、县水利执法示范村等。

2		
3	4	5
1		

① 村委领导班子
② 村内绿树成荫
③ 农民公寓
④ 蜀阜小学
⑤ 有春幼儿园

中共绍兴县委员会

重要会议

【县委全体（扩大）会议】 2010年，县委共召开2次全体（扩大）会议。

中共绍兴县委十二届八次全体（扩大）会议于1月22日召开。会议回顾总结县委常委会2009年工作，研究部署2010年工作任务。市委常委、县委书记徐焕明代表县委常委会作工作报告。会议动员全县各级党组织和广大党员干部，进一步认清形势，增强信心，抢抓机遇，乘势而上，不断开创绍兴县经济社会科学发展率先发展新局面。

中共绍兴县委十二届九次全体（扩大）会议于8月2日召开。会议回顾总结上半年工作，部署下阶段任务，动员全县各级党组织和广大党员干部，认清形势，抢抓机遇，开拓创新，全力推进转型升级，促进县域经济社会又好又快发展。市委常委、县委书记何加顺代表县委常委会作工作报告。

2010年8月2日，中共绍兴县委召开十二届九次全体（扩大）会议。（沈浩根摄）

【全县干部大会暨表彰大会】 2010年2月21日，绍兴县领导干部大会暨表彰大会在县行政中心举行。会议回顾总结2009年工作，全面部署新一年目标任务。县委副书记、县长孙云耀作工作报告。会议隆重表彰2009年度镇（街道、开发区）岗位目标责任制考核优胜单位，县级机关“双优”单位，部分县长奖，记三等功公务员等先进集体和个人。

【县委常委会议】 2010年，县委共召开14次常委会议。

1月20日会议。会议听取县委办（政研室）关于县委十二届八次全体（扩大）会议报告（送审稿）及县委十二届八次全体（扩大）会议方案的汇报；听取县府办党组关于县政府《政府工作报告（送审稿）》的汇报。

2月6日会议。会议听取2009年部分镇（街道）党委书记基层党建工作述职；听取县府办党组关于2009年度县长奖、县长质量奖、绍兴县工业企业纳税100强、节约集约用地示范企业、生态建设优胜镇街、自营出口企业优胜单位、招商外资优胜单位、农业龙头企业十强、商贸服务企业十强、建筑企业十强、房地产企业十强、水利建设“大禹杯”竞赛活动优胜单位、科技强镇街、科学技术奖、创新型企业、人口计生工作“双优”镇街等考评结果的汇报；听取县工商联关于绍兴县第三届优秀建设者建议名单情况的汇报；听取县委组织部关于2009年度镇（街道）、开发区和县机关部门岗位目标责任制考核情况的汇报；听取县委组织部关于县管领导干部年度考核、优秀等次建议名单和三等功、县级先进单位、县级先进工作者建议名单情况的汇报；听取县委老干部局关于绍兴县老干部活动中心建设等工作的汇报。会议还传达全省、全市组织部长会议精神。

3月19日会议。会议审议县四套班子2009年度工作总结；听取县纪委（监察局）传达中央、省、市纪委全委会主要精神及召开县纪委十二届七次全体（扩大）会议方案的汇报；听取县农办、县民政局党组关于2009年度城乡示范新社区评选情况的汇报；听取县委政法委关于贯彻落实中央、省、市政法工作会议精神的情况汇报；听取县委政法委关于建立社会稳定重大事项风险评估机制的情况汇报；听取县委政法委关于流动人口服务管理工作的情况汇报；听取县委宣传部关于2009年度精神文明优胜镇（街道）和2009年度县级文明村（社区）、文明机关、文明单位考评情况的汇报；听取县委组织部关于《2010年干部教育培训计划》的汇报；听取县国土局党委关于2010年度全县用地计划预安排的有关情况汇报；听取县鉴湖—柯岩旅游度假区党工委关于绍兴县鉴湖—柯岩旅游度假区总体规划的汇报；听取县环保局党工委关于开展全县印染和化工行业环保监督专项整治行动方案的汇报；听取县公安局党委、县文广局党工委关于绍兴县参与举办第六届世界合唱比赛有关方案的汇报；听取县安监局党组关于进一步加强安全生产工作意见的汇报；听取县经贸局党组关于纺织产业集群转型升级示范区试点实施方案的汇报；听取县轻纺城建管委党工委关于中国轻纺城市场开发经营有限公司参与浙商银行2010年度增资扩股计划情况的汇报。会议还研究有关干部任免事项。

3月29日会议。会议听取县发改局党组关于2010年各镇（街道）、开发区岗位目标责任制指标考核有关情况汇报。会议还研究有关干部任免事项。

5月11日会议。会议听取县纪委（监察局）关于2010年县反腐倡廉建设组织领导与责任分工、2010年县落实党风廉政建设责任制考核办法和2010年县行风评议工作方案的汇报；听取县纪委（监察局）关于开展“深化作风建设年”活动意见的汇报；听取县委组织部关于在基层党组织广泛开展以“评星晋级”为载体的争先创优活动的汇报；听取县委组织部关于2010年县机关部门、镇街及五大平台岗位目标责任制考核办法的汇报；听取县府办党组关于2010年县机关部门、镇（街道、开发区）重点工作任务的汇报；听取县府办党组关于2010年加快经济转型升级若干意见及有关实施细则的汇报；听取县发改局党组关于2010年“三个一批”项目建设计划的汇报；听取县发改局党组关于2010年绍兴县政府性投资基础性公益性项目建设计划的汇报；听取县农办关于农村新社区建设政策意见的汇报；听取县建设局关于2010年房屋拆迁计划建议的汇报；听取县财政局党工委关于进一步加强公务用车控购工作意见的汇报；听取县国土局党委关于国家土地督察上海局例行督察情况的汇报；听取县信访局关于全县信访工作情况的汇报；听取县解困办关于远东石化有限公司有关事项处置建议的汇报。会议还研究有关干部任免事项。

5月28日会议。会议听取县委组织部关于进一步深化干部人事制度改革若干意见的汇报。会议还研究有关干部任免事项。

6月10日会议。会议听取县经贸局党组关于推进印染产业集聚升级工程实施意见的汇报；听取县经贸局党组关于工业创新型成长企业认定管理办法的汇报；听取县经贸局党组关于重点产业鼓励发展导向目录的汇报；听取县经贸局党组关于转型升级攻坚年“六个一”活动实施方案的汇报；听取县经贸局党组关于进一步加大工业项目招商选资力度若干政策意见的汇报；听取县经贸局党组、柯桥供电分局关于2010年迎峰度夏有序用电方案和鼓励热电企业夏季顶峰发电政策意见的汇报；听取县解困办、平水副城建管委、马鞍镇关于进一步做好企业解困工作补充意见的汇报；听取县经贸局党组、县环保局党工委关于节能减排工作的汇报；听取县水电局党工委关于实施清水工程建设五年（2010～2014年）建设计划、清水工程2010年实施意见及相关政策意见的汇报；听取县建设局党工委关于深化完善农村住房改造建设、着力改善农民住房条件指导意见的汇报；听取县国土局党委关于2010年度土地出让金净收益分成比例调整建议方案的汇报；听取县金融办关于2010年服务经济优胜银行考评办法的汇报；听取县商贸三产办关于推进商贸旅游服务业发展实施意见的汇报；听取县府办党组关于加快社会事业转型发展若干政策意见的汇报；听取县府办党组关于撤销县政府驻北京办事处建议意见的汇报；听取县档案局党组关于综合档案馆易地建设方案的汇报；听取县委办关于调整县委常委分工情况的汇报。

会议还研究有关干部任免事项。

7月13日会议。会议听取县委办关于建立县委常委工作交流例会制度的汇报。会议还研究有关干部任免事项。

7月26日会议。会议听取县委办（政研室）关于县委十二届九次全体（扩大）会议报告（送审稿）及县委十二届九次全体（扩大）会议方案的汇报；听取县委政法委关于加强政法工作意见的汇报；听取县委政法委关于全县上半年维稳工作的汇报；听取县劳动保障局党组关于公务员医疗补助实施办法的汇报；听取县农办关于推进农村宅基地置换鼓励农民进城镇居住若干意见的汇报；听取县农业局党工委关于现代农业发展规划的汇报；听取县农业局党工委关于加强农业“三位一体”公共服务体系建设意见的汇报；听取县府办党组关于日月首饰集团有限公司柯东地块有关情况处理建议意见的汇报；听取县国土局党委关于2010年度全县第二批新增建设用地计划指标安排建议方案的汇报；听取县审批服务中心党工委关于进一步明确县行政审批服务中心工作职能和管理权限的汇报；听取县委办关于县委常委会决策重大事项议事规则（试行）的汇报；听取县府办党组关于规划国土联席会议议事规则和开发区（园区）联席会议议事规则的汇报；听取县轻纺城建管委党工委关于汇金国际广场项目处置方案的汇报。

9月6日会议。会议听取县编办关于绍兴县政府机构改革方案的汇报；听取县财政局党工委关于进一步激励企业节约集约用地意见的汇报；听取县国土局党工委关于加大闲置工业土地和工业（标准）厂房盘活利用力度的实施意见的汇报；听取县国土局党工委关于新一轮土地利用总体规划修编情况的汇报；听取县鉴湖—柯岩度假区党工委关于柯岩联盛国际商业广场、天马汽车休闲广场项目招商的情况汇报；听取县劳动保障局党组关于开展企业退休人员社会化管理服务工作的汇报；听取县民政局党组关于调整县城乡居民最低生活保障标准的情况汇报；听取县轻纺城建管委党工委关于2010中国柯桥国际纺织品博览会暨中国轻纺城时尚创意周筹备工作的情况汇报；听取县建设局党工委关于城市管理工作委员会议事规则和进一步加强城市管理工作若干意见的汇报。会议还研究有关干部任免事项。

9月30日会议。会议听取县人大关于补选绍兴县十三届人民代表大会代表的汇报；听取县工商联党组关于绍兴市第三届优秀建设者推荐名单的汇报；听取县劳动保障局党组关于调整绍兴县有关人员养老保险待遇标准方案的汇报；听取县国土局党委关于绍兴县基准地价调整方案的汇报；听取县发改局党组关于绍兴县新兴（优势）产业培育发展实施意见的汇报；听取县卫生局党工委关于绍兴县镇村医疗卫生资源统筹配置试点工作方案的汇报；听取县财政局党工委关于完善绍兴县基层医疗卫生机构政府投入政策意见的汇报；听取县滨海工业区党工委关于滨海码头处置方案和其其热电太阳能光伏项目投资政策方案的汇报；听取县解困办关于凌达实业有限公司有关扶持政策的汇报。会议还研究有关干部任免事项。

11月9日会议。会议研究有关干部任免事项。

11月23日会议。会议听取县史志办关于全省党史工作会议精神及绍兴县党史工作情况的汇报；听取县发改局党组关于全县自来水价格和居民生活污水处理费调整意见的汇报；听取县鉴湖—柯岩旅游度假区党工委关于若航绍兴直升机场及游艇俱乐部项目情况的汇报；听取县建设局党组关于加快发展纺织创意产业若干意见的汇报；听取县卫生局党工委关于2011年绍兴县新型农村合作医疗制度实施办法的汇报；听取县人事局党组关于公共卫生与基层医疗卫生事业单位实施绩效工资工作有关情况的汇报；听取县人事局党组关于进一步加快引进、培育并用好优秀创业创新人才若干意见的汇报。会议还研究有关干部任免事项。

12月30日会议。会议听取县人大关于召开县十三届人大五次会议和明年工作要点情况的汇报；听取县政协关于召开县政协十届五次会议和明年工作要点情况的汇报；听取县国土局党委关于进一步完善工业用地公开出让若干意见的汇报；听取县国土局党委关于城镇印染产业集聚后原用地实施“退二进三”处置意见的汇报；听取县民政局党组、县劳动保障局党组关于元旦春节期间开展“送温暖”惠民大行动活动安排情况的汇报；听取县文广（体育）局党工委关于绍兴县创建“浙江省体育强县”方案的汇报；听取县滨海工业区党工委关于帮扶赐富集团做优做强有关问题建议的汇报；听取县金融办关于绍兴县扶持股权投资类企业发展实施意见的汇报；听取县轻纺城建管委党工委关于建设中国轻纺城电子商务平台情况的汇报。会议还传达全省经济工作会议精神、研究有关干部任免事项。

（王国彪）

重要决策和活动

【开展“评星晋级”创先争优活动】 2010年，绍兴县在基层党组织中开展以“评星晋级”为抓手的创先争优活动。参加对象为全县农村村（居委会）、城市社区党组织。主要目标：通过3年左右的努力，全县80%以上的农村村（居委会）、城市社区党组织达到三星级以上标准，其中20%以上达到五星级标准。全县农村村（居委会）、城市社区党组织创先争优氛围更加浓厚、机制更加完善，在推动发展、服务群众、凝聚人心、促进和谐中的作用更加明显，人民群众满意度进一步提升。

【出台农村宅基地置换意见】 2010年，绍兴县出台推进农村宅基地置换鼓励农民进城镇居住意见，通过农户用现有合法宅基地（房屋）或放弃新批宅基地、自愿置换城镇住房的方式，促进农村人口向城镇转移，加快城镇化步伐，推进城乡融合，有效解决农民住房问题。在推进农村宅基地置换过程中，遵循坚持农户自愿、集聚集中、有序推进、分类指导、公平公正等原则。

【加快经济转型升级】 2010年，绍兴县为深入贯彻落实科学发展观，加快经济转型升级，转变经济发展方式，促进全县经济又好又快发展，在发展高效生态农业、工业经济转型升级、大力发展服务业、促进自主创新、转变外贸增长方式、做强做优建筑产业等方面出台包括《关于2010年加快经济转型升级的若干政策意见》、《关于加快纺织产业集群转型升级的若干政策意见》、《关于加快推动新兴（优势）产业发展的实施意见》在内的相关扶持激励政策。

【推行社区党建“契约化”共建工作】 2010年，绍兴县全面推行社区党建“契约化”共建工作，通过谈约、签约、亮约、履约、评约5个流程，实现社区党组织与驻区单位自主协商、“菜单式”双向服务、“契约化”管理，逐渐形成以社区党组织为核心、辖区单位共同参与的区域化党建工作格局，发挥党组织建设文明和谐社区领导核心作用，促进城市改革发展稳定，提升城市基层区域化党建工作水平。

【绍兴县人民政府机构改革】 2010年，绍兴县根据省、市关于加强和强化政府部门职能的有关要求，对应落实县人民政府职能调整和机构设置，确保与市政府机构改革相衔接，建立与省、市政府组织框架总体协调的行政组织体系，组建县经济和信息化局、县商务局、县交通运输局、县住房和城乡建设局、县人力资源和社会保障局、县教育体育局、县规划局，将县食品药品监督管理局由省以下垂直管理机构调整为县政府工作部门。

【制定县委常委会决策重大事项议事规则】 2010年，绍兴县认真贯彻党的民主集中制原则，规范和监督领导集体决策行为、重大事项议事程序，提高县委常委会重大事项决策民主化、科学化水平，根据《中国共产党章程》、《中国共产党地方委员会工作条例（试行）》、《党政领导干部选拔任用工作条例》等法规文件精神，结合实际，制定县委常委会决策重大事项议事规则。

（王国彪）

政策研究

【概况】 2010年，绍兴县委政研室紧扣全县“突出转型升级、致力科学发展”工作主题，深入调查研究，积极撰文建言，统筹组织协调，先后完成各类调研报告10余篇，制（修）订全县经济社会发展政策意见10余则，充分履行“以文辅政、以智辅政”工作职责，发挥县委决策参谋和核心智囊作用。

【完成各类调研报告10余篇】 2010年，县委政研室负责起草县委十二届九次、十次全体（扩大）会议报告和“十二五”规划建议；开展工业经济转型升级、印染产业集聚、统筹城乡发展、有关平台管理体制机制完善等重点课题调研，提出建设性意见建议；《开创县域科学发展的新局面》、《创新农村集体“三资”管理机制》、《培育发展创新型企业》等多篇调研报告和经验总结在《浙江信息》、

《政策瞭望》、《浙江政研》等刊物上发表。全年完成各类调研报告10余篇。

【起草全县性政策意见10余则】 2010年，县委政研室按照“强化职能、深化研判、优化发展”工作要求，在深入调查研究、广泛征询论证的基础上，先后主持、参与制（修）订推动县域经济、城乡、社会转型升级政策性文件10余则。其中包括参与制（修）订《关于2010年绍兴县推进经济转型升级的若干政策意见》、《关于2010年绍兴县农村新社区建设政策的实施意见》、《关于2010年各镇（街道）和五大发展平台岗位目标责任制考核意见》等相关政策文件。（唐光明）

纪检 监察

【概况】 2010年，绍兴县纪检监察部门履行纪检监察各项职能，严格执行党风廉政建设责任制，落实日常巡查、半年抽查和年底检查制度，规范集中汇报、个别座谈、资料查阅、走访基层单位等环节，确保考核科学性和权威性，在市委、市政府组织的党风廉政建设责任制检查考核中，再次名列全市第一。全面实施廉政风险防控机制，在10个部门试点基础上，推广至全县各机关部门，有关经验做法受中纪委肯定、推介。开展“深化作风建设年”系列活动，制定出台《关于在全县开展以“服务企业、服务群众，满意在基层”为主题的“深化作风建设年”活动的意见》，安排部署包括“五送”（送理念、送政策、送点子、送健康、送服务），“两联”（联村促发展、联户献爱心），“三问”（问责、问效、问廉）在内的十大特色活动。规范中心镇权力运行，在省级中心镇钱清镇开展试点，探索实践以“三定三防”（定权力内容、定权力规程、定权力责任，岗位防险、轨迹防偏、内源防缺）为主要内容的中心镇权力运行规则，有关经验成果刊发在《人民日报》上，省纪委信息专刊予以介绍，举办全国“省级中心镇用权规制创新”专家研讨会。

【召开县十二届纪委七次会议】 2010年3月24日，中共绍兴县第十二届纪委第七次会议召开，回顾总结2009年全县党风廉政建设和反腐败工作，研究部署2010年各项任务。会上，县委常委、纪委书记吴晓代表县纪委常委会作《切实加强制度建设 深入推进反腐倡廉 为全县经济社会科学发展率先发展提供坚强保障》的工作报告。提出要深入落实科学发展观，围绕县委县政府“突出转型升级、致力科学发展”工作要求，坚持“标本兼治、综合治理、惩防并举、注重预防”方针，全面加强作风建设和反腐倡廉建设，抓紧解决反腐倡廉建设中人民群众反映强烈的突出问题，着力推进反腐倡廉制度建设，增强制度执行力，不断取得党风廉政建设和反腐败斗争新成效。

【排查重点工程项目396个】 2010年，县纪检监察部门继续加强对县委、县政府重大决策部署和重要政策措施落实情况的监督检查，通过完善工作机制、突出工作重点、推进专项治理，营造政令畅通的良好发展环境。及时跟进县委、县政府重大决策，认真开展“转型升级攻坚年”重点工程专项检查。扎实开展工程建设领域突出问题专项治理，共排查项目396个，查处违规单位（个人）18个。继续抓好治理商业贿赂专项治理工作，立案查处5起，涉案金额21.8万元。

【77名新提任县管干部通过任前廉考】 2010年，绍兴县出台《绍兴县科（局）级领导干部任前廉政法规知识考试工作实施意见》，推行县管领导干部任前廉政知识考试制。凡拟提任的县管领导干部，都要参加任前廉政知识闭卷考试，考试成绩存入领导干部个人廉政档案。在考试中成绩不合格的领导干部，进行补考或推迟任命，乃至视情任用。至年底，共有8批77名新提任县管干部参加并通过任前廉考，基本建立任前“考廉”、任时“话廉”、任后“述廉”制度链。

【全县分批推广公务“三问”监察网】 2010年，县纪检监察部门围绕“问责、问效、问廉”三大内容，以强化督查为切入点，以完善机制为突破口，在“民情档案”富盛系统的基础上，着力完善督查、督办、查处等工作机制，探索建立面向公众的公务“三问”监察网。在富盛镇成功试点的基础上，按照“以点带面、分步推进”的原则，在全县18个镇（街道）和4个开发区分3批进行推广。

【受理群众信访举报569件次】 2010年，县纪检监察部门在齐贤镇试点，健全镇、片、村三级联动信访调处工作网络，建立纪检信访信息员和调处员2支队伍，构建矛盾纠纷预警、调处、维稳处置等三大平台，完善信访调处领导责任制、纪检信访工作例会制度、便民接访调处制度和纪检信访调处奖励制度等4项制度，初步建立起基层纪检信访工作机制，促进基层信访工作规范化。全年共受理群众信访举报569件次，对24名副局（镇）级以上领导干部进行信访谈话，发放信访反映提醒书11份。

【立案查处违法违纪案件82件】 2010年，县纪检监察部门共立案查处各类违法违纪案件82件，办结80件。党纪处分79人（开除党籍42人），政纪处分11人（开除公职6人），其中双重处分6人，刑事处理33人。重点查办县渔政站原站长金小牛贪污案，钱清镇江墅村原党支部书记陈水清挪用资金、受贿、侵占案，浙江水泥（常山）有限公司原总经理徐海潮受贿案。推行“一案三报告”制度和纪律检查建议书制度，做到“一案一分析，一案一教育，一案一整改”。（薛智贞）

组织工作

【概况】 2010年，绍兴县组织系统坚持以科学发展观为引领，推进干部人事制度改革，制定完善《进一步深化干部人事制度改革的若干意见》、《绍兴县领导干部德行考核评价办法（试行）》等系列文件，严格执行全委会民主推荐重要干部制度，探索副职领导干部初始提名办法，完善长、中、短相结合的考察工作机制。建立组织工作新闻发言人制度，原则上每半年举行1次新闻发布，由部务会议或部长提出启动，部领导班子成员担任发言人，适时邀请有关媒体记者、相关单位党组织负责人、“两代表一委员”、组织工作监督员、老干部、基层党员和群众代表等参加。开展以“评星晋级”为抓手的创先争优活动，全县1646个单位45650名党员参加，活动期间，县委常委和县创先争优活动领导小组成员共建立镇（街道）、社区、村（居委会）、企业等不同层面联系点51个，开展调研指导和督查点评95次。实施中层干部链式管理，对全县各镇（街道）、开发区、县机关部门的中层干部选拔任用工作实施工作方案报备制、领导职务审核制、调整变动报批制、任免会前报告制和任免材料报备制等“五项制度链”管理，使中层干部选拔任用工作更趋规范透明。发挥商会、非公企业党组织作用，在市场党员经营户中开展争做招商隆市先锋、争做素质提升先锋、争做诚信服务先锋、争做文明言行先锋“四大先锋”行动；在非公企业党组织中广泛开展以“服务党员增强影响力、服务职工增强亲和力、服务企业增强竞争力”为主要内容的“三服务增三力”活动。省委常委、组织部部长蔡奇对有关做法作出批示肯定。

【开展先锋承诺活动】 2010年，绍兴县结合村级组织换届选举，全面开展“先锋承诺”活动，全体村干部和广大党员分别作出竞职、创业、辞职、遵守选纪等承诺，实施“一人一档案”、“一月一分析”、“一季一考评”制度，强化公开示诺、跟踪问诺、民主评诺等工作环节。通过党员群众评议、领导点评、组织考评等问责程序，调整不称职村党支部书记7人，组织谈话履诺不力党员35人。

【新列入参照公务员法管理事业单位29家】 2010年，经上级组织人事部门批准，绍兴县有29家事业单位新列入参照公务员法管理单位。其中党群部门4家，政府部门25家。

【公开招录镇(街道)团委、妇联副职人选】 2010年，绍兴县按公务员考录程序，公开招录镇（街道）团委、妇联副职3人，职位竞争比例均达100：1。

【15家非公企业建立党建专委会】 2010年，绍兴县为防止企业党组织“空转”，在不打破原有支部格局的前提下，由企业党委（总支）根据党员职业技能和岗位特点，将其分编成若干专门委员会或工作小组，充分发挥党员先锋作用。至年底，全县共有15家企业建立“专委会”，吸纳一技之长党员105人。

【6个新社会组织党组织竞职直选】 2010年8月，绍兴县在律师行业开展零门槛“竞职直选”新社会组织党组织领导班子试点工作。律师行业6个党组织的班子成员全部顺利产生，实现竞选人产生方式（从“有条件准入”变为“零门槛进入”）、投票方式（从“二次选举”变为“一次投票”）、选举方式（竞职意图从“被动介绍”转变为“主动演讲”）3个新突破。

【推行六式服务】 2010年，绍兴县深化“网格化管理、组团式服务”工作，依托各镇（街道）党员服务中心和全县121个村（社区）党员服务站（点），推行组团式、菜单式、管家式、一站式、结对式、预约式等六式服务，推进服务型基层党组织建设。

【探索农村党建工作新模式】 2010年，绍兴县开展社区“契约化”共建，探索实施“镜海模式”、“桃阮模式”、“皇甫庄模式”、“柯岩模式”等4种农村社区党建新模式，优化基层党组织设置方式，促进农村新社区建设。

【开展惠民行动1500余次】 2010年，绍兴县实施“百千关爱帮扶”工程，健全党员领导干部联系基层党员、党员联系困难群众制度，开展“千名干部联户献爱心”活动，全县97个机关党组织1300多名领导干部与困难党员、群众结成“一对一”帮扶对子。全年共开展“送温暖”等惠民行动1500余次，为困难党员、群众办实事好事3900多件，捐款捐物350多万元。

【实施党员干部现代远程教育“梯级管理”】 2010年，绍兴县以强化基层站点工作绩效量化评定为突破口，创新实施“梯级管理”，落实“远教先锋”行动。从组织领导、硬件设施、学用管理、特色成效、群众满意等5个方面设立不同标准，将站点划分为基层型、提升型、示范型3个档次，实行动态管理，一年一评，计划通过3年左右的时间，使全县40%以上的基层站点成为提升型站点、20%以上的基层站点达到示范型标准。

【实现党员教育培训全覆盖】 2010年，绍兴县推进学习型党组织建设，提升党员干部队伍素质。把教育培训重点向农村、向普通党员倾斜，利用“鉴湖大讲坛”和“柯桥大讲坛”、各级党校、农村党员干部现代远程教育网等平台，推行“321”党员教育培训模式，开展党员干部轮训，实现全县每名党员每年教育培训时间不少于1天。

【召开第二次全县人才工作会议】 2010年12月，绍兴县召开第二次人才工作会议，提出新时期人才工作要以引进培养高层次人才为重点，以构建现代产业体系为导向，以用好用活人才为根本，着力营造有利于人才集聚发展的良好环境，为“保强争优、统筹发展”提供人才智力支持。会议通报表彰朱建敏等30名县重才爱才企业家、王炎富等10名县人才工作先进个人、县人才开发服务中心等10家县人才工作先进单位。

【实施企业人才优先开发战略】 2010年，绍兴县通过召开企业人才优先开发工作推进会、完善企业引才制度、搭建企业创新平台、加大企业经营管理人才培养力度等途径，全年共培育企业人才工作示范点6个、企业技术创新团队9个，培养纺织企业面料设计人才280名，在全县85家骨干企业建立人才工作联络员制度。

【建立专家工作站】 2010年，绍兴县共建立博士后工作站4家，省级以上高新技术研发中心33家，国家级区域科技创新服务中心1家、省级区域科技创新服务中心2家，有375家骨干企业与157所院校建立产学研合作关系。其中，绍兴第二医院和越隆控股集团分别与国内肝胆胰外科专家郑树森、面料专家姚穆合作建立院士工作站。（袁　祖）

宣传工作

【概况】 2010年，绍兴县宣传思想工作紧扣“突出转型升级、致力科学发展”工作主题，主动服务县委、县政府中心工作，着力把理论学习和教育活动、舆论引导影响力、文化强县建设、群众性精神文明创建引向深入，强调全面创新、全力提升，各项工作实现创新突破。

2010年，绍兴县在新华社、《人民日报》、中央人民广播电台、中央电视台、《新华每日电讯》、《经济日报》、《光明日报》、《工人日报》、《浙江日报》、浙江卫视、中新社、新华网、人民网等各级主流媒体上均有报道。其中国家级500多篇，省级900多篇，市级1500多篇，各级各类重点报道280多篇；全年有中央、省、市及境外300余家新闻媒体近1000名记者赴绍兴县采访。

【开设网络理论学习频道】 2010年5月31日，绍兴县在柯桥网正式推出理论学习专题频道。频道开设“学习交流”、“分享阅读”、“精品讲座”、“推荐书目”等栏目，是绍兴县运用新兴媒体推进马克思主义理论大众化工作的新尝试。

【5000余人听取转型升级高端报告会】 2010年，

绍兴县开展“转型升级攻坚年”活动，邀请中国入世首席谈判代表、博鳌亚洲论坛秘书长龙永图，浙江省社科院副院长、研究员葛立成，青岛啤酒股份有限公司董事长金志国等国内知名专家讲学，推动全县领导干部和企业家群体进一步解放思想，提振信心和决心。全年共组织高端报告会近10场，5000余人次听取报告。

【组织主题宣讲活动200余场】 2010年，绍兴县组织县、镇两级报告员队伍，利用各镇（街道）宣讲平台、专场报告会等多种形式，深入村（居委会）、企业（工业园区），为全县广大基层党员群众和中小企业主讲解转型策略，指点升级方向。全年共组织开展赴基层转型升级专题宣讲200余场，4万余人次听取报告。

【健全基层党校教育网络】 2010年6月13日，绍兴县召开全县基层党校示范点建设现场会，总结历年基层党校规范化建设经验，完善基层党校规范化建设工作措施，下发《绍兴县基层党校规范化建设实施意见》，明确各项教学管理制度。全年有7所基层党校被评为市级基层示范党校，2所被评为市级十佳基层示范党校。

【承办全国农村精神文明建设工作调研座谈会】 2010年7月8日至9日，全国农村精神文明建设工作调研座谈会在绍兴县召开。中央文明办调研组组长杨新贵，省委宣传部副部长、省文明办主任龚吟怡，市委常委、宣传部部长尹永杰，市委常委、县委书记何加顺等出席会议。与会代表就落实全国农村精神文明建设工作经验交流会精神进行交流，对加强新形势下农村精神文明建设工作提出意见建议，实地参观调研柯岩街道河塔村、马鞍镇大鱼山村、马鞍镇国庆村农村精神文明建设情况。

2010年7月8日至9日，全国农村精神文明建设工作调研座谈会在绍兴县召开。（胡劲松摄）

【成立农民文化艺术团】 2010年8月18日，绍兴县成立农民文化艺术团。艺术团下设歌唱、戏曲和舞蹈健身3支队伍，共有团员183人，均为农村文艺爱好者。艺术团先后赴全县17个农村新社区开展文艺演出，近万人观看演出，受到群众热烈欢迎。浙江电视台新农村频道“流动大舞台”栏目，以此为蓝本专题录制节目2期。

【新增“和谐榜”55个】 2010年，绍兴县在试点基础上新增“和谐榜”55个，累计设立112个。开展“和谐榜”信息员业务培训，建立县、镇（街道）、村三级信息平台，各村建立信息收集站和有关台账，定期逐级向上汇报，采集信息经调查核实后，及时发布在相应“和谐榜”上。

【开展“2010感动柯桥——绍兴县最具影响力人物”评选】 2010年，绍兴县继续开展“感动柯桥——绍兴县最具影响力人物”评选活动。蒋和璞、杨红、魏国兴、陈锦高、孙有峰、马卫国、徐祥虎、叶建良等8人被评为“2010感动柯桥——绍兴县最具影响力人物”。徐炳荣、倪藕花、余金方、汪金美等4人获提名奖。编印公民思想道德教育读本《感动柯桥》，介绍2006年至2009年绍兴县“最具影响力人物”事迹，并将读本发放到全县社区居民、机关干部、市场经营者、外来务工者和村民手中。（王建明）

统一战线

【概况】 2010年，绍兴县委统战部认真履职，发挥优势，完成各项目标任务，完善民主党派“创优工程”，开展民主党派基层组织规范化建设工作，得到省委统战部部长汤黎路的充分肯定；深入开展情系少数民族兄弟姐妹“助、学、帮”活动，帮助新疆籍少数民族群众解决学习生活困难，办理民族成分变更预审12件；落实情况通报会、座谈会和协商会制度，召开通报会2次、座谈会3次，传送各类文件资料300余份；加强对口联系工作，新增加对口联系部门12个，增设对口联系单位联络员；全年开展各类“三下乡”活动6次，服务群众1500余人次。下辖县知识界无党派人士联谊会在县“两会”召开期间，提交政协提案10余件，部分提案被列为县政协重要提案；积极参与下乡法律宣传、百姓维权、下乡义诊等“三下乡”活动。

2010年县委统战部获省、市统战工作先进集体，绍兴县人民政府被省委、省政府授予“民族团结进步模范集体”荣誉称号。县知联会被推荐为全省知联会先进集体。

【撰写调研报告25篇】 2010年，绍兴县委统战部积极落实“党委出题、党派调研、政府采纳、部门落实”运行机制，在调研基础上确定20多个基础课题，报请县委、县政府阅示。各民主党派围绕课题展开调研，共撰写调研报告25篇，得到市委常委、县委书记何加顺的批示肯定，并批转县分管领导和有关部门抓好落实。

【开展党外干部培训】 2010年，绍兴县继续开展党外干部培训活动，完善党外干部联席会议制度，不断加大对党外干部的培养、选拔和使用力度。6月，举办绍兴县各民主党派、知联会新成员培训班；9月，在中央社会主义学院举办统战系统暑期读书会。

【开展联络联谊活动】 2010年，绍兴县新成立北京、大庆“天南地北绍兴人”联谊会，举办杭州、上海“天南地北绍兴人”迎新团拜会，编辑出版《天南地北绍兴人》联谊报6期，举办北京“天南地北绍兴人”联谊活动暨项目推介会，进一步激发乡情，宣传绍兴县。

【深化镇（街道）特色统战工作】 2010年，绍兴县修订完善镇（街道）统战工作考核办法，召开镇（街道）特色统战工作现场会，全面推进绍兴县基层特色统战工作。柯桥街道开展社区、楼宇特色统战，推动统战工作深入社区居民；柯岩、华舍街道开展统战干部联企活动，助推非公企业转型升级；福全镇以纳西族“东巴乐坊”为带动，开展“发展民族文化、促进社会和谐”特色统战活动；马鞍镇、夏履镇实施统战“春泥计划”，促进新农村建设；安昌镇、平水镇、王坛镇和湖塘街道利用统战资源，开发宗教文化，促进文化旅游产业发展；漓渚镇发挥统战联络联谊作用，引进项目15个，总投资6.9亿元。

【开展非公经济组织创先争优活动】 2010年，绍兴县确定19家企业为非公经济组织创先争优联系点，开展重点指导培育。其中，杨汛桥镇“庆盛集团”作为绍兴县非公经济组织创先争优典型代表，被浙江卫视《义行天下》节目宣传报道。

【完善统战系统制度建设】 2010年，绍兴县委统战部加强理论学习，编印《统战工作基本情况》；加强统战工作宣传，编辑《绍兴县统战》35期；完善统战部岗位责任制和镇（街道）统战委员岗位责任制；修订《干部学习制度》、《保密工作制度》等8项内部管理制度；建立县委统战部与民主党派联络员制度。

（张　燕）

老干部事务

【概况】 2010年，绍兴县老干部事务以庆祝抗日战争胜利65周年活动为载体，加强老干部思想政治工作，深化离休干部社区“四就近”服务管理。至年底，全县有离休干部197人（党员离休干部125人）。其中易地安置在外14人，抗战前期入伍6人、抗战后期入伍28人、解放战争时期入伍163人，享受厅（局）级待遇2人、县（处）级92人、副科级103人，行政单位57人、事业单位80人、企业单位60人，代管外地到县安置离休干部5人。

【开展老干部集中学习6次】 2010年，绍兴县组织开展老干部集中学习6次。其中县委、县政府领导通报工作1次，十七届五中全会辅导报告2次，使老干部及时了解中央、省、市的有关方针政策和本地改革成就。

【150多名离休干部参观文化景点】 2010年4月中

2010年4月13日至14日，绍兴县组织老干部参观乔波滑雪馆。（邵洪伟摄）

旬，县委老干部局会同有关部门组织全县150多名离休干部分批参观安昌镇安康寺，柯岩乔波滑雪馆等场所，使老干部加深了解绍兴县旅游文化和城区建设状况。

【举办老干部读书会】 2010年6月上旬，绍兴县在钱清永通度假村举办离休干部读书会，43名享受县（处）级待遇的离休干部、离休干部党支部支委和学习小组长参加活动。读书会上，县委党校副校长杨仲辉作经济转型升级辅导讲座。

【落实35名离休干部享受副司（局）级医疗待遇】 2010年6月，绍兴县召开会议，落实35名离休干部享受副司（局）级医疗待遇，在全市范围内率先为35名抗战老战士就享受副司（局）级医疗待遇制订落实相关政策。

【举行庆祝抗战胜利65周年系列纪念活动】 2010年8月至9月，绍兴县开展庆祝抗日战争胜利65周年系列纪念活动。9月初，由县委、县政府领导带队，有关部门和老干部局共同探望慰问15名长期患病、卧床不起的抗战老战士。9月1日，在县行政中心鉴湖厅召开老战士座谈会，县委副书记阮建尧，县委常委、组织部长黄文刚及有关领导出席会议。9月上旬，在县行政中心大厅举办老干部书画、摄影展，共展出书画作品84幅、照片65张。9月6日，举办电影招待会，组织全体离休干部观看抗战影片《马石山十勇士》。

2010年9月1日，绍兴县召开纪念抗日战争胜利65周年老战士座谈会。（邵洪伟摄）

【举办老领导理论研讨班】 2010年9月中旬，绍兴县在上海市老干部活动中心（青松城）举办老领导理论研讨班，原任副县级以上离退休老领导参加活动。研讨班专门邀请上海市委党校科社部主任、博士生导师程竹汉作“社会主义民主政治建设”辅导讲座，并组织离退休老领导参观世博园中国馆和中厦集团嘉定客运中心建设项目。

【落实“三个一”制度】 2010年，县委老干部局深化联组联户联社区责任制，落实每月1次电话沟通、每季1次走访、每周1次汇录的“三个一”制度。把长期患病、卧床不起、高龄体弱的老干部作为重点走访对象，定期联系走访，探望住院病人300多人次，走访安置在北京、上海、杭州、宁波等地的老干部23人。

【召开抗美援朝60周年志愿军老战士座谈会】 2010年10月22日，绍兴县召开抗美援朝60周年志愿军老战士座谈会，25名参加过抗美援朝的离休老干部回忆峥嵘岁月，畅谈美好未来，纷纷表示要继承、发扬党的优良传统和作风，为绍兴县的建设再立新功。

【组织离休干部集体祝寿活动】 2010年11月10日，绍兴县在平水镇维多利亚酒店举行离休干部集体祝寿活动，26位70岁、80岁、90岁的离休干部和副县级老领导参加活动，县委常委、组织部部长黄文刚主持仪式，市委常委、县委书记何加顺到会祝贺并向老寿星赠送生日贺卡。

【开展社区“四就近”服务管理工作】 2010年，绍兴县按照上级要求，在越城区、城东开发委所辖6个街道、45个社区（含市老年公寓）配合下，通过县委老干部局全体干部走访、沟通，将居住市区的166名离休干部全部落实到各个社区，初步达到“就近学习、就近活动、就近得到照顾、就近发挥作用”的服务目标。

【办好老年大学】 2010年，绍兴县老年大学坚持政治建校、质量强校、平安立校，努力推进和谐校园建设，县老年大学俄语合唱团获绍兴市第三届合唱比赛铜奖，并参加第六届世界合唱比赛友好音乐会，书画学员向大赛组委会提供馈赠外国友人作品400幅。至年底，有学员726人。（郑伟良）

党校教育

【概况】 2010年，绍兴县委党校教育围绕经济转型升级、建设学习型党组织、加强作风建设等重点工作，突出干部培训、课题调研、理论宣讲等内容，组织干部教育培训班21期、受训1343人，完成纺织产业转型升级、打造绿色印染基地、发展现代服务业、创新型企业培育等相关课题10余个，出版《县情研究》4期，在县级以上报刊发表理论文章60篇，党校教师赴镇（街道）、村（居委会）及机关企事业单位上党课超过200场次。

【承办全县政法部门中层领导干部政治轮训班1期】 2010年8月底，绍兴县为加强政法干部思想政治建设，提高政法队伍整体素质，促进政法工作科学发展，举办全县政法部门中层领导干部政治轮训班1期，来自县人民法院、县人民检察院、县公安局、县司法局、县政法委的50名政法部门中层干部参加培训。特邀宁波市委党校副校长郑湘娟作“正确处理我国当前的人民矛盾、提高构建社会主义和谐社会的能力”专题讲座。

【109名新录用公务员（机关工作人员）接受培训】 2010年9月，绍兴县为提高新录用公务员（机关工作人员）的政治素质和业务能力，分2期举办新录用公务员（机关工作人员）培训班。培训期间，109名新录用公务员不仅学习《公务员法》、《行政许可法》等相关法规，而且深入了解绍兴县发展历程及经济社会发展情况。在学习基本理论的同时，学员们还分批赴稽东镇花果山野外拓展营进行素质拓展训练，赴钱清镇、兰亭镇、柯岩街道开展调查研究，在训练实践中体会和应用理论。

【承办民主党派、知联会新成员培训班】 2010年6月18日至20日，绍兴县举办民主党派和知联会新成员培训班。全县47位民主党派和知联会新成员听取关于党的统一战线理论方针、党派知识及绍兴县经济社会发展情况的辅导报告，进一步提高政治理论水平，增强政党意识。

【召开绍兴县加快现代服务业发展研讨会】 2010年12月23日，绍兴县召开加快发展现代服务业研讨会，从培育金融业、发展创意产业、强化市场龙头、发挥区域品牌优势、发挥城市功能等角度出发，就绍兴县加快现代服务业发展提出相应对策。绍兴县委常委、组织部部长、县委党校校长黄文刚，绍兴市委党校副校长赵爱庆出席会议。来自县金融、发改、科技、商贸三产等部门，县滨海工业区、柯桥街道、柯岩街道，蓝天集团、中兴会计师事务所等商贸服务企业有关人员10余人参加会议。

（沈　琴）

信访工作

【概况】 2010年，绍兴县共受理各级信访1886件（批），其中来访1229批4554人次，来信657件。来访中，赴京个访24批33人次，批次、人数比2009年分别减少14.3%和10.8%；到省集体上访7批129人次，比2009年分别减少66.7%和77.5%；去市集体上访19批771人次，比2009年分别减少38.7%和4.9%。此外，县公开电话受理中心承办电访12058件，电话办结率100%，满意率98%。全年各类越级集体上访总量同比大幅度下降。

【县领导接访件办结率90%以上】 2010年，绍兴县制定《关于建立绍兴县领导下访接访活动长效机制的意见》，明细县领导下访内容。确定每月5日、25日为县领导信访接待日，每次安排2名县级领导到县信访局“坐诊”接待群众来访；每月15日为县领导下访日，全体县级领导和各机关部门主要负责人到联系镇（街道）“出诊”下访群众。同时将县领导接访与包案督办、积案化解结合，使大接访活动真正落到实处、见到实效。至年底，县领导到镇（街道）下访直接接待群众448件（批）1154人次；在县信访局接待室接待群众来访261件（批）654人次，领导接访件办结率90%以上。

【确保重点时段社会稳定】 2010年上海世博会、第六届世界合唱比赛期间，绍兴县多次召开全县信访工作会议，及早落实各项工作责任，开展全县矛盾纠纷大排查10余次，根据摸排情况逐一制定应对措施和应急预案，加强重点对象稳控力度，逐一落实管控措施，确保稳控到位。县信访局专门派出1名副局长轮流驻沪工作，畅通活动期间信访信息，确保绍兴县在重大活动及敏感时期均未发生重大群体性事件。

【实现“五个一”工程镇（街道）全覆盖】 2010年，绍兴县继续实施基层信访“五个一”工程，即1张完善的信访工作组织网络、1支健全的信访员队伍、1套完整的信访工作机制、1个固定的办公场所、1笔专门的信访工作经费，把加强基层基础作为创新发展“枫桥经验”和破解信访问题的重要途径，将纠纷化解在基层萌芽状态。全县实现“五个一”工程镇（街道）全覆盖，完成社区、村（居委会）覆盖率80%。防范源头，以“五个一”工程活动为载体，完善信访导访制、“夏履民主程序”、“兰亭五解程序”、信访“大调解”等源头维稳机制，提高基层化解矛盾纠纷能力。

【开展“信访积案化解年”活动】 2010年，绍兴县开展“信访积案化解年”活动，成立县、镇两级活动领导小组，划拨专项资金200万元，彻底摸排全县矛盾纠纷，确保责任落实到人，实行县领导包案化解，以“案结事了、息访罢诉”为最终检验标准，强化信访积案化解工作考核。全县共列入省级信访积案21件、市级信访积案10件、县级信访积案12件。至年底，化解省级信访积案19件，息访率90%；市级信访积案6件，息访率60%；县级信访积案8件，息访率67%，完成省信访联席会议布置任务。

【加强信访干部业务培训】 2010年，绍兴县根据上级指示精神，结合实际，举办信访干部业务工作培训班2期，邀请有关领导、专家现场讲学，加强信访干部案件调处和化解能力，提升信访创新能力和服务水平。（张海英）

机关党务

【概况】 2010年，绍兴县直机关党务工作以学习型党组织建设和党建促发展示范党组织创建为主要内容，出台《关于加强和改进机关学习制度 努力建设学习型党组织的意见》、《关于进一步加强机关学习制度的通知》，推动机关各部门创新学习方式、提高学习效果，制定《关于开展创建“党建促发展示范党组织”活动的意见》，召开党建促发展示范党组织创建推进会，推动机关创先争优。经年底考核验收，县委办党支部等30个基层党组织被评为党建促发展示范党组织。此项工作得到绍兴市创先争优领导小组以及省、市直机关党工委领导的充分肯定，省委常委、省委秘书长李强和省直机关党工委书记吕毅强在全省机关党工委交流会议上予以表扬。

【300余名机关干部参加文艺培训班】 2010年，绍兴县推进机关文化建设，组织首届县直机关干部文艺培训班，共有300余名机关干部参加书法、舞蹈、太极拳、声乐、越剧等多个培训班，同时组织开展篮球、羽毛球、游泳、围棋比赛及青年联谊会等10余个系列文体活动。

【开展世合赛“红袖章”行动】 2010年7月12日至27日，绍兴县开展第六届世界合唱比赛安保群防群治“红袖章”行动，62个县直机关部门2000多名机关干部会同街道干部，赴柯桥街道、华舍街道27个社区进行治安巡逻。行动期间，广大工作人员坚守岗位，认真履职，成为世合安保中一支重要有生力量，受到县委领导的批示肯定。（魏明悦）

史志工作

【概况】 2010年，绍兴县史志工作坚持创新创优，为县域经济宏观决策服务、为科学研究服务、为社会咨询服务。抓好党史资料征编工作，保护、开发和利用党史资源，进行革命遗址普查，整理编辑重要党史文献，筹备全县党史工作会议，启动党史二卷编纂；落实《绍兴县志丛书》修纂，继续推出《绍兴丛书》系列专辑，完成2010卷年鉴编纂出版。加强方志馆内部建设，编辑季刊《越地春秋》，更新史志网站信息。县史志办获2010年度浙江省地方志系统先进集体称号。

【召开全县党史工作会议】 2010年12月8日，绍兴县召开全县党史工作会议，总结党史工作成绩，分析党史工作现状，部署今后党史工作开展，要求各级各部门高度重视党史工作，抓紧做好党史资料征编，及时启动党史正本编撰，通过加强党史遗址保护、扩大党史宣传学习教育面，扎实推进新形势下党史工作再上新台阶。绍兴市委党史研究室主任鲁孟河到会指导，县领导阮建尧、黄文刚、孙君、章生建、邢柏生等出席会议，县机关各部门、镇（街道）、开发区分管党史的领导以及县史志办全体人员参加会议。会前，县史志办已就全国、全省党史工作会议精神及全县党史工作有关情况向县委主要领导作详细汇报，同时还为确保大会顺利举行开展大量筹备工作。

【启动党史二卷编撰】 2010年，绍兴县启动《中共绍兴县历史（1949～1978）》（党史二卷）编撰。10月28日，县史志办组织召开党史二卷纲目论证会，邀请担任过绍兴县重要职务的老领导、熟悉绍兴县地情的老同志、绍兴党史研究专家、兄弟单位相关负责人等参加座谈，使修改后纲目更加详细完善，有关责任单位落实更具科学性和可操作性。12月，党史二卷编撰正式启动。

【普查全县革命遗址21处】 2010年，县史志办完成全县革命遗址普查工作，形成6000字的普查报告，并将普查成果汇编成册。绍兴县有各类革命遗址21处，其中重要党史事件和重要机构旧址13处，革命领导人故居1处，烈士墓5处，纪念设施2处。按革命遗址所属年代划分，大革命时期革命遗址8处，抗日战争时期革命遗址9处，解放战争时期革命遗址2处，综合性革命遗址2处。

【推出《绍兴丛书》第二辑】 2010年，绍兴县继续加强与国家图书馆、中华书局合作，做好《绍兴丛书》的出版发行工作。继第一辑《地方志丛编》之后，第二辑《史料汇纂》出版。

2010年11月22日，绍兴县委副书记、县长孙云耀就《绍兴丛书》相关事宜前往国家图书馆考察。
（县史志办供稿）

【《绍兴县年鉴（2010）》出版发行】 2010年12月，《绍兴县年鉴（2010）》由中华书局正式出版发行。该年鉴为地方综合性年鉴，由中共绍兴县委员会、绍兴县人民政府主办，绍兴县地方志编纂委员会主持，绍兴县史志办公室组织实施，各有关部门参与，众人撰写，《绍兴县年鉴》编辑部编纂。年鉴按事物属性和主次，以A、B、C、D、E、F、G代表总情、经济、政治、文卫、建制镇（街道）、国民经济统计资料选刊和索引7块，分类目、分目、条目3个层次编辑。全书设类目44个、分目247个、条目1385个，随文图照217幅，表格71张，全面、系统、客观地记述绍兴县2009年度经济、政治、文化和社会生活的基本面貌及发展状况。

【3部志书出版】 2010年，县史志办与出版单位加强联系，配合修志单位做好修改、出版工作，《夏履镇志》、《绍兴县财政税务志》、《绍兴县体育志》等3部志书相继出版。其中《夏履镇志》属《绍兴县志丛书》之乡镇志序列，全志由概述、大事记、正文19章以及丛录组成，客观翔实全面记载夏履镇社会、经济、文化的发展历程。《绍兴县财政税务志》属《绍兴县志丛书》部门专业志序列，含财政、财务、税务、基金、综合五大类内容，设28章144节。《绍兴县体育志》属《绍兴县志丛书》部门专业志序列，全志有概述、大事记及学校体育、群众体育、体育竞赛、竞技成绩、人才培养、体育机构、体育团体与体育设施、经费和体育产业、人物、丛录10章。

2010年12月，《夏履镇志》由中华书局正式出版。
（县史志办供稿）

【征集志书7000余本】 2010年，县史志办与全国各地方志书店联系，了解地方志编纂出版动态，全方位收集全国各地各级各类志书，扩充方志馆馆藏书籍时限、地域及种类。全年购买地方志书籍3批，计2000余本，馆藏书籍达7000余本。

（闻　雁）

责任编辑　董思思

绍兴县人民代表大会常务委员会

重要会议

【县第十三届人民代表大会第四次会议】 2010年2月1日至3日，绍兴县第十三届人民代表大会第四次会议在柯桥举行。本次会议应到县人大代表291人，实到290人，列席人员192人。会议听取和审议代县长孙云耀《政府工作报告》、县人大常委会主任徐林土《绍兴县人民代表大会常务委员会工作报告》、县人民法院院长周剑敏《绍兴县人民法院工作报告》、县人民检察院检察长王荣彪《绍兴县人民检察院工作报告》；审议县发展和改革局局长邢玉清《关于绍兴县2009年国民经济和社会发展计划执行情况及2010年国民经济和社会发展计划（草案）的报告》、县财政局局长宋天平《关于绍兴县2009年财政预算执行情况和2010年财政预算（草案）的报告》，并通过相应决议，依法选举孙云耀为绍兴县人民政府县长。会议还印发县人民政府办公室《关于绍兴县第十三届人大三次会议代表建议、批评和意见办理情况的报告》、《关于2009年50项重点工作和实事工程完成情况的报告》。

2010年2月1日，绍兴县第十三届人民代表大会第四次会议在中国轻纺城大剧院开幕。（沈浩根摄）

会议期间，举行预备会议1次，全体会议4次，主席团会议4次。会议共收到代表10人以上联名提出的议案70件，经大会主席团决定，全部作为代表建议、批评和意见处理。收到代表建议、批评和意见155件，合计225件。

【县第十三届人大常委会第二十一次至二十九次会议】 2010年，绍兴县第十三届人大常委会共举行9次会议，履行重大事项决定权、监督权和人事任免权。

1月6日，常委会第二十一次会议在县行政中心举行。会议审议并通过《绍兴县人民代表大会常务委员会关于召开绍兴县第十三届人民代表大会第四次会议的决定》，确定县十三届人大四次会议于2010年2月1日在柯桥召开。审议并原则通过县人大常委会工作报告、县人大常委会2010年工作要点、县十三届人大四次会议主席团和秘书长等建议名单、大会列席人员名单。根据代县长孙云耀的提请，任命蒋建国为县人民政府台湾事务办公室主任；根据县人大常委会主任会议议案，任命孙胜利为县人大常委会教科文卫工作委员会副主任。县人大常委会主任徐林土就认真贯彻县委扩大会议精神、做好2010年人大工作和如何开好县十三届人大四次会议作重要讲话。

2月3日，常委会第二十二次会议在柯桥轻纺城大酒店三楼接见厅举行。根据县人大常委会主任会议议案，通过无记名投票方式，补选孙云耀为绍兴市第六届人大代表。根据县长孙云耀的提请，决定任命周树森、胡国炜为县人民政府副县长，决定免去陶关锋的县人民政府副县长职务。县人大常委会主任徐林土就贯彻落实县十三届人大四次会议精神作重要讲话。

3月25日，常委会第二十三次会议在县行政中心举行。会议听取和审议副县长孟柏干所作的关于绍兴县改善投资环境工作情况的报告。常委会组成人员指出，改善投资环境，事关绍兴县经济科学发展、持续发展和转型升级，事关绍兴县对外整体形象，事关改善民生和提高人民生活质量。要求进一步加强领导，大力营造合力招商的氛围，理顺招商体制，加强招商队伍建设，建立考核机制，明确政策导向，强化要素保障，继续完善基础设施；进一步优化行政服务，提高工作效率，全力营造良好的投资环境，着力推进绍兴县经济转型升级。根据县长孙云耀的提请，决定免去孙哲君的县人民政府副县长职务。

5月25日，常委会第二十四次会议在县行政中心举行。会议听取和审议副县长丁生产所作的关于绍兴县水污染防治工作情况的报告。常委会组成人员指出，改善水质是硬道理。全县上下必须坚持科学发展观，以铁的手腕、铁的纪律持之以恒抓好水污染防治工作。要进一步加大宣传教育力度，不断提高全社会的水污染防治法制意识和责任意识；要进一步突出重点，加强工业污水治理，加强对重点区域、重点行业、重点企业的监督检查，增强法律威慑力；要进一步综合治理，全面改善水质，加强饮用水源头保护，继续推进以清淤为重点的清水河道工程，建立健全农村环境保洁长效机制；要进一步加强领导形成合力，落实责任强化考核，不断加强环保执法队伍建设，构建强有力的水污染防治长效机制，努力把绍兴县水污染防治工作提高到一个新水平。根据县长孙云耀的提请，决定免去李海洋的绍兴县人民政府副县长职务。根据县人民法院院长周剑敏的提请，免去胡银品、徐国贞、山月康的绍兴县人民法院审判员职务，任命葛晓园、曹健雄、周荣根、程洪海、陈国炎、施芬花、高根兴、梁振兴、任木根、张尚明、赵阳泉、娄伟荣、骆红祥、胡鹤真、孙胃、马学凯、吴加茂、沈保罗、莫伯林、魏木根、高建华、董根生、周小琴、陈立峰、金银永、孙迪飞为绍兴县人民法院人民陪审员。根据县人民检察院检察长王荣彪的提请，免去黄宇峰的绍兴县人民检察院检察委员会委员、检察员职务和徐锐的绍兴县人民检察院检察员职务。

7月6日，常委会第二十五次会议在县行政中心举行。会议听取和审议县发展和改革局局长邢玉清受县政府委托所作的关于绍兴县2010年国民经济和社会发展计划上半年执行情况和下半年工作意见的报告、县财政局副局长王炳豪受县政府委托所作的关于绍兴县2009年财政总决算和2010年上半年财政预算执行情况的报告、县审计局局长濮如松受县政府委托所作的关于2009年度县级预算执行情况和其它财政收支的审计工作报告，批准2009年县级财政决算。常委会组成人员指出，县政府及相关职能部门要继续围绕县委“突出转型升级、致力科学发展”工作主题，进一步坚定发展信心，狠抓产业的投入和转型；继续加大招商引资力度，加速项目推进，增强发展后劲；强化政府服务，推进印染产业的集聚升级和节能减排任务的完成；要督促相关部门认真整改审计中反映出来的问题，审计、监察等部门要坚持依法履职，进行跟踪监督，相关职能部门要自觉接受审计监督，积极配合搞好工作，对审计整改落实情况要及时向县人大常委会报告。根据县长孙云耀的议案，决定任命蔡于革为绍兴县人民政府副县长、沈祖卫为绍兴县人民政府办公室主任、王炳豪为绍兴县财政局局长，决定免去胡国炜的绍兴县人民政府办公室主任职务、沈祖卫的绍兴县文化广电新闻出版局局长职务。根据县人大常委会主任会议议案，任命徐智煊为绍兴县人大常委会城建环保工作委员会副主任。根据县人民法院院长周剑敏的提请，任命任思茵为绍兴县人民法院审判委员会委员。根据县人民检察院检察长王荣彪的提请，任命张健、丁国梅、赵忠根为绍兴县人民检察院副检察长。

9月2日，常委会第二十六次会议在县行政中心举行。会议审议冯光成提出的辞去绍兴市第六届人民代表大会代表职务的请求，听取县公安局副局长任宏亮所作的相关情况说明。经表决，决定同意冯光成辞去绍兴市第六届人民代表大会代表职务，报绍兴市人民代表大会常务委员会备案。

9月6日，常委会第二十七次会议在县行政中心举行。会议听取和审议副县长胡国炜代表县政府所作的关于执行县人大常委会依法整治城乡违法违章建筑决议的情况报告。会议肯定专项整治取得的阶段性成效，常委会组成人员指出，要进一步开展有深度的法制宣传教育，继续加大整治力度，突出重点，对该拆的尤其是顶风作案影响极坏的，要坚决拆除。要落实后续管理，防止拆后再建。要强化长效监管机制，进一步明确县、镇、村三级监管职责。坚持以人为本、堵疏结合，认真研究解决农村住房困难问题、外来民工住宅问题。根据县人民法院院长周剑敏的提请，任命孙浩为县人民法院审判员、审判委员会委员、副院长；根据县人大常委会主任会议议案，决定接受周剑敏辞去县人民法院院长、审判委员会委员和审判员职务，并报绍兴县第十三届人民代表大会备案；决定孙浩为县人民法院代理院长。

11月25日，常委会第二十八次会议在县行政中心举行。会议听取和审议副县长孟柏干代表县政府所作的关于县十三届人大四次会议代表建议办理工作的情况报告。同时指出，要进一步提高对代表建议办理工作的认识，真正使代表提出的问题得到有效解决。要善于对办理工作进行总结提高，更好地引导代表深入调研，提出更高质量的代表建议。会议听取和审议县人大常委会代表资格审查委员会主任委员平水龙所作的关于县十三届人大代表出缺和补选的情况报告、县人民法院副院长何熙彦受代院长孙浩委托所作的关于知识产权民事审判工作的情况报告。要求继续加大宣传力度，努力增进公安、检察、工商、版权、专利、商务、科技、宣传等部门的沟通、协作、配合，形成整体合力；更加注重队伍建设，调整和充实知识产权法官队伍，加强业务培训，努力打造一支专业化的知识产权审判队伍。会议听取和审议县人民检察院副检察长丁国梅受检察长王荣彪委托所作的关于渎职侵权检察工作的情况报告。要求进一步深化对渎职侵权检察工作重要性的认识，突出重点，加大查办力度，坚持贯彻惩防并举原则。进一步完善工作机制，加强与行政部门、行政监督部门的联系协调，健全自我监督和举报机制，提高反渎职侵权工作的合力和成效。会议还听取和审议县财政局局长王炳豪受县政府委托所作的关于调整2010年县本级财政预算的情况报告，同意调整方案。并要求全力以赴确保调整后财政收入任务的完成，确保新增的财力更好地用于改善民生，抓紧编制2011年的财政预算。根据县政府孙云耀县长的提请，决定任命王彪为绍兴县文化广电新闻出版局局长、徐国娣为绍兴县人口和计划生育局局长、李放鸣为绍兴县人民政府台湾事务办公室主任，决定免去朱潮美的绍兴县人口和计划生育局局长职务、蒋建国的绍兴县人民政府台湾事务办公室主任职务。根据县人大常委会主任会议议案，免去杨秀娟的绍兴县人民代表大会常务委员会柯桥街道工作委员会主任职务、王仁庆的绍兴县人民代表大会常务委员会湖塘街道工作委员会副主任职务。

12月15日，常委会第二十九次会议在县行政中心举行。会议听取和审议盛苗根关于辞去绍兴县第十三届人民代表大会代表职务的报告，经过表决，同意辞去县十三届人大代表职务。会议根据县长孙云耀的提请，决定任命谢兴长为县人民政府副县长。

（张国富）

重大活动

【常委会领导专题视察1次】 2010年10月11日，绍兴县人大常委会领导专题视察安昌古镇保护开发情况。实地视察安昌古镇的开发现场，并听取相关情况汇报。

【召开镇街人大工作会议2次】 2010年，绍兴县人大常委会共举行2次镇（街道）人大工作会议。

3月30日，第一次会议在夏履镇举行。中心议题是部署2010年工作。县人大常委会主任徐林土、副主任平水龙在会议上作重要讲话。会议总结和肯定2009年镇（街道）人大工作取得的成果，通报2010年县人大常委会工作重点。

7月27日，第二次会议在杨汛桥镇举行。中心议题是交流、通报前阶段人大代表建议“直通车”实施工作，明确下一步工作要求，部署县人大常委会关于依法整治城乡违法违章建筑的决议执行落实督查工作。徐林土、平水龙在会议上作重要讲话。柯桥、柯岩街道，杨汛桥、平水、安昌、福全等镇人大负责人分别交流“直通车”工作开展情况。

【组织专项督查10次】 2010年，绍兴县人大常委会围绕全县重大事项和中心任务，以主任会议、常委会领导视察形式，开展10次督查。

2月23日，专题督查大香林二期工程建设。实地视察大香林二期工程建设现场，听取县旅游发展有限公司董事长李为民关于工程建设情况的报告。

3月11日，专题督查“兴林富民”工程。组织视察兰亭镇紫洪山村、大庆村设施林业，听取县林业局局长孙光荣关于兴林富民工程实施情况的报告。

4月12日，专题督查安全生产工作。组织视察浙江思贤制药有限公司、浙江通益印染有限公司，听取县安监局局长喻光耀关于绍兴县安全生产工作情况的报告。

5月12日，听取县司法局局长陈广见受县政府委托所作的关于绍兴县社区矫正工作的情况报告、县外经贸局局长陈永建受县政府委托所作的关于绍兴县国际营销网络建设工作的情况报告。

6月10日，组织督查全县国土资源管理工作。实地视察柯岩澄湾节约集约用地示范点和柯岩新风村、阮三村拆迁点，听取县国土资源局局长阮胜关于绍兴县国土资源管理工作情况的报告。

2010年6月10日，县人大常委会领导视察节约集约用地示范点。（县人大办供稿）

7月2日，专题督查农业法执法检查整改工作，实地视察陶堰镇绍兴绿味农业生态科技示范苑、绍兴县温控型智能化育秧中心，听取县农业局局长陈炳松关于农业法执法检查后整改工作情况的报告。

8月10日，专题督查标准厂房招商引资工作。实地视察平水副城村级异地物业标准厂房建设园区，听取县经贸局局长孙忠富关于全县标准厂房招商引资工作情况的报告。

9月20日，专题督查医药卫生体制改革工作。实地视察华舍街道社区卫生服务中心，听取县卫生局局长王秋珍关于绍兴县医药卫生体制改革工作情况的报告。

10月12日，听取县劳动和社会保障局局长孙尧富关于全县城乡居民社会养老保险制度实施情况的报告、县国税局副局长金建伟受局长胡连华委托所作的关于全县国税工作情况的报告。

11月12日，组织视察浙江梅轮电梯有限公司、县科创大厦，听取县科技局局长娄刚强关于绍兴县贯彻实施《浙江省高新技术促进条例》的情况报告、县发改局局长邢玉清关于绍兴县国民经济和社会发展“十二五”规划纲要（征求意见稿）的情况报告。

【组织县人大代表视察4次】 2010年，绍兴县人大组织代表视察4次。4月23日，视察水环境保护工作。50多位县人大代表分4组分赴钱清、杨汛桥、安昌、齐贤、漓渚、福全等镇及城区街道，重点视察河道水质治理、企业污水处理、村和社区生活污水收集、农业面源污染治理等情况，听取县环保局局长高青泉关于绍兴县水污染防治工作情况的汇报，代表们就加快印染企业集聚升级、加大对污染源的治理和监管、加强环境保护法律法规的宣传等方面提出意见和建议。

6月24日，视察中国轻纺城二次创业情况。20多位县人大代表实地视察东升路针织布市场、老市场、柯东仓储中心、柯北坯布市场、国际会展中心和国家纺织面料馆，听取轻纺城管委会主任周如生所作的着力深化中国轻纺城二次创业，加快建设纺织业“三个中心”的情况报告，并提出建议意见。

8月24日，视察大交通建设。20多位县人大代表实地视察轻纺城仓储物流中心建设工程、杭甬运河绍兴县段、104国道钱清段改造工程、萧甬铁路柯桥城区段高架改造工程等现场，听取县交通局局长何建刚关于绍兴县大交通建设情况汇报。

11月8日，视察代表建议办理工作。20多位县、镇人大代表，对关于要求进一步提高笛扬路商业步行街品质的建议等12件重点代表建议和“直通车”建议的办理落实情况进行实地视察，听取建议承办单位的情况介绍。

【47名人大代表向选民述职】 2010年，绍兴县人大常委会探索和推进代表向选民述职活动，在镇（街道）人大工作例会宣传和发动后，柯桥、福全、湖塘、柯岩、平水、王坛等镇（街道）14个代表小组的47名代表向选民述职，1690位选民听取代表述职，促使代表更好履职。

【依法补选人大代表10人】 绍兴县第十三届人民代表大会共有代表297人，因代表工作调动、辞职、病故等原因，至2010年9月底，出缺代表11人。县人大常委会统一部署，在柯桥、钱清、安昌、马鞍、稽东、王坛等6个镇（街道）的10大选区补选代表，49657位选民参加投票选举，参选率97.9%。至10月29日，补选出县十三届人大代表10人，当选代表平均得票率97.5%，县第十三届人民代表大会有代表296人。

【办理答复“直通车” 建议44件】 2010年3月起，绍兴县人大常委会推行实施代表建议“直通车”制度。县人大代表在闭会期间通过走访调研，把人民群众需要解决的问题形成建议意见，通过专用标识的信封和信笺，向县人大常委会代表工委提交反映，由县人大常委会主任会议研究后，交“一府两院”或有关组织（单位）在2个月内答复处理。至12月底，共提交“直通车”建议45件，其中44件办理答复。

【督办代表建议225件】 绍兴县十三届人大四次会议上，代表共提出建议225件。所有建议都在规定的期限内答复完毕，其中问题基本解决的106件，占47.1%；部分解决或者计划解决的90件，占40%；作出解释的29件，占12.9%。领衔代表对建议办理的满意率99.1%。

【开展土地管理法和城乡规划法执法检查】 2010年8月5日，绍兴县人大常委会组织开展《中华人民共和国土地管理法》和《中华人民共和国城乡规划法》执法检查，进一步落实县人大常委会2009年作出的《关于依法整治城乡违法违章建筑的决议》。执法检查组听取县国土资源局局长阮胜关于绍兴县贯彻执行《土地管理法》情况汇报、县建设局局长杨金法关于绍兴县贯彻执行《城乡规划法》情况汇报，并实地踏看紫晶苑小区的违法违章建筑和橡塑卷材厂非法占地现场。

2010年8月5日，县人大常委会组织执法检查。

（县人大办供稿）

【组织常委会专题讲座10次】 2010年，绍兴县人大常委会坚持“一月一法”讲座制度，举行以产品质量法、水污染防治法、国土资源政策、财政预算业务、房地产知识、城乡规划法、代表法、选举法等为主要内容的10次专题讲座。其中5次邀请省级以上机关部门领导或专家作辅导，5次邀请县政府组成部门“一把手”宣讲。

【信访报结率98%以上】 2010年，绍兴县人大常委会受理代表和群众来访148批181人次，来信155件，均予及时处理和转办，报结率98%以上。坚持下访接待代表制度，注重做好当事人的思想工作，努力化解矛盾，促进社会稳定。

【评选“最有影响的十件事”】 2010年，绍兴县人大系统开展评选“最有影响的十件事”活动。评选实施代表建议“直通车”制度、开展投资环境改善督查、开展水污染防治执法检查、对依法整治城乡违法违章建筑进行跟踪督查、加强代表建议督办工作、跟踪监督审计报告有关问题整改落实、坚持并改革“一月一法”专题讲座制度、在《绍兴县报》开辟“绍兴县人大之窗”专栏、柯桥街道工委督促柯桥历史文化街区保护规划方案出台、安昌镇人大主席团开展人大代表“重民生、勤履职、促发展”活动等为2010年人大系统“最有影响的十件事”。 （张国富）

责任编辑 韩 英

绍兴县人民政府

重要会议

【十三届六次全体（扩大）会议】 2010年3月30日，绍兴县政府召开十三届六次全体（扩大）会议。会议要求认真贯彻落实县委十二届八次全会、县“两会”和全县经济工作会议精神，明确责任，抓好落实，努力完成“十一五”规划确定的各项目标任务，为“十二五”发展奠定扎实基础。县委副书记、县长孙云耀在会上作重要讲话。会议指出，全体公务人员要胸怀大局、勤奋学习、善于结合，提升谋划决策的能力；要解放思想、深化改革、勇于实践，提升开拓创新的能力；要增强责任、依法行政、团结协作、提高效能，提升有效执行的能力；要知实情、办实事、求实效，提升服务基层的能力；要增强忧患意识、完善应急预案、有效应对处置，提升应对突发事件的能力。

2010年3月30日，绍兴县政府召开十三届六次全体（扩大）会议。（沈浩根摄）

【县政府常务会议】 2010年，绍兴县人民政府共召开11次常务会议，研究相关政府工作。

1月19日，县政府召开第五十八次常务会议。会议听取县府办关于《政府工作报告》（征求意见稿）的汇报；听取县财政局关于绍兴县2009年度财政预算执行情况和2010年度财政预算（草案）编制情况的汇报；听取县发改局关于绍兴县2009年国民经济和社会发展计划执行情况与2010年国民经济和社会发展计划（草案）报告的汇报；听取县文广局关于绍兴县青少年竞技体育奖励办法和十一届全运会绍兴县获奖运动员奖励方案的汇报；听取县校舍安全办关于绍兴县中小学校舍安全工程实施计划的汇报；听取县水电局关于绍兴县基层防汛防台体系建设实施方案的汇报；听取县文联关于争取承办第八届中国民间艺术节建议意见的汇报；听取县府办关于县长奖评选表彰办法的汇报和关于代县长、副县长分工调整的汇报。会议原则同意提交讨论的报告。会议还听取并同意县监察局对有关人员给予政纪处理意见的汇报。

2月5日，县政府召开第五十九次常务会议。会议听取县委组织部关于2009年度镇（街道）、开发区和县机关部门岗位目标责任制考核情况的汇报；听取县府办、县质监局、县经贸局、县环保局、县外经贸局、县招商局、县农业局、县商贸三产办、县建管（房管）局、县水利水电局、县科技局、县人口计生局、县法制办、县金融办等部门关于绍兴县2009年度县长奖、县政府质量奖、工业企业纳税100强、节约集约用地示范企业、生态建设优胜镇街、自营出口企业优胜单位、招商引资优胜单位、农业龙头企业十强、商贸服务企业十强、建筑企业十强、房地产企业十强、水利建设“大禹杯”竞赛活动优胜单位、科技强镇街、科学技术奖、创新型企业、人口计生工作“双优”镇（街道）、依法行政示范单位、服务经济优胜银行等考评结果的汇报；听取福全镇关于雄峰集团重组浙江二毛纱业有限公司有关协调会议纪要的汇报；听取解困办关于凌达实业担保问题建议意见的汇报。会议原则同意提交讨论的报告。

2月25日，县政府召开第六十次常务会议。会议听取县卫生局关于率先实施基本药物制度意见的汇报；听取县外经贸局关于颁发朴二万等9名外商绍兴县重点国（境）外客商《便利卡》的情况汇报；听取县建设局关于进一步加强和改进政府性投资项目代建管理若干意见的汇报；听取县建设局关于数字化城市管理二期深化扩面工作实施方案的汇报；听取县建设局关于开展城市地下管线普查工作方案的汇报；听取华舍街道关于华宇印染和华港纺织两企业搬迁的情况汇报；听取县国土局关于2010年度全县用地计划预安排有关情况的汇报；听取县交通局关于进一步加快绍兴县城乡公交事业发展若干意见的汇报、关于高桥立交桥工程建设出资情况的汇报。会议原则同意提交讨论的报告。

3月18日，县政府召开第六十一次常务会议。会议听取县劳动保障局关于2010年对部分企业实施临时性下浮社会保险费缴纳比例的情况汇报；听取鉴湖—柯岩旅游度假区管委会关于鉴湖—柯岩旅游度假区总体规划的汇报；听取县环保局关于开展印染和化工行业环保监督专项整治行动方案的汇报；听取县文广局、县公安局关于参与举办第六届世界合唱比赛有关方案的汇报；听取县安监局关于进一步加强安全生产工作意见的汇报；听取县经贸局关于纺织产业集群转型升级示范区试点实施方案的汇报；听取县林业局关于加快发展茶叶产业建设茶业强县意见的汇报；听取县农业局关于开展标准农田质量提升工程的情况汇报；听取轻纺城建管委关于要求中国轻纺城市场开发经营有限公司参与浙商银行2010年度增资扩股计划的情况汇报。会议原则同意提交讨论的报告。

5月10日，县政府召开第六十二次常务会议。会议听取县府办关于2010年县机关部门和开发区、镇（街道）重点工作任务的汇报；听取县府办关于2010年加快经济转型升级若干意见及有关实施细则的汇报；听取县岗位目标责任制考核领导小组办公室关于2010年县机关部门、镇（街道）及五大平台岗位目标责任制考核意见的汇报；听取县国土局关于国家土地督察上海局例行督察情况的汇报；听取县发改局关于2010年“三个一批”项目建设计划的汇报、关于2010年政府性投资基础性公益性项目建设计划的汇报；听取县建设局关于2010年房屋拆迁计划建议的汇报；听取县财政局关于进一步加强公务用车控购工作意见的汇报；听取县解困办关于远东石化有限公司有关事项处置意见建议的汇报；听取县纠风办关于2010年行风评议工作方案的汇报。会议原则同意提交讨论的报告。

6月9日，县政府召开第六十三次常务会议。会议听取县经贸局关于推进印染产业集聚升级工程实施意见（试行）的汇报、关于重点产业鼓励发展导向目录的汇报、关于工业创新型成长企业认定管理办法的汇报、关于转型升级攻坚年“六个一”活动实施方案的汇报、关于进一步加大对工业项目招商选资力度若干政策意见的汇报；听取县金融办关于2010年服务经济优胜银行考评办法的汇报；听取县商贸三产办关于推进商贸旅游服务业发展实施意见的汇报；听取县府办关于加快社会事业转型发展若干政策意见的汇报；听取县水电局关于实施清水工程建设五年建设计划、清水工程2010年实施意见及相关政策意见的汇报；听取县水电局关于滨海闸枢纽工程运行管理方案的汇报；听取县经贸局关于确保完成“十一五”节能目标任务、县环保局关于污染减排工作的情况汇报；听取县经贸局关于鼓励热电企业夏季顶峰发电政策意见、柯桥供电分局关于2010年迎峰度夏有序用电方案的汇报；听取县国土局关于2010年土地出让金净收益分成比例调整建议方案的汇报；听取县府办关于撤销县政府驻北京办事处建议意见的汇报；听取县档案局关于综合档案馆易地建设方案的汇报；听取县解困办关于进一步做好企业解困工作补充意见的汇报；听取平水副城建管委关于浙江唐龙企业解困方案的情况汇报；听取马鞍镇政府关于给予中清公司享受企业解困有关政策建议的汇报；听取县建设局关于深化完善农村住房改造建设、着力改善农民住房条件的指导意见的汇报；听取县府办关于县长、副县长牵头办理县人大代表建议和政协委员提案建议方案的汇报。

7月17日和7月21日，县政府召开第六十四次常务会议。会议听取县农办关于推进农村宅基地置换、鼓励农民进城镇居住若干意见（试行）的汇报；听取县国土局关于2010年度全县第二批新增建设用地计划指标安排建议方案的汇报；听取县环保局关于农村环境保护规划的汇报；听取县农业局关于现代农业发展规划的汇报、关于推进现代农业园区建设实施意见的汇报、关于加强粮食生产功能区建设与保护实施意见的汇报、关于加强农业“三位一体”公共服务体系建设意见的汇报；听取县府办关于规划国土联席会议议事规则和开发区（园区）联席会议议事规则的汇报；听取县财政局关于开展强农惠农资金专项清理和检查工作实施意见的汇报；听取县审计局关于加强政府参股解困企业管理服务意见的汇报；听取县审批服务中心关于进一步明确县行政审批服务中心工作职责和管理权限的汇报；听取县劳动保障局关于绍兴县公务员医疗补助实施办法的汇报；听取县消防大队关于全面推进防火墙工程建设、全力加强消防安全工作实施意见的汇报；听取县法制办关于公民权益依法保障行动计划2010年度实施计划、关于聘请政府兼职法律顾问和县政府常务会议学法制度的汇报；听取县府办关于日月首饰集团有限公司柯东地块有关情况处理建议意见的汇报；听取轻纺城建管委关于汇金国际广场项目处置方案的汇报。会议原则同意提交讨论的报告。会议还听取并同意县监察局关于对有关人员给予问责建议的汇报。

9月3日，县政府召开第六十五次常务会议。会议听取县编办关于绍兴县政府机构改革方案的汇报；听取县财政局关于进一步激励企业节约集约用地意见的汇报；听取县交通局关于加快推进绍兴县国际物流业发展若干意见和钱江通道及接线工程齐贤枢纽落地方案的汇报；听取县国土局关于新一轮土地利用总体规划修编情况的汇报；听取县国土局和县经贸局关于加大闲置工业土地和工业标准厂房盘活利用力度实施意见的汇报；听取县劳动保障局关于开展企业退休人员社会化管理服务工作的汇报；听取县民政局关于调整绍兴县城乡居民最低生活保障标准的情况汇报；听取县轻纺城建管委关于2010中国柯桥国际纺织品博览会（秋季）暨中国轻纺城时尚创意周筹备情况的汇报；听取县轻纺城建管委关于中国轻纺城坯布市场招商方案的情况汇报；听取县委宣传部关于歌剧《秋瑾》创演情况的汇报；听取鉴湖—柯岩旅游度假区管委会关于柯岩联盛国际商业广场、天马汽车休闲广场项目招商情况的汇报；听取县发改局关于轻纺城拍卖有限公司改制情况的汇报；听取县建设局关于进一步加强城市管理工作的若干意见和城市管理工作委员会议事规则的汇报。会议原则同意提交讨论的报告。会议还听取并同意县监察局关于对有关人员给予开除公职处分的汇报。

9月28日，县政府召开第六十六次常务会议。会议听取县劳动保障局关于调整绍兴县有关人员养老保险待遇标准方案的汇报；听取县国土局关于绍兴县基准地价调整方案的汇报；听取县发改局关于绍兴县新兴（优势）产业培育发展实施意见的汇报；听取县卫生局关于绍兴县县、镇、村医疗卫生资源统筹配置试点工作方案的汇报；听取县财政局关于完善绍兴县基层医疗卫生机构政府投入政策意见的汇报；听取县能源集团有限公司关于参股绍能电力投资滨海热电项目的情况汇报；听取滨海工业区关于钱塘江码头处置方案和其其热电太阳能光伏项目投资政策方案的汇报；听取县公安局关于开展“三建设一规范”工作的汇报；听取县解困办关于凌达实业有限公司有关扶持政策的汇报。

11月19日，县政府召开第六十七次常务会议。会议听取县发改局关于全县自来水价格和居民生活污水处理费调整工作情况的汇报；听取县卫生局关于2011年绍兴县新型农村合作医疗制度实施办法的汇报；听取县质监局关于绍兴县推进质量强县战略实施意见的汇报；听取县科技局关于加快发展纺织创意产业若干意见的汇报；听取县旅游局（商贸三产办）关于杭州大厦柯桥购物中心要求政策扶持的处置建议意见的汇报；听取县建设局关于中心城区提前拆迁安置实施意见的汇报；听取县人事局关于进一步加快引进、培育并用好优秀创业创新人才若干意见的汇报、关于公共卫生与基层医疗卫生事业单位实施绩效工资工作有关情况的汇报；听取鉴湖—柯岩旅游度假区关于若航绍兴直升机场及游艇俱乐部项目情况的汇报。

12月17日，县政府召开第六十八次常务会议。会议听取县国土局关于进一步完善工业用地公开出让若干意见（试行）的汇报、关于城镇印染产业集聚后原用地实施“退二进三”的处置意见的汇报；

听取县民政局和劳动保障局关于元旦春节期间开展“送温暖”惠民大行动活动安排情况的汇报；听取县文广（体育）局关于绍兴县创建“浙江省体育强县”方案的汇报；听取县建管（房管）局关于开展绍兴县集体土地范围内农村房屋登记有关工作的情况汇报；听取滨海工业区关于帮扶赐富集团做优做强的有关问题建议的汇报；听取县金融办关于绍兴县扶持股权投资类企业发展实施意见（试行）的汇报；听取县环保局关于绍兴县清洁空气行动方案的汇报；听取县轻纺城建管委关于建设中国轻纺城电子信息商务平台的情况汇报。会议原则同意提交讨论的报告。会议还听取并同意县监察局对有关人员给予开除公职处分意见的汇报。（谢进昌）

政务信息

【概况】 2010年，绍兴县政务信息工作共编发各类信息简报324期，信息1700余条（篇）；上报绍兴市政府办公室、省政府办公厅信息1300余条（篇），被市录用342条、省录用139条（篇）（其中《政务工作交流》和《专报信息》等共57篇），得到省、市领导批示25条（次）。县政府办公室在2010年度全市、全省政务信息工作考核评比中均获一等奖。

【19条（篇）信息获省领导批示】 2010年，绍兴县政府办公室上报省政府办公厅的政务信息有19条（篇）得到省领导批示，具体是：《绍兴县“三个确保、四大体系”全面落实粮食安全责任制》、《加快集群升级步伐 打造国际纺织之都——绍兴县纺织产业集群转型升级的主要问题和工作重点》、《整合资源 创新载体 构建市场普法依法治理格局》、《绍兴县发挥“印染＋市场”优势成功创建国家新型工业化示范基地的主要做法》、《绍兴县违法生育社会抚养费征收难题及对策措施》、《创新机制 激发活力——绍兴县文化体制改革的做法和成效》、《绍兴县实现职业教育公益性的做法和成效》、《绍兴县以“转型升级攻坚年”活动为载体推进产业转型升级的主要做法及成效》、《上半年绍兴县纺织业发展情况分析》、《绍兴县外贸出口面临欧洲主权国家债务危机考验和对策措施》、《绍兴县科技创新服务中心创建省级孵化器的做法与成效》、《牢筑安全防线 保障粮食安全——绍兴县全面落实粮食安全责任制确保粮食安全的主要做法》、《绍兴县大力开展印染化工行业环保监管专项整治》、《绍兴县贯彻落实金德水副省长批示精神加快纺织产业集群转型升级》、《绍兴县加快淘汰印染产业落后产能的做法进展情况和下步打算》、《发挥文化优势 提升整体品牌——绍兴县黄酒产业提升发展的主要做法、成效和下步打算》、《绍兴县创新型企业建设的主要做法和下步打算》、《绍兴县标准厂房招商引资的主要做法和下步打算》、《“中国·柯桥纺织指数”编制发布工作三周年回顾》。

【出刊《今日政务》等政务信息刊物324期】 2010年，县政府办公室在保持《今日政务》固有特色的同时，突出“行业信息”、“外地动态”等栏目。出刊《今日政务》（普刊）247期，《今日政务·参阅件》、《今日政务·专报信息》、《今日政务·信息业务通讯》、《今日政务·上报录用信息》等77期，累计编发信息1700余条（篇）。

（张　蕾）

协调督查

【概况】 2010年，绍兴县政府围绕全年重点工作、十方面实事工作和阶段性中心工作，多次进行专题协调，并发出相应专题会议纪要。同时，对《政府工作报告》确定的十方面实事进展情况、重要专门工作推进情况以及重要会议精神、领导批示等贯彻落实情况，加强督促检查。全年共召开重要专题会议54次，编发《政务督查》15期。

【召开重要专题会议54次】 2010年，为扎实推进各项工作，确保年度工作目标和任务的完成，绍兴县政府召开专题会议54次（详见附表），协调解决有关工作中碰到的问题和困难。

表15　2010年绍兴县重要专题协调会议内容

序号	内　容	文　号
1	关于召开2009年全县现代农业暨优质农产品展示展销会有关事宜的专题会议纪要	〔2010〕1号
2	关于县中心幼儿园建设的专题会议纪要	〔2010〕2号
3	关于爱佳女子健身俱乐部有关问题的专题会议纪要	〔2010〕3号
4	关于镜水南路等道路维修有关问题的专题会议纪要	〔2010〕4号
5	关于雄峰集团重组浙江二毛有关事项的专题会议纪要	〔2010〕5号
6	关于进一步加强援建工程建设的专题会议纪要	〔2010〕6号
7	关于萧甬铁路城区段改造工程柯桥站内新风热电公司专用线拆迁的专题会议纪要	〔2010〕7号
8	关于市住房公积金管理中心绍兴县分中心购置办公用房的专题会议纪要	〔2010〕8号
9	关于建立绍兴县婚育服务中心的专题会议纪要	〔2010〕9号
10	关于城区部分房地产项目注册落户问题的专题会议纪要	〔2010〕10号
11	关于新未庄S地块办证有关问题的专题会议纪要	〔2010〕11号
12	关于规范绸缎小区社区管理的专题会议纪要	〔2010〕12号
13	关于浙江明牌珠宝股份有限公司上市有关问题的专题会议纪要	〔2010〕13号
14	关于口门丘中东片土地移交的专题会议纪要	〔2010〕14号
15	关于县机关事务管理局向县国有物业经营公司移交在绍兴市区的县国有物业性资产的专题会议纪要	〔2010〕15号
16	关于甬绍金衢成品油管道工程(绍兴县段)、西气东输二线工程(绍兴县段)、杭州市天然气利用工程(绍兴县段)等工程建设的专题会议纪要	〔2010〕16号
17	关于鉴湖—柯岩旅游度假区G2G3、Q3等出让地块有关问题的专题会议纪要	〔2010〕17号
18	关于天圣集团新型化纤项目落户有关问题的专题会议纪要	〔2010〕18号
19	关于鉴湖—柯岩旅游度假区104国道南复线拓宽改造工程沿线管线迁移入地问题的专题会议纪要	〔2010〕19号
20	关于工业污泥填埋场建设的专题会议纪要	〔2010〕20号
21	关于和合科技集团太阳能玻璃太阳能电池等3只项目落户有关问题的专题会议纪要	〔2010〕21号
22	关于县城投公司、县交投公司项目建设和萧甬铁路柯桥城区段高架改造项目资金安排有关问题的专题会议纪要	〔2010〕22号
23	关于杭长铁路客运专线绍兴县段工程征地拆迁相关问题的专题会议纪要	〔2010〕23号
24	关于安昌古镇保护开发有关问题的专题会议纪要	〔2010〕24号
25	关于镇(街道)、开发区有关重点拆迁项目政策处理意见实行备案制度的专题会议纪要	〔2010〕25号
26	关于华舍街道小赭村村级留用地遗留问题处理的专题会议纪要	〔2010〕26号
27	关于绍兴县废弃矿山治理“百矿示范”项目实施工作专题会议纪要	〔2010〕27号
28	关于轻纺城市场开发经营公司不动产权证办理的专题会议纪要	〔2010〕28号
29	关于县水务大厦建设有关问题的专题会议纪要	〔2010〕29号
30	关于城区部分道路养护管理工作的专题会议纪要	〔2010〕30号
31	关于柯桥交警中队警务用房建设的专题会议纪要	〔2010〕31号
32	关于明确部分离休干部享受副司局级医疗待遇的专题会议纪要	〔2010〕32号
33	关于县综合档案馆建设有关问题的专题会议纪要	〔2010〕33号
34	关于鲁迅中学柯桥校区主入口位置调整及柯桥小学校前广场改造工作的专题会议纪要	〔2010〕34号
35	关于杭金衢高速公路及连接线工程被征地农民养老保险遗留问题处理的专题会议纪要	〔2010〕35号
36	关于浙江众禾投资有限公司有关建设项目的专题会议纪要	〔2010〕36号

续表

序号	内　容	文　号
37	关于开展"服务企业送健康"活动的专题会议纪要	〔2010〕37号
38	关于相关电力项目集中补办"两证"的专题会议纪要	〔2010〕38号
39	关于对县国有物业公司统一经营管理的国有物业性资产实行公开招租有关问题的专题会议纪要	〔2010〕39号
40	关于县广播电视总台开设电视手语新闻节目有关问题的专题会议纪要	〔2010〕40号
41	关于做好2010年度征兵工作的专题会议纪要	〔2010〕41号
42	关于浙江玻璃股份有限公司换发安全生产许可证有关事项的专题会议纪要	〔2010〕42号
43	关于柯桥中心城与柯桥开发区有关土地问题的专题会议纪要	〔2010〕43号
44	关于浙江华宇纸业有限公司土地权证处置有关事项的专题会议纪要	〔2010〕44号
45	关于原乡镇企业非农职工参加城乡居民社会养老保险享受镇（街道）缴费补助问题的专题会议纪要	〔2010〕45号
46	关于落实全县城市管理工作会议精神有关具体工作的专题会议纪要	〔2010〕46号
47	关于加快齐贤镇陶里小学一期工程建设进度的专题会议纪要	〔2010〕47号
48	关于规范部分工程项目审批审核手续的专题会议纪要	〔2010〕48号
49	关于华舍街道西周区域有关拆迁工作的专题会议纪要	〔2010〕49号
50	关于瓜渚湖环湖步行道、金柯桥大道绿化改造等工程建设的专题会议纪要	〔2010〕50号
51	关于大香林二期工程建设有关问题的专题会议纪要	〔2010〕51号
52	关于加快绿色印染产业集聚区开发建设有关事项的专题会议纪要	〔2010〕52号
53	关于督促绍兴远东石化有限公司落实安全生产主体责任有关事项的专题会议纪要	〔2010〕53号
54	关于平水副城消防站建设的专题会议纪要	〔2010〕54号

【编发《政务督查》15期】　2010年，绍兴县政府按照分解任务、督促检查、狠抓落实的工作思路，进一步健全工作汇报和督查通报制度，强化督促检查内容，全年编发《政务督查》15期。督查主要内容包括《政府工作报告》确定的十方面实事工作完成情况、征地拆迁工作进展情况和县政府领导批示件办理情况等。通过加强督查，确保政令畅通，提高政府效能，推动工作落实。（邵　越）

建议提案办理

【概况】　县十三届人大四次会议期间，10人以上联名提出的议案70件，建议、意见155件，两者合计225件。其中经济建设方面45件，占总数的20%；城乡发展方面92件，占总数的40.9%；社会和谐方面76件，占总数的33.8%；其他方面12件，占总数的5.3%。县政协十届四次会议期间，共收到政协委员提出的提案318件，会议以后又收到提案1件，两者合计319件。其中有关经济建设方面的提案175件，占总数的54.9%；涉及科教文卫体等方面的提案67件，占总数的21%；涉及民主建设和社会保障等方面的提案77件，占总数的24.1%。

2010年，各承办单位及时办理225件人大代表建议和319件政协委员提案，办理结果全部答复代表和委员。其中已经落实或基本落实的建议121件、提案221件，分别占总数的53.8%、69.3%；部分解决或在解决的建议75件、提案73件，分别占总数的33.3%、22.9%；因政策限制、时机尚不成熟等原因，不能解决或难以解决的建议29件、提案25件，分别占总数的12.9%、7.8%。

【领导重视办理建议提案】　2010年，县政府充分认识办理代表建议、委员提案的重要意义，"两会"结束后，县长孙云耀认真研读、分析代表、委员们的建议，对办理工作提出更快、更实、更优办理的明确要求。县政府与县人大、县政协联合召开交办会议专题部署办理工作。县政府第63次常务会议专题研究分别确定10件重点督办建议、提案，印发《绍兴县人民政府办公室关于县长、副县长牵头办理县人大代表建议和政协委员提案的通知》。在各承办单位办理期间，县府办加强协调督促，跟踪了解，并及时掌握督查办理工作进展情况。5月底全面督查各承办单位的办理情况，7月、11月又分别召开督办重点建议、提案汇报交流会。县长和各位副县长始终关注办理工作，并参与不少疑难建议、提案的调研和决策。

【建议提案办理成效显著】 2010年，绍兴县办理人大代表建议和委员提案，在抓好部署和任务分解的同时，十分重视以制度来规范办理工作，以考核和督查来推动办理工作。严格执行“办理人大代表建议、政协提案工作规则”，将办理工作作为县政府工作制度的重要内容，并列入机关部门工作目标责任制考核；强化会办单位的责任和主办、会办之间的配合；要求建议、提案办理结果在答复代表、委员的同时，抄送所在镇（街道）和各会办单位。各承办单位结合实际，自我加压，主动提高办理要求，建立起办理工作责任制，落实一系列行之有效的工作措施，从内部分工、调查研究、文件起草、走访代表、领导把关、核稿印发等环节，环环紧扣，严谨有序。许多部门把办理工作列入局干部岗位考核内容，并制订出详细的工作计划。建议、提案办理工作得到人大代表和政协委员肯定。

（邵　越）

法制工作

【概况】 2010年，县政府法制办深入贯彻落实国务院《关于加强市县政府依法行政的决定》和上级政府关于加强依法行政工作的一系列决定，围绕全县工作大局，突出重点，扎实工作，努力推进法治政府建设，促进县域经济发展和社会和谐稳定。

【2个单位创建为依法行政示范单位】 2010年，绍兴县全面推进依法行政，继续创建依法行政示范单位，县法制办联合县人大法工委、县监察局对申报依法行政示范单位的5个部门进行考核验收，取前二名提请县政府常务会议审核，经公示后确定绍兴县公路段、绍兴县地税局福全分局为2010年县级依法行政示范单位。通过3年的连续创建，全县各执法单位普遍健全了工作制度，严格了执法责任，提高了工作效率，使执法工作任务更加明确，工作流程更加清晰，工作标准更加规范，从整体上推进依法行政工作上一个新台阶。

【办理涉县行政诉讼和复议案件28件】 2010年，县法制办委托或协调办理涉县行政诉讼和复议案件19件、行政复议案件9件。对这些案件，都做到依法应对，妥善处理。

【120人领取行政执法证】 2010年，县法制办对未领浙江省行政执法证件的执法人员进行综合法律知识培训，完成全县180多名行政执法人员证件的申领工作，120人通过核查领取浙江省行政执法证。

【审核规范性文件90余件】 2010年，县法制办共对90余件以县委、县府或县委办、县府办及两办名义出台的规范性文件进行合法性审查，对一些与法律法规相抵触的内容提出修改意见，大部分得到起草单位或领导的认同与采纳。

【解答各类咨询件60多件】 2010年，县法制办参与解答部门咨询30余件、公民个人咨询30余件。受理并及时处理公民法人对行政机关的执法投诉案件和申请信息公开案件。依法审核并办理以县政府名义作出的对违章建筑实行强制拆迁等具体行政行为。承办县政府交办的其他法律事项等。

（潘　怡）

经济体制改革

【概况】 2010年，绍兴县经济体制改革工作全面推进。扩权强镇不断深化，绍兴县积极争取申报省市小城市培育试点。进一步推进医疗卫生改革，绍兴县中心医院获得改革创新医院奖。城乡统筹措施有力，实施农村宅基地改革；居民基本医疗保险和新型农村合作医疗实施整合；统筹县域城乡公交一体发展，完善公交网络，加密公交班次，实践城乡公交一体发展的“绍兴模式”。开展医药卫生县镇一体化试点，探索县、镇村医疗卫生一体化统筹发展新机制，实现县、镇、村医疗卫生资源统筹配置，促进公共卫生服务均等化、公平性。行政体制改革深入推进。经济转型工作顺利开展。

【全县扩权全覆盖】 2010年，绍兴县确定夏履、漓渚、陶堰、孙端、富盛5镇确定为县级中心镇，授予省、市级中心镇的经济社会管理权限，实现全县扩权全覆盖。加强中心镇用权的监管，就扩权运行过程中所遇到的问题、用权过程中所遇到的难点进行深入调研，坚持“授权不放责，授权要服务，授权要督查”，确保权力规范有效运行。申报省、市小城市培育试点，钱清镇成为27个省级小城市培育试点之一，6个省、市级中心镇成功申报市级小城市培育试点，其中钱清镇获得省小城市培育专项资金4000万元。

【各项配套改革有序展开】 2010年，绍兴县完成镇（街道、社区）卫生服务中心的定性定编、率先实施基本药物制度的实施意见、县镇村医疗卫生资源统筹配置试点工作方案、新型农村合作医疗制度实施办法、基层医疗卫生机构政府投入政策意见等配套改革。11月27日，绍兴县中心医院获得改革创新医院奖（全国共100家），成为绍兴市唯一获奖医院，为浙江省获此荣誉的两家医院之一。

【实施农村宅基地改革】 2010年，绍兴县出台《关于推进农村宅基地置换、鼓励农民进城镇居住的若干意见（试行）》，对农户自愿以合法宅基地（房屋）或新批宅基地置换城镇住房的，政府通过以房换房、以房换钱、以房换租等形式实行补贴，鼓励农民进入城镇生活。

【整合居民基本医疗保险和新型农村合作医疗】 2010年，绍兴县对居民基本医疗保险和新型农村合作医疗实施整合。全县城镇居民和农村居民统一筹资标准和报销待遇，人均筹资500元，筹资水平继续保持全市第一。同时城乡居民社会养老保险实现统一标准、统一管理。

【2家企业上市】 2010年3月7日，浙江明牌珠宝股份有限公司的中小板IPO申请获中国证监会通过。明牌珠宝股份有限公司拟发行不超过6000万股，募集资金184614.5万元。3月16日，“亚太药业”在深交所中小板挂牌上市，发行3000万股，发行价为每股16元。

【启动清水工程】 2010年，绍兴县启动清水工程，计划用5年时间，投入22亿元，在全县范围内实施清水工程。通过清水工程建设，实现全县印染企业集聚率80%，河道治理面80%以上，企业污水透明排放口建设100%，生活污水入网处理率城区85%以上，农村生活污水无害化处理60%以上，城乡生活垃圾集中处理率95%以上，全县河道水质有根本好转，达到四类水体标准要求，其中鉴湖主体、小舜江流域上游部分河道达到三类水体标准。

（许家新）

人事工作

【概况】 2010年，绍兴县严格规范人事管理。抓实“进人控编”制度，深化机构编制实名制管理，建立健全机关事业单位工作人员信息管理系统，做好部分事业单位参照公务员法管理工作，办理人事录用调配手续1058人；抓实网上报名、异地执考、面试旁听和考场录音等举措，严肃招考纪律，实施全程监督，邀请纪检监察人员担任面试监督员，全程监督面试过程，公正招录公务员160人，招考选调事业单位工作人员478人，补员大学生村官10人。

引进推广工资福利软件，健全完善工资自动化审核和数据化管理，全年办理级别工资“滚动升级”审批438人、正常晋升级别工资档次2532人、正常晋升薪级工资审批13457人，办理调动、转任、职务岗位变动、新录用、定级等工资介绍核定手续1731人；办理人才档案接转工作5963册次。

深化完善行政管理体制改革，按照绍兴县加快推进行政审批“三集中、三到位”的工作要求，切实做好全县机关行政审批职能归并的相关工作；稳步推进事业单位分类改革，依法办理事业单位法人设立、变更及注销登记68家；深化事业单位管理制度改革，做好事业单位岗位设置管理实施工作，为158家事业单位办理职称聘任手续9620人；深化人事管理制度改革，推行事业单位人才派遣制，清理规范事业单位工作人员津补贴，开展绩效工资改革工作。

深入实施“人才强县”战略。采取引进高端人才、团购紧缺人才、深化校企对接、加大外智引进、强化素质提升、组织境外培训等十项举措，服务全县经济和社会事业转型升级。

引进国家级及省级优秀重点人才25人；引进国外智力项目22项，其中国家级项目7项、省级重点项目1项；设立院士工作站2家，新增国家级、省级企业博士后科研工作站各1家；评审专业技术职务任职资格4123人，其中中高级1647人；举办各类培训班51期，培训各类人才5200余人次；全年实现净增人才9726人。

【推广使用工资福利管理软件】 2010年，绍兴县首款工资福利管理软件分步在全县各机关事业单位推广试用。该软件的投入试用改变以往工资福利管理中操作繁琐、计算复杂、信息单一等弊端，提升绍兴县工资福利管理工作效率，形成数据化管理、自动化审批、规范化操作的良好格局。

【成立首家企业院士工作站】 2010年7月，绍兴县首家企业院士工作站——浙江越隆控股集团有限公司院士工作站成立。由中国工程院院士姚穆领军的专家团队，以功能性、差别化粘胶纤维新材料研发为切入点，开展产业领域前沿性、产业化技术攻关。

【省“151人才工程”高级研修班在绍兴县举办】 2010年 6月12日至13日，“省151人才工程”绍兴纺织面料设计师高级研修班（以下简称高研班）在浙江省现代纺织工业研究院举办，64名县重点骨干纺织企业的优秀面料设计从业人员参加。高研班以提升设计师原创设计水平为重点，围绕功能性面料的开发及应用、纺织品设计者的创新精神、设计信息的采集与整理、条格及提花织物的配色、用美学进行织物组织设计、装饰面料的分析与设计等主题开设专题讲座，并组织参观考察与经验交流。

2010年6月12日至13日，绍兴纺织面料设计师高级研修班在浙江省现代纺织工业研究院举办。
（县人事局供稿）

【举办2010年绍兴县高层次人才读书会】 2010年8月上旬，绍兴县2010年高层次人才读书会开班，全县各企事业单位的近百名拔尖人才参加。该高层次人才读书会为期1周，采用集中授课与赴外考察相结合的方法，开展“技术创新与产业转型升级”座谈研讨、专题考察学习等活动。

【县轻纺科技中心企业博士后王寿光研究成果通过出站评审】 2010年3月12日，浙江大学、绍兴轻纺科技中心企业博士后出站评审会在浙江省纺织工业研究院举行，该站博士王寿光的研究项目成果顺利通过出站评审。轻纺科技中心企业博士后工作站是绍兴县首家省级企业博士后工作站。2007年8月，该工作站引进浙江大学博士王寿光进站从事项目研究。两年中，王寿光以《基于petri网的印染企业排单系统研究和开发》为课题，对印染企业排单自动化和生产过程全面优化进行系统研究，提出印染企业的petri网建模方法和理论，建立基于petri网生产车间的生产调度模型，并开发完成提升染色剂利用率的染色车间生产调度软件，填补国内相关领域理论与应用研究的空白，对帮助印染企业减耗提效，助推印染行业创新发展有着重要的理论意义和实用价值，得到参评专家的一致肯定。

2010年3月12日，浙江大学、绍兴轻纺科技中心企业博士后出站评审会在浙江省纺织工业研究院举行。
（县人事局供稿）

【引进法国专家破解研发难题】 2010年7月，为破解高性能纤维复合材料研发及应用难题，绍兴县人事局专程引进高性能复合材料研发与应用领域的法国专家弗朗西斯·奥贝丹进驻浙江省现代纺织工业研究院开展技术指导。驻院期间，奥贝丹组织科研和工程技术人员，从高性能纤维材料的复合关键技术、芳纶织物的关键技术指标、芳纶纤维在不同领域的应用及产业化等层面对项目技术难题进行攻克，取得突破性进展。除项目指导外，奥贝丹还与从事熔融纺丝、新型纺纱、现代织造等领域的科研技术人员进行探讨交流，并介绍国际相应领域的先进技术和市场动态。县人事局还会同浙江省面料设计协会，邀请奥贝丹加盟绍兴纺织面料设计师沙龙专家顾问团队，合力培育纺织面料设计精英，助推绍兴县纺织产业高端化向国际化发展。

【为130余家纺织企业培育专业技术人才236人】 2010年，绍兴纺织面料设计师沙龙吸引全县纺织企业的200余名纺织面料设计从业人员参加。一年中，设计师沙龙通过导师引领、技术培训、信息推介、论坛交流、结对帮带、资格认证、成果展示、设计大赛等载体和途径。聘专家大师作指导，邀请知名高校、科研院所、行业协会的著名纺织专家加盟绍兴纺织面料设计师沙龙专家顾问团，定期为会员分析新趋势、讲解新工艺、探究新技术；开展设计我做主——2010绍兴纺织面料设计师沙龙作品大赛，汇集近200件面料设计和图案设计优秀作品；组织绍兴县纺织面料设计专业技术资格培训考核评价，为130余家纺织企业成功培育纺织面料高级设计师、设计师、助理设计师和设计员4个层级的设计专业人才236人。

【召开绍兴县人才工作会议】 2010年12月9日，绍兴县人才工作会议在县行政中心召开，贯彻落实全国和省市人才工作会议精神，研究部署当前和此后一个时期的人才工作。市委常委、县委书记何加顺指出，要进一步提高认识，转变观念，创新机制，推动全县上下深入实施人才强县战略，不断开创人才工作新局面，为加快发展、转型升级提供人才支撑。县委副书记、县长孙云耀主持会议，县有关领导出席会议。

会议还表彰重才爱才企业家、人才工作先进单位和先进个人。柯桥经济开发区、县教育局、浙江省现代纺织工业研究院分别在会上作交流发言。

【18人赴意大利培训纺织面料设计】 2010年12月5日至18日，绍兴县组织全县面料设计业的技术精英一行18人赴意大利，开展绍兴县首次境外纺织面料设计专业培训活动。学员们通过参观考察，学习先进技术理念；通过培训讲解，感受差距与不足；通过沟通交流，开辟面料设计国外通道。（俞锡锋）

行政审批和招投标

【概况】 2010年，绍兴县行政审批中心和招投标工作围绕打造“政府机关的第一窗口，行政服务的第一超市，反腐倡廉的第一平台”的目标，以巩固省优秀公共资源交易中心创建成果为重点，进一步创新管理，优化服务，推进审批服务的拓展、延伸和提升，首次进行公司股权转让公开拍卖。县招投标服务中心不断完善招投标运作方式，着力推进交易平台建设，树立政府窗口的良好形象。县行政审批中心在获省示范行政审批服务中心和浙江省效能建设创新创优先进典型基础上，又通过省级文明单位验收。县行政审批中心办理各类审批事项20.5万件，日均办理880件。全年完成公共交易资源“四项交易”2296件，总成交额191.6亿元，同比增加22%，共节支增收33亿元。

2010年是县行政审批中心成立10周年，绍兴县举行行政审批中心成立10周年庆典活动。市委常委、县委书记何加顺在庆祝会上做重要讲话，肯定中心成立10年来的成绩。

2010年10月20日，绍兴县召开县行政审批中心成立10周年座谈会。（县行政审批中心供稿）

【办理审批事项20.5万件】 2010年，绍兴县办理各类行政审批事项20.5万件，日均办件880件，行政许可准确率100%，承诺件按时办结率100%，提前办结率97.4%，时间提前率（审批提速）68.2%。其中工商窗口登记注册有限责任公司2879个；国土窗口办理土地使用权（房产）抵押1994宗，抵押贷款521亿元；外经贸窗口审核境外投资项目93个，总投资5765万美元；发改窗口核准政府性投资项目119个，投资金额26.27亿元；经贸窗口备案核准生产性投资项目387个，金额173.7亿元。

【推出两组“多证联办”】 2010年，绍兴县推出两组行政审批“多证联办”，为全市首创。第一组是工商注册类“多证联办”，由县工商局牵头办理工商营业执照、税务登记证、组织机构代码证，县公安局负责办理刻制公章备案。该项“多证联办”累计承诺时间由5天减少到3天；办事环节由14个减少到5个；办事时复印资料由原先的4次减少到1次。第二组是城区商品房房产证、土地证、契税证“多证联办”，由县房管局牵头办理城区商品房房产证，县国土局办理土地证，县地税局办理契税证。房产证、土地证两证办理的承诺时间由20天减少到10天，来回次数减少2次。

2010年6月28日，绍兴县为多证联办窗口授牌。
（县行政审批中心供稿）

【实施行政审批“五制办理”】 2010年，县行政审批中心实施“绿色通道”制，对全县“三个一批”等重点项目开展行政服务“绿色通道”服务。“一审一核”事项比例达90.78%，平均实际办理时间只占事项平均承诺时间的32%。实行“联审会议”和“联合踏勘”制度，全年由中心牵头召开7次初步设计联审会议，对10个项目的初步设计进行联审，投资概算总额19亿元。并组织县相关部门对柯桥城区申请注册的92家餐饮企业进行联合踏勘，当场通过75家。加强“项目代理”机制，中心共举办2期项目代理员业务知识培训班。

【四项交易成交额创历史新高】 2010年，绍兴县共完成公共交易资源“四项交易”（建设工程招投标、政府采购、土地招挂拍和产权交易）2296件，总成交额191.5亿元，同比增加22%，共节支增收33亿元。其中建设工程交易108.9亿元，政府采购6亿元，土地出让71.8亿元，产权交易4.8亿元。“四项交易”成交额在上年创新高的基础上再一次创历史之最。

【调整方法完善招投标评标办法】 2010年，绍兴县进一步完善招投标抽签、定标方法、上限价、下浮率等常规操作办法。绿化工程招标入围30家；交通、水利工程符合资格的全部入围，开标现场随机抽取18家进行评标；监理项目全部入围并采用随机抽签定标办法；土地、矿山项目全面推行净地、净矿出让。通过调整方法，在防止串标、围标等违法违规行为的发生上起到非常明显的效果。

【创新采购方法】 2010年，绍兴县对招投标手续尚未齐备但工程时间又非常紧的公建项目，采取业主承诺、相关部门签署意见的办法，提前介入，为工程建设争取时间。对一些办公用品实行协议、定点、询价采购，方便业主，提高效率；增加电冰箱、电视机等家电协议采购项目，协议采购货物达21大类130个品牌。同时对一些数量小、规格单一、标准一致且货源充足的设备采取网上询价的方法，简化采购流程，节省财政性资金的支出。

【审查1767个招标项目】 2010年，绍兴县先后对1767个招标项目进行审查，其中有350家（次）因不符要求被取消资格，实施现场交易监督972场。查处招投标中的违法违规行为54件，涉及单位54家。其中51家被暂停交易，54家被通报，52家被取消投标资格、没收保证金30.4万元。对15家单位的26个标段的电脑办公设备采购项目进行专项跟踪回访。建立招投标诚信档案，在绍兴县招投标网上开辟“警钟声声”栏目，对不良行为及时予以披露。

【管理招投标交易席位和会员】 2010年，绍兴县共办理建设工程招投标交易席位354家（其中县内126家），政府采购会员3188家（其中县内429家），中介机构21家（其中县内10家），对网上、县检察犯罪档案中等有不良行为记录的、申报材料弄虚作假的，一律予以拒办。同时检查外地企业驻柯桥办事处93家，不符合要求的一律予以暂停直至清除。

【举办3期招投标代理从业人员培训】 2010年，绍兴县先后举办3期招投标代理机构从业人员培训班，对招标代理从业人员进行相关法律、法规和职业道德的培训考核，共有100余人（次）参加培训。进一步明确代理机构的执业范围，出台代理合同示范文本；同时规范档案管理工作，出台绍兴县政府采购档案管理办法。（任阳海）

重要接待

【概况】 2010年，绍兴县接待中央、部委、省、市、县各级领导等627批16038人次。其中接待党和国家领导人9批9人，部委、省级领导和考察团60批167人。

表16 2010年绍兴县接待党和国家领导人情况

日期	接待领导	视察内容
1月1日	全国政协原副主席徐匡迪一行	到绍兴县考察
4月2日	全国政协原副主席孙孚凌一行	考察绍兴县越崎中学
4月3日	全国政协原副主席钱正英一行21人	到绍兴县调研，主题为“浙江沿海及海岛开发战略研究”
5月14日～15日	全国人大原副委员长、民建中央主席成思危	到绍兴县作题为“2010年宏观经济趋势与民营企业应对”的报告
6月12日	全国政协原副主席张思卿一行4人	到绍兴县考察
7月15日	中共中央政治局委员、国务委员、国务院党组成员刘延东率中央部委有关领导10人	到绍兴县出席第六届世界合唱比赛开幕式
9月10日	全国政协副主席兼秘书长钱运录一行10人	视察绍兴县轻纺市场
10月24日～25日	全国政协副主席阿不来提·阿不都热西提一行11人	到绍兴县参加2010年中国柯桥国际纺织品博览会开幕式
11月10日	全国政协副主席孙家正一行13人	到绍兴县考察

表17 2010年绍兴县接待省部级领导及考察团情况

日期	考察人员	考察内容
1月8日	浙江省委常委、常务副省长陈敏尔一行	到绍兴县滨海工业区调研
1月16日	浙江省副省长王建满	到绍兴县调研
1月17日～18日	外经贸部原副部长、博鳌亚洲论坛理事兼秘书长龙永图	到绍兴县作报告
2月3日	浙江省委常委、政法委书记、公安厅厅长王辉忠一行	到绍兴县慰问一线职工
3月11日	浙江省委常委、副省长葛慧君一行	到绍兴县调研
3月16日	浙江省委常委、政法委书记、公安厅厅长王辉忠一行5人	视察中国轻纺城会展中心安保工作（世合赛开闭幕式主场馆）

续表

日期	考察人员	考察内容
3月24日	浙江省委常委、组织部部长蔡奇一行10人	到绍兴县考察轻纺城市场党建工作
3月31日	外交部副部长吕国增、浙江省副省长龚正	到绍兴县出席全国外办主任会议
4月2日	浙江省政协原副主席程炜	考察绍兴县越崎中学
4月3日	两院院士、建设部高级顾问、建设部原副部长周干峙，工程院院士、清华大学环境与科学工程系教授钱易等	到绍兴县调研，主题为“浙江沿海及海岛开发战略研究”
4月3日	浙江省副省长王建满一行12人	到绍兴县调研
4月8日	浙江省副省长金德水一行14人	到绍兴县调研纺织产业集群升级示范区试点工作
4月13日	浙江省政协副主席斯鑫良率专项集体民主监督调研组一行9人	到绍兴县就民营经济发展环境、民营经济人士的培养、民营经济转型升级等方面内容进行考察调研
4月14日	浙江省政协副主席王永昌	到绍兴县调研“构建和谐浙江，推进科学发展”工作
4月18日	中国民主建国会中央委员会秘书长、办公厅主任张皎一行60人	到绍兴县精工科技、振涯集团考察
4月28日	浙江省政协副主席王玉娣一行13人	到绍兴县调研发展新兴服务业工作
5月6日	中国纺织工业协会副会长孙瑞哲、中国商业联合会副会长安惠民	到绍兴县参加2010中国国际纺织品面辅料博览会
5月10日	中国纺织工业协会副会长杨东辉	到绍兴县出席窗帘窗纱及布艺博览会
5月14日～15日	浙江省人大常委会副主任吴国华	到绍兴县考察
5月24日	浙江省委常委、副省长葛慧君一行9人	到绍兴县检查世合赛比赛筹备情况及安保工作
6月1日	浙江省副省长陈加元一行18人	到绍兴县调研农村住房改造建设工作
6月2日	浙江省人大常委会原副主任张有余	到绍兴县考察
6月8日	吉林省委书记孙政才，省长王儒林，省委常委、常务副省长竺延风，省委常委、长春市委书记高广滨等率代表团一行61人	到绍兴县考察中国轻纺城、精工科技股份有限公司、莎鲨家纺
6月10日	中国纺织工业协会副会长孙瑞哲	到绍兴县调研
6月18日	浙江省委副书记夏宝龙、国家审计署审计长刘家义等中央党校省部级培训班学员10人	到绍兴县考察中国轻纺城市场及柯岩鲁镇景区
6月18日	浙江省政府原副省长、省政府咨询委员会主任章猛进一行13人	到绍兴县调研轻纺市场
6月23日	浙江省委常委、常务副省长陈敏尔	到绍兴县考察调研现代服务业发展工作
7月1日	浙江省原省长沈祖伦	到绍兴县调研文化工作
7月6日	最高人民法院院长王胜俊、浙江省高级人民法院院长齐奇等	考察绍兴县钱清法庭
7月8日	浙江省副省长郑继伟	检查世合赛筹备工作和基本药物制度实施情况
7月15日	浙江省委书记赵洪祝、省长吕祖善、省政协主席周国富等省部级领导13人	到绍兴出席第六届世界合唱比赛开幕式
7月17日	原国家体委副主任、中国奥委会主席何振梁	到绍兴出席建城2500年庆祝典礼并考察乔波滑雪馆、越文化博物馆
7月20日	浙江省科协主席、省人大教科文卫委员会副主任、工程院院士李兰娟	到绍兴县调研

续表

日期	考察人员	考察内容
7月23日	全国人大常委、中国科协书记处书记、党组成员、全国人大教科文卫委员会委员冯长根，中国文联副主席、党组副书记、书记处书记李牧，浙江省人大常委会副主任徐宏俊，省高级人民法院党组书记、院长齐奇等	到绍兴县专题调研块状经济向现代产业集群提升情况
7月25日	浙江省省长吕祖善一行10人	到绍兴县出席世合赛“美国之夜”晚会
7月26日	浙江省委副书记夏宝龙、副省长郑继伟、浙江省政协原主席李金明、政协副主席王玉娣	到绍兴县参加世合赛闭幕式
8月4日	浙江省副省长陈加元	到绍兴县调研中心镇建设发展和小城市培育工作
8月9日	广西壮族自治区主席马飚，自治区副主席杨道喜、高雄	到绍兴县考察中国轻纺城市场
8月20日	中共中央政治局委员、天津市委书记张高丽，天津市委副书记、市长黄兴国，天津市人大常委会主任刘胜玉，天津市政协主席邢元敏等天津市四套班子领导11人率代表团一行108人	到绍兴县考察轻纺城市场、新未庄社区
8月26日	浙江省委常委、省纪委书记任泽民一行8人	到绍兴县考察调研反腐倡廉工作
9月7日	新加坡总理公署部长、财政部兼交通部第二部长陈惠华一行41人	到绍兴县考察莎鲨家纺和中国轻纺市场
9月9日	上海市副市长胡延照率市农委、涉农区县政府负责人一行25人	到绍兴县考察“三农”工作
9月10日	浙江省政协主席周国富	到绍兴县视察轻纺城市场
9月14日	天津市委副书记、天津滨海新区区委书记何立峰，天津市委常委、常务副市长杨栋梁率天津市考察团一行49人	考察中国轻纺城及莎鲨家纺有限公司
9月15日	广西壮族自治区政协主席、党组书记马铁山，自治区政协副主席彭钊、李彬等全国政协常委，驻广西壮族自治区全国政协委员一行29人	到绍兴县轻纺城市场考察
9月18日	青海省委书记、省人大常委会主任强卫，省委副书记、省长骆惠宁率党政代表团一行43人	到绍兴县轻纺城市场考察
9月19日～21日	浙江省委常委、组织部部长蔡奇	到绍兴县参加全省组织部部长读书会
9月28日	浙江省委副书记夏宝龙，省委常委、副省长葛慧君，省人大常委会副主任程渭山，省政协副主席冯明光	到绍兴县出席浙江省渔博会开幕式
10月2日	国土资源部部长徐绍史一行	到绍兴县柯岩鲁镇考察
10月3日	浙江省副省长郑继伟一行	到绍兴县大香林考察

续表

日期	考察人员	考察内容
10月14日	浙江省副省长金德水一行	到绍兴县参加全省块状经济向现代产业集群转型升级示范区试点工作现场会
10月15日	上海市纪委副书记唐周绍一行8人	到绍兴县大香林考察
10月17日	最高人民法院原院长肖扬，省高级人民法院院长、党组书记齐奇	到绍兴县考察小百花艺术中心
10月22日	由辽宁省人大常委会副主任王琼带队的中央党校省部班“扩大内需与经济发展”研究专题班一行18人	到绍兴县调研
10月25日	浙江省原省长沈祖伦，全国政协外事委员会副主席、TCL集团执行董事韩方明，省人大副主任冯明，省政府副省长龚正，省政协副主席徐辉，中国商业联合会会长张志刚，中国纺织工业协会副会长王天凯、张延恺等	到绍兴县参加2010年中国柯桥国际纺织品博览会开幕式
10月26日	浙江省原副省长章猛进	到绍兴县调研
10月27日	浙江省副省长郑继伟，省科协主席、省人大教科文卫委员会副主任、工程院院士李兰娟，浙江大学医学院附属第一医院院长、工程院院士郑树森	到绍兴县参加绍兴二院百年院庆活动
11月10日	全国政协常委、机关党组书记、副秘书长孙怀山，省政协副主席姚克	到绍兴县考察
12月10日	全国人大常委、北京大学原校长、中国科学院院士许智宏一行10人	到绍兴县考察
12月29日	浙江省人大常委会副主任徐宏俊带领省人大常委会代表与选举任免工作委员会成员一行26人	到绍兴县召开年终总结大会并考察柯岩鲁镇景区

（王建平）

档案工作

【概况】 2010年，绍兴县按照年初制定的“288”创业工程要求，不断加强档案硬件设施建设，有序推进档案信息化工程，不断丰富档案资源结构，积极做好档案利用服务，扎实开展档案指导监督工作，全县档案事业各项工作都取得长足发展。这年，为真实、完整地记录绍兴县参办第六届世界合唱比赛活动，县档案局落实各项措施，加强世合赛档案管理工作。落实专人负责世合赛重大活动档案的建档指导工作，对档案兼职人员进行业务培训，建立统一规范的世合唱重大活动档案。

·小资料· “288”创业工程

“288”创业工程，即两个重点：加快综合档案馆工程建设、实施电子文件和数字档案登记备份中心建设。八大任务：大力加强馆舍建设、馆藏建设、信息化建设、公共服务能力建设。始终不懈地抓好安全建设，实施“创新理念”工程、“创新实践”工程、“创新服务”工程。

【赴青川凉水镇整理援建工作档案1294件】 2010年，绍兴县组织档案管理人员远赴四川省青川县凉水镇，对绍兴县支援灾后恢复重建过程中形成的文书、会计、工程档案进行规范化整理归档。在青川期间，共整理文书档案43卷1110件，会计档案25卷74件，工程档案14卷110件，总计82卷1294件。

2010年7月11日，县档案局组织人员赴四川省青川县凉水镇开展援建工作建档。（县档案局供稿）

【首次接收绍兴鹦歌戏传人捐赠的实物档案80余件】 2010年，县档案馆接收国家级非物质文化遗产——绍兴鹦歌戏传承人宋小青捐赠的绍兴鹦歌戏实物档案，包括演出服装、道具、剧本、照片、光碟等，共计80余件，这是县档案馆接收的首批国家级非物质文化遗产实物档案。

2010年8月9日，县档案局接收绍兴鹦哥戏实物档案。（县档案局供稿）

【举行孙越崎档案捐赠仪式暨纪念孙越崎诞辰117周年座谈会】 2010年11月8日，孙越崎档案捐赠暨孙越崎生平档案图片巡回展览开展仪式、纪念孙越崎诞辰117周年座谈会在绍兴县举行。省档案局副局长韩李敏，国家煤炭科学研究总院原院长邬廷芳，中国煤炭工业协会档案分会副理事长郭德林，县领导孙云耀、徐林土、李杏芬、阮建尧、于庆国、吴越以及孙越崎家属代表等出席会议。韩李敏、孙云耀为孙越崎生平档案图片巡回展揭幕。

2010年11月8日，绍兴县委副书记、县长孙云耀向孙越崎家属颁发捐赠证书。（县档案局供稿）

【档案登记备份工作走在全省前列】 2010年，绍兴县全面推进档案登记备份工作，专门成立领导小组，并将档案登记备份工作列为县政府重点工作督察内容，县两办专题下发实施文件，纳入县级工作目标责任制考核，对镇、村基础性工作实行倒扣分序列。县级财政安排专项资金20万元，用于软件开发和设备配置。出台《档案登记备份规划方案》和《档案登记备份工作实施意见》，完成县社保局等6家单位的试点工作，建立县登记备份中心。县社保局社保业务电子文件和纸质档案在全省范围内率先实现以“天”为单位的实时归档备份，受到省市档案局一致好评。

【全年档案利用数创历史新高】 2010年，绍兴县档案利用数再创历史新高，全年共接待档案查阅利用者5054人次，调阅档案4749卷次。其中上门查阅4014人次4495卷次；到信、到函查阅8人次9卷次；网上留言12人次10卷次；来电咨询1020人次235卷次。

（金剑栋）

机关事务管理

【概况】 2010年，绍兴县机关事务管理工作以“服务好机关各部门就是服从服务于全县中心工作”的理念，加强队伍建设，强化后勤保障，争创一流服务，狠抓节能降耗，求真务实、开拓进取，为全县经济社会又好又快发展提供强有力的服务保障。

【开展公共机构节能工作】 2010年，县机关事务管理局按照公共机构节能“绿色办公，低碳生活”的要求，积极开展调研。在规范制度方面，与县节能办、监察局等单位一起，由县府办转发《绍兴县公共机构节能工作实施方案》，建立县公共机构节能工作联席会议制度，建立能耗统计报告制度；在节能宣传方面，向全县公共机构发出《节能降耗倡议书》，共制作展出宣传板画20余幅，翻印《公共机构节能条例》，编印公共机构节能宣传册2000余册，并通过多种形式，加大宣传力度；在技术改造方面，分别对鉴湖大院中央空调水泵、食堂蒸箱、食堂灶具、县行政中心办公室内的灯管进行改造，节能效果十分明显。12月9日，召开全县公共机构节能工作暨第一次联络员会议，对全县公共机构节能工作的开展作动员部署，对公共机构能耗统计进行业务培训，有效地构建起全县公共机构节能工作的网络平台。

【解决热点难点问题】 2010年，县机关事务管理局解决干部职工最为关注的热点、难点问题。解决大院的停车难问题，新增县行政中心停车区域，新建部分临时性遮阳车位，以缓解停车难问题，并开展长远规划，协调做好食堂北面绿化带的改建工程，新建有150个停车位的生态停车场。改善机关食堂的伙食质量，通过财政补贴经费的形式，进一步提高菜肴标准，做到增质不增价。

【加强世合赛安保工作】 2010年，第六届世界合唱比赛的开闭幕式及部分赛事在绍兴县举行，县机关事务管理局为此专门召开安全工作会议，布置落实行政中心的安全保卫工作，增设部分设备，在大门口配备电子登记系统，增强对进出办事人员的安全管理能力。同时，制定《绍兴县行政中心保安分队考核办法》，加强行政中心保安队伍的管理。

【修理各类设施设备1600次】 2010年，绍兴县机关事务管理局保障中心进一步加强对电力、供气、消防、空调、电梯等系统设备的运行管理，做好中央空调机组、管网以及消防设施设备的运行测试和维修保养，全年共维修空调、水电、办公用具等各类设备设施1600余次，维修响应率100%。同时，对大院内部已经过期、损坏或有待改进的近830只灭火器进行彻底排查，将不合格灭火器全部替换成干粉灭火器。

（王彦艳）

责任编辑　孙永红

政协绍兴县委员会

重要会议

【召开县政协第十届第四次全体会议】 2010年1月31日至2月2日，中国人民政治协商会议第十届绍兴县委员会第四次会议在柯桥举行。会议听取并审议县政协主席李杏芬代表十届县政协常务委员会所作的工作报告和县政协副主席邢柏生所作的提案工作情况报告；列席绍兴县第十三届人民代表大会第四次会议，听取并讨论代县长孙云耀所作的《政府工作报告》和其他有关报告，并就绍兴县经济社会发展中的重要问题，开展协商议政，积极建言献策；大会还通过了县政协十届四次会议决议和提案委员会关于提案审查情况的报告。

会议认为，县政协十届三次会议后，常务委员会坚持以邓小平理论和"三个代表"重要思想为指导，全面贯彻落实科学发展观，深入学习贯彻中共十七届三中、四中全会精神，把握团结和民主两大主题，在促进科学发展中履职有为，在服务民生中献计出力，在团结联谊中凝心聚力，在工作创新中完善机制，较好地完成县政协十届三次会议确定的各项工作任务，为促进绍兴县经济持续平稳较快发展和社会和谐稳定，作出积极的贡献。会议对常务委员会一年来的工作表示满意。

2010年1月31日至2月2日，中国人民政治协商会议第十届绍兴县委员会第四次会议在柯桥举行。

（县政协办供稿）

【召开县政协第十届委员会第四十次至第五十三次主席会议】 2010年1月26日，绍兴县政协召开第十届第四十次主席会议。会议研究审议有关人事任免、县政协十届四次会议常委值日名单、《提案审查报告》报告人、会议期间提案截止日期，决定召开县政协十届十六次常委会议。

2月1日，绍兴县政协召开第十届第四十一次主席会议。会议对《县政协十届四次会议决议》（草案）进行讨论修改。

2月23日，绍兴县政协召开第十届第四十二次主席会议。会议研究通过县政协2010年工作要点、2010年主要工作安排，研究决定县政协十届领导班子主要工作分工安排。

3月11日，绍兴县政协召开第十届第四十三次主席会议，专题视察协商县重点水利建设工程。全

2010年3月11日，县政协第十届第四十三次主席会议全体与会人员视察县重点水利建设工程。

（县政协办供稿）

体与会人员实地视察县口门治江围涂标准海塘工程、县防洪排涝河道整治工程、县滨海闸枢纽工程现场，并听取县水利水电局的相关情况通报。会议还研究审议有关人事安排，讨论通过县政协专门委员会工作职责、各专门委员会联系县级机关部门的调整安排，决定召开县政协十届十八次常委会议。

4月22日，绍兴县政协召开第十届第四十四次主席会议，专题视察夏履镇生态建设工作。全体与会人员实地视察夏履镇莲东村、蝶翠华庭房产项目、绍兴县和中合纤有限公司等，并听取夏履镇关于生态建设的情况通报。会议还研究有关镇（街道）工委主任、副主任调整方案和专项民主监督活动方案，确定2010年县政协重点提案。

4月28日，绍兴县政协召开第十届第四十五次主席会议，专题协商绍兴县“清水工程”建设工作。会议听取县水电局关于开展“清水工程”建设情况的通报，县政协专题调研组作协商发言。会后形成主席会议建议案，送县委、县政府决策参考。

5月19日，绍兴县政协召开第十届第四十六次主席会议，专题监督协商扶持农业经济发展有关政策落实情况。会议听取县农业局执行《关于2009年绍兴县推进经济转型升级的若干政策意见》的情况通报，县政协两个民主监督小组进行专题协商发言。

6月11日，绍兴县政协召开第十届第四十七次主席会议，专题协商世合赛安保工作情况。会议听取县公安局关于世合赛安保工作的情况通报。会议还研究关于对绍兴县现代农业发展工作开展重点协商调研的方案。

7月7日，绍兴县政协召开第十届第四十八次主席会议。会议研究有关人事安排，并决定召开县政协十届十九次常委会议。

8月19日，绍兴县政协召开第十届第四十九次主席会议，专题协商全县印染和化工行业环保监管专项整治行动工作。会议听取县环保局关于印染和化工行业环保监管专项整治行动开展情况的通报，研究关于开展 2009年度重点提案办理落实情况专项督查评议活动的方案和提案办理综合考评实施意见，研究审议有关专委、工委组成人员调整。

9月19日，绍兴县政协召开第十届第五十次主席会议，对2009年度重点提案办理落实工作开展民主评议。会议听取县政协提案委员会对2009年度县政协重点提案办理落实情况反馈，重点提案领衔督办领导对10件重点提案从办理程序、措施、成效、满意度等方面逐一进行评议，并就重点提案办理落实工作中存在的问题与承办单位主要领导进行面对面的沟通交流，提出针对性较强的意见建议。

10月27日，绍兴县政协召开第十届第五十一次主席会议，专题视察绍兴县节约集约利用土地工作。全体与会人员实地视察“零土地技改”典范——绍兴县恒元纺织品有限公司和农村集体建设用地综合整治示范点——柯岩街道澄湾农民住房安置点，并听取县国土局关于全县节约集约用地工作情况的通报。会议还研究关于对绍兴县经济社会发展“十二五”规划开展协商调研方案和关于开展优秀政协委员评选活动方案等事项。

11月23日，绍兴县政协召开第十届第五十二次主席会议，专题视察大香林二期建设工程。全体与会人员实地踏看大香林二期开发建设现场，并听取大香林建设投资有限公司关于大香林二期工程建设的情况通报。会议还研究审议有关人事建议方案，并决定召开县政协十届二十次常委会议。

2010年11月23日，绍兴县政协第十届第五十二次主席会议全体与会人员视察大香林二期建设工程。
（县政协办供稿）

12月21日，绍兴县政协召开第十届第五十三次主席会议。会上，县政协各考察组分别汇报赴外县（市、区）政协考察调研2011年政协工作思路等情况，对新一年政协工作提出建议。会议还研究审议县十届优秀政协委员名单及重点提案办理结果公示安排等其他有关事项。

【召开县政协十届委员会第十六次至第二十次常委会议】 2010年1月30日，绍兴县政协召开第十届第十六次常委会。会议审议并通过有关人事任免、县政协十届四次会议日程、《提案审查报告》报告人、会议期间提案截止时间，宣布县政协十届四次会议常委值日名单。

2月1日，绍兴县政协召开第十届第十七次常委会。会议审议《县政协四次会议决议》（草案）、《提案审查情况报告》（草案），听取各组关于政协常委会两个报告、《政府工作报告》和《会议决议》（草案）讨论情况的汇报。

3月18日，绍兴县政协召开第十届第十八次常委会议，视察平水副城建设工作，审议通过有关人事调整和任免。县政协常委会组成人员实地视察稽山一品、昌峰工业园区、绍兴二院平水分院、中厦·阳光华庭等工程建设现场，并听取平水副城建管委相关情况汇报。会议还审议通过十届县政协委员调整方案和各专门委员会兼职副主任任命。

7月13日，绍兴县政协召开第十届第十九次常委会议，专题协商绍兴县农业转型升级工作。副县长胡国炜和县委办、县府办、县农办、县发改局、县财政局、县国土局、县水利水电局、县林业局、县农业局等有关部门主要领导到会听取协商意见。会上，县农业局通报绍兴县农业转型升级工作情况，县政协2个专题调研组就“我县现代农业园区和粮食生产功能区建设的现状和对策”、“现代农业发展的政策保障问题”2个课题作协商发言，部分常委结合工作实际和会前调查研究，提出意见建议。会后形成常委会议建议案报县委、县政府。会议还审议通过有关人事任免。

11月30日，绍兴县政协召开第十届第二十次常委会议，专题协商绍兴县国民经济和社会发展“十二五”规划。副县长蔡于革和县委办、县府办、县发改局等有关部门主要领导到会听取协商意见。会上，县发改局通报绍兴县“十二五”规划工作及规划纲要起草情况，县政协各专题调研组作协商发言，部分常委结合工作实际和会前调查研究，提出意见建议。会后形成常委会议建议案报县委、县政府。会议还审议通过有关人事任免。

（周　维）

主要工作

【全年形成调研报告和建议案50余份】 2010年，绍兴县政协根据县委、县政府的要求和年初提出的工作思路，开展调查研究，为实现科学发展协商建言。分别就培育发展战略性新兴产业、深化染整革命、印染产业集聚升级、鉴湖上游源头环境保护等课题开展专题调研，还就现代农业发展、“十二五”规划的科学编制、土地节约集约利用、“世合赛”安保工作、“清水工程”建设等内容，进行专题协商，提出有价值、可参考的意见和建议。全年共形成调研报告和建议案50余份，调研协商成果被县委、县政府采纳吸收，转化运用，有的写入政府工作报告、经济社会发展规划，有的促成县委、县政府出台相关文件或召开相关会议。

【提案办理满意率100%】 2010年，绍兴县政协尝试面向社会公开征集提案线索，编印提案汇编和参政议政参考目录，引导委员提案。十届四次会议后，共收到提案323件，审查立案319件。通过集中交办、重点提案领衔督办、重点单位试点示范、办理进度通报检查、提案办理面对面2次答复、提案办理工作列入县机关岗位目标责任制考核等措施，探索提案工作办理机制，提高提案办理质量。交办的319件提案中，按期办结率100%，办理满意率100%。选择2010年的部分重点提案，在新闻媒体公开办理结果。对2009年的重点提案办理落实情况开展专项民主督查评议。

【收集社情民意信息123件】 2010年，绍兴县政协共收集社情民意信息123件，大部分信息报送县委、县政府及有关部门，为党委、政府了解实情、妥善解决各种矛盾提供信息服务。有4篇信息得到县委、县政府主要领导批示或采纳。9篇信息被市政协录用，3篇信息被省政协录用。

【实施专项民主监督】 2010年，绍兴县政协开展2项民主监督活动。一是对农业经济扶持政策的执行情况开展专项民主监督。组织2个监督小组，走访有关镇（街道）和部分农业企业，了解掌握实情，听取意见建议，召开十届四十六次主席会议进行专题协商监督，对进一步推进政策落实提出协商监督意见。二是对2009年度重点提案办理落实情况开展专项督查评议。由县政协领导和提案委、各专门委员会负责人组成督查评议小组，将10件重点提案的9家承办单位作为督查评议对象，通过部门自查，各督办评议小组督查，提案委总体情况综合，召开主席会议进行专题协商评议等手段，进行专项民主监督。

【开展视察督查活动】 2010年，绍兴县政协依托专委会、镇（街道）工委和界别活动小组，选择事关全县经济社会发展大局和人民群众利益的重点工作、重点工程，深入现场，实地视察，提出意见建议。拓展监督领域，把监督视察与协商建议的视角向开发区、镇（街道）基层延伸。重点就平水副城建设发展、重点水利建设工程、土地节约集约利用、大香林二期工程、夏履镇生态建设、宗教场所管理、中国轻纺城“二次创业”等内容进行视察督查，了解情况，提出建议，较好地推动这些工作的开展。重视并大力支持委员积极参与各项监督活动，100多名政协委员受聘担任部门行风监督员。

【召开“委员谈民生”专题约谈会】 2010年11月25日，绍兴县政协发挥政协人才荟萃、联系广泛的优势，围绕有关重点问题，开展专题约谈，为绍兴县经济社会发展聚万众之心，纳八方之策。组织山区委员“谈山区发展”，在充分调研的基础上，围绕山区经济社会发展建言献策；组织城区委员“谈城市管理”，4个街道及相关专委会的委员围绕县城的基础设施建设、交通管理、环境卫生整治、城市文化建设等内容广泛建言；组织相关委员“谈民生”，围绕农村养老、社会福利、农村住房保障、社会救助、农村低保对象保障等问题，为推进绍兴县民生改善出谋划策。各约谈会后，办公室将委员们反映的意见建议进行梳理，以意见汇总、社情民意等形式报送给县委、县政府及有关部门，为科学决策提供参考。

2010年11月25日，绍兴县政协召开“委员谈民生”专题约谈会。（县政协办供稿）

【组织书画交流活动2次】 2010年，绍兴县政协扩大联络联谊活动，充分利用各种渠道，广聚各界人士，共叙友情、共商发展、共建和谐。组织开展富有政协特色的书画交流活动2次；举办绍兴县政协迎国庆歌颂祖国大型书画展，参展作品160多幅。

【开展委员进社区活动】 2010年，绍兴县政协以“关注民生、服务社区”为主题，在全县政协委员中开展“委员进社区”活动，推动政协工作向基层延伸和拓展。活动期间，共收集委员意见建议162条，捐赠善款130万余元，举办文化、科技、法律、医疗等活动56场次，兴办实事、好事110余件。继续开展“帮扶工程”、“援助工程”和“光明工程”，大力开展送教、送法、送医和送文化等活动。（周　维）

责任编辑　孙永红

民主党派 工商联

综 述

2010年，绍兴县各民主党派、工商联深入贯彻中央、省委、市委对统战工作的要求，积极履行职能，注重发挥优势，在参政议政、民主监督、服务社会、自身建设等方面取得令人满意的成绩。各民主党派、工商联按照“党委出题，党派调研，政府采纳，部门落实”的方针，共撰写重点调研报告25篇，其中11篇得到县委主要领导的批示肯定。共参加县委、县政府召开的协商会、通报会7 次，对全县经济社会运行情况及党风廉政建设情况提出意见、建议80余条。各民主党派中的人大代表和政协委员在省、市、县人大、政协会议上共提交团体议案提案50件，个人议案提案170件，其中6件被列为市、县政协重点提案。

这年，对口联系工作进一步加强，各民主党派、工商联对口联系部门从19个增加到30个，扩大各民主党派、工商联和知联会知情参政的渠道。各民主党派、工商联立足实际，紧扣主题，利用对口联系这一平台，使之制度化、规范化、经常化，有效开展民主监督工作，及时相互交换有关文件、简报、资料，不定期通报有关重要工作情况。进一步推进与政府部门的对口联系工作制度，做到4个结合，即将对口联系与调查研究结合，对口联系与大会结合，对口联系与社会服务工作结合，对口联系与组织发展工作结合。各民主党派、工商联认真组织成员参加对口联系部门召开的情况通报会、意见征询会，加强与对口联系部门的日常联系，积极配合他们的中心工作，各行风监督员积极向对口联系单位解决难点问题和依法行政等提出建议，对口联系部门则为各民主党派、工商联开展调研和工作提供帮助，双方工作良性互动。

各民主党派、工商联关注民生民意，积极参加各种社会公益活动，除参与统战系统组织的每年1次的大型“三下乡”活动外，在为灾区捐款捐物，结对帮扶弱势群体，服务经济发展，开展医疗、法律咨询等多方面做了大量工作。这年，各民主党派、工商联分别组织成员下乡开展为民服务活动，受益群众近3000人。

这年，各民主党派、工商联派员参加省、市、县统战系统举办的各种培训班、学习班，认真学习统战理论和政策、经济形势、党的路线方针政策等方面知识，进一步提高骨干成员和新成员的参政议政水平。各民主党派、工商联坚持支部小组学习制度，各支部小组通过组织学习、外出调研等形式组织成员学习，开展 “两会”精神传达学习，深入开展学习和践行社会主义核心价值体系活动；注重进一步倡导各民主党派、工商联成员爱岗敬业、建功立业，鼓励基层成员立足本职作贡献，一年中在各个领域出现大量取得优异成绩的民主党派成员。

至年底，全县民革、民盟、民建、民进、农工党、九三学社6个民主党派组织，共有521名成员，其中民革60人、民盟96人、民建95人、民进91人、农工党111人、九三学社68人。 （王可钦）

中国国民党革命委员会绍兴县总支委员会

【概况】 2010年，民革绍兴县总支认真履行参政党职能，积极参政议政；开展民主监督；发挥自身优势，致力各项社会服务活动，为构建和谐社会建言献策，各项工作取得新进展。坚持支部学习制度，各支部通过组织学习、外出调研等形式组织党员学习，3个支部均开展“两会”精神传达学习，开展《六个“为什么”——对几个重大问题的回答》一书的学习，深入开展“学习和践行社会主义核心价值体系”活动。在纪念浙江民革成立60周年之际，总支组织党员认真学习党章党史，积极撰写心得体会，其中杨丽芬、陆菊仙、齐誉婷等党员撰写的3篇体会文章在纪念浙江民革征文比赛中获三等奖，并在《浙江民革》增刊中发表。

这年，民革县总支在“两会”期间向市、县政协提交提案15 件，向市、县人大提交代表建议4件；向省人大提交议案1件、代表建议4件。其中总支向县政协提交的《关于加快柯桥城区人口集聚的对策建议》集体提案被评为重点提案，由县长孙云耀督办，作2次答复，充分肯定提案的价值和意义。积极开展调研工作，完成4篇调研报告（《对柯桥中心城区文教卫事业协调发展的思考》，《关于推进社会管理创新维护社会稳定的调研报告》，《发展我县低碳经济、进一步狠抓企业节能减排》和《关于积极推进我县绿色建筑发展的建议》），均在《绍兴县统战》调研专辑刊发。

11月中旬，各支部召开会议，民主推荐新一届支部委员候选人。通过民革市委会领导与支部主委及总支负责人的上下沟通，经市民革主委办公会议审定，最终确定支委候选人提名名单。12月18日，根据民革市委会统一安排，总支下属3个支部先后进行换届选举，选举产生新一届支部委员会。

（王可钦）

中国民主同盟绍兴县总支委员会

【概况】 2010年，民盟绍兴县总支进一步深化基层组织规范化建设。制定出台《民盟绍兴县总支支部、盟员创优考核条例》。将各支部的组织建设、参政议政、社会服务、宣传工作、完成上级任务和创新创优等6个方面的工作分解为13个细目进行量化考核。科技支部作为省委统战部和省社会主义学院启动的统一战线干部教育培训现场教学基地，规范化建设有新提升。10月13日，省委统战部部长汤黎路一行视察科技支部规范化建设，对规范化建设所取得的成果表示充分肯定。

民盟绍兴县总支的调研材料《关于发展我县残疾人体育的几点建议》被列为县政协四次全会大会发言材料。大会期间，民盟县总支还提交集体提案2件，盟员人大代表和政协委员在市、县“两会”上共提出建议和提案26件。内容涉及解决老百姓菜篮子问题、禁赌工作、对干部的监管、教育工作、打击违章建筑、县城建设等多个方面。从办理和答复的情况看，效果较好。组织完成7个课题的调研，其中《关于我县农村宅基地置换工作的调研》、《关于实施城区夜间亮化工程的几点建议》、《关于建设滨海物流中心的调研报告》、《关于我县纺织产业转型升级的几点建议》4篇调研报告被县委统战部《绍兴县统战》选中转载。市委常委、县委书记何加顺对《关于实施城区夜间亮化工程的几点建议》作出批示。有3个课题被列入民盟市委年度重点调研课题。

这年，民盟绍兴县总支有一批盟员担任县检察院、纪委、工商局、财税局、电力局、建管局等部门的人民监督员和特约监督员，盟员李桂金等多次参加县纪委安排的行风评议和行风明察暗访，提出意见建议，较好地履行职责。（王可钦）

中国民主建国会绍兴县总支委员会

【概况】 2010年，“两会”期间，民建绍兴县总支共提交集体提案3件，个人提案27件，人大议案7件，其中提交市“两会”提案议案5件。总支提交的《关于加快我县民营企业转型升级的几点建议》被县政协列为这年的一号提案、重点提案，《关于培育细分市场促进中国轻纺城市场二次创业》调研报告得到市委常委、县委书记何加顺的重要批示。此外，总支还根据民建市委会和县委统战部的要求，撰写《优化公共服务 提升城市品位》、《关于加快我市职业教育的几点建议》、《关于我县工业经济转型升级的思考》等多篇调研报告，被民建绍兴市委会和县委统战部采用。

5月15日，民建绍兴县总支与中共绍兴县委组织部、县工商局、县民营企业协会联合承办《2010年宏观经济趋势与民营企业应对策略》报告会，邀请全国人大原副委员长、民建中央原主席成思危作专题报告，市委副书记、市长钱建民主持报告会，市县二级四套班子领导、部门主要负责人、重点骨干企业共500余人参加报告会。

加强对口联系，开展民主监督。6月7日和11月4日，民建绍兴县总支全体委员、支部主任、骨干会员分别在富丽华大酒店和滨海开发委举行对口联系活动，分别听取政协一号提案的办理情况，县工商局通报助推经济转型升级工作举措，县财税局通报全县财政收支情况，县经贸局通报全县节能减排降耗和经济转型升级情况，为广大会员更好地参政议政、献计献策、知情出力，开展民主监督提供详实的情况。此外，总支有一支14人组成的特约人员队伍继续在各个行风监督小组中，他们配合作风建设年、经济转型升级年工作，了解行风效能建设落实情况，为机关部门服务转型开展监督服务。

这年，民建中央原主席成思危、第一副主席张蓉明、副主席宋海和民建中央网络编辑会议代表，对绍兴县基层组织建设、经济转型升级情况进行考察了解并予以肯定。民建绍兴县总支被民建中央评为民建全国先进基层组织。（王可钦）

中国民主促进会绍兴县总支委员会

【概况】 2010年，民进绍兴县总支完成《绍兴县农村基层民主政治建设的建议》，职教中心支部完成《绍兴县职业教育发展的建议》；先后组织3个专题调研小组完成《建设“网上轻纺城”，再创纺城新辉煌》、《加强当前价格成本监审，做好社会稳定工作思考》的调研稿。在充分调研的基础上，形成关于打造柯桥县城国际纺织文化之都的大会发言，并转为政协提案，被县政协确定为重点提案。此提案被评为县政协十届三次（2010年度）优秀提案。县“两会”上，民进绍兴县总支中的17名人大代表与政协委员共向大会提交省、市、县政协提案26件；市、县人大议案8件。总支中的政协委员还向政协上报28件社情民意。民进绍兴县总支共收到“我为绍兴献一计”40余份。

民进绍兴县总支继续重视与对口联系部门的联络工作。上半年，与对口部门举行相关计划活动的交流会，下半年，进行全年对口部门的局务工作及行风建设情况的通报会。总支还派出以支部主任为主的工作队开展行风监督工作。暗访相关局办行风，并及时把情况上报相关局办。

这年，柯桥中学、鲁迅中学支部与贫困、问题学生结对帮扶。柯桥小学支部还利用本校优质教育资源，联络会员金妙红（负责富盛镇小学教育），送教到校到班级，受到富盛镇小学教师的热烈欢迎。这年柯桥小学支部还与甘肃玉树一小学结对，书信往来。（王可钦）

中国农工民主党绍兴县总支委员会

【概况】 2010年，农工党绍兴县总支在“两会”期间及一年中向县政协提交集体提案2件、个人提案21件，向县人大提交个人议案2件。向市政协提交个人提案5件，向市人大提交个人议案2件。内容涉及法制、经济、医卫、公安、文教、公交、环保等诸多方面，这些提案和建议引起相关部门的重视，被相继采纳。县总支集体提案《关于加快我县基层劳动保障工作平台的建议》被列为2010年度县政协重点督办提案。深入开展调研，先后形成《以轻纺城物流配套提升完善为契机，促进物流企业转型升级》、《柯桥城区市政管理现状思考研究与对策》、《绍兴县国际营销网络建设的几点思考》、《关于优化现有医院招聘紧缺人才模式的调研》等调研报告。这些调研报告对相关部门的决策都起到很好的作用。

农工党绍兴县总支有市政协委员1人、市政协常委1人、市人大代表1人；县政协委员12人，其中政协常委2人、政协副主席1人，县人大代表1人。有1人被聘为政协信息员，有7人分别被聘为各部门系统行风监督员。他们积极参加各种形式的政治协商和民主监督活动，参加县机关部门各系统行风民主评议，反映社情民意，提出合理化意见和建议。这年，向县有关部门反映和提出社情民意10余件。

这年，农工党绍兴县总支加强与县公安局、对外经济贸易局、劳动与社会保障局的联系工作，增加沟通和了解，发挥各行风监督员的作用，适时作一些调研和考察，增加知情度，扩大参政面。民进绍兴县总支共组织、参加各类医疗咨询义诊活动15

次，参加人员80余人次，服务群众2000余人次，受到当地群众的称赞。共捐款19500元，社会救助结对40人次，其中结对助学3人。（王可钦）

九三学社绍兴县基层委员会

【概况】 2010年，九三学社绍兴县基层委员会在县政协十届四次大会上共提交提案22件。其中以县基层委名义提交的集体提案5件，8名政协委员提交个人提案17件，其中《加快我县中心镇建设步伐，促进城乡统筹发展》在大会上作口头发言。这一集体提案，被列为县政协重点督办提案，年底被评为优秀提案。2名社员被县政协授予优秀政协委员称号。在绍兴市政协六届四次会议上，3名社员共提交个人提案4件。县基层委通过调研，撰写《突出柯桥城市形象 引领县城科学发展》调研报告，提出要建设“国际纺织之都、现代商贸之城”，必须打响“绍兴黄酒—中国轻纺城在柯桥”的口号，树立柯桥县城形象品牌，同时提出6条具体措施；撰写《打造更美“微笑曲线” 推进服装业升级改造》调研报告，并提出4条建议供政府部门参考。3个支社共向九三学社绍兴市委会提交6篇调研文章。

11月，九三学社县基层委组织20多名社员，与县科技局开展对口联系活动，视察绍兴县纺织服装创意基地和科技孵化基地，同时召开座谈会，九三学社社员们交流考察心得，为发展柯桥创新创意产业积极献言献策。多次组织社员参加对口联系部门的情况通报会，组织部分社员和对口联系部门的行风监督员、特邀监督员参加情况通报会和意见征询会，发表意见建议。

这年，九三学社绍兴县基层委开展法律服务、送医下乡等社会服务5次，共服务群众2100多人次，送法律、安全用药、食品保健等方面书籍资料7500多本（册）。

这年，九三学社绍兴县基层委分别被九三学社中央、九三学社浙江省委授予全国优秀基层组织称号、2008～2009年度全省社会服务工作先进集体称号。（王可钦）

绍兴县工商业联合会

【概况】 2010年，绍兴县工商联贯彻《加强和改进新形势下工商联工作的意见》，落实省联提出的“223工作计划”，着重把握“六个着眼”，实现“六新发展”，工商联工作再上新台阶。再次获绍兴市工商联系统综合考评第一名，分别被省、市工商联评为系统先进单位。

这年，县工商联采取把专家请进来、组织企业走出去、利用企业自身资源等形式，举办或联办培训10场2500多人次。其中单独举办3期“商会大讲坛”，合办3期“柯桥大讲坛”。还协助市场商会开展内部培训12场次。积极开展引导，认真推选市级优秀建设者；组织编写绍兴县第三届优秀建设者书籍。发动会员回报社会，仅商会为玉树捐款150多万元；组织爱心献血；组织商会为经济薄弱村捐款11万元建设新农村。

健全队伍，组织网络有新拓展。新增会员268个，总数达2991个，建立执常委数据库。新成立商会2个，换届3个；启动村级商会试点，成立全市第一个村级商会——杨汛桥蒲荡夏商会；健全“商会+支部”模式，新成立2个党支部，共12个商会建立党支部，浙江省委组织部部长蔡奇专门对绍兴县市场商会党建工作进行考察；重点打造“大商会”格局。

开展各类调研活动5次，形成调研报告5篇。4月，走访会员企业100余家，了解企业发展现状与前景，及时做好参谋；开展多项专题调研，以商招商促进轻纺市场发展的报告成为政协大会口头发言材料；对中国厨卫城发展等问题分别进行调研。对89家规模以上企业进行基础调查，对40家企业进行第九次私营企业调查，协助县人大开展投资环境调研，协同上级开展民间投融资等情况调研。

开展对接服务，组织银企对接6场次，为30余家企业提供授信，县工行又向温岭、福建等商会授信12个亿；引导企业抱团参加各类展销会；组织9家企业参加“浙江—西弗兰德商贸日”活动等；联合举办创意产业基地设计名师、高校签约入驻仪式暨项目对接会。组织维权服务进市场专项活动，邀请13家单位30名专家参加，发放资料3000余份，受理咨询千余人；推广实施行业自律版权保护模式，出台《花样保护自律公约》，编印5000册《行业自律花样保护100问》发放给会员，代办版权登记200余个，协调侵权案76起；接待维权来访205人次，电话74人次，受理协调请求164件；成立全市首个镇级商会仲裁组织杨汛桥镇商会绍兴仲裁委员会仲裁联络处，还成立绍兴县总商会人民调解委员会。这年，共接待到县考察16批次100多人，还协助商会做好家乡领导、企业家来访接待。首次与境外高校日本早稻田大学、东京农工大学签订合作协议。承办杭州都市经济圈商会联谊会第二次会议。利用工商联网站、报纸等为会员提供政策、市场信息。组织参加各类政策通报会、意见征求会7次。征订《浙江工商》等杂志赠送给执常委。为119位会员协调解决子女就学问题等。（倪霞敏）

责任编辑　孙永红

人民团体

绍兴县总工会

【概况】 2010年，绍兴县总工会坚持服务大局与服务职工相结合，工会工作呈现良好局面，有县级工人先锋号20个、市级工人先锋号2个、省级工人先锋号1个，全国劳动模范2人、省五一劳动奖章获得者1人。评选15名市优秀职工，其中2人被评为市十佳杰出职工、省优秀职工。

2010年，县总工会先后被评为全国职工互助保障先进单位，省“强保障、促和谐”活动优秀组织单位，省工会财务工作先进单位，市群众体育先进单位；获省工会组建工作特等奖，市第二届职工文化节组织工作一等奖；接待全国乡镇（街道）工会干部培训班，河北省、新疆伊犁州及省内兄弟市、县总工会等10余批次团队到县学习、调研。

【新建工会组织131家】 2010年，县总工会规范镇级工会建设，完成镇（街道）总工会换届，深化“党建带工建”三级联创工作，建设以镇（街道）工会为龙头、村（社区）工会为重点、企业工会为基础的工会组织网络，引导镇（街道）工会探索行业性工会、区域性工会、行政村（社区）工会联合会、楼宇工会等新型建会模式。全年新建工会组织131家，涵盖单位250余家，新发展会员35871人。

【成立10家职工培训学院】 2010年，县总工会建设工会“大学校”企业职工培训学院，指导成立10家职工培训学院，初步实现有组织机构、有培训计划、有师资队伍、有设施设备、有培训经费、有培训效果的“六有”目标。

【开展纺织主题展演活动】 2010年“五一”期间，县总工会组织开展“彩虹颂”大型纺织主题展演活动，通过技术比武、知识竞赛等形式，在全县纺织、印染等十大行业中推选百名技术能手，培训工会干部千余人次，组织万名职工参加竞赛。

2010年4月28日，绍兴县庆“五一”纺织主题展演活动在县文化发展中心音乐剧场举行。

（县总工会供稿）

【开展和谐企业（园区）创建工作】 2010年，县总工会开展劳动关系和谐企业（园区）创建工作，推评省级劳动关系和谐企业7家、市级劳动关系和谐企业41家、县级劳动关系和谐企业93家，向基层拓展延伸。柯桥经济开发区被评为省级劳动关系和谐园区，柯桥开发委“四全三重”创建模式得到省总工会的充分肯定。

【实施文化共享促和谐行动】 2010年，县总工会实施文化共享工程进企业活动，开展企业报刊、企业之歌征评工作，创建省（市）级职工书屋15个、省（市）级职工电子书屋95个、市级企业文化建设示范单位5家；广泛引导镇（街道）、企业工会组织开展形式多样、各具特色的小型文化娱乐活动，赠送电子阅读卡3500张，送电影进企业200余场，组织各类职工文体娱乐活动1000余场。

【全面实施干部联企制度】 2010年，县总工会开展“部室联片、干部联镇”工作，全面实施干部联企制度，明确推介员、调研员、督查员、辅导员、指导员、助理员等职责，每名机关干部确定2家企业进行“点对点”联系，指导企业工会按规范程序开展工作。

【职工维权帮扶中心通过省级验收】 2010年，绍兴县把困难职工档案全部输入工会帮扶系统，并进行依档施助。县各级工会共筹措资金370万元，帮扶困难职工群众3000余人，资助困难职工和农民工子女就学1145人。县总工会与县电台亚红热线联合开展“春风送暖、走进南部山区”关爱职工大行动；与县交通部门联合开展外来务工人员平安返乡援助工作，免费发放爱心购票抵值券。绍兴县职工维权帮扶中心通过省总工会规范化建设验收。

（杨　钢）

共青团绍兴县委员会

【概况】 2010年，共青团绍兴县委员会以青年创业创新工程、青年文明修身工程和青年关爱帮扶工程为统领，切实履行团委4项职能，开创全县共青团工作新局面。绍兴县有基层团委39个，其中镇（街道）团委19个，开发区、局、系统、县直企事业单位团工委20个，团总支109个，团支部1565个，共青团员4.42万人。

【建设共青团基层组织】 2010年，团县委开展统筹城乡团建试点工作，先后召开试点动员会、中期推进会和年终述职会，编印《团情日记》，探索基层团委日常运行台账式管理。采集共青团基层组织数据，完成全县1565个支部、43405名团员基本信息输录工作，受到团中央通报表扬。开展统筹城乡团建百日集中行动，新建国企团组织1家、非公团组织221家、新社会组织团组织25家，其中非公团组织较年初增长151%；培育蓝天商圈团总支、创意产业基地团工委等新领域团建示范点；发动4家非公企业面向全国招选团委书记人选。出台县级团代表常任制试行办法，依法卸职递补团县委委员15人，编辑基层组织建设操作实务，规范团支部新建、换届与镇（街道）团委委员增补直选办法。

【评选表彰县第八届十大杰出青年】 2010年3月下旬，绍兴县启动第八届十大杰出青年评选活动，通过公众投票、网络评议、定向投票、评委会投票等方式，从教育文化、农业农村、传媒艺术、工业科技、金融商贸、政法公管、企业管理、医卫体育、社团中介、外出外来等10个类别推选出杰出青年10人。5月4日，绍兴县第八届十大杰出青年颁奖典礼在县电视台演播大厅举行。

2010年5月4日，绍兴县举行第八届十大杰出青年颁奖典礼。（王　璐摄）

【180名志愿者服务第六届世界合唱比赛】 2010年，团县委做好第六届世界合唱比赛绍兴县赛区的相关志愿者工作，组织180名志愿者在场馆布置、交通协管、站点咨询等方面提供服务，累计提供志愿服务约1.1万小时。赛后，团县委被赛事组委会授予志愿服务工作杰出贡献奖，另有20名志愿者受到市级表彰。

2010年7月，第六届世界合唱比赛期间，绍兴县志愿者与国际文化交流基金会主席冈特·铁驰合影留念。（王　璐摄）

【召开县青年星火带头人协会第四次会员大会】

2010年12月8日，绍兴县青年星火带头人协会第四次会员大会在王坛镇舜裕会所召开，喻志敏当选新一届协会会长。协会共吸收会员57人，会员主要从事花卉、大棚蔬菜、粮食等种植业，生猪、肉兔、青虾等养殖业，酱油制造、黄酒酿造、咸蛋加工、茶叶生产加工等农产品深加工业。

【构建青年创业创新服务体系】 2010年，团县委引导服务新生代企业家成长，全年新建见习基地30家，提供见习岗位691个，实现人岗对接357人。落实青年创业补助扶持政策，发放创业补助资金97816元。继续实施小额贷款助推青年创业工程，全年新增青年企业小额贷款授信43户881万元，实际放贷881万元。围绕纺织创意产业发展，举办第二届青年创业计划大赛，吸引省内多所高校百余名学生参加。

【实施人才发展计划】 2010年，团县委从“谈好青年、评好青年、树好青年、学好青年、扶好青年、用好青年”6个方面，实施“村村都有好青年”人才发展计划，共评出好青年291人。10月，举办大学生村官“扎根基层”主题月活动，召开大学生村官创业经验交流会、大学生村官与资深村干部座谈会，举办“美丽有序”农村新社区摄影比赛、大学生村官创业创新主题征文比赛、绍兴县青年创业计划大赛等系列活动。

【拓展青少年校外教育工作】 2010年，团县委开展“祖国发展我成长”、“民族精神代代传”、“少年少年美好城市的明天”、“奉献世合我们可以做什么”、“雏鹰展翅世合赛文明礼貌红领巾”等主题活动，推广“阳光少年社区行，七彩童年共成长”社区少先队建设试点经验，策划开展“流动少年宫进农村”活动2期，组织发动全县各级少先队发掘地方文化资源，增强青少年爱乡之情。辅导员志愿服务团进农村进社区项目被省少工委评为少先队工作项目一等奖。

绍兴县妇女联合会

【概况】 2010年，绍兴县妇女联合会坚持“服务大局、服务妇女、服务基层”工作方针，引领全县妇女参与创新发展、和谐发展、统筹发展，深化“巾帼建功”活动，申报创建全国巾帼文明岗1个、省级巾帼文明岗3个，评选县级巾帼文明岗30个、巾帼建功标兵30人；推进“双学双比”活动，评选县级“双学双比”先进集体5个、“双学双比”先进工作者15人、“双学双比”女能手5人、生产示范基地3个、“妇字号”农家乐3个；面向农村富余女劳动力开展各种技能培训，全县共培训12400余人次，实现转移750余人。

2010年，绍兴县有全国文明家庭1户、省级“绿色家庭”3户、市级“学习型家庭”1户，省三八红旗手2人、市十佳“优秀母亲”1人。推荐5名女企业家参加“2009中国经济女性年度人物”评选，1人当选“年度人物”、1人当选 “发展人物”、3人获成就奖，县妇联获省三八红旗集体称号，并被授予2009中国经济女性年度人物推荐活动伯乐奖。

【举办纪念三八国际劳动妇女节100周年活动】 2010年，为纪念三八国际劳动妇女节100周年，县妇联举办“生活因我们而美丽”主题活动，回顾绍兴县百年妇女运动历史，表彰绍兴县第二届十大杰出女性和优秀女性。

2010年3月5日，绍兴县举行纪念三八国际劳动妇女节100周年暨第二届十大杰出女性表彰大会。（沈浩根摄）

【为“转型升级”献计135条】 2010年，绍兴县发动全县妇女组织、妇女干部和经济女性开展“我为转型升级献计献策”活动，共征集计策135条。其中涉及经济发展69条、城乡建设和社会民生事业66条。计策内容针对性和操作性强，直指群众关心的热点难点问题。

【实施扶贫献爱心专项行动】 2010年，县妇联开展“一村结对百户扶贫千人就业”活动，广泛发动企业家家属帮助困难妇女儿童，建立扶贫献爱心团队，组织438名妇女干部及爱心人士与487名帮扶对象结对。全县共结对助学593人，助学金额22.3万元。

【开展基层妇女组织建设示范创建活动】 2010年，绍兴县开展基层妇女组织建设示范创建活动，组织相关妇女干部参观示范试点——平水镇和钱清镇梅东村。全县共申报创建村（社区）22个，成功创建全国示范街道1个、全国示范村（社区）3个、省级示范村（社区）5个、机关事业单位示范妇委会1个。（赵 琪）

绍兴县科学技术协会

【概况】 2010年，绍兴县科学技术协会指导下属学（协）会开展各项活动。农学会开设科普惠农系列讲座；医学会组织专家下乡义诊；热电协会邀请省特种设备检验研究院举办锅炉司炉工复证培训班2期，与劳动职业技术培训中心联合举办汽轮机高级工培训班1期；水产学会全年累计培训渔民1125人次，发放科普资料2470份。县科协下属学会、协会和研究会31个，企业科协13个，19个镇（街道）均设立科普协会机构，形成科协工作的组织网络。

【开展“三下乡”服务】 2010年初，县科协赴福全镇开展“三下乡”活动，为农民群众提供实用技术培训和农村种养技术咨询，发放科普书籍6000余册。全年共组建医疗队26支，义诊1200余人次，提供咨询服务8102人次，健康宣传12161次，走访农户200多户，发放资料20000余份。

2010年初，县科协在福全镇开展“三下乡”活动。（孙建国摄）

【举办电视科普知识竞赛】 2010年5月15日，绍兴县科普活动周开幕式暨电视科普知识竞赛在县电视台演播厅举行。来自镇（街道）、学会、学校、企业的7支代表队参加电视科普知识竞赛，其中县护理学会获一等奖，柯桥街道、稽东镇获得二等奖，兰亭高科、华舍实验学校等4家单位获得三等奖。开幕式还表彰2009年度绍兴县科普先进集体，向社区、学校、学会和企业科协赠送科普书籍。县四套班子领导出席开幕式，300余名群众参加活动。

【开展科普进社区、农村系列活动】 2010年，绍兴县在各社区举办节能减排、现代科技、医学卫生、食品安全、法律法规、环境保护、计划生育等宣讲咨询活动，普及科学健康生活观念，倡导文明生活方式；举办反对封建迷信、常见病防治、现代航天科技、房屋装潢等科普图板展览。

【省级科普示范县创建成功】 2010年，县科协召开创建全国暨省级科普示范县动员会，挂牌成立县科普活动中心，新建科普画廊36个，指导38个村建立成为县级科普示范村。12月，绍兴县创建为省级科普示范县，陶堰镇创建为省级科普示范镇，新未庄和港越社区创建为省级科普示范社区，大香林等4家单位创建为市级科普旅游基地，黄望治等2人被评为市级农村实用技术人才。

2010年9月28日，绍兴县创建全国暨省级科普示范县动员大会在县行政中心召开。（孙建国摄）

【扩大青少年科技活动参与面】 2010年，县科协开展一系列青少年科技活动。5月，在柯岩中学举行县青少年电子制作比赛，23所学校的219名选手参加活动。6月，组织县青少年雕塑泥制作比赛，25所学校的83幅雕塑泥作品参与评选。12月，举办县第26届青少年科技创新大赛；组织参加市级青少年科技创新大赛，8项作品获一等奖，2名教师获市级优秀科技辅导员；少儿幻想画《水乡清道夫》获第25届全国青少年科技创新大赛一等奖。

【培训农函大学员5944人】 2010年，县科协以种养专业户、科技示范户为重点，做好农函大培训工作，全县19个镇（街道）辅导站共举办一年制长班98个，招收学员5944人，涉及四季笋管理等39个专业，培训内容由传统农业向效益、特色农业转变。

【多途径宣传科协信息】 2010年，县科协多途径宣传科协信息，在县广电总台开辟《科技之窗》广播专栏，每周1次宣传科普知识；以编印资料简报和建立工作网站相结合的方式，定期宣传科协阶段性重点工作；全年向市级科协系统上报信息50余条，被省级科协系统录用信息20余条。（朱仲燕）

绍兴县文学艺术界联合会

【概况】 2010年，绍兴县文学艺术界联合会坚持“二为”方向、“双百”方针和“三贴近”原则，努力开创全县文艺工作繁荣发展新局面，被评为2010年度绍兴市文联系统先进集体。

2010年，县文联共辖团体会员76个，其中县级法人社团4个，直属文艺家协会14个。县文联骨干会员在县级以上报刊、展览、广播、电视和专场演出中，推出各种体裁作品2000余篇（幅、件、部），并有一批作品在省和全国获奖。至年底，全县文艺协会会员中，有国家级会员49人、省级会员151人、市级会员370人。

【组织开展“送欢乐、下基层”工作】 2010年，绍兴县文联组织开展“送欢乐、下基层”工作，邀请专家学者参与策划各类文化惠民活动。1月18日，组织15名书画、摄影家参加“三下乡”活动，赠送文艺书籍200本、书写春联300幅。4月16日，组织12名作家赴王坛镇文艺采风，深入陶元岭古道、南溪江、五百岗、南岸村等实地踏青访问，贴近基层生活，汲取创作营养，积累创作素材。8月3日，组织12名书画家赴县消防大队进行艺术交流，共庆八一建军节，现场创作近30幅作品。

【举行桐乡—绍兴书法联展】 2010年4月27日，绍兴县启动“桐乡—绍兴书法联展”活动，县领导孙君、平水龙、陈德洪、邢柏生等出席开幕式。展览为期5天，共展出两地书法爱好者创作的100余件作品。活动检阅“中国书法之乡”建设成果，推动绍兴县、桐乡市书法文化交流。

2010年4月27日，绍兴县启动“桐乡—绍兴书法联展”活动。（林子龙摄）

【60余件美术作品赴天台参展】 2010年5月26日至6月10日，绍兴县挑选60余件绍籍美术作品赴天台县博物馆展出。展览作品均为绍兴县书画家的精品力作，内容丰富、题材多样，包括油画、山水、人物等。两地的书画家还在天台山书画院进行交流笔会，互相交流经验、切磋技艺。

2010年12月，绍兴县开展县内文艺家“转型升级”主题采风活动。（林子龙摄）

【50余名文艺工作者参加“转型升级”创作采风活动】 2010年12月，县文联组织50余名文艺家赴中国轻纺城建管委、轻纺城创意产业基地、柯岩街道索密克公司、王坛镇旅游生态区、浙江省现代纺织

工业研究院、县广电总台、会稽山东风酒有限公司等单位实地采风，领略转型升级变化，激发文艺创作热情，撰写采风文章，生动反映绍兴县在抢抓发展机遇、加快转型升级历史进程中的新思想、新任务、新成就和新创造。此项活动获2010年度绍兴县宣传思想工作创新奖。（陈伟鸣）

绍兴县归国华侨联合会

【概况】 2010年，绍兴县归国华侨联合会切实履行“群众工作、维护侨益、参政议政、海外联谊”四大职能，贯彻为侨服务宗旨，以“强联谊、重服务、夯基础、凝合力”为重点，做好侨胞接待服务工作，走访慰问县内40多户重点归侨侨眷及留学人员家属，开展访贫问苦送温暖活动，动员全县归侨侨眷侨商为玉树地震灾区捐款35万元。全年受理群众来信来访3起，接待来访1人次，结案3起，协调处理涉侨信访案3起。

【更新海外侨情动态数据库】 2010年，县侨联更新海外侨情动态数据库。全县共有归侨侨眷5080人，华侨华人、港澳居民7016人，留学生456人，主要旅居在印尼、日本、美国、加拿大、英国、奥地利及澳大利亚等22个国家和地区。

【建立重点侨企联系制度】 2010年，县侨联建立重点侨企联系制度，要求每位在职党员干部联系5家～10家重点侨企，且每月联系走访不少于2次，解决侨属企业的实际困难。针对民营企业家托送子女留学海外的特殊现象和协会中回国留学生企业经营者较多的特点，县侨联引导海归人员树立正确经营理念，由“富二代”向“创二代”转变。此项工作被评选为2010年度全省侨联系统各地市十件大事之一。

【建设基层侨联】 2010年，绍兴县召开基层侨联工作会议，新建平水镇侨联和安昌镇侨联。至年底，全县建有基层侨联7家、村（社区）侨联分会6家。兰亭镇紫洪山村侨联分会和柯桥街道柯福社区侨联分会被省侨联分别命名为五星级、四星级省村居（社区）“侨界之家”。县侨联《健全组织网络 活跃基层侨界》一文参与全国侨联基层组织建设经验交流会书面交流，并入选省侨联材料汇编。

（王征宇）

绍兴县残疾人联合会

【概况】 2010年，绍兴县残疾人联合会加强残疾人社会保障体系建设，全面推进残疾人康复、教育、就业、扶贫、宣传、文化、法制建设、社区医疗服务等各项工作。贯彻落实《关于进一步加快推进残疾人事业发展的实施意见》、《绍兴县残疾人辅助器具配发暂行办法》、《绍兴县促进残疾人就业创业暂行办法》、《绍兴县贫困残疾人康复救助办法（试行）》、《绍兴县残疾人小康·阳光庇护中心实施办法（试行）》在内的系列政策，从制度上保障全县残疾人员在医疗、就业等方面得到充分照顾。开展“助残月”活动，走访慰问残疾人家庭595户，慰问金和物品支出近30万元；开展爱心助残274人次、医疗助残3758人次、教育助残511人次、就业助残52人次、科技助残30人次、司法助残50人次、巾帼助残65人次、志愿者助残112人次；组织残疾人飞镖、盲人定向行走等比赛，丰富残疾人文体生活；悬挂宣传横幅121条、张贴标语869条、更新宣传窗195个、广播电视和报刊报道105件（次）。推动残疾人服务体系建设，深化残疾人共享小康工程。有序做好残疾人证申领工作，发放残疾人证633本。正式投入运作县残疾人康复指导中心。开播电视手语新闻节目。绍兴县成功创建成为全国残疾人社区康复示范县和全国白内障无障碍县。

【创建全国残疾人社区康复示范县】 2010年3月10日，绍兴县召开残疾人工作暨创建全国残疾人社区康复示范县工作会议，部署创建工作，确定华舍街道为全国残疾人社区康复示范县创建试点街道。4月13日，县残联在华舍街道举行创建全国残疾人社区康复示范县试点工作现场会，现场指导各镇（街道）相关负责人规范开展残疾人社区康复工作。9月底，省残康办检查组到县检查验收，通过听取汇报、实地走访等形式全面考察创建工作情况。10月，绍兴县被民政部、卫生部、中国残联联合授予全国残疾人社区康复示范县称号。

【加大残疾人补助帮扶力度】 2010年，绍兴县有2407名特困残疾人和828名重度残疾人获基本生活补助，571名生活不能自理的重度残疾人获集中托养或居家安养，176名残疾学生和贫困残疾人家庭子女得到资助上大学，1839名轻症精神病患者得到免费药品，50名重症精神病及躁狂症患者得到医疗救助，因病因灾致贫残疾人得到及时救助，77户特困残疾人家庭危房得到改造。

【推进残疾人康复工程】 2010年，绍兴县全面调查残疾人康复状况，陆续开展免费复明手术、适用器具验配安装和康复训练等服务，免费为96名白内障患者实施复明手术，为1025名贫困残疾人安装适用器具和进行康复训练（假肢装配15条、助听器验配85台、助视器验配38台、配送轮椅等器具849件、智力残疾或脑瘫儿童等康复训练38人）。

2010年5月13日，绍兴市委常委、绍兴县委书记何加顺看望农村贫困残疾人。（高　洁摄）

【扩大重度残疾人托（安）养救助面】 2010年，绍兴县将一般家庭中的二级肢体残疾人及二级精神、智力残疾人纳入托（安）养对象，并在镇（街道）摸底上报的基础上，逐户走访确认。全年纳入集中托养102人、居家安养469人，超额完成省定小康工程任务。

【6周岁以下残疾儿童享受免费康复训练】 2010年，绍兴县在全省率先出台《绍兴县残疾儿童康复救助暂行办法》，对全县符合条件的6周岁以下听力言语残疾儿童、孤独症儿童、智力残疾儿童、肢体残疾儿童、视力残疾儿童、多重残疾儿童实施为期3年～5年的免费专业康复训练。

【举行"助残月"结对帮扶残疾人活动】 2010年5月15日，县残联在稽东镇组织举行"助残月"结对帮扶残疾人活动仪式，会同县民盟、县教育局、县总工会、县妇联等部门与19户困难残疾人家庭结对，同时开展法律咨询和援助、白内障筛查、肢体残疾康复义诊等服务。

【帮助6800名残疾人就业】 2010年，县残联帮助6800名残疾人就业。其中分散按比例就业2650人，福利企业集中就业1400人，扶贫基地就业120人，公益性岗位就业256人，灵活就业近2400人。扩大"残保金"征缴力度，逐步提高"残保金"征缴标准，收缴"残保金"2800余万元。（边　烽）

绍兴县关心下一代工作委员会

【概况】 2010年，绍兴县关心下一代工作委员会举办纪念关工委成立20周年庆典活动，编辑出版纪念关工委成立20周年文集，评选绍兴县第六届少年英才22人，表彰县关工委工作先进集体50个、先进个人80人，牵头结对资助211名贫困大学生。

2010年，县关工委被评为浙江省和绍兴市关心下一代工作先进集体；县关工委主任汪传昌被评为全国关心下一代工作先进工作者，受到中国关工委和中央文明办的表彰；由县关工委推荐的孤儿"成长顾问"代表蒋和璞被评为绍兴县2010感动柯桥最具影响力人物之一。

【成立企业关工委4家】 2010年5月10日，县关工委在中设建工集团召开全县企业关工委建设现场会。会后，中厦建设集团、富强集团、咸亨集团、金汇纺服4家企业相继成立关工委。至此，全县企业相继关工委累计达5家。

【聘请14名网吧义务监督员】 2010年7月12日，县关工委召开专题会议，聘请14名"五老"（老干部、老军人、老专家、老教师、老模范）为网吧义务监督员。联合县文广局等部门，率先在柯桥、华舍、钱清、夏履4个镇（街道）开展经营性网吧监督检查活动，受到群众好评。

【开展受助大学生暑期社会实践活动】 2010年8月3日，县关工委组织2007年～2009年受助在读大学生参观滨海绍兴县水处理发展有限公司，听取公司总经理胡张尧的情况介绍，观摩污水处理全过程，深入认识蓝天、清水工程。活动期间，县关工委主任汪传昌向在场大学生介绍绍兴县经济社会发展情况，并提出希望。

【举办庆祝县关工委成立20周年系列纪念活动】 2010年12月25日，绍兴县召开纪念县关工委成立20

周年暨表彰大会，市委常委、县委书记何加顺及县四套班子有关领导、县关工委名誉主任、正副主任和历任关工委主任、县机关相关部门、镇（街道）领导、先进代表等400多人参加会议，省关工委副主任张海洋、市关工委主任陈礼安及绍兴市辖各县（市、区）关工委领导到会指导。大会总结回顾绍兴县关工委20年工作经验，设想未来工作方向，表彰20名“关心下一代工作突出贡献奖”获得者和“双先”代表。此外，县关工委编辑出版纪念关工委成立20周年文集《心泉渥桃李》。该文集分别由全国人大常委会原副委员长、中国关工委主任顾秀莲，省人大常委会副主任、省关工委主任徐宏俊，市关工委主任陈礼安题词，县委常委、组织部部长黄文刚作序，真实记录县关工委20年发展轨迹。

2010年12月25日，绍兴县召开纪念县关工委成立20周年暨表彰大会。（县关工委供稿）

【实施“社会学校”扩面工程】 2010年，绍兴县以服务农村未成年人为宗旨，由县关工委、县文明委联合实施“社会学校”扩面工程，综合利用各种资源，为农村未成年人提供快乐健康的校外活动场所。至年底，共有153个村建立“社会学校”，占全县行政村总数的51%。

【慰问帮扶184名孤儿】 2010年，县关工委继续办好镇（街道）孤儿爱心之家，深入开展“牵手献爱心、结对助成才”活动，组织爱心志愿者给孤儿送温暖，帮助考上大学的11位孤儿与中设建工集团关工委实现“双结对”，募集10万元资金慰问全县184名孤儿。（姚子源）

责任编辑　董思思

外事 侨务 涉台事务

外 事

【概况】 2010年，绍兴县外事部门加强因公出国（境）管理、入境外国人管理、涉外事件管理。严格执行因公出国（境）有关规定，强化年度出访计划管理、团组出访行程审核等环节，并在出访过程中举行中国轻纺城推介活动，扩大出访成效。配合上海世博会和世界合唱比赛举办，从严审查外国人入境申请，严格做到材料齐全，审核到位。全年共受理外国人入境洽谈业务778批1062人次。同时按照上级有关要求，加强对外国记者入境采访管理服务工作。重视世博会和世界合唱比赛举办期间的涉外事件处置，协调有关单位掌握入境境外人员活动情况，及时排查并消除各类不稳定因素，整个世博会和世界合唱比赛期间未发生涉外事件。

与日本静冈县菊川市及韩国全罗南道灵光郡进行互访。保持与意大利圣拉扎罗市、比利时西弗兰德省和澳大利亚有关城市的沟通联系。积极开展国际交流，接待匈牙利佩奇市政府代表团、比利时瓦勒海姆市访问团等到县访问的外宾8批次52人次。配合纺博会等大型经贸活动，做好驻沪使领馆官员和重要外宾的邀请和接待工作。参加比利时西弗兰德省在沪举办的招商引资推介会，组织参加第十六届浙江旅外乡贤聚会。加强与浙江旅外乡贤特别是绍兴县旅外乡贤的沟通交流。

【举办迎世博投资环境推介会】 2010年4月12日，绍兴县在上海举办“迎世博绍兴县（上海）投资环境推介会”。滨海工业区、柯桥经济开发区、平水副城、鉴湖—柯岩旅游度假区、柯桥中心城等五大主要产业平台参加推介会，向300多位境内外客商展示良好的投资环境。有6个项目现场签约，总投资近20亿元。

【绍兴县（北京）经济社会发展情况汇报暨新兴产业发展对接会召开】 2010年12月19日，绍兴县在北京举行“绍兴县（北京）经济社会发展情况汇报暨新兴产业发展对接会”。对接会旨在抢抓国家大力发展战略性新兴产业的历史机遇，推介绍兴县投资发展环境和重点产业优势，促进与中央大型国有企业、大型民营企业、科研院所和社会各界的更好合作交流。商务部副部长钟山发来贺信。中钢集团总裁黄天文，中国科协党组成员冯长根，中国工程院机械与运载工程学部常委、博导冯培德，中国农业发展集团总公司董事长刘身利，中国林业集团党委书记、总经理张樟德，中国储备棉管理总公司党委书记、总经理姚明烨，中国纺织工业协会副会长孙瑞哲，中华全国工商业联合会副秘书长王忠明，中化集团副总裁韩根生，中铁建设集团副总经理庄初再等80多家央企、国企和60多家大型民企与科研院所的负责人出席对接会。

2010年12月19日，绍兴县（北京）经济社会发展情况汇报暨新兴产业发展对接会在北京举行。

（县外侨办供稿）

【第18期全国地级市外办主任培训班在绍兴县举行】 2010年3月31日至4月3日，由外交部外管司主办，绍兴县外事与侨务办公室承办的第18期全国地级市外办主任培训班在绍兴县举行，共有28个省（市）144个地级市17个县级外办202 名代表参加。外交部副部长吕国增作国际形势专题报告，省外办主任阮忠训参加培训班。

【重大外事接待9次】 2010年10月13日，日本静冈县菊川市友好访问团一行10人在市长太田顺一率领下访问绍兴县。市委常委、县委书记何加顺接见并宴请访问团一行。这是自2009年两地签署友好交流框架协议以来的第三次政府间高层交流。

9月13日，比利时瓦勒海姆市友好访问团一行6人在市长库尔特·范里科赫姆率领下访问绍兴县。县委副书记、县长孙云耀在县行政中心接见代表团一行，并就缔结友好城市事宜进行商洽。代表团一行还考察中国轻纺城和柯桥经济开发区。

5月3日，匈牙利佩奇市友好访问团一行在市长帕瓦·佐尔特率领下访问绍兴县。孙云耀接见访问团一行。访问团一行参观中国轻纺城和柯岩—鲁镇风景区。

10月24日至25日，韩国全罗南道灵光郡友好访问团访问绍兴县，团长全罗南道灵光郡副郡守崔长周。孙云耀接见并宴请访问团。访问团一行出席2010中国（柯桥）国际纺织品博览会开幕式。双方还就友好城市结交事宜作进一步商洽。

10月24日至25日，印度驻沪总领事馆官员德相声为代表的有关国家驻沪总领事馆官员，出席2010中国（柯桥）国际纺织品博览会开幕式，并参观柯桥新县城。

8月19日，日本静冈县议会副议长岩濑护为团长的静冈县友好访问团一行访问绍兴县。访问团一行参观中国轻纺城和鲨莎家纺有限公司。

10月24日至25日，澳大利亚中国工商会主席迈克·约翰访问绍兴县，并出席2010中国（柯桥）国际纺织品博览会开幕式。

11月3日至4日，日本长崎县水产部长野口市太郎为团长的日本长崎渔业代表团一行7人访问绍兴县。代表团一行进行渔业考察，并参观绍兴县唐宋酒业有限公司。

12月3日，印和团执行官、印度安得拉邦印共（马）书记处成员亚尔拉加达·文卡特斯瓦拉奥为团长的印度非政府组织代表团一行在中国人民争取和平与裁军协会副秘书长陈怀凡等的陪同下，考察绍兴县新农村建设。

【重大公务出访活动5次】 2010年9月7日至18日，绍兴市委常委、绍兴县委书记何加顺率经贸考察团，赴韩国、日本等地开展经贸考察活动。考察团一行首先在韩国首尔举行绍兴县中国轻纺城（韩国）大型推介会，举办轻纺城面料专场服装秀，6位韩国服装企业负责人和设计师代表签署轻纺城入驻协议。推介会得到韩国纺织业界的广泛参与和大力支持。还考察韩国东大门市场、三星集团、SK集团等，并与企业负责人进行情况交流与合作洽谈。在日本先后考察日本著名企业大和房屋株式会社、东伸工业株式会社、丸红株式会社和伊藤忠商事株式会社，各企业负责人热情接待并陪同考察生产现场、产品展示区等。考察团向他们介绍绍兴县经济社会发展、中国轻纺城提升发展和柯桥城市建设等有关情况，并邀请相关企业参加秋季纺博会。还参观大阪世博会展馆、大阪纺织市场、亚太贸易中心、东京未来之家等，专程赴静冈菊川市考察，双方就建立友好县市合作关系进行深入洽谈交流，并参观该市垃圾处理厂等设施。考察团还专程赴香港参加绍兴县香港同乡会成立仪式，与同乡会有关代表进行交流。

8月18日至28日，县委副书记、县长孙云耀率经贸考察团一行5人，赴俄罗斯、芬兰、匈牙利等国进行经贸考察。考察团对3个国家经历金融危机过程中的经济社会发展概况、投资贸易情况、市场需求现状以及高层次人才的就业走向进行考察。在

2010年8月19日，县委副书记、县长孙云耀率领经贸考察团考察绍兴县境外企业。（县外侨办供稿）

俄罗斯，考察团先后拜访莫斯科东区政府、卡西诺乌河托姆斯基区政府、比洛瓦区政府，分别受到各政府区长的热情接待，双方介绍经济社会发展情况和思路措施，并就经贸合作、市场开拓进行深入友好交流。在莫斯科，考察团举行“中国·绍兴县（莫斯科）经贸环境推介会”，当地政府及有关部门和企业客商参加推介会。考察团一行还拜会俄罗斯中国总商会和莫斯科世界贸易中心，考察绍兴县境外企业。

9月2日至14日，县委副书记阮建尧率城建考察团一行6人赴英国、法国、意大利考察。考察团先后考察英国米尔顿·凯恩斯、曼彻斯特，法国萨姆瓦，意大利威尼斯等城市，受到当地政府热情接待。在英格兰中部的米尔顿·凯恩斯，考察团详细听取该市负责人关于城市发展理念、城市规划建设情况的介绍。在法国萨姆瓦市，塞纳马恩省副省长兼萨姆瓦市市长让·佛朗索瓦向考察团详细介绍如何加快农民非农化进程、加强生态环境与古镇开发保护、发展农业合作社、有效解决流动人口住房问题等推进城市建设的情况。双方还就经贸合作、市场开拓进行深入友好的交流。

5月17日至28日，县委常委、常务副县长孟柏干率经贸考察团访问马来西亚、菲律宾、柬埔寨。在马来西亚吉隆坡，考察团一行参观绍兴美佳热电有限公司海外总部，并与该公司集团执行董事吴南洋座谈，就进一步拓宽合作领域、促进项目投资等事项交换意见。还赴马六甲访问世界知名发光二极管制造企业Omega Dominant Corporation，与该公司负责人就引进高新技术项目进行合作洽谈。在菲律宾马尼拉，考察团一行走访菲律宾经济开发区与进出口部门，了解菲律宾贸易与经济发展情况。还拜访菲华商会副主席蔡明启，并举行商贸合作洽谈活动。在柬埔寨，考察团一行拜访柬埔寨发展理事会并举行中国轻纺城推介活动。考察团一行还拜访暹粒省总商会会长陈从政，并考察柬埔寨国字号“吴哥”啤酒的生产基地。

9月16日至25日，县委常委、县公安局局长何伟仕率绍兴县经贸考察团一行4人访问澳大利亚、新西兰。考察团一行拜访澳大利亚大洋交流协会和新西兰经贸商会，双方进行友好交流。在澳大利亚期间，考察团还拜会澳大利亚—中国工商会主席Michale Jones，并邀请他来绍兴县参加2010年秋季纺博会。在新西兰期间，考察团拜会奥克兰理工大学的纺织与设计实验室负责人Peter Heslop，双方表示合作意向。

（马金良）

侨　务

【概况】　2010年，绍兴县侨务部门强联谊、重服务、夯基础、凝合力。成立绍兴县香港同乡会，开展旅欧侨情调查，建立绍兴县海外侨情动态数据库。绍兴县有归侨侨眷5080人，在外华侨华人、港澳居民7016人，留学生456人，主要旅居在香港、印尼、日本、美国、加拿大、英国、奥地利和澳大利亚等22个国家及地区。

组织绍兴县香港同乡会参加2010中国柯桥国际纺织品博览会。开展访贫问苦送温暖活动，对县内的40多户重点归侨侨眷及留学人员家属进行走访慰问。建立重点侨企联系制，即每位在职党员干部联系5至10家重点侨企，要求每月联系走访不少于2次。全年接待侨港胞40多人次。受理群众来信来访3起，接待来访1人次，结案3起，协调处理涉侨信访案3起。全县归侨侨眷和侨商为玉树地震灾区捐款累计35万元。

【绍兴县香港同乡会成立】　2010年9月17日，绍兴县香港同乡会成立。17日晚，在香港如心海景酒店举行成立庆典仪式，绍兴县知名港胞倪伟虎任会长，首届会员109人。驻港部队司令员张仕波向绍兴县香港同乡会的成立发来贺信。中联办协调部部

2010年9月17日，绍兴县香港同乡会成立。

（县外侨办供稿）

长高级助理李新乐，中联办协调部副处长姚铭，外交部驻香港特别行政区特派员公署条约法律部主任张红虹和浙江省联合同乡会会长车越乔，绍兴旅港同乡会永远名誉会长高月明，绍兴旅港同乡会会长周光晖等旅港乡贤出席庆典。

【开展“一、十、千”活动】 2010年，绍兴县侨务部门组织开展“一、十、千”活动。1个结对村王坛镇孙岙村，拨给10万元扶贫款；侨务部门和侨商结对贫困家庭学生20多个；侨企为社会提供1000个就业岗位。（王征宇）

涉台事务

【概况】 2010年，绍兴县充分发挥中国轻纺城台商联谊会和绍兴县台属联谊会两大平台作用，进一步加大招商引资力度。全年引进台资企业4家，另有2家企业增资实施技术改造。获得一批低碳环保企业和农业经济意向落户项目。由台资企业浙江新笙合成纤维有限公司投资3.6亿元新建的金来旺商贸中心建设进展顺利，全年累计完成投资1.12亿元。

加强两岸民间交流互访，全年办理赴台考察团组7批23人次，涉及钱清、兰亭等多家企业。同时通过多种渠道，邀请3名县籍台湾中高层人士回绍走访。2010年5月，邀请台湾中时文化传媒集团旗下《中国时报》、《时代周刊》和中视电视台等3家新闻媒体采拍鉴湖—柯岩风景区、中国轻纺城东升路市场及“611”工程项目群。绍兴县台办被绍兴市台办评为2010年度全市对台经济工作先进单位和服务台商工作先进单位。

【举办海峡两岸书画作品展】 2010年11月22日至28日，由绍兴县人民政府台湾事务办公室和绍兴华夏文化研究会联合主办的“巍巍大中华——海峡两岸书画展”在绍兴县行政中心大厅展出。展览以“隔海隔礁不隔心，同文同宗墨传情”为主题，共有100余幅书画作品参加展出，其中台湾书画家作品 30 余幅，大陆书画家作品 70 余幅。包括原中华国际文化艺术交流协会理事长赵善灿在内的一批台湾书画家和沈定庵、甘稼泥、蔡旺林、郭子美等省内外著名书画家作品参加展出。

【举办涉台知识竞赛】 绍兴县委宣传部和县台湾事务办公室联合举办绍兴县涉台知识竞赛活动，2010年7月10日，在《绍兴县报》刊发竞赛试题，竞赛试题共80题。竞赛设一等奖3名，二等奖5名，三等奖10名，纪念奖50名。8月28日，按照竞赛活动规则，通过随机抽取方式并经县公证处公证，产生一、二、三等奖和纪念奖，对竞赛优胜者给予一定奖励。（蒋立明）

责任编辑　韩　英

政　法

综　述

2010年，绍兴县政法综治工作围绕“突出转型升级，致力科学发展”工作主题，扎实推进系列平安创建，不断深化社会治安综合治理，进一步夯实维稳基层基础，有力地促进社会和谐稳定，为保障经济平稳较快发展提供良好社会环境。

【平安县（市、区）创建获“六连冠”】 2010年，绍兴县各级各部门各行业严格落实平安创建工作职责，深入开展平安医院、平安交通、平安工地、平安企业、平安村（居委会、社区）、平安镇（街道）、平安县等系列平安创建活动，平安创建覆盖面、知晓率不断扩大和提升。其中第二医院、中心医院、中医院等3个县级医院成功创建省级平安医院；310个工地被授予平安工地称号；1419家单建工会企业中，有1157家（含11家国有企业）参与创建，覆盖面81.54%；19个镇（街道）中除杨汛桥镇外，全部被绍兴市委市政府命名为平安镇（街道）。绍兴县六次被浙江省委省政府命名为平安县。

【做好世博会、世合赛安保工作】 2010年，为完成上海世博会和第六届世界合唱比赛安保任务，绍兴县加强对涉恐、涉爆、涉枪以及境内外敌对势力、反华势力、邪教组织情报信息的搜集、分析、研判，建立相应预警机制，组织开展以“红袖章”行动为载体的治安大巡防、交通大整治、隐患大排查、文明大宣教活动。绍兴县世合赛安保团队荣立集体二等功。

2010年3月10日，绍兴县举行上海世博会“环沪护城河”暨第六届世界合唱比赛安保工作誓师大会。（沈浩根摄）

【村级受理矛盾纠纷数量大幅增加】 2010年，绍兴县进一步深化和完善县镇村三级“大调解”工作机制，不断扩大“大调解”工作影响力，提高基层组织就地化解矛盾纠纷能力。全县呈现村级受理矛盾纠纷数量大幅增多、镇级的矛盾纠纷减少、县领导信访接待量明显减少、到县级以上上访大量减少的“一多三少”局面。4月，绍兴市“大调解”工作现场会在绍兴县召开。《浙江法制报》对绍兴县“大调解”工作多次报道；《法制日报》对绍兴县“大调解”工作作系统报道，向全国推介。

【19个镇（街）完成社会稳定风险评估试点】 2010年，绍兴县出台《绍兴县重大事项社会稳定风险评估办法（试行）》，对社会稳定风险评估进行规范指导，19个镇（街道）按要求在年底前完成试点工作任务。坚持半月一次信息互通、每月一次矛盾纠纷排查分析制度，推行一般纠纷经常排查、难点热点集中排查、重点矛盾重点排查的“三排查”工作方式，确保重大工程、重大项目顺利实施。

【综治工作室（站）覆盖全县】 2010年，绍兴县进行镇（街道）综治工作中心与村（居委会）、企业综治工作站（室）规范化建设，加大对综治工作中心建设投入，为当地平安综治工作提供人员、物质保障。至年底，全县四分之三镇（街道）综治工作中心实现独立办公，申报4个“市级示范综治工作中心”，全县所有行政村、居委会综治工作室

（站）建成。

【探索基层流动人口管理模式】 2010年，绍兴县政法委新增2个职能科室和10名事业编制人员，统筹协调全县流动人口管理工作。继续实施“新柯桥人”安居乐业工程，推行居住证制度，加快推进“以证管人、以房管人、以业管人”新模式。探索基层流动人口公寓房建设模式，在夏履镇先行试点，取得实质性进展。按比例配备专职协管员，落实到村（居委会、社区）具体开展流动人口登记查验工作。在原暂住人口管理系统基础上，新开辟“落地人员”、“碰撞提示”、“高危列管”等3个网络平台，进一步挤压流动人口犯罪空间。至年底，全县登记发证流动人口78.58万人，同比增加13.21%，流动人口犯罪率2.2‰，低于省市规定指标。（金耀祥）

公　安

【概况】 2010年，绍兴县公安局下设42个科所队，其中派出所20个，内设机构22个。共有民警814人，其中大学以上学历543人，专科学历257人。全年共接警230054起，处警100676起，同比分别下降4.6%和上升15.4%。全年刑事案件立案7401起，刑事案件破案率同比上升39%。其中二类命案发案19起，与上年持平，全部实现即发即破；五类案件的破案率为100 %。破获各类经济犯罪案件122起，为企事业单位和群众挽回经济损失12.52亿元。全年共移送起诉犯罪嫌疑人1752人；打击“两抢”犯罪嫌疑人140人；摧毁黑恶势力团伙16个，成员111人。交通事故四项指数、火灾事故四项指数继续实现零增长。

针对老百姓反映强烈的老虎机、电瓶车盗窃、站街女、聚众赌博等民生问题，绍兴县公安局开展“平安2010”社会治安排查整治行动、“2010严打整治行动”、“百日禁赌大会战”、“冬季大会战”等行动，推进社会治安重点热点整治。集中销毁老虎机上千台；成功破获全市首例使用解码器盗销电瓶车案件，启动电动自行车防盗备案登记工作；涉黄美容美发店被取缔殆尽。

这年，绍兴县公安局完成世博会、世合赛安保任务及其他各项工作，被浙江省公安厅评为2010年度打防控优胜单位、执法质量优秀单位；世合赛安保集体荣立二等功；柯岩派出所被评为全国基层执法示范单位，县看守所被评为全国监管系统信息化建设先进单位，经侦大队被评为全省优秀基层单位，禁毒大队被评为全省公安禁毒系统先进集体；2个集体荣立三等功，21个集体受到嘉奖；3名民警荣立个人二等功，18名民警荣立个人三等功，3名民警被评为全市优秀人民警察，95名民警受到嘉奖。

2010年11月9日，稽东派出所护榧巡逻人员在与榧农交谈。（县公安局供稿）

【侦破19起命案】 2010年，绍兴县公安局牢固树立“命案必破”理念，落实命案侦破领导责任，夯实刑侦基础，强化命案现场勘查，综合运用基础排查、专案侦查、挂牌督侦、网上作战、技术侦查等侦查手段进行侦破命案攻坚，全年19起现发命案全部破获，并侦破3起十年前命案积案。

【现场统勘10类刑事案件】 2010年，绍兴县公安局探索建立刑事案件现场统勘工作机制，整合刑侦大队和各派出所刑事技术力量，对全县各镇（街道）刑事案件进行分片统勘。4476起10类刑事案件勘查率100%，提取痕迹物证绝对数同比增长2倍，利用现场勘查提取痕迹物证锁定犯罪嫌疑人105人，串并跨区域系列性案件、县（市）内系列性案件33串，串并后突破21串。

【建立“四合一”警务机制】 2010年，绍兴县公安局根据柯桥城区社会治安和柯桥派出所工作实际，改革派出所接处警模式，将原有的接处警值班室、视频监控室、信息采集室、巡防中心进行空间融合、功能集合、力量整合，搭建起集指挥调度、视频监控、信息研判、巡逻防控于一体的“四合一”派出所警务指挥平台。派出所应急处置能力、挤压犯罪能力、信息资源综合利用效能、民警协同作战能力明显提高。

【完成18个派出所功能区改造】　2010年，绍兴县公安局18个派出所硬件规范化建设（即功能区改造）工作全面展开，落实与派出所功能区划分相对接的实战化勤务运行机制，实行值班所领导坐堂制，科学安排指挥、接处警、巡逻、办案等作战警力，实现“变办公为办案，变管理为服务”。至年底，18个派出所的功能区改造工作全部完成。

【移送起诉毒品犯罪嫌疑人132人】　2010年，绍兴县公安局创新毒品犯罪打击模式，在全县寄递企业中进行寄递物品收发实名制试点。全年移送起诉毒品犯罪嫌疑人132人，摧毁3人以上贩毒团伙14个（其中6人以上团伙5个），成功侦破“7·26”特大走私易制毒品案件。

【推行境外人员信息社会采集】　2010年，绍兴县公安局为提高办证效率，率先在5家涉外单位试点推出境外人员信息社会采集系统应用。该系统有效整合社会管理资源，将“终端申报窗口”由各派出所前移至境外人员所在的涉外单位及社区，利用科技和信息化优势服务企业境外人员。

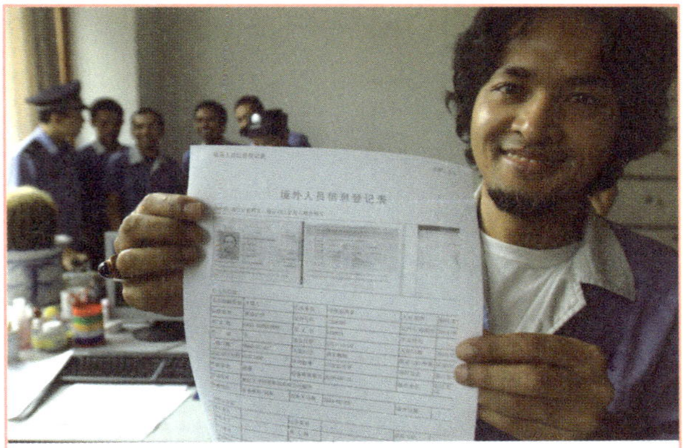

2010年9月20日，一名境外人员在家门口申领住宿证。　　（县公安局供稿）

【抓获“三股势力”嫌疑人5人】　2010年，绍兴县公安局开展反恐基础大排查，广建信息员，深层次获取情报信息，及时发现涉恐人员，掌握涉恐线索，并对重点案线实行立线侦察，实现精确打击。全年抓获“三股势力”嫌疑人5人，占浙江省全部抓获数一半左右，消除恐怖活动潜在威胁。

·小资料·　“三股势力”

2001年6月15日，上合组织签署《打击恐怖主义、分裂主义和极端主义上海公约》，首次对恐怖主义、分裂主义和极端主义作了明确定义。所谓三股势力是指暴力恐怖势力、民族分裂势力、宗教极端势力。暴力恐怖势力是指通过使用暴力或其他毁灭性手段，制造恐怖，以达到某种政治目的的团体或组织。民族分裂势力是指从事对主权国家构成的世界政治框架的一种分裂或分离活动的团体或组织。民族分裂势力是反社会发展和人类进步的政治力量。宗教极端势力是一股在宗教名义掩盖下,传播极端主义思想主张、从事恐怖活动或分裂活动的社会政治势力。

【监管场所对社会开放】　2010年，绍兴县看守所被省公安厅列为对社会开放试点单位。全年接待机关团体、企事业单位参观350人次。11月3日，举行全面对社会开放日活动暨留所服刑罪犯劳动技能培训基地授牌仪式，教育效果和社会反响较好，在确保监所安全的同时，维护在押人员合法权益，促进在押人员教育转化。　（张　剑）

检　察

【概况】　2010年，绍兴县检察工作围绕全县工作大局，开展查办危害能源资源和生态环境渎职犯罪专项工作及涉农职务犯罪专项工作，维护农民合法权益，促进农村和谐稳定。加强对渎职侵权检察工作宣传，提高全社会对渎职侵权犯罪危害性认识。深入推进认罪轻案快速办理程序改革，通过“捕诉一体”绿色通道办理认罪轻案200余件，有效节省司法资源，维护犯罪嫌疑人合法权益。继续深化未成年人犯罪案件办理机制改革，探索外地籍犯罪嫌疑人平等适用非羁押措施社会调查机制，提升执法办案社会效果；着力推进社会矛盾化解、社会管理创新、公正廉洁执法三项重点工作，不断强化法律监督、自身监督、高素质检察队伍建设，各项工作取得新进展。2月，县检察院被最高人民检察院记集体一等功。

【批准逮捕1526人】 2010年，县检察院批准逮捕各类刑事犯罪嫌疑人1526人，涉案935件，提起公诉970件1723人。其中，批准逮捕故意杀人、绑架、拐卖妇女儿童等严重影响人民群众生命健康安全的暴力犯罪嫌疑人187人，涉案136件，提起公诉145件220人；批准逮捕盗窃、抢劫、抢夺、诈骗等多发性侵财犯罪嫌疑人726人，涉案443件，提起公诉439件713人；批准逮捕涉黄、赌、毒犯罪嫌疑人146人，涉案75件，提起公诉78件106人。

【查办贪污贿赂案件9件19人】 2010年，县检察院全面深入推进职务犯罪预防工作，构建专业化职务犯罪预防体系，深入各镇（街道）、开发区、机关事业单位开展多种形式预防宣教活动，包括组织参加庭审旁听活动、参观警示教育基地、举办专题预防讲座、提供专业预防咨询等。全年立案查办贪污贿赂案件9件19人，其中 5万元以上大案6件16人。

【办理涉企案件39件】 2010年，县检察院办理涉企案件39件44人。其中批准逮捕合同诈骗、非法吸收公众存款、非法经营等破坏市场经济秩序、妨害企业正常生产经营活动、损害企业正当权益犯罪嫌疑人23人，涉案20件，提起公诉16件19人。

【息诉罢访149件次】 2010年，县检察院开展民事行政申诉案件调处工作，坚持抗诉与息诉并重，办案与服务同行，全年对20余起民事申诉案件运用调处手段化解纠纷，促成和解。加强信访接待处置工作，运用释法说理、情绪疏导等方法，促进矛盾源头化解，全年息诉罢访149件次，有效维护社会和谐稳定。

【着力提升诉讼监督工作成效】 2010年，县检察院加强刑事诉讼法律监督，全年决定不批准逮捕28件42人，决定不起诉12件14人，监督应当立案而不立案的案件14件23人，监督撤销不应当立案而立案的案件8件17人，监督纠正漏捕22人；加强民事审判和行政诉讼法律监督，重点办理劳动合同纠纷、居民财产权属纠纷、房屋拆迁补偿纠纷等涉及民生的案件，深化查办虚假诉讼案件长效机制，促进司法公正，维护群众合法权益；加强刑罚执行监督，审查呈报减刑、假释141人，出席128名罪犯的减刑、假释听证活动。

【建立专项职务犯罪预防体系】 2010年，县检察院深入推进政府投资重点项目职务违法违纪预防全覆盖体系建设。对中国轻纺城北联市场改造地块、大香林二期、平水日铸岭隧道等工程开展专项职务犯罪预防工作，确保国家建设资金安全运行和工程项目顺利实施；联合相关部门对“三个千亿”在建重点工程滨海热电项目执行条例情况实施专项督导；推行行贿犯罪档案查询制度，全年受理申请135批次，查询3800余人次，有效促进市场廉政准入，最大程度净化工程招投标环境；联合相关部门共同促成预防和打击建筑领域经济违法犯罪协调合作机制的建立，开展建筑领域经济违法犯罪专项预防，促使建筑企业加强规范管理和工程监督，保障建筑经营市场稳定快速发展。

【强化综合治理检察环节】 2010年，县检察院执行检察联络员制度，深化院领导及内设部门联系镇（街道）制度，加强与基层党委政府治安综合治理工作对接，合力提升维稳实效。发挥公诉、侦查监督部门青少年维权岗作用，深入学校、社区、街道开展法制教育，加强青少年犯罪预防。围绕上海世博会环沪护城河工程及世合赛安保工作总体部署，制定启动社区矫正监督工作应急预案，对社区矫正对象开展考察，确保世博会、世合赛期间矫正对象稳定。

【设立中国轻纺城检察室】 2010年，绍兴县设立中国轻纺城检察室，围绕轻纺市场转型升级和全国诚信市场创建工作，加强轻纺市场重点项目职务犯罪预防，加强对侵害轻纺市场正常经营秩序犯罪查处工作督促指导，加强对轻纺市场经营户合法权益保护，各项工作均有良好开端。（朱　芳）

法　院

【概况】 2010年，绍兴县人民法院共受理各类案件13247件，同比增长7.7%；办结13198件，同比增长7.8%；结案率93.6%，同比上升0.3个百分点；法官人均结案159.7件。绍兴县人民法院被省高院授予全省法院立案信访工作先进集体、全省基层人民法院学术讨论组织工作先进单位。

【审结刑事案件899件】 2010年，县法院依法审结盗窃、抢劫、抢夺等多发性犯罪案件413件767人；审结毒品犯罪案件71件113人。共审结刑事案件899件，判处罪犯1528人，同比分别下降11.4%和10.3%，其中判处5年以上有期徒刑195人。

【办理民商事案件8746件】 2010年，县法院贯彻"调解优先、调判结合"工作原则，把调解作为化解社会矛盾重要手段，运用诉前、立案、庭前、庭中和庭后"全程调解"工作机制，调撤率69.5%，民事调解案件自动履行率91.6%，列全省法院第二位。参与县大调解工作，完善人民调解与诉讼调解对接机制，组织法官助理协助调解，成功调解人民调解案件282件，成功率64.7%。全年审结各类民商事案件8746件，同比增长4.2%。

【办结行政案件34件】 2010年，县法院受理行政案件34件，同比上升36%，审结34件。审查非诉行政执行案件129件，其中裁定予以执行103件，执结103件。探索行政案件案外协调机制，14件案件撤诉，占41.2%。率先在全省开展行政诉讼简易程序试点，缩短诉讼周期。

【案件执结率96.9%】 2010年，县法院建立执行指挥中心，构建快速反应机制。共执结各类案件3339件，同比上升28.5%，执结率96.9%。人均执结185.5件，列全市法院第一位，执行标的清偿率69.3%，民商案件实际履行率86.7%。

【审结企业破产案件7件】 2010年，县法院先后受理绍兴县旺家纺织有限公司、浙江加佰利控股集团有限公司等7件破产清算案件，涉案标的60余亿元。7家破产企业分配方案顺利通过，2.3亿元款项依法定程序和比例发放到债权人手中，维护生产秩序和社会稳定。

【办结知识产权纠纷案件235件】 2010年，县法院与县工商联、工商局协作，借助商会力量，共同促进中小企业知识产权纠纷化解，构建"行业自律、行政主导、司法保护"三者相结合知识产权保护格局。全年受理知识产权民事纠纷案件235起，审结228件，其中调解撤诉217件，调撤率95.2%。拓宽审判门类，成为全市唯一有涉外、涉港澳民商事案件管辖权的基层法院。共办结案件80件，涉及马来西亚、阿联酋、玻利维亚和韩国等9个国家及地区。

（黄剑鸣）

司法行政

【概况】 2010年，绍兴县司法工作深入推进社会矛盾化解、社会管理创新、公正廉洁执法三项重点工作，充分履行法制宣传、法律服务、法律保障等职能，在全市司法行政系统年度综合考评中再次获得优胜单位荣誉称号，被授予集体三等功。全县各级各类调解组织受理纠纷10396起，调处成功10042起，成功率96.6%；接收矫正对象250人，解除社区矫正288人，接收归正人员227人，帮教率100%。全县有县级以上民主法治村（社区）279个，创建达标率87.74%；市级民主法治村（社区）30个，创建达标率9.43%；省级民主法治村（社区）7个，创建达标率2.2%；全国民主法治示范村1个。全县拥有执业律师105人，基层法律服务执业者59人。法律服务机构全年办理各类案件3999起，为552家单位担任常年法律顾问。公证处办理各类案件3720起。县法律援助中心全年受理法律援助案件588件，接待群众法律咨询2297人次，为困难群众免除法律服务费约378万元，为受援人挽回或避免损失约2230万元，使720余名困难群众从中受益。

【组建全市首家司法行政法律服务中心】 2010年，绍兴县司法行政法律服务中心正式成立，为绍兴市首家。"中心"位于柯桥浙纤路，建筑面积500多平方米，暂配司法局在编干部、律师、公证员、专兼职调解员等11人，实行"集中受理、分类办理、限时办理"的"一站式"法律服务模式，重点为弱势群众提供便捷法律援助，为社会公众提供法律服务和法制宣传。

【全面实施环沪护城河工程】 2010年，县司法局在世博会、世合赛期间，对社区服刑人员和归正人员开展宣传教育1108人次、组织公益劳动1610人次、个别谈话1285人次、心理咨询139人次，无一人扰乱世博会和世合赛秩序。县司法局被评为全省司法行政世博安保先进单位和全省社区矫正环沪护城河工程先进集体。

【深化"大调解"工作体系建设】 2010年，县司法局县、镇、村三级调解工作体系形成，"1+X"大调解经验在全市推广。建立全省首家商会人民调解委员会和首家校园纠纷人民调解委员会；联合县检察院在平水副城探索开展"检调对接"试点。全县有各类调解组织726个，其中镇（街道）联合调解室32个。配备调解员2265人，奖励调解案件3039起，奖励额33.71万元。

【开展“五五”普法收尾工作】 2010年，县司法局分发各类宣传资料10万余份，组织开展大型法律咨询18次，解答法律咨询600余人次。在轻纺城北市场设立法律图书角，在万商路建设灯箱广告，形成“普法一条街”。（濮一鸣）

责任编辑 郑文燕

军　事

综　述

2010年，绍兴县人武工作深入贯彻落实科学发展观，军事斗争准备扎实推进，军民融合力度得到提升，党管武装工作创新发展。民兵结构布局更加合理，开展区域性跨行业跨企业建立民营企业武装组织先行试点。抓现役干部基本素质、基本技能和组织指挥训练，组织所属武器装备训练考核。完成9批次14个专业民兵专业分队集训，完成国防动员委员会“八办”规范化建设达标。围绕防卫作战、动员支前和战场管制三大课题，开展室内战术作业。后备力量基层规范化建设稳步推进，如期完成年度达标任务。完成营院主体工程建设，全面实施“部财区管”工作。探索建立优抚安置良性运行机制，举办退伍军人就业专场招聘会。开展第十个全民国防教育日活动。成功创建第七轮省级双拥模范县。绍兴县政府被省政府、省军区表彰为征兵工作先进单位，绍兴县人武部被省军区表彰为军事训练先进单位。柯桥街道、齐贤镇、安昌镇、漓渚镇、平水镇被绍兴市政府、绍兴军分区表彰为国防后备力量基层建设先进单位。（丁东凯）

国防教育

【概况】 2010年，绍兴县贯彻落实绍兴市国防教育委员会全体（扩大）会议精神，以青年学生、党政干部和民兵预备役人员为主体，开展国防教育。组织第十个全民国防教育日宣传活动，组织参加绍兴市国防知识竞赛，开展“牢记历史、富国强军、共筑长城”主题征文，国防教育影视周等系列活动，增强全民国防观念。全年有230余名行政干部、80余名企业干部、2900多名学生和600多名民兵接受国防教育。2010年，县人武部获绍兴市国教委颁发的第十个全民国防教育日活动组织奖。

【开展小学生军事夏令营活动】 2010年7月中旬，为期10天的“雏鹰小队”军事夏令营活动在绍兴县民兵训练基地举行，40名小学生参加这次活动。县人武部把这次活动作为国防教育从娃娃抓起的重要载体，重点进行纪律观念、自理能力、团队意识等方面的训练教育。（丁东凯）

2010年7月13日，为期10天的“雏鹰小队”军事夏令营在绍兴县民兵训练基地开营。（夏先龙摄）

军民共建

【概况】 2010年，绍兴县人武部组织民兵执行绍兴世合赛烟花大会安保任务，参加绍兴市第七届运动会等活动。做好“扶贫帮困”工作，慰问部分老复员、退役军人。7月30日，绍兴县被表彰为浙江省第七轮双拥模范县。

【参加全国小型农田水利重点县建设】 2010年3月25日，绍兴县结合民兵分队集中点验时机，在宋六陵茶厂开展全国小型农田水利重点县建设活动。全县13个单位11支分队693人参加茶场1630亩的喷灌工程建设，开挖喷灌水道3000余米。中央七套等新闻媒体作了报道。

2010年3月25日，绍兴县民兵在宋六陵茶厂开展全国小型农田水利重点县建设活动。（县人武部供稿）

【参加世合赛及建城2500周年烟花大会安保】 2010年7月10日至27日，绍兴县预备役营组织165名预备役官兵执行第六届世界合唱比赛"红袖章"行动，在柯桥城区、华舍街道分25个区域开展治安巡逻。7月16日晚，为庆祝绍兴建城2500年，绍兴市区和柯桥两地举行以"千年盛典、五洲同庆"为主题的烟花大会，绍兴县出动民兵200人，分别在镜湖新区渔猎公园和瓜渚湖北岸公园等地配合公安部门担负安保任务。县人武部出动水上抢险分队15人、冲锋舟3艘，负责瓜渚湖水面应急救援。县民兵应急机动大队60人，负责水上乐园沿湖—南岸公园—游泳馆一带安全警戒。另有民兵100人，在主燃放点镜湖新区进行安保工作。

（丁东凯）

民兵　预备役　兵役

【概况】 2010年，全县民兵预备役工作完成各类临时性任务57起，2人考入警校。

【24家民营企业组建8支民兵分队】 2010年，绍兴市区域性跨行业跨企业民营企业武装组织建立在绍兴县试点。县人武部在24家企业单位组建8支民兵分队。3月下旬，省委、省政府、省军区在宁波召开新形势下浙江省后备力量建设研讨观摩会，绍兴县试点经验在会上交流。

【落实基层规范化建设】 2010年，绍兴县有序展开达标活动，新规范182个民兵连，高标准建设45个民兵连。8月24日，召开现场观摩会，部署基层规范化建设达标任务。借助新农村、新社区建设整合之机，同步完成6个镇规范化建设。至年底，全县各镇（街道）武装部、大部分企业武装部和民兵营（连）完成"两室一库"建设；部分任务较轻、经济相对欠发达单位完成"一室一库"建设。

【组织1000余名退役士兵参加就业招聘】 2010年1月22日，绍兴县退役士兵专场招聘会在县人力资源市场举行，全县66家用人单位参加，提供企业营销、市场协管、质量检验、物业管理等85个工种1500余个就业岗位，县人武部组织1000余名退役士兵到现场洽谈，230多人初步达成就业意向。

【成立民兵应急机动大队】 2010年，绍兴县以中国轻纺城周边6个镇（街道）民兵应急分队骨干为基础，抽组成立民兵应急机动大队。制定《绍兴县民兵应急机动大队建设管理暂行规定》，为队员配备迷彩服、盾牌、警棍等装备，实现人员定编、经费定额、常驻常训。大队主要任务为协助公安部门维护社会治安，参加抢险救灾行动和处置突发事件。

【组织所属武器操作使用训练】 2010年9月，县人武部在民兵训练基地组织为期12天的人武部首长机关干部所属武器操作使用训练。训练课目包括56式冲锋枪、81式轻机枪、89式12.7重机枪、85式12.7高射机枪的分解结合；89式12.7重机枪、85式12.7高射机枪的架枪；78式82无坐力炮、67式82迫击炮的使用等8个训练内容。这次训练在军分区考核中，取得6个课目优秀、2个课目良好的成绩。

【开展专武干部训练月活动】 2010年4月14日至23日，县人武部民兵训练基地组织为期10天全县专武干部训练，共完成4个方面16个课目80小时训练任务，对手枪射击、识图用图、教学法和业务理论等4个课目进行普考，王国昌等8名专武部长接受省军区抽考，并在考核中取得优秀成绩。

2010年4月14日至23日，绍兴县开展专武干部训练活动。（县人武部供稿）

【全面实施征兵工作改革】 2010年，绍兴县进行征兵工作改革。女兵首次实行网上报名；全县义务兵家庭优待金由12655元调整为13027元；对应征入伍全日制普通高校在校大学生实施学费补偿，协调学校为其办理入伍所需相关手续、退还相应学费并保留其学籍。开展大学生网上预征报名，28名大学生报名应征。县征兵办组织专武干部、民兵连长、卫生院医生、派出所民警四方联合走访小组，采取进村入户方法，与预征对象逐个见面，顺利完成兵员征集任务。（丁东凯）

责任编辑　郑文燕

社会事务

民政工作

【概况】 2010年，绍兴县民政工作以保障和改善民生为己任，坚持重民生与促发展相结合，提升社会救助水平，规范社会事务管理，促进社会公平和谐。绍兴县被国家民政部评为全国农村五保供养工作先进单位，被省委、省政府、省军区命名为浙江省双拥模范县，被省政府、省军区评为2008年冬季退役士兵安置工作先进单位；县民政局被省民政厅评为全省民政系统行风建设示范单位。

【慰问驻绍部队官兵和优抚对象5842人次】 2010年春节，绍兴县开展以“下基层、进家庭、进部队、进困难户”为主题的送温暖活动，首次向重点优抚对象发放节日慰问金。全县各级慰问部队和重点优抚对象5842人次，发放慰问金323.62万元。

【退伍安置自谋职业率保持100%】 2010年，绍兴县接收退役士兵总数338人，符合政策规定需由政府安置的城镇退役士兵和转业士官160人全部自谋职业，自谋职业率保持100%。发放自谋职业一次性安置补助金472.82万元，农村退役士兵由所在镇（街道）发放一次性安置补助金257.8万元。

2010年12月3日，绍兴县籍退役士兵到县民政局报到。 （县民政局供稿）

【调整各类重点优抚对象优抚金标准】 2010年底，绍兴县有重点优抚对象1564人，其中烈士遗属、因公牺牲军人遗属、病故军人遗属46人，残疾军人255人，在乡复员军人472人，带病回乡退伍军人81人，参战退役人员710人。7月，全县调整各类重点优抚对象优抚金标准。烈士遗属优抚金月标准从1812元提高到1979元，因公牺牲军人遗属优抚金月标准从1647元提高到1799元，病故军人遗属优抚金月标准从1482元提高到1619元；抗战时期复员军人月标准从947元提高到1040元，解放战争复员军人月标准从892元提高到979元，抗美援朝复员军人月标准从836元提高到918元。

【落实低保规范化建设】 2010年，县民政局进一步做好低保规范化建设工作。加强对申请对象家庭情况调查核实，确保新增对象符合低保条件。至12月底，全县有低保对象5859户10079人，发放低保金2194万元；严格执行低保动态管理，做到低保对象“能进能出”，全年新增低保对象576户1244人，注销456户1102人；及时调整低保标准，10月1日起调整全县城乡低保标准，城镇低保标准从原来的每人每月340元提高到400元，农村低保标准从原来的每人每月240元提高到300元。

【发放医疗救助金954万元】 2010年，县民政局实施医疗救助14批次，惠及1695人，发放医疗救助金954万元，人均救助5628元。推进医疗救助即时结报工作，困难群众凭惠民医疗卡在惠民医院就医，可获医疗救助“即时结报”，享受到该惠民政策群众11512人，全年医疗救助实时结报资金217万余元。

【救助突发困难家庭880户】 2010年，县民政局实行一月一救，每月底将救济资金及时下拨。对火灾等不可预见意外事件特事特办，开辟快速救助通道。全年救助突发困难家庭880户，发放临时救济金163万元，户均救助1848元，救助资金和救助户数比2009年增加10%左右。

【向困难群众发放各类补贴730余万元】 2010年，绍兴县向178名孤儿发放生活补贴28.5万元；向828名低保及低保边缘的重度残疾人发放低保金及生活补助金119.5万元；向全县低保对象发放困难群众物价补贴4次，共计302万元。这年春节，县、镇两级联动，走访慰问全县5739户低保家庭、181名孤儿、640名农村“五保”、31名贫困学生、32名麻风病人及城镇“三无”对象、敬老院居住人员等其它困难对象，县、镇两级共计发放慰问金281.1万元。

【改造升级救灾物资储备仓库】 2010年，县民政局与供销超市签订救灾物资供应协议，做好救灾物资储备、供应工作。确定有关镇（街道）应急避灾中心，修建改造物资储备仓库，制定制度，配备物资。对县级救灾物资储备仓库进行改造升级，总建筑面积从原来的400平方米增加到1000平方米左右，并配备货运电梯，建立健全有关管理制度，工程于12月完工，全县综合减灾能力进一步提升。

【建立村级农村社区服务中心130个】 2010年，县民政局继续开展城市示范社区、和谐社区创建。至年底，创建和谐社区3个，城市示范社区8个。开展农村社区服务中心创建，全年建立村级农村社区服务中心130个，其中21个为市级农村社区服务中心示范村。130个社区服务中心全部开始运行。

【生态墓葬率61.4%】 2010年，县民政局对墓地负责人、灵车驾驶员进行职业技能培训，严格控制墓穴墓碑面积，提高墓区绿化覆盖率，结合清明节开展优质服务月活动，进一步提升绿色殡葬社会认同感和满意度。全年死亡人数4282人，其中选择生态葬2633人，占61.4%。

【设置各类地名标志1950块】 2010年，县民政局设置各类地名标志1950块，对26处住宅小区、商业楼宇和10条道路进行命名，建立地名信息要素收集更新长效管理机制，确保新增和变动地名信息与地名数据库同步。开展杭绍线萧绍段行政区域界线联检，对杭绍线萧绍段行政区域界线1号～4号界桩实地检查。依法办理华舍街道绸缎社区居委会、柯桥街道大渡社区居委会设立及兰亭镇文兰居委会更名事项。

【实施大中型水库移民后期扶持】 2010年，县民政局复核大中型水库移民后期扶持人口，年度移民后期扶持人口9484人。发放大中型水库移民后期扶持直补资金，资金发放到位率100%，资金发放准确率100%。大中型水库后期扶持结余资金项目顺利进行，全年选定扶持项目5个，总投资166.11万元（其中村级投资75.11万元），项目受益移民安置村5个，移民645户1877人，至年底，所有项目通过验收。

【办理结婚登记4820对】 2010年，县民政局开展“零收费、零投诉、零差错”的“三零”服务，加大婚姻登记规范化建设力度。与卫生、计生等部门联合，建立集婚姻登记、优生咨询、婚检等为一体的“一站式”服务窗口，为婚姻登记对象提供便捷优质服务。全年办理结婚登记4820对、离婚登记844对，补办结婚证3908本、离婚证36本，出具无婚姻证明3294件。免费婚前医学检查率84.24%。

【残疾职工月人均工资1635元】 2010年，绍兴县有福利企业16家，安置残疾职工1333人，占职工总数33.8%。残疾职工均参加社会养老保险、医疗保险、工伤保险、失业保险和生育保险等“五险”，月人均投保额为428元，4月1日起提高最低工资标准，残疾职工月人均工资1635元。

【销售福利彩票10784万元】 2010年，绍兴县福利彩票总销量超亿元，达到10784万元，同比增长50%。其中电脑票7402万元、刮刮乐1202万元、中福在线2180万元。（陶青峰）

劳动保障

【概况】 2010年，绍兴县劳动保障部门坚持劳动者和企业合法权益“双维护”原则，注重源头预防，加强劳动执法；切实维护劳动者合法权益，强化劳动监察，严格管理执法，妥善调解处置，重点开展“春苗”、“春雷”等专项行动，打击违反劳动保障法律法规行为。全年未发生重大企业欠薪案件，劳动关系保持和谐稳定。会同县总工会、县企业家协会（企业联合会）实施彩虹计划，全面推进小企业劳动合同制度。推行用人单位劳动保障诚信评价制度，完成劳动保障书面审查6513家，推荐省级劳动保障诚信示范企业125家、市级劳动保障诚信示范企业168家。开展农民工劳动合同签订“春暖行动”，提高农民工劳动合同签订率。帮助100家企业完善内部规章制度。指导蓝天实业等16家企业创建“零成本”规范劳动用工示范企业。通过日常巡查、专项检查和举报投诉督查等手段，加强用人单位劳动保障监察，做到及早发现、及时处置，把问题消灭在萌芽状态。年初，在全县范围内组织开展农民工工资支付情况专项检查。9月，进行企业欠薪情况大排查。下发《关于加强法制宣传 开展依法自查和执法检查 杜绝违法使用童工行为的通知》，杜绝违法使用童工现象。

【建立劳动保障和社会救助站203个】 2010年11月，县人力资源和社会保障局开始充分就业村创建工作，至年底，全县129个村基本完成创建任务。县人事局、县劳动和社会保障局、县民政局联合出台《关于加强社区（村、居委会）劳动保障和社会救助站建设的实施意见》，明确社区（村、居委会）劳动保障和社会救助站建设的目标任务、工作职责与工作要求，细化人员经费保障，建立劳动保障和社会救助站203个。

【追回拖欠工资1859万余元】 2010年3月～4月，县人力资源和社会保障局开展清理整顿人力资源市场秩序的“春雷行动”。5月～6月，会同县工商局、县公安局等10个部门联合开展整治非法用工打击违法犯罪专项行动。11月下旬，开展“百日清欠维权大行动”。全年受理投诉举报案件3529起，查处非法使用童工案件15起，为12340名职工追回拖欠工资1859.9万元。

【受理各类劳动争议案件998件】 2010年，县人力资源和社会保障局建立劳动争议人民调解室，招聘3名劳动争议调解员，全年立案受理各类劳动争议案件998件，结案968件，对一些劳动争议发案较多企业发出“构建劳动关系和谐企业建议书”。加强工伤认定工作，全年受理工伤认定案件2759起，作出工伤认定2143起。 （俞锡锋）

社会保障

【概况】 2010年，绍兴县社会保障工作围绕“人人享有基本社会保障”目标，以推进城乡居民社会养老保险工作和贯彻职工基本医疗保险市级统筹工作为重点，完善社保制度，强化征缴扩面，提高保障标准，切实保障和改善民生，让改革发展成果更多地惠及城乡居民。

【城乡居民参加社会养老保险14万余人】 2010年，县人力资源和社会保障局通过加强政策宣传、开展业务培训、优化经办流程、改造信息系统、比对身份信息等方式，推进城乡居民社会养老保险工作。至年底，全县城乡居民社会养老保险参保人数141354人，完成全年目标任务118%，其中享受待遇107727人。

【社会保障“一卡通”上线】 2010年，县人力资源和社会保障局对信息系统硬件设备进行改造、软件进行升级，出台《关于社会保障卡建设工作的实施意见》等配套文件，社会保障“一卡通”于7月1日上线，社会保障卡全面换发。

【扩大社会保险覆盖范围】 2010年，县人力资源和社会保障局会同县地税局实行失业保险与基本养老保险联动征缴，把城镇个体工商户雇工纳入社会保险参保缴费范围。至年底，职工基本养老、基本医疗、工伤、失业和生育保险参保人数分别为273134人、245577人、282710人、160627人和172624人，分别新增32264人、81656人、50915人、70276人和47459人，分别完成全年目标任务的215%、544%、182%、1756%和475%；被征地农民养老保险“即征即保”率100%。

【提高有关人员养老保险待遇标准】 2010年，绍兴县提高有关人员养老保险待遇标准。1月开始，18213名企业退休人员提高养老金水平，平均每人每月增加128元；知识青年养老保险金标准由每人每月410元提高到490元。7月1日开始，实施基本医疗保险市级统筹工作，建立门诊报销制度，住院报销最高支付限额上不封顶，大幅度提高参保人员医疗保险待遇；提高离休干部住院床位费报销标准。

【追回违规使用社保基金85万元】 2010年，绍兴县新增基本医疗保险“二定”（定点医疗机构、定点药店）单位96家。其中社区卫生服务机构58家、零售药店38家，方便参保人员求医购药。县人力资源和社会保障局会同县财政、卫生、药监等部门，对全县“两定”单位进行业务检查考核，全年追回

冒领养老金50万元，追回违规使用医疗保险金35万元。（俞锡锋）

宗教事务

【概况】 2010年，绍兴县有县级和谐寺观教堂25处，市级和谐寺观教堂14处，省级达标宗教场所14处，省级和谐寺观教堂2处。安康寺被命名为第一批全国和谐寺观教堂。

至年底，全县经政府批准登记的宗教活动场所88处，其中佛教寺（庵）62处，基督教教堂25处，天主教教堂1处。另有伊斯兰教临时活动场所2处。全县有宗教团体4个：绍兴县佛教协会、绍兴县基督教“三自”爱国会、绍兴县基督教协会、绍兴县天主教爱国小组。

【羊山石佛寺扩建工程启用】 2010年12月22日，羊山景区扩建一期工程举行启用仪式。法师、大德居士及佛教信徒2000余人参加庆典活动。羊山景区扩建一期主体为石佛寺扩建工程，工程总投资7500万元，建筑面积4971平方米。

2010年12月22日，绍兴县举行羊山景区扩建一期工程启用仪式暨石佛寺住持入院庆典。

（徐祥虎摄）

【确保“圣诞节”期间平安】 2010年“圣诞节”期间，县民宗局采取措施确保各基督教活动场的安全稳定。12月21日，局领导带队对部分基督教教堂进行安全检查，要求各教堂制定详细活动方案、安保方案，采取小规模、多场次方式分散人流，指导基督教“两会”修订和完善各项工作预案，并指定专人加强对重点部位的检查和巡查力度，及时发现和消除各类安全隐患。（徐　敏）

慈善事业

【概况】 2010年，绍兴县慈善总会广募善款，扶贫济困，抗震救灾，发挥慈善事业在政府社会保障方面的补充作用。全年共募集善款2376.4万元，发放各类救助款1063万元，惠及13937人（户）次。宝业集团股份有限公司董事长庞宝根获浙江省人民政府第三届“浙江慈善奖”。

【多渠道募集慈善资金】 2010年，县慈善总会开展多形式募集慈善资金。209家“冠名基金”认捐企业共汇缴2250万元，完成率90%以上。组织干部、职工开展慈善“一日捐”、“一笔捐”活动，收到190个单位干部、职工捐款398.5万元。接收社会各界定向捐款180万元，其中沈老先生（本人不原意透露姓名）“关爱扶老基金”50万元、柯桥万达集团捐赠30万元帮困助学、浙江蓝天实业集团出资100万元设立爱心基金。

【募集赈灾专款597万余元】 2010年，县慈善总会在玉树地震、舟曲泥石流、西南旱灾等灾情发生后，在县报上公布县慈善总会捐赠热线电话、开户银行和账号，接收赈灾专项捐款597.7万元，按规定分别汇给青海省慈善总会、甘肃省舟曲县民政局和云南省国家级贫困县永胜县慈善协会。

【提高慈善助学标准】 2010年，绍兴县提高慈善助学标准。低保户子女、烈属子女及孤儿本科生由原4年中资助1.2万元提高到1.6万元；大专生由原3年中资助1万元提高到1.2万元；低保边缘户子女由原每学年资助2000元提高到3000元。对受灾、重病等原因造成家庭经济困难的，给予临时救助。从“冠名基金”和社会定向助学款中列支239万元，资助贫困家庭大学生678人，助学金额和人数分别比上年增长59.9%和26%。

【救助“四类人”345万余元】 2010年，绍兴县加大力度救助“四类人”。救助患白血病、尿毒症、癌症、红斑狼疮等4种大病造成因病致贫的特困户194户，救助资金139.1万元，人均7170元；对

6157户低保户、重点优抚对象发放“冠名基金”慈善爱心券120.7万元；救济孤儿 187人次，资助金额5.61万元；帮扶老人786人次，资助金额36.37万元；帮助困难群众470人、资助金额43.3万元。

2010年12月28日，绍兴县“送温暖”惠民大行动启动仪式在马鞍镇举行。（县民政局供稿）

【困难对象“送温暖”行动惠及2823余人】 2010年，县慈善总会在全县开展向“千户万名”困难对象“送温暖”惠民大行动，共发放慰问金233.68万元，惠及2823余人（户）。其中特困户1000户，发放慰问金50余万元；患大病户1000户，发放慰问金100余万元；临时救济223人次，发放金额77.92万元。特困户、因病致贫家庭的慰问数是上年2倍，支出慰问金是上年1.5倍。（陶青峰）

老龄工作

【概况】 2010年，绍兴县60岁及以上老年人口130182人，比上年增加4725人，占户籍总人口18.03%，同比提高0.55个百分点。65岁及以上老年人84199人，占老年人口总数的64.68%，占全县总人口11.66%。70岁及以上老年人58857人，占老年人口数45.21%，占全县总人口数的8.15%。80岁及以上老年人18407人，占老年人口总数14.14%，占全县总人口2.55%。百岁老人15人。农村老年人口总数83689人，占老年人口总数64.29%；城镇老年人口46493人，占老年人口总数35.71%。纯老年人家庭的老年人口21564人，占老年人口总数16.56%。

这年，绍兴县老龄工作以开展居家养老服务和创建农村“星光老年之家”为重点，全面推进养老服务社会化，着力提升为老服务内容和水平，切实维护老年人合法权益，全县尊老敬老养老助老社会氛围日渐浓厚。继续扩大教育规模，增加教学网点和老年人入学人数，老年电大教学网点建设快速发展。绍兴县民政局被民政部表彰为全国农村“五保”供养工作先进单位，马鞍镇敬老院被表彰为全省民政系统行风建设示范窗口。

【集中供养率继续确保100%】 2010年，绍兴县老龄工作以“四个一”为载体，加强敬老院安全管理工作，即召开一次院长会议进行部署，下发一个安全管理文件，开展一次安全管理制度检查，进行一次安全防范技能和自救知识培训。以星级敬老院创建为载体，规范内部管理，提高服务质量和水平，继续确保集中供养率100%。

【县老年颐乐园接收入住老人90人次】 2010年，绍兴县继续为老年颐乐园“招商引老”，至年底，累计接收入住老人90人次，经济效益和社会效益显著提高。在园内营造敬老氛围，组织爱心活动，丰富精神生活，实施安全防范，提高服务质量，为入住老人构建温馨家园。

绍兴县老年颐乐园（县民政局供稿）

【扶持民办养老机构】 2010年，绍兴县有民办养老机构4家，床位210余张，入院老人80余人。县民政局在制度建设、服务规范、安全管理等方面予以指导，并落实国家及省、市对民办养老机构的有关税费扶持政策，通过建设资金补贴、公建民营、政府购买服务等优惠扶持措施，促进民办养老服务机构发展。

【全面推行居家养老服务】 2010年，绍兴县在柯桥街道下市头、大寺、柯亭、立新、港越、福年等6个社区开展居家养老服务工作。设立柯桥街道社区居家养老服务中心金桥服务站、永丰桥服务站2个站点，采取政府出资为老人购买服务的方式，为社区内188名高龄、空巢且家庭生活相对困难老人上门提供家政服务，深受社区老人欢迎。

柯桥街道社区居家养老服务中心金桥服务站
（县民政局供稿）

【办理老年人优待证13124张】 2010年，绍兴县开展全县《老年人优待证》和老年人公交乘车IC卡集中办理工作。邀请省《老年人优待证》制作公司深入到各个镇（街道）和行政村（社区），统一为老年人拍照、进行身份证扫描、制作办卡所需资料数据库等，确保每位符合条件的老年人都能享受最方便、快捷和周到服务。全年办理老年人优待证13124张，老年人公交乘车IC卡4061张。

【为老年人免费办理人身意外伤害保险】 2010年，绍兴县出资15万元，与中国太平洋人寿保险股份有限公司绍兴中心支公司达成协议，继续为免费乘坐公交车的7.3万名70周岁以上老年人免费办理人身意外伤害保险。做好县公交公司与保险公司因老年人免费乘车发生意外伤害赔偿纠纷的协调、沟通工作，免除老年人出行后顾之忧。

【“星光老年之家”覆盖全县】 2010年，绍兴县继续加大“星光老年之家”创建力度，创建“星光老年之家”140家，实现全县农村“星光老年之家”3年全覆盖目标。“星光老年之家”配置电视机、EVD、棋牌桌椅、电教室椅子、室外健身器材等设备，统一免费征订老年报刊，购置越剧、莲花落、鹦哥班等绍兴地方戏曲碟片。

【“3587工程”建设延伸至农村新社区】 2010年，绍兴县老龄工作将创建“3587工程”延伸到农村新社区。有5个社区成功创建省级老龄工作规范化社区，分别为柯桥街道立新社区、鉴湖景园社区、华舍街道聚贤社区和兴越社区、齐贤镇下方桥社区。各社区发挥老年人特长，组建各类老年文体队伍，引导老年人开展丰富多彩的文体活动。

·小资料·　3587工程

3587工程，即在社区内建立3个组织、健全5张网络、实施8项任务、达到7条标准。具体而言，3个组织，指社区老龄工作小组、社区老年人协会和社区助老志愿者组织。5张网络，指社区养老保障、医疗保障、生活照料、文化教育、权益维护网络。8项任务，指社区老龄工作任务，包括建立有社区特色、功能齐全的老年服务体系，整合社区为老服务资源，开展老年文体活动，实施老年教育，开展多种形式助老活动，发挥老年人才余热，维护老年人合法权益等。7条标准，指社区老龄工作达到规范化的标准，即老龄工作机构健全、制度完备，老年服务设施齐全、功能完善，老年文体活动经常举办、内容丰富，老年自治组织、为老服务机构和志愿者队伍作用明显，老年人发挥余热成效显著，老年人权益得到有效保护，社区居民代际和谐、家庭和睦、敬老助老蔚然成风。

【继续开展“敬老月”活动】 2010年，绍兴县组织各镇（街道）老龄委及有关涉老部门继续开展“敬老月”活动。重阳节期间，各镇（街道）、村（居委会）对60周岁老人、“五保”老人、特困老党员进行慰问，发放慰问金与物品合计195.822万元，其中县级慰问金额共7.8万余元，慰问供养人员464人、护院挂钩对象15人、寄养对象109人、工作人员87人、百岁老人12人。（陶青峰）

责任编辑　郑文燕

教　育

综　述

2010年，绍兴县有学校269所，其中普通高中（以下简称高中）6所，职业教育学校4所，初级中学（以下简称初中）23所，小学94所，幼儿园122所，区域性成教中心8个（成人教育学校19所），电大1所。在校中小学生和幼儿15.6万人，其中外来务工者子女3.5万人，在编教职工6818人。全县初中、小学生均日常公用经费分别为760元、680元；中小学省标准化学校115所，创建率97%；中小学市级以上示范、特色学校94所（不含绿色学校、文明学校等），创建率80%。

2010年10月14日，浙江省教育厅副厅长韩平调研绍兴县“轻负优质”教育工作。　　（县教体局供稿）

2010年，绍兴县教育部门认真贯彻国家、省、市《教育规划纲要》和教育工作会议精神，围绕“突出优质均衡，创新内涵特色，率先实现教育现代化”的工作主题，各项工作有新进展。修订出台《关于进一步规范课程设置加强教育管理意见》等政策规范办学，邀请省教育厅巡视员张绪培到县作推进素质教育专题报告，举办第二届“鉴湖之春”轻负担高质量素质教育展示活动，推进轻负优质教育再上新台阶。创新教育管理体制，建立学区管理模式，设立7个学区，赋予学区一定的行政业务管理职能，统筹学区内教育发展规划、干部教师队伍建设、教育教学管理、学校安全管理、民工子女教育及师训研训活动等事项。学校德育工作重点推进“德育导师制”建设和心理健康教育工作，华舍实验学校的心理健康教育工作在全省作经验介绍，全县继续保持在校中小学生罪错率为零。全县19个镇（街道）成为省级教育强镇（街道）、市高标准普及九年义务教育镇（街道）、市教育基本现代化镇（街道）。绍兴县在省、市教育系统教育科学和谐发展业绩考核中第四年获得优胜县。

（沈高丰　操梅霞　杜国平）

【多渠道解决3.5万名外来务工者子女就学】　2010年，绍兴县多渠道解决3.5万名外来务工者子女就学问题，外来务工者子女在公办学校就读率86.2%。7月～8月，县教育部门在有关镇（街道）的配合下，整治12家无证办学机构，取缔1家非法办学机构，并对6所民工子女学校进行网点调整。9月，选派公办教师到民工子女学校任教任职，提升16所公办非营

2010年6月25日，绍兴县召开无证办学专项整治和民工子女学校网点调整工作会议。　（县教体局供稿）

利性民工子女学校办学质量。8月12日，《人民日报》第12版《教育规划纲要解读：关注农民工随迁子女受教育权》专题中，绍兴县被作为浙江省民工子女学校办学先进典型之一进行报道。

【350名教师参与世合赛志愿服务工作】 2010年，绍兴县投资810万元改造第六届世界合唱比赛鲁迅中学柯桥校区、鉴湖中学2个合唱村住宿和就餐等生活配套设施，完成63个合唱团3000多名选手入住12天的接待服务工作，350名教师参与服务。同时专门安排县实验幼儿园场馆作为表演场地。县鉴湖小学和县职教中心分别选送节目参加开幕式演出（县职教中心节目获银奖），256名师生参加比赛。

2010年4月19日，绍兴市委书记张金如、市委副书记谭志桂、市公安局局长王海仁、副市长丁晓燕一行调研第六届世界合唱比赛绍兴县鉴湖中学合唱村安保工作。（县教体局供稿）

【省标准化学校创建率97.5%】 2010年，绍兴县学校基本建设项目22个，新建、改建学校校舍66436万平方米。实施阮社小学、孙端皇甫小学等11个新建、扩建工程，其中县实验中学新校区、阮社小学等4所学校建成开学。新建兰亭镇中等3个风雨操场。调整平水镇平江中学、平江小学、下灶小学，漓渚镇棠棣小学，杨汛桥镇江桃小学，柯桥街道轻纺城实验小学，华舍街道蓝天实验中学，柯岩街道永红小学共 8 所学校网点。新创建省标准化学校10所，累计115所，创建率97.5%。

【校舍抗震加固工程竣工投用】 2010年6月底起，绍兴县对19所中小学校26幢校舍进行抗震加固改造，建立校安工程抗震加固改造工作例会制、施工情况通报制和施工进度周报制。8月底，全部工程竣工投用，共加固改造5.5万平方米，确保学校正常开学。

【免费教育惠及10万学子】 2010年，绍兴县全面推进免费教育，全县近7万家庭10万学子受惠。完善贫困助学保障体系和职校助学金制度。对家庭经济困难学生实施补助，其中享受“两免一补”学生2835人，补助512万元；享受“爱心营养餐”6004人，补助110万元；享受孤儿爱心补助252人，补助33万元，共有近7000名学生享受各类贫困补助。全年各类免费助学总金额5732.22万元。

【县特级教师团赴青川县送教慰问】 2010年3月25日～26日，绍兴县教育局局长许义平应青川县教育局和浙江支教团邀请，率县特级教师团一行8人赴青川县七一凉水九年制学校送教，开展“浙江名师赴青川，绍兴青川手牵手” 教学交流活动，进行教学讲座、课堂展示、学校设施考察、教育座谈等一系列活动。期间慰问绍兴县援川支教的倪岳先、沈高丰。

2010年3月25日～26日，绍兴县教育局局长许义平率特级教师团到青川县七一凉水九年制学校送教、慰问。（县教体局供稿）

【落实校园安全工作管理责任机制】 2010年，绍兴县贯彻全国综治维稳工作电视电话会议精神，落实校园安全工作部门联防制度和镇（街道）属地管理责任机制，召开10次全县学校安全工作会议，聘请162位法制副校长，开展7次拉网式校园安全工作大检查，对98所重点学校、幼儿园落实警校联动的值勤巡逻制度，对偏远村完小、幼儿教学点落实村级联防制度。加强人防技防措施，县、镇两级投入1000万元，新聘学校保安150人，安装监控探头1800余个，对全县550名保安轮训1次。完善安全考核机制，增加安全考核分值，对安全考核不合格、信访矛盾化解不力的单位实行岗位考核一票否决制。会同县交警大队、运管所对全县学生接送车运营情况进行突击检查。更新接送车50辆；投入资金60.6万元，对全县学生接送车进行考核奖励。

（沈高丰）

2010年6月2日～3日，教育部、公安部、国家安监总局学校安全工作联合检查组到绍兴县检查工作。

（县教体局供稿）

【开办首所国际学校】 2010年9月25日，由浙江红绿蓝教育集团、印度环球贸易等3家企业合资创办的绍兴市首所面向外籍学生的绍兴轻纺城国际学校，在绍兴县中国轻纺城中学举行开学典礼，县教育局和相关部门领导及近50位外商、学校、家长代表参加开学庆典。学校占地近1000平方米，初步设立8个班。其中幼儿园分学前班、幼儿低段、幼儿高段，小学分一到五年级5个班。主要招收3岁到12岁的外商子女入学。采用西方教学模式，课程设置完全不同于国内，大半时间以活动课程为主。聘请新西兰、英国、美国、菲律宾等国家5名外籍教师任教。（操梅霞 杜国平）

【新设1000万元名师名校奖励专项经费】 2010年，绍兴县出台《绍兴县名师名校工程行动方案》，设立每年各500万元的名校创建和名优教师培养奖励专项经费。确定鲁迅中学、柯桥中学、实验中学等15所学校为首批名校创建对象，从学科实验室建设、学科基地建设、竞赛金牌基地建设、特色创建和名校创建成果等方面进行扶持和奖励。每年培养和引进特级教师、学科金牌教练、省级教坛新秀等高层次名师20人；打破户籍限制，每年直接招录“211”重点院校具有研究生以上学历的优秀毕业生；开展1000名高中学科教师和1000名初中、小学骨干教师的轮训，分近20批次完成1784名中小学教师去南京十三中、宁波效实中学等省内外名校学习，组织高中竞赛教练赴西北工大附中、湖南长沙一中等名校参加高端培训；建立若干个由省特级教师、学科带头人担纲的名师工作室。计划用5年左右时间，把绍兴县建设成名校聚集、名师荟萃、英才辈出的教育高地，形成一大批全省全国知名的示范、特色学校。

（操梅霞 杜国平 谢国民 沈高丰）

【绍兴县成为省中小学生课外文体活动工程示范区】 2010年，绍兴县开展传统体育、艺术教育活动——中小学田径运动会、乒乓球比赛、中学生篮球赛、“兰亭杯”书法比赛、小幼六一文艺会演、中学生金秋音乐会等，举办首届中小学校园集体舞、中小学广播操比赛、绍兴县学生器乐邀请赛等大型活动。浙江电视台少儿频道主办的《2010百校对抗赛》栏目摄制组3次到县录制节目，全县共有8所学校作为代表参与录制。县教育部门召开学校精品艺术社团创建工作研讨会，从生源构成、师资利用、训练安排、专家聘用等方面探索创新方案，并就如何提高社团建设质量作辅导。城区多个精品艺术社团，在各级各类中小学生体艺比赛中，获国家一等奖7人次，国家级获奖89人次，省一等奖64人次。其中柯桥小学少儿舞蹈节目《茴香豆》在全国第三届中小学生艺术展演活动中获艺术表演类节目舞蹈一等奖、精神风貌奖和节目优秀创作奖3项大奖，县教育局被教育部授予优秀组织奖；鉴湖小学明珠少儿合唱团获省中小学生合唱节一等奖。绍兴县被浙江省教育厅列为第三批浙江省课外文体活动

2010年10月30日，绍兴县学生器乐邀请赛在县文化馆音乐剧场举行。（县教体局供稿）

工程示范区，4所学校被省教育厅列为省体育特色学校或艺术特色学校，全县累计有12所学校被命名为浙江省体育特色学校或艺术特色学校。

【10万中小学生参加综合社会实践活动周】 2010年，绍兴县组织举办10万中小学生“进村居（社区）、进企业、进市场”综合社会实践活动周，以活动为载体，展示学校和学生的良好形象。通过走访、参观、调查、访谈、探究等形式，引导学生了解乡土乡情，体验家乡变化，激发学生爱乡、爱国情感；拓宽学生学习空间，激发探究兴趣，提高学生综合社会实践能力；引导学生关注社会热点，强化社会责任，服务家乡发展，为全县青少年健康成长营造良好的育人环境。活动开展后，全县参与学生96000余人，参观300多处，采访近千人，撰写调查报告（实践体会）35000余篇，各级媒体报道400余篇次。（操梅霞　杜国平）

【中小学A、B级食堂达118家】 2010年，绍兴县组织校园食品安全检查6次，暗访56次，交叉检查4次，对问题严重的实行通报批评制。通过公开招标，实行食堂大米、蔬菜等七大类大宗食品定点配送。开展食堂人员岗位培训，举办以“食品安全卫生知识和营养配餐”为主题的食堂主任培训班和食堂厨师及面点师技能培训班。投入食堂升级改造资金5000多万元。全县中小学A、B级食堂达118家。

【节约采购资金160万元】 2010年，绍兴县教育部门开设局长信箱，公开校长任课信息，执行“诸廉评廉”制度，开展“民主评议”活动，执行中考招生“三限”政策，推进校务政务公开。加强财经监管，加强校长经济责任审计，规范学校基建和大宗物品的采购招投标、验收审计等管理。全年，参加政府集中采购招投标23次，部门组织采购招投标92次，节约资金160万元。11月，县教育局在市纪委召开的全市廉政文化进校园专题会上介绍经验。（沈高丰）

学前教育

【概况】 2010年，绍兴县启动高标准幼儿园建设，开展农村新社区示范幼儿园评定工作、民办幼儿园规范化保教工作督查。投资3000万元24班规模的县中心幼儿园、投资1800万元24班规模的平水副城中心幼儿园、投资773万元12班规模的安昌涂山幼儿园分别完成招投标工作，稽东镇中心幼儿园竣工验收。全县评定6所幼儿园为绍兴县首批农村新社区示范幼儿园。全县新增公办幼儿教师10人，提前招录2011年应届本科以上毕业生8人。在增编的同时，改革用人机制，打破区域限制，选派10名优秀公办幼儿教师到新农村幼儿园担任园长，规范和提升新农村幼儿园办园水平。10月、11月，县教育局分期分批组织19个镇（街道）的中心幼儿园园长赴上海浦东新区名园挂职学习半个月，组织2009年、2010年新进编的幼儿教师到县内名园进行为期1个月的挂职培训。为69位参加社会保险、但到50周岁未能保足15年（不能按期领取养老金）的年龄较大的自聘幼儿教师办理养老保险补缴手续。全县有幼儿园123所，其中公办幼儿园93所，在园幼儿30753人，学前三年入园率99.6%。幼儿园专任教师1484人，其中公办幼儿教师176 人，教师学历合格率99.5%。全县有托儿所26所，在所儿童1500人，保教人员75人。省一、二级幼儿园共37所，等级幼儿园在园幼儿覆盖率90%以上；绍兴市标准化幼儿园60所，占48.8%。

2010年5月12日，省政府督查组督查绍兴县学前教育。（县教体局供稿）

【评定不合格民办幼儿园4所】 2010年，绍兴县继续开展幼儿园收费备案公示工作，所有民办幼儿园实行收费备案登记，规范民办幼儿园收费行为。全县幼儿园收费项目和标准在2010年8月27日《绍兴县报》上专版公示。县教育部门开展民办幼儿园规范化保教工作专项督查，就民办幼儿园的招生、收费、保教、培训、安全等方面开展全方位蹲点式的督查。通过督查，评定不合格民办幼儿园4所，关停湖塘街道小太阳幼儿园、王坛镇锦秀幼儿园、华舍街道小天使幼儿园3所规模较小的持证民办幼儿园，规范县民办幼儿园的办学秩序。（马慧黎）

义务教育

【概况】 2010年，绍兴县义务教育普及程度继续保持高位稳定，6周岁至15周岁少年入学率、巩固率、完成率均达100%；初中升高中段比例达99%。全年撤并义务教育阶段学校8所，新创建省标准化学校10所，创建率97.5%，处于全省领先水平。到年底，全县有初中24所，在校班级769个，在校学生33916人；小学92所，在校班级1570班，在校学生59677人。全县有省级示范初中17所、小学16所，省文明学校7所，全国绿色学校2所，省绿色学校15所，省体艺特色学校12所；市级示范初中4所、小学30所，市级文明学校40所、绿色学校25所、特色学校19所。县西藏民族中学有初一、初二、初三3个年级16个班级，学生800人。

县教育部门出台关于进一步推进教育均衡发展的实施意见、城乡教师6年定期区域交流和公开考调等政策意见，制定《2010年城乡教育共同体工作考评方案》，推进城乡义务教育均衡化发展。县教育部门与相关部门沟通协商，落实义务教育段教师公积金补助政策，每年拨款828万元提高全县4930名义务教育段教师公积金缴存标准。

（操梅霞　杜国平）

【举办第二届“鉴湖之春”教育活动】 2010年4月15日～17日，绍兴县举办第二届“鉴湖之春”轻负担高质量课堂教学观摩活动。近600名全省各地教育专家、领导和初中教师参加观摩活动，全县初中教师通过县教育网收看课堂视频直播。在观摩活动上，省教研室副主任柯孔标作《浙江省中小学学科教学建议》辅导报告，县实验中学校长赵水荣作学校办学理念学术报告。丁丽娟、单国炎等3位县实验中学中青年教师展示生本课堂教学，省教研室初中语文等学科教研员进行教学点评。与会人员还观摩县实验中学丰富多彩的大课间活动。参加观摩活动的专家、教师对县实验中学为代表的绍兴县“轻负优质”素质教育办学实践表示高度赞赏。5月13日～14日，县“鉴湖之春”智慧课堂教学观摩活动在县实验小学举行。全省各地的教育专家、语数教师共450余人参加观摩活动。活动包括“智慧课堂教学观摩、智慧课堂专题研讨、专家学术报告”三大内容，分语文、数学2个专场举行。与会人员对县实验小学的智慧课堂建设给予高度肯定。

（谢国民）

【一学生获宋庆龄奖学金】 2010年，中国轻纺城小学六（3）班学生谢一涛因其艺术特长获全国第九届宋庆龄奖学金，他的事迹被收入《成长的榜样——第九届宋庆龄奖学金获奖者风采录》。宋庆龄奖学金是由教育部、中国福利会和中国宋庆龄基金会共同设立，面向全国在校的初中生、小学生，中国九年义务教育阶段唯一的国家级奖学金，每两年评选一次，表彰品学兼优且具备一定特长的初中生和小学生。谢一涛品学兼优、全面发展，2008年成为县摄影家协会会员，2009年举办个人摄影展。

（操梅霞　杜国平）

普通高中教育

【概况】 2010年，绍兴县高中教育围绕“规范精细，轻负优质、特色多样”发展要求，坚持质量第一、安全第一方针，进一步深化内涵建设。出台《关于进一步加强高中学校精细化管理工作的指导意见》，就行政管理、教学管理、队伍管理、学生管理、安全管理、后勤管理等六大方面的精细化管理提出明确的要求与标准。县普通高中学校加大对外交流和合作力度，与美国、日本、德国等国学校进行多种形式的交流活动。全县高中普及率99.8%，高考录取率92.7%，比全省高出8.9个百分点，全市4.7个百分点。至年底，全县有普通高中6所，其中省一级重点中学3所，省三级重点中学1所，国有民营高中1所，省一级民办高中1所；省级文明单位2个，省文明学校1所；全国绿色学校1所，省绿色学校2所。全县普通高中毕业学生6375人，招收新生6148人，教学班358个，在校学生18289人。

【高考纯文理重点上线首次破千】 2010年，绍兴县考生被普通高校合计录取5939人，录取率92.7%，比全省高出8.9个百分点，比全市高出4.7个百分点。其中高考零批与第一批录取1266人，比上年增加300人，按全县户籍人口万人比重点率15.03%，高出全市平均2.1个百分点，高出全省平均6.44个百分点，全市第一，全省领先。纯文理重点上线1070人，比上年增加105人，8名学生进入全省文理科前100名。柯桥中学魏佳以724分获全市文科第一名、全省文科第二名，被北京大学文科试验班录取。

2010年，柯桥中学魏佳（左）获全省高考文科第二名。 （县教体局供稿）

【投入20万元培训特长教练员】 2010年，绍兴县投入20万元用于音、体、美等特长教练员的培训。实行各普通高中分类指导、错位发展，在人文、科技、艺术、体育、外语、国际交流等方面寻找特色发展定位，筹划创建特色基地，形成特色品牌。柯桥中学、鲁迅中学以培育英才为重点。两校设立精品部，重点培育智优学生，鲁迅中学城南校区以文科、体育教育为特色，越崎中学主要以人文和书法教育为特色，鉴湖中学以艺术教育为特色，豫才中学和轻纺高级中学以养成教育为特色。（沈高丰）

【一学生获全国科技发明比赛大奖】 2010年，由环境保护部宣传教育中心与美国“ITT”公司共同主办的第八届“ITT杯”全国中学生水科技发明比赛暨斯德哥尔摩青少年水奖中国地区选拔赛在北京揭晓。柯桥中学高二（14）班张炜鹏的作品——利用道路减速带制作自动提水器获全国三等奖。该发明主要是利用物理学和地理学相关原理，将周边的分散能源集中起来加以利用，达到节约能源和水资源的目的。 （李国权）

职业教育

【概况】 2010年，绍兴县职业教育围绕服务县域经济发展这一中心，紧贴产业所需所求，致力于提升办学内涵，深化职教改革，全面提高职校学生技能素质。组织编写《服装材料》等课改教材，中标承担浙江省染整技术专业课改项目。绍兴县职校课改经验在2010年4月20日《浙江日报》上予以长篇报道，省职成教教研室简报也专刊介绍加以推广。介绍县职业教育改革经验的《做地方经济转型的“助推器”》在《中国教育报》头版发表，教育部部长袁贵仁专门作批示予以肯定。8月13日省政府办公厅第85期政务工作交流《绍兴县实现职业教育公益性的主要做法》专报中，副省长郑继伟作批示肯定。在2010年省教育厅科学和谐考核中，县职成教得分为全省第一。这年，100%的职校生取得初级技能证书，76%的学生获得中级技能证书。在各级技能大赛中，有5名学生获全国二等奖，2名学生获全国三等奖；14名学生获省一等奖（其中第一名3人），12名学生获省二等奖，12名学生获省三等奖。全年获市级比赛一、二、三等奖共52人（一等奖13人）。全国比赛二等奖比上年多3人次；省一等奖较上年增加2人次。县职教中心烹饪专业学生在全省中职学生技能大赛中获特金奖5个、金奖10个、银奖13个，总分占全省各县（市、区）榜首。

全县有职业学校4所，其中国家级重点职业学校2所（县职业教育中心、县财经学校），省二级重点职校1所。设置纺织类等专业33个，有服装等8个省级示范专业，另有外贸等12个市级示范专业。在校学生14967人，校均规模3741人。

【县职教中心获中央财政1000万元建设资金】 2010年，教育部、人力资源社会保障部、财政部正式启动“全国中等职业教育改革发展示范学校”第一批建设项目单位申报工作，计划以此带动全国中职学校深化改革、加快发展、提高质量、办出特色，全力推动全国中等职业教育改革发展的步伐。县职教中心根据通知要求，迅速提交项目申报书及有关材料，经教育部专家审核，成为中央财政立项支持的首批建设项目单位，为浙江省获支持的9所学校之一，获中央财政1000万元的建设资金支持。

【“双师型”教师达78.59%】 2010年暑假，绍兴县职校派86名专业课教师参加省级以上培训学习，3位校长参加省级校长培训，全县80%以上文化课教师参加技能培训和素质水平测试。专业教师“双师型”比例达89.12%。坚持职校教师暑期下企业实习半个月，把企业的先进工艺和信息带到课堂，学校的科研成果传给企业。针对文化课教师专业技能水平较低的现状，组织职校文化课教师学技能，通过平时学习和暑期集中培训相结合的办法，文化课教师的专业技能有明显提高，新通过中级技能考试的文化课教师87人，文化课教师“双师型”教师达66.94%，比上年提高39.67个百分点，整个职校“双师型”教师从上年56.19%提高到78.59%。

【全面实施7S管理】 2010年，绍兴县职校开展精细化管理，进一步与企业管理接轨，提高学校的管理质量。各职校从年初起实施7S管理，经过1年实践，无论是实训工场，还是教室实验室，都与现代企业的规范化管理相接轨，使校园文化和企业文化得到最佳结合。12月3日，绍兴市中职学校7S管理现场会在县职教中心召开，绍兴县职校7S管理做法得到肯定，经验在全市职业学校推广。

【举行县职校毕业生就业推介暨教学成果展示会】 2010年11月2日，绍兴县职业学校毕业生就业推介暨教学成果展示会在柯桥明珠广场举行。有387家企业参加招聘，1831名毕业生达成就业意向，1044名毕业生签订就业协议。

2010年11月2日，绍兴县职业学校毕业生就业推介暨教学成果展示会在柯桥明珠广场举行。
（县教体局供稿）

【职校师生接待中外客商1000余批次】 2010年10月，中国国际纺织品秋季博览会(柯桥)上，绍兴县职校服装、花样设计2专业在主场馆设9个标准展位，开展师生原创设计作品展示和学生现场免费设计活动。期间共接待中外客商1000余批次，与60多家中外客商达成服装设计、纺织品花样设计和培训合作意向，相关专业毕业生与日本、韩国、台湾、印度和叙利亚公司达成就业意向。学生的现场服务受到与会客商的好评，多数作品被客商选中。

【职业培训2500余人】 2010年，绍兴县职业学校创新培训形式，开展社会培训，服务产业转型升级。全年为轻纺城市场和原料市场培训经营户1800余人，开设电子商务、织物分析、外贸日韩语、外贸单证、电脑绣花、老外学汉语等7个专业，深受经营户们的欢迎。县职校利用企业节能减排之机，组织教师为浙江通益纺织印染有限公司、县先锋实业有限公司和县宇华纺织印染有限公司3家规模企业600多名一线员工进行生产操作技术培训，系统地提升职工的理论知识，又留住因停产而可能流失的职工。在全市“两创”实用人才培训中，县职教中心依托印染专业优势，对100名各相关企业的一线印染初级工，进行为期半个月的系统培训，并让其参加纺织染色中级技能鉴定获得中级印染技能证书，开启职业学校为一线企业直接提供生产技术支持的先河。
（梁贤林）

2010年4月14日，中国轻纺城钱清原料市场经营户素质提升工程第三期培训班开班。（县教体局供稿）

成人教育

【概况】 2010年，绍兴县成人教育紧贴县域经济社会发展需要，进行各类技能型人才培养和新型农民培训。绍兴县探索社区教育新机制，组织成教干部赴江苏南通、昆山，省内义乌、宁波考察社区教育；明确社区教育职责和工作机制；总结柯桥街道社区教育试点；社区教育经费列入各镇（街道）预算。全县召开2次特色农业培训现场会，引导以成教培训为特色，服务农业发展。绍兴县教育局被评为市成人教育先进单位、市级十佳农民培训转移先进单位。全县有成教中心8个，成校19所，其中省级示范成校14所（柯岩成校为2010年新增省级示范成校）。

【完成各类培训97957人次】 2010年，绍兴县全面开展教育部新型农民培训联系点工作，按计划完成三大培训任务。全年开展涉农培训33451人次，企业培训33820人，开展现代家庭工业培训4612人，外来务工人员培训11253人次，社区培训14821人次。绍兴县教育局被评为市级十佳农民培训转移先进单位。

【640人参加双证制培训并结业】 2010年，绍兴县落实《关于开展成人双证制教育培训工作的通知》，全面开展双证制培训，共有640人参加免费培训获得双证，培训经费100万元全部列入财政预算。开展农村预备劳动力培训，全年培训并通过考证550人。（梁贤林）

招生考试

【概况】 2010年，绍兴县各类招生考试工作均做到规范、有序，16165名学生进入高一级学校，其中被高中段学校录取9855人，比上年增加45人；被普通高校录取5939人，比上年增加505人；被单招单考高职录取371人，比上年增加61人。全省高考继续采用分类考试、分类录取的方法，全县普通高校共报名6404人，上一类分数线1095人、上二类分数3807人、上三类分数线6060人，按上三类计算，普通高校上线率94.6%。全县607人报考成人高校，比上年增加156人，均为高中起点升专科，其中文史类507人、理工类89人、艺兼文11人，上线512人，上线率84.3%；录取509人，录取率83.8%。经过春季招生及提前招生，全县5703人参加中考报名。全县录取高中段新生9855人，其中普通高中录取5558人，职校录取4297人。上半年1504人报考自学考试，下半年855人报考，全年报考率1.7‰，报考人数比上年略有下降。职校学生3323人参加各类非学历等级证书考试，比上年增加306人。其中参加全国计算机等级考试1387人，参加全国英语等级考试1936人，报考人数居全市前列。

【高考录取人数比上年增577人】 2010年，绍兴县6404名考生报考普通高校，其中文史类1485人、艺兼文332人、体兼文49人、理工类4195人、艺兼理270人、体兼理73人，比上年增加577人。普通高校共录取绍兴县新生5939人，占全县报考数的92.7%。其中一类录取963人，二类录取2619人，三类录取1917人，体艺类录取440人。8人进入全省文理科前100名，20人被北京大学、清华大学、复旦大学、中国人民大学等4所名校录取（北大6人，清华1人，复旦8人，人大5人），5人被上海交通大学录取，170人被浙江大学录取。全县9962人次报考普通高校招生三项考试中的3月份考试，其中高考英语听力报考5917人、高考信息技术报考1617人、高考通用技术报考2626人；13430人次报考9月份考试，其中高考英语听力5951人、高考信息技术3945人、通用技术3634人。

2010年6月4日，县委副书记、县长孙云耀，副县长陈德洪检查绍兴县高考、中考准备工作。

（县教体局供稿）

【9人被录取为民航飞行学员】 2010年，绍兴县柯桥中学林列、肖元洲、韩炜涛，鉴湖中学漏泽明、高鹏飞、毛元昊、沈阳、徐铭洋、曹叶锋9名考生被录取为民航飞行学员。自1989年实行在高中

生中招收飞行员制度后，全县累计选送空军飞行学员54人，民航飞行学员27人。（任新江）

队伍建设

【概况】 2010年，绍兴县教育系统共有教职员工9161人，其中专任教师8215人。专任教师中任教于普通高中1220人，职业学校（含成人学校）572人，初级中学2227人，小学2793人，幼儿园1403人。普通高中专任教师中研究生43人，占3.52%；本科1167人，占95.66%；专科10人，占0.82%。职业学校专任教师中研究生9人，占1.72%；本科500人，占95.79%；专科13人，占2.49%。初级中学专任教师中大学本科及以上1920人，占86.6%；专科295人，占13.31%；高中2人，占0.09%。小学专任教师中大学本科及以上1343人，占48.08%；专科1188人，占42.53%；高中262人，占9.38%。幼儿园专任教师（含园长）中大学本科及以上175人，占11.79%；专科754人，占50.81%；高中546人，占36.79%；高中以下9人，占0.61%。全县普通高中、职业学校（含成人学校）、初级中学、小学、幼儿园专任教师学历合格率分别为99.18%、97.73%、99.91%、100.00%、99.50%。

这年，新吸收大中专毕业生232人，其中硕士19人、本科156人、专科57人。新评定和初定各类职称教师1156人，其中评定高级133人、中级534人、初级318人，初定初级171人。至年末，全县有高级职称教师831人（正高级15人），中级职称教师3845人，初级职称教师1770人。1名教师获得省功勋教师荣誉称号，4名教师获省第二十三届“春蚕奖”，2名教师获得省中小学师德楷模荣誉称号，1名教师获得省支援青川灾后恢复重建先进个人荣誉，4名教师被评为省特级教师，5名教师被评为市“三十佳”教师，5名教师被评为市师德优秀教师、优秀班主任、优秀青年教师。（王　康）

【绍兴县绩效工资改革经验在全省推广】 2010年，绍兴县教育部门召开教育系统人大代表、政协委员座谈会，开辟教育网绩效考核意见征询专栏等，专门征求对义务教育绩效工资考核的修订意见建议。出台《学校领导班子岗位考核细则》，对学校书记、校长、分管副校长等工作岗位职责和绩效考核要求办法等作进一步明确。同时，在网上公开教师绩效工资信息，加强教师绩效考核，实行年段学科考核机制。在2010年度全省教育局长会议上，县教育局就义务教育段教师绩效工资改革作典型经验介绍，受到省教育厅领导充分肯定。累计有40多个县（市）到绍兴县考察取经。

【推行教师“阳光人事”】 2010年，绍兴县实行教师“凡进必考、择优择岗”制度。对570名师范类毕业生进行公开招考，规范录取230人，公开自主择优择岗。城区3所新校建成扩容，调城报考教师600多人，通过公开考调，150多人进城，无1起投诉和争议。“实施教师‘阳光招考’，力促教育优质均衡”获县行风建设十大亮点称号。（沈高丰）

2010年7月28日，绍兴县新教师公开招考自主择岗现场会在柯桥中学举行。（县教体局供稿）

【合理流动教师170余人】 2010年，绍兴县教育局出台《关于义务教育学校校长教师区域交流的试行意见》和《关于2010年超编学校教师定向调动的试行意见》，推行教师区域交流、超编学校教师定向调动。教师区域交流在柯桥主城区初中、小学之间，各镇（街道）中心校与完小，完小与完小之间试点，超编学校教师定向调动在平水、富盛等8个镇超编学校开展，共有120余名教师参加区域交流，53名教师向周边缺编学校分流。通过政策引导、制度保障、人性操作，促进教师合理流动，提高教师配置的科学性和有效性，让优质教育资源惠及更多学生。

【开展名师工程建设】 2010年，县教育部门通过报刊、网络等媒体，公开面向全国招聘名优教师，一次性推出岗位20余个。赴南京大学、复旦大学、南京师范大学、华东师范大学等全国知名高校招聘优秀毕业生，签约研究生27人，本科生9人。首次开展“领雁工程”培训学员后续考核，评选出A级学员25人，带动骨干教师专业发展热情。选派212名校长赴宁波市镇海中学等省内外名校挂职学习。组织开展省“春蚕奖”、县“三十佳教师”、“优秀青年教师”等评选活动。许吉安被评为浙江省功勋教师，章水云、赵水荣、周学东、李国娟等4名教师被评为省第十批特级教师，吴建锋、俞雅文、陈海桥、鲁伟民等4名教师获浙江省第二十三届“春蚕奖”，韩潜洪、郑斌2名教师获浙江省中小学师德楷模荣誉称号，沈高丰被评为浙江省支援青川灾后恢复重建先进个人，16名教师被评为市第六届中小学、幼儿园学科带头人。

【20余名学校校长交流任职】　2010年，绍兴县在实施教师区域交流的同时，初步建立学校干部定期交流制度。规定学校副职以上干部每届任期为3年，经考核称职及以上的可以连任；在同一学校连续任职满2届的学校正职原则上需要交流；副职任职满3届原则上需要交流。学校中层干部也需定期交流或轮岗。全县共有20余名符合条件的学校校长进行交流。（王　康）

教育研究

【概况】　2010年，绍兴县继续以区域性推进轻负担高质量工作和薄弱学校提质工作为抓手，开展教学规范化建设和备课组建设，全面实施高中新课程改革，提升课堂教学的有效性，开展各项教学评优活动和课题研究，“轻负优质”经验在全省进一步推广，省级以上教育科研发表及获奖223人次，一批课题在省、市获奖，44名教师在省级以上教学比武获奖，442名学生在省级以上学科竞赛和技能竞赛中获奖。冯国生、张长松、陈建荣等3位教师和魏佳、丁亦昕、金明亮、金钰阳、杨娟等5位学生获第十九届孙越崎家乡教育奖。至年底，县教师发展中心有教职工37人，其中研究生学历5人、大学本科学历28人，高级职称27人（正高级2人）、中级职称8人，省特级教师1人，省教坛新秀1人，市级学科带头人6人，县级专业技术人才2人，县级学科带头人14人。

【895名学员完成领雁工程培训】　2010年12月29日，绍兴县举行“领雁工程”结业典礼暨表彰活动。总结表彰大会详细回顾3年中县“领雁工程”培训开展的情况，对首批25名后续管理考核A级学员进行表彰，部分培训学员还进行才艺展示活动。至此，县农村教师“领雁工程”895名学员全部完成培训，第一期考核的25名A级学员已展示领雁成效，第二期学员进入考核阶段，这年完成的第三期219名学员进入后续管理预备阶段。

2010年7月9日，绍兴县中小学教师“领雁工程”第三期培训班在鲁迅中学城南校区举行开班仪式。（县教体局供稿）

【多形式培训全体教师】　2010年，绍兴县教育部门利用平时的区域研修活动和暑期进行全体教师的教学业务能力和理论素养的提升。落实讲师团组建，建立18个村完小教师培训基地，成立涵盖11个学科的县“三单制”培训讲师团。落实系列培训菜单，开出近100个课题菜单。落实培训载体，举行名优教师送教村完小活动，60名名优教师送教18个镇（街道）近100所完小；开展“体味新课程设计，把脉课堂疑难”专题培训；组织“鉴湖之春”轻负担高质量优秀教师课堂教学风采展示活动；举办名特教师课堂教学观摩活动。落实课程辅助，先后编印新课程学习资料、学科教材教法等辅导资料6册。设置“课堂观察”、“专题研讨”、“行动研究”、“沙龙论坛”和“调研考察”等5个板块的课程内容，打通理念与实践、培训与教研之间的隔膜。这些培训紧贴教学改革的热点问题，深受学员们的欢迎。（谢国民）

责任编辑　宋如玲

科学技术

综　述

2010年，绍兴县科技工作，以科学发展观为统领，围绕"突出转型升级、致力科学发展" 工作主题，以增强区域自主创新能力为主线，以培育创新型企业和发展纺织创意产业为重点，出台《关于进一步加快引进、培育并用好优秀创业创新人才的若干意见》等一系列科技、人才、创意方面的文件，切实优化创新环境，强化创新主体，构筑创新平台，推进科技创新，各项科技工作取得新进展，科技综合实力进一步增强。柯桥经济开发区成功创建省级高新技术产业园区，绍兴县成为浙江省知识产权示范创建县，中国轻纺城创意产业基地获 2010年中国创意产业最佳园区奖，中国轻纺城创意产业服务中心获2010年中国创意产业推动奖。

2010年12月3日，绍兴县科技局局长娄刚强作客浙江在线演播室，和网友们一起探讨绍兴纺织产业的发展之路。　　（王华良摄）

【安排自主创新资金5800万元】　2010年，绍兴县出台《关于2010年加快经济转型升级的若干政策意见》，安排5800万元政策资金用于"大力促进自主创新"，为历史最高。先后举办科技创新政策解读、创新基金申报、知识产权保护等专题培训班，宣传科技政策法规，鼓励企业增强自主创新意识，开展专利申请和保护。建设镇（街道、开发区）科技队伍，组织开展镇（街道、开发区）科技工作交流培训会议，召开高新技术企业专题培训会和部门协调会，邀请省块状经济专家服务组为企业提供咨询服务，落实专人上门辅导，帮助企业准备申报材料。调整完善镇（街道、开发区）岗位责任制考核办法，开展科技强镇（街道、开发区）创建活动。柯桥开发区、滨海工业区（马鞍镇）、平水镇、柯岩街道、安昌镇、柯桥街道、孙端镇、华舍街道获2010年度科技强镇（街道、开发区）称号。授予浙江精功科技有限公司"开拓者"科技创新团队等10个创新团队（个人）为2010年度绍兴县十大科技明星。

【实现省级高新技术产业园区零的突破】　2010年，柯桥开发区成功创建浙江省高新技术产业园区，实现省级高新技术产业园区零的突破，解决长期制约绍兴县高新技术产业集聚发展的瓶颈问题，为绍兴县高新技术产业拓展新的发展空间。全县规模以上高新技术产业增加值29.56亿元，占工业增加值的9.2%，比上年提高3.02个百分点。同时高新技术产业企业规模不断扩大，超亿元高新技术企业20家，超5亿元高新技术企业6家。

【财政科技投入再超亿元】　2010年，绍兴县发挥政府主导作用，加大科技投入，财政本级科技拨款17151万元，比上年增加1602万元，占财政支出的4.83%。通过对企业科技项目经费扶持等措施，促使企业逐年加大研发经费投入，强化企业科技投入的主体地位。同时，财政科技投入的导向逐步由支持科技项目为主转向注重扶持科技创新条件建设，

引导和促进企业的转型升级。加强项目申报，争取省级及以上科技部门经费4237万元。（王华良）

【引进60家创意企业】 2010年3月，服装家纺市场F5创意园正式启用。至年底，中国轻纺城创意产业基地投入使用的面积达7万平方米，共举行5次会审，引进60家创意企业，有55家企业投入实质性运营，注册资本3000万元，各类人才700多人。浙江大学、浙江工业大学、浙江理工大学、天津工业大学、西安工程大学、北京服装学院等6所院校在基地设立大院名校绍兴县技术转移中心。创意产业基地企业营业额2800万元。11月20日，中国轻纺城创意产业服务中心获得2010年中国创意产业推动奖、中国轻纺城创意产业基地获2010年中国创意产业最佳园区奖。（吕瑜洁）

科技计划

【概况】 2010年，绍兴县开展高新技术企业认定和各级各类科技项目申报，加大科技攻关力度，助推经济转型升级。实施科技计划项目183项，其中国家级21项（国家星火科技计划项目4项、国家重大科技成果转化项目1项、国家火炬计划项目10项、国家科技型中小企业技术创新基金6项），省级110项，县级重大科技攻关专项49项。5家企业认定为国家重点高新技术企业，12家企业通过新办法认定的高新技术企业认定，通过新办法认定的高新技术企业达到46家，实现销售收入136亿元，实现利税总额14.8亿元。培育科技型企业，全年认定省科技型中小企业20家。共开发国家级新产品3项，省级新产品91项。

表18　2010年认定的绍兴县国家火炬计划高新技术企业名录

序号	企业名称
1	绍兴华裕纺机有限公司
2	浙江精功科技股份有限公司
3	绍兴前进齿轮箱有限公司
4	浙江亚太药业股份有限公司
5	浙江三力士橡胶股份有限公司

表19　2010年新办法认定的绍兴县高新技术企业名录

序号	企业名称
1	宝业集团浙江建设产业研究院有限公司
2	浙江墙煌建材有限公司
3	绍兴县富通软件有限公司
4	延锋伟世通怡东汽车仪表有限公司
5	浙江华纳药业有限公司
6	浙江万丰化工有限公司
7	浙江中厦新型建材有限公司
8	绍兴信诚电子瓷业有限公司
9	绍兴东升数码科技有限公司
10	绍兴县精宝机械有限公司
11	浙江高强度紧固件有限公司
12	浙江汇力达精密机械有限公司

【启动县级重大科技攻关计划】 2010年，绍兴县安排1000万元科技专项资金，围绕大纺织、五大优势产业、三大新兴产业转型升级的共性技术、高新技术等展开科技攻关。通过招标和专家评审，49个项目入围高档纺织品和特色纺织品加工技术、新型建筑材料及住宅产业技术等14个招标课题。每个入围的科技项目实施2年，经专家验收合格，可获奖励资金，最高额度100万元。（祁万荣）

信息化工程

【概况】 2010年，绍兴县组织企业申报省级以上信息化项目，申报全国电子信息产业发展基金“倍增计划”贷款贴息项目1项，列入浙江省信息服务业发展专项资金项目2项、浙江省信息技术推广应用专项资金项目4项。推荐3家企业参加省电子商务协会主办的浙江省十佳电子商务企业评选活动。培育软件及信息化产业，全县新增软件企业2家，30多项软件产品获国家计算机软件著作权登记，10多项软件产品得到较好实施。开展省农村信息化应用试点示范创星工作，申报省农村信息化应用试点示范村7个、示范镇1个，7个村全部列入2010年浙江省农村信息化试点村。

【信息技术助推节能减排】 2010年，绍兴县举办第一期科研技术讲座，邀请浙江工业大学教授郝平讲授信息技术在印染行业中的应用。协助省经信委在绍兴县召开以信息技术助推节能减排为主题的第八届中美工程技术研讨会，按照《浙江省印染行业信息技术“倍增”行动计划》要求，以钱清、安昌等镇（街道）为重点，推进信息技术在印染行业中的应用。

【建设纺织业信息化公共服务平台】 2010年，绍兴县科技部门先后考察全球纺织网、网上轻纺城、钱清轻纺原料网、钱清轻纺原料城的网上交易市场、江苏风云在线等网络平台的建设运行情况，多次召开各层面的绍兴县纺织业信息化公共服务平台建设座谈会，听取意见，并向县领导提交汇报材料。抓好建设方案的优化工作，牵头召开平台建设协调会，邀请相关单位开展协商，举办纺织行业信息化服务平台建设方案专家论证会。

科技协作

【概况】 2010年，绍兴县组织开展一系列科技招商、科技对接活动，有50多家企业分别参加绍兴市—中科院科技合作对接活动、浙江省军民科技合作对接活动、国际现代纺织装备技术专家绍兴行、2010海外清华学子浙江行在绍活动。成功举办绍兴县与高校院所共建创新载体暨转型升级科技对接交流会，与浙江大学等6所高校签订共建技术转移中心协议。安排200万元产学研合作专项资金，扶持产学研联合共建创新载体，鼓励校企科技合作成果转化项目实施，加速高校院所先进适用科技成果向现实生产力转化。新增省级国内科技合作成果转化项目2项，省级共建创新载体1家。共发布技术难题80个，新增科技合作签约项目125个，技术合同成交额5393万元。

【举办与高校院所共建创新载体暨转型升级科技对接交流会】 2010年 11月15日～17日，绍兴县与高校院所共建创新载体暨转型升级科技对接交流会在柯桥举行。绍兴县与浙江大学、浙江工业大学、浙江理工大学、天津工业大学、西安工程大学、北京服装学院分别签订“绍兴县与高校院所共建技术转移中心协议书”。期间，中国纺织科学研究院、香港理工大学、浙江大学、东华大学、浙江工业大学、浙江理工大学、天津工业大学、西安工程大学、北京服装学院等9个高校院所发布成果信息，绍兴县近百家企业负责人与19个高校院所进行科技对接洽谈，19个高校院所专家分2组赴滨海工业区、柯桥开发区开展校企科技对接活动。

2010年11月16日，绍兴县与高校院所共建创新载体暨转型升级科技对接交流会开幕式在柯桥富丽华大酒店举行。（王华良摄）

【建设校企共建创新载体】 2010年，绍兴县安排专项资金，出台《绍兴县产学研合作专项资金项目实施办法》文件，扶持产学研联合共建创新载体，鼓励科技项目合作，推进区域创新体系建设。绍兴精诚橡塑机械有限公司与中国桂林橡胶工业设计研究院共建的“中国桂林橡胶研究院精诚橡塑机械研发中心”被省科技厅认定为“2010年引进大院名校共建创新载体”，获得省科技厅20万元专项补助经费。浙江稽山印染有限公司与东华大学共建的“东华大学浙江稽山纺织印染研发中心”、中设建工集团有限公司与浙江大学宁波理工学院共建的“中设建工集团有限公司技术中心”、浙江亚太药业股份有限公司与浙江大学宁波理工学院共建的“浙江大学宁波理工学院—亚太药业药物研发中心”等10家共建创新载体被认定为“2010年绍兴县校企共建创新载体”，并获奖励。

【投入产学研合作成果转化100万元】 2010年，绍兴县投入100万元扶持产学研合作成果转化项目实施。浙江羊山纺织机械有限公司与上海超诚电子科技有限公司合作的“YSB10型单动式数控提花装置”、绍兴县广丰印染有限公司与西安工程大学合作的“高精度高品质非织造布印花关键技术与产业化”2个项目列入省级国内科技合作成果转化项目。绍兴金昊机械制造有限公司与浙江大学合作的“全电脑针织横机及其生产线”、绍兴县清扬机械制造有限公司与浙江工业大学合作的“282型全自动袜子缝头机”、绍兴精诚橡塑机械有限公司与中国桂林橡胶工业设计研究院合作的“55寸液压式轮胎内胎硫化机”等11个项目被列入“2010年绍兴县科技合作成果转化项目”，并获奖励。

【一中心成为首家省级科技企业孵化器】 2010年，绍兴县鼓励引导有条件、有实力的企业建立技术开发中心，鼓励创建省级以上高新技术研发中心，引导研发中心可持续发展，整合县科创大厦和创意大厦创新创业资源，推进区域科技创新服务中心和科技企业孵化器建设并取得实效。新增庄洁非织造材料、绍兴同怡汽车仪表、奈特电器绿色照明、华裕纺织机械、梅轮电扶梯等5家省高新技术企业研发中心，新增赐富医药抗过敏等7家市级企业研发中心。县科技创新服务中心成为绍兴县首家省级综合科技企业孵化器，有孵化器管理人员11人，孵化器场地建筑总面积25137平方米，固定资产净值7926万元，在孵企业69家，在孵企业总收入3165万元，申请知识产权135件，获授权发明专利2件、软件著作权8件。

【浙纺院提供服务9500多人次】 2010年，绍兴县继续推进浙江省现代纺织工业研究院建设，创建国家纺织产业创新支撑平台，其部省会商项目“纺织用合成纤维功能化及产业化关键技术研发”各子课题完成验收准备，省级重大专项“低温氧化助剂的开发及其在高品质天然纤维/混纺织物前处理中的应用技术研究”项目、“无盐染色清洁生产关键技术研究”项目通过省科技厅验收。完成纺纱、纺丝、小样、芳纶中试基地建设和数码印花中试基地建设，纺织品检测中心通过CNAS（中国合格评定国家认可委员会）监督和扩项评审，CNAS授权实验室检测项目增加到54项，检测标准扩充到335项，服务功能逐步增强。浙纺院累计为客户提供1700余幅原创花样作品，为中小纺织企业提供纺织产品设计、分析、试样、检测、咨询和数码印花服务9500多人次，为企业培训各类纺织技术人才760多人，组织开展学术报告、技术推广和信息交流活动15次。 （何鑫炎）

科技成果

【概况】 2010年，绍兴县加大科学技术奖奖励力度，对获得县科学技术一、二、三等奖的科技团队（科研人员），分别奖励5万元、3万元、1万元，引导企业加强科技成果管理，优化科技成果登记和各级科学技术奖申报服务。全县共登记浙江省科技成果80项，获市级科学技术奖11项（其中一等奖1项、二等奖3项、三等奖7项）。同时，根据《绍兴县科学技术奖励办法》规定，授予2010年度绍兴县科学技术奖44项，其中“GD-H122SA全电脑针织横机”等5个项目获一等奖、“高速宽幅提花多梳经编机”等12个项目获二等奖、“GRPM(Ⅰ)-180型绿色一步法数码喷墨印花机” 等27个项目获三等奖。

【成为省知识产权示范创建县】 2010年，绍兴县继续实施发明专利授权及产业化扶持政策，鼓励扶持专利创造、运用和产业化，调整专利结构。全县新增省级专利示范企业6家，市级专利示范企业11家，浙江新中天和永通纺织印染2家企业启动国家知识产权示范企业的创建。全县专利申请量4318件，其中发明专利申请量138件；专利授权量2537件，其中发明专利授权量52件，比上年增长30%。全县每万人授权发明专利0.73件，列全市第四位。绍兴县成为浙江省知识产权示范创建县。

表20 2010年绍兴县获市科学技术奖项目

序号	项目名称	完成单位	主要完成人员	奖励等级
1	上尿路结石5种微创手术的临床比较研究	绍兴县中心医院	叶利洪、陈永良、陶水祥、尚庆亚、钱卫良、何建松、蒋小强、李王坚、曹锦辉	一等奖
2	废瓶片纺涤纶POY	浙江亿丽斯织造有限公司、西安工程大学	洪桂焕、王卫、曾勇、李友祥、孙润军、陈美玉、凌庚明、杨耀灿、王利明、刘呈坤	二等奖
3	GD-H122SA全电脑针织横机	绍兴金昊机械制造有限公司	茅木泉、陈永生、陈德清、何慧英、孟鑫炎	二等奖
4	多药耐药鲍曼不动杆菌β-内酰胺酶相关基因的研究	绍兴第二医院	钱小毛、王亚玲、金海勇、陈燕青	二等奖
5	高大截面钢支撑体系的悬挑群肋单元式玻璃幕墙工程研究	浙江宝业建设集团有限公司、浙江宝业幕墙装饰有限公司、浙江宝业钢结构有限公司	林守忠、葛兴杰、王建国、李新武、王烈铨、王永江、华玉武、朱志雄、夏晓敏、童军庆、汪志强、杨晓华、孙永明、傅伟东、王亚茹	三等奖
6	赐富牌化维纤胶囊	浙江赐富医药有限公司	陈黎、何令帅、胡卓伟、韩华、高自召、朱利华	三等奖
7	超大跨度巨型交错桁架结构支撑塔架多点同步卸载及监测技术研究与应用	浙江精工钢结构有限公司、同济大学、北京城建精工钢结构有限公司	卢家森、黄明鑫、刘中华、胡向萍、李陵灵、汤浩军、张其林、靳曰森、曹一波、刘永、魏义进、封叶剑、朱乐宁	三等奖
8	高性能碳纳米管改性V带	浙江三力士橡胶股份有限公司、西安工程大学	薛兵、石水祥、王俊勃、周孝庭、滕伟洁、吴尧富、李正雷、吴利祥、吴新娟	三等奖
9	无循环特宽真丝印花工艺及复合功能整理技术研究	浙江海虹印染有限公司	肖彦明、翁绍余、王宏丽、陆建国、周建军、丁平乐、陆渭明	三等奖
10	高速宽幅提花多梳经编机	绍兴新越机械制造有限公司	孔祖坚、史伟民、李兵、许万举、王伟良、吴震宇、胡建平、陈时忠	三等奖
11	绍兴地区耳聋儿童病因学调查与线粒体DNA12SrRNAA1555G和GJB2235de1C基因突变的检测	绍兴第二医院	毛中萍、郑国峰、童海江、赵礼君、濮礼春、金建水、章洺、金晓锋、朱金龙	三等奖

（何鑫炎）

责任编辑 宋如玲

文化体育

综　述

2010年，绍兴县文化广电新闻出版部门依照文化强县建设部署，着力构建城乡一体的公共文化服务体系，文化阵地建设日趋完善。全年新创建先进文化村（社区）30个，柯桥街道瓜渚湖社区和钱清镇白马山村成为省级文化示范村（社区），3个镇建成农村出版物发行小连锁工程，新创建农家书屋23家。开展越剧、曲艺天天演“周末剧场”活动86场次，观看人数6000人次；举办大型广场文化活动35场次。县图书馆接待读者39万余人次，外借图书35万余册次；图书流动车送书下乡184车次。专业剧团下基层演出213场次，送戏下乡40余场次。农村电影“2131工程”放映电影4182场次。组织浙江电视台公共新农村频道“文化直通车”走进富盛倪家溇村活动。全县共有各类业余文体团队344个，2支排舞队参加浙江省第四届排舞大赛，分获金奖和银奖。

2010年12月18日，中国戏曲学会会长薛若琳、浙江省文化厅副厅长来颖杰为绍兴小百花艺术中心创演的越剧《李慧娘》颁发中国戏曲学会奖。

（绍兴小百花艺术中心供稿）

越剧《李慧娘》获第二届中国越剧艺术节优秀剧目展演金奖、中国戏曲学会奖；参加省第十一届戏剧节获特别奖。绍兴小百花越剧团成为全国首个获得中国戏曲学会奖的县级剧团。绍兴莲花落《午夜电话》获第十五届全国“群星奖”。吴素英获“白玉兰”戏剧主角提名奖、第二届中国越剧艺术节“十佳演员奖”；章利萍获第十五届全国“群文之星”称号。

绍兴县编制完成《绍兴县文物保护利用总体规划》，有序展开舜王庙景区的配套建设，开展绍兴县第三次全国文物普查。安昌古镇成为市级文化生态保护区。县博物馆全年接待参观团体120余批次，参观者4.5万人次。6个项目成为市级非物质文化遗产保护项目。王星记扇厂等两家企业被列为省级非物质文化遗产生产性保护基地，王星记扇在中国乡村非物质文化遗产传统工艺展上获“最受欢迎的项目”。绍兴莲花落馆成为中国曲艺非遗博物馆。

中国轻纺城合唱团原创曲目《咏兰》、《祝福》获世合赛锦标赛民谣组银奖，被市委、市政府授予优秀参赛团队称号。县文化馆音乐剧场被市委、市政府授予优秀场馆称号。绍兴小百花越剧团再次赴港演出；吴凤花、吴素英、陈飞加盟明星版《梁祝》，赴法国演出。承办第五届浙江省非物质文化遗产节浙江传统戏剧展演。

县文化市场执法大队获全市文化市场执法技能比武团体第一，取缔外来无证演出团体10家、非法音像书刊店44家，收缴非法音像制品14505张、非法书刊4506本，拆除地面卫星接收设施280套。县文物监察大队连续五年被省文物局评为成绩显著单位，承办的文物案件获第一届全省文物行政执法案卷评比活动优秀奖，代表浙江省参加全国评比获三等奖。8家文化体育经营单位参加中国义乌文化产品交易博览会，设11个展位。嘉禾彩印包装服饰有限公司、绍兴神采印刷有限公司两家印刷企业分获市“十佳”、“十优”印刷企业称号。（沈琛幸）

专业文化

【概况】 2010年，绍兴县有县级专业表演团体1个，专业培训机构1个，直属演出场馆1个。从业人员86人，其中正高级职称6人、副高级职称13人、中级职称14人。全年演出140余场，观众55万人，艺术演出收入180万元。张琳获绍兴市第九届十大杰出青年称号。陈飞获绍兴市拔尖人才称号。在全市艺术学校才艺比赛中，绍兴小百花艺术学校学生3人获一等奖，4人获二等奖，3人获三等奖。

这年，绍兴小百花艺术中心赴港参加香港康文署举办的中国戏曲节2010演出。再度晋京参加“同唱一台戏”演出。先后赴王坛等13个镇巡演。参加“鉴湖之春”、“天南地北绍兴人”等演出活动。

【新排越剧剧目3台】 2010年，绍兴县新创作排演越剧《双玉蝉》、《半把剪刀》、《狸猫换太子》。新编越剧《双玉蝉》由新生代演员主演，1月在百花剧场公演。越剧《半把剪刀》3月在百花剧场首演，5月在绍兴大剧院参加第八届江、浙、沪越剧大展演；央视11套《空中剧院》为《半把剪刀》录像。新版越剧《狸猫换太子》12月26日公演。

新版越剧《狸猫换太子》剧照

（绍兴小百花艺术中心供稿）

【召开越剧《李慧娘》学术研讨会】 2010年12月18日至19日，由中国戏曲学会、绍兴县人民政府主办，中共绍兴县委宣传部、绍兴县文广局承办的“写实与浪漫意涵的双重展现——越剧《李慧娘》创作学术研讨会”召开。18日上午在小百花艺术中心百花剧场举行颁奖典礼，中国戏曲学会副会长郑传寅宣读文化部艺术司贺信，副会长刘祯致颁奖词，中国戏曲学会会长薛若琳、浙江省文化厅副厅长来颖杰为绍兴小百花艺术中心创演的越剧《李慧娘》颁发中国戏曲学会奖。19日，《李慧娘》主创人员和北京、浙江等地的专家学者就《李慧娘》所取得的成就和经验进行深入的研讨。与会专家对《李慧娘》的内容和表演形式给予高度评价。

【绍兴小百花“三梅”同台赴杭演出】 2010年4月15日至17日，绍兴小百花越剧团受邀连续3天在杭州剧院举办“梅花三融——绍兴小百花三梅同台杭城献演”活动。绍兴小百花的吴凤花、吴素英、陈飞三位梅花奖得主，同台演出经典剧目和新排大戏。演出剧目有《狸猫换太子》、《陆文龙》和《半把剪刀》，吸引自费观众近3600人。

新排越剧《半把剪刀》剧照

（绍兴小百花艺术中心供稿）

【举办走进世博·城市情缘上海演出周活动】 2010年7月13日至19日，绍兴县委宣传部、绍兴县文广局与上海广播电视台综艺部联合，在上海逸夫舞台举办“走进世博·城市情缘——绍兴小百花上海演出周”活动。演出周演出5台大戏和1台折子戏，《劈山救母》、《陆文龙》、《情探》、《狸猫换太子》、《半把剪刀》5台大戏由吴凤花、吴素英、陈飞三位梅花奖得主主演，体现绍兴小百花演员能文能武的特点；《鉴湖情浦江缘》是绍兴小百花五代演员同台献演的折子戏专场。

【参加沪浙廉政文化精品交流活动】 2010年10月8日，上海·浙江廉政文化精品交流活动在上海东方艺术中心开幕。首场演出绍兴小百花越剧团的新编越剧《一钱太守》，上海市委常委、纪委书记董君舒，上海市高级人民法院院长应勇，浙江省纪委副书记王海超，上海宝山区委书记吕民元以及绍兴市、县领导钱建民、王文序、尹永杰、何加顺、孙云耀等观看演出。此次交流活动安排越剧《一钱太守》和沪剧《红叶魂》6场演出。10月8日和9日，《一钱太守》在上海东方艺术中心连演两场，11日、12日赴上海宝山区委党校剧院演出两场。14日、15日，《红叶魂》在绍兴大剧院演出两场。

（沈琛幸）

社会文化

【概况】 2010年，绍兴县开展"鉴湖之春"广场文化月活动、"乐在柯桥"新春文化活动、"广场文化角"活动。开展"文化五进"工程（进农村、进学校、进社区、进企业、进养老院），全年累计演出116场次。开展"种文化"工程，举办全县镇（街道）文化站长业务培训班和县首届镇（街道）排舞培训班。实施文艺精品工程，全年获省级以上奖项15个。绍兴莲花落"二次创业"大提升，绍兴莲花落《午夜电话》获第十五届全国"群星奖"，章利萍获"群文之星"称号。莲花落新作《四万个鞠躬》完成创作。绍兴莲花落丛书第三辑"鉴湖传奇创作工程"《绍兴莲花新作选》编辑定稿。绍兴莲花落《状元王佐》进入二度创作。纪念辛亥革命100周年莲花落作品《少爷英雄》、《范大夫筑越城》完成创作、排演和录像。举办越乡莲歌——绍兴莲花落艺术团演唱专场和第三届赏荷听莲晚会。召开绍兴莲花落协会理事扩大会议、绍兴方言与莲花落语言研讨会。

绍兴县有县级公共图书馆1个，馆舍建筑面积11000平方米，阅览座席1102个，从业人员31人，全部达到大专及以上学历，有高级职称2人、中级职称7人、初级职称7人；藏书26万余册（件）；新增借阅卡10608张，累计持卡读者36518人，2010年流通总人次39万余人次，外借册次35万余册次；实行全开架免费借阅和业务自动化系统管理，全部实现机读目录。建有镇图书分馆1个，馆外流通点16个，基本建成覆盖全县的图书馆服务网络。申报的"县域公共图书馆服务体系创新模式"课题经国家文化部批准立项。首家民办图书馆——会稽山藏书楼建成并对外开放。"明珠讲坛"举办现场讲座7场，听众2000多人次；开展周末视频讲座47场。"明珠展廊"展览10期，观众5万多人次。文化信息资源共享工程实现全县村级基层服务点全覆盖。开展信息服务和信息咨询工作，全年编辑出版《纺织信息导刊》6期。12月28日，推出光盘音像资料外借新服务。

（吴颖明 洪水平）

【第六届"鉴湖之春"广场活动月开幕】 2010年3月28日晚上，由绍兴县委宣传部、县文化广电新闻出版局主办，县文化发展中心承办的第六届"鉴湖之春"广场活动月开幕式暨"喜迎世合"合唱音乐会在柯桥明珠文化广场举行。开幕式上，12支合唱队演唱24首歌曲，现场观众3000多人。2010年第六届"鉴湖之春"广场活动月期间有多场系列电影展映，越剧、莲花落、鹦哥班专场、越剧票友专场及艺校学员专场等演出。

2010年3月28日，第六届"鉴湖之春"广场活动月开幕式暨"喜迎世合"合唱音乐会在柯桥明珠文化广场举行。（单 亮摄）

【举办首届排舞大赛】 2010年9月25日晚，由中共绍兴县委宣传部、县文化广电新闻出版局主办，绍兴县文化发展中心承办的迎国庆新农村文化展演暨绍兴县首届排舞大赛在绍兴县文化发展中心音乐剧场举行，19支镇（街道）排舞队伍400余人参赛。10月，在省第四届排舞大赛中，柯桥街道排舞队获老年组金奖，少儿节目《你叫谁达令》获少年组银奖。

2010年9月25日，迎国庆新农村文化展演暨绍兴县首届排舞大赛在县文化发展中心举行。（单　亮摄）

【开展农民艺术团巡回演出活动】 2010年8月18日至10月28日，绍兴县开展农民文化艺术团巡回演出活动，在17个镇（街道）和1家企业演出18场。农民文化艺术团演员为绍兴县农民"种文化"三十佳选手，巡演的节目有传统舞蹈、歌曲、戏剧表演，还有排舞等。（汪灿根）

【流动图书车外借图书7000余册次】 2010年，绍兴县图书馆改变传统服务模式，继续实行流动图书车"走出去，送上门"的服务新形式，流动图书车每周4天在16个流动服务点巡回。全年出车184次，接待读者4700人次，外借图书7169册次，办理图书借阅卡206张。（马黎明）

【首家民营图书馆落成开放】 2010年5月18日，绍兴县首家民营图书馆——会稽山藏书楼建成并对外开放。该藏书楼由民营企业家王家德出资建设，坐落王坛镇腾豪村，建筑面积750平方米。以藏亲友、乡贤、名士、伟人书为特色，有藏书近万册。（洪水平）

【越地联匾集萃图文数据库建成】 2010年11月，绍兴县图书馆越地联匾集萃图文数据库建成并通过省文化厅、省图书馆专家组的考核验收。该数据库主要内容是1949年以前分布在绍兴地区范围内各景点、宗祠、寺院、老街、台门等地的联匾照片及拓片。有对联照片800余张，牌匾牌片近300张。首次把越地现存联、匾资源进行系统整理并转化成数字文献。

【推出音像光盘资源外借服务】 2010年12月28日，绍兴县图书馆推出光盘音像资源外借新服务。近万件涉及各大学科门类的音像光盘供读者自主借阅，填补图书馆电子文献借阅服务的空白。（刘　平）

【"明珠讲坛"开讲52场】 2010年，绍兴县"明珠讲坛"开讲52场。其中现场讲座7场，周末视频讲座45场。现场讲座有健康保健方面的"关爱生活，关注健康"，亲子教育方面的"科学育儿知识专题讲座"、"儿童教育成长讲座"，艺术赏析方面的"声乐知识讲座"、"书法艺术欣赏解析讲座"，安全道德教育方面的"少儿安全防范知识讲座"、"规范道德 注重礼仪 树立形象讲座"等，听众2500人次。

【"明珠展廊"展出10期】 2010年，绍兴县"明珠展廊"展出10期。有中国吉祥艺术展、"千年运河一脉相承——大运河申遗展"、"澳门文化瑰宝——历史城区摄影"、全国两会图片展、"城市让生活更美好——迎接2010年上海世博会图片展"、"换了人间——地图上的浙江60年图片展"、"快乐阅读 智慧人生获奖作品展"、学生伤害防范图片展、"低碳经济绿色生活——环保从身边做起图片展"、十七届五中全会图片展等。观众5万余人次。（佘其斌）

【举办第六届未成年人读书节】 2010年5月19日至6月16日，绍兴县举办第六届未成年人读书节。读书节安排少儿优秀读物推介、未成年人读书问卷调查、科学育儿知识专题讲座、小手拉大手六一共欢乐游园活动、送书进民工子女学校活动、快乐阅读智慧人生征文比赛等。全县35%的未成年人参与活动。（王　萍）

【开展暑期关爱"小候鸟"活动】 2010年，绍兴县开展文化送温暖情牵"小候鸟"——关爱外来民工子女暑期活动。期间，发放免费阅览卡、举办突发事件安全防范讲座、组织暑期少儿优秀影视欣赏等。（李金莲）

文物保护

【概况】 2010年，绍兴县完善文物保护运作机制，规范文物保护管理制度。编制《绍兴县文物保护利用总体规划》。投入资金370万元，开展县级文保单位舜王庙展陈增补工程、舜王庙雷电防护工程、舜王庙环境整治（二期）、德兴台门维修工程、文保点芝佑房的保护整修方案及施工图设计工作。12月28日，印山越国王陵原址保护工程通过验收，专家组一致认为印山越国王陵原址保护工程总体情况好，墓室结构稳定，木炭加固、边坡加固效果明显，达到设计要求，并建议工程作为中国南方潮湿环境遗址保护优秀工程推荐。完成省级文保单位太平桥、县级文保单位严朱庙、姚长子纪念碑的抢救性整修工作。做好古纤道等文保单位的日常维护及保养工作。召开首届业余文保员工作会议，全县有业余文保员88人。

这年，绍兴县第三次全国文物普查成果展和越地遗珍——绍兴县各级文物保护单位解读图片展分别在杨汛桥、夏履、马鞍、漓渚等6镇（街道）巡回展出。11月30日至12月28日，越地遗珍——绍兴县各级文物保护单位解读图片展在越国文化博物馆展览。编印《古越遗韵》——绍兴县各级文物保护单位、文物保护点总揽，该书介绍和展示绍兴县境内153处文物保护单位、文物保护点的情况简介、现状照片、区位图、保护级别、保护范围及建设控制地带等。

越国文化博物馆常年免费对外开放，全年接待各类参观团体120余批次，参观者45000人次。征集收藏各类文物258件。5月21日，绍兴文理学院越文化研究中心授牌越国文化博物馆为其研究基地，9月15日，中国百越民族史研究会和省越国文化研究会分别授牌越国文化博物馆为其绍兴研究基地。

【建成县级库房文物数据库】 2010年4月至7月，绍兴县开展库房文物数据库建设，对800件文物藏品进行文字说明编写和照片拍摄，并把信息录入计算机。7月底，县库房文物数据库通过省文物局专家验收。此次完成信息录入的800件文物藏品中有一、二、三级文物345件，一般文物455件。

（韩立江）

【发现越窑青瓷堆塑五管瓶】 2010年7月6日，绍兴县从涉嫌盗掘古墓案中追缴到1件越窑青瓷堆塑五管瓶。五管瓶通高41.6厘米，底径15.2厘米，不仅工艺精湛，装饰华美，而且器形硕大，成型复杂，是三国时期越窑青瓷的代表作。器物上的伎乐形象，表明当时中原战乱频仍，政局动荡，而会稽郡相对安定，随着大批北人南迁，北地文化与绍兴本土文化相互融合。经省文物鉴定委员会鉴定，属国家二级文物。

越窑青瓷堆塑五管瓶

（过伟明摄）

（周燕儿）

【发现原始瓷侧把盉】 2010年6月2日，绍兴县钱清镇派出所发现1件造型别致的原始瓷侧把盉。侧把盉高12厘米，最大腹径11.5厘米，底径8.2厘米。呈圆锥状，弧肩，鼓腹，下腹部内收，圈足稍外撇。肩部等距离设鋬、圆形流和两组半环形双系。通体施密集弦纹，灰白胎，外施青黄色釉，釉层均匀光亮。县文化发展中心考古专家从造型、胎质和釉色判断，此盉系西周时期产品，是研究原始瓷器种类和制作技艺的重要实物佐证。（陆菊仙）

原始瓷侧把盉 （陆菊仙摄）

【发现蔡元培题碑】 2010年2月，绍兴县柯岩街道围炉别墅建设工地发现蔡元培题写的墓碑1块。碑高86厘米，宽190厘米，厚21厘米，系会稽青石质。碑文为楷书阴刻，共分11竖行，满行6字，字径约9厘米。碑上、左、右三边阳刻连续几何纹。整体用材硕大，碑面较平整，刻工精细。碑文为"皇清国学生履卿单公暨德配吴太孺人合墓 赐进士出身翰林院编修姻侍生蔡元培拜志 光绪二十九年四月吉旦"。经对碑文内容调查核准，墓主单履卿系柯岩街道原西泽村人，生活于晚清时期，出身书香门第。题碑者蔡元培（1868年～1940年），字鹤卿，号孑民，绍兴人。清光绪进士，翰林院编修，著名教育家。该碑立于清光绪二十九年（1903年），为蔡元培35岁时所题，书法浑厚端庄。该碑现由绍兴县文化发展中心收藏。（周燕儿）

【征集到越国文物12件】 2010年12月下旬，越国文化博物馆征集到典型越国文物12件。其中1件青铜剑和2件龙纹玉佩鉴定为国家一级文物，1件玉璜和1件云雷纹玉璧鉴定为国家二级文物，另有7件不同形态的玉璧为国家三级文物。这批文物保存完好，制作雕刻精美，对研究越国社会、经济、文化有重要价值。（梁志明）

【征集到南宋皇后陵碑】 2010年8月12日，绍兴县在南宋皇家陵园宋六陵征集到皇后陵残碑。该碑为会稽石质，高68厘米，宽37厘米，厚12厘米。因碑文残缺，碑主不明。碑上、下端及左、右两侧均残，正中尚存"皇后陵"3字，其中"皇"字上半部分残缺，竖列一行。楷书，阴刻，字径在14厘米左右；无款。（陆菊仙）

【越国史馆陈列改版】 2010年11月至12月，越国文化博物馆越国史馆陈列改版。越国史馆展示面积约1200余平方米，这次改版重点包括第四部分"奋发图强、雪耻称雄"和第五部分"百川归海、共缔中华"两部分，约600余平方米展厅范围。调整青铜剑、矛、戈，以及玉石类戟、剑、矛等30余件越国兵器类珍贵文物。（梁志明）

【越国文化高峰论坛开坛】 2010年9月14日至17日，中国百越民族史研究会、省社会科学院历史研究所和绍兴县文化广电新闻出版局联合主办"中国柯桥·越国文化高峰论坛"。中国百越民族史研究会会长吴春明、浙江省社科院副院长葛立成、浙江省文物局副局长吴志强等领导、专家和德国、日本、韩国的海外专家、学者60余人参加会议。就越国都城或城址探索、越国文化内涵研究、越国文化对海内外文化的影响、绍兴柯桥城市建设文化探源等主题进行广泛深入研讨。此次论坛收到专业性学术论文50余篇，举办学术报告会4场。

【举办越国文物精品展】 2010年8月25日至9月25日，越国文物精品展在越国文化博物馆向公众开放。展览配合越国文化高峰论坛，集中展示绍兴县境内出土的越国时期文物80余件，包括兵器和原始瓷两大类内容，大部分是首次公开展出。

【半砚斋藏越中十老书画开展】 2010年2月10日至3月10日，半砚斋藏越中十老书画展在越国文化博物馆开展。展览展出周庸村、周砥卿、冯亦摩、骆流善、宋之宇、钱彰武、甘稼泥、郭子美、蔡旺林、沈定庵等10位书画艺术家创作的多幅作品。

2010年3月9日，沈定庵参观越中十老书画展。（沈琛幸摄）

【举办良渚文化玉器展】 2010年4月28日至6月12日，良渚文化玉器展在越国文化博物馆展出。展览展出60余件（组）良渚文化玉器，包括玉璧、玉琮、玉璜等多种器型。展览期间，邀请省文物考古研究所研究员王明达作中国玉器专题讲座。（骆　明）

非物质文化遗产保护

【概况】 2010年，绍兴县非遗保护工作围绕"申报与保护并重、管理与服务并重、传承与发展并重”的工作主题，召开全县非遗传承大会，在孙端镇设立绍兴县第一个非遗传习所；首次发放各级传承人的传承补助，全年发放传承人政府补助12.5万元；举行省传统戏剧展演活动；开展传统节日上门慰问传承人活动；举办全县首次宣卷交流演唱会；组织开展省、市、县三级的第四批非遗保护名录申报工作；在舜王庙恢复传统庙会巡会表演；开展《鉴湖民间故事》社会征集；实施县级传承基地考核机制；编写省文化厅非遗丛书《绍兴宣卷》（6万余字）。在省文化厅、《浙江日报》等发起的省首届精神家园守护者荣誉奖评选中，安昌镇娄仲安获省首届精神家园守护者称号。仁昌酱园、王星记扇厂两家企业成为省级生产性保护基地，安昌古镇成为市级文化生态保护区。

【新公布县级非遗项目11项】 2010年，绍兴县完成非遗项目文本10个，撰写文稿11万余字，拍摄项目照片4000余张，录音录像12小时。发文公布欧冶子铸剑传说、安昌腊肠制作技艺等11个项目为第四批县级非遗项目，有6个项目成为市级非遗项目。向省文化厅申报第四批省级项目5项。至年底，绍兴县共有县级名录95项，市级名录59项。

表21　2010年新公布绍兴县非物质文化遗产保护名录

序号	项目类别	项目名称	批次	公布时间
1	民间文学	鉴湖民间故事	4	2010.11
2		欧冶子铸剑传说	4	2010.11
3	传统技艺	越窑青瓷烧制技艺	4	2010.11
4		修缸补甏技艺	4	2010.11
5		安昌腊肠制作技艺	4	2010.11
6		绍兴香糕制作技艺	4	2010.11
7		捻河泥技艺	4	2010.11
8	民俗	绍兴酒俗	4	2010.11
9		绍兴开宕习俗	4	2010.11
10		兜会习俗	4	2010.11
11		火着饭习俗	4	2010.11

注：第一批38项，2006年公布；第二批28项，2007年公布；第三批18项，2009年公布；第四批11项，2010年公布。

【承办第五届省非物质文化遗产节浙江传统戏剧展演】 2010年6月18日至19日，绍兴县文化广电新闻出版局在柯桥百花剧场承办由省文化厅主办的第五届浙江省非物质文化遗产节浙江传统戏剧展演。展演汇集全省16个列入国家级非遗保护名录中的15个传统戏剧项目，参演人数20人。规模大、剧种全、剧目精、演员强，集中展示浙江省传统戏剧非物质文化遗产。“会稽山”和“塔牌”两家黄酒企业应邀在省非遗节开幕式上作技艺传承仪式表演。

【举办绍兴县青年书法家提名展】 2010年12月14日，绍兴县青年书法家提名展在书法圣地兰亭举行，展览展出22位青年书法家的近百件作品。县青年书法家提名展是越社成立以来的第二个展览。

（沈琛幸）

文化产业

【概况】 2010年，绍兴县对文化体育产业的现状进行重新登记、调查摸底。组织8家文化体育经营单位参加中国义乌文化产品交易博览会，设11个展位。组织县内11家休闲体育服务企业参加嘉兴2010中国长三角国际体育休闲用品博览会。浙江海纳体育旅游用品有限公司销售额超1.5亿元。

全年农村放映电影4182场，送电影进校园245场次，数字电影覆盖率100%。（沈琛幸）

【省“百花放映——百县千村万场”启动仪式在福全镇举行】 2010年8月6日晚，由中国文联、中国电影家协会主办的“百花放映——百县千村万场”大型公益放映活动浙江省启动仪式在绍兴县福全金三角广场举行。绍兴县放映的影片为大众电影百花奖候选影片《建国大业》，在60个村（社区）放映120场。（封玲玲）

·小资料· 百花放映——百县千村万场大型公益放映活动

百花放映——百县千村万场大型公益放映活动是由中国文联、中国影协组织的一个常态的、规模的、可持续发展的电影文化惠民品牌“百花放映”工程。是在常年做好送电影下基层惠民放映活动的基础上，从2009年开始，每年4月至9月在全国范围内开展“百县千村万场”暨“大众电影百花奖”候选影片公益放映活动，实现“百县千村万场”同映一部“百花奖”候选影片。影片放映期间，组织电影艺术家随放映队下基层，在放映公益电影的同时，与广大基层观众互动。

【举行农村电影放映工程·卫生公益宣传项目浙江启动仪式】 2010年1月29日，由卫生部办公厅和国家广电总局电影局指导，中国健康教育中心和中影集团联合发起的省“农村放映工程·卫生公益宣传项目”在绍兴县文化馆礼堂正式启动。中国电影集团公司副总经理乐可锡、绍兴市副市长丁晓燕等参加启动仪式。这次活动从1月29日开始到3月结束，精选4部优秀的国产片，有主旋律大片《建国大业》、革命战争题材片《马石山十勇士》、喜剧片《斗牛》、励志悬念片《寻找成龙》，与当前的甲流预防等卫生知识宣传片相结合，使农民享受电影文化，了解卫生健康知识。绍兴县在这次活动中放映电影200场。（封玲玲）

文化市场管理

【概况】 2010年，绍兴县有各类文化经营单位674家，新审批91家，包括规模较大的绍兴县蓝天文化影视有限公司和绍兴万达国际电影城有限公司。在各类文化经营单位中，有网吧84家，歌舞娱乐场所（电子游戏）41家，营业性演出场所2家，音像制品41家，包装装潢印刷85家，其他印刷品印刷68家，打字复印105家，出版物零售出租192家。娱乐、网吧和印刷业在文化市场领域占据重要地位。

这年，绍兴县打击侵权盗版，封堵查禁违禁出版物，大力扫除淫秽色情等文化垃圾，有效遏制各类侵权盗版行为。严肃查处非法报刊，开展“平安世博”、“平安世合”工作。全年开展文化市场执法256次，检查经营场所2379家次；立案查处文化市场违规经营案件31起，收缴罚没款127222元；开展联合执法行动15次，在联合执法行动中取缔黑网吧20家、无证游戏厅44家、影吧1家，查扣电脑168台、游戏机220台、游戏机电路板107块、放映设备4套；取缔非法音像书刊店44家，收缴非法音像制品14505张、非法书刊4506本；取缔外来无证演出团体10家；拆除地面卫星接收设施280套。

（赵文龙）

【拆除非法“小耳朵”1328只】 2010年9月，绍兴县开展无非法卫星电视接收设施乡镇（街道）创建工作，县综治办、工商、公安、文化广电等部门联合执法，对全县的非法电视接收设施（俗称“小耳朵”）进行地毯式取缔。全县拆除非法“小耳朵”1328只，其中柯桥街道组织拆除832只，居民自觉拆除596只。

竞技体育

【概况】 2010年，绍兴县籍运动员获得世界青奥会田径金牌1枚，全国比赛金牌7枚，省比赛金牌14枚，市比赛金牌96枚，团体总分和金牌总数均列绍兴市前茅。在新昌举行的绍兴市第七届运动会上，绍兴县代表团取得金牌151.5枚，总分2740分。金牌总数和团体总分双双位列全市第二位，实现绍兴县青少年竞技体育的历史性突破。

表22　2010年绍兴县籍优秀运动员获奖情况

姓名	时间	地点	项目	成绩
谢震业	8月	新加坡	首届世界青奥会	田径男子200米金牌
	10月	浙江嘉兴	省十四届运动会	打破省男子青少年100米省运会纪录，打破省男子200米最高纪录，获得100米、200米双料冠军
陆敏佳	6月	安徽合肥	全国田径大奖系列赛（合肥站）	女子跳远金牌
	8月	山东济南	全国田径锦标赛（亚运会选拔赛）	女子跳远金牌，取得亚运会参赛资格

续表

姓名	时间	地点	项目	成绩
凌淑媛	1月	广西南宁	全国春季游泳锦标赛	女子100米蝶泳、50米自由泳2枚金牌
	6月	山东济南	全国青年游泳锦标赛	女子100米蝶泳、50米自由泳、50米蝶泳3枚金牌。
孙新昌	9月	山东日照	全国水上运动会	男子皮艇200米双人双桨冠军

【获省第十四届运动会金牌14枚】 2010年7月，绍兴县代表队在嘉兴海宁举行的省第十四届运动会摔跤比赛中，获得1枚金牌、1枚铜牌，这是绍兴县摔跤运动员首次在省比赛中获得金牌。8月，在省第十四届运动会皮划艇、赛艇比赛中绍兴县有20名运动员代表绍兴市参赛，获得6枚金牌、11.5枚银牌、2.5枚铜牌，位列绍兴地区6个县市奖牌数第一。10月，在省第十四届运动会田径比赛中，绍兴县运动员获得7枚金牌3枚银牌1枚铜牌，谢震业打破省男子青少年100米省运会纪录、省男子200米最高纪录，获得100米、200米双料冠军。

2010年7月，尉鹏亮在浙江省第十四届运动会上获男子摔跤乙组64公斤金牌。（县教体局供稿）

【获市第七届运动会金牌数和团体总分第二】 2010年，绍兴县代表团在市第七届运动会上，取得金牌151.5枚，总分2740分。金牌总数和团体总分双列全市第二位。5月8日至9日，在新昌体育中心举行的摔跤比赛中，绍兴县队在设立的28枚金牌中夺得7枚金牌、10枚银牌、5枚铜牌，获得金牌总数、团体总分两个第二。5月11日至13日，在新昌体育中心举行的跆拳道比赛中，绍兴县队夺得3枚金牌、4枚银牌、5枚铜牌，获团体总分第三名，是县跆拳道队组建后首次参加市运会，实现在市运会上金牌数零的突破。6月21日至23日，在市少体校举行的射击比赛中，绍兴县队夺得13枚金牌、7枚银牌、10枚铜牌，列金牌数第一，并获得体育道德风尚奖。6月25日至27日，在平水举行的皮划艇比赛中，绍兴县队夺得37枚金牌、8枚银牌，获得赛艇金牌总数第一、团体总分第一，实现八连冠；在皮艇项目上，获得金牌总数第一，团体总分第二。8月1日至4日，在新昌瑞和游泳池举行的游泳比赛中，绍兴县队获得9枚金牌、17枚银牌、13枚铜牌。10月29日至30日，在新昌七星中学举行的举重比赛中，绍兴县队夺得5枚金牌，2枚银牌。10月29日至11月2日，在新昌体育中心举行的田径比赛中，绍兴县队夺得22枚金牌，18枚银牌，11枚铜牌。

全民健身

【概况】 2010年，绍兴县开展全民健身活动，体育人口逐年增加，达45.2%。全年举办群众性大型体育活动11次，参加12000人次。继续开展省体育强镇创建活动，实施新农村小康体育工程，全年安装健身路径32条，新增水泥篮球场20个。开展全国第三次国民体质监测，分别在机关部门、柯桥街道、柯岩街道、华舍街道进行为期6天共630人次的监测。举办县机关干部太极拳培训，90余人参加培训。举办县机关干部“建设杯”男子乒乓球赛，46人参加比赛。举办“浙江飞峰杯”县机关羽毛球团体比赛，26支队伍参加比赛。举办“国税杯”县机关“三人制”男子篮球赛，22支队伍110名运动员参加比赛。县武术协会组队参加在杭州黄龙体育中心举行的第七届浙江国际传统武术比赛，夺得养生太极拳和东岳太极拳一路2枚团体金牌，个人单项4

枚金牌。县武术协会还在柯桥明珠广场举办太极拳比赛暨健身气功展示表演，900多名运动员进行集体二十四式太极拳展示，展示后进行太极拳比赛。县乒乓球协会组队参加由国家体育总局乒乓球羽毛球运动管理中心和中国乒乓球协会主办的2010年中国联通杯中国乒乓球协会会员联赛总决赛，获中国乒乓球协会会员联赛总决赛第五名。组团参加市第九届老年运动会，78位老年运动员参加老年排球、门球、乒乓球、飞镖、桥牌等14大项的比赛，获3枚金牌4枚银牌4枚铜牌。这年，绍兴县33个行政村被省体育局命名为浙江省新农村小康体育村。钱清镇的梅东村、福全镇的福庆村、齐贤镇的阳嘉龙村、马鞍镇的国庆村、柯岩街道的永进村等5个村被省体育局命名为浙江省村级体育俱乐部。柯岩街道的新未庄村、华舍街道的蜀阜村2个村被市体育局命名为绍兴市体育特色村。

【销售体育彩票6148.96万元】 2010年，绍兴县新增电脑彩票站点11个，全县有电脑彩票站点137个，销售中国体育彩票6148.963万元。其中销售电脑彩票4229.123万元，比上年有小幅增长；销售即开型彩票1618.56万元，比上年增长81.74%，增幅居全市第一。

【丁亦昕晋升女子国际象棋特级大师】 2010年4月，绍兴县鲁迅中学学生丁亦昕在菲律宾吕宋岛举行的第九届国际象棋亚洲锦标赛中，获得女子组亚军，晋升女子国际象棋特级大师。

【承办省第八届“柯桥杯”桥牌赛】 2010年10月15日至17日，省第八届“柯桥杯”桥牌赛在柯桥新世界大酒店举行，16支队伍参加比赛。浙江海中天队获冠军，锦江队、喜临门队、嘉兴良友队、椒江灵犀队、海氏俱乐部队、衢州省一监队、定海民政队分获第二至第八名；宁波青禾队、诸暨队、黄岩队分获瑞士制前三名。

2010年10月17日，浙江省第八届“柯桥杯”桥牌赛颁奖现场。（县教体局供稿）

【举办首届新农村小康体育村乒乓球赛】 2010年9月27日至28日，绍兴县在华舍街道张溇村文体中心举办首届小康体育村乒乓球比赛。比赛设混合团体、男子单打、女子单打3个项目，来自各镇（街道）的11支队伍参加比赛。福全镇富强村获得混合团体冠军，齐贤镇下方桥村和华舍街道张溇村分获第二名和第三名；男子单打冠军是华舍街道沙地王村的虞永家，齐贤镇下方桥村的吕顺生和王坛新联村的陶泉富分获第二名和第三名；女子单打冠军是齐贤镇下方桥村的赵仁英，湖塘街道湖塘村的缪月娇和齐贤镇下方桥村的黄伟红分获第二名、第三名。

【举办省“齐贤杯”老年人桥牌赛】 2010年7月6日至9日，省“齐贤杯”老年人桥牌赛在柯桥新世界大酒店举行，16支代表队82名运动员参加比赛。经过3天的角逐，宁波市队获冠军，湖州市队、台州市队分获亚军和季军，杭州市队、温州市队、绍兴市队分获第四至第六名。

【培训150名社会体育指导员】 2010年，绍兴县在文化发展中心举办社会体育指导员培训班1期。培训配合省体育局送培训下农村活动，由省体育局群体处专家讲授社会体育法规制度、人体运动科学知识、身体素质的生理学基础锻炼和常用体育健身器械使用等知识，进行健身气功的实践培训。150名社会体育指导员参加培训。全县拥有社会体育指导员国家级1人、一级6人、二级156人、三级727人，共890名。每万人拥有社会体育指导员12人，其中城区达每万人16人。

【实现省级小康型老年体育镇街全覆盖】 2010年，绍兴县王坛、稽东、兰亭、陶堰、富盛、孙端6镇创建成为省级小康型老年体育镇（街道）。至此全县19个镇（街道）全部达标，实现全县省级小康型老年体育镇（街道）全覆盖。（黄赛波）

责任编辑 韩 英

新闻传媒

报　纸

【概况】 2010年，绍兴县报纸按照浙报集团提出的打造“区域中心城市第一传媒”的目标定位，坚持“贴近决定影响力”办报理念，开展“业务创优年、经营创新年”活动，紧扣“突出转型升级、致力科学发展”工作主题，推出一系列主题报道，服务县委、县政府中心工作和经济发展大局，服务百姓生活，引导社会舆论，激情创业，不断推进报纸转型、经营转型和队伍转型，各项事业的发展有新成效。

策划并推出“回眸2009——攻坚克难这一年”系列主题报道，重点报道2009年全县上下坚定发展信心，克服国际金融危机影响，在经济发展、社会事业、民生工程、文化建设等各方面取得的新业绩、创造的新经验。年内先后在头版推出“突出转型升级、致力科学发展”、“走进农村新社区”、“创新型企业风采”、“新城镇、新形象”、“评星晋级、创先争优”、“服务企业 服务群众 满意在基层”、“深化作风建设、推动转型升级”、“大力实施印染产业集聚升级工程”、“实施清水工程、建设生态文明”、“看各地转型升级”等系列主题报道专栏，为县委、县政府阶段性中心工作的有力推进造声势，起到良好的舆论引导作用。为配合县“两会”、春季纺博会、“深化作风建设年”等重大会议、展会和中心工作，专门制订宣传报道计划，进行专题策划，解读有关政策，反映民声民情，宣传有关典型，配发专门评论，发挥县域主流媒体的作用。2次改扩版，报纸由传统四开改为拉长型；完善采编运作机制，以《柯桥新闻》为主阵地，围绕城市管理、楼市房价、环境污染等事关民生的题材，宣传政策，积极引导。结合浙报集团成立10年，开展“新柯桥人——听你讲故事，为你留个影”记者行动。消息《我们正迎来新发展的“暖春”》获浙江新闻奖二等奖。

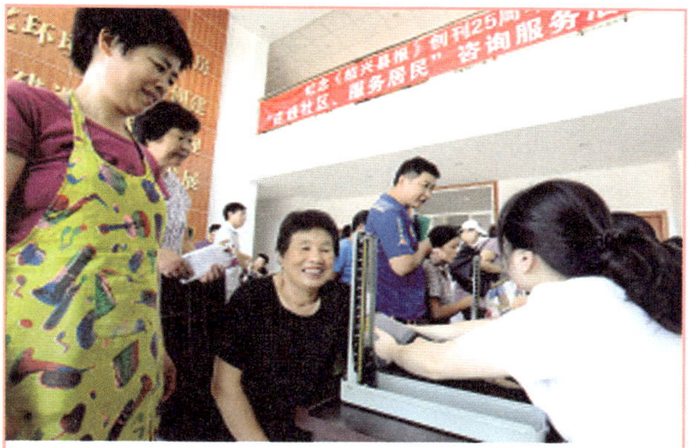

2010年8月19日，绍兴县报社主办的“走进社区、服务居民”咨询服务活动在兰亭镇桃阮社区举行。（沈　潇摄）

修订完善采编考核政策，加大质量考核力度。组织开展“业务创优年、经营创新年”活动，继续实施不定期的重点题材策划制度，坚持每月1次采编业务学习交流和专家专题讲座、每月评比记者之星、每月开展好新闻评比、组织开展报道策划和广告策划评优活动等。开展“深化作风建设年”活动，在组织网上评报的基础上，续聘3位资深报人和社会人士担任特约评报员，每日接受意见建议；聘请22名特邀行风监督员，主动接受监督；特邀浙报集团有关专家，进行采编指导；同时，经常组织记者到基层采访锻炼。开展“学习型报社建设”活动。组织员工进行6次新闻业务研讨，平均到课率96%；组织领导班子成员专题学习浙报集团转载的人民日报社社长关于“我们需要什么样的干部”的讲话。

全方位开拓多元产业。县报发行总量近5万份。房产工作室以周到的服务，赢得广大客户的认同，超额完成全年广告经营任务的30%以上；汽车工作室达到全年广告经营考核任务的3.5倍以上。对柯桥网进行改版，实施绩效考核办法。《今视界》进一步拓宽服务功能，推出“住在柯桥”、“消费在柯桥”、“生活在柯桥”等专辑。全年举办3届车博会，中国轻纺城汽车博览会成为绍兴地区规模最大、档次最高的汽车盛会。

【《我们正迎来新发展的“暖春”》获浙江新闻奖二等奖】 2010年，《绍兴县报》2009年11月26日头版消息《我们正迎来新发展的“暖春”》获浙江新闻奖二等奖。消息以宝纺印染公司董事长给温家宝总理写信报告企业新发展为主线，报道民营企业宝纺公司，牢记总理提出的“牢记‘三天’、盯紧‘三头’”嘱咐，开发新产品，创新营销模式，积极调整结构，致力转型升级，最终战胜金融危机带来的困难，使企业尽快走出低谷、迎来新发展的“暖春”事实。短评《危机也是一种财富》与消息一起刊发。

【县报发行总量近5万份】 2010年初，绍兴县报社提出“扩量提质”目标，扩大报纸总发行量，提高有效发行，通过扩建“县报村（社区）”、发展大客户等措施，发行总量近5万份，每千人订阅62份；县城的发行量超过22000份，占比40%以上，比上年提高42%。（孙泉新）

广播　电视

【概况】 2010年，绍兴县广电总台落实强化总台意识、确立大台理念、打造强台品牌的“三台”建设总要求和新闻立台、文艺兴台、效益强台的“三台”发展总方针，发挥广电主流媒体的舆论宣传功能，完成各项工作目标任务。

以《绍兴县新闻》、《亚红热线》、《民生360°》为主要平台，策划“突出转型升级 致力科学发展”、“大力实施印染产业集聚升级工程”、“实施清水工程 建设生态文明”、“深化作风建设 推动转型升级”、“评星晋级 创先争优”、“和谐榜”等一批重点主题报道，每天开辟2个～3个主题宣传专栏，每天新增延伸国内外时政的《媒体链接》板块。同时，进一步加大《纺城直通车》的新闻容量，将原来的周三档扩展为周五档，强化特色定位，做深栏目互动和时事评论文章；全新推出每周1档的访谈类电视节目——《话题》。采制播发各类主题报道300多期、2000余篇，并在央视和浙江卫视、浙江之声等媒体播发新闻稿80篇。

民生品牌栏目《亚红热线》在保持原有风格的基础上，进一步增加亲民元素——《亚琪调查》、《亚红热线进社区》等板块，并与县纪委联合举行行风广播对话26期，全年接听热线2000多个，反馈率继续保持100%；《民情传真》栏目组为患者募捐爱心款近10万元，为民工追回拖欠款10多万元。7月，推出每周5档的民生类电视栏目《民生360°》，节目播出后深受百姓欢迎。11月，全市首档电视手语新闻《绍兴县新闻》开播。

绍兴县广电总台电视播控室一角

（县广电总台供稿）

【《民情传真》改版为《民生360°》】 2010年7月21日，绍兴县广播电视总台成立一周年之际，《民情传真》正式改版为《民生360°》，推出《今日现场》、《你拍我播》、《服务在线》和《爱心1+1》四大板块，观众参与度进一步提高，节目活力得到进一步增强。改版后的《民生360°》更加注重新闻时效性，每周播出5档；周一至周五，新闻综合频道每日19时35分首播，22时10分和次日12时30分重播。《民生360°》栏目获当年度全县宣传思想工作创新成果奖和全县行风十大亮点等荣誉。

【开设电视手语新闻节目】 2010年11月20日起，

绍兴县广播电视总台在县残联、县教育局的支持下，首次推出电视手语新闻节目，为听障人员开辟了解社会、参与社会、融入社会的新渠道。电视手语新闻节目每周1期，以周六《绍兴县新闻》为依托，进行手语同步翻译，主要宣传县委、县政府中心工作，展示全县经济建设、社会发展和民生改善的成果，传递县域内重要新闻。电视手语新闻节目名称仍为《绍兴县新闻》，内容分3个板块，分别为《当日新闻》、《一周要闻回顾》、《媒体链接》。新闻综合频道每周六18时20分首播，21时50分和次日12时重播。

【获省级业务奖5个】 2010年，县广播电视总台获省级业务奖5个，市级30个。其中电视系列报道《见证纺织业复苏》获2009年度浙江省广播电视新闻奖二等奖和2009年度绍兴市广播电视新闻奖一等奖；广播系列报道《绍兴纺织业见证复苏》获2009年度浙江省广播电视新闻奖三等奖和2009年度绍兴市广播电视新闻奖一等奖；广播《说了再说》播音和电视《民情传真》主持均获2009年度绍兴市播音主持奖一等奖；广播综艺《现代周瑜带着的哥的姐游海南总决选》和广播青少综艺《鉴湖越台》分别获2009年度绍兴市广播电视文艺一等奖、广播电视青少综艺类一等奖。（李　华）

广电网络

【概况】 2010年，绍兴县广电网络工作以有线电视数字化改造为重点，比计划提前215天，全面完成居民用户数字电视整体转换工作。投资198万元，在绍兴县范围内实施网络安全工程。继续在柯桥城区开展双向化网络改造，实现柯桥城区双向网络全覆盖。完成应急广播试点。创新服务方式，推广“六个一”服务。确保重要时期安全播出，实现上海世博会、亚运会安全播出零秒停播率，无播出差错、事故的目标。

【居民用户数字电视整体转换全面完成】 2010年是绍兴县居民用户有线电视整体转换扫尾之年。在前2年完成16万户的基础上，年初马鞍、孙端、陶堰、兰亭、漓渚5个镇整体转换继续进行，富盛、平水、稽东、王坛等4个镇全面铺开。5月25日，全县居民用户有线电视数字化整体转换工作完成，20.37万户用户看上数字电视，整体转换率92.84%，比计划提前215天。

【确保世博会等重要时期安全播出】 2010年，上海世博会、亚运会、五一、第六届世界合唱比赛、国庆等重要节日和活动期间，绍兴县及时布置安全播出任务，并发出《关于切实加强世博会、亚运会安全播出保障工作的通知》。中广有线绍兴县分公司班子领导在重要时间段和重点节目播出期间轮流坐阵指挥；各相关部室和广电站对所有播出传输设备进行1次检修和维护，排除事故隐患，并经常开展UPS电源和发电机检查；中心机房24小时双人双岗值机，在重要节目和重点时段增加行政值班和技术值班，对播出节目进行不间断、无缝隙监控。全县成立18支巡逻队，落实人员和车辆工具，对各分机房和1700公里的主干线路，进行定点定时巡查；4月18日、4月20日和9月30日，在柯桥街道、华舍街道、齐贤镇、柯岩街道和湖塘街道组织开展3期反恐反破坏安全播出演练。实现安全播出零秒停播率，无播出差错、事故的目标。

2010年6月7日，中广有线绍兴县分公司有关人员在机房例行检查，确保安全播出。（沈　洪摄）

【实施网络安全工程】 2010年3月，中广有线绍兴县分公司投资198万元，在绍兴县范围内实施网络安全工程。对供电器电力接入、有源器材和设备有效接地、有源器材安装铁箱内、线缆余线整齐和无下垂脱钩、主（支）杆路按规范标号和重要点加装警示标识等5个方面进行全面整改。改善以往各镇（街道）网络标准不统一，电力接入隐患多，有源器材不接地或接地不良等现象，有效减少雷击、雪灾等对网络造成的损害事故，提高有线电视网络的质量，确保全县有线电视信号安全传输。

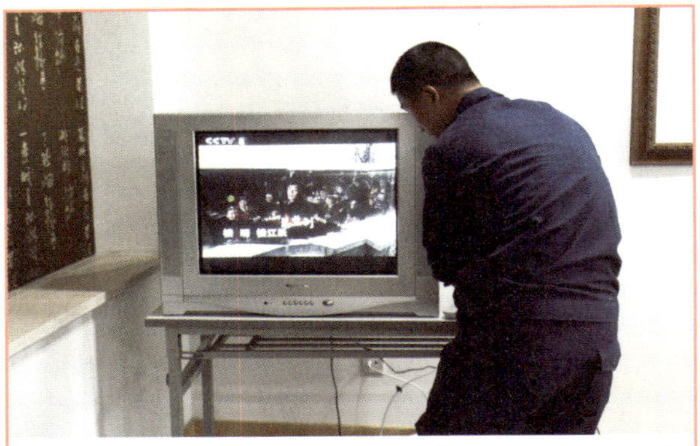

2010年10月12日～13日，中广有线绍兴县分公司对上门服务人员进行“六个一”服务培训考核。
（沈　洪摄）

【推广“六个一”服务】　2010年，中广有线绍兴县分公司对上门服务人员提出“六个一”服务标准，即上门服务必须向用户说一句问候语，进门必须穿上一双鞋套，室内维修必须把工具物品放在一块维修垫布上，随带一块抹布，对维修后的碎屑进行一次清洁，并递给用户一张服务联系卡。对上门服务人员进行规范化服务培训考核，并投入20余万元采购服装和服务用品。

【完成应急广播试点】　2010年，中广有线绍兴县分公司根据省广电局农村公共应急广播项目试点要求，提出“一键式应急广播的创新与实践”技术方案，在湖塘街道和钱清镇试点，通过县级验收。项目获绍兴市广播电视科技成果奖一等奖。

（沈　洪）

责任编辑　宋如玲

卫　生

综　述

2010年，绍兴县有医疗卫生机构472个。其中县级公立综合性医院2家，县级公立综合性医院分院2家，中医院1家，皮肤病专科医院1家，皮肤病防治所1家，民营综合性医院1家，民营口腔医院1家，疾病预防控制机构1个，卫生监督机构1个，妇幼保健机构1个，卫生进修学校1所，镇（街道）社区卫生服务中心19个，社区卫生服务站185个，村卫生室210个，门诊部1个，企事业单位、社团医务室34个，个人诊所10个。全县有床位3032张，每万人拥有医院床位40.8张；卫生技术人员3986人，其中医生1726人，每万人拥有医生26人。

绍兴县全面启动深化医药卫生体制改革工作，省、市、县人大均对绍兴县深化医药卫生体制改革情况进行调研，对医改工作实施情况表示充分肯定。实施国家基本药物制度，缓解看病贵问题。基本医疗保障制度扩面提质，新型农村合作医疗覆盖率97.11%。继续实施惠民医院医疗优惠政策，为患者减免费用806万元。启动县、镇、村医疗卫生资源统筹配置试点工作，构建县、镇、村医疗卫生一体化统筹发展新机制。三大类12项公共卫生服务项目达标率97.6%，第三轮参合农民健康体检率71.2%。全年未发生重大传染病疫情。启动妇幼卫生重大专项，全面实施出生缺陷三级预防工作。未发生户籍人口孕产妇死亡。托幼机构卫生保健管理覆盖率100%。加强职业卫生监管，开展粉尘与高毒物品危害治理专项行动。取缔无证行医99家次，立案查处卫生行政处罚案件18起，卫生投诉举报案件查处率100%，重大医疗纠纷调处成功率100%。绍兴第二医院建立全县首个院士工作站，县中心医院成为浙江医学高等专科学校绍兴临床学院，县中医院被国家中医药管理局定为第二批中医医院中医药文化建设试点单位和针灸理疗康复中医特色专科建设单位。 5个项目分获省医药卫生科技奖和市科学技术奖。创建省级卫生村（单位）12个，17个省级卫生村（居委会）通过复查重新得到确认。创建省级规范化社区卫生服务中心10个。绍兴县被省政府命名为浙江省首批卫生强县。县卫生局被评为浙江省上海世博会“环沪护城河”食品安全保障工作先进集体和第六届世界合唱比赛公共卫生保障工作全市卫生系统先进单位。1人被评选为全国优秀乡镇卫生院院长，14人分别获得省卫生厅、市委、市政府及市卫生局的专项表彰。

【获省基本药物制度实施工作先进】　2010年2月25日起，绍兴县实施国家基本药物制度，全部药品实行零差率销售。药物采购全部通过省集中网上采购，实行统一招标、统一采购、统一配送、统一支付；同时提高基本药物在新型农村合作医疗门诊的报销比例。至12月25日，全县社区卫生服务机构实际让利群众8202.71万元，门急诊均次费用和住院均次费用分别下降32%和26%。绍兴县出台基层医疗

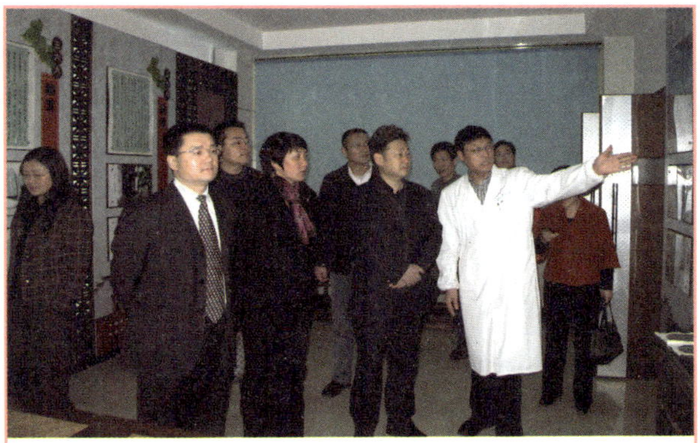

2010年3月16日，浙江省医改办考察绍兴县基本药物制度实施情况。　　（县卫生局供稿）

机构财政补偿政策；县卫生局组建卫生系统财务核算中心，6月1日起对全县社区卫生服务机构财务实行集中核算。县卫生局被省卫生厅授予浙江省基本药物制度实施工作先进单位称号。

【启动县镇村医疗卫生资源统筹配置试点】 2010年，绍兴县启动县、镇、村医疗卫生资源统筹配置试点工作，明确以绍兴第二医院、绍兴县中心医院为龙头组建2个区域医疗联合体，在区域医疗联合体内实施管理一体型和紧密协作型2种模式的管理。围绕建设适宜技术推广、临床实践技能培训、远程会诊和网络教育等3个基地，建立完善社区居民健康管理指导、影像诊断会诊、临床检验、财务核算、药械采购服务和卫生信息等6个中心，建立健全医师多点执业、干部交流任职、卫技人员双向流动、基层卫技人员定期培训、医药购销管理、绩效工资考核等6项机制，建立“大院带小院、县院带镇院、镇院带村站”的县、镇、村医疗卫生一体化统筹发展新机制。

【卫生部惩治和预防腐败体系建设检查组到县检查】 2010年11月24日，卫生部惩治和预防腐败体系建设检查组由监察部驻卫生部监察局副局长申红中带队到绍兴县检查。县卫生局党工委副书记、纪工委书记朱浩林，副局长、中心医院院长葛孟华分别向检查组汇报全县卫生系统和县中心医院在惩防体系建设方面的工作情况。检查组分别就惩防体系建设、行风建设、治理医药购销领域商业贿赂工作等情况开展检查。

2010年11月24日，卫生部惩治和预防腐败体系建设检查组到绍兴县检查卫生系统惩防体系建设工作情况。（县卫生局供稿）

【完成世合赛卫生安保】 2010年第六届世界合唱比赛期间，绍兴县卫生部门共有医务人员202人次参与各场馆和接待单位的现场医疗保障工作，出动卫生监督员720人次，对20家世合赛餐饮接待单位进行全程驻点监督保障，巡回监督外围餐饮单位2062户次。开展合唱村、签约宾馆等接待单位疾病防控技术指导、传染病疫情监测、“四害”密度监测和卫生健康教育宣传等工作。县卫生局被评为第六届世界合唱比赛绍兴市公共卫生保障工作先进单位，全系统有56人分别获得市委、市政府及省、市、县卫生行政部门的专项表彰。

【发放医疗优惠卡11143张】 2010年，绍兴县继续实施惠民医院医疗优惠政策，共发放医疗优惠卡11143张，累计有50850人次接受门诊治疗，1174人次接受住院治疗，为患者减免费用806万元。

（金传芳 朱敏芝）

基层卫生

【概况】 2010年，绍兴县开展社区卫生服务机构规范化建设，新增10个省规范化社区卫生服务中心。出台《关于促进基本公共卫生服务均等化的实施意见》，全县三大类12项公共卫生服务项目综合达标率97.6%。新型农村合作医疗覆盖率97.11%，较上年度增加0.29个百分点。启动第三轮（2010年～2011年）农民健康体检，全县400305人参加体检，体检率71.2%，查出患病数125299人次。柯

2010年12月15日，绍兴县卫生强镇（街道）建设情况汇报会在钱清镇召开。（县卫生局供稿）

桥、华舍、齐贤、福全、夏履、杨汛桥、安昌、钱清、孙端、平水等10个市级卫生强镇（街道）顺利通过复查。

【规范社区卫生服务机构】 2010年，绍兴县19个镇（街道）社区卫生服务中心共核定事业编制1965个，比原编制增加959个。其中4个城市社区卫生服务中心核定编制为438个，15个农村社区卫生服务中心核定编制为1527个。新增杨汛桥、钱清、兰亭、齐贤、福全、漓渚、平水、孙端、王坛、马鞍等10个省规范化社区卫生服务中心。成功创建44个市星级社区卫生服务站，其中市五星级社区卫生服务站9个。中心医院滨海分院（马鞍镇社区卫生服务中心）投入试运行，富盛镇社区卫生服务中心住院楼扩建工程竣工并投入使用。新建、改扩建社区卫生服务站32个。

2010年12月17日，杨汛桥等10个社区卫生服务中心接受省级规范化社区卫生服务中心验收。（县卫生局供稿）

【公共卫生服务项目综合达标率97.6%】 2010年，绍兴县流动人口公共卫生服务项目经费由每人每年10元提高到每人每年20元。县政府出台《关于促进基本公共卫生服务均等化的实施意见》，明确通过政府购买和补贴公共卫生服务的方式，实施基本公共卫生服务项目和重大公共卫生服务项目，对居民健康问题实施干预，减少主要健康危险因素，有效预防和控制主要传染病及慢性病，提高公共卫生服务和突发公共卫生事件应急处置能力，使全体居民逐步享有均等化的基本公共卫生服务。全县三大类12项公共卫生服务项目综合达标率97.6%，其中完成慢性病跟踪随访484062人次。

【新型农村合作医疗覆盖率97.11%】 至2010年底，2010年度新型农村合作医疗为2194919人次报销费用18967万元，其中政策范围内农民住院补偿率58.71%。2011年度绍兴县城镇居民和农民的筹资标准和报销待遇全部统一；人均筹资额达500元；门诊报销比例均提高5个百分点，在指定医疗机构住院起付标准以上至最高支付限额报销80%，门诊和住院最高支付限额分别达1200元和171000元。开展提高农村儿童白血病和先天性心脏病医疗保障水平试点工作。全县共有519587人参加2011年度新型农村合作医疗，其中农业人口341644人，农业人口参合率97.11%，较上年度增加0.29个百分点。

（金传芳　朱敏芝）

疾病预防控制

【概况】 2010年，绍兴县实施国家重大传染病综合防治示范区项目，应急处置突发公共卫生事件。开展肇事肇祸精神病人排查，共排查出重性精神病人3839例，其中肇事肇祸危险性达到3级以上59例；免费发放抗精神病药品总计48万余元，为732名重性精神病人进行康复效果评估，并为其中216名病人及时调整社区服药方案；为57名特困精神病人实施住院救助50余万元。全年监测报告脑卒中2130例、冠心病急性事件570例、恶性肿瘤2430例、糖尿病2355例，监测报告死亡人数4665人，孙端、夏履等镇积极开展慢性病（高血压）社区综合防治试点工作。开展血吸虫病防治查螺，查螺面积35.3万平方米，未发现新螺点。完成流动人口血吸虫病监测1395人，未发现病原学阳性病人。开展碘盐定量监测，合格率96.8%。开展“三热”病人疟疾监测，共发现5例输入性疟疾病人。7月起，启动全球基金消除疟疾项目。麻疹疫苗强化免疫接种率99.69%。入托入学新生预防接种证查验率100%；卡介苗和糖丸接种率均为99.52%，麻风疫苗接种率97.62%，百白破疫苗和乙肝疫苗接种率99.05%，乙肝疫苗首针及时接种率95.23%，五苗全程合格接种率95.23%；流脑接种率91.90%，乙脑接种率96.19%。全年无重大疫情发生。甲、乙类传染病发病率为284.54/10万，比上年下降12.83%。

2010年8月13日，绍兴县实施浙江省艾滋病综合防治示范区项目工作情况汇报会在县行政中心召开。
（县卫生局供稿）

【实施国家重大传染病综合防治示范区项目】 2010年，绍兴县国家重大传染病综合防治示范区项目实施结合浙江省艾滋病综合防治示范区项目，重点对安昌、华舍、齐贤、柯桥等镇（街道）娱乐场所从业人员开展HIV抗体筛查，完成第三轮参合农民健康体检人员的HIV抗体筛查建档，对绍兴县户籍的艾滋病感染者及病人进行专项建档。主动监测结核病人，推行结核病人痰培养策略，建立结核病人电子档案653份，由各社区卫生服务中心采取社区医生全程督导或社区医生指导下家庭督导的方式开展规范化管理。开展成人乙肝疫苗免疫策略评价、高危人群乙肝疫苗免疫策略研究及病毒性乙型肝炎患者或携带者管理项目。4月10日，由赵铠、顾建人两院士带队的国家传染病重大专项督查调研组到县调研。绍兴县作为国家科技重大专项传染病综合防治示范区之一，代表浙江省接受督查组专家对艾滋病和病毒性肝炎等重大传染病综合防治示范区工作情况的督查调研。督查组在专题研讨艾滋病和病毒性肝炎等重大传染病防治课题后，又到夏履、华舍等社区卫生服务中心和服务站，就社区传染病防控、公共卫生服务、健康体检电子档案管理等工作进行考察调研。

2010年4月10日，国家传染病重大专项督查调研组到绍兴县调研。
（县卫生局供稿）

【防治传染病】 2010年，县疾控中心新增PCR实验室、HIV筛查中心实验室和省级血吸虫粪检实验室。马鞍、孙端、王坛等3个社区卫生服务中心新增HIV筛查实验室，全县累计达到15家。全县新报告艾滋病病毒感染者38例，艾滋病病人3例，死亡病例1例。共有54名艾滋病病毒感染者及病人纳入随访管理，15人接受艾滋病免费抗病毒治疗。共发现活动性肺结核病人425例，其中新发现涂阳肺结核病人199例，完成省疾控中心下达任务数的136.30%。落实第五轮中国全球基金结核病项目流动人口结核病防治工作措施，全年为结核病人发放交通补贴36380元、营养补贴62970元。有效处置1起突发公共卫生事件（输入性登革热）和34起传染病疫情。（金传芳 朱敏芝）

2010年3月25日，绍兴县开展结核病防治宣传活动。
（县卫生局供稿）

爱国卫生

【概况】 2010年，绍兴县继续巩固国家卫生县城创建成果，开展《浙江省爱国卫生促进条例》宣传贯彻活动，开展环境卫生整治、健康教育、创卫、除“四害”（苍蝇、蚊子、老鼠、蟑螂）和改水改厕等工作。实施绍兴县医疗卫生系统全面禁烟方案，开展无烟医院创建和世界无烟日活动，评选无烟单位和控烟积极分子。绍兴县中心医院、县疾病预防控制中心、夏履镇社区卫生服务中心、齐贤镇中学和中国轻纺城小学被评为市级无烟单位。“四害”密度得到有效控制。创建省级卫生村（单位）12个，17个省级卫生村（居委会）通过复查并重新确认。创建健康促进医院2家，新增健康促进学校4所。

2010年10月28日，绍兴县公民健康素养报告会在县行政中心举行。（县卫生局供稿）

【创建卫生村（单位）27个】 2010年，绍兴县创建省、市级卫生村（单位）27个。其中省级卫生村（单位）12个，分别为柯桥街道柯亭社区、柯福社区、笛扬社区，柯岩街道信心村、余渚居委会，湖塘街道永联村、香林村，王坛镇喻宅村、张蒋村、南岸村、坎上村、新华村；市级卫生村（单位）15个，分别为柯桥街道实验幼儿园，柯岩街道海山村、高尔夫社区，湖塘街道陌坞村，杨汛桥镇联社村，马鞍镇童家塔村、亭山桥村，陶堰镇浔阳村、横旦村，夏履镇莲西村，平水镇新横溪村、宋家店村、小舜江村，王坛镇社区卫生服务中心，稽东镇裘村村。17个省级卫生村（居委会）通过复查并重新确认。

2010年4月11日，县爱卫会、县卫生局组织以“城市化与健康”为主题的世界卫生日系列宣传活动。（县卫生局供稿）

【创建健康促进单位6家】 2010年，绍兴县启动省级健康教育示范区、浙江省区域性健康教育与健康促进综合性示范区项目。全年举办大型卫生科普讲座18场，大型宣传咨询活动15场，受益1.9万人次；发放各类宣传资料231576份，完成黑板报资料12期、广播稿14期、中心宣传窗13期、城区主要街道宣传窗7期。开展卫生主题日活动，爱国卫生月活动中治理脏乱差道路20万平方米，集中清除垃圾约400吨，清除乱张贴1000余张。创建健康促进医院2家，新增健康促进学校4所。

2010年10月15日，县爱卫会、县教育局和团县委在中国轻纺城小学联合主办第三届“全球洗手日”活动。（县卫生局供稿）

【有效控制“四害”密度】 2010年，绍兴县治理环境，消灭“四害”孳生场所；按照“条包块管、以块为主”原则，统一开展药物投放，落实防蚊蝇设施，“四害”密度得到有效控制。全县春季灭鼠活动共投放大隆三合一制剂10余吨，大隆蜡块1000多公斤。（金传芳 朱敏芝）

妇幼保健

【概况】 2010年，绍兴县实施国家促进基本公共卫生服务均等化妇幼卫生重大专项，完成妇女病检查114069人，检查率为55.61%，查出各种疾病人数22472人，患病率19.70%，患病妇女均及时接受治疗。全面实施优生促进工程，婚检率84.31%，产前筛查率、新生儿疾病筛查率和新生儿听力筛查率分别为51.76%、98.05%和94.29%。孕产妇系统管理率94.19%，完成计划生育手术34618例。全县7岁以下儿童36907人，保健管理率为95.66%；3岁以下儿童14254人，系统管理率93.13%。新生儿死亡率1.92‰，婴儿死亡率4.47‰，5岁以下儿童死亡率6.81‰，继续保持在较低水平。开展在园儿童健康检查和入园前体检，对1500名托幼机构工作人员进行健康体检及换发证工作。对全县124所托幼园所进行卫生保健工作年度评审，合格率96.77%。

【启动妇幼卫生重大专项】 2010年，绍兴县实施增补叶酸预防神经管畸形缺陷和农村孕产妇住院分娩补助等国家促进基本公共卫生服务均等化妇幼卫生重大专项，共为4796人增补叶酸，补助农村孕产妇住院分娩3022人。

【全面实施优生促进工程】 2010年6月，绍兴县婚育服务中心建成并运行，实行婚姻登记、免费婚检、免费孕检一站式服务，当年婚检率84.31%。8月20日起，户籍在绍兴县符合国家生育政策的孕妇或在绍兴县工作1年以上并持有《流动人口婚育证明》的外来孕妇，均能享受产前筛查部分减免及免费产前诊断；父母一方户籍在绍兴县的新生儿或在绍兴县工作1年以上并取得《居住证》或《临时居住证》的外来人员新生儿均能享受免费疾病筛查、听力筛查和听力诊断。这年，产前筛查率、新生儿疾病筛查率和新生儿听力筛查率分别为51.76%、98.05%和94.29%。

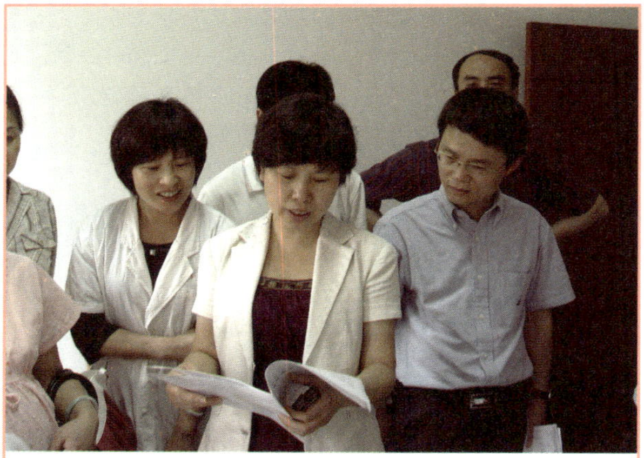

2010年5月26日，绍兴市副市长丁晓燕到绍兴县调研优生促进工程实施情况。 （县卫生局供稿）

【孕产妇系统管理率94.19%】 2010年，绍兴县产妇总数4676人，活产数4696人，建卡率99.4%，早孕建卡率94.59%；产后访视4621人，产后访视率98.4%；孕产妇系统管理4423人，孕产妇系统管理率94.19%；住院分娩率99.98%，围产儿死亡率5.54‰，全年未发生户籍人口孕产妇死亡。共筛选高危孕产妇1912人，筛选率40.89%，高危孕产妇管理率和住院分娩率均为100%。成功处置危重孕产妇58例。全县医疗单位共接产8391人，剖宫产率37.05%。

【完成计划生育手术34618例】 2010年，绍兴县完成计划生育手术34618例。其中上环8485 例，取环6646例，女扎372例，负压吸引12148例，钳刮308 例，药物流产5625例，引产923例，放置和取出皮下埋植111例。未发生并发症和差错事故。

（金传芳 朱敏芝）

医政管理

【概况】 2010年，绍兴县开展“优质护理服务示范工程”创建，绍兴第二医院烧伤科申报创建低陪护病房，心内科、骨科、儿科、血液科、肿瘤外科、肝胆外科创建温馨病房；县中心医院骨二科创建低陪护病房，妇科创建温馨病房。开展中小医疗机构依法执业分级监管，对全县范围内中小医疗机构428家（不包括县级及综合性医疗机构）进行依法执业分级监管评级，评定规范级中小医疗机构75家，合格级中小医疗机构352家，不合格级中小医疗机构1家。全县有7174人次无偿献血230.96万毫升，其中街头献血1564人次，献血量56.622万毫升；单位组织献血1564人次，献血量38.871万毫升。绍兴市急救中心绍兴县中医院急救分站正式成立并投入运行，接受市急救中心统一调度指挥。绍兴第二医院在骨科、耳鼻喉科、胃肠肛肠科、神经内科、心内科等5个病区先行试点电子病历，该电子病例系统包括病历文档、体温单、化验单、医学图像处理等所有临床项目。县中心医院成为省肿瘤医院协作医院。绍兴县公立医疗机构门诊5418932人次，比上年增长16.81%；出院85312人次，比上年增长9.52%；平均床位使用率80.27%。全年受理重大医疗纠纷33起，调处成功率100%。

2010年12月10日，绍兴县中医院举行绍兴市120急救中心绍兴县中医院分站授牌（开通）仪式。

（县卫生局供稿）

【绍兴第二医院庆祝建院百年】 2010年10月27日，绍兴第二医院在咸亨大酒店举行建院百年庆典活动。浙江省省长吕祖善代表省人民政府发信祝贺，省、市、县领导和省内医疗卫生单位、医学院校领导等200多位嘉宾到会参加庆典活动。省委常委、常务副省长陈敏尔，中央纪委原委员、军委纪委原副书记、总政纪律检查部原部长陈为松，绍兴市政协主席顾秋麟，绍兴市副市长冯建荣，中国工程院院士、浙医一院院长郑树森为建院百年题词。庆典仪式上，副省长郑继伟、卫生部医政司副司长赵明钢、省卫生厅厅长杨敬等领导一起按亮象征绍兴第二医院迈向新百年征途的水晶球；市、县领导为《绍兴第二医院志》首发揭幕。还举行展示绍兴第二医院百年风采的“百年名院，百年传承”文艺演出。

【变更部分医疗机构名称】 2010年8月，绍兴县钱清等15个镇医疗单位名称由“人民医院”变更为第一名称“社区卫生服务中心”，第二名称“卫生院”；柯桥、华舍2个街道医疗单位名称由“人民医院”变更为“社区卫生服务中心”；湖塘街道医疗单位名称由“街道医院”变更为“社区卫生服务中心”。

【农村卫生适宜技术推广覆盖率100%】 2010年，绍兴县确定17项农村卫生技术在全县推广应用，包括公共卫生类3项、中医药类5项、妇女儿童类6项、计生类3项，其中在镇、村二级卫生服务机构推广的技术为15项。8月30日至31日，由国家科技支撑计划项目专家及省课题组专家组成的督导评估小组到县进行农村卫生适宜技术推广应用督导评估调查。国家课题专家组组长、教授洪宝林，省课题组组长蒋建敏对农村卫生适宜技术推广应用工作作重要指示，并就业务培训、推广模式、技术应用、科研创新等方面作业务指导和技术解答。国家课题组及省课题组专家还分4个小组分别到县中

2010年10月27日，绍兴第二医院在咸亨大酒店举行建院百年庆典活动。 （县卫生局供稿）

2010年1月12日，浙江省农村卫生适宜技术应用研究研讨交流会在绍兴县召开。 （县卫生局供稿）

心医院、县中医院、钱清及安昌镇社区卫生服务中心及其下属的4个服务站（村卫生室）开展业务督导，现场调查和随访调查。全县751名医务人员应用适宜技术，共接诊患者54240人次，技术推广覆盖率在县、镇（街道）、村三级卫生机构均达到100%，总应用率96.53%。

【成立县口腔卫生指导中心】 2010年4月，绍兴县口腔卫生指导中心在柯岩街道社区卫生服务中心挂牌成立，主要职责是建立健全全县口腔卫生工作网络，做好全县口腔卫生技术的指导、培训、咨询和宣传，开展口腔疾病的预防和保健工作，做好口腔卫生技术的应用性科研。

【开展千名护士进社区活动】 2010年4月27日，绍兴县护理学会组织绍兴第二医院、县中心医院、县中医院及柯桥街道、齐贤镇、安昌镇社区卫生服务中心的20余名护士在安昌镇集镇社区开展以“关注健康、奉献爱心”为主题的“千名护士进社区”活动。此次活动为老年人、妇女、儿童、慢性病人群、外来建设者提供高血压、糖尿病、肺心病、慢性胃炎、颈椎病、肩周炎、前列腺炎、月经不调、子宫肌瘤术后、小儿腹泻、婴儿喂养知识等方面的宣教咨询保健服务。其中测血压137人次，宣教咨询80人次，发放健康保健宣教资料200份，放置健康教育宣教广告牌12块，受到当地群众的欢迎。

2010年4月27日，绍兴县护理学会组织的“千名护士进社区”活动在安昌镇开展。（县卫生局供稿）

【为61家重点规模企业提供健康服务】 2010年，绍兴县开展服务企业送健康活动，为61家重点规模企业（年纳税2000万元以上）提供健康服务。定期走访全县重点规模企业和企业家，提供卫生法律法规知识和医疗保健服务，并为企业家制定个性化医疗保健服务方案、建立健康档案，及时开展保健咨询服务，满足健康服务需求。（金传芳 朱敏芝）

中医中药

【概况】 2010年，绍兴县中医院整体迁址柯桥，同时在该院挂牌“绍兴县惠民医院”、“浙江中医药大学实习医院”、“省人民医院协作手外科中心”。县中医院被国家中医药管理局确定为第二批中医医院中医药文化建设试点单位，并被确定为国家级农村针灸理疗康复特色专科建设单位。县中医院温阳化气合剂抗大鼠慢性肾功能衰竭作用及机理的实验研究2010ZB150被列入2010年浙江省中医药科学研究基金计划（B类）。有3项中医药科技计划获市级立项，7项中医药科技计划获县级立项。

【县中医院举行迁址运行仪式】 2010年1月29日，绍兴县中医院举行迁址运行仪式。浙江中医学院原院长何任、浙江中医药大学副校长李俊伟、省中医药管理局局长沈堂彪、省人民医院院长叶再元、绍兴市卫生局局长邵田田以及县人大、县政府、县政协、县卫生局等相关领导出席仪式。沈堂彪宣读省卫生厅关于同意设置绍兴县中医医院的批复决定，相关领导为该院“绍兴县惠民医院”、“浙江中医药大学实习医院”、“省人民医院协作手外科中心”等揭牌，并为其扩建项目（中央投资项目）奠基。（金传芳 朱敏芝）

2010年1月29日，绍兴县中医院举行迁址正式运行仪式。（县卫生局供稿）

医教科研

【概况】　2010年，绍兴县卫生系统成立首个院士工作站，建立浙江医学高等专科学校绍兴临床学院，建设人才队伍，开展学术研讨活动，协办第二十二届浙江省肿瘤防治学术年会，承办2010年市肛肠外科年会，召开首届麻醉质控年会暨专题讲座等学术活动。绍兴县第二医院、县中心医院和县中医院面向全国招聘高层次医学紧缺专业人才7人，新招录硕士研究生12人。全县定向培养农村社区医生4人；赴上级医院进修91人；参加继续医学教育2919人；培养全科医师90人、社区护士117人；培训乡村医生395人；1693人参加“三基三严”考试，合格率86.4%。绍兴县获省医药卫生科技奖三等奖2项、市科学技术奖2项、县科技进步奖14项。12个科研项目通过省卫生厅等评审。新增绍兴第二医院微创骨科和血液病学2个市级医学重点学科。39篇论文在中华级杂志发表。首次有3篇医学论文被美国《科学引文索引》收录。

2010年5月11日，县中心医院与浙江医学高等专科学校共建临床学院签约仪式在杭州滨江高教园区举行。　　（县卫生局供稿）

【3篇医学论文被SCI收录】　2010年，绍兴县首次有3篇医学论文被美国《科学引文索引》（Science Citation Index，简称 SCI，国际六大著名检索系统之首）收录。这3篇论文为绍兴第二医院章忠渭《Antioxidant inhibits HMGB1 expression and reduces pancreas injury in rats with severe acute pancreatitis》（《抗氧化剂对重症急性胰腺炎大鼠胰腺高迁移率蛋白-1表达的影响及意义》）、俞连法《Jaundice and rectal bleeding in a young man》（《P—J综合征合并黄疸肠道出血1例》）和县中医院吴冰《Cellular response and extracellular matrix breakdown in rotator cuff tendon rupture》（《肩袖损伤中的细胞反应和细胞外基质损伤》）。

【成立首个院士工作站】　2010年9月3日，绍兴县卫生系统首个院士工作站在绍兴第二医院成立。中国工程院院士、浙江大学医学院附属第一医院院长、肝胆外科专家郑树森受聘为站长。中国工程院院士、省科协主席李兰娟，省卫生厅副厅长马伟杭等出席签约仪式。院士工作站建立后，郑树森及其团队将定期赴第二医院开展临床查房、科研指导、学术报告和交流、疑难手术指导，进行科技成果转化或推广合作，重点在肝癌、胰腺癌、胃癌、甲状腺癌、乳腺癌的治疗等方面开展规范化治疗和总结，建立完善生物样本库并联合承担相关科研项目。计划用5年时间，建立实时互通的医院信息平台，进行远程会诊查房。

2010年9月3日，绍兴第二医院院士工作站签约仪式在绍兴咸亨酒店举行。　　（县卫生局供稿）

【第二十二届浙江省肿瘤防治学术年会在县召开】　2010年10月28日至30日，第二十二届浙江省肿瘤防治学术年会在绍兴县鉴湖大酒店召开。年会由浙江省抗癌协会、浙江省医学会肿瘤学分会主办，绍兴县中医院协办，以“常见恶性肿瘤的规范化治疗及其进展”为主题，分肝癌、胰腺癌、大肠癌、肺癌、乳腺癌和淋巴瘤6个专题，邀请浙江省肿瘤学专家从不同角度、不同层面进行专题报告、病例讨论、专家点评、经验交流和学术研讨。中国工程院院士、浙江省抗癌协会理事长郑树森等40余位省内外著名肿瘤学科带头人先后在会上做专题报告。年会共收到学术论文180余篇，录用152篇。参会学者330余人，其中中青年学者占70%以上。

（金传芳　朱敏芝）

卫生监督

【概况】　2010年，绍兴县卫生监督部门开展《食品安全法》宣传活动、食品安全整规活动，监督餐饮单位6164家次，全县小餐饮整规合格率100%，审核发放餐饮服务许可证447份。监督公共场所1996家次，合格率96.99%；发放卫生许可证1535份。专项整治学校卫生，相关食品抽检合格率100%，学校传染病防控工作和饮用水卫生监督检查率90.7%。开展粉尘与高毒物品危害治理专项行动，监督检查962家次。出动卫生执法人员700人次，取缔非法行医99家。受理各类投诉举报案件168起，结案率100%。3起案件被市卫生局评为绍兴市2010年度卫生行政处罚“十大”案件，1起案件被县法制办评为2010年度十佳行政处罚案件。

2010年3月10日，绍兴县召开疾控、卫生监督和应急工作会议。　（县卫生局供稿）

【监督餐饮单位6164家次】　2010年，绍兴县出动卫生监督人员4048人次，监督餐饮单位6164家次，取缔无证经营64家；抽检9类食品219份样品，抽检餐饮具370份，合格率97.26%；培训食品从业人员12331人次，发放餐饮服务许可证447份。开展《食品安全法》宣传活动、食品安全整规活动，全县小餐饮整规合格率100%。

【创建食品安全示范食堂51个】　2010年，绍兴县212所学校食堂负责人和从业人员培训率100%。创建食品安全示范食堂51个，相关食品抽检合格率100%；经量化分级考评，全县A级食堂占16.2%，B级食堂占64.7%，C级食堂占19.1%。首次开展学校教学卫生、生活设施卫生监督检查，全面监测117所学校，基本符合卫生要求。学校传染病防控工作和饮用水卫生监督检查率90.7%。

【职业卫生督查962家次】　2010年，绍兴县开展粉尘与高毒物品危害治理专项行动，确定全县277家粉尘高毒物品危害企业和3978名职业人群，出动监督员3582人次，监督检查962家次。企业职业病危害网络申报备案率100%。体检企业188家，体检工人5246人；检出职业禁忌46人，检测评价企业107家，完成职业病危害控制效果评价2家；台账建立率84.84%；对3家违法情节较严重的企业进行立案处罚。会同县环保局、公安局完成32家企业的“放心放射源”创建工作。监督检查全县25家放射诊疗实施机构，对215名放射工作人员开展个人剂量监测、健康检查和培训，体检率100%，合格率100%。

【取缔非法行医99家次】　2010年，绍兴县出动卫生执法人员700人次，暂扣药品236箱，折合人民币约39150元。现场取缔无证行医99家次，立案16家，处罚11家，罚款金额35300元。

【监督公共场所1996家次】　2010年，绍兴县有公共场所1535家，卫生监督覆盖率100%；监督1996家次，合格率96.99%；采样监测236件，合格率99.15%；4419名从业人员中参加培训及健康体检4393人，培训率及健康证持有率99.41%；发放卫生许可证1535份；立案处罚3家单位。其中游泳场所和住宿业量化分级率均100%。公共场所安全套放置率95%以上，公共用品用具监测合格率99.15%。首次开展农村自备水卫生监督监测，监督覆盖率100%。

【受理卫生投诉举报案件168起】　2010年，绍兴县卫生部门受理各类投诉举报案件168起，其中食品卫生112起，医疗卫生51起，公共场所3起，其他

2起，结案率100%。受理行政处罚案件18起，共处罚金9.15万元。其中医疗卫生3起，职业卫生3起。

【3起案件被评为市卫生行政处罚“十大”案件】 2010年，绍兴县有3起案件被市卫生局评为绍兴市2010年度卫生行政处罚“十大”案件，分别为绍兴县某钢制品有限公司违反职业健康监护管理案、浙江某钢业有限公司未建立职业病危害项目申报案和姚某未取得职业资格非法行医案。1起案件被县法制办评为2010年度十佳行政处罚案件。

（金传芳 朱敏芝）

责任编辑 宋如玲

外地人在绍兴

外地人在绍兴

【台州人胡兴林柯桥过新年】 胡兴林是浙江省台州人，他有十多年种植草莓的经历。2007年他听说在柯桥种植草莓收益较好，就带着妻子和女儿到柯桥承包了6亩田，开始试种大棚草莓。从买材料，搭大棚，到选草莓秧苗，夫妻俩都亲力亲为。

胡兴林在好多地方承包种植草莓，柯桥给他的印象很不错，2009年下半年他6岁的女儿也到柯桥上学。以前他的女儿由老家父母带，到春节才和他们夫妻团聚。“今年过年我们不回去，草莓离不开人照料，就留在这里过年了。”胡兴林说。2010年春节前他把女儿送回老家，夫妻俩留下来照料草莓。胡兴林夫妻已经商量好，除夕由他妻子做几个拿手好菜，叫上老乡一家，4个人热热闹闹吃年夜饭。

【大理媳妇杨正燕王坛种植家乡菜】 云南省大理人杨正燕嫁到绍兴县王坛镇已经20多年，起先她一直外出打工，回到王坛镇后发现开办“农家乐”能致富，就承包土地，打算自己创业。2007年，杨正燕拿出所有积蓄承包4亩山地，开始种植美国红提，红提长势很好，结出的提子有乒乓球大，最大一串提子重14斤。但随后杨正燕发现，种提子葡萄开发采摘游的农户越来越多，要想吸引更多游客，就必须开发一些特色项目，于是杨正燕想到种植自己家乡的蔬菜，打算办云南风味的“农家乐”。

2010年初，杨正燕回大理探亲后带回三四种云南特色蔬菜的种子，其中包括黑辣椒。黑辣椒结出的辣椒与普通的尖椒外观一样，只不过颜色是黑色的，成熟后变为红黑色，口味鲜美。杨正燕抱着试试看的心态，种下黑辣椒，黑辣椒有很强的适应能力，不但顺利成活，而且长势良好。看到黑辣椒种植成功，杨正燕又在下半年种起苤蓝（大头菜），苤蓝在云南种植比较广泛，且具有抗癌防癌功效。云南的特色蔬菜在杨正燕的呵护下长势较好，对于在王坛开办云南风味“农家乐”的梦想，杨正燕充满信心。

【“稽山印染”圆职工绘画梦】 郑超是四川人，现在稽山印染有限公司染色分厂拉板车。他出生在四川省一个贫穷的小山村，家境贫寒，读完初中就回家务农。2003年郑超到绍兴县打工，成为稽山印染有限公司的拉煤工。工作虽然辛苦，但8小时之外的生活还算清闲。郑超从不跟别人打牌、喝酒，而是选择绘画。没有钱，他就买便宜的纸张和颜料，矮小的出租房关不住他的梦想。郑超的邻居是个贵州人，学过专业的绘画，还会木雕，经常拿许多画和书给郑超看，告诉他许多绘画的技巧。有这位老师指点后，郑超每画完一幅画，就拿去让他评论，他的绘画技艺有很大提高。

郑超的坚持使一直持反对意见的妻子无可奈何。前两年，“稽山集团”举行职工才艺大赛，郑超的1幅工笔画获得一等奖，成为厂里的绘画明星。企业负责人了解郑超绘画的特长后，专门给他开辟1间30多平方米的画室，并且承诺他买绘画用的纸、笔、颜料的费用全都可以到厂里报销。厂里还为他举办2次个人画展，并请来当地的书画爱好者为他点评，给他交流与切磋的机会。厂里为郑超搭建的平台，使他获益良多。

【福建小伙柯桥组建网球协会】 2010年，福建小伙子毛武军开设的达人体育商店生意红火，“达人体育”在出售体育用品的同时聚集了一批体育爱好者。

28岁的毛武军是个网球爱好者，过去他一直想在柯桥经营1家网球用品店，通过网络，他找到一些志同道合的网球爱好者，后在柯桥山阴路开起1

家专门出售网球拍、羽毛球拍等体育用品的商店。毛武军开店不只是为赚钱，更是将体育当作一门事业，让更多的人参加体育运动，并爱上网球运动。毛武军每天最开心的事，就是为顾客挑选一副最合适的拍子。有时候，他还会为有需要的客户送货上门。孤身一人到柯桥的毛武军，因为体育商店结交很多朋友，他们不仅是他的顾客，更是他志同道合的球友。

在毛武军以及网球爱好者的努力下，绍兴县已经成立网球协会，会员200人。毛武军专门请教练，办起网球培训。谈及今后的打算，毛武军说他的愿望是发展更多的会员，壮大网球爱好者队伍。

【重庆夫妇成“顺利喷花服饰”技术骨干】 30岁的重庆籍夫妇罗春林和秦素英在绍兴县柯岩街道的顺利喷花服饰有限公司工作6年了，2005年，夫妻俩从重庆到绍兴打工，进入顺利喷花服饰有限公司工作，成为这家公司的绣花工。干惯农活的夫妻俩，一切要从头学起。丈夫罗春林曾做过机修工，接触过绣花机，成了妻子秦素英的师傅。在丈夫的指点下，聪慧好学的秦素英，很快就能独自操控绣花机。

2010年，公司把这对夫妻分配到同一个车间的前后两台绣花机，这对夫妻工作配合默契，一个线头断了，另一个一有空就帮忙去接；一台机器出了小故障，另一个马上帮忙检修；一个有事请假，另一个就管两台绣花机。熟能生巧，妻子秦素英做得更好，每月有一半时间产量都是第一名，最多的时候一天能做七八十米绣花布。这对配合默契的“夫妻档”成为企业的技术骨干，车间的50多名工人每天都要进行技能比武，每月考核下来，罗春林夫妇总能拿到一半的“第一名”，年年都被公司评为优秀员工。如今，两夫妻每月靠自己的双手，能赚到7000多元工资，让老乡、同事非常羡慕。

（摘自《绍兴县报》）

外国友人在绍兴

【印度人瑞查特柯桥生意忙】 2010年，印度人瑞查特在柯桥做票务生意，由于语言、风俗习惯等方面的优势，瑞查特在印度人、巴基斯坦人等外籍人士圈里口碑很好，这些人要回国探亲，都到他这里订购机票。

这年，不少印度人趁中国人过春节，打算回印度探亲或者到别国度假，他的生意特别忙。虽然业务繁忙，瑞查特还是入乡随俗，给办事处的中国员工放假休息。为不影响生意，他把办公室电话连接到他的手机上，保证手机24小时畅通，有客户给他打电话订票，他用家里的电脑即可完成订票业务。

瑞查特的家人都在印度，在柯桥发展多年的他摸出规律，春节是中国人最大的节日，他也要在柯桥感受中国年的氛围。趁着不忙的时候，瑞查特就到绍兴有名的景点逛逛看看，吃中国菜，过年休闲商务两不误。

【外商子女落户纺城就学】 2010年，随着中国轻纺城市场快速发展，越来越多的国（境）外企业常驻代表机构在柯桥设立，外商举家迁入柯桥，其子女们也乐意在柯桥就学。这年，韩国学生朴裕昇和柯桥学生一起，坐在同一个教室里，听中国老师上课。新学期，来自韩国、秘鲁等4个国家和地区的15名中小学生，通过资格审查，已在柯桥正常读书。

4年来，外商子女在柯桥读书人数逐年增多，来自韩国、美国、意大利、阿富汗、秘鲁等8个国家和地区的51名外商子女在绍兴县就学。在柯桥入学，不仅有学习知识的机会，同时也使外商子女家长们可以安心在柯桥工作，这些温馨的涉外环境都吸引着更多外商在柯桥落户和发展。

【印度友人当起人口普查翻译员】 2010年第六次人口普查期间，育才社区的普查员遇到既会中文又热心的印度人拉普拉玛，他给社区干部当起翻译员，解决普查员与外国友人沟通难的问题。

在拉普拉玛居住的小区里印度人特别多，拉普拉玛就带着普查员到其他几户印度人家中，为他们做解释，做翻译，为普查员带来方便。

外国友人的热心，使普查员对上门登记他们的信息从担心向轻松转变，登记他们的信息不再是一种负担和压力。

【外商乡镇企业下订单】 2010年9月，20多位来自美国、韩国、新加坡、巴基斯坦、马来西亚、泰国等9个国家的外商代表走进绍兴县福全镇的富强皮塑有限公司，参观“富强皮塑”的先进生产设备和自主研发的创新产品。

20多天里，新加坡的一家公司和韩国的婆罗迦纺织服装公司分别把总价值超过50万元的面料订单和200多万元的订单下到富强皮塑有限公司。其中韩国的婆罗迦纺织服装公司还把富强皮塑有限公司的高档时装革面料定为主要面料供应商之一，外商们纷纷表示对富强皮塑有限公司的面料很满意。

【外籍商人柯桥看车展】 2010年中国轻纺城（秋季）汽车博览会不仅吸引本地市民看车购车，不少外籍商人也前往车展看车。看到报纸上的车展报道，在柯桥已两年的印度商人阿巴甲，很早就到中国轻纺城国际会展中心，想选辆适合自己的车。

来自巴西的外籍商人拉德和几位朋友钟情于别克车展厅，拉德在柯桥有个办事处，一年中有大半时间在中国，他打算买辆商务车，方便在柯桥做生意。

来自韩国的金占元是第二次参观在柯桥举办的车展。上年，他在车博会上买了一辆广州本田汽车，这年他陪朋友来看车，打算买辆丰田汽车，金占元认为柯桥的车展规模大档次高，很有吸引力。

【韩国学生感受中国文化】 2010年12月13日，韩国全罗南道木浦女子商业高等学校师生到绍兴县职教中心进行为期8天的访问。访问期间他们参观游览府山、大禹陵、沈园、越国文化博物馆，听取越文化和中国剪纸艺术讲座，到结对学生家庭用餐，住学生家里感受绍兴学生的生活，在县职教中心上商业类专业技能展示课，到兰亭书法学院听书法课等。

让韩国学生学剪纸，是县职教中心安排的其中一项内容。在幼师班教室，25名韩国全罗南道木浦女子商业高等学校的学生经县职教中心老师的指导，学会了剪纸这门中国传统艺术。

县职教中心与韩国全罗南道木浦女子商业高等学校于2009年底结对成为姊妹学校，双方在师生之间多次开展文化交流、进修等活动。县职教中心和韩国全罗南道木浦女子商业高等学校除了交流学校管理等业务外，把重点放在让两国学生相互感受对方国家的文化。不少韩国学生到中国之前，对中国的了解并不多，到中国之后，才发现中国文化的博大精深，并亲身感受到中国经济社会的迅猛发展。 （摘自《绍兴县报》）

关爱外地人

【“伟乐服饰”员工老总共享年夜饭】 位于兰亭镇的绍兴伟乐服饰有限公司是一家以服装外贸为主业，兼营家纺、绣花和面料贸易的中美合资企业，有员工500多名，其中外来员工占70%，他们分别来自四川、贵州、江西、安徽等10多个省市。

2010年，公司老总郑伟花费6万多元，特意请来厨师烹制年夜饭。为迎合喜庆的气氛，他特意购买许多烟火，在宴席开始前燃放。席间，他请来演出公司、绍兴话剧团的演员上台表演越剧、小品、武术、歌舞等节目。来自河南省的员工张提夫妻都在这里上班，公司还帮他们10岁的儿子安排好就近入学。这次，他们特意带上儿子一起吃年夜饭。来自重庆的小烫工陈淑华和丈夫已在伟乐服饰有限公司工作8年，老板对员工的关爱，她都记在心里。虽然公司每年都会为有需求的员工代买火车票、汽车票，解决他们的买票难问题，但这年陈淑华还是决定不回老家，留在厂里过年。绍兴伟乐服饰有限公司用实际行动留住广大外来职工。

【“迷帅服饰”包车送职工回家】 位于夏履镇的浙江迷帅服饰有限公司有400多名员工，大部分来自安徽省，公司每年都会包10多辆车，送员工回家。另有50名来自重庆、湖南、陕西等地的员工，公司会帮他们买好火车票，保证每个员工都能回家过年。

2010年底，浙江迷帅服饰有限公司联系好12辆大巴车，并在每辆车上安排一位车队长，由车队长负责组织、清点返乡员工，记录每站下车人员的名单、人数。安全到达后，将情况反馈给公司领导。假期结束后，车队长还会在当地联系包车，将有乘车需求的员工安全送回企业上班。

【“永隆纺织”组织员工游世博】 为提高企业凝聚力，拓宽员工视野，地处兰亭镇的“永隆纺织”每年都组织全体员工外出旅游，公司员工已游遍浙江省周边省市。2010年世博会在上海举行，公司决定组织全体员工，由董事长陈庆丰带队，分两批参加世博园、苏州两日游。

成品车间河南籍员工王书华在“永隆纺织”已工作六七年，这次公司组织员工游世博园，她非常激动。在世博园，王书华参观了丹麦、瑞典等场馆，对馆外建筑和馆内布置都赞叹不已。

带队的董事长陈庆丰虽然已是花甲老人，但因同行的4个门卫年纪较大，为防止他们走失，陈庆丰亲自担当看护人角色，始终没有离开过他们。门卫金国兴由衷地感叹：“董事长这么照顾我们，让我们真是感动！”

【湖北人陈利桃柯桥获新生】 陈利桃，湖北省利昌人。2010年4月初，陈利桃在家乡医院检查出心脏瓣膜有问题，需要马上手术。但当地医院无法做这样的手术，陈利桃好几个亲戚在柯桥打工，他们希望她到柯桥医院看病。4月中下旬，陈利桃在女儿的陪同下到柯桥看病。

医生告诉陈利桃她的心脏瓣膜问题已经很严重，需要马上手术，但手术费用至少需要5万元。这5万元对陈利桃家来说，是个天文数字，家里仅靠丈夫打零工赚钱维持开支，要拿出5万元非常困难。就在这时，很多好心人伸手帮助陈利桃，她家里1个亲戚把打工10多年赚下来的2万元钱送去，柯桥一家单位也赞助陈利桃2万元手术费。

在亲戚和好心人的支持下，陈利桃于5月3日住进绍兴县中心医院。18日上午，经过6个多小时的手术，陈利桃顺利接受心脏换瓣手术。据主治医生黄医生介绍，陈利桃心脏手术非常成功，手术后恢复也不错。陈利桃说柯桥是给她第二次生命的城市，她会永远记住柯桥。

【新中天集团解决员工后顾之忧】 2010年，新中天集团暑期员工子女培训班正式开班，来自集团下属的“顺鸿南光”、“和中合纤”、“亿丽斯纺丝”等5家分公司和集团总部的197名员工子女，在这里开始他们的假期生活。

新中天集团对7岁至15岁的员工子女进行为期1个月的照顾托管，并专门聘请10名文理学院学生担任辅导老师，制订学习、活动计划，包括作业辅导、棋类活动、书法绘画等。另外，公司还为员工子女买象棋、围棋、少儿图报等，并免费提供中餐，解除员工们的后顾之忧。来自安徽省的小女孩叶慧是公司员工叶学良的女儿，第一次参加培训班，显得格外开心。

新中天集团4000多名员工中，外来务工人员占七成。为确保外来员工子女暑期到厂探亲安全，解决员工后顾之忧，公司从2007年起开办暑期员工子女培训班，至今已连续办班4年。公司办暑期班，员工赞不绝口，他们把子女接到身边，既能全家团聚又可以安心工作，以最佳的状态和业绩回报企业。

【外来种粮能手获救助】 1996年，郑春仙从嵊州到柯岩街道叶家堰村，承包62亩农田种植水稻，2009年又承包该街道三佳村的38.2亩农田种粮，是柯岩街道有名的女种粮能手。10多年的种粮生涯中，郑春仙每年都完成早稻订单，2009年还被评为街道优秀种养大户。

51岁的郑月明是郑春仙的丈夫，10多年前他就被查出患有肝硬化。2010年7月底的一次检查中，他被确诊为肝癌，于是夫妻俩辗转到上海治疗，2010年8月19日动手术，用去医药费4万多元。郑月明是嵊州农村医保，在绍兴报销比例不高，拿不出钱继续治疗，只能在家靠吃药抑制病情。

得知郑月明的情况后，柯岩街道送去2000元救助款，柯岩“唐宋酒业”和“阿金花卉”等企业也送去捐款，叶家堰村、三佳村和河塔村等村委及当地村民也以不同方式伸出援手，帮助种粮能手度过难关。（摘自《绍兴县报》）

责任编辑　韩兰芳

县人著述

综　述

《县人著述》设篇目选辑、书目提要和获奖作品3个分目。收录对象为绍兴县籍人士和在绍兴县工作、离休、退休的外籍人士所编著、创作、表演的作品。

篇目选辑限收在省级以上报刊发表、在省以上展览中展出的作品及省以上出版发行的音像作品。仅收录政治经济、文学艺术两类。教育、卫生等系统的大量业务性学术论文，因数量较多，已在有关编目汇总提及，不予一一收录。同一作者在省以上报刊发表作品较多者，仅收录其部分作品。

书目提要共收录经正式出版社公开发行的书籍11部。

获奖作品限收在省级以上获奖的作品，仅收录文学艺术类作品（含新闻、广电作品），共收录19件。

资料主要由绍兴县文联提供，另有少部分由各有关部门报送和绍兴县史志办公室平时积累汇总而成，遗漏在所难免，敬请见谅。

篇目选辑

【省以上报刊发表论文、专文及文学、艺术作品36篇】

抓住机遇开新局　固本强基促长效（专文）　喻光耀，《安全生产导刊》2010年第4期。

安全生产网格化监管要扎扎实实（专文）　夏志清，《安全生产导刊》2010年第12期。

《梦觉本》序的残缺（论文）　胡文炜，《红楼研究》2010年第2期。

《枉凝眉》中的“许他”是原文吗（论文）　胡文炜，《红楼文苑》2010年第3期。

用词习惯与《红楼梦》作者的关系（论文）　胡文炜，《辽东学院学报》2010年第3期。

试论越中历代藏书家对地方文献典籍传承的贡献（论文）　方俞明、汪柏江，《地方文献论文集》三晋出版社2010年7月第一版。

绍兴《羊山韩氏宗谱》及其价值（论文）　孙伟良，《地方文献论文集》三晋出版社2010年7月第一版。

徐生翁书法艺术观（论文）　汪灿根，《绍兴文理学院学报》2010年4月。

试论“二王”书风对当代书法的创新意义（论文）　汪灿根，《美术报》2010年4月。

从“无意于佳”到“有意于书”——当代书法创作观概述（论文）　汪灿根，《书法导报》2010年6月。

浅谈绍兴铜雕的制作技艺（论文）　赵秀林，《浙江工艺美术》2010年4月。

柯桥老街（散文）　金雪泉，《今日浙江》2010年第13期。

曾经的错失（小说）　邵江红，《人民公安》2010年第9期。

平桥村的罗汉豆（小说）　邵江红，《人民公安》2010年第10期。

神经病（短篇小说）　谢方儿，《鸭绿江》2010年第1期。

现代戏（中篇小说）　谢方儿，《青年文学》2010年第8期。

望断天涯路（中篇小说）　谢方儿，《星火中篇小说》2010年第6期。

夏天的发现（中篇小说）　谢方儿，《雨花》2010年第4期。

虚构之刀（短篇小说）　谢方儿，《鸭绿江》2010

年第7期。

马路中间有棵树（小小说） 沈锡盛，《作家文苑》2010年3月。

乘客与小偷（小小说） 沈锡盛，《作家文苑》2010年12月。

君子兰的感悟（散文） 沈锡盛，《浙江老年报》2010年6月4日。

大禹父子作歌（故事） 汪志成，《乡土绍兴》2010年8月出版。

蔡邕笛扬柯亭（故事） 汪志成，《乡土绍兴》2010年8月出版。

从成功到卓越（报告文学） 汪志成，《乡土绍兴》2010年8月出版。

仰望天安门（散文） 汪志成，《永远的忠诚》2010年3月出版。

传销首领并未“枭首”（随笔） 胡文炜，《咬文嚼字》2010年第6期。

中老年养生保健三字经（诗） 张建之，《大众健康报·老伴周刊》2010年9月13日。

咏竹（诗） 张建之，《大众健康报·老伴周刊》2010年9月20日。

学生三字经（诗） 张建之，《大众健康报·老伴周刊》2010年10月11日。

七律·整治西河（词） 张建之，《大众健康报·老伴周刊》2010年10月25日。

百岁进行曲（诗） 张建之，《大众健康报·老伴周刊》2010年12月20日。

乡土情结（散文诗） 张建之，《大众健康报·老伴周刊》2010年12月27日。

浅谈扇面微书（论文） 蒋炳贤，《浙江工艺美术》2010年4月。

闹元宵（篆刻） 王国荣，《美术报》2010年4月17日。

大爱无疆（篆刻） 王国荣，《书法报》2010年4月17日。

【省以上展出书画作品5件】

行书书法作品 汪灿根，2010年6月在中国书法家协会主办的全国五百家书法精品展上展出。

行书书法条幅 徐志贤，2010年10月在浙江省书协主办的第七届全浙书法大展上展出。

封山林易茂，源净水方清（山水画） 梅真君，2010年7月在浙江省第三届反腐倡廉书画展上展出。

哈哈，连你也来了（山水画） 梅真君，2010年7月在浙江省第三届反腐倡廉书画展上展出。

【省以上出版发行音像作品6件】

巧勿巧（莲花落） 倪齐全表演，2010年1月浙江文艺音像出版社出版发行CD片。

失尸怨（莲花落） 倪齐全表演，2010年1月浙江文艺音像出版社出版发行CD片。

奇怪的皇帝（莲花落选段） 倪齐全表演，2010年1月浙江文艺音像出版社出版发行CD片。

两夫夺妻（莲花落） 倪齐全表演，2010年1月浙江文艺音像出版社出版发行VCD片。

人心勿足蛇吞象（莲花落） 倪齐全表演，2010年2月浙江文艺音像出版社出版发行VCD片。

做美梦（莲花落） 倪齐全表演，2010年2月浙江文艺音像出版社出版发行VCD片。

书目提要

【绍兴县年鉴（2010）】 地方综合性年鉴。中华书局出版。中共绍兴县委员会、绍兴县人民政府主办，绍兴县地方志编纂委员会主持，绍兴县史志办公室组织实施，各有关部门参与撰写，《绍兴县年鉴》编辑部编纂。编纂委员会主任孙云耀、冯建荣，副主任阮建尧、陈德洪，主编黄锡云。该年鉴按事物属性和主次，以A、B、C、D、E、F、G代表总情、经济、政治、文卫、建制镇（街道）、国民经济统计资料选刊和索引7块，分类目、分目、条目3个层次编辑。全书共设44个类目、247个分目、1385个条目；217幅彩色照片，71张表格，全面、系统、客观地记述绍兴县2009年度经济、政治、文化和社会生活的基本面貌及发展状况。2010年12月第一版第一次印刷，全彩色精装大16开本，75万字，印数2000册，定价200元。

【夏履镇志】 地方乡镇志。绍兴县地方志编纂委员会主持，夏履镇志编纂委员会编纂，中华书局出版发行。2010年12月北京第一版第一次印刷，75万字，16开本，印数2000册，定价168元。该志上限为镇域事物的发端，下限讫于2004年末。全志由概述、大事记、正文19章以及丛录组成。全面客观翔实地记述夏履镇社会、经济、文化的发展历程。

【绍兴县体育志】 地方专业志。绍兴县地方志编纂委员会主持，绍兴县体育志编纂委员会编纂，中华书局出版发行。2010年12月北京第一版第一次印刷，50万字，16开本，印数2000册，定价150元。全志有概述，大事记及学校体育，群众体育，体育竞赛，竞技成绩，人才培养，体育机构，体育团体，体育设施、经费和体育产业，人物，丛录10章。

【绍兴县财政税务志】 地方专业志。绍兴县地方志编纂委员会主持，绍兴县财政税务志编纂委员会编纂，中华书局出版发行。2010年12月北京第一版第一次印刷，120万字，16开本，印数2000册，定价228元。该志设28章144节。正文前设相关图照、概述、大事记。正文后设附录、后记。上限为越王句践在位（公元前496年至前465年）期间，讫于2003年末，某些方面延伸至2005年末。

【柯桥这个古镇】 散文随笔集。陈家檐著。北京燕山出版社出版。全书由笛里素描、笛里变迁、笛里旧事、笛里趣闻、笛里风情、笛里人才、笛里拾影等七辑组成。32开本，140万字。2010年8月第一次印刷，印数2000册。定价25.80元。

【紫藤满墙】 文学作品集。邵江红著。大众文艺出版社出版。全书有序、一瓣心香、情倾警营、心灵花雨、小说在线、后记等六部分。2010年7月第一版第一次印刷。32开本。115万字。

【幽它一默】 杂文随笔集。鲁锡堂著。作家出版社出版。全书有红辣椒、黑刺猬、热伤风、蓝蝙蝠、洋泾浜、独角兽、冷兵器等七部分。2010年1月第一版第一次印刷。24万字。定价36元。

【官人娘子】 戏曲故事集。孙君著。中华书局出版。全书选取追鱼、王老虎抢亲、三看御妹、情探、九斤姑娘、何文秀、碧玉簪、梁山伯与祝英台等八出各个越剧流派的代表性剧目，以小说形式予以演绎。32开本，11万字。2010年10月第一版第一次印刷。定价28元。

【红楼梦后四十回作者是曹雪芹】 学术专著。胡文炜著。中国戏剧出版社出版。16开本，14万字。2010年8月第一版第一次印刷，定价50元。

【会稽山志】 地方志书。胡文炜著。中国戏剧出版社出版。全书由前言、凡例、地域史事、山水隽石、气候物产、文化遗存、出土文物、古建筑、古设施、寺院堂观、陵寝墓葬、碑版刻石、民俗风情、人物、主要参考资料、后记等部分组成。16开本，30万字。2010年8月第一版第一次印刷，定价118元。

【绍兴历史文化之谜】 地方历史文化论文集。胡文炜著。中国戏剧出版社出版。16开本，35万字。2010年8月第一版第一次印刷，定价70元。

获奖作品

【项王庙（散文）】 张富春创作，2010年9月获中国散文学会中国当代散文奖。

【赤壁怀古（书法）】 王观庆创作，2010年3月26日获世界华人书法家协会、世界华人美术家协会举办的最具影响力世界华人艺术家终生荣誉奖。

【高冠耸翠（中国画）】 金履恒创作，2010年8月23日获中国书画报、亚洲文化交流协会主办的2010第六届香港中国书画（动物画）交流展优秀奖。

【和为贵（中国画）】 金履恒创作，2010年12月获中国国学研究会等四单位颁发的年度成就金奖。

【李慧娘（越剧）】 吴素英主演，2010年11月28日获第二届中国越剧艺术节全国越剧优秀剧目展演金奖。

【南瓜变奏曲（小戏）】 章丽萍表演，2010年5月获第十五届全国群星奖。

【午夜电话（莲花落）】 章丽萍导演，2010年5月获第十五届全国群星奖。

【美丽的草原我的家（合唱）】 唐春晓担任高声部声部长，2010年7月获世界合唱比赛民谣组锦标赛银奖。

【茴香豆（舞蹈）】 王莉、沈敏乐编舞，2010年3月获教育部主办的全国第三届中小学生艺术展演一等奖、优秀创作奖、精神文明奖、优秀组织奖。

【美丽人生（排舞）】 2010年11月获省文化厅主办的第四届全省排舞大赛老年B组金奖、最佳人气奖。

【你叫谁达令（排舞）】 2010年11月获省文化厅主办的第四届全省排舞大赛少儿组银奖。

【见证纺织业复苏（电视系列报道）】 颜坎森编

辑，2010年2月获省广电学会政府奖省级二等奖。

【绍兴纺织业见证复苏（电视系列报道）】 颜坎森编辑，2010年2月获省广电学会政府奖省级三等奖。

【仿汉砖雕（瓷板）】 赵秀林创作，2010年5月获第二届中国·浙江工艺美术精品博览会金奖。

【兰亭集序（铜版画）】 赵秀林创作，2010年5月获第二届中国·浙江工艺美术精品博览会银奖。

【花容月貌（铜版画）】 赵秀林创作，2010年5月获第二届中国·浙江工艺美术精品博览会铜奖。

【扇面微书（书法）】 蒋炳贤创作，2010年5月获第二届中国·浙江工艺美术精品博览会银奖。

【踏浪（根雕）】 王国荣创作，2010年6月18日获浙江省根雕精品博览会金奖。

【行书作品】 祝人良创作，2010年8月获中国诗书画学会、中国传统文化交流协会“金玉杯”全国诗书画大师成就奖金奖。

【行书作品】 祝人良创作，2010年5月获中国文艺协会、北京人民画院首届中国名家世博艺术杰出成就奖。

责任编辑　郑文燕

鉴湖新风

党员风采

【党员志愿者大行动】 2010年1月，家住港越社区的汪大伯忙着准备红纸和笔墨，收集对联诗句。因为他即将作为社区志愿者代表，参加柯桥街道组织的党员志愿者大行动。

汪大伯一直积极加入社区志愿者活动，他说："既然在社区这个大家庭里生活，社区有什么需要，作为居民就应该尽一份力。当一名志愿者可以贡献自己的力量，这是件好事情。"当社区征集党员志愿者上街服务时，他第一个报名参加。

此次志愿者大行动报名情况踊跃，每个社区都有几名党员志愿者上街服务，志愿者们根据自身特长，开展形式多样的志愿服务。

【古稀老党员倾其积蓄设护老基金】 2010年3月，一位不愿透露姓名的古稀老人将50万元现金捐赠给绍兴县慈善总工会。

这位有着近30年党龄的老党员，曾是杭州一家国有建筑施工企业的工人，每月有2000余元退休金，退休后回至柯桥安享晚年。他平时特别关注邻近其他老人的晚年生活，对那些物质上还不宽裕、精神上缺少关爱的老人，总是怀着恻隐之心，给予力所能及的帮助。在70周岁生日前夕，老人婉言谢绝子女们帮他操办祝寿酒的好意，捐献平生积蓄，给更多与自己同代的老哥老弟们一些关心和帮助。

县慈善总会按照老人的意愿，建立起"关爱护老基金"，在2010年内分批全额资助需要帮助的老年人。

【众志成城情系玉树】 2010年4月，全国"特殊党费"交纳第一人祁友富，不顾尚未康复的眼疾，早早来到柯岩街道办事处，把装有5万元党费的塑料袋放在街道党工委书记的办公桌上，请街道务必将其转送玉树地震灾区。

祁友富的义举只是一个缩影，在青海省玉树地区发生7.1级强烈地震后，绍兴县社会各界纷纷慷慨解囊，广大党员更是发挥先锋作用，积极支援灾区人民抗震救灾、重建家园。

【会稽村149位党员选岗服务群众】 2010年"七一"前夕，平水镇会稽村的149名党员结合实际，通过自主选择，分别有了自己的服务岗位。

据会稽村党支部书记介绍，为让广大党员更好地服务群众，村党支部根据党员分布在不同区域的实际情况，结合党员自身特长，有针对性地设置政策宣传、义务调解、卫生保洁、绿化养护等18个党员服务岗位。如昌锋自然村主要以拆迁、新农村建设为主，所以该自然村党员主要负责楼梯卫生、村内道路环境绿化与保洁工作；毓秀桥自然村，沿线农户多以种植粮食为主，因此党员需要做好潜水泵、小型厕所、路灯亮化等工作；而对于若耶溪沿线的党员，则要做好环境保护工作。

党员倪海军选择政策宣传岗和绿化养护岗，他对做好自身岗位工作很有信心。党员唐水兴表示服务岗位的设置受到广大党员的欢迎，他要通过服务岗工作做好表率，带领村民建设新农村。

【党员义工抢种18万株茶树苗】 2010年11月，富盛镇乌石村白茶基地内，活跃着一群义务劳动者。他们积极抢种白茶树苗，蘸根、插苗、修剪、喷水，动作娴熟，热情高涨，很快就使一片宽阔的黄土地披上了崭新的绿装。

据乌石村党支部书记介绍，为壮大村级集体经济，村里从湖州安吉采购了18万株白茶苗。由于栽种时间紧、任务重，村委便号召全村党员充当义务工，栽种茶树苗。此举得到党员们的热烈响应，大家纷纷放下手头工作前来帮忙。当中既有83岁高龄的老党员，又有身在外地却仍嘱咐亲人代为劳动的预备党员。正是得益于全村党员的无私付出，所有茶树苗都顺利栽种。党员们以自己的实际行动，为乌石村的经济发展注入新活力。

（摘自《绍兴县报》）

百姓故事

【大学生当起“田包头”】 2010年，富盛镇青马村大学生唐海峰在跨出校门后，并没有像很多大学毕业生那样争相奔赴大城市找工作，而是在家乡承包农田，摇生一变成为“田包头”。

这位毕业于浙江林业学院园艺专业的大男孩认为，农民的口粮田只种单季稻，有部分甚至不种，土地利用率低，非常可惜。自己当初选择园艺专业，就是为了能在家乡的土地上创业，当一名承包大户。唐海峰的决定得到舅舅的支持，于是两人先后承包周围几个村子的160亩农田和40亩山地，开始他的高端农副产品种植之路。

唐海峰的创业得到绍兴县有关部门的大力支持。县农业局帮助其申请大学生创业资金补助，富盛镇为其审批农业临时生产用地提供积极服务，青马村则在相关费用、项目申报等方面给予帮助。

【重症少年笑对人生】 2010年，绍兴县鲁迅外国语学校传来喜讯，该校初三学生徐凯敏获第二届绍兴市“十大励志少年”称号。荣誉背后，是徐凯敏同病魔顽强抗争的一段艰辛往事。

出生于普通农户家庭的徐凯敏，8岁时颈椎骨意外移位，压迫总神经，导致四肢疼痛，无法屈伸，被迫休学。然而懂事的他并没有就此向命运低头。凭着惊人毅力，他自学完成一年级所有课程。与此同时，经过对症下药，身体开始逐步康复，并如愿进入二年级学习。可天意弄人，在徐凯敏将要上三年级时，他的病情再度恶化，确诊为“不死癌症”——强直性脊椎炎。在随后的求医过程中，他又患上溶血性贫血。不过即使是在最艰难的时刻，徐凯敏始终没有放弃学习，身体稍好一点，就会捧起心爱的书本。在他看来，只要能看上书，就比什么药都有效。正是凭着这股不屈不挠的精神，他才能在离开课堂许久后，依然保持出色的学习成绩。

面对未来，徐凯敏表示，渴望先考入鲁迅中学，然后通过三年高中生活，争取考上医科大学，成为一名医生。这样，一方面可以帮助他人摆脱病痛的折磨，另一方面能够回报那些曾经关心和帮助过他的好心人。

【花甲老人致力传承曲艺文化】 2010年，绍兴县文化馆退休职员阮余庆将自己用心写就的《绍兴鹦哥戏起源与发展》一案，交到县文化馆馆长罗小令手中。作为首批非物质文化遗产项目代表性传承人的他，一直致力本土曲艺的传承和发展。

出生于1945年的阮余庆，从小就与文艺结缘，在父亲的熏陶下，早早学会了胡琴、锣鼓等乐器。1961年，他报名参加首届绍兴戏曲培训班，凭借着扎实功底，被“破格”免试录用。成为学员后，好学的阮余庆经常跑去看老师傅们演出，认真听戏、听伴奏，并记下简谱，回家再反复练习。凭着天赋和后天的勤奋，他的演奏技艺突飞猛进。1963年，他开始为当时远近闻名的绍兴莲花落老师傅丁水堂、豆腐阿土等做后场伴奏。1970年，阮余庆进入绍兴县文宣队（绍剧团前身），尽管从事的也是演奏，但演奏乐器却从二胡、鼓板换成大提琴。这对小学文化出身的阮余庆来说，压力可想而知，但他咬牙坚持。1981年，阮余庆调入文化馆工作，积极普及和发展鹦哥戏、绍兴莲花落。他深入基层，走村访户，收集许多珍贵的曲艺史料，给后人了解曲艺发展的历程提供帮助。

如今，阮余庆退休在家，依然没有丝毫松懈。老人表示，他这辈子与曲艺结缘，只要有精力，不会停止保护和传承曲艺的步伐。

【清贫夫妇守护山区教育】 商洪钢和孙颖既是一对普通夫妻，又分别是稽东山区龙峰小学和娄坞小学2所学校的负责人。龙峰小学建在400多米的高山上，是绍兴县海拔最高的小学；而娄坞小学紧靠嵊州，是县内最偏远的学校。为了那些大山里的孩子，商洪钢、孙颖夫妇甘于清贫，默默守护在山区教育第一线。

商洪钢师范毕业后，就一直在老家稽东镇任教。虽说是学校负责人，但同时也身兼任课老师、司机、送菜员等众多角色，担子一点不轻松。十几年来，他从一个20岁的毛头小伙子成长为县里的教学骨干，拥有省希望小学优秀园丁、县小学数学学科带头人等多项荣誉。曾有人劝他离开龙峰小学，跳槽到其他条件好的学校，可他婉言谢绝。因为他最大的心愿，就是把山里的孩子送出去，让他们学有所成，成为对社会有用的人。

【山村“愚公”做好事乐此不疲】 2010年4月的一天，天刚亮，富盛镇富盛村76岁的童寿庆老人便拿着铁锹、畚箕等工具，来到水塘清淤。一撬又一撬的黄沙和淤泥，很快就积起一大堆。尽管春寒料峭，老人额头上还是冒出黄豆大的汗珠。

童寿庆是位上海退休工人，1998年回到家乡富盛镇养老。他热心于公益事业，积极为村中建设出力。路上堆有垃圾，他没等清卫员赶到，就悄悄清理干净。溪沟边石塴破损，他找来石块重新换上。水塘淤泥堵塞，他第一时间拿工具去清淤。当他看到村民为买菜而要走一条1000多米的泥泞田埂路时，就下定决心要修路。

每天，他都冒着寒风骑自行车去寻找合适的填路材料，最后在一家工厂门口，找到一堆废弃的石英砂。凭着从事过金属行业的经验，他知道这种砂石对消除泥泞有帮助。在经过厂家允许后，他兴奋地叫来拖拉机，将2车石英砂载到村里。因为田埂路有一半的地基较高，他又背着锄头独自将半条路推平。这样的前期工作他一个人足足忙活了1个月。童寿庆修路事迹感动了很多人。于是，村民们有钱出钱，有力出力，纷纷加入修路队伍。在大家的努力下，路终于修好了，村民们无不对童寿庆老人啧啧称赞。

【十字绣高手身残志坚】 2010年1月，平水镇小舜江村村民孙兴平家中，摆满了十字绣作品。孙兴平的妻子患有类风湿性关节炎，做不了体力活。而他本人也只是在建筑工地打工。2007年9月，孙兴平由于车祸导致下半身瘫痪，高额的医疗费用让本就贫困的家庭雪上加霜。在对未来一片迷茫时，孙兴平看到妻子以前学过的十字绣作品。于是，他便决心通过绣花来撑起整个家庭。

孙兴平回忆说，自己以前是泥水匠，手指又粗又笨，一开始根本拿不住针，常常刺到手，至今他的手指上仍布满麻点般的伤疤。学会拿针后，孙兴平又由于视力不好，遇到穿针眼的难题。在妻子的配合下，他不断调整线头方向，一直到穿进针眼。当线头第一次穿过针眼时，孙兴平和妻子四目相对，眼睛里都是泪花。从此，这个阴云密布的家庭，有了笑声，夫妻两人配合着绣出了第一幅作品。如今能通过双手赚取部分日常生活开销，孙兴平一家觉得生活有了奔头。（摘自《绍兴县报》）

城乡新篇

【农民服务员上起礼仪课】 2010年1月，绍兴县农业技术学校在王坛镇东村举办全县首批乡村旅游服务员培训班。此次培训主要围绕乡村旅游服务员礼仪常识、餐厅服务、客房服务、前厅及前台服务、休闲农业与乡村旅游基础知识等内容展开。

随着“农家乐”的兴起，服务礼仪成为农民亟需掌握的技能，所以服务礼仪培训很受当地农民欢迎。原来报名只有60人，上课时却一下子来了七八十人，把课堂挤得满满的。课上，“农家乐”经营户们认真听讲，做好笔记。东村“红梅阁”的蔡师傅夫妻俩都报了班，他们认为这样的课堂教学很有实际意义，通过学习，他们都从以前的临时服务员转变成半个正规军。

【街道残运会一样很精彩】 2010年5月，华舍街道张溇文化活动中心内，人声鼎沸，热闹非凡，这里正在举行华舍街道第二届残疾人运动会。来自各村（居委会）的20支代表队100余名残疾人参加乒乓球、羽毛球、飞镖、象棋、地滚球等多个项目的比赛。

众多选手中，有一对肢残夫妻特别引人注目。丈夫钱宝福参加乒乓球赛时，妻子在一旁加油鼓劲；而当妻子参加飞镖比赛时，丈夫则在一旁助阵。夫妇俩表示运动会让残疾人聚在一起，既锻炼了身体，也交流了感情。华舍街道办事处相关工作人员介绍说，举办残疾人专场运动会，能促进社区残疾人之间的交流，帮助残疾人更好地走进社区，融入社会，也能让他们在比赛中体会到快乐与自信。他同时表示，街道将抓住绍兴县创建全国残疾人社区康复示范县的有利契机，举办更多的残疾人体育活动，进一步丰富残疾人文体生活，满足残疾人不断增长的精神文化需求，深化完善残疾人社区康复工作。

【空巢老人享受居家服务】 2010年，柯桥街道成立首家居家养老服务中心，每周派遣专职助老服务员上门为老人料理家务，洗衣做饭、清理卫生。家住柯福社区的傅新安老人是位空巢老人，由于年老体弱，生活一直有所不便。助老服务员每次都把老人的房间整理得井井有条，空闲时，还陪伴老人聊天解闷，让他感受到家的温馨。柯福社区内像傅新安这样的空巢老人有47个。每个月，老人们都能免费享受10小时至20小时的上门健康服务，还能参加居家养老服务中心的休闲文娱活动。

2010年柯桥街道有3个社区成立居家养老服务中心，让老人们真正过上不离家、不离伴、不离友的日子。

【骑行“低碳”生活风标】 2010年，在柯桥瓜渚湖畔和附近街道上，随时可以发现头戴骑行帽、身着骑行服、脚蹬自行车的人群。

随着时代发展，越来越多的人骑上了电动车、开起了汽车。在提升速度的同时，人们的健康指数却在不断下降，道路拥堵的情况也日益严重。自行车作为曾经最普遍的代步工具，因其轻便、环保、健康的特点，受到人们的欢迎。41岁的陈先生在某机关单位工作，由于长期缺少运动，人到中年的他身体逐渐发福。在朋友的影响下，已经多年不骑自行车的他，又重新喜欢上了骑车，几乎每天坚持骑行近30公里路程上下班。一年下来，不仅体重减轻，而且人也变得有活力。阮女士以前开车去商场购物，总会担忧停车问题，为此还吃过几张罚单。买了自行车后，她都骑车活动，从而化解了闹市区开车难停车难的烦恼。

自行车运动在绍兴县逐渐兴起，而自行车本身也从传统的代步工具，成为人们减压、健身的新途径。马路“骑行者”正成为城市崇尚“低碳”生活的一道美丽风景。

【村里有了便民服务中心】 2010年，陶堰镇泾口村成立便民服务中心，负责向群众提供低保申请、失业保险认领、计生药具发放、证件办理、信息咨询、矛盾纠纷处理等服务。对于陶堰镇泾口村村民来说，原先诸如办理养老保险、领取再生育证等需要繁琐手续和多头办理的事务，如今只要去一趟村便民服务中心，就一切搞定。这种“群众动嘴、干部跑腿”的村级便民服务机制受到广大群众的好评。

陶堰镇相关负责人表示，泾口村便民服务中心的成立，不但使该村1800多名群众得到实惠，而且拉近了干部与群众之间的距离。

【柯岩有个“天天农博会”】 2010年1月，马先生来到地处柯岩的县农特产品展销中心，在导购员的介绍下，欣然购买唐宋牌黄酒、仁昌酱油、外婆家醉鱼干等农特产品。他高兴地说：“这里的绍兴土特产一应俱全。”

随着绍兴县农特产品生产加工业的迅速发展，琳琅满目、质量上乘的本地农特产品受到众多消费者的青睐。暂短的农展会，无法满足广大群众的需求。于是，绍兴县农业局和柯岩街道有关负责人想到通过成立农产品展示展销中心，让更多消费者买到货真价实的农家货。据展示展销中心负责人介绍，中心采取直接向企业进货的方式，在保障农产品质量的同时，降低成本。中心还配备导购员，负责向消费者介绍有关农特产品。至2010年1月，总面积400平方米的展销中心吸引20家农业企业进驻，展示展销的产品包括黄酒、果酒、传统酱制品、干鲜果、特色糕点等5大类117个品种。

【“夕阳红”映照孤儿快乐童年】 钱清镇有一群年过花甲的退休教师，重视关心孤儿群体，开展结对帮扶，利用假期免费为孤儿辅导作业，帮助落实工作。22岁的小方至今仍然十分感激他的结对教师施阿炳。当初职校毕业后，他一直找不好工作，很是气馁。施老师得知情况后，到处奔走，最终帮他落实工作。小方说，每次一想起老师的谆谆嘱咐，他心里就暖暖的，工作起来丝毫不敢马虎。

据了解，从2002年钱清镇退休教师协会开展结对孤儿工作以来，协会每年都会定期开展结对交流等活动，对孤儿在生活上给予无微不至的关心和照顾，帮助克服思想上的畏难情绪。每到年终岁末，这些“成长顾问”还会分别到村里去落实补助经费，每个孤儿都会拿到500元至2000元不等的压岁钱。一桩桩好事，一件件实事，让钱清镇的孤儿们深深感受到退休教师们一腔热心与爱心。

【社区QQ群拉近邻里距离】 一到傍晚，瓜渚社区QQ群里就开始热闹起来，大家通过QQ群联系活动，交流感情，不少居民在这里成为好朋友。

社区QQ群建立3年，有80多位居民先后加入，其中年纪最大的居民近70岁。平时，社区里有事要通知居民，或要举办活动，社区干部和居民组长都通过QQ群发布信息，QQ群已经成为居民交流的一个重要平台。“一般不常去社区办公室，对社区的事情不清楚，消息不灵通，但是自从进了QQ群，每天看看QQ群里的公告，就能知道社区里发生的新鲜事，和其他居民的距离一下子就拉近了。”家住瓜渚风情小区的赵生坤说。社区QQ群不但是居民们交流社区新鲜事、开心事的平台，而且丰富了居民的业余生活。据瓜渚社区负责人介绍，很多居民通过QQ群组成业余爱好小组，成为舞蹈、唱歌、摄影高手。其他社区居民在得知瓜渚湖社区QQ群的情况后十分羡慕，纷纷要求加入。社区干部表示，他们欢迎其他社区的居民一起参加，社区是个大家庭，柯桥是一个更大的家庭，只要家庭和谐，生活也就更幸福完美。（摘自《绍兴县报》）

责任编辑　董思思

越地珍闻

志 异

【重约4750克何首乌】 2010年1月9日，稽东镇耀峰村村民黄启台在会稽山主峰区的越大山半山腰的竹林里，发现一片何首乌花蕊，通过寻找，在石缝间找到何首乌的上半部。有60年挖掘何首乌经验的黄启台判断，该何首乌重量将达到普通何首乌的几十倍。经过近40分钟的挖掘，特大何首乌终于被他捧到手里，重达4750克。“一般的何首乌重量都在50克到500克之间，4750克这么大的何首乌还是第一次见到。”黄启台说。

【“巨无霸”番薯】 2010年1月19日，绍兴县马鞍镇的骆先生在自家后院收获3个“巨无霸”番薯。“老大”重5公斤，“老二”4.5公斤左右，“老三”最小，但也有3.5公斤。骆先生家人说：“别看‘老三’最小，我们一直舍不得吃它，它长得最好看，圆滚滚的，虎头虎脑多可爱呀！”

【逐年在“长个”的巨石】 在稽东镇营口村庙坑自然村，村子旁有块很大的石头，在逐年“长大”。当地一幢依山而筑的房子，原来与山上这块巨石的距离有半米多远，2010年却发现这块石头不仅会移动，而且逐年“长大”，现在已经紧贴住房子，有部分甚至嵌到房屋的墙壁里了。

这座房子依山而建，背靠当地的铁帽山，整座房子被大山半包围着，是传统的5间2层老屋，用木梁和砖头搭建，当地村民说有上百年历史。房屋左侧后面都贴近山体，正在“长大”的石头，就在屋后左侧的墙角处。这块石头很特别，跟铁帽山的山体连接在一起，但是靠近老房子一侧呈现突起。山石的边缘，已经与墙角紧密地挨在一起了。现年50岁的村民丁仲明说，原先这里还有半米宽的小弄堂，30多年过去了，山石与房子的距离越来越近，现在连手都很难伸进去了。“我10多岁的时候，经常来这个墙角捉迷藏，通过这个空当，跑到屋子后面躲起来。”丁仲明说。一直居住在当地的冯秋水老人也表示，他年轻的时候，可以非常轻松地通过这个墙角“弄堂”到后山去干活。观察地形发现，石头周边并没有非常高大的树木，不像有树根在撬动石头移动。另外，在这块石头的周边，也没发现这块石头与山体之间有什么裂缝而导致其断落滑动。此外，距离这栋老屋的不远处，也有类似的几栋老房子依山而建，也都靠近山体，但是都没有出现有山石靠近房子的情况。

【高度超吉尼斯纪录的毛笋】 2010年4月27日，兰亭镇下大庆村因为一株笋热闹不已。村民金柏堃在自家竹笋山上掘到了1人多高的一株特大毛笋，整整29公斤。4月26日，“毛笋王”被送到省林业厅作鉴定，经过去泥等步骤后，最终测算出这株毛笋高195厘米，净重17.02公斤，高度超过之前的吉尼斯毛笋王，但重量少了约1公斤。赶到现场的浙江省首席林业专家裘鑫灿认为，几年的竹山培育，合理的施肥开山，是产生大笋的主要原因。

195厘米高的毛笋

（《绍兴县报》供稿）

【比西瓜还大的菜葫芦】 2010年8月，王坛镇花农孙位军种出了比西瓜还大的菜葫芦，在该镇引起不小的轰动。在孙位军的花卉基地里，种植着一大片葫芦，挂果时节，藤上挂满大大小小的菜葫芦。“当时也没有留意，想不到砖头缝里竟然会结出这么大个的葫芦。”孙位军拨开葫芦藤，看到在水泥砖缝里钻出的一根藤蔓上挂着一个大葫芦，用卷尺量了一下它的下半部“腰围”，足足有21.5厘米。用电子秤称了一下，有8斤多重，是一般菜葫芦的五六倍。

【与《兰亭集序》同样“高寿”的砖砚】 在绍兴古砖收藏者苑贵民处，有一方长26厘米、宽12厘米、高4厘米的古代砖砚，砚台侧面有永和九年的纪年字，字体古朴雄浑，颇有汉晋风格。永和九年，正是著名书法家王羲之写《兰亭集序》的年份。据考证，此砖砚系东晋时代永和九年纪年墓砖雕刻而成。在汉晋时代，绍兴富裕人家都有厚葬之风，大户人家的墓砖均为定烧，为了纪录下葬的时间，一坑墓砖中有一块或数块纪年砖。据收藏者汉珍斋的主人苑贵民介绍，从汉代开始，会稽、山阴就有纪年砖出现，一直延续到明代。明代之后，墓葬时兴墓志铭，纪年砖就少了。

【南瓜也能结并蒂】 2010年8月中旬，稽东镇车头村84岁的蒋大爷种出一对并蒂南瓜，这两个南瓜长在一个“人”字形的瓜蒂上，看起来活像是一对双胞胎，当地村民见了都纷纷称奇，蒋大爷更是把它当成宝贝，说这两个南瓜要好好保存，让更多的人开开眼界。

并蒂南瓜　（《绍兴县报》供稿）

【发现元明时期花雕酒坛】 2010年11月11日，在绍兴县咸亨酒业有限公司，展出了绍兴首次发现的元明时期花雕酒坛。这批花雕酒坛有55只，大小、形状与现行酒坛相差无几，但在烧制工艺上堪称精美。业内人士称，经初步考证，这些酒坛中，较大的（约可装35公斤酒）一只烧制于元代，其它略小的（约可装25公斤酒）烧制于明代。业内人士说，这不但是绍兴首次发现元明时期的花雕酒坛，也是迄今发现的年代最早、烧制工艺最精美的绍兴花雕酒坛。它没有裂缝，也没有修补过的痕迹，灌装后不会渗酒，说明六七百年前的花雕酒坛工艺已经达到相当高的水准。这批酒坛的发现，对研究绍兴酒历史，弘扬绍兴酒文化，具有较大的现实意义。现行花雕酒坛上的图案都是后来彩绘的，如果窖藏，就会褪色消失。而这些元明时期的花雕酒坛，则是在坯体时就绘上去，经烧制后入胎，历经数百年仍然“新鲜”。

【一株绿萝两年长了20米】 “你看，我的绿萝才养了两年不到，就有这么长了。”2010年11月22日，在柯岩街道办事处三楼的办公室里，林业技术推广员沈忠耀指着室内的绿化成果开心地说。在这间约12平方米的办公室内，西北角的橱柜上放置了一盆绿萝，这株绿萝延伸出来，居然沿着天花板四周绕了一圈，又回到花盆处。粗略估算一下，已达20米。沈忠耀说，2009年初，他把一株剪来的绿萝插进盆里，盆里的土也是一般的泥土，令他想不到，这株绿萝居然长根生叶，不断延伸。他就让绿萝固定在墙壁上，任其成长。他一般隔一周浇一次水，看枝叶情况放几粒复合肥进去。“到了今年初，我怕营养不够，就换了个大盆。”这只盆高约30厘米，底部还有一只托盆，高约10厘米，里面的泥土十分疏软。沈忠耀说，换了这只盆后，生长速度更快了，到现在就成这个样子。据悉，绿萝作为大型常绿藤本植物，不仅一年四季绿色，还能有效地吸附和去除室内空气中的甲醛、苯、三氯乙烯等污染物，是天然的“空气净化器”。　（木　羽）

记　趣

【遏制蓝藻生长的神奇“布”】 2010年9月，在柯岩街道路南村的青虾养殖大户杨仲达承包基地，发现一个池塘里漂着不少蓝藻，而另一个池塘水质较为清澈，看不到蓝藻。没有蓝藻的那个池塘当中，在竹竿支撑下，悬浮着一样特别的东西——“人造生态水草”。8月，县水产技术推广站在这个面积约5亩的池塘里做试验，悬挂了总面积100多平方米的“人造生态水草”，发现以前最易生长的蓝藻消失了。在湖塘街道五丰村一处叫凤凰山的山脚下，也有一个面积约2.5亩的封闭性池塘，以养殖鳊鱼、鲫鱼为主。3个月前，池塘里用长绳子和竹竿悬挂起50平方米的“人造生态水草”。养殖户唐友根老汉高兴地说：“去年，水质差，鱼死了大半，连忙把水换掉。今年用了‘人造水草’，水质好多了，水也不用换了。”

县水技站副站长朱迪说，这种产品经过特殊处理，将生物光波技术引入纺织品中，使纺织品具有神奇的功能，浸没在水体中，为有益的微生物繁殖提供温床，有效遏制有害菌，来改善水质、净化水体，为虾蟹鱼创造一个良好的生态环境。

据悉，作为今年“清水工程”生物净化水质、防止二次污染的一个推广项目，“人造生态水草”在部分养殖池塘推广。全县有7个养殖大户试用这个产品，涉及养殖面积100多亩。

【柯桥城区现日晕】 2010年5月10日中午11点左右，柯桥城区的天空上出现罕见的日晕奇观，太阳周围形成了一道亮丽的七彩光环。这一奇妙天象持续了近一个小时，许多市民驻足观看，不少摄影爱好者纷纷拿起手中的照相机拍摄这一天文景象。

2010年5月10日中午，柯桥城区上空出现日晕。

（《绍兴县报》供稿）

据气象专家解释，日晕多出现在春夏季节，是一种正常的大气现象。其成因是天空中出现了由冰晶构成的卷层云，当光线通过卷层云时受到冰晶的折射或反射，进而形成内红外紫的彩色晕圈光环。

【河道新景观】 2010年6月17日，在柯桥城区柯东廊桥的河道上，工人们搭建起了第二期水生植物的浮架。水生美人蕉、水竹等挺水植物“种”在一个个绿色小盆中，就像是一个个浮动的小岛，既净化水质，又美化环境。这是水利部门为美化、净化城区河道，从上年开始实施的生物净水示范工程，并取得了成功。这年，他们将挺水植物扩大种植到城区古运河、管墅直江、中泽横江等河道。

【六十年后王坛疑似再现云豹】 2010年6月17日下午，“我们看到云豹了……”王坛镇南岸村村民孙达兴奋地说。据孙达介绍，6月13日下午，他和几个朋友去南岸村王家坞的舜裕会所吃晚饭。下午6时多光景，他在外面走动的时候，无意间看见距离150米左右的山坳岩石上，有一只很大的“猫”和两只“小猫”在玩耍。其他正在吃饭的客人听说后，也纷纷前来观看。在场的一位斯姓村民是一位猎人，他感觉这几只动物不像猫，便叫朋友拿来望远镜，爬上不远处的山上进行仔细观察。

斯姓村民说，从望远镜里看到的不是一大两小三只“猫”，而是有两大四小六只“猫”，好像是一家子。大的两只每只长约80厘米到90厘米，尾巴很粗很长，体重大约在15公斤左右。四只小的每只大约1公斤～1.5公斤的样子。“这六只动物绝对不是家猫或野猫。”根据斯姓村民多年的打猎经验和对动物知识的了解，他很肯定地说：“这绝对是云豹。”

据了解，云豹最喜欢吃的是野兔和老鼠。在绍兴，早在解放前就已经看不见云豹了。时间已经过去半个世纪，现在是否又有云豹出现，有待有关部门考证。

【让长嘴鸟回归大自然】 2010年8月26日，余渚居委会居民在小区里发现了一只谁也不认识的鸟。鸟的羽毛和两条腿都为黑色，嘴尖长，呈灰褐色，两个翅膀展开后长40多厘米，不见明显的受伤部位。很凶猛，人一靠近它，就会张嘴啄人，只有紧紧抓住脚时它才安静。早上7点多，这只鸟飞进了余渚居委会居民吴茂永的家中，怎么赶都赶不出去。由于从来没见过这种鸟，吴茂永认为有可能是保护动物，想把它放飞。谁料，鸟飞了10多米后掉了下来。吴茂永担心其他人伤害它，于是再次捉回这只鸟，用纸箱装着送到居委会，希望妥善处置。居委会多次电话联系林业部门专业人员，无果。大家想到用网络查找资料。通过网络资料对比，此鸟和一种名叫“灰鹭”的鸟类很相像，但又不能肯定。为慎重起见，大家决定让它回归自然。放飞时，鸟儿似乎飞得很轻松，大家开玩笑说：“连续的高温天气，也许这只鸟有点中暑了，现在缓过气来了。”

【狼狗嘶叫救了火中熟睡的主人】 12月23日晚上9点半左右，绍兴县华舍街道绸缎小区东面的一排平房冒出熊熊大火。就在大火即将吞噬一家塑料粒子厂时，一对熟睡的夫妻终于被狼狗狂吠的声音惊醒，幸运地捡回性命。说起这场大火，丁女士仍心有余悸。当天晚上，他们早早地睡觉了。睡梦中，丁女士被狼狗的狂吠惊醒。她以为狗怕冷才叫唤，就起来准备给狗拿点东西取暖。门一打开，一股热浪扑面而来，只见对面的一排房子火光冲天，火苗还呼呼地往她身上招呼。丁女士顾不上穿外衣，赶忙跑进屋叫醒老公。两人才跑出几步路，火势就蔓延到了她家……“真亏家里养的狗，是它救了我们夫妻俩的性命。”丁女士说。

【一只龟的身价可抵一辆宝马车】 11月，走进位于平水仙人谷农业观光园大否基地，里面暖暖的，灯火通明，一只只大大小小的浅黄色白玉龟分别放养在一个个洁净的塑料盆里，它们有的在水里欢快地游弋，有的伸着脖子觅食，一个个憨态可掬。这类龟和普通的龟除了身体颜色不一样外，眼睛也不一样，为红色。“这类龟有黄金甲、巴西种、印度种以及中国极品种等4个品种，其中极品中国龟世上极少，如果长到80厘米、体重60公斤时，售价可达70万元。”平水仙人谷农业观光园的主人宋林虎说，前几天他出售了一对，售价为30万元。他曾查阅白玉龟的许多中外传说，在中国古代，这类龟只有皇帝才可能拥有。而在印度则有很多与白玉龟和佛教相关的传说。“现在的市场行情是巴西龟最便宜，长大后1万元1只，印度品种1只龟苗就值5万元，如果长到60公斤则可以卖到70万元，极品中国龟更贵，每只苗为10万元，长大后售价在50万元至100万元之间。”说起白玉龟的行情，宋林虎信心满怀。因为这些龟的珍贵，宋林虎一有时间就会钻进基地里看看这些“小精灵”，看看他们的长势，他又给它们注册了“白玉龟”商标。

【野生水鸟成群结对混迹家鸭】 11月12日，王坛镇肇湖村村民发现胜利大桥下有一群野生水鸟，和家鸭混在一起，人一靠近，就钻到水底下，特别有趣。“以前从没有这些小家伙，是今年才出现的，他们平时和家鸭混在一起，但又不喜和同伴群居，最多也就二三只游在一起。”村民王师傅说，因为这些水鸟特别机警，又只在距离岸边很远的地方出现，很难拍到他们的照片。当地人为了把他们和家鸭区分，叫这些水鸟为“野鸭”，但据村里以前当过猎户的村民说，其实野鸭还要更肥大一些。“我们粗略数了一下，光我们村这边就有二三十只，大家一直保护着，谁都没有去伤害过他们。”野生水鸟体态娇小，只有家鸭三分之一大，羽毛是灰褐色的。一旦察觉到有人在关注它，就扑腾起来，以最快的速度在水面滑行2米左右，消失不见。不一会儿，又从1米开外的水底钻出来，抖抖羽毛，在水面上悠闲地觅起食来，而在其身边，又冒出2只同伴，但3只小家伙互不理睬，显得特别“酷”。这些“野鸭”不仅在肇湖村附近出没，越往小舜江源头靠近，看到的就越多。秋日的阳光下，野生水鸟在清澈见底的水上嬉戏，成为野趣十足的风景。

【猴子走廊上剥花生吃】 3月底的一天早晨，家住绍兴县漓渚铁矿东矿的范老太一打开房门，眼前的一幕着实让她吓了一跳：一只猴子坐在走廊上，悠闲地剥着花生吃。她使劲地吼了几声，猴子就是不肯走。从上星期以来，这只猴子经常在漓渚铁矿附近出没，或在房顶跳来跳去，或偷东家吃西家，打破了居民们平静的生活。范老太的女儿蒋女士说，这只猴子身子特别肥，估计吃得不错。她听说前段时间有只猴子在兰亭镇古筑村出没，还抓伤了一个孩子，她怀疑是同一只猴子干的。

县林业局公安科的有关负责人分析，在漓渚这边一般不会有野生猴子出现，因此这只猴子肯定是外来的。他还证实前段时间在兰亭镇一些村庄确实出现过猴子，可能和漓渚铁矿附近出没的猴子是同一只。他提醒大家，现在正是猴子的发情期，猴子跑来跑去一是想找配偶，二是寻食物，大家不必惊慌，也不要伤害它，可放鞭炮吓跑它。

兰亭镇境内的兰亭国家森林公园内养有猴子，村民们怀疑猴子是从那边逃出来的，不过和森林公园联系后，对方予以否认，称没有猴子走丢。

【收藏小小橡皮200多个系列】 走进萨百菲房间，就像走进一个充满童趣的世界。打开她的“藏宝箱”：漂亮的小牙刷、憨厚的小猪、调皮的海豚、甜美的棒棒糖、精致的点心、各种颜色的汽车……这些惟妙惟肖、散发着香气的小东西，实在让人无法把它们和橡皮联系起来。萨百菲把这些赏心悦目的橡皮分为食物、动物、家具、水果、卡通等系列，分别放在几个箱子里。萨百菲从小学二年级开始收藏橡皮，亲戚给她带了一些卡通橡皮，特别可爱，就把它们收藏起来。后来渐渐变成个人爱好，经常把零花钱省下来，去买漂亮的橡皮。家人也非常支持她，特别是妈妈，每次外出，都会带回来很多样式独特的橡皮。朋友们得知后，遇到别致的橡皮，也都买来送给她。由于收藏的橡皮太多，究竟自己收藏了多少橡皮，她也没有办法细数。“大概有200个到300个系列吧。”她说，“我对这些宝贝非常爱惜，绝大多数橡皮的包装都还非常完好，觉得惋惜的是，最老的几块橡皮已经有点氧化了。”

20年里，萨百菲为了收集橡皮，跑了很多地方。2010年，28岁的她，虽然已经过了小女孩的年纪，但依然对橡皮情有独钟，家里到处都是大大小小的盒子，里面装满了她20多年来收藏的橡皮。“时光让我的童年早早流逝，但是，橡皮却永远让我留住了童年的时光！”

（木　羽）

责任编辑　孙　羽

外地媒体话绍兴

报道选刊

新华每日电讯 2010年9月1日头版头条

1米布才挣8分钱，绍兴知痛后勇

转变方式谋发展

新华社杭州8月29日电（记者 李亚彪） 1米布可以挣多少钱？在被称作亚洲最大纺织品集散地的浙江省绍兴县，可以找到这个答案。

据绍兴县政府提供的数字，全县近200家印染企业，去年共生产了156亿米印染布，利润为13.11亿元，平均每米布只挣8分钱。

这8分钱的利润，刺痛了绍兴县的政府与企业。8分钱为这座“建在布匹上的城市”带来了困惑，也带来了转变发展方式的动力与希望。

在盈利略高于行业平均水平的绍兴县钱清镇永通印染公司，从财务报表上可以看到，去年公司完成印染量5335万米，实现产值6353万元，实现纯利润673万元，每米布的利润约为0.12元。

那么，1米布的成本又是多少呢？在永通公司，每生产1米布电费开支0.066元、蒸汽费支出0.142元、燃煤费用0.062元、污水处理费0.03元、染化料支出0.37元、机物料支出0.022元、制网费支出0.074元、人工工资支出0.112元、其他费用0.187元，共计1.065元。这个账单显示：永通公司为了获得0.1元的利润，需要1元钱的成本投入。

绍兴县的印染行业大多采用传统工艺，生产过程包括缝头、洋漂、印花、蒸化、水洗、定型等环节，水是必不可少的生产要素。据有关部门测算，每印制1米布，要消耗掉12.7公斤的水。以此计算，156亿米布要消耗两亿吨水，大约相当于20个西湖。

据环保部门介绍，在消耗水的同时，传统印染还要排放等量的COD含量达每升1000毫克以上的高浓度污水。而印染1米布的污水处理成本3分钱，相当于8分钱利润的三分之一，156亿米布的污水处理成本高达4.7亿元。而这也仅仅是把污水中的COD含量从每升1000毫克降到每升100毫克所耗费的资金，事实上，这些已经过处理的COD含量为每升100毫克的水，也仍然是废水。

即使是这8分钱利润，也要遇到无休止的价格战威胁。怎么样才能提高附加值，永通公司董事长章传兴已在心里算了几十次经济账。三年前，这位年近七旬的老人开始涉足数码印花。现在永通公司有两个厂区：传统印染厂区和数码印花厂区。

“数码印花能耗低，附加值高。”章传兴说，“同传统印染不同，数码印花是以每平方米作为计量单位，去年公司的数码印花产量为54万平方米，实现纯利润540万元，每平方米数码印花的利润是10元。”他又算了1平方米数码印花布的成本账，各项费用共计14.98元。每平方米数码印花投入不到15元，就可获得10元钱的纯利润。更重要的是，现代数码印花的耗水不到传统印染的千分之一，而且生产过程中，这些废水基本上可以循环使用，是真正意义上的零排放。

数码印花产量仅占永通公司总产量的十分之一，产值却达30%。而整个绍兴县只有4家这样的数码印花企业。专家认为，现代数码印花要完全替代传统印染尚需时日。可从永通公司的两本账里，却透出了绍兴纺织产业的希望。

在绍兴县，能耗利用和排放强度分别是全省平均水平的1.9倍和3倍。浙江省将在今年9月底前完成6个高污染高排放行业的关闭淘汰工作，其中就涉及印染行业。绍兴县决定，9月中旬前将淘汰7.1亿米的传统印染产能。“节能减排要坚决，印染产业不能丢，转变发展方式是华山一条路。”县长孙云耀说。

为淘汰7.1亿米布的产能，绍兴县实施印染行业非法、落后、过剩产能关停淘汰工程，已对涉及40家印染企业的600台套非法产能，采取切断电源、切断水管、拆除蒸汽管、脱卸机缸盖和封条封存等措施，实施彻底关停淘汰。绍兴县经贸局局长孙忠富说，按照全县的目标，将把印染企业总数减到100家到120家，印染布的产量减少到100亿米到120亿米，可效益将增加一倍以上。

绍兴县纺织印染产量占全国的三分之一，被当地百姓称为“母亲产业”。落后产能的淘汰、先进工艺的引进、发展方式的转变，让绍兴县重新看到了“母亲产业”的希望。

中国纺织报　2010年5月10日头版头条

立展会品牌 助产业升级

柯桥春季国际纺博会主唱低碳环保

本报讯（记者　肖　莹）　5月6日～8日，2010中国柯桥国际纺织品面辅料博览会（春季）如期在浙江绍兴中国轻纺城国际会展中心举行；5月11日～13日，纺博会二期——2010中国·柯桥窗帘窗纱及布艺博览会也将随即举行。5月的中国轻纺城迎来了后金融危机时代的第一个纺织盛会，而春秋两季纺博会更使绍兴柯桥的会展产业成为有影响力的展会品牌。低碳环保成为本届展会的主旋律。

从本届春季纺博会的招展情况可以看出行业的回暖。2010中国柯桥国际纺织品面辅料博览会（春季）的招展工作提前一个半月就全部完成，众多高档次、有影响力的品牌企业报名参加展会。绍兴本土知名企业“越红”、“红绿蓝”、“中佳”、“宇华”等早早就报名参展，而且继续以大特装形式亮相纺博会。江苏恒力集团、斯尔克纺织、浙江大自然控股、浙江富润等国内知名企业也都纷纷参展。展会的展位总数达到800多个，参展企业375家。

会展业的兴旺反映了市场需求旺盛，纺博会给参展商带来的直接和间接效益也越来越明显。现在参展商不仅仅把纺博会当成一个宣传的窗口，更把它当作一个现实交易的平台，都会把自己最新最好的产品亮出来，纺博会成交额的大幅提升、参展商积极性的不断提高就是最好的证明。参展商每年都精心准备展品，布置展位，精心挑选参展人员，既展示了公司形象，又实现了参展的最大价值，与主办者共同打造纺博会的精品品牌。

今年春季纺博会产品的主旋律是低碳环保。“红绿蓝”、“宇展印染”推出雪纺、棉织等系列数码印花产品。数码印花技术以能源消耗低、废物排放少而被业内外称为低碳印花技术。“江苏斯尔克”的复合丝产品，“真璐针织”的彩棉纤维、竹纤维产品……众多参展企业在展示产品的同时，把相关的“环境管理体系认证证书”也展示出来，显示出倡导健康生活方式已成为纺织企业自觉的行动。

此次展会吸引了日、韩、德等国家纺织企业的参与，其中日本企业组团参展，定了9个展位，欧洲最著名的花型设计公司之一意大利ANTEPRIMA印花花型设计公司也首次亮相柯桥纺博会。本届展会境外参展商的数量是上届的3倍，可谓是纺博会国际化的新突破。

本次展会的配套活动也同样精彩，除了同时举办的纺机展和论坛外，展会期间还举行了创新原动力·面料设计与开发创意论坛、海外买家与纺织企业对接洽谈活动、面料企业与服装设计师零距离对接会、网上纺博会等一系列专业配套活动，在为广大客商带来更多信息和商机的同时，更为他们提供了高质量的交流和沟通平台。

纺博会还是一场视觉盛宴，每一家参展企业、每一块时尚面料都吸引着与会者的眼球。“纺织企业价值观更成熟，运作方式更专业，这些都显示纺织企业在经历了金融危机的考验后，已到了新一轮的提升阶段。”中国纺织工业协会副会长孙瑞哲如是说。

据悉，纺博会二期——2010中国·柯桥窗帘窗纱及布艺博览会在2010中国柯桥国际纺织品面辅料博览会（春季）结束3天后顺势推出。近年来随着家纺产业的发展，柯桥中国轻纺城的家纺类产品已接近三分之一，设立一个专门的展会迎合了部分专业采购商的需求。作为品牌展会的延续，春季纺博会的二期展会同样值得期待。

柯桥纺博会举办以来，一届比一届有影响，一届比一届有实效，企业从中得到了实惠。知名企业的参与、国际展商和采购商数量的增长，都显示了展会品质的提升。柯桥纺博会已经成为绍兴县的金名片、产业转型升级的大平台、繁荣市场的大载体和加快城市建设的重要抓手。

浙江日报 2010年12月11日头版头条

百余企业"乾坤大挪移"

绍兴县打造绿色印染基地

记者 周智敏 通讯员 冯文华 吴 坚

本报讯 近日，来自全国各地的印染行业专家，正逐一深入绍兴县印染企业，现场核定淘汰设备、新增设备等清单。

这些专家手中的权力可不小！首批集聚到滨海绿色印染基地的23家印染企业，哪些设备可以带走，哪些设备必须淘汰，都由他们说了算。"滨海工业区是全国绿色印染研发基地，决不能把高能耗、高污染的落后设备带进园区。"正在核定设备清单的一位专家告诉记者。

印染业是绍兴县的传统产业，全县有印染企业近200家，年印染面料156亿米，产能占全国的三分之一。但该县同时也面临着巨大的节能减排压力。去年，该县工业污水排放量占了绍兴全市总量的60%左右；每亿元GDP污染物排放强度则是绍兴市平均水平的两倍。

印染业何去何从？绍兴县痛下决心，掀起了一场染缸的"绿色革命"。他们着手将分散于全县各地的100余家印染企业，逐步集聚至滨海绿色印染基地，政府将拿出30亿元作为配套资金。目前，首批23家签约企业正着手做搬迁准备，另有30家企业也将于近期签订搬迁协议。

"集聚的目的在于节能减排，实现印染产业全面升级，绝不是水平迁移、蚂蚁搬家！"绍兴市委常委、绍兴县委书记何加顺告诉记者。绍兴县政府要求，落户滨海工业区的企业，必须和园区签订节能减排协议，承诺每米印染布附加值年均提高10%以上，单位增加值能耗年均下降5%。

作为中国印染行业协会确定的绿色印染研发生产基地，滨海工业区拥有十分完备的污水处理系统。为接纳100多家从全县各地搬迁来的印染企业，该县在原有一座日处理能力达30万吨的污水处理厂的基础上，新建一座日处理能力为20万吨的污水处理厂。同时，整个工业区已经构筑了企业小循环、行业中循环、园区大循环的"三张网络"，将排放控制在最小程度。

在滨海工业区，集中了全球最先进、最环保的气流染色缸和定型机，以及具有世界先进水平的中水回用设备。"金祥惠纺织"等印染企业排出的废水，经过一道道工序处理后，竟变成了清澈透明的可饮用水。"宝纺棉麻印染"的蜡染生产线、"红绿蓝纺织印染"的数码印花产业化生产线，都成了该县绿色印染的典型。

印染企业集聚滨海，还节约了大量土地。首批集聚滨海的23家印染企业，原总用地面积2179亩，集聚到滨海后，总用地面积为1619亩，减少了25%。据初步统计，100余家印染企业搬迁后，可以节约土地4000亩以上。

篇目辑要

【人民日报刊载3篇】

人民日报 2010年5月13日11版

绍兴县平水镇快速发展，改变山区镇面貌

扩权已见效 尴尬难消除

人民日报 2010年5月17日11版

绍兴县钱清镇重设刚性的个体行权规则

强镇扩权，权力怎样不"出格"

人民日报 2010年10月27日3版

面料设计大赛奖项揭晓

【中央电视台播出1条】

中央电视台 2010年10月26日2套"经济信息联播"

棉料涨价 国外采购商观望情绪浓

【其他中央级报刊刊载196篇】

新华每日电讯 2010年1月6日 6版

"中国轻纺城"：机声隆隆迎新年

新华每日电讯 2010年7月15日 3版

坐企业赠送快艇查污，会不会觉着烫？

新华每日电讯 2010年9月1日 头版头条

1米布才挣8分钱，绍兴知痛后勇

经济日报　2010年4月9日 13版
探索金融服务新路子

经济日报　2010年7月13日 9版
专业市场引领产业转型升级
——来自浙江绍兴中国轻纺城的调查

经济日报　2010年7月13日 9版
一位企业家的创业理想
——打造全新的“面料超市”

经济日报　2010年8月13日 14版
中信银行助绍兴纺织产业转型升级

经济日报　2010年12月23日6版
浙江绍兴县新兴产业发展亮点纷呈

科技日报　2010年1月22日11版
绍兴科技创新化危为机

科技日报　2010年12月20日头版
绍兴与高校院所共建创新载体

法制日报　2010年4月23日8版
开创普法新天地
记中国轻纺城市场普法工作

法制日报　2010年4月23日8版
“夕阳红”唱响“普法歌”

法制日报　2010年4月23日8版
深化法治文化建设 营造浓厚普法氛围

法制日报　2010年4月23日8版
立足“三位一体” 落实法律进学校

法制日报　2010年4月23日8版
开展“法律进企业” 服务经济社会发展

法制日报　2010年4月23日8版
法制宣传志愿者在行动

法制日报　2010年6月1日2版
半年村级调处矛盾成功数同比上升267%
浙江绍兴“1+X”大调解格局全面形成

中国证券报　2010年4月28日A3版
远虑升值近忧成本 纺织业复苏路长且艰

中国文化报　2010年8月28日2版
浙江民营、专业团队联手创排《秋瑾》

中国纺织报　2010年1月5日6版
中国轻纺城交上2009“二次创业答卷”（上）

中国纺织报　2010年1月5日7版
绍兴：版权之争的离谱故事

中国纺织报　2010年1月12日6版
中国轻纺城交上2009“二次创业答卷”（下）

中国纺织报　2010年1月12日7版
江浙首个牛仔布市场新春开张

中国纺织报　2010年1月12日7版
绍兴县财政收入突破80亿元

中国纺织报　2010年1月12日7版
实现真正的布匹“全球通”
——来自中国轻纺城物流业的报道

中国纺织报　2010年1月13日7版
“冠宏杯”2009年中国纺织十大新闻
国家纺织面料馆落户中国轻纺城

中国纺织报　2010年1月13日7版
产业升级带旺的纺机市场
越剑公司年销售加弹机逾千台

中国纺织报　2010年1月20日7版

越剑纺机改产品订货会为质量标准会

中国纺织报　2010年1月25日7版
中国轻纺城窗帘布成交同比攀升

中国纺织报　2010年1月26日6版
绍兴印染业订单趋旺

中国纺织报　2010年1月26日7版
越洋纺织七成出口额来自新品

中国纺织报　2010年2月2日7版
绍兴面料对接会上24家企业收获颇丰

中国纺织报　2010年2月2日7版
中国轻纺城短纤布分类走俏

中国纺织报　2010年2月11日头版
校企联手研发静电植绒新产品

中国纺织报　2010年2月25日4版
舒美特订单排到4月份

中国纺织报　2010年3月1日头版
绍兴县首月纺织出口增长两成

中国纺织报　2010年3月2日6版
出口止跌回升 内销订单增幅显现
绍兴县纺企节后迎来开门红

中国纺织报　2010年3月2日6版
绍兴天汇市场节后开市交易红火

中国纺织报　2010年3月2日6版
信息化助推绍兴印染升级

中国纺织报　2010年3月10日5版
绍兴东升等纺机企业获国家创新基金资助

中国纺织报　2010年3月10日6版
绍兴金昊机械公司推出新型全自动手套编织机

中国纺织报　2010年3月11日4版
原料、劳动力成本压力增大
绍兴印染企业“挑肥拣瘦”接订单

中国纺织报　2010年3月16日6版
柯桥纺博会“春季秀”值得期待

中国纺织报　2010年3月16日7版
国家纺织面料馆发布法国展成果

中国纺织报　2010年3月16日8版
中国·柯桥纺织指数发布
春季营销逐步展开 价格指数窄幅回弹

中国纺织报　2010年3月16日8版
柯桥纺织外贸总体持续回暖
——2009外贸指数简析

中国纺织报　2010年3月23日6版
浙江最集中牛仔面料交易区开张

中国纺织报　2010年3月23日6版
中国轻纺城面料样品闪耀巴黎

中国纺织报　2010年3月23日8版
中国·柯桥纺织指数发布
春季成交推升 价格小幅攀升

中国纺织报　2010年3月26日5版
2010中国职业时装设计师创意设计大赛启动
2010中国柯桥国际纺织品博览会推介会同期举行

中国纺织报　2010年3月26日5版
春博会未开先热
展位已被订购一空

中国纺织报　2010年3月31日8版
汉翔机械新型丝袜机走俏市场
价格只有进口机器的一半 部分性能优于进口机器

中国纺织报　2010年4月13日5版

2010中国国际面料设计大赛正式启动

中国纺织报　2010年4月13日6版
尼绒面料：印制出绒感肌理效果
——解读浙江丰强纺织高附加值产品取胜之道

中国纺织报　2010年4月13日6版
时装、面料两大赛事落户柯桥
绍兴柯桥朝着时尚又进了一步

中国纺织报　2010年4月13日8版
中国·柯桥纺织指数发布
春季成交振荡盘升 价格指数攀升

中国纺织报　2010年4月20日4版
中国·柯桥纺织指数发布
春市成交振荡上行 价格指数微势推升

中国纺织报　2010年4月27日6版
中国轻纺城之发展
绍兴纺企的上行空间

中国纺织报　2010年4月27日8版
中国·柯桥纺织指数发布
春季成交继续增量 价格指数微势推升

中国纺织报　2010年4月29日头版
一月两展精彩不断 “展旺柯桥”前景无限

中国纺织报　2010年5月5日7版
大纬机械开4S店提供全方位售后服务

中国纺织报　2010年5月6日头版
中国轻纺城检察室成立

中国纺织报　2010年5月7日3版
创意机构入驻轻纺城

中国纺织报　2010年5月10日头版头条
立展会品牌 助产业升级
柯桥春季国际纺博会主唱低碳环保

中国纺织报　2010年5月10日8版
中国·柯桥纺织指数发布
整体成交振荡上行 价格指数微幅推升

中国纺织报　2010年5月12日6版
中国纺机走向转型升级之路
2010年中国纺机产业转型升级高峰论坛举行
中国纺机名镇品牌建设系列活动同期举办

中国纺织报　2010年5月14日头版头条
创意，从口号走向成熟
——中国轻纺城纺织面料企业与设计师零距离对接会思考

中国纺织报　2010年5月17日5版
好戏连台　柯桥会展更专业
2010中国·柯桥窗帘窗纱及布艺博览会成功举办

中国纺织报　2010年5月18日3版
中国·柯桥纺织指数发布
市场营销局部趋旺 价格指数小幅攀升

中国纺织报　2010年5月25日6版
为市场量身定制新型面料
绍兴积极探索面料创意研发

中国纺织报　2010年5月25日8版
中国·柯桥纺织指数发布
市场成交振荡回缩 价格指数小幅下滑

中国纺织报　2010年5月26日4版
杨汛桥经编
从铺天盖地到顶天立地

中国纺织报　2010年5月26日5版
加弹机在越剑

中国纺织报　2010年6月1日3版
中国·柯桥纺织指数发布

成交整体振荡 价格指数微升

中国纺织报 2010年6月4日2版
摆脱“恨布不成衣”
绍派服装品牌争上位

中国纺织报 2010年6月8日6版
中国轻纺城将列为“全球纺织品贸易基地”
享受欧美买家团购、国际金融支持、全球媒体宣传等优厚待遇

中国纺织报 2010年6月8日6版
绍兴印染能源计量管理
获浙江省计量创新一等奖

中国纺织报 2010年6月8日7版
施建海：锐气做品牌
——绍兴永俊走在“创立国际化绿色里料产品品牌”的路上

中国纺织报 2010年6月8日8版
中国·柯桥纺织指数发布
市场营销滞畅互现 价格指数微势推升

中国纺织报 2010年6月15日7版
一手抓激励 一手强行政
绍兴印染谋求嬗变

中国纺织报 2010年6月15日7版
中国轻纺城开展“范蠡奖”评选活动

中国纺织报 2010年6月15日7版
纺城布商涉足生产领域
与生产企业结成利益共同体

中国纺织报 2010年6月15日8版
市场升级 引凤求凰
——中国轻纺城打响品牌升级战

中国纺织报 2010年6月24日4版
中国·柯桥纺织指数发布
夏市成交振荡上行 价格指数微势推升

中国纺织报 2010年6月25日3版
让创业走出象牙塔
——绍兴轻纺贸易中心探寻大学生零成本工作室模式

中国纺织报 2010年6月28日7版
绍兴家纺参展上海收获丰

中国纺织报 2010年6月29日6版
轻纺城面料采购欲到意大利开“分店”

中国纺织报 2010年6月29日6版
纺博会启动全国路演

中国纺织报 2010年6月29日6版
深圳服装基地与中国轻纺城再“握手”

中国纺织报 2010年6月29日6版
永盛应用新工艺节能减排

中国纺织报 2010年6月29日8版
中国·柯桥纺织指数发布
夏市成交小幅盘升 价格指数微势推升

中国纺织报 2010年6月30日6版
浙江越剑新品显示雄厚技术实力

中国纺织报 2010年7月6日6版
柯桥创意周将首度登场
设计师品牌发布成亮点

中国纺织报 2010年7月6日6版
轻纺城东升路市场
增设服务中心

中国纺织报 2010年7月6日6版
轻纺城5万平方米
打造不落幕展会

中国纺织报　2010年7月6日8版
中国·柯桥纺织指数发布
淡市局部显现 价格小幅下滑

中国纺织报　2010年7月13日4版
中国·柯桥纺织指数发布
淡市成交振荡回缩 价格指数微幅下滑

中国纺织报　2010年7月14日2版
突破开发应用技术瓶颈
高性能PPT纤维一条龙项目通过验收

中国纺织报　2010年7月14日7版
绍兴东升演绎数码印花新技术

中国纺织报　2010年7月20日6版
从33个最不发达国家进口部分商品“零关税”
绍兴纺织企业觅到新商机

中国纺织报　2010年7月20日6版
柯桥产生国内首个纺织服装速配系统

中国纺织报　2010年7月20日6版
首批15名大学生签约入驻轻纺城贸易中心

中国纺织报　2010年7月20日8版
中国·柯桥纺织指数发布
淡市营销疲态延续 价格指数小幅下滑

中国纺织报　2010年7月27日6版
何加顺在调研纺织创意产业发展时强调
做强创意产业 推进转型升级

中国纺织报　2010年7月27日6版
意大利资深贸易商三顾轻纺城

中国纺织报　2010年7月27日6版
“永通印花”闪光世博
4幅作品获“特殊贡献奖”

中国纺织报　2010年7月27日6版
东进针纺卖的是技术和工艺

中国纺织报　2010年7月27日6版
广丰印染：绝地重生

中国纺织报　2010年7月27日8版
中国·柯桥纺织指数发布
淡市营销亮点频现 价格指数小幅回升

中国纺织报　2010年8月10日6版
突出转型升级 致力科学发展
绍兴县委召开十二届九次全体（扩大）会议

中国纺织报　2010年8月10日6版
万种原创花样让外商惊叹不已

中国纺织报　2010年8月10日8版
中国·柯桥纺织指数发布
淡季尾市订单增加 价格指数微势推升

中国纺织报　2010年8月11日2版
亿丰化纤20万吨超细旦熔体直纺项目投产
年可节约能源成本2500万元，利润率增加80%

中国纺织报　2010年8月17日6版
加紧升级换代 淘汰为了提升

中国纺织报　2010年8月17日6版
轻纺城时尚发布厅“盛宴”不断

中国纺织报　2010年8月17日6版
轻纺贸易中心带着经营户“开眼界”

中国纺织报　2010年8月17日8版
中国·柯桥纺织指数发布
秋市营销提前铺开 价格指数小幅攀升

中国纺织报　2010年8月18日头版
越剑纺机：95%市场占有率从何而来

中国纺织报　2010年8月18日头版

绍兴县两纺机项目获国家创新基金资助

中国纺织报　2010年8月18日6版
浙江现代纺织研究院首创新型纺口加热设备

中国纺织报　2010年8月19日头版
绍兴县牵手武汉纺大共谋发展

中国纺织报　2010年8月18日4版
无缝内衣的袖口革命
——访浙江绍兴县远通纺织有限公司董事长金传华

中国纺织报　2010年8月24日头版
2010中国国际面料设计大赛结果即将揭晓

中国纺织报　2010年8月24日4版
中国·柯桥纺织指数发布
市场营销滞畅互现 价格指数微幅下滑

中国纺织报　2010年8月27日3版
中国轻纺城国际面料采购中心将在意大利开分店

中国纺织报　2010年8月31日6版
倡导创新设计 促进企业成长
中国国际面料设计大赛提升企业软实力

中国纺织报　2010年8月31日6版
加大力度形成合力
推进印染集聚升级

中国纺织报　2010年8月31日6版
出口再创短暂新高
贸易形势潜风暗雨

中国纺织报　2010年8月31日6版
天竹产业链发展论坛首次走进绍兴

中国纺织报　2010年8月31日6版
中国轻纺城启动创建全国诚信市场

中国纺织报　2010年8月31日6版
绍兴杨汛桥节能减排力度大
实施“搬”“转”“并”“停”四大举措

中国纺织报　2010年8月31日8版
中国·柯桥纺织指数发布
市场成交逐步放缓 价格指数微幅下滑

中国纺织报　2010年9月3日头版
左手抓创意 右手要效益
——中国职业时装设计师创意设计大赛二次上下游对接会举行

中国纺织报　2010年9月7日6版
设计驱动利润
——看纺织企业踊跃参与面料设计大赛

中国纺织报　2010年9月7日6版
绍兴将重点发展战略性新兴产业

中国纺织报　2010年9月7日6版
秋季纺博会九成展位已预订

中国纺织报　2010年9月7日6版
绍兴治污又出重拳
9月起印染企业末尾淘汰

中国纺织报　2010年9月7日8版
中国·柯桥纺织指数发布
限电影响交货 价格微幅下滑

中国纺织报　2010年9月14日头版
绍兴县中国轻纺城首尔推介区域产业优势

中国纺织报　2010年9月14日4版
中国·柯桥纺织指数发布
秋季旺市显山露水 价格指数小幅回升

中国纺织报　2010年9月15日5版
准入门槛催生增量市场

中国纺织报 2010年9月15日6版
华裕纺机：做为用户省钱的紧密纺装置

中国纺织报 2010年9月21日5版
夯实创意根基
——2010中国国际面料设计大赛创新提升

中国纺织报 2010年9月21日6版
加快组建行业协会
提升轻纺城新动力

中国纺织报 2010年9月21日6版
中国轻纺城与新昌县镜岭镇开展产业对接

中国纺织报 2010年9月21日8版
中国·柯桥纺织指数发布
秋市销售旺季来临 价格指数小幅攀升

中国纺织报 2010年9月28日6版
相聚杭州 创业柯桥

中国纺织报 2010年9月28日6版
秋季柯桥纺博会面料展区将细分
"划行归市"方便采购

中国纺织报 2010年9月28日6版
淘汰落后产能 提升工艺设计
印染专家为集聚企业开升级良方

中国纺织报 2010年9月28日6版
节水减排 月省六万

中国纺织报 2010年9月28日8版
中国·柯桥纺织指数发布
秋市营销继续拓展 价格指数小幅攀升

中国纺织报 2010年10月12日6版
印染产业集聚升级进入启动阶段
首批23家企业签约集聚滨海印染园

中国纺织报 2010年10月12日6版
解决花样登记初审查阅比对难题
国内首个花样版权登记甄别系统投用

中国纺织报 2010年10月12日6版
柯北服装服饰家纺市场
筹建旅游购物中心

中国纺织报 2010年10月12日8版
中国·柯桥纺织指数发布
秋市需求增长 价格显著攀升

中国纺织报 2010年10月18日12版
为新兴产业插上科技翅膀
——访浙江绍兴县夏履镇党委书记金晓明

中国纺织报 2010年10月19日中国柯桥国际纺织品博览会（秋季）专刊头版
纺织强国之旅从这里起航

中国纺织报 2010年10月22日头版头条
2010中国柯桥国际纺织品博览会（秋季）10月25日开幕

中国纺织报 2010年10月22日头版
点石成金 良木成林
2010中国职业时装设计师创意设计大赛总决赛在即

中国纺织报 2010年10月25日7版
绍兴家纺市场筹建购物中心

中国纺织报 2010年10月26日4版
中国·柯桥纺织指数发布
市场营销局部活跃 价格指数小幅攀升

中国纺织报 2010年10月27日5版
越剑纺机"二合一"加弹机再升级
设备供不应求 订单已排到明年7月

中国纺织报 2010年10月27日7版
精功科技获准设立博士后科研工作站

中国纺织报 2010年11月2日6版
绍兴县滴渚印染企业"抱团"集聚滨海
集聚升级赢得发展新空间

中国纺织报 2010年11月2日6版
打造通往世界的纺织品牌"直通车"
绍兴布码头国际"知音"多

中国纺织报 2010年11月2日7版
耀光纺织 文化价值创造产品价值

中国纺织报 2010年11月2日8版
中国·柯桥纺织指数发布
推动成交增量 价格指数攀升

中国纺织报 2010年11月3日4版
中国产业用纺织品高峰论坛绍兴举办

中国纺织报 2010年11月5日头版头条
大幕落下 创意远行
——写在第二届中国职业时装设计师创意设计大赛决赛之后

中国纺织报 2010年11月9日6版
现代商贸模式美丽蜕变为"写字楼经济"

中国纺织报 2010年11月9日8版
中国·柯桥纺织指数发布
需求支撑成交增量 价格指数升幅加大

中国纺织报 2010年11月12日头版头条
创意产业，你的价值有多大?
——从2010中国柯桥国际纺织品博览会看柯桥创意产业发展

中国纺织报 2010年11月16日4版
中国·柯桥纺织指数发布
上游原料成本高涨 价格指数明显攀升

中国纺织报 2010年11月23日5版
绍兴推动产业升级
有抓手重实效

中国纺织报 2010年11月23日6版
中国轻纺城备战"十二五"

中国纺织报 2010年11月23日6版
绍兴县出口快速增长
王坛陶堰柯岩三强领衔

中国纺织报 2010年11月23日6版
保护知名商号成为中国轻纺城新课题

中国纺织报 2010年11月23日8版
中国·柯桥纺织指数发布
整体成交振荡上行 价格指数小幅攀升

中国纺织报 2010年11月30日6版
绍兴自营出口65亿美元

中国纺织报 2010年11月30日6版
布商为花样上"户口"

中国纺织报 2010年11月30日6版
越隆控股做高档休闲面料领跑者

中国纺织报 2010年11月30日8版
中国·柯桥纺织指数发布
上游原料振荡下行 价格指数小幅下滑

中国纺织报 2010年12月7日3版
中国·柯桥纺织指数发布
市场营销淡旺兼具 价格指数小幅下滑

中国纺织报 2010年12月14日6版
轻纺城国际化战略迈出重要一步
驻外办事处首设迪拜

中国纺织报 2010年12月14日6版
兰亭镇针织发展势猛劲足
三年产业目标销售额超百亿元

中国纺织报　2010年12月14日6版
　　柯桥兴起高级成衣定制
　　许多服装设计工作室看好这块“蛋糕”

中国纺织报　2010年12月14日8版
　　中国·柯桥纺织指数发布
　　冬市营销局部偏淡 价格指数微幅下滑

中国纺织报　2010年12月21日6版
　　中国轻纺城坯布市场竣工
　　各地坯布商争相入驻

中国纺织报　2010年12月21日6版
　　中国轻纺城围巾批发市场谋划招商

中国纺织报　2010年12月21日6版
　　绍兴创新信用公示方式

中国纺织报　2010年12月21日6版
　　漓渚镇针织产业加速提档升级

中国纺织报　2010年12月21日8版
　　中国·柯桥纺织指数发布
　　冬市营销依然平淡 价格指数小幅下滑

中国纺织报　2010年12月28日4版
　　中国·柯桥纺织指数发布
　　冬市成交多显振荡 价格指数微幅下滑

长三角　2010年第1期
　　推进纺织集群升级 加速构建现代产业体系

中国食品药品监管　2010年第9期
　　绍兴县依托电子监管平台查处冒牌五常大米

中国食品药品监管　2010年第12期
　　绍兴县整治“非冒”取得明显成效

【省级报刊刊载83篇】

解放日报　2010年5月10日10版
　　375家纺企云集柯桥掘市场

文汇报　2010年7月8日8版专版
　　绍兴小百花越剧团上海演出周

文汇报　2010年8月31日3版
　　期盼一代新人胜旧人

东方早报　2010年1月11日A24版
　　绍兴：“浙江经济第一县”新跃动

东方早报　2010年7月1日B2版
　　绍兴小百花将办上海演出周

浙江日报　2010年1月2日2版
　　安昌风情节（图片）

浙江日报　2010年1月5日 6版
　　首届“感动浙江卫生”十大人物评选活动
　　朱小中：基层的流行病学专家

浙江日报　2010年1月5日 7版
　　首届“感动浙江卫生”十大事例评选活动
　　绍兴县——发展数字卫生，实现卫生信息化管理

浙江日报　2010年1月6日 6版
　　绍兴华裕纺机公司开发单锭式立体紧密纺装置

浙江日报　2010年1月15日16版
　　村里流行花轿婚礼

浙江日报　2010年1月11日5版
　　着力推进中国轻纺城“二次创业”
　　加快建设国际性纺织“三个中心”
　　　　——2009年绍兴县中国轻纺城提升发展主要工作回眸

浙江日报　2010年1月12日2版
　　酿土酒（图片）

浙江日报　2010年1月13日3版
　　绍兴县纺织业成全国样板

浙江日报　2010年1月8日11版
绍兴县公安民警把关爱送给水乡老农（图片）

浙江日报　2010年2月9日17版
绍兴农合行
新增“三农”授信20亿

浙江日报　2010年2月15日2版
鲁镇观“祝福”

浙江日报　2010年2月23日4版
绍兴县医院的禁烟实践

浙江日报　2010年3月3日4版
绍兴东村美丽致富

浙江日报　2010年3月8日5版
绍兴：关照困难户

浙江日报　2010年3月16日13版
柯桥北市场附近
走走一刻钟，开车半小时

浙江日报　2010年3月16日19版
让鉴湖之水更清
农行助绍兴县企业转型低碳经济

浙江日报　2010年3月20日2版
城市供水总管移位改建需停水60小时
绍兴54万人紧急备水

浙江日报　2010年3月22日4版
绍兴32小时停水亲历

浙江日报　2010年3月26日9版
求解“三农”转型升级新途径

浙江日报　2010年3月29日3版
绍兴纺织主攻创意

浙江日报　2010年4月6日16版
信贷员蹲点之后

浙江日报　2010年4月13日17版
开辟绿色通道 提供综合服务

浙江日报　2010年4月22日3版
中国缴纳“特殊党费”第一人再献爱心
祁友富5万党费捐玉树

浙江日报　2010年4月27日2版
师徒劳模（图片）

浙江日报　2010年5月5日19版
三年一个亿 构建城乡零距离

浙江日报　2010年5月7日2版
绍兴纺博会流行低碳面料

浙江日报　2010年5月7日17版
绍兴黄酒再次提速
“会稽山”中国黄酒产业基地一期4万吨项目开工

浙江日报　2010年5月13日3版
柯桥：与许村家纺联姻

浙江日报　2010年5月15日2版
九成行政村能直达县城和市区
绍兴县公交：农民的“私家车”

浙江日报　2010年5月21日17版
服务进车间（图片）

浙江日报　2010年5月22日2版
私人藏书楼免费开放（图片）

浙江日报　2010年5月31日9版
绍兴莲花落二次创业

浙江日报　2010年6月1日19版
“农民信箱”情牵“三农”

浙江日报　2010年6月11日14版
　　小教师建起人文地理网

浙江日报　2010年6月16日2版
　　绍兴：月月给职工过生日

浙江日报　2010年6月22日11版
　　绍兴建儿童服务站

浙江日报　2010年6月26日2版
　　缉毒智将何钢良

浙江日报　2010年6月28日10版
　　轻纺城里卖创意

浙江日报　2010年7月2日9版
　　课堂设到车间
　　新技术传接无空当

浙江日报　2010年7月9日3版
　　绍兴：教师凡调必考

浙江日报　2010年7月15日9版
　　我们和世界一起放歌

浙江日报　2010年7月16日头版
　　古城越韵 世界和声

浙江日报　2010年7月19日7版
　　绍兴举行女装比赛

浙江日报　2010年7月27日9版
　　第六届世界合唱比赛在绍兴闭幕（图片）

浙江日报　2010年7月30日10版
　　服装大师“结盟”轻纺城

浙江日报　2010年8月9日10版
　　凿壁救人（图片）

浙江日报　2010年8月10日18版
　　中信银行绍兴分行与政府合力
　　助纺织产业转型升级

浙江日报　2010年8月15日9版
　　纪念辛亥革命100周年
　　歌剧《秋瑾》颂女侠

浙江日报　2010年8月25日头版
　　工业污水一网打尽（图片）

浙江日报　2010年8月30日3版
　　绍兴：轻纺城开出创业摊位

浙江日报　2010年9月7日3版
　　三里画廊（图片）

浙江日报　2010年9月8日头版头条
　　绍兴县强制淘汰高能耗高排放设备
　　砍掉印染落后产能7亿米

浙江日报　2010年9月14日17版
　　走创新与环保、选资与升级、服务与搭台三着妙棋
　　绍兴“柯桥板块”活力凸现

浙江日报　2010年9月16日13版
　　绍兴：驻村论坛强本领

浙江日报　2010年10月18日3版
　　产业升级带动生态建设

浙江日报　2010年10月20日5版
　　2010中国柯桥国际纺织品博览会（秋季）亮点多

浙江日报　2010年10月25日15版
　　虾农不再愁资金

浙江日报　2010年10月26日头版
　　中国柯桥国际纺博会开幕
　　阿不来提·阿不都热西提出席

浙江日报　2010年11月3日3版
　　绍兴举行虞舜文化节

浙江日报　2010年11月16日18版
　　完美演绎点钞技艺
　　农行员工成功闯关德国版“想挑战吗”

浙江日报　2010年11月26日12版
　　于山水间筑城
　　　　——对话平水镇党委书记魏阳林

浙江日报　2010年11月30日F14版生态浙江特刊
　　染缸讲述“绿”故事

浙江日报　2010年12月11日头版头条
　　百余企业“乾坤大挪移”
　　绍兴县打造绿色印染基地

浙江日报　2010年12月16日4版
　　干部冒雪探孤老

浙江日报　2010年12月17日6～7专版
　　经济大转型 城乡大转型 社会大转型
　　绍兴县构建转型升级新体系

浙江日报　2010年12月20日2版
　　绍兴县建立公务“三问”监察网
　　网上监督干部作风

浙江日报　2010年12月23日12版
　　5年投入22亿元 重还一江清水
　　绍兴县全面实施清水工程

浙江日报　2010年12月23日12版
　　绍兴县探索节约集约用地新模式

浙江日报　2010年12月24日16版
　　香肠香（图片）

浙江日报　2010年12月25日2版
　　绍兴县：消防安全大宣传

浙江日报　2010年12月30日2版
　　一分钱也不能少
　　绍兴县千名破产企业职工喜获补偿金

浙江日报　2010年12月31日5版
　　新公寓住得好开心

浙江日报　2010年12月31日17版
　　绍兴县积极落实税收优惠政策

浙江科技报　2010年3月9日4版
　　吴融村“鹅司令”养鹅有一套

浙江科技报　2010年7月27日4版
　　农户有了“临摹”样本

今日早报　2010年6月21日A18版
　　浙江绍兴县：建“纳税人之家”维护纳税人权益

今日浙江　2010年第4期
　　绍兴县：“六个所有”保民生

今日浙江　2010年第17期
　　绍兴县：再掀纺织业升级风暴

【浙江卫视播出9条】

浙江卫视　2010年5月6日“浙江新闻联播”
　　中国柯桥国际纺织品博览会今天开幕

浙江卫视　2010年7月19日“浙江新闻联播”
　　系列报道“20亿米的抉择”（一）
　　绍兴县：壮士断腕 加速淘汰印染落后产能

浙江卫视　2010年7月20日“浙江新闻联播”
　　系列报道“20亿米的抉择”（二）
　　197家绍兴（县）印染企业的阵痛

浙江卫视　2010年7月21日“浙江新闻联播”
　　系列报道“20亿米的抉择”（三）
　　订单红火面前 早转早主动

浙江卫视 2010年7月25日“浙江新闻联播”
系列报道“20亿米的抉择”（四）
永通公司的两本账（上）：九分利的代价

浙江卫视 2010年7月26日“浙江新闻联播”
系列报道“20亿米的抉择”（五）
永通公司的两本账（下）：数码印花的诱惑

浙江卫视 2010年7月26日“浙江新闻联播”
“世合赛”颁奖典礼在柯桥举行

浙江卫视 2010年9月1日“浙江新闻联播”
绍兴县今天起 印染企业末尾淘汰

浙江卫视 2010年12月19日“浙江新闻联播”
绍兴县“党员群英会”为企业发展支招

责任编辑 董思思

人　物

全国劳模

【高永清】　男，1953年10月出生，绍兴县柯岩街道人。1983年担任绍兴县柯岩街道河塔村党支部书记以来，秉承“做事要实，做人要诚”的人生理念，在支部书记的岗位上兢兢业业，终于把贫穷落后的河塔村建设成为省、市、县“五好”基层党组织、先进集体、绍兴市社会主义新农村建设现场教育示范基地、省级文化村、省级文明村、省级绿色生态示范村、省级卫生村、省级民主法治村、第四届全国创建文明村镇工作先进村镇，并成为绍兴县首批省新农村建设示范村。他多次被评为省级和县级优秀共产党员、先进工作者、县“十佳”村干部好搭档、县劳动模范、优秀县人大代表，先后获得绍兴县县长奖、第二届绍兴县人口奖等。2010年4月，被评为全国劳动模范。

【王烈铨】　男，1963年10月出生，绍兴县杨汛桥镇人。中共党员，大学本科学历，高级工程师职称，一级注册建造师，宝业集团北方公司总经理，2010年11月任宝业集团股份公司常务副总经理。曾被评为鲁班传人、全国优秀施工企业家、全国优秀项目经理等，连续5年被评为省市级优秀项目经理，先后荣获绍兴市发展功臣、浙江省劳动模范以及全国五一劳动奖章。在担任项目经理期间，为公司创出唯一的住宅鲁班奖、第一项国优奖、第一项国家最高安全奖“长安杯”。2010年4月，被评为全国劳动模范。

（木　羽）

新闻人物

【谢震业】　男，1993年8月出生，绍兴县湖塘街道人。13岁进入绍兴市体校，第二年被浙江省体校吸纳，主攻200米短跑，个人最好成绩是20秒52。2008年，受伤病困扰，成绩不佳，但坚持恢复性训练，2009年复出。2010年4月，在全国青年锦标赛上，他一人独揽100米和200米两项冠军。5月，在首届世界青年奥运会亚洲区选拔赛上，他以21秒26的成绩获得200米第二名，获得参加首届世界青年奥运会的资格。8月22日，在新加坡举行的青奥会上，谢震业以21秒22的成绩，为中国代表团赢得200米决赛的金牌，这也是中国代表团获得的首枚田径金牌。

2010年8月22日，谢震业在新加坡举行的首届世界青年奥运会上夺得200米决赛冠军。

（县教体局供稿）

（木　羽）

逝世人物

【周联亚】　男，1931年2月出生，浙江省嵊州人，原绍兴县计划经济委员会副主任、党工委书记、副县级调研员。2010年2月3日在绍兴逝世，享年80岁。

周联亚1949年4月参加革命，1953年6月加入中国共产党，1945年时曾在四明山浙东游击纵队所属浙东韬奋印刷厂工作。部队“北撤”时，因年龄过小，经组织动员回家。后至浙赣铁路局上饶坑口煤矿当学徒，因参加罢工被除名。1949年4月，经姐姐周联娥（离休干部，现化名张扬）介绍参加革命，在浙东人民游击队第二纵队“燎原”干训班学习。1949年5月，调绍兴市军管会财经处，参与绍兴县税捐处（后改市财粮科）的接管工作。

1951年5月，选送至上海财经学院进修财政专科。1952年9月，分配至绍兴市财政科任财政监察员、总会计、副科长、科长。1957年1月，当选为绍兴市（县级）副市长。县市合并后，调任绍兴县计划委员会副主任。1965年4月，当选为绍兴县副县长。“文革”期间受审查。1968年9月，调任绍兴城关镇革委会生产指挥组组长。1970年8月，调任绍兴县革委会生产指挥组副组长兼计划办公室主任。1976年，任绍兴县计划经济委员会副主任、党工委书记、副县级调研员等职。1992年10月离休，享受县（处）级政治、生活待遇。

【顾　凯】　男，1916年3月出生，江苏省泰兴人，原绍兴县物资局业务股股长。2010年3月20日在绍兴逝世，享年95岁。

顾凯1946年2月参加革命后，以教师公开身份任泰兴地委联络部溪桥区联络员，1947年8月加入中国共产党。1948年淮海战役打响后，至华野7兵团23军67师新兵团3营任副连长，后进入军政治研究班学习。1949年4月，渡江南下至杭州，期间因病治疗。治愈后，经华东政治部分配至绍兴军分区招待所任所长。

1950年，至绍兴地委行政科任科长，后调绍兴新华印刷厂任厂长。1953年，至绍兴大明公司任经理，为公方代表。1959年，调任绍兴县计委驻上海代表。1962年，调绍兴县物资局任业务股股长。1984年7月离休，享受县（处）级政治、生活待遇。

【牛文化】　男，1933年1月出生，山东省济阳县人，原绍兴市工业局经理部副经理。2010年6月6日在绍兴逝世，享年78岁。

牛文化1948年11月参加革命，1949年6月加入中国共产党。参加革命后在济阳县青宁区委工作。同年12月，至南下干部工作大队，随军南下。1949年5月，分配至绍兴市军管会财经处工作。同年7月，调绍兴市委职工部工作。

1950年10月，派送至浙江省委党校学习。1951年1月，调绍兴市总工会（筹）工作。1953年5月，调浙江省委工资改革工作组工作。同年11月，调绍兴市总工会生产科任副科长。1954年1月，调绍兴市塔山区任区长、主任。同年8月，调绍兴市总工会任副主席。1956年8月，调绍兴市工业办公室工作。1958年7月后，历任绍兴水泥厂、炼焦厂、麦芽厂副厂长。1964年4月后，历任杭州啤酒厂行政科负责人、杭州电池厂党支部书记、杭州电池厂桐庐分厂领导小组副组长。1972年10月，调绍兴水泥厂任领导小组副组长。1974年7月，调绍兴县夺煤指挥部工作。1978年4月，调绍兴电镀厂任厂长。同年8月，调绍兴市工业局经理部任副经理。1984年，退居二线任协理员。1993年2月离休，享受县（处）级政治、生活待遇。曾荣立三等功1次。

【孟继英】　男，1921年10月出生，山东省泗水县人，原绍兴县柯桥财税所所长。2010年9月18日在绍兴逝世，享年90岁。

孟继英1946年2月参加革命工作，1947年2月加入中国共产党。参加革命后，在八路军鲁南军区炮兵团5连、三野22军65师政治处任战士、文书、排长、政治处干事、政治指导员、组织股副股长等职。历经鲁西南战役、济南战役、开封战役、孟良崮战役、淮海战役、渡江战役和解放绍兴等重大战斗，曾荣立二等功3次。1952年12月，调浙江第二康复医院任政治协理员。1956年3月，至浙江省委党校、浙江财政干校学习后，先后在第二康复医院、绍兴县卫生局、绍兴县矿业公司任政治协理员、人事秘书股长、开采营长。1961年10月，调绍兴县柯桥财税所任所长。1982年10月离休，享受县（处）级政治、生活待遇。

【李建光】　男，1930年7月出生，山东省德平县人，绍兴县政协原副主席、党组副书记。2010年11月13日在绍兴逝世，享年81岁。

李建光1947年3月参加革命，1948年11月加入中国共产党。参加革命后，分配至山东德平县委机关任财粮会计。1948年6月，进入山东渤海行署干校会计队学习会计业务，并参加济南战役支前工作。后调山东德平县粮食局任出纳，参加淮海战役“支前”、负责接送粮食等工作。1949年2月，至南下干部纵队3支队2大队直属2队任副班长兼中队财粮会计，后渡江南下。

1949年5月，任杭州市军管会工业部机关财粮会计，浙江省人民政府工业厅会计、总务股长、干部科副科长、调研科副科长。1954年4月，调省委统战部工商处任干事，后任部机关专职党总支副书记、省级党群机关党委委员。1957年7月，调绍兴大明电气公司任党委书记。1961年1月，调绍兴县委工作，历任县委工交部长、城工部长、工交政治部主任、县革委会委员、城关镇革委会第一副主任、镇委副书记（主持工作）。1977年4月，任绍兴县委常委、县革委会副主任、代副市（县）长兼经委主任、党组书记（分管工交线）。1983年11月，撤地建市复县后，历任绍兴县政协副主席、党组成员、党组副书记兼经济研究中心常务副主任、主任。1990年9月离休，享受县（处）级政治、生活待遇。

【钱仁炳】 男，1929年1月出生，上海人，绍兴县工商局原干部。2010年12月12日在北京逝世，享年82岁。

钱仁炳1949年1月参加革命，1950年3月加入中国共产党。入伍后，至中国人民解放军45军133师397团任战士。1949年4月，至师教导队学习。同年6月，至133师司令部侦察科学习测绘，后任测绘员。随即参加衡宝战役、广西战役。1950年初，驻广西贵县覃塘，参加剿匪战斗。10月，至45军司令部作战处任测绘员。1952年，参加抗美援朝。历经朝鲜东南海岸反登陆战役和金城保卫战，荣立三等功1次。1955年4月回国，至中国人民解放军测绘学院第一期测绘主任专修班学习。翌年12月毕业，被评为优秀学员，留校任测绘教员。1959年2月，调南京军区司令部战史编辑室任测绘参谋，参与第三野战军抗日战史、战例、战役学的编写工作，荣获集体二等功。

1966年2月转业，先后在绍兴县财税局、平水税务所工作。1973年，调平水工商所工作。1979年，调柯桥工商所工作。1984年，参与组建绍兴县个体劳动者协会。1985年5月离休，享受县（处）级政治、生活待遇。

【瞿中奋】 男，1923年2月出生，江苏省南通县人，原绍兴第三医院干部。2010年12月30日在绍兴逝世，享年88岁。

瞿中奋1944年3月参加革命。历经抗日游击战、黄桥战役、鲁西南战役、济南战役、开封战役、孟良崮战役、淮海战役、渡江战役和解放上海、抗美援朝等重大战斗。荣立三等功1次。入伍后，随新四军1纵队渡江南下，至新四军分区粮站任副站长。1944年6月北撤，调新四军1纵队后勤处粮秣科工作。1945年8月，调军人服务社工作。1946年11月，至新四军1纵队教导队学习。同年7月，至1纵队后勤处供给科工作。1947年7月，进入中国人民解放军20军教导团学习。1948年1月，任59师通讯连副指导员。1950年10月，参加抗美援朝。1953年3月回国后，历任59师通讯连副指导员、师政治部青年干事、177团政治处青年干事、政治指导员（代）、政治处俱乐部主任等职。

1955年3月转业，分配至冶金工业部802地质大队任人事科科员、地质队普查组组长。1959年12月，调绍兴县粮食局城关粮管所供应站工作。1969年6月，调绍兴第三医院行政科工作。1979年2月退休，1984年2月改办离休，享受县（处）级政治、生活待遇。

（郑伟良）

省部级先进个人

葛美芳　3月，被人力资源和社会保障部、水利部评为水利系统先进工作者。

高永清　4月，被中华全国总工会评为劳动模范。

王烈铨　4月，被中华全国总工会评为劳动模范。

盛国娟　4月，被中国妇联授予“2009中国十大经济女性年度人物”创新奖。

杨　燕　4月，被中国妇联授予“2009中国十大经济女性年度人物”成就奖。

汪传昌　6月，被中国关心下一代工作委员会、中央精神文明建设指导委员会办公室评为全国关心下一代工作先进工作者。

冯梁峰　10月，被国家质量监督检验检疫总局、中华全国总工会、共青团中央、中国科学技术协会和中国质量协会授予全国质量管理小组活动卓越领导者称号。

徐城法　10月，被国家质量监督检验检疫总局、中华全国总工会、共青团中央、中国科学技术协会和中国质量协会授予全国质量管理小组活动卓越领导者称号。

周建明　2月，被国家发展与改革委员会授予全国农本调查工作先进个人称号。

许吉安　12月，被浙江省人民政府授予省功勋教师称号。

（木　羽）

责任编辑　孙　羽

建制镇与街道

绍兴县镇（街道）基本情况快览

表23　2010年绍兴县镇（街道）基本情况快览

镇（街道）名称	行政区划面积（平方公里）	总人口（户籍）（人）	生产总值（万元）	财政收入（万元）	农民人均纯收入（元）	村委会（个）	居委会（个）
柯桥街道	14.77	50227	347744	181364	13690		31
柯岩街道	46.48	55735	308670	72486	14297	23	14
华舍街道	23.05	40482	538515	114918	13759	8	13
湖塘街道	66.31	33926	167883	21668	13952	15	2
马鞍镇	53.10	38739	1004339	132212	13037	12	11
齐贤镇	32.48	53266	406931	55891	14647	7	13
安昌镇	24.12	36704	333311	35301	14422	11	7
平水镇	173.23	53203	153006	25653	12126	28	1
王坛镇	137.84	33608	65935	3782	10869	24	1
稽东镇	111.42	32521	48219	3050	9984	24	1
钱清镇	54.46	59803	949638	78600	17948	21	4
孙端镇	31.28	39134	76370	9965	12540	16	3
福全镇	39.83	40490	530948	45340	13317	22	1
兰亭镇	82.85	31658	205652	22590	15547	20	1
杨汛桥镇	37.85	34116	425465	43309	15402	12	9
漓渚镇	36.62	22198	159236	13380	16405	12	1
富盛镇	73.90	23714	39741	5131	9325	14	1
陶堰镇	25.11	23692	79003	12066	13178	11	1
夏履镇	51.04	18739	159505	16483	12002	11	1

注：该表所有数据均由县统计局提供。

柯桥街道

【概况】 柯桥街道因桥得名，素有“金柯桥”之称。处于县城柯桥核心，为绍兴县政治、经济、文化中心，东临越城区东浦镇，南及西南接柯岩街道，北及西北与齐贤镇和华舍街道相邻。距绍兴市区10公里，杭州50公里，杭甬铁路、高速公路、104国道横贯东西。面积14.77平方公里，为典型的江南平原水乡，“中国轻纺城”坐落其中。辖31个社区（居委会），户籍人口50227人，外来人口10.2万人。

表24　2010年柯桥街道主要经济指标完成情况

指标名称	单位	全年完成数	比上年±%
生产总值	万元	347744	12.9
人均生产总值	元	69294	11.5
固定资产投资	万元	39520	70.6
工业主营业务收入	万元	207554	-1.84
自营出口	万美元	175752	44.23
实到外资	万美元	324	-19.4
财政收入	万元	181364	8.4
人均收入	元	13690	8.88

2010年，柯桥街道新增楼宇入驻企业354家，涵盖纺织贸易、餐饮、娱乐、房地产、金融、中介、广告、信息、影视文化等多种行业，提升楼宇平均入驻率3个百分点。引进天虹百货、江南名家、五星电器、金都水立方等70余个县外投资项目。数字产业孵化园新增网讯科技等4个高新科技及电子商务项目，蓝天市心广场、万达广场开业。服务业营业利润比上年增长92.42%，增加值比上年增长43.20%。

这年，中泽一期、二期和中梅、红丰、大溇“城中村”拆迁改造项目完成拆迁任务20万平方米。改造7个社区9个老小区，投资2000万元，面积28.897万平方米。查处违章搭建69起，拆除42处，拆除违章建筑面积8711平方米。

这年，笛扬社区试点成立三优服务室，福年、柯福社区创建市、县级计划生育基层群众自治示范社区。在下市头、大寺、柯亭、港越、立新、福年等6个社区成立金桥、永丰桥服务中心；开设社保服务窗口，办理养老、医疗、工伤、失业、“4050”补贴等各类业务28516人次。建立食品安全“八个示范点”和“示范一条街”，通过市食品安全示范镇街考核验收，笛扬、柯亭、柯福社区通过省级卫生社区的考核验收。组队参加全县和全市首届排舞比赛，获老年组县级一等奖、市级二等奖。

2010年10月28日，柯桥街道中梅、红丰、大溇“城中村”拆迁改造动员大会在轻纺城大剧院召开。（柯桥街道供稿）

【启动最后一个“城中村”拆迁改造项目】 2010年7月，柯桥街道最后一个“城中村”中梅、红丰、大溇拆迁改造项目启动。拆迁建筑总面积21.4万平方米，拆迁户1038户。通过前期丈量评估、入户调查、资料整理、权属确定、动员大会、腾空验收、择房签约等环节，择房率98%，完成拆迁任务16万平方米。

【街道排舞队获两项省级奖】 2010年10月29日至

2010年10月，柯桥街道排舞队在浙江省第四届排舞大赛上表演。（柯桥街道供稿）

31日，柯桥街道排舞队代表绍兴市参加2010“下沙新城杯”浙江省第四届排舞大赛。52支队伍参加大赛，柯桥街道排舞队夺得老年组金奖和最佳人气奖两项大奖。 （韩赵娜）

柯岩街道

【概况】 柯岩街道因石得名，地处绍兴县城“柯南新区”，东接越城区东浦镇，南连福全镇，西邻湖塘街道，北界柯桥街道和钱清镇。杭甬铁路、104国道靠境而过。以平原水乡为主，北部为古鉴湖流域，南部系山地，有柯岩风景区等多处旅游景点。面积46.48平方公里。辖23个村、14个居委会，户籍人口55735人。

表25 2010年柯岩街道主要经济指标完成情况

指标名称	单位	全年完成数	比上年±%
生产总值	万元	308670	9.5
人均生产总值	元	55928	7.9
固定资产投资	万元	96093	8.3
工业主营业务收入	万元	1038670	17.4
自营出口	万美元	49695	31.2
实到外资	万美元	905	1292.3
财政收入	万元	72486	11.5
人均收入	元	14297	11.95

2010年，柯岩街道土地流转率60%，州山村流转土地806亩。先锋农业园扩大无公害蔬菜生产，6个蔬菜品种质量安全抽检合格率100%。“阿金花卉”投入605万元改造设施，销售各类花卉35万盆（枝），销售额超千万元。内资招商19500万元，完成目标的189.7%。工业投资6.035亿元，其中9个投资项目属汽车汽配、针织机械等，投入3.94亿元。“赵龙汽配”、“索密克汽配”的投资项目被列入2010年省“双千工程”重点项目，“骏马机械”的磨齿机项目和“联众光电”的发光二极管（LED）项目被列入国家发改委中小企业技改专项资金补助项目，“金昊机械”的GD-H122SA全电脑针织横机产业化项目上报列入浙江省地方特色产业中小企业发展资金项目。规模以上省级及以上高新技术产业工业增加值占规模以上工业企业比重67.3%，同比增长18.5%。新兴优势产业的销售、利润和工业增加值占全部规模以上工业企业的48.4%、80.2%和60.0%。拥有新办法认定的省级高新技术企业6家、市级高新技术企业4家。“索密克汽配”被授予绍兴市市长质量奖。“塞特印染”的信息化项目列入2010年省信息技术推广应用专项资金项目。被县政府列为全县质量强县工作2个试点镇（街道）之一。申报新办法认定的国家级高新技术企业1家，省科技型中小企业2家，列入国家火炬计划项目2个，获省地方特色产业中小企业发展资金项目1个，省信息化推广应用项目1个，列入省新产品计划项目14个，通过鉴定11个，申报省名牌和省著名商标各1个，获国家发明专利1个。“金隆机械”牵头制定的“电脑织袜机”行业标准颁布实施。规模以上工业万元增加值能耗同比下降5.5%，化学需氧量（COD）比上年下降10.54%。成功创建市级生态街道。

索密克汽车配件有限公司冷挤压车间一角

（柯岩街道供稿）

这年，柯岩街道投入360万元，清除垃圾及漂浮物6000多吨，修复路面1.25万平方米，补种各类绿化近3万株，清理粉刷墙面5万多平方米。成功创建“市级生态街道”和“省级森林街道”，实施庭院绿化、绿化示范、绿色通道、森林保护、兴林富民等五大工程，成功创建省级绿化示范村1个、市级森林村庄1个。开展金星、州山（部分）、东担山、余家弄等“城中村”拆迁改造项目及柯南大道阮社支路拆迁工作，继续做好萧甬铁路高架改造、104国道南复线拓宽和西担山商贸一号地块等项目的拆迁扫尾工作，拆迁18万平方米，征地1500亩。出台《柯岩街道农村宅基地置换城镇房屋实施意见》，61户农户在资格审查、确权确户等基础上完成择房。

乔波滑雪馆　　（柯岩街道供稿）

这年，慰问600多户各类困难户，发放慰问金82万元。走访和慰问128名优抚对象、复退军人，为50位残疾人免费提供“助行、助明、助听”器材。企业职工医疗保险9042人，工伤保险15794人，生育保险11475人，失业保险4613人。受理各类案件24起，办结24起，纠纷调处成功率100%；受理市长及县长热线157件，报结151件；受理信件42封，报结42封，报结率100%；群众到访128批次。举行街道首届体育运动会，14支代表队900多名运动员参加14个项目的比赛。（周国尧）

华舍街道

【概况】 华舍街道地处柯桥新县城北部，东连齐贤镇，南靠柯桥街道，西依钱清镇，北接安昌镇。329国道、杭甬运河、柯袍快速干线、杭金衢连接线、杭甬高速铁路客运专线在此汇集，104国道、杭甬铁路擦境而过，距萧山国际机场20公里。区域面积23.05平方公里。下辖8个行政村、13个居委会，户籍人口40482人，外来人口6.39万人。

表26　2010年华舍街道主要经济指标完成情况

指标名称	单位	全年完成数	比上年±%
生产总值	万元	538515	10.9
人均生产总值	元	134491	8.9
固定资产投资	万元	56890	14.4
工业主营业务收入	万元	1933674	18.5
自营出口	万美元	100306	40.1
实到外资	万美元	607	15.4
财政收入	万元	114918	30.3
人均收入	元	13759	10.3

2010年，华舍街道一、二、三产比重为1.3∶77.6∶21.1，非纺产业占比65个百分点。规模以上企业101家，其中年销售20亿元以上2家、10亿元以上3家、5亿元以上7家、1亿元以上25家，上市企业2家，国家级高新技术企业1家，省级高新技术企业6家，国家级研发中心1个，省级研发中心2个，国家级博士后科研工作站1家（精工科技）。精功新能源有限公司建设太阳能多晶硅生产线项目，投资1.8亿元。宝业住宅产业建立首个国家级住宅产业研究院，精工太阳能光伏装备制造技改项目列入省“双千工程”。精工建设产业集团被入选2010年度中国民营500强、省百强企业。引进国元证券、浙商证券分别落户万国中心和外贸大厦。上海银行、恒丰银行和民生银行等三大银行落户华舍。海纳百川演艺浴场、祝家庄酒楼等开业，美国“速8”连锁店入驻中海国际广场。

华舍国际贸易区新貌　　（华舍街道供稿）

这年，完成征地1251.9亩，拆迁23.6万平方米。161套蜀阜小区解困房全面完工，200套湖门小区安置房具备交房条件。投放劳动力近10000人次，清除垃圾20000余立方米，投入574万元建设农村新社区。启动华舍福利院等项目建设。投资390万元，改造桥梁、道路等基础设施。

这年，获市级信访"三无"乡镇和市级信访工作先进集体等荣誉。发放低保金169.01万元、优抚保障和社会救济金335.42万元。成功创建全国残疾人社区康复示范街道。创建17个"星光老年之家"，兴越、聚贤社区成功创建浙江省老龄工作规范化社区。26432人参加合作医疗。7个行政村、居委会（社区）被评为省级卫生村（单位），9个行政村、居委会（社区）被评为市级卫生村（单位）。华舍街道被评为浙江省第六批体育强镇和绍兴市群众体育先进单位。（谭耀庆）

湖塘街道

【概况】 湖塘原名吴塘，相传句践使吴人筑塘而得名，后马臻筑鉴湖塘堤十里而改名湖塘。位于绍兴县城西南部，东接柯岩街道，南连福全镇、漓渚镇和诸暨市店口镇，西邻夏履镇，北临华舍街道、钱清镇。距柯桥中国轻纺城4公里、绍兴市区15公里、杭州40公里、萧山国际机场15公里，104国道南复线、鉴湖水道、杭甬铁路、104国道、萧绍运河五大水陆交通线东西向纵贯境内。面积66.31平方公里，南部系低山丘陵，北部系水网平原。辖15个行政村、2个居委会，户籍人口33926人，外来人口1.3万人。

表27 2010年湖塘街道主要经济指标完成情况

指标名称	单位	全年完成数	比上年±%
生产总值	万元	167883	9.5
人均生产总值	元	49935	8.3
固定资产投资	万元	44480	4.6
工业主营业务收入	万元	656533	19.1
自营出口	万美元	38978	30.1
实到外资	万美元	232	
财政收入	万元	21668	−0.1
人均收入	元	13952	9.96

2010年，湖塘街道粮食生产9725.9吨，农田水利设施投入450万元，成功创建"中国杨梅之乡"和"省级旅游强街"。内资招商6750万元，注册资金1000万元，分别完成考核指标的114%和204%。完成技改投入3亿元。越隆公司与中国工程院院士姚穆成立院士工作站，振涯集团荣获省级品牌1个。申报专利197个，实用新型8个，授权157个，2个省级以上新产品通过鉴定，3个进入试制阶段。封存印染设备22台（套），"塔牌"等酿酒企业对进管排放的污水进行降低化学需氧量浓度预处理，所有印染企业采用清水回用技术。对烫金、涂层等污染和高危企业发出整改通知30余张，搬迁22家。打响"山水湖塘"品牌，成立行业协会，借鉴杭州梅家坞模式，发展家庭"农家乐"。

湖塘工业区一角 （湖塘街道供稿）

这年，全面启动"二路一村"拆迁改造丈量评估工作，104国道南复线改造工程基本完成路基施工，拆迁3.1万平方米。型塘村30套、岭下村34套农民公寓即将竣工，香林村67套农民公寓在建设中，宾舍、鉴湖、湖塘、古城、湖中等村的农民公寓报批工作全面启动。投入400万元整治环境卫生。投入

湖塘杨梅山 （湖塘街道供稿）

近千万元开展农村基础设施建设，主要对村内的支路进行硬化。在古城、铜井等村开展生活污水集中处理试点。

这年，参加新型农村合作医疗保险22014人，参保率99.7%；参加政策性农村住房保险10531户，参保率100%；参加失地农民养老保险587人；参加农村老年居民养老保险1417人，参保率100%。发放低保、残保、临救、大病、助学等救助金300余万元。村级总收入比上年增加9.9%，村级经济用于实事工程的资金超700万元。15个村2个居委会分成6个社区大网格，组成6支服务团队。总投资5800万元、占地74亩的湖塘中学迁建工程，完成土地征用工作。（王 磊）

马鞍镇

【概况】 马鞍镇因境内有一山丘形似马鞍而得名，位于绍兴县东北部，东临曹娥江，南至越城区斗门镇，西邻杭州萧山区益农镇、党湾镇，钱塘江南岸。距县城柯桥15公里，与杭甬高速公路柯桥道口和绍兴道口相距2.5公里，离萧山国际机场20公里，柯海快速干线穿境而过。面积53.10平方公里，大部分系滩涂围垦而成，属平原水乡。辖12个行政村、11个居委会，户籍人口38739人。

表28　2010年马鞍镇主要经济指标完成情况

指标名称	单位	全年完成数	比上年±%
生产总值	万元	1004339	11.1
人均生产总值	元	259680	10.8
固定资产投资	万元	22458	9.96
工业主营业务收入	万元	6102200	27.2
出口	万美元	5428.11	30.89
实到外资	万美元	54.88	
财政收入	万元	132212	49.0
农民人均纯收入	元	13037	10.1

2010年，马鞍镇有粮食、蔬菜、农机等农业专业合作社28家，为20亩以上的17户种粮承包大户投保农业保险5954亩，粮食种植面积34735亩。5个投资项目达成落户意向，项目总投资3.2亿元。投资1000万元以上重点项目开工8个，完成投资2亿元。“三个一批”的诗瑜无纺布厂房主体结顶，“天通实业”、“天马实业”2个项目投产。“雄飞金属制品”新上发光二极管（LED）环保节能灯项目；“万成金属”引进韩国镀锌彩板印花处理技术；“仁昌纸品”新上年产8000万卷中高档生活用纸项目。中设建工集团位居中国民营企业500强第184位。大鱼山村建筑面积6800平方米和亭山桥村占地5亩的家庭工业集聚点完成规划，并通过县级验收。强制淘汰印染企业旧式定型机缸80台（套），建有冷却水、冷凝水回用池19个，日回用量1.5万吨，达标排放率提高到88.8%，综合能耗比上年下降8.6%。

这年，完成拆迁房屋91697平方米，童家塔小区正式启动建设，新建农民公寓10428平方米。为村民办理契税免税107户123套，提前安置17户，面积2941平方米。原湖安石料场通过平整，新增建设用地100亩。拆除违章建筑50处1200平方米。完成河道砌磡、道路硬化、路岸绿化18750米，73丘东环塘河、向前闸横江、第三生产河等7条河道清淤41650立方米，13座危桥得到修缮，宝善桥村成功创建省级生态村，国庆村成功创建省、市级森林村。

这年，马鞍镇中学风雨操场启动建设，投资40余万元安装学校安保设施。向各类救助对象发放救助金194.25万元，农村“五保”和城镇“三无”对象集中供养率100%。被征地农民技能培训863人次，为“4050”灵活就业人员办理社会保险补贴申请270人。滨海医院顺利搬迁，成功创建省级社区卫生服务示范中心。新型农村合作医疗参保率96.85%。国庆村文化体育广场全面竣工并投入使用，占地2500平方米。签订出租房治安计生责任书6134户，登记流动人口90886人。接待到访群众81批277人次，受理市长、县委县政府热线电话190件，办理上级转办信件10件。完成20个村级资金、资产、资源数据的整理录入工作，建立首套电子版基础资料。镇、村两级43个工程进入镇招投标中心。

【被命名为市计划生育示范镇】 2010年，马鞍镇被绍兴市人民政府命名为“计划生育示范镇”。这年，婚检人数453人，婚检率88.13%。计划生育率98.54%，孕前优生检测率100%，意外妊娠率控制在0.85%。独生子女家庭奖励和补贴780350元。为外来已婚育龄妇女开展免费“三查”服务10000人；提供计划生育免费四项手术135人，外来人口管理服务率95%以上。

【被命名为全国民政系统行风建设示范单位】 2010年10月，马鞍镇敬老院被命名为首批“全国民政系统行风建设示范单位”。马鞍镇敬老院创建于1989年，现有建筑面积2400平方米，文化、卫生、医务、生活配套设施齐全，标准双人房床位88张，入住老人52人，配备工作人员7人。马鞍镇敬老院建立健全以入住老人为主体的院务管理委员会，实行定期议事制度，每月公开财务收支情况，每季度开展对院长及工作人员的满意度测评。

（郑　江　孙水根）

齐贤镇

【概况】 齐贤镇因贤人集聚而得名,位于绍兴北部，东临马鞍镇、越城区斗门镇，南接柯桥街道、越城区东浦镇，西连安昌镇、华舍街道，北与萧山区党山镇为界。距县城柯桥8公里，杭甬高速、杭甬客运专线、钱江三通道、杭甬运河穿境而过，有陶渊明故居、隋唐羊山石佛、羊山石城等古迹。面积32.48平方公里，属平原水乡。辖7个村、13个居委会，户籍人口53266人，流动人口超过5.27万人。

表29　2010年齐贤镇主要经济指标完成情况

指标名称	单位	全年完成数	比上年±%
生产总值	万元	406931	11.6
人均生产总值	元	76640	11.1
固定资产投资	万元	103409	33.1
工业主营业务收入	万元	2219483	22.6
自营出口	万美元	38259	26.8
实到外资	万美元	200	22.0
财政收入	万元	55891	44.3
人均收入	元	14647	8.3

2010年，齐贤镇播种面积2.9万亩。“千亩示范、万亩连片”省粮食高产功能区被省农业厅命名为第一批省级粮食功能区。“泥娃娃”田藕精品示范园、绍兴县城郊型蔬菜示范园被列入绍兴市级现代农业园区，千亩示范方养殖基地胡海源特种水产精品园被列入省级现代农业园区。承办2010中国纺机产业转型升级高峰论坛暨中国纺机名镇品牌建设系列活动，参展企业20余家，推出最新纺机产品30余种。建成全省首个节能型熔体直纺生产线项目“亿丰化纤”12条全拉伸丝（FDY）生产线，“曙光机械”研发的埋管式铜冷却管占全国有色金属冶炼企业配套60%的市场份额。美佳热电锅炉升级改造基本完成，年节省8万吨标准煤，直接经济效益1亿。“越剑机械”和梅轮电扶梯研发的4个新产品通过省级新产品鉴定，“曙光机械”和“梅轮电扶梯”的2个项目列入省重点攻关项目。新增省级科技型企业2家、市级高新技术企业1家。申报专利超过200项。

2010年5月5日，2010中国纺机产业转型升级高峰论坛暨中国纺机名镇品牌建设系列活动在中国轻纺城国际会展中心开幕。（徐祥虎摄）

这年，出让“齐贤新区”一期地块87亩，羊山华庭安置小区全部结顶，新区二期地块拆迁基本完成。羊山景区扩建一期建设项目完工并投入使用，风景区入口广场项目启动，石城“百佛园”工程开始启动。建成集镇路灯改造二期、集镇生活污水集中收集处理工程。启动新建陶里小学工程。完成一期农村宅基地置换公示、评估104户。

这年，完成省级文明镇复评，获得市级以上荣誉10多项，创建县级先进文化村2个、省级小康体育村2个、省级农村体育俱乐部1个、农家书屋3个。镇文艺骨干自编自演舞蹈《如此之好》获得市三等奖、县二等奖和最佳活力奖。举办齐贤镇迎国庆文艺晚会，开辟《贤人风采》栏目。镇中学成功创建省级示范实验学校。完成第六次人口普查工作，计划生育符合率98.99%，镇社区卫生服务中心被评为首批绍兴市“五星级”社区卫生服务中心。完成27名新兵输送任务，其中女兵1人。（寿国灿）

安昌镇

【概况】 安昌镇因钱镠平董昌之乱而得名,位于绍兴县北部，东、南、西分别与齐贤镇、华舍街道、钱清镇接壤，北邻萧山区瓜沥镇，与杭州都市经济圈紧密相连。距县城柯桥7公里、杭甬高速公路道口1.5公里，离萧山机场10公里。面积24.12平方公里，系平原水乡。辖11个村、7个居委会，户籍人口36740人，外来人口40059人。第二批中国历史文化名镇和CCTV中国魅力名镇。

表30 2010年安昌镇主要经济指标完成情况

指标名称	单位	全年完成数	比上年±%
生产总值	万元	333311	11.8
人均生产总值	元	91051	11.4
固定资产投资	万元	82952	15.8
工业主营业务收入	万元	1943088	21.9
自营出口	万美元	46994	27.7
实到外资	万美元	345	119.7
财政收入	万元	35301	-1.9
人均收入	元	14422	8.8

2010年，安昌镇粮食种植面积2.15万亩，完成粮食订购合同1800吨，外拓种粮基地3217亩，成功创建省级农机安全示范镇、省级气象防灾减灾示范乡镇和省级村庄绿化示范镇，获省级主导产业绍兴县蛋鸭产业示范区、省级循环农业绍鸭示范推广项目1个，百顺蛋厂被评为省科技企业，仁昌酱园被认定为绍兴酱油传统酿制技艺“非物质文化遗产”传承基地，并获中华老字号称号，“仁昌记”获省著名商标称号。实施技改项目69个，完成技改投入7.16亿元，同比增长17%，技改投入项目和资金数量为近5年之最，非纺行业投资占33%。限额以上商贸企业32家，新增9家；限额以上商贸企业销售收入突破20亿元，完成增加值2亿元。

安昌古镇（安昌镇供稿）

这年，投资5000万元，实施“美丽古镇”环境整治大行动。河道砌磡900米，清淤94341立方米。完成工业园区内兴工路改造工程和昌盛路硬化工程，安华北路拓宽工程计划峻工，大和山废弃矿山整治等工程进展顺利。总投资1300万元的盛陵村农民公寓竣工，并通过综合验收；总投资600万元的大山西村农民公寓开工建设。古镇保护与开发完成拆迁3.1万平方米，设立绍兴县安昌古镇保护与开发管理委员会。成立古镇开发建设公司，注册1亿元，配备各类专业人员，进一步完善古镇旅游开发规划。获全国污染源普查先进镇、中国师爷文化之乡和省建筑名镇等称号。

这年，新型农村合作医疗保险参保人数26499名，参保率97%。全镇330户低保户享受最低生活保障，发放低保金212万元，集中供养34名孤寡老人，76名大病医疗保险对象获救助款58万元。发放助学金17.7万元，惠及52名贫困学生。开展实用、应用技术和技能培训，基本消除零就业家庭。5月，全县首个镇级机关党工委在安昌镇成立。11月，作为全县村级组织换届选举工作试点镇，率先开展工作，到12月25日前基本结束。12个行政村（居委会）26109位选民参加，参选率99.28%。其中11个行政村（居委会）党组织换届一次性成功，8个村民委员会换届一次性成功。受理各类信访案件386起，办结380件，纠纷调处率98%以上。（郑　重）

平水镇

【概况】 平水镇因相传大禹时洪水溢至茶亭口而

取名。位于绍兴县南部，东连富盛镇、上虞市汤浦镇，南依王坛镇、稽东镇，西邻诸暨市赵家镇，北接越城区鉴湖镇。距绍兴县城柯桥30公里，离绍兴市区15公里，绍甘线穿境而过。面积 173.23平方公里，系丘陵山区，若耶溪发源地，内有刻石山、秦望山和云门寺、平阳寺。辖28个行政村、1个居委会，户籍人口53203人。

2010年12月，平水新城城雕建成。（平水镇供稿）

表31　2010年平水镇主要经济指标完成情况

指标名称	单位	全年完成数	比上年±%
生产总值	万元	153006	10.6
人均生产总值	元	28754	10.6
固定资产投资	万元	144749	3.3
工业主营业务收入	万元	784750	25.2
自营出口	万美元	15840	0.2
实到外资	万美元	421	-34.9
财政收入	万元	25653	7.7
人均收入	元	12126	8.5

2010年，平水镇水稻种植面积3.9万亩。天天田园集团被认定为省级农业龙头企业，农机专业合作社2个28家。农庄11家，同康村被评为全国绿色小康村、省农家乐特色村、省旅游特色村。金属加工、建筑建材、电子照明、食品加工等新兴行业产值占总产值的74.71%。新增高新技术企业1家、省级科技型企业7家、市级高新技术研发中心3个；“郎西雅”被国家工商管理总局认定为中国驰名商标中的首个纺织业商标，累计中国驰名商标6个；新增发明专利5个；参与制订修订国家标准1个、行业标准3个。万元生产总值综合能耗下降5.6%，化学需氧量（COD）和二氧化硫（SO_2）排放量分别下降30.6吨和3.3吨。异地物业收缴年租金110万元，14个经济薄弱村的年集体经常性收入均首次突破10万元。第三产业增加值4.1亿元，比上年增长18.5%，占生产总值的28.73%。镇中小企业融资担保公司为3家企业短期融资1800万元。

2010年11月23日，绍兴市行风评议专题部署暨平水镇集中评议观摩会在平水镇召开。（平水镇供稿）

这年，阳光华庭、若耶明珠、紫峻云庭等8个房产项目建成或加快建设，稽山庄园、丁香公馆、若耶紫竹苑等3个房产项目动工建设。华伟大厦建成使用，宏丽财富中心、中恒大厦加快建设。拆迁西湖桥庄前自然村、东桃和平水街所属镇中新建地块等67853平方米，完成四丰、昌锋工业园区、大斗丘等地块征地1005亩，搬迁坟墓1300余座，总投资5.25亿元的7个项目招商落地。完成城市和基础设施及非工业投资4.7亿元。总投资9675万元的日铸岭隧道全线建成，投入2500万元完成公园路等市政道路建设，广电中心建成并交付使用，绍甘线南北两环岛完成改造，全面完成绍甘线两侧立面改造。绍兴二院分院完成投资3700万元，主体结顶；镇中心幼儿园建设完成总投资的20%。启动镇中异地新建工程，完成地质勘探及工程立项；平水大道延伸工程征地全面展开，完成施工图设计；地税分局、国土分局工程开始启动。会稽苑新社区全面交付使用，458户农户搬入新房。完成西湖桥加油站搬迁工作，综合服务大楼全面建成，二期农民公寓加快推进；完成场地平整及图纸设计工作，宅基地置换试点工作全面展开。王化新社区启动建设，投入120多万元，建成规范、统一的王化农贸市场。审核申报个人建房110户；查处违章建筑73处，拆除1782.6平方米。

这年，人力资源培训2200余人次，新增各类专门人才321名。召开首届平水镇基层侨代会。被评为浙江省最具竞争力中心镇。平阳村等3个村成功创建省级小康体育村，小舜江村等3个村被认定为市级卫生村。王化村被认定为市级消防示范村。平水镇被市政府、军分区评为征兵工作先进单位，被评为省“十小”整规示范镇、“十小”整规工作获得省级先进集体荣誉。（徐德宝）

王坛镇

【概况】 王坛镇因镇上有黄檀古树硕大盈围而得名，为绍兴县南部山区镇。地处小舜江水库源头、会稽山纵深腹地，东邻上虞市汤浦镇，西接稽东镇，南毗嵊州市谷来镇，北靠平水镇。距绍兴市区35公里、县城柯桥50公里，绍甘线西进南出。镇域面积137.84平方公里，系丘陵山区。辖24个行政村和1个居委会，户籍人口33608人。

表32　2010年王坛镇主要经济指标完成情况

指标名称	单位	全年完成数	比上年±%
生产总值	万元	65935	10.3
人均生产总值	元	19601	10.4
固定资产投资	万元	8143	3.8
工业主营业务收入	万元	113762	17.9
自营出口	万美元	4148	59.8
实到外资	万美元	35	
财政收入	万元	3782	-17.8
人均收入	元	10869	8.28

2010年，王坛镇投资650万元修建山塘水库9座，河道砌磡1000米，饮水工程2处，田间渠道1000米。投资250万元对4座山塘水库进行除险加固。丹家村、舜皇村两村新认证有机茶基地2000亩，发展名茶100亩。青梅产量95万公斤，产值650万元，被中国经济林协会认定为中国青梅之乡。16家“农家乐”通过县三星级验收。梅花节期间，梅农旅游收入130余万元。高山蔬菜基地1700亩。养殖示范点24家，丹家家鸡被认定为省级名牌产品。与省农科院合作建设鸟巢大棚，开发建设万亩玫瑰园基地。成功引进37家企业，7个项目，立项备案6个项目。授权发明专利1个，申报软件版权1个，各项专利50项。奈特电器与浙江大学合作成立省级技术研发中心。有6个村创建三资管理示范村，8个村进行村级经济审计。

青梅制品　（王坛镇供稿）

这年，完成王坛镇旅游开发总体规划，确定“中国江南游走第一镇，长三角著名都市近郊生态休闲旅游镇”的形象定位和发展目标。提炼推出王坛十景，确定“一心两环”的总体布局。举办2010王坛镇生态森林旅游年启动暨香雪梅海开园仪式、2010绍兴虞舜文化旅游节以及首届祭舜大典等活动，接待游客25万余人。南岸村成功创建浙江省特色旅游村和市级林业观光园。香雪梅海景区创建AAA景区，通过市级验收。

这年，投资333万元完成南溪公路、下双线至平岭登公路和双港口至叠石下公路的改建工程；投

南溪江　（王坛镇供稿）

资535万元的南溪公路二期、南岸二桥至玄凤岭公路、绍甘线（童岙）至新华村公路全面施工。投资300万的孙岙村、新联村污水处理工程开工建设。第三期移民房5幢120套，建筑面积15000多平方米，大楼主体部分建设封顶。南岸村、新华村农民公寓建造完毕。投入103万和348万的银沙村和东村农民公寓基本完工，其余农民公寓建设项目审批建设中。开发土地280亩。

这年，22个村成功创建“星光老年之家”。成功创建市级食品安全示范镇，5个省级卫生村。发放计生奖扶金20.6万元，独生子女父母奖励和养老保险补贴42.3万元，征收社会抚养费66.7万元。受理市长热线电话及县委、县政府公开电话79个，每月15日接待到访51件57人，办理信件18件。成功调处各类矛盾纠纷45起，协助县法院执行案件3起。被市委市政府评为信访三无乡镇、平安镇、综治工作先进镇，取得市长热线电话接取先进集体等荣誉。（金　丹）

稽东镇

【概况】 稽东镇因地处会稽山东麓而得名，位于绍兴县南部，南、西分别与嵊州谷来镇、诸暨赵家镇接壤，东、北毗邻王坛镇、平水镇。距绍兴市区32公里、县城柯桥45公里，032省道经过。面积111.42平方公里，系丘陵山区，农林资源丰富，有县境最高峰。辖24个行政村、1个居委会，户籍人口32521人。

表33　2010年稽东镇主要经济指标完成情况

指标名称	单位	全年完成数	比上年±%
生产总值	万元	48219	9.6
人均生产总值	元	14806	9.9
固定资产投资	万元	4780	6.5
工业主营业务收入	万元	108926	25.7
自营出口	万美元	2504	48.9
实到外资	万美元	11	-68.6
财政收入	万元	3050	6.9
人均收入	元	9984	9.73

2010年，稽东镇发展香榧2040亩，省级香榧产业项目通过验收，建设名茶基地600亩，发展林特基地1000亩，投资55万元新建舜姬葡萄园专业合作社等2个基地的喷滴灌设施，完成舜姬葡萄园省级农业精品基地建设。引进企业41家，佳惠节能科技有限公司被省科技厅评定为省科技型中小企业，JH-1-2型复核节能保温材料获省科学技术成果奖，百克斯儿童浮力衣、皮肤紧身运动服获国家发明专利；华绿园林升格为国家园林一级企业，坤茂建设、宏欣建设、永立化建等企业完成资质升级，达到建筑二级企业；完成投资200万元的千年香榧林景区提升工程。

2010年10月22日，稽东镇千年香榧林一景。（稽东镇供稿）

这年，投资1404万元实施集镇综合改造；投资965万元新建、改造4条道路工程，投资460万元完成车竹线至陈后山、埂头至尉相道路的修建工程；创建占岙省级社区服务中心示范村，动工建设竹田头社区综合服务中心，车头等5个村的村庄道路硬化、自来水管网改造、路灯亮化、停车场建设等工程基本完工；完成36座公厕改造项目；完成土地开发650亩；完成平水异地物业用房招商工作；启动建造竹田头家庭工业集聚点，建筑面积4000多平方米；完成9个山塘水库维修加固和2000米小流域清淤治理工程，“幸福水库”省级千库保安工程竣工。

这年，10个村实施“春泥计划”；新型农村合作医疗参保率94.68%，40余名低保边缘户享受零起点救助；举办“山娃子”杯乒乓球比赛及全镇首届老年体育运动会，成功创建省级老年体育强镇，星光老家之家实现全覆盖；成立7个社区康复服务中心，699名残疾人得到关爱，全国残疾人社区康复示范镇通过验收；为381户760余人发放低保金30万元；发放独生子女养老保险补贴及独生子女父母奖励资金42万元；落实经济薄弱村结对帮扶资金396万元；完成车头村、竹田头村失地农民生活保障工作。受理到信、到访、电话162件，比上年减少23件，调处各类纠纷84件，涉及赔偿金额80万元；聘任5名专家组建企业安全生产专家检查组；24个行政村全部创建为“民主法治村”。

【举办生态稽东2010香榧旅游节】 2010年9月29日，生态稽东2010香榧旅游节暨稽东香榧省级森林公园开园仪式在稽东镇占岙村月华坪举行，绍兴市副市长冯建荣参加开幕式。香榧旅游节为期10天，接待外地游客3万多人次。（毛佳丽）

2010年9月29日，“生态稽东·2010香榧旅游节”开幕式在稽东镇占岙村月华坪举行。（俞国荣摄）

钱清镇

【概况】 钱清镇因相传东汉年间，会稽郡太守刘宠因政绩显著而受皇帝褒奖，在调任时，当地父老持钱相赠至西小江边，刘宠执意不收，只示意取一枚投入江中，江水顿时清澈见底而得名，至今还留存乾隆皇帝为此题写的《钱清镇偶题》御碑。钱清镇地处杭州湾南岸，位于宁绍平原西部，东接柯桥，西邻杭州萧山区。杭甬铁路、104国道和杭甬运河横贯镇中部，杭甬、杭衢高速公路近在咫尺，距萧山国际机场10公里。镇域面积54.46平方公里，辖21个行政村和4个居委会，户籍人口59803人。

表34 2010年钱清镇主要经济指标完成情况

指标名称	单位	全年完成数	比上年±%
生产总值	万元	949638	10.6
人均生产总值	元	159204	10.2
固定资产投资	万元	157324	–5.4
工业主营业务收入	万元	4415806	18.9
自营出口	万美元	71661	13.0
实到外资	万美元	266	–67.4
财政收入	万元	78600	4.5
人均收入	元	17948	10.3

2010年，钱清镇有企业1832家，其中规模企业226家。工业企业利润19.35亿元，技改项目64个，总投资30亿元。38家印染企业完成污水预处理建设，8家印染企业采取中水回用技术，第一批6家印染企业集聚滨海实施中，第二批16家印染企业集聚滨海完成签约。

钱清中国轻纺原料城成交额355.06亿元，比上年增长12.2%。

2010年12月，狮林禅寺大雄宝殿左侧天竺塔竣工。（钱清镇供稿）

这年，“大钱门”开发建设总建筑面积25万平方米的14幢高楼全部竣工，总建筑面积70万平方米的36幢高楼建设中。面积2.38平方公里，总长度7公里的生活污水集中收集管网建设工程总体完工。完成国家级小农水项目建设3个。2个村通过省级环境整治村验收，1个村通过市级环境整治示范村验收，1个村通过市级全面小康建设示范村验收。被确定为全省小城市培育试点镇。完成杭甬客运专线、钱门商城、镇东路、萧甬铁路高架改造等工程的房屋拆迁7万平方米，完成8.5万平方米拆迁房屋的评估确权工作。钱清浮桥和镇东路建设工程投入7630万元，牌轩路建设完成一期工程。杭甬客运专线环境整治工程规划方案编制就绪。总投资3.5亿元的“钱门小区”11.7万平方米的安置房建设工程，完成基坑围护工作。西小江大桥老桥改造工程总投资2600万元，进入桥板铺设阶段。群贤路西延工程总投资1.2亿元，完成总体规划。蜀安公路改造工程完成施工图设计和房屋拆迁准备工作。萧甬铁路高架火车站迁址地块征迁工程，完成2万平方米拆迁、5.6万平方米房屋评估确权。钱东教育园区建设工程完成初步设计。“大钱门”农贸市场建设工程完成土地出让工作，并设计施工图。梅湖农民公寓4幢17层建筑完成主体结顶，方家桥农民公寓虹桥花园2幢18层建筑进行土方开挖、虹桥公寓2幢22层和2幢26层建筑打桩。

这年，建立120镇级应急平台。20389名职工参加职工养老保险，19227名农民参加被征地农民养老保险，14173名职工参加职工医疗保险，44501人参加新型农村合作医疗保险，28555名职工参加工伤保险，20581人参加生育保险，20555人参加失业保险。参观刘宠纪念馆33批次3397人。被评为绍兴市平安乡镇（街道）和绍兴市综治工作先进集体。被中国纺织工业协会授予中国轻纺原料市场名镇称号，被全国总工会授予全国工会系统“五五”普法先进单位称号。（余军贤）

孙端镇

【概况】 孙端镇相传因著名军事家孙武后人孙端曾居于此而得名,鲁迅先生外婆家所在地，绍兴市首批小康镇。位于绍兴县东北部，东临上虞市道墟镇，南、西接越城区皋埠镇、马山镇，北濒曹娥江。距县城柯桥20公里，329国道、杭甬高速公路一南一北，横贯而过。面积31.28平方公里，系平原水乡。辖16个村、3个居委会,户数14445，户籍人口39134人。

表35　2010年孙端镇主要经济指标完成情况

指标名称	单位	全年完成数	比上年±%
生产总值	万元	76370	9.9
人均生产总值	元	19557	9.6
固定资产投资	万元	33753	2.7
工业主营业务收入	万元	204234	27.4
自营出口	万美元	7315	14.4
实到外资	万美元		
财政收入	万元	9965	10.0
人均收入	元	12540	7.95

2010年，孙端镇粮食总产量1.32万吨，新成立农民专业合作社5家，农技培训11期920人次，农技绿色证书培训1期117人次。皇甫畈1.1万亩中低产田改造项目整体工程基本完工，河道砌磡1.83公里，清淤19000立方米，道路、河岸绿化12公里，1个村成功创建省级绿色生态示范村，1个村成功创建市级森林村庄。实施500万元以上先进制造业项目15个，盘活近9万平方米闲置土地和厂房，引进较大规模企业6家。申报省级新产品3个，申请专利168个，同怡公司汽车仪表检测中心被认定为省级研发中心，一普塑业被认定为省科技型中小企业，恒福公司机织蜂巢帘研发列入县科技攻关项目。被国家环保部授予全国环境优美乡镇称号。

这年，污水外排工程投入试运行，集镇天然气管道总线铺设工程完工，启动2座开关站建设，完成生活污水收集处理工程规划方案编制，财神桥、安桥头路、孙皇公路延伸段等3个县小交通项目完成建设前期工作并实施；鲁易大厦、星河苑房产主体结顶，成发豪庭房产项目土建启动，农贸市场异地新建项目抓紧前期准备工作；落实杭甬客运专线拆迁后续工作，开展集镇改造一期2495平方米拆迁。各村改造公厕39座，村头村、樊浦村2村实施整村污水集中处理1111户，许家埭村、皇甫庄村2村建成文体活动中心。落实计划和在建农民公寓11幢169套34900平方米。

这年，新开办7所“春泥计划”社会学校，协助创办民办“常青藤”养老院，新创9个省级“农村星光老年之家”，16个行政村实现村村都有老年服务中心。主办“孙端杯”县老年排球赛，成立孙端镇外婆家冬泳队。计划生育符合率99.51%，创建市级生育文明示范镇，村村设立农村消费维权点，创建市级食品安全示范镇。新型农村合作医疗参保3.1万人，落实各类救助经费220万元。

【开展“洁美孙端”行动】 2010年5月中旬至6月底，孙端镇开展为期一个半月的环境卫生集中整治大行动，清捞河道，清扫路面，垃圾清运，路旁清障，绿化配套，重点对镇域道路河道沿线、集镇公共场所、村庄内部环境卫生开展专项整治。行动结束后，明确镇、村两级卫生保洁区域和职责，定期专项检查。

【孙端派出所启用新办公楼】 2010年10月，孙端派出所新办公大楼投入使用。该工程于2009年5月动工，位于329国道南侧，投入500万元，建筑面积1500平方米，分办事区、办公区、生活区三大功能区，是绍兴市派出所功能区改造的示范点之一。

2010年10月，孙端派出所新警务用房投入使用。（金德仁摄）

【开办孙端大讲坛】 2010年8月28日，孙端镇“新农村党组织建设·孙端大讲坛”开班。孙端大讲坛以镇委党校为主阵地，以党员培训为主抓手，实行分类分层教育，为不同年龄、不同行业的党员量身定制培训内容。至年底，实施培训课程34讲，培训党员1200人。（陶伟元 詹 瑾）

2010年8月28日，“孙端大讲坛”举行开班仪式。（赵荣兴摄）

福全镇

【概况】 福全镇因境内有“福全山”而得名，位于绍兴县西南部，东与越城区鉴湖镇相邻，南接兰亭镇、漓渚镇，西、北分别与柯岩街道、柯桥街道相连。距绍兴市区4公里，距县城柯桥11公里，104国道南复线穿境而过。面积39.83平方公里，以平原水乡为主。辖22个行政村、1个居委会，户籍人口40490人，登记外来流动人口3.8万人。鉴湖女侠秋瑾、著名教育家许寿裳的故乡。

表36 2010年福全镇主要经济指标完成情况

指标名称	单位	全年完成数	比上年±%
生产总值	万元	530948	10.5
人均生产总值	元	131350	10.1
固定资产投资	万元	103765	6.9
工业主营业务收入	万元	2483312	19.1
自营出口	万美元	34898	19.2
实到外资	万美元		
财政收入	万元	45340	-2.2
人均收入	元	13317	6.8

2010年，福全镇饲料生产、生猪饲养、麻鸭养殖、蜂蜜酿制等特色农业和农产品加工企业进一步发展，“三位一体”农业公共服务体系试点经验在全县推广。实现工业投资9.52亿元，比上年增长6.2%；装备投资4.55亿元，占工业投资的47.79%。金银首饰、薄膜皮塑等优势产业占规模以上工业

销售的48.6%。高新技术产业增加值占工业增加值的31.5%，规模以上工业企业新产品产值率提高10%，推进明牌珠宝上市工作。有6家企业签约集聚滨海。化学需氧量（COD）和二氧化硫（SO_2）排放均完成上级下达指标。总投资2.66亿元，建筑面积70572平方米的3幢总部商务大楼动工；总投资7.71亿元，建筑面积158193平方米的3个房产项目动工兴建；中国轻纺城化工市场和花为媒二手车交易市场销售和上缴税金实现双增长。第一、二、三产业比重调整为2.1∶86∶11.9。

这年，被列为省级中心镇和市级中小城市培育试点镇。完成城镇总体规划、中心区控制详规、商贸中心城市设计、土地利用规划调整、农村新社区规划等规划修编工作。城镇基础设施投入3200万元。拆除违章建筑11539平方米，拆迁面积17086平方米。建成农民公寓16幢336套，在建农民公寓7幢204套，在办理手续农民公寓6幢116套。

这年，新型农村合作医疗参保率96.7%，受益率79%，新城乡社会保险参保人数7000余人。发放低保金、医疗救助款、各类困难补助165万元，11个村的"星光老年"之家通过验收，创建残疾人康复示范镇。通过省级文明镇、市级卫生镇复评，完成第六次全国人口普查工作。被市委、市政府命名为市信访"三无"乡镇和信访工作先进集体。

2010年9月14日，绍兴市委常委、县委书记何加顺在福全镇秋瑾路视察环境卫生。（福全镇供稿）

【福全镇商贸中心6个项目动工兴建】 2010年，福全镇商贸中心有6个项目动工兴建。中心是镇域的商贸居住核心区块，位于规划镇区中部，104国道南复线与福漓线交接处，规划配置总部商务区、居住区、生活服务配套区、休闲区等四大功能区，总面积1.5平方公里，规划建造28幢高层商务办公大楼和高层住宅建筑。（张志方）

兰亭镇

【概况】 兰亭镇因句践种兰兰渚山得名，以境内书法圣地闻名。位于绍兴县西南部，东邻越城区鉴湖镇，西连漓渚镇和福全镇，南接诸暨市枫桥镇，北依越城区亭山。距绍兴市区5公里，离县城柯桥17公里，绍大线纵贯南北，绍诸高速设有出入口。面积82.85万平方公里，南为山地，北为平原，兰亭江发源地。辖20个行政村、1个居委会，户籍人口31658人。

表37　2010年兰亭镇主要经济指标完成情况

指标名称	单位	全年完成数	比上年±%
生产总值	万元	205652	9.7
人均生产总值	元	65079	9.4
固定资产投资	万元	66880	8.1
工业主营业务收入	万元	1095182	25.4
自营出口	万美元	29347	21.2
实到外资	万美元	597	1356.1
财政收入	万元	22590	14.3
人均收入	元	15547	10.9

2010年，兰亭镇委托中国针织工业协会编制《针织产业提升规划》，"远景铝业"二期等14个技改项目投产，新引进"寰亚电子"等新兴产业项目14个。盘活存量土地89亩，存量厂房55400平方米。兰亭高科申报省级企业技术中心，获得国家科技成果专项扶持2800万元。通过省级新产品试制2个，新认定省级著名商标2个、市级名牌产品1个，新增各类专利发明150余项。新引进金鲨鱼电动车等新兴产业项目14个，其中外资项目2个。实施新建和续建"三个一批"项目79个，完成投资12.54亿元。11家印染企业签约集聚滨海，淘汰落后产能53台（套），5家企业通过清洁化生产、9家企业通过环保"三同时"企业验收，规模以上企业万元生产总值综合能耗同比下降5%，化学需氧量（COD）和

二氧化硫（SO_2）排放量控制在要求范围内。

兰亭镇中心区一角　（兰亭镇供稿）

这年，被列为省级中心镇和市级中小城市培育试点镇。实施“十路五桥”等政府性投资项目26个，兰亭湖大道、娄张公路、谢庆公路拓宽改造等工程项目基本建成。总投资1100万元，城镇生活污水收集工程一期建成投运。投资2000万元，兴建“二馆一广场”项目。12月30日，总投资500万元，建筑面积2000平方米，集篮球、羽毛球、乒乓球、台球以及休闲功能于一体的兰亭镇体育馆落成投运。总投资720万美元，注册资金360万美元，流转土地350亩的台商独资项目——浙江海峡两岸兰花科技园和总投资2000万元的兰文化博物园开工建设。启动约20亩的家庭工业集聚点建设。实施农村困难群众危旧房改造20户，拆除各类建筑3万余平方米。6个村完成小舜江扩面工程，实现有线电视数字化和园区内全覆盖。投资280万元完成6个村农村生活污水处理工程。5个村通过省待整治村创建，整治违法违章建筑26处2560平方米。

这年，被评为市级食品安全示范镇，镇中学被命名为市级书画特色学校，镇社区服务中心被评为省级规范化社区卫生服务中心。新型农村合作医疗参保率98%。计划生育率100%。文兰居委会和镇青年企业家协会成立。

【启动上兰亭综合市场建设】　2010年，花街、大庆、兰亭等兰南、兰亭两社区的8个村以入股的方式，成立上兰亭物业管理有限公司，政府以奖励扶持的方式，共建上兰亭综合市场。综合市场占地面积4453平方米，建筑面积4164平方米，建成后每村可增加村级集体收入10万元以上。

【签订书法文化创意产业园协议】　2010年，兰亭镇签订书法文化创意产业园协议。项目位于兰亭风景区西南侧，占地面积约48亩，总建筑面积1.58万平方米，总投资1.2亿元。其中一期27亩，主要功能为国家级文化团体产业基地和大师工作室；二期21亩，主要功能为知名文化创意企业总部基地。

（孙　颖）

杨汛桥镇

【概况】　杨汛桥镇因内有杨汛桥而得名，位于绍兴县西部，东与钱清镇相连，南靠夏履镇，西北以西小江为界与萧山区所前、衙前等镇毗邻。距县城柯桥20公里，离杭州30公里，杭金衢高速公路、104国道南复线穿境而过。面积37.85平方公里，处于丘陵向平原过渡区。辖12个村、9个居委会（社区），户籍人口34116人。

表38　2010年杨汛桥镇主要经济指标完成情况

指标名称	单位	全年完成数	比上年±%
生产总值	万元	425465	7.2
人均生产总值	元	124920	6.8
固定资产投资	万元	47092	-7.1
工业主营业务收入	万元	1445926	-21.8
自营出口	万美元	26888	24.5
实到外资	万美元	1297	
财政收入	万元	43309	17.3
人均收入	元	15402	5.8

2010年，杨汛桥镇土地流转810亩，林地流转1075亩，新成立土地股份合作社2家。完成河道砌磡3公里，清淤5.77万立方米，4100亩水面常年保持清洁。旺家纺织、加佰利集团下属的7家破产企业全部拍卖，“永隆”协商重组，展望集团与优势企业签订重组合作框架协议，“浙江玻璃”解困有序推进。园区10家企业竣工投产，实现产值2亿元，为产业园配套的创意服务中心竣工并通过验收。首届中国·柯桥窗帘窗纱博览会在杨汛桥举办。新创建省级企业技术中心1个，新列入国家重点新产品

开发计划1个、省级2个，新授权专利产品198个。获浙江省十大品牌乡镇，宝业集团获2项鲁班奖。和兴村、孙家桥村2家印染企业列入第二批签约搬迁计划，淘汰产能落后的15台J型缸，日减少排污量800吨，1.6万吨污水预处理项目建成投用。

杨汛桥镇“十里商贸长廊” （杨汛桥镇供稿）

这年，编制完成《杨汛桥镇经济社会发展战略》，修编《杨汛桥镇土地利用总体规划（2006～2010）》和《绍兴县杨汛桥镇地名规划》。完成《江桥大道拓宽改造设计》、河西岸解困房、调山小商品市场地块等规划方案工作。完成基础设施投资6700万元，南畈大桥道路、梅北110千伏变电所等基础工程竣工使用，维修破损路面近17000平方米；完成生活污水管线铺设并接入总管。完成兴盛二期2号地块、江桥轧钢厂地块、精功王家塔地块、宝业临江地块的拆迁，面积37619平方米，完成征地385.2765余亩，出让土地145.338亩。配合完成杭长客运专线、西气东输2项国家重点工程征迁工作，完成征地180余亩。竹园童农民公寓动工建设，展望村地块完成土地出让手续，杨汛社区卫生保洁实现市场化运作，孙家桥居委会、园里湖居委会实施生活污水整村收集处理；王家塔村通过省级待整治村考核验收。拆除违章建筑120处12886平方米，完成展望村、联社村的集中性拆旧工作，拆除70多户16700多平方米。

这年，计划生育符合率99.5%，婚检率80%以上，长效节育措施落实率60%以上，被评为县级双优乡镇。联社村通过市级卫生村验收。杨汛桥社区卫生服务中心投入使用，创建省级规范化社区卫生服务中心。市级卫生强镇复查通过验收。90岁以上老人每人每月增发补助50元。发放低保金和物价补贴103万元；发放慈善救助金40.8万元，大病救助37.6万元。江桃村锡箔产业积极申报省级非物质文化遗产；3个村（居委会）创建文化书屋；举办绍兴县农村文化进社区巡演暨农民文化艺术团成立首场文艺晚会，“送电影下村居”活动198场。杨汛桥镇中学教学楼扩建工程主体结顶，紫薇小学塑胶跑道建成，芝塘湖幼儿园改造工程完成。江桃村创建成为省体育示范村，蒲荡夏村、麒麟村创建为先进文化村。调处群众矛盾纠纷106起，金额623万元。通过“五五”普法工作验收，刑事发案率比上年下降0.7个百分点。 （陈文龙）

漓渚镇

【概况】 漓渚镇因域内漓江中有“渚”而得名，以“中国花木之乡”闻名。位于绍兴县西南部，东临福全镇，南连兰亭镇，西接诸暨市店口镇，北与湖塘街道、福全镇接壤。距绍兴市区约12公里，离县城柯桥18公里。面积36.62平方公里，为低山丘陵河谷区，鉴湖水系源头之一。辖12个行政村、1个居委会，总人口31529人，其中户籍人口22198人。

表39 2010年漓渚镇主要经济指标完成情况

指标名称	单位	全年完成数	比上年±%
生产总值	万元	159236	9.5
人均生产总值	元	71755	9.4
固定资产投资	万元	36363	5.8
工业主营业务收入	万元	691602	25.9
自营出口	万美元	20267	21.4
实到外资	万美元	120	-1.6
财政收入	万元	13380	21.1
人均收入	元	16405	10.0

2010年，漓渚镇花木销售8.1亿元，承接绿化工程超过1.5亿元。新增省级重点林业龙头企业1家。技改投入1.3亿元，推进生产清洁化、废物减量化、经济循环化。10家印染企业列入第二批集聚滨海计划。引进项目4个，储备优质项目18个，

其中投资上亿元的2个。引进筹建绍兴（漓渚）针织研究院，制定《漓渚镇针织产业提升规划》，再次被命名为中国针织名镇。获发明专利3个，列入县重大科技攻关计划项目2个，新增省级高新技术企业1家。

这年，开展兴业路、漓福公路大步至市场段道路、九板桥危桥等公共基础设施的建设和维护，新宇房产二期进展顺利。如期推进大步10幢254套3.5万平方米安置房，逐步启动棠二、红星、洞桥等村1万平方米农民公寓新建工程，基本建成九板桥、朱家坞的社区服务用房和村级物业用房。投入450万元开展“洁净漓渚、绿色家园”环境专项整治。

这年，26项惠民实事工程进展顺利，群众药品费用支出平均下降35%。完成占地3.5亩的镇中心幼儿园选址。新创省级小康体育村1个。

【建刚信息服务部获全国先进】 2010年，建刚信息服务部被工信部、科技部、农业部、商务部和文化部等五部委联合评选为2010年全国先进农村综合信息服务站。建刚信息服务部（农民信箱托管站）成立于2005年5年中，服务部负责人钱建刚为农户免费代发买卖信息，发布花木买卖信息5000多条；利用农技110等为广大农户开展技术服务，发送短信2万多条次，接受咨询1万多人次。2010年实现网上成交额3000多万元，其中帮助当地花农销售花木1000万余元。

【银泉兰苑被批准为浙江省蕙兰样品园】 2010年，绍兴县银泉兰苑被浙江省花卉协会兰花分会评定为浙江省蕙兰样品园。银泉兰苑创建于上世纪80年代初，经过30多年培育研究，现有100多个品种上千盆高档蕙兰，先后在国内外兰展和兰博会上获得金银奖七八十个。其收藏的蕙兰数量之多、品质之高、兰房设施的现代化以及兰文化相关资料收集的完整性，在省内首屈一指。

2010年9月，漓渚镇棠二村银泉兰苑苑主赵银泉手捧蕙兰。（吕富君摄）

【浙江高强度紧固件有限公司被认定为省高新技术企业】 2010年，浙江高强度紧固件有限公司被浙江省科学技术厅、财政厅、国家税务局、地方税务局认定为浙江省高新技术企业，漓渚镇实现省级高新技术企业零突破。浙江高强度紧固件有限公司创建于1987年，先后获得发明专利1项，国家火炬计划项目2项，独立研发新产品10余项，发起制订国家标准10多个。（吕富君）

富盛镇

【概况】 富盛镇因地处绍兴县、上虞市和嵊州市三地交界，物产丰富，商贸兴盛而得名。位于绍兴县东南部，东接上虞市汤浦镇，西连越城区皋埠镇，南邻平水镇，北界陶堰镇。距绍兴市区10公里，离县城柯桥36公里。面积73.90平方公里，北部为平原，南部为山区，诸葛山为境内最高峰。辖5个农村新社区，14个行政村，1个居委会，户籍人口23714人。

表40　2010年富盛镇主要经济指标完成情况

指标名称	单位	全年完成数	比上年±%
生产总值	万元	39741	9.7
人均生产总值	元	16752	9.9
固定资产投资	万元	11450	-0.5
工业主营业务收入	万元	96661	19.8
自营出口	万美元	2861	37.8
实到外资	万美元	20	100.0
财政收入	万元	5131	29.4
人均收入	元	9325	5.24

2010年，富盛镇完成早稻订单任务171万公斤，启动山河畈国家级农业综合开发建设工程，

投入1250万元实施清水工程，投资60万元启动建设120亩白茶基地，新建蔬菜大棚120亩，新推广稻虾轮作120亩，山地蔬菜通过省级无公害蔬菜标准化栽培示范推广验收，建设省级万亩竹笋产业园。投资1000万元的现代观光农业“由由嘉园”完成主体工程。流转土地961亩，流转率58%，创建诸葛山、凤旺2个村土地股份合作社。建设恒之陆二期、兆丰绒织等项目，百岁堂酒业、红葡萄二期和华创新型建材项目投产。新落地工业项目4个，总投资1.3亿元，引进外贸型企业6家、建筑类企业2家、会所项目2个，被评为2010年度招商引资优胜单位。2个产品通过省级新产品鉴定，1个黄酒开发项目列入省级科技计划项目，3个产品制定企业生产标准。

2010年9月29日，2010富盛乡村（森林）旅游风情节开幕式在富盛镇由由嘉园举行。 （富盛镇供稿）

这年，创建上旺岩里国家AA级景区。重新定位和包装设计“富盛十景”。完成集镇总规修编，启动倪家溇住商开发项目，集镇首个住商楼盘开盘，投资1000余万元的治安中心、住院大楼和新公交车站投入启用，总投资2700余万元的西上线镇区段拓宽、夏葑公路延伸段、富白公路、南北通道延伸段等环镇路网建设完工。移民小区、异地物业用房主体工程和2条行政村道路建设完成，投入30多万元开展河道清淤、溪流保洁，创建2个省级待整治村和1个市级环境示范村。

这年，发放保障金、补助金452.8万元，各类低保金202.4万元，各类慈善医疗救助金28.4万元，慰问金、慰问品32万余元。矛盾调处率、信访回复率100%，通过“平安创建”和“五五”普法验收。创建1个廉政文化示范村。

【举办2010富盛乡村（森林）旅游风情节】 2010年9月29日，富盛镇举行2010富盛乡村（森林）旅游风情节，开展“登诸葛仙山、品农家小菜、赏富盛美景”等风情节系列活动，吸引外籍游客、夕阳红老年团队到上旺岩里景区一日游、自驾游，接待各类游客超过5.1万人次。 （尉　峰）

陶堰镇

【概况】 陶堰镇因东汉陶姓家族居住堰下而得名，位于绍兴县东部，东与上虞市东关镇、道墟镇接壤，南靠富盛镇，西临越城区皋埠镇。距绍兴市区13公里、县城柯桥28公里，浙东运河、萧甬铁路、104国道穿越全境。面积25.11平方公里，系江南平原水乡，陶成章、陶行知、邵力子的故乡。辖11个行政村、1个居委会，户籍人口23692人。

表41　2010年陶堰镇主要经济指标完成情况

指标名称	单位	全年完成数	比上年±%
生产总值	万元	79003	10.7
人均生产总值	元	33375	10.4
固定资产投资	万元	37489	6.8
工业主营业务收入	万元	248968	24.6
自营出口	万美元	9157	59.2
实到外资	万美元	162	-38.9
财政收入	万元	12066	32.6
人均收入	元	13178	13.9

2010年，陶堰镇绍兴绿味现代生态农业科技示范园、青虾标准化养殖基地和凯盛苗木精品园3个园区被列入绍兴县东部三镇省级现代农业综合区建设规划，新建全市首家智能化育秧中心，改造陶堰工农畈中低产田，建设县级粮食生产功能区，创建浙江省森林城镇、浙江省气象防灾减灾示范镇和浙江省科普示范镇。玻璃产业年销售超10亿元。引进县外内资5081万元，比上年增长35.49%。预签总投资15亿元的新兴产业项目协议2个。6家企业推进技改项目，新创省级新产品2个，高新技术企业 1家，

首台（套）机械项目1个，倍增计划1家，各类专利150个。实现第三产业增加值2.24亿元，比上年增长9.78%。建设陶堰水产品市场商住楼、东方商贸城和名爵府等商贸重点项目，东方汽车城年营业额2亿元，销售1.5亿元。新办各类商贸三产134家，比上年增加59.7%。

这年，完成镇域总规、土地利用总规及集镇控制性详规编制，启动白塔洋生态旅游专项规划设计。完成镇中心第二幼儿园及彩虹庄小学塑胶跑道建设，浔阳路拓宽改造基本完成，启动绍诸高速陶堰互通立交工程、工业污水外排和2个铁路下穿立交工程。整治绿化104国道陶堰段，立面改造2.5万平方米。完成3个村生活污水收集处理工程，创建市级环境整治村1个、省级待整治村2个、市级中心村培育村1个，通过环境卫生县级考核验收。河道砌磡2060米、河道清淤3.8万立方米。土地流转12158亩，流转率68.3%，张家岙及茅洋一期农民公寓安置落户，茅洋二期农民公寓动工建设，启动南湖大型农民集中居住区建设规划，拆除违法违章建筑1488平方米。

这年，创建绍兴市文明镇，举办镇第二届老年人运动会，创建浙江省小康型老年体育镇。茅洋等6个村推行“春泥计划”社会学校。新型农村合作医疗参保率97.2%。新办陶堰镇老年颐乐园和泾口村养老服务中心。189户301名困难群众纳入低保，315名残疾人得到免费康复服务，县、镇两级各类补助、救济及补贴等250.56万元，5674人受益。刑事发案数比上年下降38%，信访总量比上年下降41.4%。

【出让集镇一期开发地块5万平方米】 2010年，陶堰镇占地面积5.8万平方米、建筑面积5万平方米的集镇一期开发地块顺利拆除，如期出让，拍卖总额超1.35亿元，亩均156.5万元。这是陶堰镇首次实施大规模拆迁，成为陶堰土地拍卖史上第一块超亿元地块。

【新建全市首家智能化育秧中心】 2010年6月，陶堰民乐粮油专业合作社建成绍兴市、县首家智能化育秧中心，总投资80余万元，建造300余平方米的温室玻璃钢棚，专供智能化育秧，并配有水稻播种流水线1套，秧盘15000余只，加热锅炉1只，装有自动喷管。（金惠芳）

陶堰镇水稻智能化育秧中心　　（陶堰镇供稿）

夏履镇

【概况】 夏履镇由大禹治水途径此地“履遗不蹑”而得名。地处绍兴县西北部，东连湖塘街道，西南毗邻萧山区进化镇、诸暨市店口镇，北与钱清、杨汛桥两镇为邻，距杭金衢高速杨汛桥道口6公里。面积51.04平方公里，素有“九山一田”之称，越王峥位于镇北。辖11个行政村、1个居委会，户籍人口18739人，外来人口1.7万人。

表42　2010年夏履镇主要经济指标完成情况

指标名称	单位	全年完成数	比上年±%
生产总值	万元	159505	9.5
人均生产总值	元	85297	9.1
固定资产投资	万元	33908	1.6
工业主营业务收入	万元	750328	17.6
自营出口	万美元	12372	37.8
实到外资	万美元	2	-98.4
财政收入	万元	16483	18.0
人均收入	元	12002	7.56

2010年，夏履镇19个工业项目完成投入3.2亿元，其中非织造布、新型建材、电子等新兴产业项目投入占70%以上，亿丽斯色丝、冠华塑业等13个项目建成投产。非织造布特色产业新建生产线1条、终端产品企业1家，9条生产线、4家终端产品企业实际销售突破10亿元。承办中国产业用纺织品

2010年，越王集团启用的新大楼。（盛继舟摄）

高峰论坛。“和中合纤”、“庄洁无纺”获国家高新技术企业及省级技术研发中心称号；新中天集团参与国家产业用纺织品行业标准制订工作；企业研发创建省级以上新产品6个，获省、市级科技进步奖3项，申报各类专利120个。培育发展竹笋、肉鸽、豆芽菜、杨梅等八大生态高效现代农林基地，其中“联华竹笋”和“莲东肉鸽”创建成为省级农业精品园。

这年，修编完善土地利用总体规划；总投资6750万元的西南通道夏履集镇段、越王峥景区环山路北坞段和工业园区兴工路等3项道路建设工程开工；占地10.6亩的小商品市场综合改造工程，完成拆迁、临时安置、土地拍卖和项目设计等；投资195万元完成集镇生活污水收集处理一期工程。在建“蝶翠华庭”、“翠谷庄园”等4个生态房产项目，投资4.3亿元，用地面积97197平方米，建筑面积15万平方米，其中“绿叶锦园”于10月开盘。完成越王峥社区二期农民公寓建设3582平方米；投资162万元，完成莲东村等4个村830户生活污水无害化治理和15座水冲式公厕改造；启动外来人口公寓建设一期工程和宅基地置换工作。完成莲增村等6个村的小流域治理2.23公里、水利项目4个和饮用水工程1个，被列入国家级小农水项目的莲中村灌区改造和越王峥村牛温水库加固工程开工建设。夏履桥村、莲增村分别创建成为省级环境待整治村和市级环境整治示范村；投资380多万元，完成西江路和绿杨路亮化、埠头路绿化景观建设等4项工程，并推行镇、村环卫保洁市场化运作机制。

新中天集团（盛继舟摄）

这年，通过市级卫生强镇复查验收，创建成为全国纺织精神文明建设示范基地、省级气象防灾减灾示范乡镇，越王峥被评为四星级森林旅游区。新型农村合作医疗参保率97%以上，发放低保金57万元、各类慰问金35万元。建立夏履镇天天为民服务中心，开辟180平方米的办事大厅，设立党政、经发、城建、社事、三资5个窗口，实现一站式便民服务。获市级平安乡镇和信访“三无”乡镇称号。

（盛继舟）

责任编辑　徐炳荣

2010年绍兴县国民经济统计资料选刊

2010年统计表

表43　绍兴县概况

	计量单位	2010年	2009年
一、行政区划面积	平方公里	1202	1202
二、行政组织			
镇人民政府	个	15	15
街道办事处	个	4	4
居民委员会	个	86	86
社区	个	30	28
村民委员会	个	291	291
三、人口			
1. 年末总户数	户	255377	256612
2. 年末总人口（户籍）	人	721955	717845
男性	人	356297	354506
女性	人	365658	363339
农业人口	人	417872	423564
非农业人口	人	304083	294281
3. 暂住人口	人	785900	694200
4. 全年出生人口	人	4915	4937
出生率	‰	6.81	6.88
5. 全年死亡人口	人	4795	4672
死亡率	‰	6.64	6.51
6. 自然增长人口	人	120	265
自然增长率（公安）	‰	0.37	0.18

表44 国民经济主要指标

	计量单位	2010年	2009年	同比±%
地区生产总值	亿元	776.10	655.78	10.6
第一产业	亿元	28.70	24.05	4.1
第二产业	亿元	476.13	405.62	8.5
第三产业	亿元	271.27	226.11	15.1
工业总产值	亿元	2818.17	2384.71	18.2
建筑业产值	亿元	843.60	735.81	14.6
农业总产值	亿元	42.63	35.80	19.1
工业产品销售收入	亿元	2781.30	2333.36	19.2
工业企业应缴税金	亿元	74.22	61.56	20.6
工业利润总额	亿元	128.61	92.31	39.3
全县农村经济总收入	亿元	2217.75	2208.73	0.4
全社会劳动者人数	万人	69.23	62.84	10.2
全年粮食总产值	万吨	20.61	20.93	–1.5
全年生猪饲养量	万头	68.39	64.13	6.6
淡水产品产量	吨	24432	24002	1.8
全年货运量	万吨	2827.63	2356.16	20.0
全年客运量	万人	4834	4028	20.0
全社会固定资产投资	亿元	311.64	272.07	14.5
其中工业投资	亿元	163.04	156.08	4.5
社会消费品零售额	亿元	119.40	105.89	17.8
出口额	亿美元	79.23	60.00	31.2
实际利用外资	亿美元	2.20	1.02	15.1
预算内财政收入	亿元	93.50	81.20	15.1
其中地方财政收入	亿元	51.76	43.58	18.8
预算内财政支出	亿元	51.87	42.06	23.3
金融系统年末存款余额	亿元	1139.27	1030.21	10.6
其中储蓄存款	亿元	466.77	423.10	10.3
金融系统年末贷款余额	亿元	893.18	794.94	12.4
中学生在校学生数	人	64145	65652	–2.3
小学生在校学生数	人	59677	60185	–0.8
卫生技术人员数	人	4058	3910	3.8
卫生机构实有床位数	张	3032	2920	3.8
各类专业技术人员	人	78575	69535	13.0

注：地区生产总值是经市统计局计算的初步核算数，增长速度按可比价计算。

表45 国民经济主要结构比例

指标名称	2010年	2009年
一、三次产业结构		
一产：二产：三产	3.7：61.3：35.0	3.7：62.3：34.1
二、人口结构		
农业：非农业	57.9：42.1	59.0：41.0
女性：男性	50.7：49.3	50.6：49.4
三、人民生活水平结构		
城镇居民恩格尔系数（%）	35.80	38.2
城镇居民基尼系数	0.288	0.294
农村居民恩格尔系数（%）	36.2	37.3
农村居民基尼系数	0.262	0.273
城乡居民收入比	1.93	1.94
四、农业结构		
粮经面积比	60.0：40.0	60.8：39.2
粮经产值比	20.1：79.9	21.5：78.5
种养产值比	64.4：35.6	62.3：37.7
五、工业结构		
纺织业（大）与非纺比重	63.6：36.4	64.5：35.5
规模以上与规模以下比重	85.7：14.3	85.8：14.2
规模以上高技术产业占规模以上销售收入比重	0.77	0.66
六、投资结构		
一产：二产：三产	0.4：52.3：47.3	0.7：57.4：41.9
纺织业（大）与非纺比重	47.7：52.3	48.2：51.8
七、出口结构		
纺织品出口占出口比重%	92.5	93.1
八、主要指标与GDP关系		
财政收入占GDP比重%	12.0	12.4
地方财政收入占GDP比重%	6.7	6.7
出口依存度%	71.4	62.5
外贸依存度%	98.1	87.8

表46 国民经济主要比例关系

计量单位：%

	2010年	2009年
一、生产总值中三次产业比例		
第一产业	3.7	3.7
第二产业	61.3	61.8
第三产业	35.0	34.5
二、工业总产值中纺织工业比例		
纺织工业（大）	63.6	64.5
非纺工业	36.4	35.5
三、农业总产值中各业比例		
农业	59.2	57.0
林业	7.6	8.3
牧业	20.7	21.7
渔业	12.0	12.6
农林牧渔服务业	0.5	0.5
四、农作物播种面积比例		
粮食作物	56.3	56.6
经济作物	37.5	36.6
其他作物	6.2	6.8
五、农业结构调整情况		
粮经产值比	20.1：79.9	21.5：78.5
粮经面积比	60.0：40.0	60.8：39.2
种养产值比	64.4：35.6	62.3：37.7
六、全县固定资产投资中三次产业比例		
第一产业	0.4	0.7
第二产业	52.3	57.4
第三产业	47.3	41.9
七、城乡居民收入比例	1.93	1.94

注：纺织工业（大）包括纺织业、服装及其他纤维品制造业、化学纤维制造业，比例为占全部工业企业的比重。

表47 平均每天主要社会经济活动

	计量单位	2010年	2009年	同比增长%
一、全县每天创造的财富				
生产总值	万元	21263	17952	18.4
农业总产值	万元	1168	981	19.1
工业总产值	万元	77210	65335	18.2
财政收入	万元	2562	2225	15.1
粮食	吨	565	574	-1.6
肉类	吨	101	93	8.6
淡水产品	吨	67	66	1.5
布及丝织品	万米	1588	1522	4.3
二、全县每天投入和工业经济效益				
完成固定资产投资	万元	8538	7454	14.5
工业产品销售收入	万元	76200	63928	19.2
工业应交税金	万元	2033	1687	20.5
工业利润总额	万元	3624	2529	43.3
三、全县每天人口变动和婚姻				
出生人数	人	13	14	-7.1
死亡人数	人	13	13	-7.1
结婚对数	对	13	9	44.4

表48 国民经济主要平均指标

	计量单位	2010年	2009年	同比增长%
每平方公里人口密度	人	601	597	0.7
平均每人生产总值	元	107807	91563	10.0
折合美元（约）	美元	15925	13394	-
平均每人粮食产量	公斤	286	292	-2.1
平均每人社会消费品零售额	元	16585	14786	12.2
平均每人财政收入	元	12988	11338	14.6
平均每人储蓄存款余额（本外币）	元	64836	59076	9.8
农民人均居住面积	平方米	59.77	59.10	1.1
城镇职工年均工资(含私营)	元	30945	27657	11.9
农民人均纯收入	元	16685	14682	13.6
城镇居民人均可支配收入	元	32223	28496	13.1

续表

	计量单位	2010年	2009年	同比增长%
工业人均创利税	元	53144	42725	24.4
工业人均净资产	元	191418	181015	5.7
每万人拥有中学在校学生	人	683	712	-4.1
每万人拥有小学在校学生	人	829	840	-1.3
每万人拥有各类专业技术人员	人	1091	971	12.4
每万人拥有卫生技术人员	人	55	54	1.9

表49 农林牧渔业总产值

计量单位：万元

	2010年	2009年	同比增长%
合 计	426344	358037	19.1
一、农业产值	252405	203925	22.4
二、林业产值	32402	29700	18.3
三、牧业产值	88348	77573	13.9
四、渔业产值	51158	45112	13.4
五、农林牧渔服务业产值	2023	1727	17.6

表50 主要农产品产量

	计量单位	2010年	2009年	同比增长%
粮食	吨	206073	209330	-1.6
其中稻谷	吨	178656	182593	-2.2
油菜籽	吨	5995	5927	1.1
蔬菜	吨	455488	420926	8.2
茶叶	吨	8432	9509	-11.3
水果	吨	72322	67291	7.5
肉类	吨	36693	33773	8.6
淡水产品	吨	24432	24002	1.8

表51 全县工业总产值（现价）

计量单位：亿元

	2010年	2009年	同比增长%
工业总产值（现价）	2818.17	2384.71	18.2
其中：500万元以上	2414.67	1941.87	24.3
500万元以下	403.50	442.84	-8.9
规模以上工业按经济类型分			
国有及国有控股工业	17.57	15.37	14.3
集体企业及集体控股工业	11.30	9.68	16.7
股份制、有限责任公司	1829.98	1585.19	15.4
外商及港澳台资企业	624.53	484.71	28.8
其他经济类型	334.80	289.74	15.6
其中：个体工业户	269.37	256.28	5.1
按主要行业分			
非金属矿采选业	0.63	0.58	9.5
农副食品加工业	33.98	27.11	25.4
食品制造业	2.83	2.29	23.5
饮料制造业	26.14	23.23	12.5
纺织业	1312.55	1142.41	14.9
服装及其他纤维制品制造业	56.23	49.73	13.1
皮革、毛皮羽绒及其他制品业	8.48	8.63	-1.7
木材加工及竹藤棕草制品业	3.82	3.36	13.7
家具制造业	15.84	14.20	11.6
造纸及纸制品业	23.37	14.75	58.5
印刷业、记录媒介的复制	2.87	4.77	-39.9
文教体育用品制造业	8.83	7.75	13.9
石油加工、炼焦及核燃料加工业	0.15	0.12	21.9
化学原料及化学制品制造业	191.27	131.27	45.7
医药制造业	7.18	6.90	4.1
化学纤维制造业	422.87	347.18	21.8
橡胶制品业	10.73	9.66	11.1
塑料制品业	103.38	83.70	23.5
非金属矿物制品业	77.43	91.64	-15.5
黑色金属冶炼及压延加工业	21.32	15.73	35.5
有色金属冶炼及压延加工业	69.60	52.30	31.2
金属制品业	84.42	76.83	9.9

续表

	2010年	2009年	同比增长%
普通机械制造业	36.21	28.06	29.1
专用设备制造业	44.74	28.37	57.7
交通运输设备制造业	40.04	34.85	14.9
电气机械及器材制造业	36.84	29.20	26.2
电子及通信设备制造业	4.16	2.56	62.1
仪器仪表及文化办公用机械制造业	5.52	4.32	27.9
其他制造业	97.42	81.04	20.2
废弃资源和废旧材料回收加工业	5.77	5.85	-1.4
电力蒸气、热水的生产和供应业	55.30	47.91	15.4
燃气生产和供应业	0.38	0.36	5.7
水的生产和供应业	8.88	8.05	10.3

表52 全部工业主要经济指标

计量单位：亿元

	2010年	2009年	同比增长%
企业单位数（个）	15786	15153	4.2
其中：亏损企业（个）	155	177	-12.4
工业总产值（现价）	2818.17	2384.71	18.2
主营业务收入	2781.30	2333.36	19.2
税金	74.22	61.56	20.6
其中：应缴增殖税	61.44	51.89	18.4
利润总额	128.61	92.31	39.3
亏损企业亏损额	1.27	1.65	-23.0
年末固定资产原价	960.67	936.69	2.6
年末固定资产净值	606.60	609.83	-0.5
固定资产净值平均余额	601.31	581.78	3.4
年末流动资产余额	1357.67	1242.33	9.3
流动资产年平均余额	1283.62	1109.29	15.7
固定资产投产完成额	163.04	156.08	4.5
资产总额	2269.80	2040.85	11.2
负债总额	1539.24	1388.95	10.8
所有者权益	730.55	651.90	12.1

表53 全部工业主要产品产量

产品名称	计量单位	2010年	2009年	同比增长%
发电量	亿千瓦时	35.81	35.28	1.5
混、配合饲料	万吨	64.04	54.70	17.1
黄酒	万吨	20.50	19.25	6.5
精制茶	万吨	9.28	8.17	13.6
纱	万吨	8.79	15.64	-43.8
布及丝织品	亿米	57.96	55.56	4.3
印染布	亿米	180.76	159.89	13.1
服装	万件	23600	22560	4.9
化学纤维	万吨	256.85	243.39	5.5
塑料制品	万吨	35.60	30.15	18.1
水泥	万吨	375.32	285.48	31.5
平板玻璃	万重量箱	2193	1829.93	19.8
PTA	万吨	187.52	152.99	22.6

表54 建筑业主要经济指标

	计量单位	2010年	2009年	同比增长%
资质企业个数	个	114	114	-
建筑业总产值	亿元	843.6	735.81	14.6
其中：在外省完成的产值	亿元	597.11	504.31	18.4
房屋建筑施工面积	万平方米	8414	8690	2.7
自有机械设备年末净值	亿元	17.55	11.2	56.7
平均人数	万人	36.36	35.80	1.6
全员劳动生产率	元/人	232013	205534	12.9
工程结算收入	万元	6835293	5978416	14.3
工程结算税金	万元	237292	200586	18.3
利润总额	万元	187004	162812	14.9
年末固定资产原价	万元	507760	451535	12.5
流动资产	万元	2030500	1774597	14.4
资产合计	万元	2616007	2246540	16.4
负债合计	万元	1431864	1242920	15.2
所有者权益	万元	1184142	1003621	18.0
建筑业增加值	万元	1575082	1381223	14.0

表55 全社会固定资产投资

计量单位：亿元

	2010年	2009年	同比增长%
一、全社会固定资产投资额	311.64	272.07	14.5
其中：非工业投资	148.60	115.99	28.1
基础设施投资	53.50	40.45	32.3
工业投资	163.04	156.08	4.5
房地产开发投资	96.69	61.42	57.4
二、按三次产业构成分			
1. 第一产业	12954	20109	-35.6
2. 第二产业	1630355	156.08	4.5
3. 第三产业	1473052	113.98	29.2
三、按投资规模划分			
1. 计划投资额在500万元以上	296.87	256.46	15.8
2. 计划投资额在500万元以下	14.76	15.61	-5.4
四、项目个数（个）			
1. 施工项目个数	1013	1110	-8.7
其中：本年新开工	501	493	1.6
2. 投产项目个数	493	532	-7.3
五、新增固定资产	103.46	139.13	-25.6
其中：工业	87.47	101.63	-13.9

表56 国内外贸易

	计量单位	2010年	2009年	同比增长%
一、国内贸易				
社会消费品零售总额	亿元	119.40	101.39	17.8
其中：批发业	亿元	7.66	6.28	21.9
零售业	亿元	100.62	85.63	17.5
住宿餐饮业	亿元	11.12	9.47	17.4
各类市场个数	个	85	81	4.9
商品市场成交额	亿元	830.50	738.86	12.4
其中：中国轻纺城成交额	亿元	438.64	391.49	12.0
钱清轻纺面料市场成交额	亿元	355.06	316.45	12.2
化纤布成交量	亿米	44.95	40.55	10.9
二、对外贸易				

续表

	计量单位	2010年	2009年	同比增长%
进出口总额	万美元	1088225	842376	28.6
进口总额	万美元	295965	242375	22.1
出口总额	万美元	792260	600002	31.2
其中：加工贸易	万美元	34347	27593	24.5
主要出口商品				
纺织面料	万美元	695104	526749	31.0
服装	万美元	38081	31940	19.4
非纺织产品	万美元	59075	41313	43.0

表57 利用外资

	计量单位	2010年	2009年	同比增长%
新批准三资企业数	个	50	33	51.5
投资总额	万美元	24610	13925	76.7
注册资本	万美元	14595	9831	48.5
合同外资	万美元	9570	2470	287.4
实际到位外资	万美元	22001	10230	115.1

表58 旅游人数和收入

	计量单位	2010年	2009年	同比增长%
国内外旅游人数	万人次	717.89	599.22	19.8
其中：入境旅游人数	万人次	16.21	13.99	15.9
其中：外国人	万人次	13.96	11.48	21.6
港澳台同胞	万人次	1.33	1.50	-11.3
国内旅游人数	万人次	701.68	585.23	19.9
旅游总收入	亿元	72.26	58.61	23.3
国际旅游收入	万美元	6696	5608	19.4
国内旅游收入	亿元	67.75	54.72	23.8

表59　交通运输业

	计量单位	2010年	2009年	同比增长%
公路通车里程	公里	1573.58	1569.43	0.3
内河航道净里程	公里	320	320.0	–
民用汽车拥有量	辆	89997	70780	27.2
其中：私人汽车	辆	80203	49040	63.5
1. 载客汽车	辆	61869	56245	10.
其中：公交车	辆	444	429	3.5
出租车	辆	439	438	0.2
2. 载货汽车	辆	12709	10491	21.1
全社会客运量	万人	4833.9	4028.2	20.0
全社会货运量	万吨	2828	2356.16	20.0

表60　财政收支

	计量单位	2010年	2009年	同比增长%
一、财政总收入	万元	935035	812021	15.1
其中：地方财政收入	万元	517568	435832	18.8
其中：营业税	万元	135613	103241	31.4
农业税收	万元	59036	49601	19.0
企业所得税	万元	67148	48696	37.9
个人所得税	万元	19676	15629	25.9
地方上划中央收入	万元	417467	376189	11.0
二、财政支出	万元	518692	420590	23.3
其中：一般公共服务	万元	64962	56636	15.8
科学技术	万元	25105	20671	21.5
教育	万元	87980	75396	16.7
文化体育与传媒	万元	10818	9701	11.5
社会保障和就业	万元	38555	30669	25.7
医疗卫生	万元	31925	27521	16.0
环境保护	万元	8426	6200	35.9
城乡社区事务	万元	57027	51454	22.0
交通运输	万元	18620	30055	–38.0

表61　金融机构存款贷款年末余额（本外币）

计量单位：亿元

	2010年	2009年	同比增长%
一、各项存款余额	1139.27	1030.21	10.6
其中：企事业单位存款（本币）	364.06	303.98	19.8
城乡储蓄存款	465.02	421.25	10.4
二、各项贷款余额	893.18	794.94	12.4
其中：短期贷款（本币）	688.82	618.24	11.4
其中：个人贷款及透支	100.94	70.47	43.2
单位贷款及透支	570.42	533.88	6.8
贸易融资	17.46	15.06	15.9
中长期贷款	184.50	146.58	25.9
其中：个人贷款	72.19	57.08	26.5
单位贷款	106.02	86.84	22.1
银团贷款	6.29	1.49	322.1
三、存款比率（%）	78.4	77.2	–

表62　城镇居民人均收支情况

	计量单位	2010年	2009年	同比增长%
一、城镇居民家庭基本情况				
1. 调查户数	户	200	200	–
2. 平均每户家庭人口	人	2.99	3.02	–1.0
3. 平均每户家庭就业人数	人	1.87	1.85	1.1
4. 平均每一就业者负担人数	人	1.60	1.63	–1.8
5. 年末人均住房建筑面积	平方米/人	38.97	38.95	0.1
6. 年末人均住房使用面积	平方米/人	29.23	29.22	0.0
二、家庭总收入	元	35154.10	29804.06	14.6
其中：可支配收入	元	32223	28496	13.1
1. 工薪收入	元	23883.04	20677.6	15.5
2. 经营净收入	元	5164.46	4295.3	20.2
3. 财产性收入	元	2034.78	2291.78	–11.2
4. 转移性收入	元	3071.83	2539.38	21.0
三、家庭总支出	元	23171.84	20783.96	11.5
1. 生活消费支出	元	18868.79	16926.49	11.5
其中：食品	元	6762.65	6466.80	4.6

续表

	计量单位	2010年	2009年	同比增长%
衣着	元	2080.05	2043.74	1.8
家庭设备、用品及服务	元	837.61	645.71	29.7
医疗保健	元	571.22	517.48	10.4
交通和通信	元	4115.23	3387.17	21.5
教育、文化、娱乐服务	元	2693.49	2436.94	10.5
居住	元	1421.70	941.55	51.0
杂项商品和服务	元	386.84	487.10	–20.6
2. 购房与建房支出	元	503.64	1205.01	–58.2
3. 转移性支出	元	2007.08	1449.89	38.4
4. 财产性支出	元	211.70	52.49	303.3
5. 社会保障支出	元	1580.64	1150.48	37.4
恩格尔系数（%）	元	35.8	38.2	–

表63 农村住户人均纯收入及生活指标

	计量单位	2010年	2009年	同比增长%
一、农村住户家庭基本情况				
1. 调查户数	户	500	500	–
2. 平均每户家庭人口	人	3.65	3.67	–0.5
3. 平均每户整半劳动力	人	2.57	2.56	0.4
4. 平均每户从事非农劳动力	人	2.31	2.29	0.9
5. 平均每人住房面积	平方米/人	59.77	59.10	1.1
二、全年农民人均纯收入	元	16685	14682	13.6
其中：生产性纯收入	元	15577	13431	16.0
1. 工资性收入	元	11591	10217	13.4
2. 家庭经营收入	元	3986	3214	24.0
3. 财产性收入	元	603	742	–18.8
4. 转移性收入	元	505	509	–0.7
农民人均可支配收入	元	16477	14492	13.7
三、全年人均总支出	元	12731.98	11262.02	13.1
1. 生活消费支出	元	11427.71	10318.61	10.7
其中：食品	元	4134.61	3853.55	7.3
衣着	元	831.39	699.33	18.9
居住	元	2841.11	2957.51	–3.9

续表

	计量单位	2010年	2009年	同比增长%
家庭设备、用品及服务	元	384.30	332.59	15.5
医疗保健	元	621.56	335.26	85.4
交通和通信	元	1342.69	1009.26	33.0
文教娱乐用品及服务	元	1012.67	906.73	11.7
其他商品和服务	元	259.37	224.37	15.6
2. 转移性支出	元	600.50	547.29	9.7
四、恩格尔系数	%	36.2	37.3	–
基尼系数	%	0.262	0.273	–
服务消费支出比重	%	24.2	22.9	–

（余红霞）

责任编辑　韩兰芳

索 引

说 明

1. 索引分正文索引、正文图表索引和正文照片索引三部分。采用主题分析法，按标引词第一字汉语拼音（同音词按声调）顺序排列；同声同调按笔画顺序排列；第一字相同，按第二字音序排列。以下据此类推。

2. 因类目、分目页码已在《目录》中标出，故本索引仅限条目。条目标引词一般采用该条目的主题词、中心词或简称。单位和事件一般用简称，不冠以“绍兴”、“绍兴县”等字样。

3. 标引字后的阿拉伯数字表示内容所在页码，页码后的拉丁字母（a、b）分别表示该页的左右栏。标引词后的多个页码，表示此内容在其他书页的位置。

4. 特载、专辑、大事记、民主党派和工商联、县人著述、鉴湖新风、越地珍闻、外地媒体话绍兴和彩色插页未编索引。

正文索引

0-9

A

B

C

D

E

F

G

H

J

K

L

M

N

O

P

Q

R

S

T

W

X

Y

Z

正文图表索引

N

P

Q

S

T

W

X

Y

Z

正文照片索引

0-9

A

B

C

D

F

G

H

J

K

L

M

N

P

Q

R

S

T

W

X

Y

Z

陶堰镇南湖村

南湖村是一个拥有2354人口的村落，地处绍兴县陶堰镇，位于镇域西南首，距镇政府1.5公里，与富盛镇交界。村域面积2.93平方公里，辖3个自然村，19个村民小组，党员71名，村民代表37名，现有住户766户，人口2345人，耕地面积1998亩，有省级无公害青虾标准化基地590亩。

村内河清水秀，风光旖旎，水面达5200亩的白塔洋、百家湖如两颗明珠镶嵌其间。拥有秀丽的环境、富饶的资源、发达的水陆交通。近年来，在上级党委、政府部门的领导下，认真贯彻执行党的路线、方针、政策，紧紧围绕经济建设和新农村建设为中心，解放思想，苦干实干，努力进取，协调发展，经济建设和社会各项事业取得很好成绩，先后被评为市级“生育文化示范村”，县级“卫生村”、“文明村”、“绿色生态村”、“社会治安综治管理先进单位”、“计划生育协会先进单位”、“农业科技示范村”、“水利示范村”，镇级“新农村先进村”。南湖村村民遵纪守法、勤劳淳朴，在村两委会和全体党员干部的共同努力下，目前基本实现村庄道路硬化、路灯亮化、环境净化，村内各项设施基本齐全，特别是老年活动室的创办，使老年人老有所乐，过上了幸福生活。今后，力争建设成为现代化新农村，促进全村经济社会更为和谐的发展。

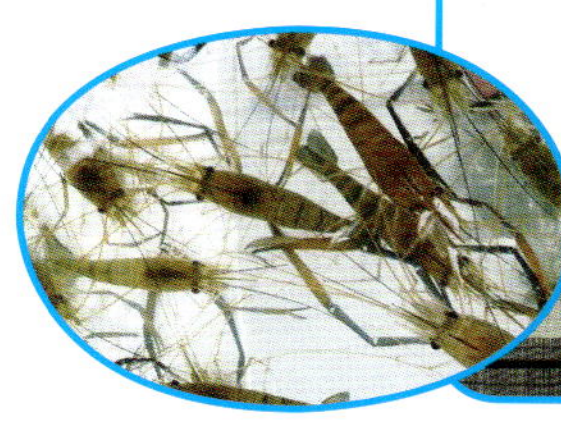

① 农民新居
② 南野堂
③ 青虾养殖基地
④ 青虾
⑤ 水乡南湖

新农村

陶堰镇浔阳村

浔阳村位于陶堰镇西南部，居集镇中心，镇中心小学坐落在村中，村庄南靠萧曹运河北连104国道，西邻陶堰镇工业园区。全村地域面积1.88平方公里，拥有住户820户，居住人口2241人，耕地面积1240.6亩。村党总支辖3个党支部，村委会下设12个村民小组。

该村先后获得市级卫生村、县级绿化村、县级村务公开和民主管理示范村等优秀称号。

① 坐落在村中的陶堰镇校
② 农民新居
③ 道路硬化
④ 优美整洁的环境

富盛镇辂山村

辂山村坐落于富盛镇的北面，东邻乌石村、义峰村，南连富盛村，西毗夏葑村，北与皋埠镇孟家葑村接壤，属平原地区，田畴平展，河流密布，村内公交车直达，水陆交通便捷。

全村村域面积为3.18平方公里，有耕地2173.9亩，旱地200亩，竹茶山460亩，水域870亩，总农户892户，人口2611人，党员101人，设有1个总支，3个支部。农业以种植水稻为主，有农业百亩蔬菜基地1家；工业企业10家，其中规模企业1家，工业总产值2145万元；农民人均收入达到10645元。村级基础设施健全，道路硬化并装路灯，建有老年活动室休闲健身场所，有线电视、自来水安装率90%。近年来先后被评为先进党组织、先进村、县级文明村、绿色生态村、新农村建设示范村。

1 4
2
3

①村委办公楼
②农民新居
③整洁的村庄
④村入口处

义峰村位于富盛镇北部，距集镇区约4公里，北部与陶堰镇接壤，南临凤旺村、青马村，西接乌石村，东至上虞市，村庄所处位置是山地与平源交接地带，富陶公路交汇于村庄西部，交通便利。2003年以来，村先后被命名为县级“文化村”、“文明村”、“卫生村”“村务公开和民主管理示范村”、“良种优质示范基地”等。

村域总面积3.14平方公里，由原来北山和方岙2个自然村组成，村委设在方岙自然村，全村共有8个承包小组，2010年农户数496户，人口1668人。

村现有山林1528亩，耕地面积1911亩，其中水田1793亩，旱地118亩。村民主要以农业经营业所为主，并以农经合理为调整结构，主要产业为水稻种植、稻虾轮作、水产养殖、花卉基地、生猪养殖等产业。村内现拥有个私企业9家，2010年工业总收入760万元，农民总收入2602.45万元、人均收入8626元。

富盛镇义峰村

村内基础设施基本完善，主要道路基本硬化，公共设施基本配套，建有一流的幼儿园、卫生医疗所、老年活动室和村民健身活动场地。同时配备了村内绿化系统，建立一系列的环境卫生制度和新农村建设奔小康计划。

2
3 1
4
5

①村委办公楼
②道路硬化
③村幼儿园
④卫生服务站
⑤村委会议室

孙端镇许家埭村

许家埭村位于绍兴县东部孙端镇工业园区所在地，全村地域面积3.17平方公里，南靠329国道、杭甬高铁，北依孙马公路，水陆交通便捷。许家埭村于2003年6月行政村调整由原许家桥村、单家埭村和碧波潭村合并。现有耕地440亩，1047户，人口2647人，16个村民小组，中共党员82名，设一个党支部。村内设有一个市场和一个社区医疗服务站。

2003年获县级文化村，2006年获县级新型生育文化村，2007年获县级卫生村和县级绿色生态村，2010年获县级文明村并成功创建省级小康型体育村等荣誉。

① 农民新居
② 优美环境
③ 碧水蓝天
④ 农民健身公园

安昌镇白洋村

白洋村位于安昌镇最北端，东至齐贤镇梅林村，南连柯北工业园区，西接前畈村，北靠萧山党山镇，距杭甬高速道口柯桥2公里，离柯桥县城5公里，地理位置优越，交通便捷，是发展经济的宝库之地，白洋人杰地灵，人才辈出，素有文化礼仪之乡之称。全村总面积24公顷，农户840户，2350人，11个村民小组，40多家企业，2009年全村创销售3.5亿元，自营出口800万美元，可支配收入200余万元，村内拥有省级体育俱乐部、老年活动室、农贸市场、医疗社区、小学等。历年来被评为市级卫生村、县级生态村、县一级文化村。

2010年，村各项事业较快发展，在镇党委、政府的正确领导下，全面贯彻落实党的十七届四中、五中全会精神，深入学习实践科学发展观，坚定信心，开拓创新，真抓实干，奋力拼搏，确保全村经济社会持续较快发展，安定团结，安居乐业，党建工作和村民日常生活呈现欣欣向荣的景象。

全年完成销售3.88亿元，同比增长19.2%，完成指标105.4%，规模以上增值率15%，超指标1.2百分点；自营出口完成919万美元，同比增长23.1%，完成指标105%；技改投入完成2770万元，完成指标277%。

① 村民健身中心
② 马路绿树成荫
③ 卫生服务站
④ 农民新居

芝塘湖村位于杨汛桥镇南部，由原芝湖村、塘下湖村、冯家湖村、湖里陈村、岭下湖村合并而成，因5个村在著名的芝塘湖周围，合并后取名为芝塘湖村。村域面积6.88平方公里，村委所在地位于江夏公路岔口绍兴县菱发纺织有限公司北侧，村东至大岭界，南以大尖山为界、西与横山村相邻、北以礼陀山为界，芝塘湖是杨汛桥第一大湖，也是绍兴县有名的大湖。现有耕地1362亩，山林6457亩（茶园、竹林、果园等），农户777户，共2749人（其中非农83户，计195人）。

有工业企业近20家，其中规模以上1家，芝塘湖特色休闲钓鱼农庄6个。2010年总收入216.3万元，农民人均纯收入13708元。村级基础设施较为完善，道路硬化、路灯安装、自来水入户均达到100%，近年来先后获得县级文明村、卫生村、先进党组织、计划生育先进村、新型文化生育村等称号。

杨汛桥镇芝塘湖村

① 环境优美的芝塘湖
② 农民新居
③ 芝塘湖幼儿园
④ 村委办公楼

齐贤镇兴齐村

① 小桥流水人家
② 整洁的村庄
③ 新农村新景象
④ 农民新居

兴齐村位于齐贤集镇北部，环镇东路、齐马公路穿村而过，下辖3个自然村，由原禹降、西徐巷、沃家溇3村合并而成。全村有11个村民小组，共1096户，总人口2881人，村民代表38个。总耕地面积1037亩，村域面积1.8平方公里。村内道路全部硬化，并在道路两旁种植配套绿化，居民生活污水已基本接入排污管道，为村民营造一个文明整洁的生活环境。

近年来，在村委班子的共同奋斗下，兴齐村先后被评为县级生态村、县级文化村、县级卫生村、镇级惠民工程先进村，获得镇级优秀党组织等荣誉称号。

齐贤镇齐贤村

① 农民公寓
② 新农村别墅
③ 五眼闸（绍兴文物保护）
④ 村综合市场

齐贤村位于集镇东部，环镇东路、齐央公路穿村而过，是齐贤镇的核心区域，集商贸、旅游、文化、通信、贤仕花园、东贤小区住宅于一体，是本镇经济较发达的村之一。下辖7个自然村，由原山头、李徐浦、五眼闸三村合并而成。全村共有党员135名，村民代表48名，农户1360户，总人口3590人，耕地面积1600亩，村域面积2.4平方公里。2010年度村级集体经济可支配收入达200万元以上，先后被评为县级卫生村、文明村、文化村，村党支部多次被评为县级先进基层组织。

华舍街道亭东居委会

亭东居委会位于柯西工业园区内，东至华墟居委会，南依太平桥，西接稽山路，北至山阴路。面积约0.64平方公里。目前全居有397户，1092人，外来居住人口4100多人。

居民区设有党支部，下辖党小组3个，共有党员57人，其中预备党员2名。居委会下辖6个居民小组，居民代表31名。

居委会以物业经营为主要收入，全居有资产2120万元，2010年居级经营性收入235万元。居民多以个私经商，办私营企业为主。全居共有工业企业10家，以圆机为主，五金、绣花、压皱为辅，居民经济收入主要来源于企业、卖布、房屋出租等。居内设有幼儿园1个，农贸市场1个，老年活动室1所，社区卫生院1个。近年来，居委会带领居民团结合作，廉洁勤政，亭东居的基础设施建设逐步完善。社会保障和福利事业有所发展，治安状况良好，随着新县城建设和发展，居民生活和谐稳定。

① 廉政文化长廊
② 居委会办公楼
③ 居民新公寓
④ 卫生服务站
⑤ 新世纪幼儿园

马鞍镇新闻居委会

① 农民公寓远景图
② 农民公寓内景一瞥
③ 小区马路绿化
④ 宽阔的马路

新闻居委会位于马鞍镇东部，新三江大闸旁，南至镇工业化园区，北至永久塘村，西至前进闸村。全村地域面积2.6平方公里，居民202户，人口516人，私营企业4家，党员7人，其中女党员1人。居委会属滨海开发区范围，土地全部征完，于2003年拆村建居，已落实“三有一化”，居民老有所养已得到保障，并加强对被征土地农民的技能培训，提高劳动就业率。

钱清镇白马山村

白马山村位于钱清镇西南部，离集镇约1.5公里，104国道南复线横穿村中，交通便捷，环境优美。全村4个自然村，13个村民小组，总农户813户2519人。全村耕地1410亩，山林779亩，水域350亩。有个私企业39家，其中规模以上企业3家，拥有纺织、五金、塑料、绣花、加弹、植绒等。2009年全村工农业总产值19545万元，村级可支配收入350万元，农民人均纯收入19739元，经济社会进一步得到发展，人民生活水平大大提高。

近年来，白马山村先后被命名为浙江省村级体育俱乐部、省级小康体育村、省老年星光之家、一级文化村、县绿色生态村、县文明村等。在努力抓好经济建设的同时，积极开展社会主义精神文明与和谐社会建设，向创建省级“文化示范村”而不断努力。通过全村党员、干部和村民的努力奋斗，开拓进取，不断探索，取得了经济建设和文明建设双丰收。目前已基本形成村庄格局规范，环境整洁美观，群众富裕文明，私营企业健康发展的新农村格局。

① 村委办公楼
② 学校教学楼
③ 村文化体育中心
④ 农民新居

漓渚镇棠一村

漓渚镇棠一村位于中国花木之乡——漓渚镇西北侧，全村辖5个自然村，11个村民小组，共625户农户，总人口1919人。全村区域面积3.53平方公里，现有耕地948亩，山林面积2202亩，花木基地1900亩，花木从业人员900余人，属全镇6个花木专业村之一。2010年度村级集体收入242.83万元，村民人均收入18496元，村级经营总收入9642.58万元。

近年来，在上级党委、政府的领导下，村两委会成员依靠全体党员干部和村民的共同努力，在致力发展经济的同时，十分注重社会事业协调发展，先后成功创建市级“五好”支部，省级“兴村富民示范村”，省级“绿化示范村”，市级“文明村”，市级“生态村”等。全村经济发展，整治社会稳定，人民生活富裕幸福，正朝着全面小康新农村建设目标迈进。

1 | 2

① 新农村公园一角
② 农民新居

三条溇村位于绍兴县东北部的孙瑞镇，东邻上虞，北靠曹娥江，由三条溇、楝树下、穗丰、蛏南等4个自然村组成。现有总人口4050人，耕地面积2378亩，农户1415户，水陆交通十分便捷，村内有个私企业11家，效益农业日益发展，2010年实现工业总产值190224万元，销售18961万元，利润602万元，农民人均收入10744元。

三条溇村经济发展，社会安定，邻里团结，村容村貌改善，取得了两个文明建设的双丰收。曾被绍兴县命名为“文明村”、“省级全面小康示范村”、“文明家庭创建活动示范村”，同时被评为“市级卫生村”、“市级党员电化教育先进集体”及“县级先进党组织”、“三资管理示范村”、“村民自治示范村”、“省级卫生村”，是绍兴县新农村建设示范村之一。

在建设全面小康新农村、打造和谐社会的同时，近年来十分重视“洁净乡村”建设，加大对村内环境卫生的整治力度，落实专业保洁队伍进行长效管理，每年投入专项资金达15万元，为推进“洁净乡村”建设提供坚实的保障。

1 | 2 | 3
4

① 农民健身公园
② 农民新居
③ 村委办公楼
④ 优美环境

孙端镇三条溇村

GEMDALE MEGACITY

原创叠墅：有天有地 三层一院

200平方米以上

○金地原创，经典永恒：金地原创叠墅，历经七代产品研发升级。基座采用干挂石材，突显稳重之感，基座以上部分外墙运用暖色调的高级面砖，清新典雅。丰富的立面线条，极具品质感的材质运用，经典永恒。

○创新户型，墅式空间：全明地下室、下沉式庭院、宽景露台、挑空客厅、私家花园入户等带来有天有地的全新感受，富于变化的空间层次、创新的户型设计，丰富的室内空间，尊享低密度住区别墅式生活新体验。

○原生水系，稀缺地脉：自在城原创叠墅组团为天然河流自然分割，马山闸西闸江、东蜀阜直江、大坂湖直江三江交汇环境天成。原生水系的引入，增添了婉约灵动的气息。BLOCK式的组团规划，强调出建筑围合的社区感。

1.叠墅效果图。
2.金地•自在城夜景图。
3.城市高端公寓效果图。

1.临湖效果图。
2.自在新天地效果图。
3.金地•自在城鸟瞰图。

高端公寓：豪宅土地上生长的公寓

90－180平方米

○三江交汇，优越天成：自在城高端公寓坐拥三江交汇的自然水脉，建筑排布由低及高，形成富于变化的城市天际线。

○ARTDECO建筑，享誉全球：纯正ARTDECO三段建筑风格，线条简洁、挺拔、大气，呼应柯桥国际化城市气质，使建筑立于坂湖河畔历久弥新。建筑主体玻璃幕墙使用金属铝板的顶级材质，形成了金地原创，独一无二的立面风格。

○N+1房设计，实用性强：室内空间营造更加注重实用性，独特的N+1房设计，南北通透的户型，形成尊贵舒适的持久享受。

浙江绍兴华通商贸集团

华通医药总部大楼

浙江绍兴华通商贸集团股份有限公司（原绍兴县华通集团有限责任公司）作为全省供销系统本级企业股份化的改革试点单位，成立于2004年3月，由绍兴县供销社、浙江省兴合集团及经营者共同投资组建。注册资本1.25亿元，下辖11家参控股公司，员工5200余人，现有资产总额33亿元。

集团主要经营生活资料、生产资料、棉花收储、实业投资、房地产开发及生活用纸、食品、药品、棉纱等的生产销售等业务，拥有超市、医药、农资三大经营网络的2300余家连锁网点，并拥有大型商厦、农庄、钢材市场和遍布绍兴县各主要集镇的农副产品综合市场等。

集团自成立以来，经济效益保持高速增长，年年荣列全省县级供销社第一、绍兴县商贸服务企业五强（十强）前茅，被绍兴县委县政府纳入首批“131”行业龙头企业，并先后荣获“全国供销社系统百强企业”、“绍兴市商贸流通骨干企业二十强”等称号。

集团参控股公司：浙江供销超市有限公司、浙江华通医药股份有限公司、绍兴华通市场有限公司、绍兴供销大厦有限公司、唯尔福集团、绍兴至味食品有限公司、绍兴华通色纺有限公司、绍兴县华通实业投资有限公司、绍兴县华都房地产开发有限公司、绍兴县农业生产资料有限公司、绍兴县夏履生态农庄有限公司。

华通医药现代物流基地外景

华通医药现代物流及制药项目开工典礼

唯尔福集团5万吨生活用纸项目开工典礼

唯尔福集团纸业公司外景

唯尔福集团上海公司外景

绍兴至味食品有限公司外景

中国银行绍兴县支行

2010年，中行绍兴县支行立足县域实际，以服务地方经济为己任，服务社会大众为宗旨，全力推进各项经营管理工作。至12月末，支行本外币各项存款余额为139.92亿元，比年初新增10.48亿元；本外币各项贷款余额为112.24亿元，比年初新增8.46亿元。累计叙做国际结算业务29.5亿美元，同比增加9.24亿美元。荣获了总行“模范职工之家”称号，连续2届获得总行“精神文明建设工作先进单位”。

这年，县支行继续加大对辖内网点的装修、改造力度，努力完善网点硬件设施，为广大客户提供高档次、高规格的服务环境。支行还积极贯彻上级行工作要求，深入推进网点“二次转型”。通过网点柜面定点定位、一句话营销、精神文化墙的展示、晨会、省行“十个一”要求等细节的落实，进一步规范了网点精细化管理，提升了员工整体素质和服务能力，更好地服务于客户。

2010年，恰逢世合赛、世博会两大盛会举行。县支行特邀专业老师为一线员工进行银行业务英语培训和“职场女性妆容管理技巧”培训，切实做好世博会、世唱赛期间的中外宾金融服务工作。

在上级行的推行指导下，县支行还在全辖一线营业网点推出了“举手招迎”手势，作为规范化服务礼仪的一次延伸，也是文明优质服务的一项创新，以更高的要求、更优的服务赢得客户口碑，树立了良好的社会形象。

支行始终牢记社会责任，致力于社会文化共建，开展了各类大型业务咨询会、投资讲座等，为客户、群众送去专业的投资理财知识；积极参与县纺博会、车博会、房交会等重大会展，切实做好金融咨询服务工作；积极参与县慈善捐款活动，支行团总支为西南旱灾捐款14515元。良好的社会形象赢得了社会各界和广大客户的一致好评，也得到了上级行的充分肯定，

1	2
3	4

① 县支行参加县房博会，提供金融服务
② 县支行两大名牌俱乐部——“中银名媛俱乐部”
③ 县支行为客户开展出国留学金融咨询服务
④ 县支行员工为参加世合赛外宾服务

栋升置业

以翡翠品质构筑优越生活

浙江栋升置业有限公司隶属于浙江炎中控股集团，公司成立于2007年6月，主要致力于房地产开发与经营。公司坚持“创造精品，奉献社会”的经营理念，积极引进现代化管理制度，不断提升企业的整体素质和实力。

翡翠公馆是浙江栋升置业在柯桥开发的首个房地产项目，也是公司重点打造的项目。因此，公司选择了与泛亚国际、雅克设计、戴德梁行等国内外知名公司一起合作，力争使之成为柯桥楼市的一块“翡翠”。翡翠公馆自面世以来，一直受到外界的关注和支持。从2010年7月精美样板生活区开放、8月五号楼火爆热销、9月“印象瓜渚”摄影大赛、12月五号、六号楼盛大结顶仪式到2011年1月三号楼开盘签约70%，翡翠公馆无疑创造了柯桥楼盘开发的新速度和新高度。

从浙江栋升置业的发展战略来讲，翡翠公馆不是目的，只是开始，栋升置业的未来依然会恪守严于律己的态度，继续对高品质的不懈追求。

①翡翠公馆阳台远眺瓜渚湖
②精装修客厅
③翡翠公馆全景鸟瞰图
④翡翠公馆中央公园远景
⑤翡翠公馆全景透视图

索密克汽车配件有限公司

索密克汽车配件有限公司是由绍兴第二汽车配件厂与索密克石川株式会社和日本丰田通商株式会社三家合资组建而成，经过十多年的发展，现有员工1500名，占地面积14万平方米，年产汽车转向拉杆、悬架摆臂球头总成产品600万台套，年产值15亿元，市场占有率50%以上，位居国内同行业第一。

合资15年来，索密克公司已被国内150多家整车制造企业指定为配套供应商、核心供应商、战略合作伙伴。是国家级高新技术企业、全国工人先锋号、省级劳模集体。国家汽车转向系列产品技术标准的起草和制订单位，连续6届被评为全国百佳汽车零部件优秀供应商。公司董事长沈幼生是改革开放30周年中国汽车零部件行业30位杰出企业家之一、新中国成立60周年60位汽车人物之一，县、市级劳动模范。总经理沈百庆是全国百佳汽车零部件优秀供应商十佳风云人物，绍兴市拔尖人才。

索密克公司采用扁平化管理模式，实行从总经理到部长、到车间主任的简捷式管理方式，车间主任可以组织召集各部门部长甚至总经理解决车间的问题，这样就形成了一套快速反馈机制，适合了市场的需求。公司产品从原材料进厂到成品出厂都在公司内部完成，保证了精益高效可靠生产。在人力资源的配置和应用上，采用新老结合、实践与理论相结合的形式，加上不断的培训和教育，使新老职工互助互补、共同提高。

如今，在已基本实现先进制造业企业建设目标的基础上，董事长沈幼生于2009年3月提出了要将索密克建设成为世界级工厂。现在的索密克公司根据世界级工厂的目标，投资2.5亿元，从日本引进2台国际最先进的装配机和焊接机，并且通过公司技术人员攻关，自制20台装配机和焊接机，这些设备均采用全自动数码控制生产合格产品，同时具有对不标准零部件能自动关闭机器、不规范操作自动报警的功能。索密克所追求的是科技含量高、经济效益好、资源能耗低、环境污染少，是人力资源优势得到充分发挥的世界级工厂。

① 公司全景照
② 生产车间一
③ 生产车间二
④ 董事长被评为市劳模
⑤ 新行政大楼
⑥ 公司荣誉

浙江中青建设有限公司

中青建设公司创建于2003年，前身系绍兴兰盛建设有限公司，具有市政公用工程施工总承包一级，房屋建筑工程施工总承包三级资质的建筑施工企业，位于绍兴兰亭经济开发区。公司主要从事市政及道路工程施工、路面技术施工服务、绿化工程、装饰装潢工程、钢结构工程、建筑工程等。

公司现有注册资金4180万元，职工365人，有职称管理人员245人，其中中高级管理人员32人。拥有工程技术人员217人，其中中级以上技术人员118人。一级建造师13人，二级建造师18人。具有改性沥青成套设备、挖掘机、发电机组、沥青灌缝机，沥青混凝土拌和机、稀浆封层机、塔吊、混凝土搅和机等工程机械设备。

总公司浙江兰亭高科有限公司，为国家级重点高新技术企业，2003年“高等级公路路面沥青改性、乳化关键技术与生产装备研制”获国家科技进步奖二等奖，2008年“废旧沥青再循环利用的成套关键技术”获得国家技术发明奖二等奖，是一家集研究、设计、制造、施工为一体的综合型经济实体。主导产业为国内高等级公路、机场跑道、城市干道沥青路面建设与维修需沥青路用新材料及配套设备的开发，主要产品从新建路面用高性能材料及设备发展到路面维修养护用材料及设备，直至再生养护设备，已形成一套完整的技术体系。

中青建设公司以总公司精干的科研队伍，配备一流的试验检测设施为依托，成为总公司路面建设新材料、新技术的推广应用基地。将秉承“坦诚、友好、互助、奋进”企业文化和“严谨、认真、仔细、完整”企业精神，严格执行“坚持质量标准，科学组织施工，强化过程管理，奉献满意工程”质量方针，竭诚为广大客户服务，将为提高公路及城市道路建设做出贡献。

1 / 2 / 3 / 4 5

① 宝地景内景透视图一
② 宝地景内景透视图二
③ 宝地景鸟瞰图
④ 施工现场一
⑤ 施工现场二

绍兴县丽岛纺织品有限公司

丽岛纺织品有限公司位于绍兴柯桥，是拥有自营进出口权的生产商和贸易商。自成立8年以来，在纺织领域积累了丰富的经验，年出口各类面料达5000万米。

公司的主要产品有各类染色及印花绒布（不倒绒、密丝绒、烂花、胶印、压绉锦绒涤绒等）、人棉印花及染色、特黑系列，雪纺、乔其、色丁、高丝宝、水洗绒，涤纶、涤氨、T/R及CVC人棉针织布，涤塔夫、塔丝隆、T/C、CVC、T/R，全棉印花及染色、色织衬衫布、提花布、烫金、烂花、沙发布、窗帘布及提花绣花窗纱等弹力系列。产品主要出口南美、东欧、北非、中东、东南亚等市场。

“质量第一，信誉至上”是我们的宗旨。我们将竭诚为您提供最优惠的价格，一流的服务。热忱欢迎您来电来函来访合作，愿与您携手共创美好明天。

1	2
3	4

①面料系列（1–5）
②公司形象
③产品陈列室
④产品展示

绍兴银行 轻纺城支行
BANK OF SHAOXING TEXTILE CITY BRANCH

竭诚为您服务 无需更多等候

绍兴银行轻纺城支行是绍兴银行第一家在绍兴市区以外开设的县级支行，于2002年10月22日正式营业。轻纺城支行下设4个科室（办公室、业务一科、二科、三科）及1个营业部和2个下辖二级支行（钱清支行和万商路支行），员工58人。

轻纺城支行成立后，在县委、县政府和绍兴银行总行的领导下，在经营业务上明确自身定位，发挥区域优势，发展优质客户，支持重点，扶持中小，培育布商，推动县域经济的发展。始终坚持业务发展和合规经营相结合，正确处理好规模、质量、效益三者关系，积极调整和创新工作思路，帮助企业解困发展，从而使自身各项业务有了一定的发展，为实现绍兴县经济和金融的良性互动，促进县域经济发展作出了积极的努力。经过几年的奋斗，支行资产规模、存贷款规模发展迅速，截止2010年12月底，各项存款余额为32.1亿元，贷款余额29.42亿元，当年实现账面利润为8408万元。

2011年，绍兴银行轻纺城支行将以绍兴银行总行新年度工作方针政策为指导，坚持科学发展观，坚持为中小企业、地方经济和客户提供优质服务为宗旨，坚持稳健经营、和谐发展的理念，扬长避短，同舟共济，做到“务实、创新、有突破”。

①办事大厅
②纺博会6×4米（高）广告牌
③反假币宣传
④爱心捐款

中国农业银行绍兴县支行是绍兴县存贷款规模最大的国有商业银行，各项主要业务指标一直位列同业和系统内前茅。自1979年成立以来，该行依托快速发展的绍兴县域经济，以与时俱进的经营理念和优质服务，精心搭建金融服务经济的桥梁，积极发挥县域金融主渠道作用，不遗余力地推动全县经济发展。

县农行拥有全县四大行中最多的服务网点、最大的电子化网络和最广泛的客户群体，共有26家网点，以及遍布城乡的ATM和自助银行设施，与全国农行近3万家营业网点、2万多家自助银行和ATM联网运行。

2010年，农业银行成功在沪、港两市同步上市。县农行以此为新的起点，以“客户至上，始终如一”的服务理念，面向三农、服务城乡，进一步拓宽业务领域，优化经营结构，提高管理水平，为支持县域经济繁荣而谱写新的篇章。年末，本外币存款余额达到了187.29亿元，比年初增加27.7亿元；各项贷款余额127.85亿元，比年初增加17.59亿元。存贷款总量、存款增量稳居四大银行之首，各项经营业绩继续位列全省农行前茅。获绍兴县“服务经济优胜银行”一等奖；中国农业银行“百佳先进支行”；第一届“全国农行文明单位”；农行浙江分行四项“突出贡献奖”。

1	2	3
4		
5		
6		

①反假币宣传活动
②个人客户答谢会
③“抗震救灾，情系玉树”捐款仪式
④盛世荣华理财讲座
⑤送春联下乡活动
⑥英模范静波德国成功挑战点钞纪录归来

浙江贤升建设有限公司成立于2005年12月23日，注册地址为齐贤镇陶里村。是一家以房屋建筑工程与市政公用工程施工二级的企业，拥有多项专业承包三级资质。

成立以来，公司立足本地，抓住机遇，勇于开拓，在各个方面均得到较快的发展。引进各方面技术人员，拥有员工1096人，有职称的工程技术和经济管理人员共计151人，其中中高级人员34人，注册建造师18人。

公司始终坚持“质量为先，满足顾客需求；安全为重，保障员工健康；预防为主，制止环境污染；依法管理，追求持续发展”的管理方针，以“精心施工树品牌，安全施工创标化”为企业口号，积极树立企业在激烈建筑市场竞争中的一席之地。在2009年被评为柯桥经济开发区建筑业十强单位，2010年被绍兴县建管局评为市场开拓先进单位。

公司将一如既往的以高标准、严要求，创新高品质工程来奉献社会，造福人民。

浙江贤升建设有限公司

① 董事长沈云康先生
② 公司全景
③ 在建的恒丰金玉园一期
④ 公司承建的贤仕花园住宅小区

唯美品格百合园

——引领精装庭院价值复兴

随着政策的限制，土地供应的减少，优质山水资源的日益稀缺让别墅项目也变得越来越尊贵难得，现有的别墅项目存量的不断减少更是加剧了这样的稀缺。因此将少量稀缺的别墅项目打造成为极致精品就成为了别墅项目开发的一个方向，也是显现开发企业追求品质的能力水平。“精装庭院”概念的兴起就是源于这样的潮流：重视山水自然资源的融合和精细打造，重视对园林风景的探索和细致雕刻。

真正意义上的精装庭院并非简单的铺铺草皮，做做围栏，种种植物，而是从各个方位和角度对别墅项目的不同活动功能区域的精心营造。精装庭院包括的元素包括：围墙、花架、栅栏、下沉式庭院、户外休闲设施、艺术小品、水景、泳池、密植的花草灌木等等，并对这些元素加以平面和立体的搭配设计、有效组合，才会成为真正意义上的精装庭院，并在精装庭院里享有充分的自由度、尺度感和层次感，亲近自然、支配空间，能感觉到大自然四季的轮回与变化。精装庭院是体现和营造社区氛围和层次的最核心元素，园林的多空间设计，庭院立体感和尺度感的营造都决定了别墅项目的纯粹性和独特性，没有精装庭院就难以打造出真正别墅的意境。

柏盛·唯美品格开始尝试在别墅庭院中移植造型优美的“高龄”树种，以此拓展产品的时间纵深感，增强庭院景观的趣味性和观赏性，获取了非常不错的效果。在此之前，别墅居民的视觉体验往往依托于园区既有的景观资源和园林设计师的整体规划设计成果，缺乏细节的设计。到现在，景观设计的理念更多的是在乎考虑业主的生活舒适性和功能空间上的多方面满足，探求业主职业、兴趣、爱好等多种精神层面上的需求，通过精装庭院的设计注重人与自然的互动成为了业主们对别墅项目的突出要求。这也是精装庭院受到欢迎和追捧的原因。

唯美品格以其舒适的空间尺度、优美的户外景致、动静相宜的涌泉水动、浑然天成的游憩设施、均好的前庭后院、细致生动的植物层次以及极具风情的彩色铺装和西班牙小花砖等，无一不透出融于精致古典的设计之美，与北美建筑的相辅相成，使人感受到身临其境的异域风情，成为了唯美品格打造精装庭院别墅的经典之作，成就了传世百年的家族荣耀。

唯美品格实景图

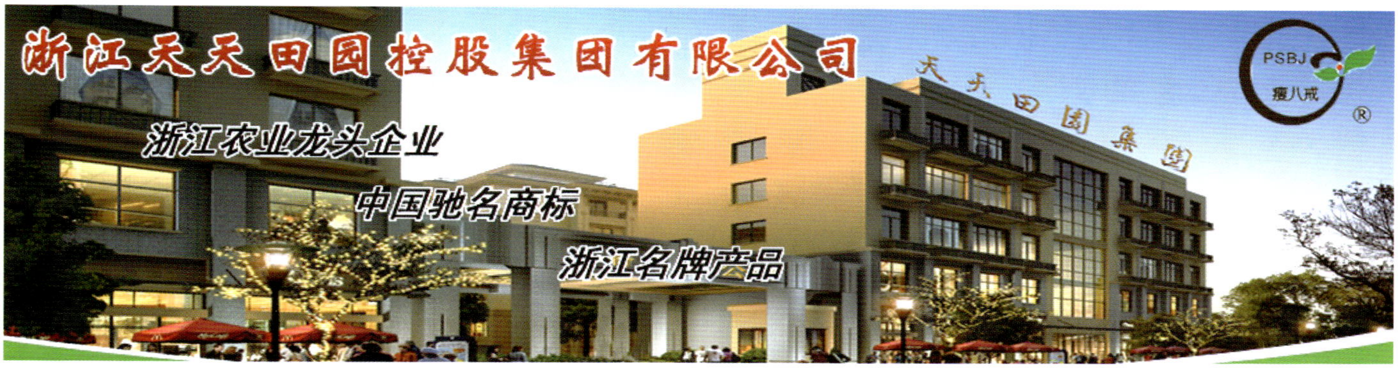

重科技　创品牌　拓基地　促发展

浙江天天田园控股集团有限公司

天天田园集团创建于2003年，前身是1994年创办的绍兴县平江万猪场。公司下属7个企业，分布于浙江省绍兴市、绍兴县、临安市、嵊州市和江苏省邳州市等地，总占地8250亩，现有净资产约1.8亿元。公司董事长葛云明为高级畜牧师，现任绍兴市人大代表、绍兴县政协常委、绍兴市工商联副主席，2009年被评为浙江省第三届优秀中国特色社会主义事业建设者。

目前，公司实现了4个第一：拥有全国第一个生猪注册商标“瘦八戒”；拥有全省第一家民营的养猪研究所；成为全市年出栏、屠宰商品猪最多的企业集团；成为全省第一家集产、研、加、销于一体的农业龙头企业。先后被评为省级农业龙头企业，省级农业科技企业，省、市商品猪储备基地，“瘦八戒”牌生猪及白肉被评为“国家级无公害农产品”、“浙江省名牌产品”，“瘦八戒”商标被评为“中国驰名商标”。

公司从一个小小的乡镇万猪场发展到今天具有一定影响力的省级农业龙头企业，主要靠的是党的好政策，靠的是各级政府的重视和支持。企业自身也十分重视“要想养好猪、科技是个宝”，努力提升“瘦八戒”品牌，使之成为“中国驰名商标”。为减轻绍兴地区环保压力，公司积极外拓江苏邳州和临安合计出栏12万头的2个养殖基地，并首创“六统一、一分散”模式，带动当地农民致富。公司在全省首创民营企业参与生猪定点屠宰。从2002年开始的3年时间里，公司先后收购了绍兴市区、嵊州的两家生猪定点屠宰厂，并充分发挥民营企业的经营机制优势，为绍兴地区的“放心肉”工程做出了自己的贡献。

2010年，公司出栏商品猪18万头，屠宰加工销售35万头，实现销售额4.23亿元，创税留利5200万元。公司将抓住机遇，通过未来几年努力，真正把企业建成“科技天天、人文天天、放心天天、生态天天”，并争取在几年内进入国家级重点农业龙头企业之列。

1
2
3 | 4 | 5 | 6

①集团公司
②房产公司
③邳州养殖公司
④绍兴屠宰公司
⑤绍兴养殖公司
⑥嵊州屠宰公司

中国移动绍兴县分公司

县移动分公司把文明创建活动落在实处，推进企业文化建设。以争创“学习型组织”为抓手，全面实施员工素质工程。努力倡导学做人、学做事、学习新业务和新技术的良好工作氛围。2010年3月，县移动分公司被评为县级“文明单位”，华泰营业厅和钱清营业厅获得县级“巾帼文明岗”光荣称号，钱清营业厅还获得市级“青年文明号”荣誉。

业务创新，县移动分公司全力推进企业信息化项目。一是做深、做大“视频监控”业务，在浙江勤业建工集团等10个工地安装移动“千里眼”，提升施工现场的信息化管理水平，加大各在建项目的监管力度，规范施工现场管理，获得企业认可。二是实施“定位通”，在会稽山绍兴酒集团等4家公司签约使用，根据企业需要在市场中迅速推广，解决了企业销售人员在外难管理的课题。三是积极推进新农村信息化示范镇、村建设，用信息技术装备现代农业。2010年6月，绍兴县移动分公司第一家新农村信息化示范单位——夏履镇越王峥村建设完成。

打造卓越网络，积极做好2G基站工程建设任务。建成并开通77个基站，开通比例为105.5%，超额完成市公司下发的GSM工程建设任务。加快传输网络建设，优化网络结构，提高全业务运营的整体接入能力。至2010年底，已累计完成管道建设近35管程公里，在建管道约20管程公里，杆路完成建设5.5公里，敷设各类型号光缆350余公里；10年完成新增汇聚机房7个。

做好世合赛烟花大会期间通信保障任务。按照市公司要求，新开基站11个基站、1800叠加11个基站、扩容优化21个基站，合计新开载频433块，达到话务高峰期间的零拥塞、零投诉，提升移动公司形象。

①登山俱乐部活动
②人大代表听取新农村信息化建设汇报
③省公司芈总亲切慰问驻地网施工现场
④市场部营销精英选拔赛
⑤向西南灾区捐款

实景合成图
尊贵润泽 闻达一方
中庆·润泽大院，柯北CBD东翼铂金府邸，
品牌团队匠心演绎的城市臻品。
俯瞰一线繁华，御览万顷湖光。
规划之尊，建筑之致，景观之雅，配套之趣，物管之尚……领耀全城。
优质户型 水景美宅：户型方正通透，力求户户见景，精雕细琢，气质美宅。三水环绕 宜居领地：瓜渚湖直江三向汇聚，270° 水景视觉，宜居风情绽放，尊享一生。实景呈现 精彩如画：一期住宅于2011年7月底交付，精彩完美呈现，生活璀璨缤纷。多重配套 格调生活：运动、休闲、商业配套齐聚，完善见证尊贵，精英气质彰显。
RUNZE MANSION
润泽大院
贵宾热线：0575-84133788 81183328
中庆房产
ZHONGQING REAL ESTATE
品鉴中心：柯桥兴越东路润泽大院会所 建筑设计：美国思锐（SC）设计集团有限公司
景观设计：澳大利亚柏涛（深圳）环境艺术设计有限公司 开发商：绍兴中庆房地产发展有限公司 推广策划：汉嘉地产顾问
预售证：售许字2010第68号 本资料仅供参考一切以政府批文及商品房买卖合同为准。

中国轻纺城服装服饰[辅料]市场、围巾市场、家纺市场

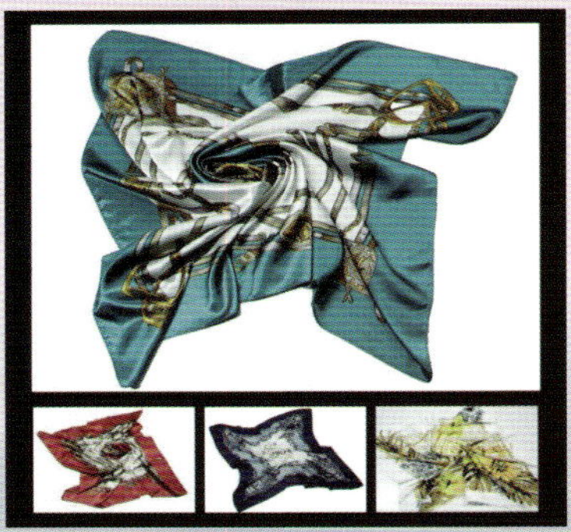

中国轻纺城服装服饰[辅料]市场、围巾市场、家纺市场坐落于全球纺织品交易中心中国·浙江·柯桥，系绍兴县政府投资建设的重点项目，市场总建筑面积26万多平方米，高层商务楼相配套。市场以“场货交易为基础，国际贸易为特色、设计研发为龙头、品牌孵化为核心”的商业理念，按照“政府主导、降低成本、规范管理、创新发展”的运行模式，依托纺织品市场集群优势，致力打造服装家纺、围巾及辅料交易、贸易订单、设计研发、品牌孵化、信息发布、电子商务等于一体的现代业态市场体系。

市场作为中国轻纺城旅游购物的主要集散地，配套设施先进，购物环境休闲舒适，经营品种涵盖各类围巾、披肩和头巾、服装服饰、鞋、箱包、辅料、床上用品和家纺布艺品，是中国轻纺城品牌数量最多、价格最优惠、品种最集中的大型专业市场，也是中国轻纺城购物旅游的必选之地。全球服装、围巾、家纺及辅料采购商可以在这里完成一站式采购计划，也是您在中国轻纺城批发采购、订单交易、团购直销，休闲旅游购物的首选之地，被誉为中国轻纺城“服装家纺王国、国际商贸平台”。

公司地址:浙江·绍兴金柯桥大道1639号

电话/传真：0575-85528008/0575-85528010

网址：www.qfcfs.com

浙江侨都房地产有限公司企业

浙江侨都房地产有限公司成立于2007年，注册资金1.6亿元，是专业从事高端商品住宅、商业地产开发的房地产企业。

公司立足高起点、高标准，拥有一支开发高档次楼盘的管理团队和专业技术队伍。秉承“诚信立足，客户至上”经营理念，本着“品质为先，追求卓越”质量方针，以营造高品质的生活为己任，积极参与城市建设。

目前，正在开发位于柯桥瓜渚湖畔的“侨都一品花园”。该项目总建筑面积9万多平方米，集高层住宅、公馆会所、沿街商业为一体。建有20000平方米的天然湖，与瓜渚湖一脉贯通，形成不可复制的双湖奇景。“侨都一品花园”东南紧依瓜渚湖，南邻小百花艺术中心，西望县行政中心和明珠文化广场，北面毗邻喜来登、希尔顿酒店，处于城市发展核心和城市绿轴的最繁华、最隐逸区块，是瓜渚湖畔的稀缺楼盘。

1	2	3
5	4	6

①精装修主卧室
②诗情画意的餐厅
③宽敞舒适的客厅
④沿街商铺局部
⑤项目鸟瞰图
⑥曙光中的“侨都一品花园”

绍兴县思科纺织品有限公司

绍兴县思科纺织品有限公司位于亚洲最大的纺织品交易中心——中国轻纺城，坐落于繁华的柯桥CBD中心，交通便捷。

公司是一家专业生产经营各类中高档时装面料的工贸型企业，产品包括各类梭织、针织的染色、印花以及各类后处理工艺；公司主要经营T/R、全棉、人棉、化纤等为主的时尚女装弹力面料。产品主要出口欧美等10多个国家及地区，并且为国内各品牌时装提供优质面料。

公司以“诚信”为宗旨，以质量和信誉博得国内外客户的好评。竭诚欢迎海内外客商来人来电洽谈业务，携手共创辉煌的明天！

		1
		2
		3
4	5	6

①业务洽谈室
②产品展示
③产品陈列室
④公司会议室
⑤公司办公室
⑥公司前台

MIXI 浙江米茜纺织有限公司

MIXI TEXTILE

米茜纺织公司创建于2007年，是一家工贸一体的生产性企业，地处全国十强经济县——浙江省绍兴县，紧靠329国道。公司拥有员工100余人，占地面积10000多平方米，具备年产上10000吨针织面料的能力；公司正处于快速成长和发展的时期。

公司专业从事服装针织面料的研发、生产加工和销售。公司主营于人面、TR、涤棉、牛仔、长丝、低弹、羊绒等服装面料。

公司在多年的经营发展中形成了“真诚、专业、人和”企业精神，在这个精神理念指引下，公司致力打造一流的员工、一流的装备、一流的管理。

公司确立“以市场为导向，以经济效益为中心，以科学管理为手段，以持续发展为目标”的经营思路，不断完善内部管理，实施科学管理措施，实现了内部管理的科学化、规范化。公司挚诚欢迎各类人才到公司施展才华，共同发展；热诚欢迎海内外各界人士光临指导，愿与大家合作共赢。

①总经理张国钦参加经济座谈会议并与与经济学家郎咸平教授合影
②公司荣誉
③生产车间
④样品间
⑤公司办公室

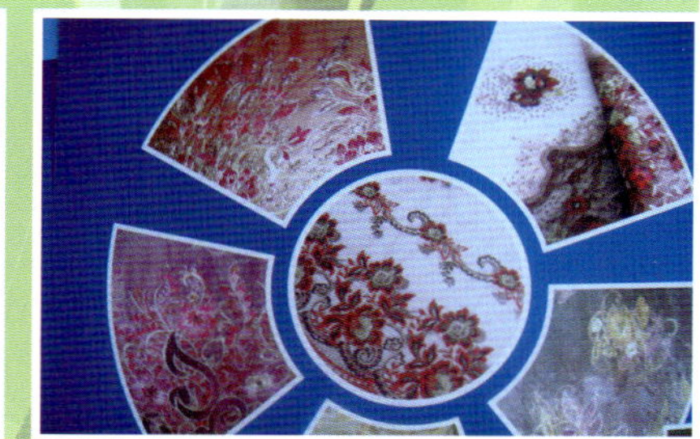

绍兴县雷绣进出口有限公司

雷绣进出口有限公司坐落于中国轻纺城万国广场，占地面积3000多平方米，公司具有悠久的刺绣历史，先进的刺绣设备，譬如亮（晶）片绣机、绳绣机、多功能绣花机。与此同时，公司依然保持中国传统手工刺绣工艺，是一家专业提供电脑刺绣和手工刺绣的产品供应商。

公司拥有强大的生产力、精湛的技术工艺、优秀的管理层、市场部和财务部，拥有经验丰富且高度专业化的人才，公司整体实力雄厚，与多家企业建立良好的社会关系。

公司产品远销东南亚、欧洲、中东、美国、非洲和俄罗斯等多个国家和地区。公司热诚欢迎海内外客商来公司参观商谈，用心待客，保证信用和质量，竭诚为所有客户提供优质产品和专业服务，以求共同发展。

公司理念：质量是价值和尊严的开端，同时更是公司的生命。

1	2	3
4	5	6

①公司全景效果图
②花样展示
③绣花产品
④刺绣成品展示
⑤整洁宽敞的办公室
⑥产品陈列室

浙江中设建工集团有限公司

中设建工集团有限公司是一家拥有国家房屋建筑总承包特级资质，市政、装饰、机电设备、地基与基础1级资质的施工企业。能独立承揽各类工业与民用建筑、市政等大型、复合型的建筑总承包施工任务。公司设备精良，技术力量雄厚，率先通过了Q/E/O三合一管理体系认证，早在1999年取得对外经营承包权并迈入全国百强最大经营规模和最佳经济效益的建筑行列。

多年来，公司坚持以“创名牌、出精品、规模经营、开拓发展”为主题，以“质量求生存、实力拓市场，信誉求发展”为理念，立足浙江，拓展上海，面向全国，跻身世界。先后承担多项影响较大的国家及地方重点工程，创建了“鲁班奖”、建设部优质样板、国优银奖、詹天佑大奖优秀住宅小区金奖、上海市“白玉兰”、浙江省“钱江杯”、全国用户满意和（国外）国家优质工程及外省（市）的一大批优质精品工程。

公司注重施工科研，编制了国家行业标准3项、国家及省级以上工法10多项，拥有发明和实用专利31项，创建国家及省级“QC”成果30多项，省、市的节能观摩工程20多项。其中“QC”成果攻关小组连续7年荣获全国优秀质量管理小组。

公司荣获全国优秀建筑施工企业、全国质量安全管理先进单位、全国安康杯优胜企业、中国建筑业“AAA”级信誉单位、全国用户满意企业、全国百家安全文明施工先进单位、全国创新发展企业，连续10多年保持省级资金管理（特级信用）“AAA”企业，并荣获浙江省先进施工企业、浙江省建筑业诚信企业、浙江省建筑重点骨干企业、浙江省“重质量、守诚信”示范单位、浙江省公众满意质量单位等荣誉称号。

董事长：陈永根　　总经理：吴尧庆

公司地址：浙江省绍兴县马鞍镇车站南路2号

邮　　编：312072

联系电话：0575-5101396　5101367

传　　真：0575-5101380

邮　　箱：web@zj-zhongshe.com

网　　址：http://www.zj-zhongshe.com

3 / 1 / 2

① 上海嘉定民主街商住楼——白玉兰杯

② 上海联洋花园——白玉兰杯

③ 上海新龙实业公司研发大楼——白玉兰杯

绍兴大地置业有限公司

大地置业公司成立于2006年，注册资金18000万元，总资产20亿元。大地置业总部设立在浙江省绍兴县，是一家新兴的具有很强实力的开发商。

大地置业秉承“打造城市的荣耀”开发理念，坚持“以人为本”，融入“自然性、文化性”开发使命，坚定不移走“专业化、规模化、品牌化”道路，是一家经验丰富、实力雄厚的专业房地产开发公司。成立至今，大地置业共开发了体量20余万平方米的楼盘，其中包括了大地·瓜渚绿洲、大地·香樟园和大地·香漓湾等项目。

大地置业发展历程中，瓜渚绿洲是开发的第一个项目，这个项目的每个环节每个细节都力求做到精益求精，从项目初期规划设计反复论证，到优质建筑材料选择和施工阶段精耕细作，再到物业服务，每个阶段都力求做到完美至极。将这种开发理念和开发宗旨贯穿于大地置业的每个项目，尽最大努力超越客户期望值。

展望未来，大地置业将为“打造城市的荣耀”而努力，将企业的坚韧品质植入建筑，成就经典，构筑辉煌。

瓜渚绿洲，由绍兴大地置业有限公司倾力打造，秉承“以人为本”建筑宗旨，在113亩原生独岛上由北向南，由高向低，依次排布，将中国传统山水园林意境与岛内自然风光完美融合，使建筑与生态达到和谐。1.7的宜居容积率，22.4%建筑密度，30%的生态绿地率及景观率，筑就瓜渚绿洲高尚住宅，近千户尊贵席位诠释柯桥纯美的岛居生活。

建筑风格上，瓜渚绿洲采用理性现代主义建筑风格，透出简约、时尚、尊贵气质。灰、黄色的立面体现厚重质感；米黄色面砖，略带珍珠光环之沉稳内敛，奢华毕露；独具风华的楼体设计不仅表征了对品质永无止境的追求，更是业主荣耀一生的标志。

景观设计上，瓜渚绿洲摒弃传统小区花、草、树和小品的繁琐堆砌，根据瓜渚绿洲的实际地形，在1500余米的岛岸风情线，营造出丰富的滨水游园景观，彰显岛居休闲的激情与浪漫。

瓜渚绿洲的户型设计，遵循“动静分区、功能合理、空间紧凑、洁污分离”设计原则，最大限度强调居住空间的舒适性、实用性。大幅度景观窗和转角窗，使业主拥有宽广的视野，使室内外空间情景交融。

瓜渚绿洲，于城市中心，处近世繁华。50万方原生水域环绕，1.5公里的水岸线，360度纯水景，300米私享林荫道。正为实现您的岛居情结打造一个纯美的居家梦想！

1 | 2 | 3
4
5

①瓜渚绿洲实景图
②小区临河景观
③小区内景图
④装修样板房（1-5）
⑤瓜渚绿洲鸟瞰图

中广有线绍兴县分公司

中广有线信息网络有限公司绍兴县分公司是经县委、县人民政府批准，由绍兴县广播电视网络有限公司和各镇广播电视站一起，以网络资源参股的方式与中广有线信息网络有限公司合作重组成立，2001年6月正式挂牌运营，是绍兴县有线电视、数字电视的运行机构，也是县域信息化建设的承担者和运行者，拥有有线电视用户20余万户。

根据县人民政府总体安排和广大有线电视用户的愿望，从2008年9月起，分公司积极实施有线电视数字化改造工程，向全县用户免费提供数字电视机顶盒，目前已基本完成全县用户的整体转换，使数字化的有线电视网络成为一个开放的多媒体综合信息服务平台。除提供丰富的电视节目外，还为政府提供电子政务平台，为社会提供经济信息和文化信息共享平台，为用户提供生活娱乐和信息服务平台。

主要经营有线电视、数字电视、互动电视、高清电视、数据专线网、INTERNET宽带接入、智能大楼建设等。系绍兴市高新技术企业、绍兴市文明单位、银行信用AAA级企业。

分公司自成立以来，始终以配合党委政府中心工作为己任，以保障网络安全为政治使命。坚持以市场为导向，面临新的竞争形势，凭着“质量第一、用户至上、服务大众、回报社会”的经营理念，以精湛的技术和成熟快捷的服务满足用户的需求。

1 ① 新大楼
2 ② 施工现场
3 ③ 机房

浙江旺卓针纺织有限公司

旺卓针纺织有限公司成立于2005年，是一家工贸一体的集团型公司。下设3家分公司，分别生产与销售航空毯、旅行毯、提花餐桌巾、装饰面料、针织面料、纱线等。占地70余亩的全新现代化厂房位于柯桥柯西工业园区，年产梭织毛毯250万条，梭织装饰面料200万米。

旺卓的优势产品为梭织航空毯、提花餐桌巾。公司生产的阻燃航空毯全部出口，销往世界上40多家国际航空公司，产品涵盖经济舱、商务舱、头等舱毛毯，产品领域以阻燃腈纶毯为主，同时可生产全羊毛毯和阻燃涤纶航空毯等。随着公司知名度的提高及与越来越多海外买家的良好合作与共同研发，现公司的阻燃毛毯不仅广泛应用于民航客机，且逐渐应用于火车、巴士、宾馆酒店、医院等。

在产品的生产环节上，公司秉持抓质量和控成本双管齐下的方针，从纺纱、染色、织造直至面料的后处理和成品的缝制包装等全套环节均有专人落实跟进相关生产进度与质量监控。以良好的产品品质及绝对竞争力的价格赢得了广泛客商。梭织阻燃航空毯与提花餐桌巾在国际市场拥有绝对占有率，阻燃腈纶纱线、梭织提花布等相关半成品均在国内外市场渐渐打开销路。严格的质量控制与检测体系确保了高质量的产品，稳健经营与发展来样定做的合作模式开发新工艺研发新产品，不仅可生产各类常规梭织提花装饰布、沙发布，而且能生产各类阻燃装饰面料。

为更好满足国内外客户需求，发挥公司竞争优势，旺卓以产品多样化、服务多元化为目标走向集团化经营道路。自2006年起逐渐延伸产品领域至各类针织服装面料，产品面向高端时尚女装市场，产品种类有：汗布、罗纹等，风格可做彩条、印花等，年销售额1500余万元。2007年公司于中国纺织原料采购博览城设立专门的纺织原料销售部。

旺卓坚信——卓越的产品品质是公司兴旺的唯一根基，一直致力于为海内外客户提供高品质的产品与服务，真诚期待您的垂询！

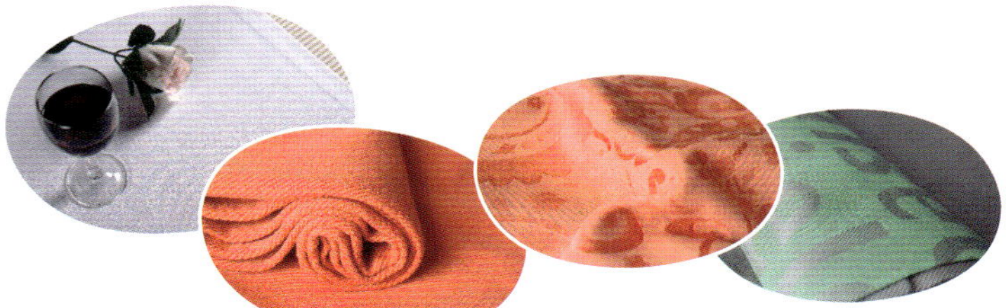

4	5	6	7
			1
			2
8			3

①公司鸟瞰图
②公司大门口
③简洁气派现代感极强的办公大楼
④干净整洁的原材料车间
⑤机器轰鸣的白坯布车间，工人正在忙碌
⑥提花车间
⑦针织车间的机器正高速运转
⑧产品系列（1—4）

美国金仕堡健身会所

美国金仕堡健身会所是国内发展最快、最具规模、高档次综合性的健身连锁机构，已经在中国区发展了160余家健身会所。

金仕堡柯桥店是一家集健身、休闲、娱乐、商务为一体的会所，总投资1800万元，占地8000多平方米，这儿不仅提供卓越的硬件环境，更有一支高素质、专业化、知识化的管理团队把最专业的健身服务带给每一位会员，并且帮助健身文化更好的成为一个时尚的焦点，让绍兴人民乐居在柯桥、生活在柯桥！

会所设有器械训练区、室外游泳池、有氧大操房、动感单车房、飞镖馆、高温瑜珈房、武道区、桌球室、乒乓球室、网吧、托幼中心、沐浴区、体能测试中心、商务休闲区、影视厅，并引进国外一流设施，建造了韩都汗蒸馆，会所每周还将推出超过60小时的群体活动课程。总之，会所的宗旨就是把健康、充满阳光的生活带给柯桥市民！

1	8	
2		
3		
4		
5	6	7

① 健身器械
② 跑步机
③ 休闲区
④ 瑜伽房
⑤ 乒乓球室
⑥ 台球室
⑦ 酒吧台
⑧ 金仕堡健身形象代言人徐熙娣

绍兴县红能纺织品有限公司

绍兴县红能纺织品有限公司坐落在亚洲最大的纺织品交易市场——中国轻纺城。公司临近104国道、329国道以及沪杭甬高速公路，离杭州萧山国际机场只需20分钟车程。

该公司是一家专业生产经营各类针纺服装面料的工贸型企业，产品包括各类针织（FDY DTY ITY Cotton Rayon TC TR）染色、印花、烫金、冲片、压胶布；各类梭织（Cotton CVC TC SATIN）染色、印花、绣花、烂花布；各类粗纺（腈纶、毛呢）布以及各类提花布（FDY DTY LTY RAYON）等。各种面料经多道工艺加工出口到欧美等10多个国家和地区。公司以“诚信”为宗旨，严格遵循“质量第一，用户至上，一切让您满意”的企业方针，以质量和信誉博得客户的好评。公司竭诚欢迎海内外客商来人来电洽谈业务，携手共创辉煌的明天！

1	
2	3

① 公司形象
② 员工办公
③ 产品陈列室

网商信贷 e贷通
招财进宝
建行 e路通
e贷通电子商务信贷业务是指建设银行为满足网络中小企业客户的融资需求，对通过阿里巴巴B2B电子商务平台发起业务申请，并符合我行相关政策条件的客户而提供的信贷业务。
☑ 电子商务联贷联保 ☑ 电子商务订单融资 ☑ 电子商务速贷通
客户服务电话：95533 网址：www.ccb.com
中国建设银行
China Construction Bank
浙江省分行

绍兴法爱侬轻纺贸易有限公司

Shaoxing FAINONG Textiles & Garments Co., Ltd. is a share-issuing enterprise researching and developing cotton related products mainly. Our company covers about 16268 square meters.We have more than 210 employees, and produce fabrics nearly 8 million meters annually.

We have a deep understanding that innovation is the soul of the modern enterprise.Since entering the 21th Century, the new trend of fashion field totally changed the traditional conception of fabric, especially from the touching effect & visual effect etc. Based above philosophy , our company place special importance for below 2 directions in product development:

1.Fancy fabric with several special & complex process of finish,

2.Inter-weaving fabric of varied nature fiber and other particular material.

Attributed to our ever close attention to the quality control, on time delivery, professional operation and best service,we enjoy a good sale in American-European market as well as the global one.

Believe your choice will win the market!

绍兴法爱侬轻纺贸易有限公司，主要致力于棉纺类相关产品研究和开发。我公司占地面积大约16268平方米，拥有210多名员工，每年生产布匹近800万米。

我们深深知道，不断创新是企业的灵魂所在。自从进入21世纪以来，新的时尚潮流完全改变了对纺织物的传统观念，特别是在触觉和视觉效果这两个方面。

基于以上理念，我们公司特别重视产品开发的以下两个方面。一是利用特别和复杂的过程生产的花式织物；二是不同性质的纤维和其他特殊材料相互融合。

我们一直重视产品质量控制，准时交货，并且提供专业的操作和最好的服务，保证我们在欧美市场和全球市场都拥有良好的销量。

相信您的选择将会帮您赢得市场！

1		
2	3	4

①厂区一角
②轻纺产品
③生产车间
④产品展示

绍兴县木子阁家居用品有限公司

木子阁家居用品有限公司坐落于全国最大的轻纺基地——绍兴中国柯桥轻纺城，毗邻萧山国际机场、沪杭甬高速公路，交通便捷，是一家专业生产出口及成品加工为一体的外贸公司。公司专业生产各类家纺提花面料及床上用品，产品广泛用于各类宾馆、办公室及家居室装饰，产品畅销全国及海内外市场，深受广大客户青睐。

其主导面料有：沙发布、窗帘布、雪尼尔、经编布、提花色织布、染色布、印花布、绒布等；主导成品系列有：各式窗帘、浴帘、靠垫、床套、台布等。产品以其过硬的质量和服务，最新的花型和款式，强大的生产能力和技术远销全球。

公司以“守时、守信、守则”为原则，以“严、恒、精、细”为准则，以一流的服务、一流的款式、一流的技术为您提供一流的产品。公司衷心期待国内外新老客户携手合作，共创未来！

地址：浙江省绍兴县柯桥柯西人利工业园区5幢3楼
公司网页：www.chinamusique.com or http://musique.en.alibaba.com/
公司电话：0575-85584588/85584520/85584518
公司传真：0575-85584516
公司邮箱：jimmyhan@yahoo.cn
公司商标：MUSIQUE

2 | 3 | 4 | 5
1
6 | 7 | 8

① 公司大门口
② 家纺产品
③ 植绒及印花面料
④ 薄纱烂花窗帘
⑤ 木子阁-台布
⑥ 木子阁-特丽纶窗帘
⑦ 木子阁-提花窗帘
⑧ 木子阁-绣花窗帘

浙江花为媒集团有限公司

花为媒集团组建于1994年，前身是绍兴县软垫厂，总部位于“鉴湖女侠——秋瑾”故乡，绍兴县经济强镇福全镇。是中国家具协会副理事长单位，中国软床垫专业委员会主席单位，中国沙发家具专业委员会常务理事单位，浙江省家具协会副会长，绍兴市高新技术企业，全国软体家具行业企业创新先进典型。

集团全资拥有浙江绍兴花为媒家私有限公司、绍兴花为媒印染有限公司、浙江绍兴花为媒房地产开发有限公司、绍兴花为媒医用配套有限公司、绍兴县中国轻纺城化工品市场有限公司、绍兴花为媒二手车市场有限公司、绍兴花为媒纺线有限公司、浙江福斯特橱柜有限公司等一批紧密型企业。“花为媒”牌弹簧软床垫、沙发先后荣获“中国名牌”称号。2007年9月，公司的注册商标“花为媒”被国家工商行政管理总局商标评审委员会认定为“中国驰名商标”。

集团现有总资产12亿元，厂房总建筑面积220000平方米，职工2300余人，产品销售网络遍布全国近300家经销商和专卖店。同时有上海香格里拉酒店、美国希尔顿连锁酒店等国内外知名五星级酒店都使用“花为媒”产品。多年来，企业的生产规模、销售数量、销售收入、实现利税、国内市场占有率、出口创汇等各项综合经济指标均居于全国前列，成为行业“领军人物”。

① 花为媒厂区全貌
② 集团厂区一角

绍兴焕鑫管业有限公司

绍兴焕鑫管业有限公司前身为绍兴县金鑫软管厂，位于绍兴与萧山交界的钱清镇，北邻杭甬高速公路柯桥出口，南邻329国道，东邻萧甬运河，水陆交通便利，信息、物流方便快捷。

公司组建于1996年，是一家专业生产各种规格箱包拉杆、清洁用品和户外休闲用品等专用钢管的制管企业，其中箱包拉杆用钢管连续多年市场占有率全国第一。公司占地面积60000平方米，建筑面积39600平方米，现有轧钢连轧机4套、单组四辊轧机8台、高频焊管机组16台套及其辅助设备，年产钢管、钢带6万多吨。公司秉承“求真务实，创新拼搏”企业精神，全心全意做一个负责任的供应商，努力实现企业生产、管理与国际接轨，依靠技术进步和科技创新提高产品性价比，不断寻求新的经济增长点。同时，公司确立以人为本的管理理念、以质取胜的经营理念、以诚为本的服务理念，并在实践中取得良好的效果。

公司经过不断地探索、积累和发展，紧紧抓住技术改造和产品开发，充分发挥冷轧行业优势，利用本地地域和市场优势形成了以制管为主体，以一流设备、一流工艺，辅之以科学规范的现代化管理手段，抢占市场激烈竞争的制高点，在行业中独树一帜。始终把产品质量视为企业的生命线，始终坚持以质取胜，并以此为理念贯彻于企业生产与发展过程中。目前，拥有丰富的生产、销售、管理经验，注重对先进设备的消化、吸收和自主创新能力，已形成一支熟练的生产管理、技术开发及销售经营队伍。同时，瞄准中国加入WTO带来的发展机遇，加大技改投入，调整经营战略，以钢管产品为中心，以产品单一行业逐步适应多行业，特别是适应于近年来发展的旅游产业和家用品产业，增加产品技术含量和附加值，积极上马投入箱包拉杆、洁具用品的铝管生产流水线，将投入市场。

2	3	4	5
1			

①公司全景图
②生产车间
③成品车间
④公司贵宾接待室
⑤宽敞的办公楼

浙江洋豪集团

浙江洋豪集团是一家集贸易、制造、研发、房地产开发于一体的涉外综合型集团公司，其主体澳洲洋豪集团在澳交所上市（股票代码YHL）。

集团总投资人民币7亿元，建筑面积6万余平方米，下属4个大陆子公司和3个香港投资公司。大陆子公司中：浙江洋豪进出口有限公司主要经营各种服装面料、仪器设备、太阳能组件及应用品等货物进出口业务；浙江紫金光伏科技有限公司拥有年产100MW高科技光伏生产线；绍兴广厦针纺服饰有限公司拥有月产5万件（套）男女时装生产流水线；浙江托玛斯控股集团在浙江、江西、陕西等地从事房地产开发。

集团自成立以来，以服务社会和民众为准则，以低碳、环保、民生为己任，坚持把“质量、服务、领先”作为企业的生存和发展之道。在美国、澳大利亚、新西兰、法国、巴西、南非等多个国家建立了分支机构，并依靠发达的销售网络，为全球客户提供机制灵活、结构完善、快速敏捷的营销服务网络。集团严格按照ISO9001:2000国际质量体系的要求运作，产品已通过CE、IEC61215、TUV等认证。

集团将不遗余力地完善管理体系，扩大产业规模，递增产业链的延伸，塑造良好的公众形象。将以高品质的产品、快捷的营销网络推动集团的优良运作，服务客户的定向需求，为客户和自身的发展创造更加美好的明天。

1
2
3
4
5

① 公司大门口
② 成衣展示（1–2）
③ 各式窗帘（1–2）
④ 床上用品系列
⑤ 生产车间

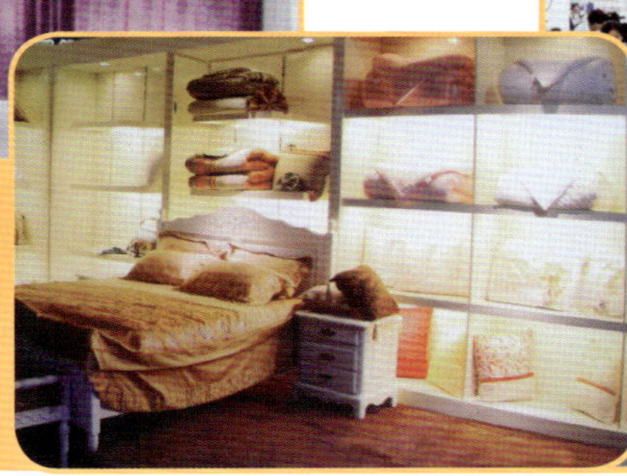

中国轻纺城柯北贸易中心
China Textile City Kebei Trading Center

扼守轻纺门户占据商贸核心

中国轻纺城柯北贸易中心位于中国轻纺城柯北新城核心区，距沪杭甬高速柯桥入口仅1公里，15分钟可达萧山国际机场。距即将建成的杭甬高速铁路柯桥站仅一步之遥，项目所在区域已被纳入杭州大都市经济圈，杭州地铁延伸段出站口就在本项目，地铁高铁一纵一横两条交通命脉汇聚于此，使项目成为柯桥未来的交通咽喉，南连传统轻纺市场交易区，是中国轻纺城第一站。项目周边已建成亚洲最大的奥迪城市展厅，别克4S店、中国轻纺城墙纸布市场、中国轻纺城科创大厦等，在建的有金柯一号、柯桥国际汽车城、奔驰会馆、五星级酒店等重点商贸项目；日顺·汇锦园、国际安置小区等高档住宅项目正在建设中，已成为柯桥的主城区之一。中心将与其共同构筑一个辐射整个长三角的商贸航母！

超大规模针织、休闲、牛仔、家纺面辅料专业市场

项目总建筑面积190000平方米（相当于320000平方米立体量），拥有1300多间纺织面料门市部，500多间精装修写字楼和单身公寓及2400个停车位。中心还兼备了70000平方米的仓储物流。整个中心配套三洋机组中央空调，热水供应系统，霍尼韦尔智能温控，日立高速电梯，科勒洁具以及西门子电器等国际知名品牌，银行、餐饮、酒吧、健身、休闲、宾馆等设施齐备。内设的宝龙酒家和宝龙宾馆，拥有中式高档餐饮、商务宾馆住宿，同步引进的靓步健身中心设有健身、足浴、棋牌等康乐休闲项目，充分满足商户的商务交际及业余生活需要。项目被中国纺织工业协会授予国内首个“中国纺织品牌展贸示范基地”称号，聚集全国针织、休闲、牛仔、家纺品牌面料企业，打造中国品牌面料企业（柯桥）总部基地。自2009年3月13日开业以来，已有国内外1200多家针织、休闲、牛仔、家纺面料商户入驻。

销售热线：0575—85689888、85689588　招商热线：0575—81168666、85648197
地址：金柯桥大道2998号销售招商展示中心，http://www.sttc.cn

商铺楼上办公

商铺楼下展示

写字楼楼上办公休闲

写字楼楼下展示洽谈

沃德酒店有限公司位于闻名遐迩的江南水乡、中国轻纺城——绍兴柯桥。距绍兴火车站20分钟、离杭州萧山国际机场40分钟车程，毗邻甬台温高速公路，交通十分便利。

酒店与万达广场隔街向望，绍兴会展中心、世贸中心都近在咫尺，银行、超市、商业等配套设施应有尽有。

酒店拥有各类标准房、单人房、豪华套房、情侣房100余间；房间内装潢典雅、格调新颖、舒适宜人且配有免费国内虚拟电话、闭路卫星电视及高清数字电视。车位充足，电脑、宽带上网等服务一应俱全。酒店致力于为每一位宾客精心打造干净舒适、温馨浪漫的居住环境，为每一位宾客提供细致入微、尽善尽美的服务。

您的需求是我们一直努力的动力！

沃德酒店有限公司

①酒店全景
②酒店大堂
③情侣房一
④情侣房二
⑤豪华套房一
⑥豪华套房二
⑦标准房
⑧温馨典雅的环境

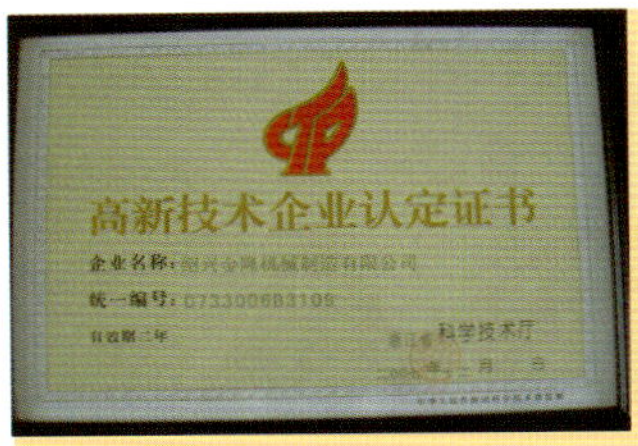

绍兴金隆机械制造有限公司

金隆机械制造公司创建于2003年10月，注册资金208万美元，是一家外商独资的高新技术企业。位于柯岩街道工业集聚区，地理位置优越，交通便利，厂区占地面积32亩，建筑面积2万余平方米。

公司主要生产具有国际先进水平的SJL—600TM型全电脑织袜机，经广大客户认可，完全可以替代进口同类产品。公司拥有250台电脑手套机，配套的两条韩国产PU聚酯浸胶手套流水线，月产量6万打，目前销售形势很好，产品远销英国、美国、意大利、西班牙等国家。

公司一直以“求实创新，品质卓越”的宗旨，竭诚为国内外客户服务。

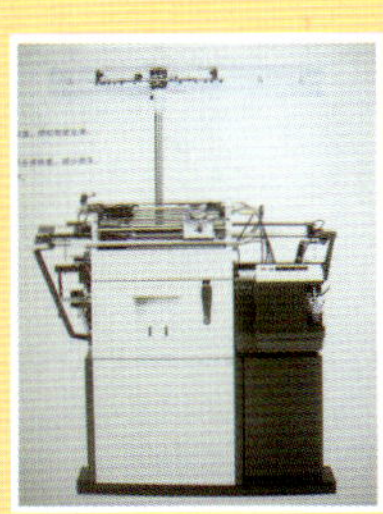

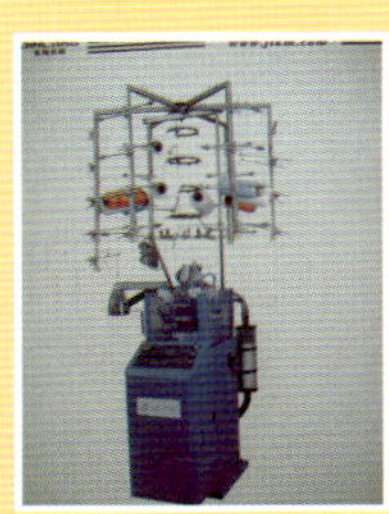

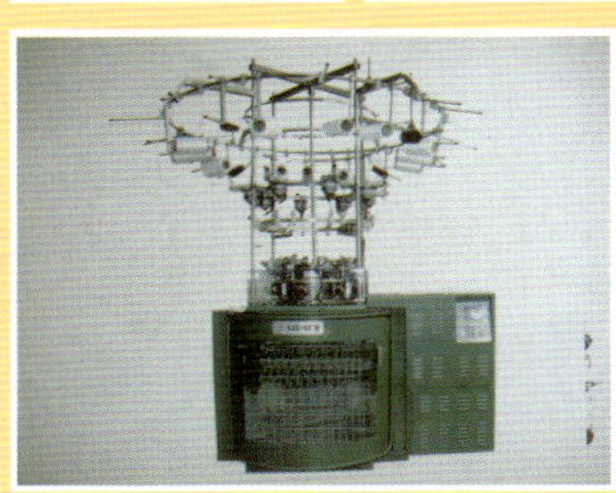

①企业荣誉(1—4)
②公司全景
③全电脑横编织机
④电脑提花无缝内衣机
⑤电脑提花丝袜机
⑥电脑手套编织机
⑦袜子编织机SJL系列

ZIT 浙江省现代纺织工业研究院
ZHEJIANG INSTITUTE OF MODERN TEXTILE INDUSTRY

地 址：浙 江 绍 兴 柯 桥 西 环 路 586 号 科 创 大 厦
Add: Kechuang Building, Xihuan Road, Keqiao, Shaoxing, Zhejiang
电 话 / Tel: 0575-84112568　　传 真 / Fax: 0575-84129525
邮 编 / P.C: 312081　　Http : //www.zit.zj.cn

浙江省现代纺织工业研究院 建立于2006年10月，由全国首个民营生产力促进中心、国家级重点高新技术企业——绍兴轻纺科技中心牵头，联合浙江理工大学、浙江大学等参与建设，是“浙江省现代纺织技术与装备创新服务平台”的实施单位。

研究院致力于纺织产业技术创新服务和共性需求研发，已组建纺织信息技术、纺织工程技术、装备与控制、新型纤维材料 4 个研究所，建立了产品质量检测、纺织技术推广、创新花样设计、流行面料设计、流行趋势研究、家居艺术设计、数码印花打样、印花分色制版、纺织技能培训等十大服务中心，建有纺织新材料、纺织面料和纺织装备等中试基地。研究院现已形成研发中试产业化一条龙全程配套的创新服务体系，并在纺织面料创意设计、纺织CAD、数码织造、数码印花、激光数控制网等领域处于国内领先地位，能够满足市场的各类需求。

原纺织工业部副部长、中国工程院院士季国标在我院发展战略研讨会上发言。

服 务 体 系

研 发 体 系

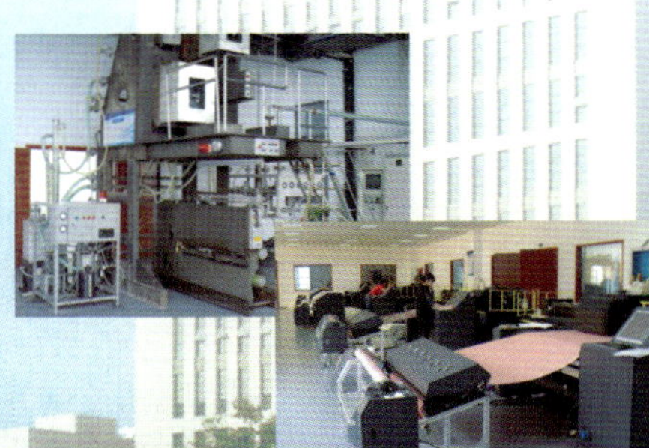

中 试 基 地

绍兴县叶得沙纺织品有限公司

叶得沙纺织品有限公司位于绍兴县柯岩街道路南工业集聚区，紧临国家AAAA级旅游开发区，毗邻亚洲最大的纺织品集散中心中国轻纺城。近邻萧山国际机场、宁波港及上海港，交通便利，地理位置得天独厚。

本公司是集生产、贸易为一体的生产型企业。现有员工50余人，总资产0.8亿元，占地面积12000平方米，建筑面积24000平方米。年贸易总额达1000万美元以上。

公司主要产品有全棉、人棉印花，人棉雕印烂花，各种涤纶类的染色、印花。在吉尔吉斯斯坦、塔吉克斯坦、乌兹别克斯坦等多个国家和地区均设有直销部。

欢迎国内外客户来电垂询惠顾，公司将一如既往地以一流的产品，一流的信誉、一流的服务与您诚挚合作。

垂询电话：86-575-84569878
传真：86-575-84569877

5 1 2 4 3

①公司大门口
②公司新形象
③产品陈列室
④总经理办公室
⑤公司全景

远大轻纺原料公司是一家经销轻纺织品原材料的商贸企业，其品种齐全，价格优惠，以诚为本对待所有业务单位。多年来受到省内外关系户的一致好评，先后获得中共绍兴县委宣传部、县经济贸易局、县工商行政管理局、县民型企业协会、钱清镇党委和政府的多次嘉奖。

本公司响应国家方针政策——“发展第三产业在整个国民经济中的比重”，在商贸企业中，2010年获绍兴县实缴税费列第十三位。

成绩并不代表未来，公司将继续保持谦虚、低调、诚信等优良作风，努力向社会作出更大的贡献！

绍兴县远大轻纺原料有限公司

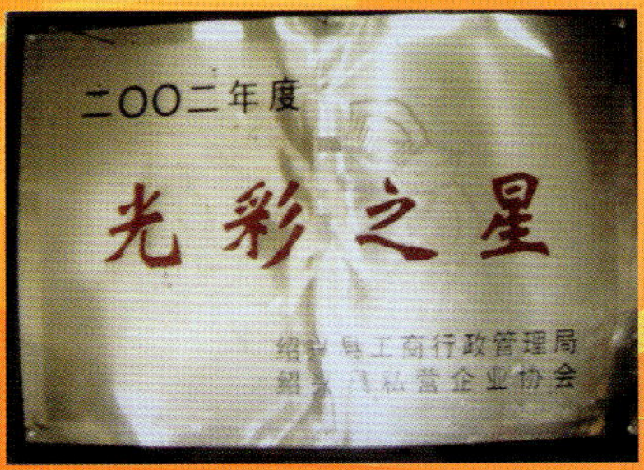

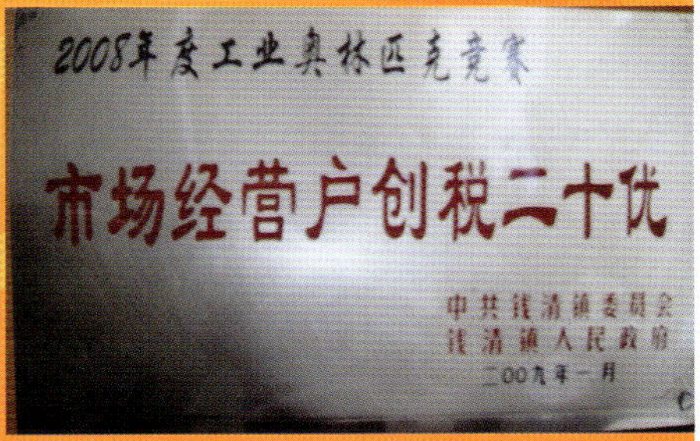

绍兴县皇冠机械有限公司

绍兴县皇冠机械公司是一家专业从事研发制造“皇冠牌”自动塑料瓶盖模压机系列产品的国家高新技术企业、专利示范企业。拥有先进精密的机械加工设备及检测设备，吸取国内外先进技术，凭借积累20多年瓶盖生产设备的经验，不断摸索、创新，开发了一系列具有国内外先进技术水平的塑料瓶盖压制设备和内垫压制设备。

公司位于长三角黄金地带，交通便捷，杭甬铁路、104国道、杭甬和杭金衢高速公路近在咫尺，距萧山国际机场仅40公里。

2005年，通过质量管理体系认证和CE认证，现有科技人员21名，重点研发设计制造具有自主知识产权的全自动塑料瓶盖模压机系列产品，集制造、研发和贸易于一体，为提升企业的自主创新能力及核心竞争力，积极引进先进加工设备与人才，为生产优质高效的产品奠定物质基础，现80%的产品销往亚洲和欧美市场，“成功源于奋斗，诚心铸就品牌”公司一直注重先进的技术、优质的产品、完善的售后服务，赢得了国内外知名企业的信任与忠诚，在国际市场高品质的瓶盖机械制造领域中拥有了自己的重要位置。

公司制造设备适用于医药包装、饮料包装、化妆品包装、农药包装等，产品技术不断创新，处在国内领先、国际先进水平，成功带动了我国瓶盖模压成型机行业的技术进步，欢迎国内外用户来函来电光临指导。

1 | 4 | 2 | 3

①公司大门口
②生产车间
③数控车间
④厂区一角

网上轻纺城
WWW.QFC.CN

网上轻纺城是绍兴县在“十二五”期间，投入20亿元，打造的一个集纺织行业资讯、贸易信息数据库、产品及企业大全、网上纺织品交易、公共信息化服务于一体的全球最大的纺织行业电子商务平台，有效实现有形市场和网上市场的互动发展。

网上轻纺城致力打造全球纺织品信息最集中、交易最便捷、诚信度最高的纺织行业电子商务平台。通过贸易信息中心、行业资讯中心、网上交易中心、社区交流中心、公共信息化服务中心等五大中心和纺织品仓储物流及检测服务、纺织品样品展示服务、在线金融服务、市场管理服务、移动终端服务、纺织企业网上办公室服务等六项配套的建设，使之成为国内最权威、国际有影响的纺织行业电子商务平台。

网上轻纺城，将服务全球60%以上的纺织企业，成为现代纺织服务业的骨干和重要力量，为纺织工业转型和产业升级做出贡献！

网上轻纺城项目优势：

巨资打造　　绍兴县斥资20亿打造诚信的纺织行业网上市场！
重点扶持　　获得各级政府、中国纺织工业协会、中国电子商务协会等重点支持！
依托市场　　依托全球最大的纺织品市场——中国轻纺城以及绍兴著名的纺织企业！
资源整合　　整合知名纺织行业B2B网站——全球纺织网十余年的专业团队及资源！
战略合作　　联合微软、谷歌、交通银行、信用轻纺城网等行业巨头成为战略合作伙伴！

中国站：www.qfc.cn
国际站：www.globaltextiles.com
浙江中国轻纺城网络有限公司总部：浙江省绍兴县柯桥创意大厦13楼
公司总机：0575-89975555
传真：0575-89976100

1 / 2 / 3 / 4

①“网上轻纺城”北京新闻发布会
②招商启动大会暨谷歌、信用中国轻纺城网合作签约仪式
③GTBT海外买家见面会
④公司前台

绍兴同怡汽车仪表有限公司

同怡汽车仪表公司位于浙江绍兴孙端镇，地处长江三角洲南翼，东接宁波，西邻沪杭，地理位置显著，交通便利。

公司前身为延锋伟世通怡东汽车仪表有限公司客车事业部，经过4年多的努力，公司已逐渐成为国内一流的汽车仪表生产厂家，并已具有极强的独立设计和开发能力。年产各类汽车仪表30余万套，是浙江省汽车仪表行业的主要骨干企业，于2008年12月被认定为国家级高新技术企业。公司总占地面积12000多平方米，拥有12条仪表装配生产线、专用电脑控制的仪表校验台及各类仪表专用检测、校验、包装设备150台，职工300多人，各类专业技术人员100多名，其中一半以上具有中、高级专业技术职称，并在上海建立同怡汽车电子研发中心，为企业的发展奠定坚实的基础。

公司主要生产“经纬”、“同怡”各类汽车仪表，产品已形成机械式、电气式、电子式及CAN总线式四大系列近百个品种规格，可为轿车、客车、轻型车、微型车、重型车、农用车及其他各种车辆提供仪表设计配套。目前配套的主要客户为浙江吉利、郑州宇通、丹东黄海、丹东曙光、湖南长丰、资阳南骏、安凯客车、亚星客车等全国主要汽车制造厂家，在全国建有完善的销售及服务网络。

公司紧紧依托母公司延锋伟世通怡东汽车仪表有限公司先进的技术和一流的检测设备，具有完整的产品调研、设计开发能力（包括软件设计），设计开发周期最短为1个月，是“国家高新技术企业”、“省级高新技术企业研发中心”、“浙江省1000家成长型中小企业”；已先后通过ISO9001、QS9000、ISO/TS16949质量管理体系认证。

公司积极开展与各类高等院校和科研机构进行技术交流与合作，并不断进行全员技术培训，培养高素质的员工队伍，为用户提供高品位、优质量的产品。

① 公司大门口
② 公司办公楼
③ 整洁的车间

绍兴县诚德新型墙体建材有限公司

绍兴县诚德新型墙体建材有限公司位于全国经济十强县绍兴县的平水新城，凭借县域发展规划重要组成部分和绍兴县副城的独特优势，公司发展前景蓬勃兴旺。

诚德公司周面环山，占地43亩，建筑面积13600平方米，拥有年生产蒸压加气混凝土砌块15万立方米国内领先生产流水线1条，是浙江省级认定的新型墙体生产企业。

一直以来，公司本着“打造同行一流产品，提升企业核心竞争力”企业宗旨，组成了以公司董事长为首的研究小组，不断探索，开发了05、06、07级蒸压加气混凝土砌块，经国家建筑材料工业硅酸盐建筑制品质量监督监测中心检验合格。

诚德人以“重质量，守信誉”为服务宗旨，大力推进城市化环保节能建设。欢迎社会各界携手合作，为国家的环境建筑事业共创明天。

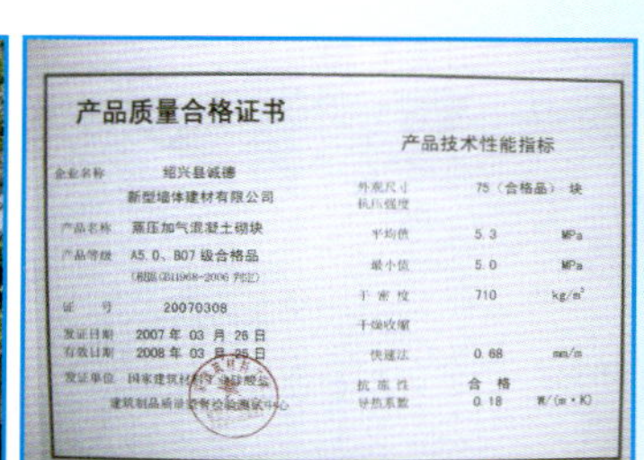

产品质量合格证书

企业名称 绍兴县诚德新型墙体建材有限公司
产品名称 蒸压加气混凝土砌块
产品等级 A5.0、B07 级合格品
证号 20070308
发证日期 2007年03月26日
有效日期 2008年03月25日

产品技术性能指标

外观尺寸 75（合格品）块
抗压强度 平均值 5.3 MPa
最小值 5.0 MPa
干密度 710 kg/m³
干燥收缩 快速法 0.68 mm/m
抗冻性 合格
导热系数 0.18 W/(m·K)

① 公司全景
② 墙体建材
③ 产品合格证书
④ 产品展示